LES

COUVENTS

DE

LA VILLE D'AGEN

AVANT 1789

PAR

PHILIPPE LAUZUN

MEMBRE DE LA SOCIÉTÉ FRANÇAISE D'ARCHÉOLOGIE,
DE LA SOCIÉTÉ DES SCIENCES, LETTRES ET ARTS D'AGEN, ETC.

TOME SECOND

COUVENTS DE FEMMES

AGEN
MICHEL & MÉDAN, LIBRAIRES
Rue Pont-de-Garonne,

1898

LES COUVENTS

DE LA VILLE D'AGEN

LES COUVENTS DE LA VILLE D'AGEN AVANT 1789

PAR

PHILIPPE LAUZUN

MEMBRE DE LA SOCIÉTÉ FRANÇAISE D'ARCHÉOLOGIE,

DE LA SOCIÉTÉ DES SCIENCES, LETTRES ET ARTS D'AGEN, ETC.

TOME SECOND

COUVENTS DE FEMMES

AGEN

MICHEL & MÉDAN, LIBRAIRES

Rue Pont-de-Garonne.

1893

PLAN DE LA VILLE D'AGEN, AVANT 1789.

(D'après le plan original de l'ingénieur Lomet)

Légende

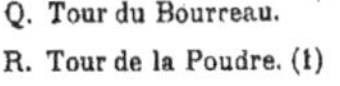

Enceinte Extérieure

A. Porte de Garonne.
B. Porte Saint-Antoine.
C. Porte Saint-Georges.
D. Tour et Brd. des Augustins.
E. Tour du moulin de Saint-Caprasy ou Tour St. Côme.
F. Tour de Saint-Fiary.
F'. Ancienne Tour Ste-Foy.
G. Tour d'Armagnac.
H. Tour de Truelle.
H'. Tour de la Brethonerie.
I. Tour Cornalière.
J. Porte du Pin.
K. Tour carrée et Plate-forme Saint-Jean.
L. Tour Duranton.
M. Tour de Marmandet, plus tard tour du Bourreau.
N. Tour de Vacqué.
O. Tour de Calbas.
P. Porte-Neuve.
Q. Tour du Bourreau.
R. Tour de la Poudre. (1)

(1) (D'après un procès-verbal de 1612, déposé aux Archives municipales d'Agen. E E. 17.)

Couvents

1. Les Antonins ; les Bénédictins ; les Pénitents blancs.
2. Les Templiers ; les Hospitaliers de St. Jean de Jérusalem ; le Refuge.
3. Les Dominicains.
4. Les Cordeliers.
5. Les Grands Carmes.
6. Les Augustins.
7. Les Jésuites ; le Collège.
8. Les Capucins.
9. Les Pénitents bleus.
10. Les Pénitents gris.
11. Les Minimes.
12. Les Tierçaires.
13. Les Annonciades.
14. Le Chapelet.
15. Notre-Dame de Paulin.
16. Les Carmélites.
17. Le Tiers-Ordre.
18. Les Orphelines.
19. La Visitation.
20. L'Hopital du Martyre.
21. Saint-Etienne.
22. Saint-Caprais.
23. Saint-Hilaire.
24. Sainte-Foy.

CHAPITRE Ier

LES BÉNÉDICTINES DE RENAUD.

La procession du jour de Pâques, qui clôturait autrefois à Agen les fêtes religieuses de la Semaine sainte, et qui groupait dans ses rangs un si grand nombre de fidèles, n'avait pas toujours été faite par le chapitre de la Cathédrale à l'église Notre-Dame d'Agen. Avant la Révolution elle avait lieu hors des murs de la ville. Son aspect était des plus imposants. A l'issue de vêpres, le chapitre de l'église collégiale de Saint-Caprais allait chercher à Saint-Etienne le chapitre de la Cathédrale, et la procession défilait solennellement par la rue Porte-Neuve, la Porte-Neuve, le long des murs et des allées du Gravier, jusqu'à la chapelle de la Loge, sise à l'extrémité sud de ces allées, un peu au-delà du pont de pierre, à la jonction de la route actuelle de Layrac et du chemin qui passe derrière l'hôpital. Cette chapelle, aujourd'hui disparue et complètement inconnue de notre génération, était bâtie en briques rouges, et, au moment du coucher du soleil, se profilait dans l'azur du ciel d'une façon charmante et tout à fait pittoresque.

Qui n'a pas remarqué, en effet, combien sont belles, sur les bords de la Garonne, les dernières heures du jour à cette époque toute fleurie de Pâques? Qu'on se représente donc, en ces temps-là, les vieilles murailles d'Agen, depuis la porte Saint-Georges, la porte Saint-Antoine, le grand et le petit Pont-Long jusqu'à la Porte-Neuve, irrégulières, inégales, ici réparées et reblanchies, là toutes jaunes de vétusté, en partie recouvertes par le lierre qui grimpait le long des fossés, presque partout bosselées et ébréchées par les coups de canon et d'arquebuses, tantôt couronnées de créneaux, tantôt fermées et dominées par des tours, et qu'on juge de l'effet magique que devaient produire sur tous ces vieux débris les tons chauds et dorés d'un beau soleil couchant. Aussi était-ce une grande fête pour la population agenaise, et comme une vraie partie de plaisir, le soir de Pâques, que de sortir de la ville où les devoirs religieux l'avaient retenue pendant toute la semaine, et de suivre, pour respirer un air plus pur, la longue procession toute resplendissante d'éclat et de lumière. Il fallait la voir se déroulant comme un énorme serpent, avec toutes sortes de bannières qui flottaient sous les grands arbres à la brise tiède du soir. D'abord venaient les enfants de chœur et tous les élèves de la maîtrise de Saint-Etienne « dont la musique était excellente dans ce grand chapitre » ; puis les fidèles des quatre paroisses, les diverses confréries de pénitents, pénitents blancs, pénitents bleus, pénitents gris ; puis la longue série des divers ordres religieux, dont les couvents, on le sait, s'élevaient si nombreux dans Agen ; ensuite venaient les consuls de la ville, avec leurs robes et chaperons consulaires, accompagnés des jurats et précédés des soldats du guet, qui, tous, étaient vêtus de leur casaque et armés de leur hallebarde; enfin les Chapitres des deux églises, M. le grand Archidiacre et Mgr l'Evêque, comte d'Agen, qui, sous un dais somptueusement décoré, terminait la procession. Elle allait chanter dans la petite chapelle de la Loge l'hymne si poétique d'*O Filii*, ainsi que le *Regina*, et elle rentrait en ville seulement à l'approche de la nuit. C'était un viel usage établi à Agen depuis le milieu du XVIIe siècle, et qui avait remplacé l'usage beaucoup plus ancien en vertu duquel les deux Chapitres allaient en procession, le lundi et le mardi de Pâques jusqu'au prieuré de Renaud. Qu'étaient donc cette chapelle de la Loge et auparavant ce prieuré de Renaud, et en quelles occasions ces pieuses traditions s'étaient-elles établies ?

— Il existait autrefois, sur tout l'emplacement compris entre l'église de La Capelette, la Garonne et l'extrémité du Gravier, là où s'élève actuellement l'hôpital Saint-Jacques, un ancien prieuré de Bénédictines, *le prieuré de Renaud,* fondé en 1142 sur les débris d'un grand et très vieux château, dont l'histoire singulière et encore enveloppée de nuages mérite d'être rappelée.

Nos anciens chroniqueurs sont en complet désaccord sur l'origine de ce château. Nous nous bornerons, faute de documents nouveaux, à reproduire ici leurs différentes opinions.

Darnalt, qui écrivait à la fin du XVIe siècle son ouvrage sur les *Antiquités de la ville d'Agen*, s'exprime ainsi à la page 31 [1] : « Il se « voit encore un endroict un peu éminent, à volée d'arquebuze de « ceste ville d'Agen, à costé du Gravier d'icelle, qui porte encore « le nom de Regnaud, où se remarquent plusieurs antiques ruines de « fossés, levées et forteresses ; ce que j'oseray dire par conjecture « avoir esté le chasteau et forteresse de ce duc Regnold, ou Re- « gnouald, la femme duquel se retira, il y a plus de mil ans, dans « la basilique Saint-Capraise de ceste ville[2]. » « Le temps qui ruine « tout, ajoute à la page 145 le même auteur, ruine et dévore les « marques et la mémoire du chasteau de ceste ville, tant renommé « et mentionné par les histoires des Anglais, et de plus loin par « Turpin, archevêque de Reims, chroniqueur de Charles le Grand, « qui chassa et deffit ce grand roy des Sarrasins qui s'estait emparé « (comme nous l'avons cy-devant dict) de la cité et autre chasteau d'Agen. » — Et plus loin, page 117, chapitre XXI. Darnalt parle des « vieux couvents, monastères, églises et chapelles, du costé et « endroict de Renaud, où il y avait vraysemblablement et forteresse « et faubourgs qui sont tellement perdus et soubs terre qu'on ne « peut pas sçavoir seulement le nom du vray. Il se trouve par escript « dans quelques anciennes recognoissances « *in palatio exteriori* »

[1] Darnalt, *Antiquités de la ville d'Agen*. — Edition in-12 (1606), chez François Huby.

[2] Ce Renauvald dont parle Grégoire de Tours était, en 580, gouverneur de la ville d'Agen pour le roi Gontran. Il fut mis en déroute par Didier, duc de Toulouse, général des armées du roi de France Chilpéric, qui après sa victoire, s'empara d'Agen, dévasta la ville et fit prisonnière, dans l'église Saint Caprais où elle s'était réfugiée, l'épouse de Renauvald. (Voir l'*Histoire monumentale et religieuse du diocèse d'Agen*, par M. l'abbé Barrère ; t. Ier, p. 140 et suivantes). Les chapiteaux du cloître de St-Caprais, encore assez bien conservés, que donne dans sa planche n° 1 M. l'abbé Barrère, reproduiraient d'après lui cet important évènement.

« qui doit faire présumer que de ce costé ou vers la Porte-Neuve il « y avait quelque palais, ouvrage des anciens Gaulois ou des Romains, « Sarrazins, Goths ou d'autre nation. » — Enfin, à la page 118, il dit encore, à propos de la basilique Saint-Caprais : « qu'elle est si an- « cienne et si renommée qu'il y a plus de mil ans qu'elle servit. « d'asile et de refuge à la femme du duc Regnouard ou Regnovald, « du temps des enfants de Clovis, premier roy très chrétien. Et, « d'aventure, c'est celuy dont le lieu qu'on appelle vulgairement « Regnaud, avec ses anciennes ruynes, levées de terre et fossez, « porte le nom. »

Labénazie, qui assista, dit-il, à des fouilles qui furent faites en cet endroit, nous apprend qu' « on y trouva une superbe mosaïque, avec des faunes, des animaux, des figures circulaires et losangées et que ces débris portaient encore le nom de palais Renaud [1]. » S'inspirant de l'ouvrage de Darnalt, il partage absolument son opinion et attribue la possession de ce fameux château au duc Renouvald ou Regnaud qui lui aurait donné son nom.

D'un autre côté Argenton, et d'après lui Labrunie, combattant l'opinion de Labénazie, font remonter l'origine du château Regnaud à l'occupation romaine, et accusent cet écrivain « d'ignorer sans « doute que, lorsque cet édifice subsistait, nos bons aïeux ne l'appe- « laient Renault que sur le témoignage du faux Turpin, qui en « parlait comme d'un château de Renaud de Montauban, si célébré « par nos romanciers. Mais cet édifice, ajoute Labrunie, était bien « plus ancien que nos héros de roman, que le duc Regnovald et « même que notre monarchie. Il était construit avec des matériaux « de la même espèce que les ruines d'Agennum, ce qui indique la « même époque et la même main [2]. »

---

[1] Manuscrit de Labénazie. Voir aussi l'ouvrage de M. l'abbé Barrère.

[2] Manuscrit de Labrunie. *Extrait sur la première dissertation : les Nitiobriges.* A ce propos, M. Adolphe Magen, dans les extraits qu'il a publiés des *Essais historiques et critiques d'Argenton sur l'Agenais, par Labrunie,* (Recueil des travaux de la Société d'Agriculture d'Agen, tome VIII, première partie, page 125), résumant, dans une très savante et très exacte note, les opinions diverses émises sur le château Renaud n'éprouve cependant aucune répugnance à admettre que cette habitation ait, selon l'usage, reçu de la voix publique le nom de son maître, le duc Regnaud, gouverneur de la ville d'Agen.

Que ce nom de Regnaud provienne du fameux duc aquitain dont le souvenir mérite à plus d'un titre d'être conservé dans nos vieilles annales régionales, ou bien de l'aîné des quatre fils d'Aymon, le célèbre Renaud de Montauban, compagnon de Charlemagne et immortalisé par l'Arioste, il n'en est pas moins vrai qu'il existait autrefois, près de la Garonne et au sud d'Agen, une antique forteresse, et qu'elle fut transformée au XIIe siècle en un prieuré célèbre que nous trouvons mentionné dans presque tous les grands actes religieux de l'époque. Ici, en effet, la tradition fait place à l'histoire et nous ne sommes plus obligé de nous en rapporter uniquement à la foi de nos anciens chroniqueurs.

— De 1130 à 1149, le trône épiscopal d'Agen fut occupé par un religieux de l'abbaye de la Grande-Sauve, Raymond-Bernard du Fossat. C'était l'époque où l'institut monastique jetait son plus vif éclat, tant en France que dans presque tous les pays de la chrétienté. La grande voix de saint Bernard se faisait entendre dans tout le royaume, et les couvents rivalisaient de zèle pour réformer leurs règles déjà beaucoup trop relachées et pour se plier à nouveau sous une dure mais salutaire discipline. Le sud-ouest de la France se ressentit, comme le reste du royaume, de l'impulsion générale; et dès la fin du siècle précédent, en 1079, le 29 octobre, saint Gérard fondait près de Bordeaux l'abbaye de la Grande-Sauve et y établissait la règle célèbre de saint Benoît. De tous côtés les moines accoururent, et les seigneurs et les populations s'empressèrent de combler le nouveau monastère de dons et de bienfaits. L'abbaye de La Sauve étendit rapidement ses possessions dans le Bazadais, l'Agenais, la Gascogne; et, pour ne parler que du diocèse d'Agen, elle y posséda bientôt le prieuré de Saint-Antoine à Agen, celui de Sainte-Marianne à Escassefort, celui de Notre-Dame de la Sauvetat, près de Blanquefort, celui de Saint-Pierre de Nogaret, près de Gontaut, celui de N.-D. de Monheurt, le plus considérable de tous, et auxquels furent adjoints le prieuré de N. D. de Couthures, près de Casteljaloux, et ensuite les églises de Périllac, Canillac, Saint-Aubin, Prégnac, Sainte-Gemme, Saint-Pardoux, Verdegas, Saint-Barthelemi du château de La Barde, La Gardère, La Sauvetat, Millac, etc., puis le prieuré de Casteljaloux, celui de Saint-

Vincent de Calezun, celui de Saint-Caprais de Bédeissan ou de Lavardac, celui de Saint-Sylvestre de Penne, celui de N. D. de Vianne, établi un peu après, en 1375, et enfin le prieuré en question de N.-Dame de Renaud [1].

Ce prieuré, ainsi que celui de Saint-Antoine, fut placé sous la main directe de l'évêque d'Agen. Aussi Raymond-Bernard du Fossat parait-il s'être occupé d'eux tout spécialement. Ce fut en effet, en 1144, qu'il tourna ses regards vers les champs de Renaud, où gisaient les ruines de la vieille forteresse, et qu'aidé par les libéralités d'Arnaud de la Tour, vicaire d'Agen, et par celles de Bernard de Tombebouc, il les transforma en un prieuré où il établit des religieuses de l'ordre de saint Benoît.

Dom Estiennot, dans ses *Antiquités bénédictines de Gascogne*, confirme, ainsi qu'il suit, cette fondation de Raymond-Bernard du Fossat [2].

« *Monasterium Santæ Mariæ de Runalt*, in diocesi Aginnensi, mo-« nialium ordinis Benedictini, jam exstabat in suburbio Aginni et « Sylvæ Majoris suberat, mediante sœculo XII, quo ei Raymundus, « epicospus Aginnensis quondam decimam et presbyterium conces-« sit, ut constet probationibus sequentibus :

« Ego Raymundus, aginnensis humilis episcopus, notum tam « prœsentibus quam futuris fieri volo, A. de Turri, aginnensis ci-« vitatis vicarium, et B. de Tombeboc, quidquid juris tunc videbatur « habere dedisse Sanctæ Mariæ decimam de Runal abatti et L. priori « et monachis S. Mariæ Sylvæ majoris et ordinationi eorum volun-« tate ac petitione matris ejus Mathildis, quæ ibi tunc sanctæ reli-« gionis habitum suscepit consensu et authoramento nostro etiam « in manu nostræ tuirginis quiquid habuerat, tenuerat, possiderat « tam à se quam ab antecessoribus suis, et hoc in præsentia Hugo-« nis, Garsiæ de Benquetæ, L. de Lauret archidiaconorum nostrorum, « G. de Cruce, S. de Ste Colono, A. de Fontelatronum, V. Arnaldi

---

[1] Voir l'*Histoire de la Grande-Sauve, par l'abbé Cirot de la Ville* (Bordeaux, 1845, 2 vol. in-8°).

[2] Bibliothèque nationale. Ms. fonds latin, n° 12752, fol. 43.

« Banonicorum, et A. de Vincis, canoniis, sedis capellani et cance-
« larii nostri, et P. Sancii, et aliorum clericorum astantium, et in
« præsentia laïcorum G. de Romans, et R. Bernardi, fratris ejus, mi-
« litum, et S. Daganet, R. filii ejus, P. Pertarum, A. Salmonet et
« G. fratris ejus, A. de la Cassana et B. et P. de la Cassana, S. de
« Bequi, R. de Prada, A. de Lasfaurgas, V. Delport, Jordanis,
« et aliorum multorum civium nostrorum. Similiter ego postea
« donavi beneficium presbyterii supra nominatæ ecclesiæ de Renaut
« eidem cœnobio Santæ Mariæ Sylvæ Majoris, salvo jure nostro et
« archidiaconi et aginnensis ecclesiæ.

« Facta est autem hœc donatio sive concessio voluntate et consen-
« su A. de Bovilla quantum ad eum pertinebat, anno ab incarna-
« tione Domini MDXLIV, luna XII, III nonas sept. Romanorum
« P. P. Eugenio presidente III, Ludovico rege Francorum regnante,
« R. Bernardo aginnensi episcopo. Ut autem hœc donatio firma
« habeatur, sigillo nostro eam muniri fecimus[1]. »

Quelques années auparavant, en 1130, Raymond du Fossat avait également fondé sur les bords de la Garonne le Paravis, ce célèbre monastère de filles de l'ordre de Fontevrault, dont l'histoire se relie si intimément à l'histoire religieuse de notre province. Raymond du Fossat mourut en 1149. A la fin du siècle, le 6 mai 1197, le pape Célestin III récapitulait et confirmait dans une bulle importante les terres et priviléges accordés à l'abbaye de la Grande-Sauve, et il y mentionnait le prieuré de Saint-Antoine, ainsi que celui de Renaud.

En 1304, Bernard de Goth, archevêque de Bordeaux, qui devait monter l'année suivante sur le trône pontifical sous le nom de Clément V, vint visiter les principales églises et maisons religieuses du diocèse d'Agen. Dans sa tournée épiscopale il n'oublia pas celle de Renaud. C'est ce qui ressort de l'inventaire suivant des titres qui se trouvent au trésor de l'Archevêché de Bordeaux :

« Le 41 porte que, le 23 juin 1304, ledict seigneur archevesque de Bordeaux, (Clément V), en suivant ledict diocèse d'Agen arriva

[1] Bibl. nat. Probationes, N° 12752. f°. 409. (Ex. Tabulario Sylvæ Majoris.)

au prieuré des religieuses de Raynaud, et illec aiant annoncé la parole de Dieu et fait autres choses concernantes la dignité archiépiscopale, il s'en retourna coucher avec sa famille à la maison dudict seigneur évesque, traitant avecq la prioresse dudict prioré et avec le prieur du prioré de Dalmayrac, auxquels il avait envoyé un visiteur. Aussy le lendemain, feste de la Nativité saint Jean-Baptiste, ledict seigneur archevesque célébra la grand'messe en l'église cathédrale d'Agen, et prescha la parole de Dieu au peuple, et estant invité par le seigneur evesque d'Agen, coucha avec sa famille à la maison dudict seigneur Evesque [1]. »

Sans avoir jamais joui d'une bien grande opulence ni donné à l'abbaye de la Sauve des revenus bien importants, le prieuré de Renaud avait, les premiers temps de sa fondation, et, grâce aux libéralités des évêques, jeté un certain éclat. Les filles de saint Benoît avaient en effet, au dire de Labénazie [2], réparé assez convenablement les vieilles ruines du palais de Renaud et obtenu que leur couvent « fut renté, comme les autres maisons bénédictines, par la restitution des dîmes inféodées. Celles de la plaine, notamment sur Renaud, La Capelette et Sainte-Raffine, leur furent alors concédées. C'est l'époque où elles attirèrent dans la ville d'Agen les Bénédictins, qui traitèrent, pour y avoir un hospice, avec les religieux de Saint-Antoine et s'établirent à l'hôpital Saint-Antoine [3].

Malgré tout, le prieuré de Renaud ne tarda pas à décheoir. Il partagea du reste en tous points le sort de la maison-mère, la Grande Sauve, dont la décadence devint si sensible dès le commencement du XIVe siècle. L'invasion anglaise, les luttes de toutes sortes que notre malheureuse province eut à supporter, les pillages, les dévastations dont Agen fut si souvent le théâtre, ne tardèrent pas à lui porter un coup terrible. En 1345, nous voyons déjà « la prieure du monastère de Renaud craindre que ses provisions ne devien-

---

[1] Archives historiques de la Gironde. Tome XXIII, p. 299. (Archives dép. de la Gironde. G. 264. Archevêché.)

[2] Labénazie : Mss. tome II, liv. V, chap. III, p. 414.

[3] Voir le chapitre 1er du tome I de notre travail sur les Couvents d'Agen avant la Révolution.

nent la proie des Anglais qui dévastaient les environs et demander aux consuls d'Agen qu'on lui permette de les faire entrer dans la ville. » Ce qui lui fut aussitôt accordé [1].

Ce fut pis encore dans la suite. Le monastère fut pillé, incendié, dévasté maintes et maintes fois pendant la fin du XIVe et le commencement du XVe siècle, et il était devenu en tel état, lors de son union à la mense des deux chapitres, « que le cloître, nous dit le procès-verbal, la maison et les principaux édifices étaient entièrement renversés, et que, depuis vingt ans aucune religieuse n'avait pu en faire sa demeure personnelle ; qu'il y restait seulement une très vieille supérieure, résidant à Agen, où elle vivait à grand peine de quelques fruits et revenus du prieuré et se trouvait réduite à la plus extrême misère ; qu'en un mot il n'y avait nulle espérance de voir à jamais ce prieuré surgir de ses ruines. [2] » Cette supérieure s'appelait Marguerite Champier ou de Champers.

Ce fut Imbert de Saint-Laurent, évêque d'Agen de 1398 à 1437, qui, ne voulant pas laisser disparaître cet antique et glorieux débris, chercha un moyen de le faire revivre en l'unissant à la mense des deux chapitres cathédral et collégial. Le procès-verbal de l'Union, que nous venons de traduire en partie, fut fait solennellement le 9 janvier 1427 par devant Arnaud-Guillaume de La Lande, abbé d'Eysses, commissaire député spécialement à cet égard par le Saint-Siège. Furent entendus la prieure Marguerite Champier ainsi que l'abbé de la Sauve qui avait toujours la juridiction du prieuré ; et, sur le témoignage de plusieurs personnes, il fut reconnu que l'ab-

[1] Abbé Barrère. Tom. II, pag. 109.

[2] C'était un prieuré de filles de l'ordre de saint Benoît..... « qui, calamitatibus et guerris ad tantam devenisse paupertatem noscebatur, ut « claustrum, domus et ædificia dicti prioratus ad terram funditus prostrata « existebant, et à viginti annis citra nulla monialis inibi habitabat seu residentiam fecit personnalem ; et tantummodo supererat quædam antiqua « pauperrima monialis ipsius prioratus priorissa, quæ non in prœdicto prioratu, sed in civitate Agenni residet, et vix de fructibus, redditibus pro- « ventibus hujus prioratus, vitam suam inopem volet sustentare ; nec erat « spes in futurum prioratum ipsum reædificari posse. (Texte du procès-verbal déposé aux archives de l'Evêché d'Agen). — Voir aussi Labénazie. Tome II, l. IV, chap. XX, p. 393.

baye de la Sauve, tombée en pleine décadence, était incapable, vu l'insuffisance de ses ressources, de le garder plus longtemps, à plus forte raison de le relever. En foi de quoi, il fut décidé que la prieure renoncerait officiellement à son titre et que le prieuré de Renaud serait donné aux deux chapitres de Saint-Etienne et de Saint-Caprais, moyennant une rente que les chanoines s'engageaient à fournir à l'abbaye de la Grande Sauve. L'abbé Gérard de Podens essaya bien plus tard de le recouvrer et de le réunir au domaine de cette abbaye ; mais ce fut inutilement ; et le pape Pie II confirma définitivement, le 21 décembre 1463, l'union du prieuré de Renaud aux deux menses capitulaires.

Dom Estiennot confirme également, ainsi qu'il suit, cette transformation du vieux prieuré : « Ex decreto senatus Tolosani ; quod « monasterium de Runaldo, in quo olim fuerunt sanctæ moniales, « modo vero destructum est; et nullæ sunt ibi religiosæ nec fuerunt à « multis annis ; quodque jam unitum fuit ecclesiis Sancti Stephani « et Sancti Caprasii Aginnensis, anno MCCCCXXIII : eisdem unitum « permaneat et actum, anno MCCCCLXIII[1]. » Et Dom Estiennot ajoute: « Capitula vero Sancti Stephani et Sancti Caprasii quot annis cœnobio « Sylvæ Majóris quatuor francos monetæ currentitæ Burdigalæ, seu « LX solidos turonnenses pro pensione et pensionis nomine in quolibet « festæ natalis anni solvere tenentur. Ædificia vero hujus cellæ « penitus diruta sunt, ita ut solis cartis ibidem domum monialium « extitisse sit notum. Suberant autem olim hujus cellæ ecclesiæ « Sancti Sulpitii de Boë, Sanctæ Rufinæ, Sanctæ Radegundis et « Sanctæ Crucis de Renaud.[2] »

Ce fut à la suite de cette union que les chanoines de Saint-Etienne et de St-Caprais allèrent tous les ans en procession, le lundi et le mardi de Pâques, à la Chapelle de Sainte-Croix de Renaud, dite *La Capelette*[3], remercier le Ciel du nouveau bénéfice qui

---

[1] Dom Estiennot : Mss. fonds latin. N° 12752 ; fol. 409.

[2] Idem. fol, 43.

[3] La petite église de *La Capelette* existe encore au sud de la ville d'Agen ; elle touche à la route neuve, qui, traversant la plaine, aboutit au pont suspendu de Layrac. Ainsi qu'on vient de le voir et que le constatent tous les anciens documents trouvés par nous aux Archives de l'Évêché et relatés

leur avait été si généreusement octroyé. Ce pieux usage resta en vigueur pendant environ deux siècles, jusqu'en 1668, époque à laquelle les champs de Renaud subirent une nouvelle transformation. Ce fut à ce moment que s'éleva sur cet emplacement *la chapelle de la Loge*. Sa fondation particulière remonte à une cause trop importante pour que nous n'en signalions pas ici jusqu'aux moindres détails.

— Il nous faut en effet faire quelques pas en arrière dans l'histoi-

---

en partie par Labénazie, Argenton et Labrunie, elle portait autrefois le nom de *Sainte-Croix de Renaut*. Le pouillé de Jean de Vallier la cite comme telle, à la date de 1520, faisant partie du diocèse et de l'archiprêtré d'Agen : « *Rector Sanctæ Crucis de Runaldo* ». Enfin, elle est à plusieurs reprises ainsi dénommée, dans un vieux plan d'Agen et de ses environs, réimprimé de nos jours, « *dressé pour le procès du sieur Argenton, curé de St-Hilaire, contre le sieur de Groussou, chanoine portier de Saint-Etienne, au sujet des dixmes des iles St-Georges* » et dont l'original appartenait à M. O. Debeaux. Sur la partie méridionale de ce plan on lit en effet : « *Paroisse de Notre-Dame de la Capelette-Renaud, alias Ste-Croix de Renaud* » ; et tout-à-fait sur le bord on y voit représentée ladite chapelle avec cette légende: « *Eglise La Capelette Renaud, dite autrefois Ste-Croix.* »

Ce plan permet même de la distinguer, d'une façon très précise, d'une autre église de Ste-Croix, sise au nord d'Agen, et avec laquelle il faut bien se garder de la confondre. Entre le moulin de St-Georges et le coteau, qui sur ce plan porte le nom de « *Rocher de Sainte-Croix* » et, sur le versant même de ce côteau, l'auteur indique l'emplacement d'une vieille église dite : « *Ste-Croix, ancienne annexe subcursale de St-Hilaire, selon l'enquête de 1604.* » C'est la même dont la légende attribue la fondation à Charlemagne, lors du siège d'Agen contre Aygoland, et à laquelle Labénazie, dans son *Histoire de la ville d'Agen et Pays d'Agenois, Chapitre VII*, consacre ces lignes : « Il est vrai qu'il y a eu une chapelle de Ste-Croix sur St-Vincent, qui fut ensuite une paroisse, et Saint-Vincent est dans l'étendue de la paroisse de Sainte-Croix. Le nom de cette paroisse subsiste encore ; le lieu en est connu tout près d'Agen ; l'Eglise a été démolie ou par les Huguenots ou par le temps qui dévore tout. Les masures paraissent encore sur la montagne de Saint-Vincent ».

Mais cette église, construite au nord d'Agen, sur le côteau de Pompéjac, n'a jamais porté que le nom seul de Ste-Croix ; tandis que la Capelette, située du côté opposé, au Midi, s'est de tout temps appelée Sainte-Croix de Renaut.

re de notre ville et jeter un coup d'œil sur l'état déplorable où elle se trouvait en l'année 1653. Une peste épouvantable y sévissait, presque aussi cruelle que celle qui s'y était abattue de 1628 à 1631 [1]. A la suite des évènements qui s'accomplirent en Guyenne et en Gascogne pendant les premiers mois de l'année 1652, (guerres de la Fronde, lutte entre les princes et les armées du roi, siège de Miradoux, siège du Pergain, dévastation du pays et pillage quotidien des habitations rurales), et plus particulièrement dans Agen à la suite de l'émeute qui éclata au mois de mars de la même année lors du passage du prince de Condé, le terrible fléau, qui vingt-trois ans auparavant avait décimé la ville, y reparut aussi aveugle, aussi meurtrier, et pendant les deux années consécutives de 1652 et 1653 y exerça les plus grands ravages. Tous les registres de l'époque, livres des jurades, mémoires des consuls, chroniques religieuses et laïques, relatent à chaque page les détails navrants de cette épidémie. Laissons parler plutôt le frère Hélie, qui fut le témoin et le consolateur dévoué de toutes ces infortunes, et dont le style simple et naïf ne saurait être égalé [2] :

« Cette année-là, 1653, la peste arriva dans Agen vers le mois de juin ; elles feust si eschauffée dans peu de mois que le peuble feust obligé de vuider la ville, et tous ceux quy avaient des mêteries allaient chacun chez soy avec toute leur famille : presque tous ceux qui restèrent feurent frappés de peste, et la plupart moururent [3]. En un seul jour on en conta jusques à quatre vingts : le

[1] Voir la remarquable étude de M. Ad. Magen sur : *La ville d'Agen pendant l'épidémie de 1628 à 1631, d'après les registres consulaires,* » publiée dans le Bulletin de la Société de Médecine d'Agen (Nos 2 et 3, — 1860-1861).

[2] Chronique manuscrite et inédite du Frère Hélie : (*Mémoires du temps d'une grande peste arrivée à Agen en l'an* 1653.) Archives de l'Évêché d'Agen.

[3] D'autre part, nous lisons dans le *Manuscrit de Malebaysse* que : « les premières personnes qui moururent de la peste, en 1653, furent dans la maison du sieur Ladebat, marchant. Sa femme mourut la première, puis la mère du sieur Ladebat, ensuite quatre enfants qu'il avait, puis le sieur Ladebat, son frère prébende de Saint Etienne, enfin leur valet et leur servante ; en sorte qu'en huit jours il mourust dix personnes en cette maison. Cette maladie s'eschauffa si fort, pendant les trois mois de juillet, aoust et septembre, qu'on estime qu'il périst dans la ville ou de ceux qui avaient fui à la campagne la moitié des habitants d'Agen. On portait les morts à charrette à la loge Renaud. »

nombre en feust très grand : et depuis le mois de juin jusques au mois de novembre de la même année, il en mourust pour le moins plus de six mille : la pluspart estaient des menisteraux et de pauvres gens ; il ne resta en toute la ville presque aucune personne de condition. Tous se sauvèrent à la campagne, et de tous ceux qui demeurèrent dans la ville, ny avait pas en tout le nombre de cent personnes et peu de ceux-là se peurent-ils sauvès sans estre frappez de peste ; il n'y eust couvent de religieux ny religieuses quy ne se trouvassent enveloppés dans ce fléau et presque en tous les couvents d'hommes et de femmes il y mourust des personnes de cette maladie contagieuse. On remarqua que presque toutes les maladies ordinaires que nous avons aux autres saisons se convertissaient pour lors en pestes ou charbons. Il mourut plusieurs capucins, plusieurs carmes, aussy des augustins. Il s'exposa un père capucin et il mourust ; et aussy moururent plusieurs jacobins ; il s'en exposa deux, l'un mourust : aussy mourust quelque cordelier, quelque jésuite, quelques religieuses à l'Ave Maria, à celles de N. Dame, et peu de couvents en feurent exemptés ou exceptés ; cette année feust disetteuse en bled ; pendant la peste, il feut cher ; ce quy causa la mort à plusieurs pauvres gens ; et les pestiférés feurent mis, les uns aux pieds derrière Saincte Foy, les autres estaient espars du costé du Gravier, vers la Porte Neuve : ceste année là ces pauvres pestiférés feurent très-mal traictés, très-mal nourris, très-mal couchés [1]. La pluspart des pauvres gens se faisaient des cabanes ; ceux qui avaient moyen se fesaient de tables de sapin qu'on vendait bien chères aux pauvres gens ; la pluspart des menistereaux et des meilleurs maîtres moururent

[1] Labrunie qui s'est inspiré de la chronique du frère Hélie, nous dit à ce sujet : « On avait fait des huttes et des cabanes pour les pauvres malades le long des murs de la ville. Il en périt plus de 6000. Réduits au pain pour toute nourriture, sans potage, sans viande, sans vin, comment auraient-ils pu éviter la mort qui attaquait même les riches ? Parmi les personnes qui se distinguèrent le plus pour secourir les pestiférés, les mémoires du temps font une mention honorable de M. Ratier, avocat et consul, qui sacrifia sa vie à une aussi bonne œuvre, et de M. Baratet, qui tous les jours pendant six mois fit distribuer à l'hermitage deux livres de pain blanc à chaque auvre mendiant. » (Manuscrit de Labrunie.)

ceste année, et moy qui escris cecy comme témoing oculaire, n'ayant jamais bougé de Sainct Vincent pendant ce temps-là, et ayant veu tout ce qui se passa durant ceste peste, il est vray qu'il en mourust plus par faute d'entretien que de peste. Tout le monde abandonna ce pauvre peuble affligé. En toutes les personnes de conditions de toute la ville, je n'y remarqua qui y eussent resté que Messieurs de Mucy, receveur [1]; toute sa famille se trouva infectée de la contagion ; une petite fille luy mourut et une chambrière. Messieurs Ratié et Le Duc, consuls [2], restèrent en ville et le sieur Leydet; ces quatre personnes feurent ceux quy pourvurent à tout : ils firent prou mal les affaires de ces pauvres pestiférés, d'autant que la ville estait pour lors pauvre, ayant eu plusieurs fléaux à la fois [3]; tellement que ceux quy gouvernaient n'ayant point d'argent, tout ce qu'ils peurent faire feust de fournir un peu de pain chaque jour à ces pauvres misérables ; pour de vin ils en eurent peu; on leur avait donné à despartir quinse ou tant de barriques de vin de l'Éveschè; mais ces pauvres gens me disait qu'il ne valait rien, et aymait autant d'eau. Si on eusse assisté ce pauvre peuble, comme on faict aux villes bien polissées, on eusse sauvé la vie à plus de trois mille personnes quy moururent par faute d'avoir les choses nécéssaires à la vie. En leur plus grande maladie, ils n'avaient ny bouillon, ny viande, ny chose aucune capable

---

[1] M. de Mucy avait joué l'année précédente, en 1652, comme jurat de la ville d'Agen, un rôle important dans l'émeute des derniers jours de mars. (Voir notre travail : *Une fête et une émeute à Agen pendant la Fronde*. Revue de l'Agenais, tom. II, 1875.) Il fut l'un des plus fervents soutiens de la cause du Roi.

[2] Un autre consul, dont ne parle pas le Frère Hélie, M. de Laboulbène, mourut également un des premiers de la maladie contagieuse. (Voir, dans le Journal des consuls (Archives municipales : Série BB. — Reg. 61) les belles funérailles qui lui furent faites.)

[3] Indépendamment de la guerre civile et des émeutes quotidiennes qui avaient ensanglanté, au commencement de 1652, les rues d'Agen, la Garonne déborda le 25 et le 26 juillet de la même année, envahit toute la ville, et laissa, en rentrant dans son lit, un tel limon dans les rues, que les miasmes qui s'en exhalèrent déterminèrent les premiers symptômes de la maladie.

de soulager un pauvre malade. Il y avait quantité de bled, vin, lart et choses semblables dans la ville ; et de gens zélés et hardis s'en feussent bien peu servir pour le soulagement de ce pauvre peuble et pour sauver la vie à nos prochains que Dieu nous recommande d'assister dans leurs extrêmes nécessités. De tous les prestres d'Agen il n'en resta que le seul M. Launet : tout le reste sortit de la ville. M. Baratet, consul d'Agen, mourut cette année d'une fièvre continue de dix ou douze jours ; il mourut à une méterie (de luy ?) tout proche l'hermitage de Saint-Vincent ; il demanda d'y être enseveli après sa mort, ce quy feust faict. Et sa femme, voyant le grand nombre de pestiférés, donna d'argent à frère Vincent, ermite, quy, pendant six mois, tous ceux quy se présentèrent à la porte de l'hermitage avaient deux sols de pain blanc. Cette honnette veuve donna ceste année-là pour les pauvres pestiférés environ de deux cens escus ; et pour ce moyen, elle sauva la vie à plusieurs pauvres personnes qui eussent péry sans ce secours. A Dieu en soit toute la gloire ! »

La veuve du consul Baratet ne fut pas la seule dont la générosité mérite d'être signalée en ces tristes circonstances. Une grande dame de l'époque, la célèbre Anne de Maurès, plus connue sous le nom de Nanon d'Artigues et qui savait si coquettement imposer ses volontés au duc d'Epernon, fit don à l'ermitage de Saint Vincent, après la terrible contagion, et nous dit M. l'abbé Barrère, peut-être par suite de quelque vœu [1], de riches et de nombreux ornements d'église, notamment d'un magnifique rétable dont les belles ciselures étaient dues au frère Hélie lui-même. Toutes les classes de la société du reste voulurent s'associer aux prières, donations et fondations qui furent faites de toutes parts pour implorer le Ciel et lui demander de mettre un terme au terrible fléau. C'est ainsi que nous voyons les pieuses démarches faites par les Consuls et les Jurats de la ville pour obtenir les reliques de Saint-Phébade, « à la protection duquel, nous dit le journal consulaire, la ville dut d'avoir été

---

[1] *Ermitage de Saint-Vincent de Pompéjac* par M. l'abbé Barrère. (Chapitre XVI, p. 189.)

délivrée[1]; et l'ordre qui fut par eux donné de les conserver pieusement dans une châsse d'argent.» C'est à cette occasion, nous dit Labrunie dans son manuscrit, «que fut instituée la procession générale du 16 avril, celle où nous célébrons la fête de Saint-Phébade, et où, en reconnaissance du bienfait que nous croyons devoir à l'intercession de notre évêque, un de nos consuls au nom de la ville, participait à la table sainte à la Cathédrale.» De nombreux emprunts furent également contractés par l'assemblée des trois ordres pour subvenir aux frais nécessités par la maladie contagieuse [2].Mais un des actes les plus curieux de cette triste époque, et qui dénote combien était vive la foi des habitants d'Agen et grande leur reconnaissance envers le Ciel, fut précisément celui de la fondation de la chapelle de la Loge.

Il existait en ces temps-là, à Agen, un certain Martin Grou, surnommé Saint-Martin, natif de Saint-Germain-en-Laye, qui avait rendu à la ville d'immenses services pendant la peste, en qualité de *désinfecteur*. Cet emploi consistait à assainir les maisons où quelque cas de maladie s'était produit. Les infects, on le sait, devaient aussitôt quitter la ville et gagner les huttes spécialement construites pour les recevoir, qui entouraient Agen d'une lugubre ceinture, principalement du côté de la Porte-Neuve et des champs de Renaud. Mais le personnel des chirurgiens et aide-malade se trouvait tout à coup si restreint qu'il ne restait souvent que deux ou trois préposés qui courageusement se voyaient obligés de cumuler les fonctions de médecin, distributeur de vivres, désinfecteur et même de corbeau[3]. C'est ce qui arriva en 1653 pour Martin Grou qui est plus d'une fois qualifié de maître-chirurgien et maître-désinfecteur. Son costume était le même que celui qui fut prescrit aux chirurgiens lors de l'épidémie de 1629. Nous lisons en effet dans une vieille chronique de l'époque : « quand ils marchaient par la ville, ils avaient une soutane de treillis noir et un baton blanc en main, ainsi qu'un guide qui marchait devant eux pour faire retirer le peu-

[1] Archives municipales. Série BB. Reg. 57.

[2] Archives municipales. Série BB. Reg. 60 et 61.

[3] « On appelait corbeaux ceux qui, dans un temps de contagion, enlevaient les pestiférés, soit pour les porter à l'hôpital, soit pour les enterrer. »

ple, et gagnaient lesdits chirurgiens 50 escus par mois et bouche en cour. Quatre hommes s'exposaient pour enterrer ceux qui mouraient de ladite maladie. Ils étaient vêtus chacun d'une casaque blanche. Ils allaient quérir les morts en leur maison et les mettaient dessus un charriot. Deux desdits corbeaux tiraient le charriot avec des cordes et les deux autres le poussaient par derrière. Ces morts étaient portés en terre (en 1629) à cette place qui est à la tour du Bourdel, laquelle place avait été bénite. Lesdits corbeaux gagnaient vingt francs par mois et avaient bouche en cour. Ils étaient logés à ladite tour, jusqu'à ce que MM. les Consuls leur eussent fait bâtir une maison auprès de la loge de Renaud. Après que les chirurgiens et corbeaux furent logés dans la ville, les corps morts des infects furent enterrés à Renaud, et les huttes, pour loger les infects avant leur mort, furent faites au prés derrière la loge dudit Renaud. »

Ces champs de Renaud, si célèbres autrefois, se présentent donc à cette époque sous l'aspect d'un grand parc de malades en même temps que d'un triste cimetière [1]. Les chapitres des deux églises à qui ils appartenaient toujours, et qui avaient bien voulu les céder aux malheureuses victimes de la contagion, s'émurent de cet état de choses et demandèrent à l'évêque qu'il fut construit une chapelle à ce nouveau cimetière qui s'agrandissait tous les jours. Les vicaires généraux se firent aussitôt les interprètes de cette proposition et les consuls l'appuyèrent de tous leurs vœux [2]. C'est alors que nous voyons apparaître Martin Grou, le pauvre désinfecteur, qui vint revendiquer l'honneur de faire construire la chapelle en question, « en reconnaissance et actions de grâces de ce qu'il avait plu à Dieu le conserver parmi les périls si évidens de la maladie con-

---

[1] Nous voyons aux Archives municipales (série BB. Reg. 62), que l'inondation de 1662 ayant causé de grands dégats à la chaussée du Gravier, on proposa, le 14 novembre 1662, à la Jurade de prendre, pour effectuer les réparations « les restes des murailles des loges, au bout du Gravier, qui servaient autrefois pour le logement des maîtres des basses-œuvres et des corbeaux au temps de peste (qui) sont entièrement par terre et ne peuvent de rien servir » ; cette proposition fut adoptée.

[2] Archives municipales. Livre des Jurades. (Série BB Reg. 57).

tagieuse.» Les Consuls, parmi lesquels on voit figurer noble Joseph de Lescale de Vérone, n'hésitèrent pas; et, le 5 décembre 1668, par acte public, ils abandonnèrent à Martin Grou, «en considération des services qu'il avait rendus au public, ès années 1652, 1653 et 1654, que ladite ville fut afligée de la peste, quatre cartonnats de terre situés aux lieux appelés les Loges de Renaud, ou de tout temps ont été ensevelis les morts en temps de maladie contagieuse,» pour y faire construire une chapelle en l'honneur du bienheureux Saint-Roch [1]. Martin Grou se mit immédiatement à l'œuvre; et, après avoir obtenu la permission de l'évêque Claude Joli, (ainsi qu'il résulte de la requête qu'il lui adressa) [2], il fit construire à ses frais et dépens, près de la loge, l'humble chapelle qui depuis en prit le nom. Tout le clergé d'Agen et tous les hauts fonctionnaires tinrent à honneur d'assister à la pose de la première pierre qui eût lieu solennellement le 9 avril 1669 [3]. «Les murailles furent bâties en

---

[1] Archives départementales. Série B. Reg. 79.

[2] Archives de l'Evêché d'Agen.

[3] Le journal des Consuls s'exprime ainsi à ce sujet : « Le neuviesme avril 1669, s'est présanté dans l'hôtel de ville Martin Grou, lequel nous a priés de vouloir nous porter au lieu de Renaud sur les quatre heures du soir de ce jourd'huy pour acister à la cérémonie du plantement de la Croix et poser la première pierre fondamentale de la chapelle qu'il désire faire bastir, qu'il a dédiée à l'honneur de Saint-Roch. A laquelle prière inclynant, nous nous somes transportés audit lieu de Renaud, en corps, avec nos chaperons et livrées consulaires, accompagnés de quantité de jurats, lesquels nous avons faict prier de s'assembler dans la maison de ville, au son de la cloche, et nostre secrettaire, trésorier et autres officiers de la maison de ville, estant escortés de notre cappitaine du guet et de nos soldats avec leurs armes; et faict porter une pierre gravée portant pour inscription : *Petrus tu es Petrus et super hanc petram edifficabo ecclesiam meam. C'est la pierre fondamentale de la chapelle que Martin Grou, patron d'icelle a dédiée à l'honneur de Saint-Rocch, laquelle pierre a esté pozée par Messieurs les Consuls de la présente ville de l'année 1669, le 9e avril au dit an.* » Et, là estans, aurions acisté à la cérémonie faicte par M. de Saint-Amans, chanoine en l'esglise cathedralle Saint-Etienne, et curé de la Capelette ; et, après le plantement de la croix et bénédiction de ladite pierre, ladite pierre a esté pozée dans les fondemens de ladite chapelle par noble Joseph Delas, sieur de Mazères, premier consul, acisté de ses collègues et autres messieurs cy-dessus desnommés. » (Archives municipales, série BB. Reg. 61.)

pierres et en briques : elles eurent cinq cannes de longueur et quatre de largeur. La voute fut également construite avec un mélange de pierres et de briques rouges.» Martin Grou s'engagea en outre à la meubler et à la parer. Il y fonda douze messes et «céda aux sieurs curés de la chapelle Renaud (La Capelette) la somme de deux cents livres, sur le provenu de cette somme, pour être par leurs vicaires acquittées lesdites messes, une, le jour de la commémoration de tous les fidèles trépassés, les autres, une chacun des jours ci-après marqués, savoir : le premier lundi du mois de décembre, janvier, février, mars, avril, mai, juin et juillet, pour le repos de l'âme du fondateur et de celles des habitants d'Agen, particulièrement de ceux morts de la peste, les années 1652 et 1653 que cette ville en fut affligée ; les trois autres, le jour de l'octave de l'Assomption, de la fête de Saint-Roch, et de celle de Saint Louis ; le reste du revenu est destiné à réparer la chapelle.» Le sieur Paul Boudon de Saint-Amans, prêtre chanoine et portier en l'église cathédrale d'Agen, et en cette qualité curé des paroisses Sainte-Radegonde, Saint-Sulpice de Boë et Renaud, reçut et accepta cette fondation par contrat passé entre lui et Martin Grou, «se réservant pour lui et ses successeurs le droit de faire toutes les fonctions requises dans ladite chapelle privativement à tous autres.» Le 22 mars 1669, les Consuls d'Agen [1], à qui furent montrés et notifiés les deux contrats, acceptèrent la cession qui avait été faite par Martin Grou au curé de Saint-Amans de la somme de deux cents livres ; et comme ils la devaient eux-mêmes à Martin Grou, « pour services rendus à la ville », ils s'engagèrent formellement par contrat à la payer. Enfin, huit jours après, le 31 mars 1669, l'acte de fondation de la chapelle fut homologué solennellement par Monseigneur Claude Joli, évêque d'Agen, qui accorda à Martin Grou, sur sa demande, le droit d'être enseveli dans ladite chapelle, « en tel lieu qu'il lui serait marqué par ledit sieur curé [2]. » Il fut décidé en

---

[1] C'étaient : MM. de Mazères, Delas, de Raignac, de Fabre, Lagarrigue, Bissières et Bru.

[2] L'acte de fondation, la requête de Martin Grou à Mgr l'évêque, l'acte d'acceptation du curé de Renaud et enfin le contrat passé avec les Consuls, se trouvent *in extenso* aux Archives de l'évêché d'Agen.

même temps par les deux chapitres de Saint-Etienne et de Saint-Caprais que la vieille procession du lundi et du mardi de Pâques au prieuré de Renaud aurait lieu dorénavant le jour même de Pâques, à l'issue de vêpres, à la chapelle de la Loge, et « qu'il y serait fait une distribution particulière pour ceux qui y assisteraient. »

La fondation de la chapelle de la Loge par Martin Grou, ainsi que les tristes cérémonies qui en ces temps d'épidémie s'y accomplissaient presque journellement, fixèrent plus particulièrement l'attention des habitants d'Agen sur les antiques champs de Renaud. Un membre d'une des familles les plus considérables de la ville, M. de Las de Goyon, maréchal de camp, légua vers cette époque une somme de vingt-quatre mille livres pour établir dans Agen un hôpital-manufacture. Notre célèbre évêque Jules de Mascaron, qui avait remplacé en 1679 Mgr Claude Joli, et qui, pendant vingt-quatre ans, se montra toujours si jaloux de secourir le premier toutes les infortunes, sut mettre immédiatement à profit les dernieres volontés du pieux testateur, et il demanda au Roi des lettres-patentes pour l'établissement d'un hôpital général. Cet hôpital devait réunir à lui seul et hors ville les malades dispersés ça et là dans les divers hôpitaux d'Agen, tels que ceux du Martyre, du Saint-Esprit, des Ladres, et autrefois de Saint-Antoine, de Saint-Jacques, de Saint-Georges et de Saint-Michel. L'intérêt des habitants d'Agen, ainsi que la santé publique, étaient trop directement en cause pour que la demande du grand évêque ne fut pas aussitôt accordée. Les lettres-patentes furent données en 1685, ainsi qu'il résulte des archives de la ville[1], et l'Évêque vint l'année après, le 8 avril 1686, en procession générale, y poser la première pierre en présence de tout le peuple et des principaux magistrats Tout le monde contribua à cette fondation éminemment utile, et nous voyons que l'Assemblée des trois ordres avait déjà fait, le 10 mai 1677, donation aux fondateurs de l'hôpital-manufacture de la Loge de Renaud ainsi que de toutes ses dépendances[2]. Apres tant de vicissitudes, le vieux prieuré de

[1] Archives municipales. (Série BB. Reg. 61, 64, 83). Idem, Archives départementales. (Série B. Reg. 97.)

[2] Archives municipales. (Série BB. Reg. 62.)

Renaud vit encore de beaux jours, et sur cet emplacement où naguère se déroulait le lugubre cordon des huttes des pestiférés, surgit tout à coup le grand et bel édifice qui reçut le nom d'hôpital Saint-Jacques et qui rend encore à la ville de si nombreux services.

—Seule, au milieu de toutes ces démolitions qui furent faites alors sur les champs de Renaud, resta debout la petite chapelle de la Loge. D'abord ornée et embellie par les dons des fidèles, elle suivit bientôt la loi commune : et, comme tout ce qui est vieux et rappelle une époque déjà lointaine, elle fut peu à peu négligée, oubliée, puis abandonnée tout à fait. Nous trouvons aux Archives de l'Évêché un curieux procès-verbal de la visite qu'y fit, en 1734, Monseigneur Jean d'Yse de Saléon, évêque d'Agen de 1728 à 1735, et qui, pris de pitié pour la pauvre chapelle, ordonna qu'on la réparât. Le voici *in extenso* avec tous les détails qu'il nous donne sur sa construction primitive et actuellement sur son état délabré : «Nous sommes partis de l'Eglise de N.-D. de la chapelle Renaud, pour nous rendre dans la chapelle vulgairement appelée *de la Loge*... Cette chapelle est bâtie auprès de l'allée appelée du Gravier : elle est de pierre et de brique d'environ douze pas de long et huit de large. Le haut des murs est en mauvais état : il y a de grands trous près de la chapelle et tout le long desdits murs, en sorte que ladite chapelle n'y est pas fort assurée. Elle est toute dépavée ; elle a été lambrissée, mais il ne reste pas la moitié des planches du lambris et il est tout délabré : le toit est aussi fort dérangé. Il y a un sanctuaire élevé d'une marche au-dessus du plan du reste de la chapelle ; au-dedans et contre le mur bâti au-devant et à une petite distance de celui qui termine le corps de la chapelle, il y a un autel dont le dessus est brisé, sans pierre sacrée, ni aucun ornement dont l'autel devrait être paré. Il y a cependant un gradin de bois peint à fleurs et quelques figures ; un tableau d'environ huit pieds de haut sur six de large qui aurait seulement besoin d'être repassé ; il est garni d'un cadre peint. Au bas de l'autel, un marchepied de bois à une seule marche. L'espace entre les deux murs marqués ci-dessus forme une sacristie qui a une porte fermant à clef du côté du sanctuaire. Il y en avait une autre du côté du levant qui avait issue dans le cimetière et qui a été fermée de briques placées l'une sur l'autre sans ciment pour les unir. Le devant de ladite chapelle est ouvert à trois grands arceaux dont les deux extrémités sont garnies de barreaux de bois en forme de claire voie : celui du milieu sert de porte ; il y a à celui-là un portail qui ne ferme pas fort sûrement.» « On ensevelit dans cette église, ajoute le procès-verbal, les cadavres des pauvres renfermés dans la manufacture. Il y a autour un petit cimetière où l'on ensevelit les personnes suppliciées, ou que l'on trouve mortes, ou qui sont sans aveu. Le cimetière est tout ouvert ; et l'on nous a dit que plusieurs cadavres avaient été déterrés par les animaux. »

Construite pour rappeler l'épidémie de 1653, la chapelle de la Loge nous apparaît donc toujours, après un siècle de distance et malgré les constructions superbes qui l'avoisinent, sous un aspect des plus misérables et comme une sorte de Morgue, servant de dernier refuge aux suppliciés et aux noyés. Jusqu'à la Révolution, et grâce aux quelques soins qui lui furent donnés par ordre de l'évêque, elle garda ce triste caractère. A dater de ce moment elle fut tout à fait abandonnée. Au commencement du siècle, on voyait encore, paraît-il, au bout de l'allée du Gravier et comme enveloppée par les branchages épais des derniers ormeaux, l'humble abside du petit oratoire. Déjà depuis longtemps, toute trace d'édifice a entièrement disparu.

— Et maintenant, que reste-t-il du vieux prieuré bénédictin ? Pas même un souvenir. Il a fait place aux bâtisses modernes qui bordent du côté droit la grande route de Layrac ; et l'élévation du pont de de pierre et de la chaussée qui y aboutit cache jusqu'à son emplacement aux promeneurs du Gravier. Le culte catholique lui-même, si jaloux cependant de conserver, au milieu de l'indifférence moderne, les pieuses traditions du passé, semble l'avoir tout à fait oublié. Puisse néanmoins l'archéologue qui vient encore fouiller les champs de Renaud, et, de loin en loin, y découvrir soit une médaille antique, soit un débris de vieille mosaïque, ne pas oublier, grâce à ces indications, que là fut autrefois la vieille forteresse qui rendit à nos ancêtres plus d'un service signalé. Puisse le poëte qui, aux premières bouffées du printemps, vient poursuivre dans les jolies oseraies qui bordent la Garonne son rêve enchanteur et toujours fuyant, se rappeler que, sous ces fleurs de mai qu'il cueille avec délices, sont ensevelies les pauvres victimes de la peste, et que ces gazons embaumés, qui lui offrent de si doux refuges, ont été maintes et maintes fois bénis comme terre sainte par les solennelles processions de l'ancien clergé d'Agen !

CHAPITRE II.

LES ANNONCIADES.

« S'ensuyt le livre du Registre des Sœurs du Couvent de l'Ave Maria de la présente cyté d'Agen, faict l'an mil cinq cens xxxiii et le cinquiesme novembre.

« Au nom de Dieu et de sa très digne Mère la Benoite Vierge Marie, sy commence le livre des registres de ce présent couvent nommé de la Vierge Marie, en ceste cyté d'Agen, auquel déclarerons les principales choses, c'est des fondateurs et bienfaiteurs, des prélats, prélates et confesseurs, des novices et professes, etc. »

Tel est l'en-tête du journal du Couvent de l'Annonciade de la ville d'Agen, qu'une bonne fortune nous a permis de découvrir et de copier en son entier, et dont nous allons sans plus tarder faire bénéficier nos lecteurs [1]. Nous n'en reproduirons toutefois que les passages les plus intéressants, laissant de côté une foule de fastidieux détails qui ne nous apprennent rien. Nous y joindrons, selon notre méthode habituelle, les documents particuliers et jusqu'à présent inédits que nous avons pu découvrir sur ce très-ancien couvent

[1] Une copie de ce manuscrit, prise sur l'original malheureusement aujourd'hui disparu, existe aux Archives départementales de Lot-et-Garonne. Elle provient de la collection de Madame la comtesse Marie de Raymond.

de religieuses, le premier qui ait été fondé dans l'enceinte intérieure de la ville d'Agen.

Mais avant d'aborder l'histoire même de cette communauté, indiquons sommairement quelle fut l'origine de l'ordre de l'Annonciade et comment notre cité reçut dans ses murs les pieuses filles de la Vierge Marie [1].

Fille de Louis XI et de Charlotte de Savoie, Jeanne de Valois naquit le 23 avril 1464. Reléguée dans le triste château de Plessis les Tours, sa jeunesse s'écoula au milieu des œuvres de piété et de dévotion. Jeanne épousa le duc d'Orléans le 7 mars 1480; mais son mariage ne fut pas heureux. Délaissée presque aussitôt après par son mari, elle subit le divorce qu'il lui imposa, dès qu'il eut été proclamé roi de France sous le nom de Louis XII, le 17 décembre 1498; et de ce moment elle n'eut plus qu'une consolation, la vie religieuse. Tournant sans cesse ses regards et ses espérances vers la Vierge Marie, Jeanne de Valois résolut de fonder en son honneur un Ordre régulier, et, soutenue par les conseils éclairés du Père Gabriel Marie, de l'Ordre de la Régulière Observance, elle obtint, après deux refus du pape Alexandre VI, une bulle de confirmation, en date du 15 février 1501. De ce jour l'Ordre de l'Annonciade ou des dix vertus de la Vierge Marie était fondé.

Le nouvel Ordre s'inspire, en effet, en les prescrivant aux pieuses filles qui l'adoptent, des principales vertus de la femme : la chasteté, la prudence, l'humilité, la foi, la dévotion, l'obéissance, la pau-

[1] Monsieur le chanoine Hébrard, aujourd'hui grand vicaire de Monseigneur l'Evêque d'Agen, a publié, il y a déjà quelques années, une étude des plus approfondies et des plus remarquables sur « *Sainte Jeanne de Valois et l'ordre de l'Annonciade, précédée d'une introduction sur la Vie religieuse* (Paris, librairie Poussielgue, rue Cassette, 15, 1878). Nous renvoyons aux pages éloquentes de notre savant compatriote ceux de nos lecteurs qui désireraient connaître, dans leurs moindres détails, les premières difficultés qu'éprouvèrent les fondateurs de l'Ordre, son but, sa règle, son esprit particulier, ses privilèges, ainsi que les principales phases de son existence, depuis sa fondation jusqu'à nos jours.

vreté, la patience, la piété et la compassion. Prières et règlements, tout se rapporte au culte de la Vierge. Aussi l'Ordre porte-t-il le nom de l'Ave Maria ou de l'Annonciade, en souvenir du mystère de l'Annonciation. La règle est des plus sévères : outre la clôture perpétuelle, les religieuses sont astreintes aux jeûnes, au silence, aux macérations. Leur costume, imposé par la pieuse fondatrice, est de différentes couleurs. Il consiste « en une robe grise, un scapulaire d'écarlate, une simarre bleue et un manteau blanc. » La robe leur désigne la pénitence ; le scapulaire d'écarlate leur rappelle la Passion de Jésus-Christ ; la simarre bleue, qu'elles avaient au début et qui depuis fut changée en un ruban de même couleur d'où pend une médaille d'argent, leur apprend qu'elles doivent sans cesse élever leur âme vers le ciel ; leur manteau blanc les avertit qu'elles doivent toujours conserver la pureté de la Vierge. Enfin, elles portent au doigt un anneau, symbole de leurs fiançailles avec Jésus-Christ[1].

Le premier monastère des religieuses de l'Annonciade fut fondé à Bourges par Jeanne de Valois, qui s'y retira et y vécut jusqu'à sa mort, arrivée le 4 février 1504. De nombreux miracles s'opérèrent sur son tombeau. « On raconte qu'en 1552 un calviniste, ayant violé sa tombe, entendit tout à coup des soupirs humains. Pris de frayeur il prévint ses camarades, dont l'un enfonça son épée dans le cœur de la princesse. L'épée en sortit toute sanglante, et aussi-

---

[1] *Histoire des Ordres monastiques*, par le Père Hélyot, tome VII. Voir aussi *l'Encyclopédie Théologique* de l'abbé Migne : Dictionnaire religieux, tome I, p. 230 et suiv.

Monsieur l'abbé Louis Bordes, vicaire général d'Agen, a fait réimprimer en 1867, à Agen, la *Règle des religieuses de l'ordre de la B. V. Marie*, ou autrement appelée de l'Annonciade ou des dix Vertus de Notre-Dame, avec les Déclarations ou Eclaircissements sur la Règle, les Statuts et les Cérémonies du même Ordre, d'après l'édition faite à Paris en 1681, chez Gabriel Martin. (Agen, imprimerie Noubel, 1867.)

Quatre ans auparavant, avaient également paru à la même imprimerie : *Les offices propres à l'usage des religieuses de l'ordre royal de l'Annonciade.* (Agen, imp. P. Noubel, 1863).

tôt après il sortit de la plaie du sang en abondance [1]. » Grâce aux privilèges que les Papes et les Rois accordèrent à la pieuse institution, elle prit bientôt un grand développement, et, pour ne parler que de la France, de nombreux couvents s'élevèrent presque aussitôt à Alby, à Béthune, à Louvain, à Rodez où mourut le Père Gabriel Marie, à Bordeaux en 1521, enfin à Agen.

Ce fut un chanoine de l'église cathédrale de Saint-Etienne et aussi de Saint-Caprais, Vincent Bilhonis, grand official, vicaire général de l'Évêque d'Agen, et en même temps doyen du chapitre de Pujols, qui fonda à Agen le couvent de l'Annonciade. Il s'entendit à cet effet avec le Père de Saint-Félix, provincial d'Aquitaine, dont la sœur était supérieure, ou comme on les appelait *Mère Ancelle*, du couvent de Bordeaux, et il proposa de faire tous les frais de fondation et de construction du couvent. Ses offres furent acceptées avec empressement, et les premières religieuses arrivèrent de Bordeaux à Agen, au mois de janvier de l'année 1533. Les Consuls, nous apprennent nos archives locales, tinrent aussitôt à honneur d'avoir le patronage du nouveau couvent [2], et quelque temps après, ils étaient même investis de son administration et de la gestion de ses biens [3].

Vincent Bilhonis, l'auteur du fameux bréviaire qui refondit entièrement la liturgie de l'Eglise d'Agen et qui depuis a été le sujet de si nombreuses controverses [4], mourut à Agen en 1536, laissant un testament où il comblait de dons les religieuses de l'Annonciade

---

[1] Père Hélyot, tome VII. Voir aussi : *Histoire de Sainte-Jeanne de Valois*, par Messire Louis Dony d'Attichi, Paris, 1644. Idem par le Père Paulin Dugast, le Père de Bourg, le Père de Mareuil, l'abbé Moulinet, etc., etc.

[2] Archives municipales d'Agen, BB. 25.

[3] Archives municipales, BB. 26.

[4] Voir à cet égard l'analyse du travail de Labrunie par M. Ad. Magen : *Dissertation sur les livres liturgiques de l'Agenais. Recueil de la Société*, tome I, deuxième série, p. 237 et suiv. — Voir aussi : *Essai sur les Evêques d'Agen*, par M. l'abbé Combes, pages 6 et suiv. — Idem : abbé Barrère, Labénazie, Argenton, Labrunie, J. Andrieu (Bibliographie Agenaise, t. I p. 82), etc.

et les instituait même ses héritières universelles. On peut dire que cet acte mémorable est le véritable titre de fondation du Couvent.

Encore inédit, le testament de Vincent Bilhonis, écrit le 19 mai 1536 dans sa maison de Pechredon, paroisse de Saint-Julien de Boissaguel, juridiction de Puymirol, diocèse et sénéchaussée d'Agen, nous a été conservé par l'abbé Tournié, qui l'avait copié « sur un vidime fait et collationné par ordre du juge royal de la ville et juridiction de Penne d'Agenois, déposé au greffe dudit lieu le 16 avril 1624 [1]. » Nous croyons utile de reproduire ici in-extenso le passage relatif au couvent de l'Ave Maria :

« ... Et quia heredis institutio est caput et fundamentum testamenti seu ultimæ voluntatis, cum à pauco tempore citra per Reverendum Patrem Dominum de Sancto Felice, ordinis Sancti Francisci Observantiæ ut conventum in honorem Dei et Virginis gloriosæ, dictum et vocatum *de l'Ave Maria,* fundare et instituere vellet, idem testator requisitus fuerit et devotione Dei et Virginis Mariæ pro incipiendo dictum conventum trecentum livras turonenses eidem de Sancti Felice, seu de ejus mandato realiter tradidisse et solvisse dixit ; et quia de præsenti in eodem conventu sunt aliquæ religiosæ, si tamen dictum opus imperfectum est et non fit servitium ut fieri debet ratione paupertatis et ob defectum bonorum, ideo insequendo piorum et primam voluntatem fundationis ipsius ; et ut servitium Dei et Virginis Mariæ melius fiat, voluit et ordinavit idem testator quod in dicto conventu sive monasterio sint viginti virgines religiosæ et una prioressa, et quod omnes sunt honestæ et ex bonis parentibus et non bastardæ et neque spuriæ, vivant juxta regulam fundatam et institutam et secundum statuta dictæ religionis, et de numero quarum viginti religiosarum ipse testator voluit et ordinavit esse alteram trium filiarum mei Jordanis Bordini notarii publici subsignati, videlicet Mariæ, Naudelæ et Joannæ Bordini, quam ego maluero et nominabo, quam

---

[1] Ce manuscrit est actuellement déposé aux Archives du Petit Séminaire d'Agen.

voluit per prioressam, et alias religiosas ipsius monasterii et alias ad hoc ejus authoritatem habentes in eodem conventu sive monasterio ad mei voluntatem recipi, nutriri, doceri et interteneri tanquam religiosam dicti monasterii; absque eo quod pro dicto ingressu religionis mei prædictæ filiæ, alimentis nutrimentis, doctrinâ et intertenementis illius ego teneor aliquam dotem, pecuniæ summam aut aliquod aliud dare prædictæ religioni et religiosis vel aliter cuicumque personnæ si prædictam filiam meam quam in religiosam nominabo et religioni prædictæ dedicabo, gratis in dictâ religione recipi per prædictam prioressam et religiosas voluit, jussit et mandavit. — Et pro vita et substentatione prædictarum religiosarum et eorum servitiorum, ac ut divinus cultus augeritur, dedit ultimæ ejus præsentis voluntatis præterrita omnia alia sua bona mobilia et immobilia, præsentia et futura, sive sint actiones, debita et alia jura solvantur in prius dictis legatis ejus et debitis, et dictum monasterium et conventum dictarum religiosarum ejus hæredem universalem et generalem instituit, revocando et cassando omnia et quæcumque alia testamenta per eum prius facta et etiam quascumque donationes et alias ultimas voluntates, et voluit quod valeat jure testamenti codicillorum seu ultimæ voluntatis donationis causa mortis et alias omni meliori modo, via et jure quibus fieri poterit; cum hoc tamen quod dictæ religiosæ teneantur singulis diebus facere, celebrare unam missam altâ voce cum expressa oratione pro viro et defuncto sacerdote, et in fine missæ teneantur cantare altâ voce antiphonam de Virgine Mariâ, videlicet Salve Regina, cum versiculo et oratione ejusdem; et post mortem ipsius testatoris post finem dictæ missæ loco ipsius antiphonæ dicatur responsorium absolutio cum debita oratione pro sacerdote.

« Voluit tamen et ordinavit idem testator quod si in futurum contigerit aliquas Virgines ex qualitate supradictæ intrare dictum monasterium ultra prædictum numerum viginti monalium religiosarum et unius prioressæ quod eo casu tales supernumerariæ religiosæ teneantur dotem congruam et competentem dicto monasterio afferre pro earumdem alimentatione, et ne propter inopiam et penuriam victualium et bonorum temporalium dictæ religiosæ cogantur mendicare aut fame perire, propter quod diurnus cultus aut tolli aut diminui posset, voluit etiam ac expresse prohibuit dicto conventu et monasterio ac religiosis prædictis qui nunc sunt aut qui in futurum erunt executorie sui præsentis testamenti et ubicumque aliis ne prædicta ejus bona eisdem ut permittitur donata ac mediante prædicta institutione relicta vendant, alienent aut alioquovis modo distrahant, nec in alios usus et pios convertant, nisi urgens necessitas et ejusdem utilitas, habito tamen superioris consensu, hoc liquidissime exposcat, non intendens tamen ut dixit, quin si aliqui fructus supersint ex prædictis bonis collecti dictis prioressa religiosis et earum servitoribus alimentatis et nutritis possint in pias causas et alias ad utilitatem dicti monasterii exponere et evitare ; et si contingat aliqua de ejus bonis vendi temporales a quibus morentur in emphiteosi, voluit quod remaneant in manibus ipsarum religiosarum et questus sive monasterii et faciant ea vendi.

« Voluit idem testator quod eo casu talia bona vendantur ad in quantum publicum in præsenti civitate Agenni, sine aliqua fraude et liberentur plus offerenti et pretium ponatur in emptionibus obliarum aut aliorum censuum sive reditum ad utilitatem ipsius conventus et religiosarum, etc. »

Fondé de son vivant, le couvent de l'Annonciade fut donc définitivement organisé après la mort de Vincent Bilhonis, c'est-à-dire, en 1538. Voici du reste en quels termes, au sujet du saint fondateur et de ses libéralités, s'exprime le Journal même de l'Ave Maria :

« Le premier fundateur et bienfaiteur est : Très vénérable vertueux et singulier seigneur Vincent Bilhonis, vicaire général et official de Monseigneur d'Agen, chanoine des deux églises de la présente cité, lequel a baillé et donné de ses biens largement pour faire une église, et aussi laissé rentes et revenus pour la nutriture de vingt et une religieuses, comme appert par son testament.

« Ledit seigneur commença de faire son église le vingt de May, l'an mil cinq cens et trente cinq (1535); et depuis ne vescut que ung an entier ; et, à tel jour et heure qu'il eust mis la première pierre de son église, l'an révolu, rendit son esprit à Dieu, estant en sa maison de Perredon, qui est à deux lieues d'Agen; et de là fut apporté en ceste ville pour estre inhumé, et est enterré à Sainct-Etienne, en l'église episcopale, où il a laissé et faict de grands biens [1], et aussi aux autres églises de ladite ville et plusieurs autres lieux, ainsi qu'il apert par son testament qui est en ce présent couvent; lequel aussi laissa et institua les religieuses ses héritières universelles. »

Et le journal ajoute : « Le onzième jour du mois de janvier de l'année 1533, l'église et couvent de l'Annonciade d'Agen a esté fondé, et en iceluy jour dit la première messe [2]. »

La première supérieure ou Mère Ancelle fut sœur Louise Daventigny, élue le 5 novembre 1534. « Ce jour-là furent mises en possession de ce présent couvent de l'Ave Maria, situé et assis en ceste cité d'Agen, les religieuses qui s'ensuivent :

« Premièrement, la vénérable Mère Ancelle sœur *Loyse Daventigny*, laquelle par avant estoit venue de Bourges, comme appert par les registres des couvens de Bourges et Alby, au commencement que le couvent de ladite cité fut receu de la province. Laquelle a esté par l'espace de dix sept ans Mère Ancelle dudit couvent, en plusieurs foys.

« Item, sœur *Marie de Rochefort*, qui fut reçue novice et faicte professe audit couvent d'Alby, au commencement dudit couvent.

« Item, sœur *Jeanne de Nuptiis*, sœur *Françoise Favatière*, sœur *Françoise de Montille*, sœur *Johanne d'Imbert* et sœur *Gabrielle de Mauléon*, lesquelles ont été novices et professes au couvent d'Alby, ainsi qu'il appert par le registre dudit couvent.

---

[1] Dans le précieux plan de l'abside de Saint-Etienne, conservé aux Archives de l'Evêché, et où sont indiquées les tombes des Evêques et principaux personnages, nous voyons que celle de V. Bilhonis se trouve du côté de l'Evangile, tout auprès de la clôture des stalles, sous le n. 32.

[2] Journal du Couvent de l'Ave Maria d'Agen.

« Et vinret du couvent de Bordeaulx deux sœurs pour le commencement de ce présent couvent. C'est à savoir : sœur *Jeanne de la Taste*, et sœur *Françoise de Saint-Félix*, novices et professes audit couvent de Bordeaux, lesquelles tant d'Alby que de Bordeaux sont venues pour commencer ce présent monastère par le commandement des Révérends Pères de Saint-Félix et Reveillhandi, lesquelles baillèrent les obédiences auxdites sœurs, en commandant et donnant autorité en leur absence aux vénérables Pères gardiens, P. F. Dominique, gardien de Bordeaux et P. F. Jean Hannequin, gardien de Castres, avec le vénérable Père confesseur Frère Jehan Vernhandi, de mettre lesdites sœurs en possession du présent monastère, et avec elles de recepvoir cinq sœurs du Tiers Ordre de Saint-François, qui estaient là, attendant leur venue pour estre reçues en l'ordre de la benoîte Vierge Marie ; et après la possession prise duditcouvent, reçurent lesdites cinq sœurs pour novices, desquelles les noms s'ensuivent : sœurs *Philippe Martelle*, *Naudine de la Coste*, *Jeanne de La Brunie*, *Isabeau Bessonne* et *Anne Du Casse*, lesquelles prirent l'habit de cette sainte religion toutes ensemble et un mesme jour, qui estait le 25e de novembre 1534, et les reçeurent le vénérable Père confesseur, Frère Jehan Vernhandi et la vénérable Mère Ancelle, sœur Louise d'Aventigny[1]. »

Telles furent les quatorze premières sœurs du couvent de l'Annonciade d'Agen, auxquelles s'adjoignirent, la même année, sœurs *Jeanne de Guillemasse*, *Rose de Nozères* et *Antoinette de Lacoste*, et bientôt après une foule de saintes filles, presque toutes sorties des familles de qualité de la ville d'Agen ou des environs.

Conformément au vœu de Bilhonis, le couvent de l'Ave Maria d'Agen fut en effet de tout temps le pieux rendez-vous des filles nobles de la région, et dans l'interminable liste des professes et des novices que reproduit le journal et dont nous ferons grâce à nos lecteurs, nous y trouvons les noms des plus anciennes familles du pays, noblesse de robe comme noblesse d'épée.

---

[1] Journal du Couvent.

— Le couvent de l'Annonciade était situé dans le quartier de la Porte Neuve. Il occupait tout l'emplacement compris entre la maison de Lugat au Nord, la rue et la place Porte Neuve à l'Est, la

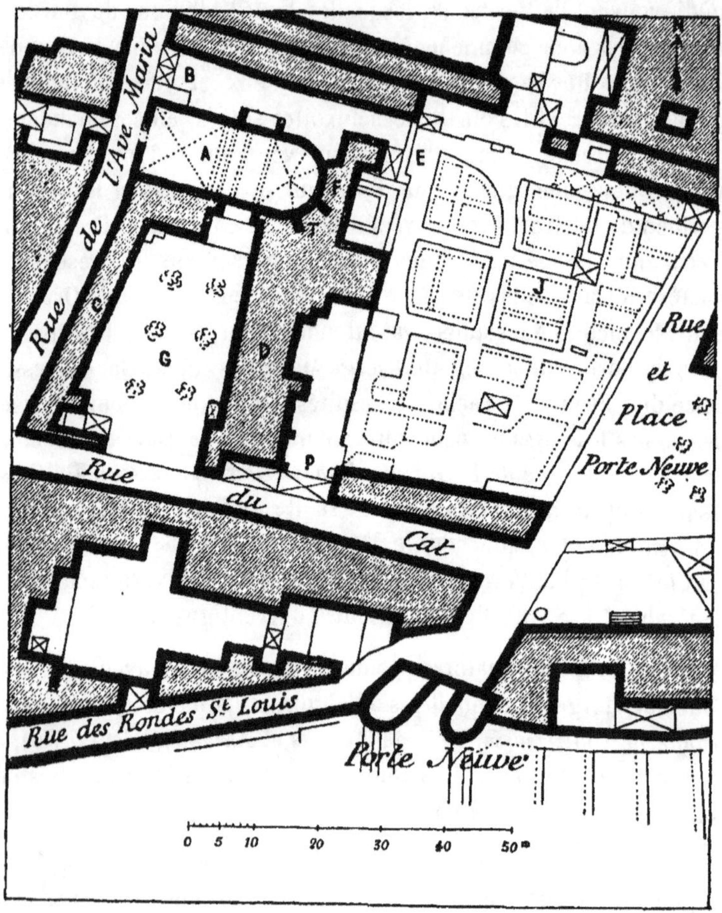

rue du Cat au Midi, et la rue de l'Ave Maria, plus tard rue de l'Union, aujourd'hui rue des Colonels-Lacuée, à l'Ouest. Cette vaste étendue de terrain est actuellement traversée par la rue de l'Angle Droit.

L'Eglise A, à une seule nef et à deux travées inégales, était terminée par un chevet pentagonal. A l'extérieur de gros contreforts soutenaient les murs de l'abside. On voit encore à l'angle de l'ancienne maison Barrau les traces F, soit d'un dernier contrefort, soit d'un simple pan de mur. Très élevée, avec une charpente à pignon fort aigu, comme celle des Cordeliers, et d'apparence fort spacieuse, du moins d'après la vue cavalière qui représente la ville d'Agen en 1648[1], l'église de l'Ave Maria avait à son extrémité sud-est, en T probablement, un clocher dont la flèche svelte et élancée atteignait presque la hauteur de celle des Jacobins. Au dire de l'abbé Barrère[2], cette chapelle était décorée de très belles verrières.

L'entrée du couvent B était située rue de l'Ave Maria, à côté du porche de l'église. Deux grands corps de logis C et D, séparés par une vaste cour G, plantée d'arbres, constituaient l'ensemble de la maison. Le plan de Lomet, que nous reproduisons ci-contre, n'indique aucune trace de cloître. Il en existait cependant, et probablement autour de cette cour G, du moins si nous en croyons un passage du journal, relatant qu'à la date de 1695, « la Révérende Mère de Bordes, portière, et sœur de La Barte, seconde portière, ont exécuté et contribué à la réparation des cloîtres, qu'elles ont fait avec beaucoup de soin et de zèle, ayant donné de quoy faire le carreau, la chaux et la main d'œuvre[3]. » Mais il est probable qu'ils furent modifiés depuis, car nous ne trouvons plus sur le plan Lomet que quelques traces d'arcades en E, derrière le chœur de l'église.

Un vaste jardin J, existant encore de nos jours, s'étendait jusqu'à la rue Porte-Neuve dont il n'était séparé que par un mur. Enfin le couvent avait une deuxième entrée P, qui s'ouvrait sur la rue du Cat.

— Vincent Bilhonis avait légué aux religieuses de l'Annonciade la plupart de ses biens, notamment sa terre de Pechredon, où il mourut. Cette propriété que le Couvent posséda, comme nous le verrons, jusqu'à la Révolution, était située dans la paroisse de Saint-Julien, au nord de Puymirol. On voit encore dans la maison assez

[1] Dans le tome Ier de notre travail sur les *Couvents d'Agen*, nous avons reproduit en tête cette vue si intéressante de la ville d'Agen.

[2] Histoire religieuse et monumentale du diocèse d'Agen, tome II, p. 388.

[3] Journal du Couvent, p. 22.

dégradée du généreux chanoine un vestibule fort élégant, vouté en croisées d'ogives, que les religieuses avaient transformé en chapelle, et, à côté, une grande salle où subsistent seuls les pieds droits d'une magnifique cheminée Renaissance en partie détruite.

Bilhonis ne fut pas le seul bienfaiteur des Annonciades. Voici, d'après le journal, quels furent ses dignes continuateurs :

« Le second bienfaiteur de ce présent monastère est maîstre *Jehan Favorelli*, hebdomadier et trésorier de Sainct-Caprasy, lequel a donné une borde et aultres biens, pour l'honneur de Dieu et de sa digne mère, pour ayder à faire construire ce présent monastère ; lequel bienfaiteur est enterré en l'église de Sainct Caprasy.

« Le tiers bienfaiteur est *Monsieur Cyprien*, chanoine de Sainct Etienne, lequel à sa mort a donné au couvent de l'Ave Maria la somme de mille livres pour son âme prier Dieu.

« Le quatrième bienfaiteur est *Monsieur l'Archidiacre de Monseigneur d'Agen* et chanoine de l'église cathédrale de Sainct-Etienne, lequel, au retour qu'il fit en son pays de Mende, duquel il estait, donna au monastère de l'Ave Maria la moitié de tout son meuble, lequel estait de grand valeur, et ce l'an 1531.

« Le cinquiesme bienfaiteur fust *Monsieur le Procureur du Roy*, qui donna à sa mort la somme de mille livres pour prier Dieu pour son âme, lesquelles ont esté mises à la réparation du monastère ; ladite somme baillée l'an 1532.

« Le sixième bienfaiteur fut Monsieur Monseigneur l'évêque de Comenges, dit *Jean de Mauléon*, lequel ayant céans sa nièce seur Gabrielle de Mauléon, et pour le bon vouloir que pourtait à ladite sa nièce et religion et désir d'icelle la augmanter, il donna en argent la somme de cent livres et plusieurs aultres biens, desquels en a esté faict la plus grand partie du couvent. Et ce fut l'an 15...

« Le septièsme bienfaiteur est *Monsieur le Recteur de Treue*, lequel donna 50 livres pour la réparation du couvent ; et ce fut l'an 1540.

« Le 1er octobre 1547, *Monsieur le cardinal de Lorraine*, évêque d'Agen. donna un jardin, joignant le couvent, à la charge de dire un Salve tous les samedis de chaque semaine.

« Le huictième bienfaiteur fut Monseigneur Sainct-Caprasy, dict *Jean de Durfort*, de la maison de Bajaumont, lequel donna 50 livres pour une messe haulte toutes les années, le jour de la Conception de Notre-Dame, en dedans les Octaves, et aussi à sa mort, laquelle fut trois ans après et laissa par testament 25 livres l'an 1548.

« Le neufvièsme fut *Monsieur de Bezat*, syndic et exécuteur du testament du fondateur Monsieur Bilhonis, lequel laissa à sa mort, tant pour sa fille que pour aumone pie, quatre cens livres, et auparavant en son vivant avait baillé ung jardin lequel valait environ deux cens livres ; et c'estait pour l'édification du couvent ; et ce fut l'an 1534.

« Le dixième bienfaiteur fut *Monsieur de La Tapie*, lequel à sa mort donna cent livres tant pour sa fille que pour le couvent ; tant bien qu'il eust fondé sa dite fille de cinq cens livres.

« Le onzième bienfaiteur fut *Monsieur Saulveur*, théologal et chanoine de Saint-Etienne, qui nous donna deux cens livres l'an 1530, à la chage que nous dirions six messes tant hautes que conventuelles. »

En même temps le Couvent s'organisait intérieurement. Nous avons vu que la première mère ancelle fut la sœur Louise Daventigny. Elle dirigea le monastère du 5 novembre 1534 à 1539. Puis sœur Marie de Rochefort la remplaça de 1539 à 1542, époque où Louise Daventigny fut réélue supérieure. Mais elle ne conserva ces fonctions que bien peu de temps ; car elle mourut quinze jours après sa nomination. Sœur Marie de Rochefort redevint supérieure jusqu'en 1545. Voici du reste la liste complète des Mères Ancelles du couvent de l'Annonciade d'Agen, depuis la fondation jusqu'à la Révolution, avec la date de leur élection :

Soeurs :

Louise Daventigny, élue le 5 novembre	1534
Marie de Rochefort	1539
Louise Daventigny	1542
Marie de Rochefort	1542
Françoise de Moncler	1545
Jehanne d'Imbert	1549
Marguerite Pailhau	1551
Françoise de Moncler	1552
Jehanne d'Imbert	1556
Marguerite Pailhau	1559
Jehanne d'Imbert	1563
Marguerite Pailhau	1567
Marie Dorée	1569
Delphine de Tessonat	1572
Marguerite Pailhau	1575
Anne de Tapie	1578

Marie Dorée................. 1581
Anne de Tapie.............. 1584
Marie Dorée................. 1587
Jehanne de Nozères.......... 1590
Catherine de Bajordan...... 1593
Marie de Lucbardes......... 1596
Jeanne de Nozères.......... 1599
Catherine de Bajordan..... . 1602
Marie de Lucbardes......... 1606
Marthe de Railhassy......... 1611
N. de Saint-Martin.......... 1614
Madeleine d'Ostabats........ 1617
Isabeau de Seintout......... 1620
Nicolle de Vaurs............ 1623
Marguerite de Gailhard...... 1626
Nicolle de Vaurs........ ... 1630
N. de Railhassy............ 1633
M. de Gailhard............. 1633
Tècle de Redon.............. 1636
Jeanne de Bouard........... 1639
Marie de Narbonne.......... 1643
Nicolle de Vaurs.. 1648
Mathurine de Villepreux..... 1653
Jeanne de Carbonnié........ 1653
Mathurine de Villepreux..... 1659
N. de Carbonnié............ 1662
Jeanne de Carbonnié........ 1665
Jeanne de Redon............ 1668
J. de Carbonnié............ 1671
Marie de Nargassié......... 1675
Marie de Bordes...... 1678
Louise de Mucy............ 1681
Louise de Mucy........... 1684
Marguerite de Narbonne..... 1687
Marguerite de Narbonne..... 1690
Marie de Sajas............. 1693
Marie de Sajas............. 1695
Louise de Mucy............ 1699
Jeanne de Monguignon...... 1702
Louise de Mucy............ 1702
Marguerite de Narbonne..... 1705
Marguerite de Narbonne..... 1708
Louise de Mucy............ 1711
Catherine de Lacoste........ 1713
Catherine de Lacoste........ 1714
Anne de Labarthe......... . 1717
N. de Raillassy............ . 1720
Elisabeth de Lisle de Villepreux 1724
N. de Raillassy............. 1727
Elisabeth de Villepreux...... 1730
Louise de Lugat............ 1733
Elisabeth de Villepreux...... 1736
Louisé de Lugat............ 1736
Louise de Sevin............ 1739
Louise de Sevin............ 1742
Marianne de Laurière de Moncaut................. 1746
Marianne de Laurière de Moncaut...... 1749
Anne de Redon............ 1751
Anne de Redon............. 1754
Marie de Regnauld 1757
Marie de Lafont............ 1763
Marie de Lafont............ 1767
Marie de Narbonne.......... 1769
Marie de Sevin du Pecille.... 1772
Louise Costas............. 1775
Marguerite de Redon des Fosses................. 1778
Marguerite de Redon des Fosses.............. 1781
Marguerite Molinier......... 1784
Marguerite Molinier......... 1785
Louise Costas............. 1787
Marguerite de Redon des Fosses[1] 1790

---

[1] Journal du Couvent, p. 62-71.

— Le journal reproduit également la liste des prélats et supérieurs qui dirigèrent le monastère, ainsi que celle des confesseurs dudit couvent :

« Le Révérend Père Maria, général de toute la religion de la Vierge Marie et premier instituteur d'icelle, a esté plusieurs fois général de l'Ordre de S. François et commissaire général et aussi provincial de plusieurs provinces ; mais il est trépassé devant que ce présent couvent fut fait ; lequel est enterré au couvent de la Vierge Marie de Rodès, et trespassa l'an 1533 et le 22 d'aoust.

« Le second prélat fut le Révérend Père de Saint-Felix, premier inventeur de faire édifier un monastère de la Vierge Marie en la présente cité d'Agen, à la requeste de sa sœur religieuse de ceste religion, laquelle fut mère ancelle du couvent de Bordeaux où elle est enterrée. Iceluy R. Père a été plusieurs fois provincial de cette province d'Aquitaine et d'autres, et protecteur des filles de la Vierge Marie. Il est enterré au grand Couvent de Toulouse des Frères de l'Observance. En son vivant, il a faict venir les premières religieuses pour commencer et instruire ledit couvent en religiosité.

« Le tiers prélat et gouverneur de ce présent monastère a esté le Père Révérend Raveillhandi, qui estait provincial quand les sœurs ont été transférées d'Alby à ce présent Couvent, lequel avec le R. P. de S. Felix baillèrent les obédiences aux sœurs qui vinrent pour commencer ce présent Couvent. Lesdits Rev. Pères trépassèrent l'an même que les sœurs furent introduites au présent couvent. Le R. P. Raveillhandi est enterré au grand couvent de Bordeaux. Il a toujours procuré l'augmentation de la religion de la Vierge Marie [1]. »

Suit la liste des trente-sept Pères gouverneurs du Couvent d'Agen, presque tous italiens, depuis sa fondation jusqu'en 1637, époque où, comme nous le verrons à cette date, il dut se soumettre à la juridiction de l'Ordinaire et ne reconnaître d'autres directeurs que les Evêques d'Agen.

[1] Journal du Couvent, p. 45 et suiv.

— Les premiers confesseurs jusqu'au milieu du XVIIe siècle furent également des Réguliers de l'Ordre de Saint-François. « Le Vénérable et vertueux Père Frère Jehan Vernhandi fut le premier confesseur institué au chapitre de Villeneuve, auquel par avant avait baillé obédience du ministre général de tout l'Ordre de Saint François, et aussi après de son commissaire Herborn, pour faire édifier le présent monastère de la Vierge Marie, auquel il a pris grand peine et labeur, pour la consolation des religieuses, lesquelles il a discrètement gouvernées l'espace de quatre ans, du depuis que les premières religieuses furent introduites dedans ledit monastère. Auparavant ledit confesseur gouvernait les sœurs Tierçaires qui étaient au nombre de trois.

« Le second confesseur fut le Venérable Père de Pradines, lequel fut eslu confesseur au chapitre de Montauban l'an 1534, et qui auparavant avait conduit l'édifice de l'église et monastère du présent couvent. Il a été aussi gardien en plusieurs couvents de ceste province d'Aquitaine. »

Puis vinrent successivement les Pères Claude Rocheti, François de Cadre, Bertrand Ytinère, Pierre Brisseti, François Calheti, de Cadro, de Lavergerie, etc., jusqu'à l'année 1637, où Mgr d'Elbène réformant entièrement ledit couvent, nomma lui-même, et après lui ses successeurs, les differents confesseurs des religieuses de l'Ave Maria [1].

— Le Couvent de l'Annonciade fut, jusqu'à l'année 1580, le seul Couvent de religieuses établi dans la ville d'Agen. Aussi, les donations affluant, prospéra-t-il rapidement. Le nombre des religieuses était toujours, conformément au désir de Bilhonis, au moins de vingt ; et chacune apportait en entrant assez d'argent pour que le couvent, et notamment la chapelle, renfermassent bientôt de grandes richesses. Aussi l'église de l'Annonciade tenta-t-elle, une des premières, la bande farouche de Huguenots, qui, dans la nuit du 30 novembre au 1er décembre 1561, pilla et dévasta la plupart des églises de la ville.

[1] Journal du Couvent, p. 72 à 78.

On connaît déjà, par plusieurs publications antérieures[1], les détails des deux journées, 1er décembre 1561 et 17 avril 1562, où les religionnaires s'emparèrent d'Agen et se livrèrent à toutes sortes d'excès. Pour ne parler que de la première attaque, ils forcèrent les portes de la Cathédrale et de Saint-Caprais, brisèrent les images, renversèrent les orgues, brûlèrent les archives et allèrent incendier la chapelle de Notre-Dame du Bourg. Puis, le lendemain, au nombre de trois cents environ, et « revêtus des capes de Béarn » ils se dirigèrent sur le couvent de l'Annonciade, et, malgré les protestations et la défense des Consuls, des Jurats et des principaux magistrats de la ville, ils envahirent le couvent et dévastèrent entièrement l'église. Voici le curieux récit de cette scène de désordre et de pillage, tel qu'il est écrit dans le journal du Couvent :

« L'an de grâce 1561, le dernier de novembre, les esglises de la ville d'Agen feurent toutes ruynées par les séditieux, dictz Hugoneaulx, enemys de Dieu, de tout fidelle catholique et de toute sorte de religion crestienne. Le premier jour de décembre, vinrent céans pour nous faire laisser l'habit. Et par la résistance que nous fismes, Messieurs de la Justice séculière, qui tenoient nostre parti, accordèrent avec les ministres que nous ne sortirions de nostre monastère ny ne laisserions l'habit ; qui feust cause que dès incontinent nostre église, tant bas que haults autels, ymages et de tout aultant qu'ils en peurent destruyre et ruyner ils en depeschèrent ; et demeurâmes en grande crainte, tristesses, facheries, charges et subsides, juques au cinquiesme de juillet que par force et à grand regret nous jectèrent de céans à troys heures après midy après la presche du ministre qui feignoit ne nous en vouloir oster. Parquoi sortismes sans emporter chose particulière ni commune que nos personnes, ne nous ayant voulu permettre à aulcunes entrer ny prendre aulcune chose à nos chambres ny mesme aller demeurer avecques nos parans. Ains nous mirent par les maisons des Hugoneaulx pour estre instruites à leur religion, espérant par ce moyen

---

[1] Documents pour servir à l'histoire des guerres de religion dans l'Agenais. (*Revue de l'Agenais*, tome IX, p. 41 et suiv., 1882).

nous renger et contraindre à estre de leur religion. Mais Dieu par sa grâce garda nos cueurs et entendements. Et en tel estat demeurâmes jusques au treizième d'aoust que lesdits Hugoneaulx rendirent la ville. Et le 14 dudict moys les seigneurs de Montluc et de Burie y entrèrent. Le 15 dudict moys, jour et feste de l'Assomption de Notre-Dame, par commandement desdits seigneurs Monsieur le capitaine Harné, accompaigné de Monsieur le juge mage et de toute la Justice, remirent en pleine possession et eux-mesmes menèrent la révérende Mère Ancelle sœur Marguerite Pailhau, la vénérable Mère sœur Jehanne d'Imbert, vice-gérente, la bonne mère sœur Isabeau Bessone, la mère sœur Catherine Barbesières... et horablement qui estaient toutes celles qui pour lors s'y purent rendre ; à cause que pour la crainte de la prinse de la ville, les autres on les avait mené dehors ceulx où elles demeuroient. Lesquelles ayant entendeu la ville remise et le monastère rendeu, en diligence retournèrent, se rendant dans le monastère, par la grâce de Dieu qui les avait gardées et préservées, désirant plus que jamais vivre en l'observance de leur sainct estat ; comme très bien monstrent, vivant en aussy grand paix et amour que eussent jamais peu faire auparavant. »

Les excès commis par les mêmes Huguenots en avril 1562 furent plus terribles encore. L'arrivée trop tardive de Monluc et de Burie délivra, à la fin de cette année, la ville d'Agen. Remise de ces deux alertes, la population, et avec elle toute la magistrature, les consuls, les notables de la ville, remercièrent le ciel de les avoir délivrés de tels fléaux. A cette occasion il fut décidé « qu'il serait fait à perpétuité une procession générale dans la ville d'Agen, le jour et feste de Saint-Laurent, dixième jour d'aoust, assistant les esglises Cathedralle et Collégialle, les paroisses Saint-Yllaire et Sainte-Foy, les Couvents des Carmes, Jacopins, Augustins et Cordeliers dudit Agen ; et ladite procession sortirait de l'église Cathédrale et irait à l'église et couvent de la Nonciade et religieuses

[1] Journal du Couvent, p. 41 et 42. Monsieur le chanoine Hébrard a également reproduit, dans son livre sur *Sainte Jeanne de Valois et l'ordre de l'Annonciade*, cette page du manuscrit agenais.

de l'Ave Maria dudit Agen ; et la veilhe du jour, la trompette publierait ladite procession, et audit couvent de l'Ave Maria serait dict la grand-messe et une prédication au public [1]. »

En outre les religieuses de l'Ave Maria obtinrent quelques temps après du gouverneur de la province un subside en argent, pour les indemniser des pertes que leur avaient fait subir les Huguenots. Le passage suivant du compte du trésorier de l'armée du maréchal de Matignon en Agenais, en l'année 1586-87, en fait foi :

« Aux religieuses de l'Annonciade dudit Agen, la somme de dix escus à elles ordonnée par mondict seigneur le Mareschal, pour les récompenses des pertes qu'ils (*sic*) ont faictes en leurs maisons qui leur ont esté bruslées par les ennemis, et ce, suivant l'ordonnance de mondict seigneur, dudict VII apvril, cy par quictance signée de la main de leur abbesse et passé devant Lavau, notaire audict Agen, ledict jour cy : x escus [2]. »

— Si le Couvent de l'Annonciade d'Agen, déjà suffisamment éprouvé par le pillage de 1561, n'eut plus à souffrir des malheurs des temps en cette triste époque des guerres de religion, il n'en fut pas de même des autres couvents de la région. L'année 1569, celle où le comte de Mongommery, sur l'ordre de la reine de Navarre, Jeanne d'Albret, porta le fer et le feu dans toute la Gascogne, leur fut particulièrement funeste. Pour ne parler que du couvent du Paravis, qui nous intéresse en ce moment, cet antique monastère de filles nobles de l'ordre de Fontevrault reçut, les premiers jours de septembre 1569, la visite des hordes farouches du capitaine huguenot, le sieur de Marchastel, qui, parti de Tonneins, avec trois cents chevaux, traversa la Garonne à Aiguillon, dans le but de rejoindre en Béarn Mongommery, et ravagea toute

[1] Archives municipales, BB. 30. Voir aussi l'abbé Barrère, tome II, p. 301.

[2] Archives départementales de la Gironde. Série C. Trésoriers, art. 4041. (Archives historiques de la Gironde, tome XXIV, p. 21.)

la rive gauche de la Garonne[1]. C'est alors qu'il occupa le couvent du Paravis, le pilla, l'incendia et força les religieuses à s'enfuir. Affolées, ces pieuses filles se dirigèrent vers Agen, et elles vinrent demander asile aux religieuses de l'Ave Maria. Voici en quels termes touchants s'exprime le Journal du Couvent au sujet de cette visite, qui, pour les sœurs, prit les proportions d'un évènement mémorable :

« L'an 1569 et le 7 de septembre, vint céans tout l'honorable Couvent du Paravis, qui estoient en nombre de trente-trois, et nous vingt religieuses de la Vierge Marie, et elles de sainct Benoist (dépendantes de Fontevrault) ; et ce feust à cause que les Princes, vicomtes et reistres passèrent à leur dict monastère du Paravis et au Port, là où ils demeurèrent cinq semaynes, et ils ruynèrent de tout en tout, bruslèrent et destruysirent ledict Couvent. Et elles demeurèrent yci, vivant vertueusement et très religieusement toutes ensemble, avec une sy grande amistié et charité comme si eussions esté seurs germaynes, leur aydant et secourant de toute notre puyssance tout comme que particulière. Elles faisoient le divin office en nostre réfectoire selon leur ordre et vocation, chantant cueur à cueur, du mesme que en l'église tout l'office, aux mêmes heures que nous disions le nostre en nostre cueur ; hormis leur grand messe qu'elles disaient apres la nostre ou à nostre volonté, et matynes à sept heures du soir en nostre cueur, et nous à minuict comme de coustume. Quant aux réfections corporelles des deux couvents, n'estait qu'ung ; car toutes se rendoient en communauté,

---

[1] Geoffroy Adelbert de Peyre-Marchastel, d'abord seigneur de Thoiras, puis baron de Peyre, commandait une compagnie dans l'armée protestante des Vicomtes. Il fut, durant cette triste année 1569, un des plus solides lieutenants de la reine de Navarre et de Mongommery, et il déjoua plus d'une fois les ruses de Monluc, qui tenta vainement de l'arrêter lors de son passage de la Garonne. Voir les *Commentaires de Monluc*, *l'Histoire de l'Agenais et du Condomois*, tome III, par Samazeuilh, et surtout les *Huguenots dans le Béarn et la Navarre*, par Monsieur A. Communay (fascicule sixième des Archives historiques de la Gascogne, 1885), où est donné, à la page 65, note 2, l'itinéraire que suivit ce terrible capitaine pour rejoindre Mongommery, depuis Tonneins jusqu'à Grenade-sur-Adour.

faisant le service et lecture de table par semayne, chascune selon son degré, tant de ung couvent que de l'autre; touteffois que présidait toujours en son bien la mère ancelle de céans, qui estoit la vénérable Mère sœur Marie Dorée, ou la vénérable Mère vice-régente sœur Marguerite Pailhau, ou auprès d'elle estoit la prieure du cloistre dudict couvent. Madame leur prieure fort ancienne, sœur Fébronie Souchet et madame Anne Bernard estoient toujours à l'infirmerie pour ce que estoient malades. Et, le 14 de mars 1570, s'en retournèrent au Paravis ladite prieure et toutes, hormis six dont la principale estoit Madame Anne Bernard, qui demeurèrent jusques au 20 de juing 1570, pource qu'elle estoit malade et que leur couvent estoit encore en pouvre ordre, craignant qu'elles y prinsent mal. Dont depuis pour ce rencontre l'amytié est si grande qu'il semble que de ces deux couvents ne soit qu'ung. Et le département feust si pitieux et triste, tant de ung cousté que d'aultre, comme si nous fussions nourries tousiours ensemble; et durant le temps qu'elles y estoient y en vinrent trois de Vopilhon[1] et une de Fontgrave[2]. »

Le couvent du Paravis ne fut pas le seul à supporter les épreuves cruelles de cette époque de trouble et de ruine. Dix jours après l'arrivée de ses religieuses à l'Annonciade d'Agen, le couvent de Mont-de-Marsan, « entièrement ruiné et bruslé par les Huguenots, ses religieuses furent mises et contrainctes de demeurer en maisons séculières. » Elles tournèrent alors leurs regards vers le couvent de l'Ave Maria d'Agen, et quatre d'entre elles, « sœur Agnès de Claverie, de l'âge de cinquante ans, sœur Anne de Bordeneuve, de trente trois ans, sœur Marie de Lucbardes et sœur Françoise de Bordeneuve, de vingt-cinq ans, firent requête à nos prélats, qui de mesme estaient les leurs, qu'il leur plut les mettre en lieu où elles

---

[1] Le couvent de Vaupillon, situé sur le bord de l'Osse, entre la ville de Valence et celle de Monréal, en Armagnac, était également un couvent de religieuses de l'ordre de Saint-Benoît. Mongommery le détruisit de fond en comble à la fin d'octobre 1569. Il ne s'est plus, depuis cette époque, relevé de ses ruines.

[2] Situé sur les bords du Lot, Fontgrave était également un couvent de religieuses de l'ordre de Fontevrault.

eussent meilleur moyen de garder leur estat et vivre religieusement, jusques à ce que leur couvent feust remis. » Des avances furent faites au couvent d'Agen, qui les accueillit avec joie. Aussi, « le 29 janvier 1571, apres les obédiences reçues, lesdites sœurs demandèrent à prendre notre règle et habit et totalement estre conformes à nous, ce que très volontiers leur accordâmes. » La cérémonie d'installation de ces quatre sœurs étrangères fut très belle. Le journal en relate les moindres détails [1].

L'orage passé, le couvent de l'Ave Maria d'Agen retrouva bien vite son ancienne prospérité. Les donations affluèrent pendant la fin du XVIe et le XVIIe siècle, et la vie religieuse reprit son cours calme et monotone. Nous ne mentionnerons pas tous les actes, d'assez médiocre importance du reste, que nous fournissent nos archives locales, relatifs au couvent de l'Annonciade : encore moins donnerons-nous la liste interminable des Novices et Professes, que reproduit scrupuleusement le Journal, depuis la fondation jusqu'en 1790, ainsi que la date de leur décès [2]. Bornons-nous à indiquer les faits les plus saillants :

L'an 1597, les archives départementales de Lot-et-Garonne nous ont conservé le curieux testament fait par Marie de Minvielle, avant d'entrer religieuse au couvent de l'Ave Maria d'Agen [3]. Elle fut reçue le 16 novembre de la présente année.

Vingt-deux ans plus tard, en 1619, le couvent de l'Ave Maria fut le théâtre de scènes étranges, dont le souvenir nous a été conservé par un registre des archives de l'Evêché d'Agen [4], reproduit en grande partie du reste par l'abbé Barrère au tome II, page 381 et suivantes, de son *Histoire Religieuse et Monumentale du diocèse d'Agen*. Il s'agissait de scènes d'exorcismes entreprises sur la comtesse de Laugnac, Serène de Bajamont, et plus particulièrement sur deux de ses servantes, Guillemette et Marie, toutes trois possédées, d'après la croyance publique et religieuse, du malin esprit.

---

[1] Journal du Couvent, p. 117-118.

[2] Journal du Couvent, p. 76 à 131.

[3] Archives départementales, B. 29.

[4] Archives de l'Evêché, Série F, liasse 2.

Les deux premiers exorcismes, ceux de Guillemette et Marie, eurent lieu en présence d'une foule énorme, dans l'église même de l'Ave Maria, les 30 et 31 mai 1619. Ils furent dirigés par le chanoine de Lescazes, chanoine de Saint-Etienne, assisté de l'abbé de Saint-Maurin, M. de Villemont, et de Messieurs Daurée, Foix, Durand, Chastellet, des pères Langlois et Corne, cordeliers, et de plusieurs Pères Carmes et Frères Prêcheurs. Nous ferons grâce à nos lecteurs des détails puérils et grotesques de ces grossières superstitions. Disons seulement que les religieuses de l'Annonciade y prirent une part considérable, et qu'un des magnifiques vitraux de l'église faillit être brisé par une des malheureuses extatiques, à la suite d'une de ces crises terribles qui amenèrent du reste bientôt après sa mort.

« Le 1er juin 1622, Louis XIII rentra une seconde fois à Agen ; il en sortit par la Porte-Neuve pour aller à Montauban, ayant ouï la messe à l'Ave Maria. Il n'y séjourna que jusqu'au 3 juin [1] ».

L'année précédente « haute et puissante dame Antoinette de Raffin, femme séparée de biens et communauté d'avec haut et puissant seigneur messire Guy de Lusignan de Saint-Gelais, chevalier des ordres du Roi, seigneur de Lansac, dame de Ballon, Puicalvary, etc., » passait le 13 avril, dans son château de Puicalvary, le contrat de fondation du couvent de l'Annonciade de Villeneuve-sur-Lot [2], et elle faisait appel aux religieuses d'Agen pour venir l'organiser. Celles-ci répondirent avec empressement à sa demande ; mais il leur fallait la permission de leur supérieure, et ce ne fut qu'après deux ans employés à remplir les formalités qu'elles arrivèrent à Villeneuve. Voici le passage du Journal relatif à cet évènement :

« L'an 1623 et le treize décembre, feust donnée obédience par le révérend Père Grenier, provincial en cette province d'Aquitaine à la Révérende Mère de Saint-Tout pour aller fonder et establir un nouveau monastère de nostre Ordre à Villeneusve d'Agenois,

---

[1] Labénazie: Chronique Agenaise. Voir aussi Malebaysse et Labrunie.
[2] *Sainte Jeanne de Valois*, par M. le chanoine Hébrard, p. 421.

acompaignée de trois autres religieuses, sœur Françoise de Laurièche, sœur Marguerite Mauriac et sœur Jeanne Picart, professes; et sortirent de céans le 22 mars 1624, non pas sans un extrême regret de toute la Compaignie. Elles entrèrent dans Villeneusve le même jour avec beaucoup de contentement de tous les abitans de la ville qui avaient grandement désiré la fondation de ce monastère; et prirent possession de leur maison qu'on avait fait rendre assez commode pour leur logement et pour y pouvoir faire le divin service, le 25 mars, jour de l'Annonciation de Notre-Dame, avec très grande solennité. Le couvent de céans a contribué à la fondation dudit monastère, non seulement les religieuses, mais encore quatre mille huit cens livres, comme il appert par le contrat qui en a esté passé; et le tout pour le désir de l'augmentation de la gloire de Dieu et de l'Ordre[1]. »

Ce fut sur les bords du Lot, rive gauche, que s'éleva le couvent de l'Annonciade. « Il fut établi dans deux quartiers de Saint-Etienne et une rue qui les séparait. Il fut successivement agrandi par une partie du petit château de la rue Saint-Etienne, dont on supprima le pont qui la traversait, et par le château de la tour basse sur le Lot[2]. »

L'année précédente, en 1622, les Annonciades de Bordeaux fondèrent également une maison à Marmande, appelées dans cette ville par les libéralités de noble dame Anne de Massiot.

Lorsque la peste éclata à Agen en 1629 et y fit de si cruels ravages, les sœurs de l'Ave Maria montrèrent un réel courage. Alors que la plupart des habitants abandonnèrent la ville, elles y demeurèrent et rendirent plus d'un service signalé. Elles sont fières de mentionner ce fait dans leur journal :

« L'an de grâce 1628 et 1629, commença à s'eschauffer ce grand mal contagieux aux anvirons d'Agen qui donna de grandes terreurs au peuple, et plus quand il s'enferma dans la ville ; qui feust cause que tout le monde s'écarta et chapitres et congrégations et cours, mesmes les couvents de religieux et religieuses. Toutes prirent

[1] Journal du Couvent, p. 43.

[2] *Histoire de Villeneuve-sur-Lot* par M. Auguste Cassany-Mazet. Agen, 1837.

chemin et voye aux champs, excepté le notre qui ne bougea point. Par la grâce de Dieu nous demeurâmes en bonne santé, quoique le logement des chirurgiens estait tout près de nous. Même avions-nous nostre obédience du Révérend Père provincial, et la permission de l'Evesque de sortir ; ce que nous ne fismes pas. La gloire en soit à Dieu et à sa très digne Mère et la nôtre, si luy plaict [1]. »

Une véritable révolution, toute pacifique il est vrai, mais d'une grande importance pour les religieuses d'Agen, s'opéra en 1637 au couvent de l'Annonciade. Jusqu'à cette époque, depuis leur fondation et conformément à leur règle et constitutions, elles étaient restées sous la direction spirituelle des Frères Mineurs de la régulière Observance, de l'ordre de Saint-François. De nombreux abus, des licences un peu trop audacieuses, se produisirent de la part de ces réguliers, presque tous italiens. Ils jetèrent le trouble et la division parmi les religieuses du couvent d'Agen, si bien qu'elles résolurent à une grande majorité de se mettre désormais sous la direction de leur Evêque. Monseigneur d'Elbène venait d'être nommé au siège épiscopal d'Agen. Il accueillit favorablement la demande des religieuses, et il fut assez heureux, malgré les protestations énergiques des Cordeliers, pour mener cett affaire à bonne fin.

« Monseigneur d'Elbène, nous dit Labénazie dans sa chronique manuscrite [2], par sa conduite habile et son génie doux et engageant, obligea la communauté de l'Annonciade d'Agen de se soustraire à la juridiction des Cordeliers pour se soumettre à celle de l'ordinaire. Il réussit dans cette affaire. Plusieurs prélats l'ont entreprise dans leur diocèse, sans succès. Il put surmonter les difficultés, quelques grandes qu'elles fussent. »

Voici d'un autre côté la déclaration officielle des religieuses à leurs anciens directeurs :

« Mes Révérends Pères, nous vous déclarons que nous voulons vivre et mourir soubs la direction et conduite de Monseigneur l'é-

---

[1] Journal du Couvent, p. 44.

[2] Labénazie, tome II, livre V, chap. 20, p. 481. 4

vêque d'Agen, croyant que c'est pour faire mieux notre salut et trouver notre repos. Afin que vous ne prétendiez plus d'ignorer nos volontés, nous les reconfirmons par nos seings. En foy de quoy nous avons signé. Faict en nostre couvent de l'Annonciade d'Agen, ce 28 aoust 1642 :

« Sœur Jane de Bouart, mère ancelle et supérieure; sœur Rose de Rœmond, vice régente ; sœur Nicolle de Vaurs, discrète ; sœur Léonarde Courail discrète ; sœur Jane de Redon, sacristaine ; sœur Janne Dasnïères ; sœur Jeanne de Carbonni, maîtresse des novices ; sœur Nicole de Las ; sœur Rose Dallot, dépensière ; sœur Mathurine de Villepreux ; sœur Marie de Santeders ; sœur Marie de Narbonne, première portière ; sœur Louise Touty ; sœur Suzanne Destrac ; sœur Catherine de Gohas ; sœur Marie de Bordes ; sœur Marguerite de Lescazes, seconde portière ; sœur Marguerite de Dempte [1]. »

Après une longue résistance, les Pères Cordeliers se soumirent; le Provincial de Bordeaux députa à ce sujet deux religieux à l'Evêque d'Agen [2].

Enfin, le 10 janvier 1660, le pape Alexandre VII rendit la bulle suivante, dont la copie est fidèlement reproduite dans le journal du Couvent, qui explique les causes de l'affaire et la termine irrévocablement en faveur des religieuses et de l'Evêque d'Agen :

« La charge du saint et sacré apostolat, que par autorité divine nous exerçons, demande qu'ayant un soin paternel des sacrées vierges, lesquelles, oubliant leur peuple et maison paternelle, se sont dédiées au service de Dieu, sous le joug suave de la religion, nous nous employons à pourvoir par des moyens convenables à leur heureuse conduite, comme nous jugeons selon Dieu être expédient à leur salut... Nos bien-aimées filles en Jésus-Christ, les supérieures et religieuses du monastère de l'Annonciation de la bienheureuse Vierge Marie de la ville d'Agen, nous ont fait repré-

[1] Journal du Couvent, p. 49.

[2] Archives de l'Evêché d'Agen. Série F. liasse 2.

senter depuis peu que les religieuses du monastère susdit, dès sa fondation et institution, étaient sous la conduite et dévotion spirituelle des religieux de l'Ordre de Saint-François, qu'on nomme de l'Observance, mais que les mêmes religieux, par leurs entretiens trop fréquents et qui ne s'accordaient pas bien avec la vie monastique, ayant introduit dans le monastère quelques sortes de licences contraires à l'observance régulière, et ayant semé plusieurs divisions entre les religieuses, elles, d'un commun consentement, hormis d'un petit nombre, se sont soumises à la direction et supériorité de l'Evêque d'Agen, et il y a dix huit ans déjà qu'elles vivent sous son obéissance... Or, lesdits religieux, comme la même supplique porte, ne cessent d'inquiéter lesdites suppliantes de paroles et de faits, les menaçant d'excommunication et damnation éternelles, si elles ne se remettent sous leur obéissance première. Pour cette cause, elles nous ont fait supplier humblement, suivant la bénignité apostolique, les pourvoir convenablement en ce que dessus... A raison de quoi voulant favoriser particulièrement et gratifier lesdites supliantes, et par la teneur des présentes les absolvant et déclarant absentes chacune en particulier de toute sorte d'excommunication, suspension et interdit et autres sentences, censures et peines ecclésiastiques portées par le droit ou par quelque personne à quelque occasion ou cause que ce soit, si elles y sont en quelque façon engagées, seulement pour obtenir l'effet des présentes ; et étant poussé par ces supplications, de l'avis de nos vénérables frères les cardinaux qui sont établis pour les affaires et consultations des Evêques et Pères réguliers, par la teneur des présentes, nous renvoyons les demandes desdites suppliantes à notre vénérable frère l'Evêque d'Agen, afin qu'ayant vérifié ce qui nous a été représenté, il se serve de tous les remèdes convenables du droit et du fait, et même des censures et peines ecclésiastiques, par notre autorité apostolique pour empêcher les religieux dont lesdites suppliantes se plaignent, d'aller à leur couvent les inquiéter et troubler en aucune manière. Ordonnant que ces présentes ont et auront toujours leur valeur et entier effet, et sont et seront entièrement favorables auxdites suppliantes ; et qu'ainsi sur ce qui a été dit cy-dessus doivent juger et décider les juges ordinaires et délégués, et même les auditeurs des causes du Palais apostolique, et que si quelqu'un, de quelque autorité qu'il soit, entreprend avec ou sans connaissance de faire quelque chose à ce contraire, cela sera tenu pour nul.

« Donné à Rome, à Sainte-Marie Majeure, sous l'anneau du Pescheur, le dixiesme janvier, mil six cent soixante, de notre Pontificat le cinq [1]. »

L'affaire des Cordeliers terminée, le monastère de l'Annonciade d'Agen jouit pendant toute la fin du XVIIe et la première moitié du XVIIIe siècle d'une paix profonde que rien ne vint altérer. Les religieuses étaient toujours au nombre de vingt, et souvent plus, et parmi elles les filles des plus nobles et des plus riches familles de la ville, qui toutes comblaient le couvent de dons et de bienfaits. La liste en est longue dans le journal manuscrit. Nous ne citerons que les plus importants :

« Le 9 novembre 1632, Serène de Redon, veuve de feu Monsieur de Raimond, conseiller à la cour présidiale d'Agen, fait construire au couvent de l'Ave Maria une chapelle et l'orne de balustrades et de tableaux.

« L'an 1638, Mademoiselle de Sevin donne à nostre église une lampe d'argent, et, par son testament du 3 octobre 1647, une vigne de la contenance de neuf cartonnats, moyennant quatre messes qui devront être dites tous les ans...

« L'an 1642, dame Marguerite de Narbonne, veuve de feu Messire Bernard de Biran, en son vivant seigneur de Gohas, mestre de camp et capitaine d'une compagnie au régiment des gardes du Roi, a donné la somme de quatre cents livres, lesquelles ont été employées à l'achat d'un grand tabernacle, et ce en faveur de leur fille, Catherine de Biran, lorsqu'elle passa professe...

« Monseigneur le maréchal de Schomberg a donné la somme de

[1] Journal du Couvent, p. 50-52.

quatre cens cinquante livres, lesquelles ont été employées à l'achat d'un devant d'autel, de deux crédances, chasuble et de deux dalmatiques, l'an 1642. Ce don a été fait en faveur de la musique que l'on chantait tous les jours à sa messe.

« En l'année 1636, a esté donné aux Révérendes Mères de Vaurs et de Scorail par Messieurs leurs pères et par Monsieur Bonnet, recteur de Sainte-Foy de Pech Bardac, la somme de cinq cents livres, laquelle somme lesdites sœurs donnent de tout leur cœur à la communauté pour estre employée aux affaires de la maison.

« L'an 1656, la grande cloche du couvent fut refondue au monastère même par les soins de maître La Paix, fondeur d'Agen. La mère de Carbonnié, qui était supérieure, choisit pour parrain « Messire Gédéon Tallement, intendant de la justice en Guyenne, conseiller du roy en ses conseils d'Etat et privé, et pour marraine dame Marie Pujet de Montauron, son épouse, lesquels, estant appelés en divers lieux pour le service du Roy, retardèrent plus d'un an à faire bénir la cloche, souhaitant toujours d'y assister : mais n'ayant pu s'y trouver, ils prièrent Monsieur Bernard de Mucy, receveur et conseiller du Roy, et demoiselle Marguerite de Corne, son épouse, de tenir leurs places, ce qu'ils firent.

« Et le 3 de janvier 1658, Monsieur de Soldadié, grand archidiacre, chanoine et vicaire général de Monseigneur d'Agen, entra dans nostre chœur avec le parrain et la marraine pour faire la bénédiction de la cloche, la communauté assemblée, chacune à son rang portant leurs manteaux et un cierge allumé. Il fit la bénédiction, assisté de trois prêtres, et il lui donna le nom de Marie. « L'intendant et sa femme envoyèrent cent écus en argent et 50 cierges, et Monsieur de Mucy des étoffes et des dentelles.

« Mademoiselle de Mucy disna à nostre réfectoire auprès de la Supérieure, par privilège, estant fort affectionnée à nostre monastère[1]. »

---

[1] Journal du Couvent, p. 10 et 11.

Cette cloche se cassa le 28 mai 1730. Le couvent la fit aussitôt refondre, et la bénédiction de la nouvelle cloche eut lieu solennellement le 2 juillet de la présente année. Monsieur de Renaud de Solier, grand vicaire d'Agen, présida la cérémonie. On prit pour marraine Madame Catherine de la Nauze, veuve de M. Jean de Lugat. Et quand, le 8 du même mois, on monta la cloche dans le clocher, « on trouva dans l'estoc un petit coffre tout rempli de reliques : ce qui nous fait croire que c'est par leurs vertus et la piété de nos bonnes mères que le clocher a été conservé et qu'il n'est pas tombé, étant très délabré et dans un grand désordre [1]. »

« L'an 1667, et le sixième de septembre, nous avons reçu des mains de M. Aubry, étant dans ceste province pour les affaires de son Altesse Monseigneur le prince de Conty, la somme de trois cents livres pour satisfaire à quelques dommages qui avaient été faits par les gens de guerre de son armée à une de nos métairies : lesquelles trois cent livres nous tenons comme un bienfait, d'autant que, sans la faveur et bonté de Monsieur Aubry, nous n'en pouvions rien espérer depuis tant de temps que nous avions fait ces pertes. Cela nous oblige par reconnaissance de prier Dieu pour le repos de l'âme de feu son Altesse, et pour Monsieur Aubry, à qui nous avons cette obligation de piété et rare vertu, lui donnant l'affection de faire du bien aux maisons religieuses [2].

« L'an 1668, ma mère de Redon a fait faire la réparation du grand portal de l'entrée de l'ancien dortoir et le degré avec ses balustres qui perse au même dortoir pour descendre et servir à la comodité de cet appartement. Elle a fait faire et dorer une image de la Sainte Vierge pour mettre dans une niche au-dessus du portal, qui y fut mise le jour de la Nativité de Saint Jean-Baptiste, après avoir fait la procession où toute la communauté assista, la Supérieure portant la Sainte Vierge. La mère Redon a fait cette réparation des épargnes qu'elle a fait de la pension qu'elle a de ses parents. Toute la réparation et l'image de la Sainte Vierge et la bande d'argent qui

---

[1] Journal du Couvent, p. 29.
[2] Idem. p. 13.

la tient monte à la somme de 95 livres 15 sols. Par reconnaissance nous devons prier Dieu pour elle.

« L'an 1663, nous avons fait faire une lampe d'argent par M. Frérone, orfèvre de cette ville d'Agen, pour le prix et somme de 480 livres, comme son reçu fait foy. Cette somme s'est faite des dons de nos amies ou des présents qne quelques unes de nos sœurs ont donné pour le présent à l'Eglise à leur profession. » Parmi les donataires, nous relevons les noms de Madame la comtesse d'Estrades, 120 livres ; Mlle de Labastide, 20 livres ; la mère de Villepreux, 18 livres ; la mère de Redon, 18 livres, plus les sœurs de Rocques, de la Coste, de Sarraut, de Thomaseau, etc. « La lampe pèse quinze marcs, à vingt huit livres le marc, qui monte 423 livres ; et pour la façon de la lampe, l'orfèvre a pris la vielle lampe de cristal pour 57 livres. Nous lui donnions 60 livres, qui est trois livres de plus que j'ai pris sur toute la somme de 480 livres que coûte toute la lampe, qui a été achevée le seizième d'octobre 1663, et a été mise à l'église le jour de la Toussaint de la mesme année. Signé : Sœur Jeanne de Carbonnié, mère ancelle[1]. »

Cette Jeanne de Carbonnié ou Carbonnières ne cessa, tout le temps qu'elle vécut au couvent de l'Ave Maria d'Agen, d'employer ses revenus et sa fortune à sa prospérité et à son embellissement. Le journal contient un long « Mémoire des bienfaits que la mère de Carbonnié a faits à la communauté par l'espargne de ses pensions ou par le moyen de ses parens et amis. » Nous y lisons l'énumération de cadeaux superbes, tels qu'un devant d'autel de moire d'argent garni de galons d'or et d'argent fin, un pavillon pour le tabernacle « de damas cafart », dont l'étoffe fut fournie par l'abbé de Moissac et la marquise de Noë, des dentelles, des chasubles, la réparation complète de plusieurs chambres, etc. [2].

Nous avons déja vu qu'en 1595 les cloîtres furent réparés entièrement, grâce aux soins des sœurs de Bordes et de La Barthe.

Enfin, parmi les plus généreuses bienfaitrices, signalons les noms des sœurs Jeanne de Sabouroux, Louise de Mucy, de Ville-

---

[1] Journal du Couvent, p. 16.
[2] Idem. p. 19 et suiv.

preux, de Martin, de Lamouroux, de Lugat, de Sevin, de Moncaut, de Redon, de Pinèdre, de Regnaut, de Pleneselve, de Lafon, de Sevin du Pècille, de Salat, de Garin, Daurée, de Molinier, de Caunes, de la Nause, etc. Quelques-unes, comme sœur Louise de Mucy, apportaient une véritable fortune au couvent. Il est dit, en effet, que dans « le contrat d'entrée en religion de cette sœur, veuve de maître Isaac de Roussel, avocat, en date du 19 février 1667, elle apporta huit mille livres de dot, plus 200 livres pour l'ameublement, et 500 livres pour faire bâtir une chambre dont elle jouirait pendant sa vie. »

En 1677, une donation importante vint encore enrichir le couvent. « Sieur Géraud Galiard, bourgeois d'Agen, qui décéda en 1677, nous institua pour ses héritières universelles, suivant son testament du 11 août 1666, retenu par Cruzel, notaire, à la charge d'une fondation de seize messes par an à perpétuité, savoir, huit grandes et huit basses. Cette succession consistait en la métairie de Marche près le Pont-du-Casse, que nous jouissons, et en une maison située en cette ville, rue Lalande, que nous avons vendue 600 livres, par contrat du 24 juillet 1698, retenu par Dutreilh, notaire [1]. »

Durant son épiscopat agenais, Mascaron visita deux fois en grande pompe le couvent des Annonciades. Les archives de l'Evêché d'Agen [2], et avec elles le Journal des religieuses, ont conservé les procès-verbaux de ces deux mémorables évènements. Ils nous donnent la liste des sœurs qui s'y trouvaient en ce moment comme aussi l'état détaillé de leurs biens, pensions et revenus. Voici le texte du Journal :

« L'an 1686, le quatrième de juin, nous Jules, évèsque et comte d'Agen, après avoir indiqué notre visite canonique à nos très chères filles en Nostre Seigneur, la Supérieure et les religieuses de l'Ave Maria en la présente ville, nous nous sommes rendus dans leur monastère, où, à l'issue de la messe estant au devant de la grille, nous avons invoqué le secours du Saint-Esprit, en récitant tous ensem-

---

[1] Journal du Couvent, p. 35.
[2] Archives de l'Evêché. Série F. liasse 59.

ble le *Veni Creator spiritus*, à la fin duquel nous avons fait un discours auxdites religieuses sur le sujet de notre visite. Ensuite de quoi ncus les avons ouyes toutes en particulier, au nombre de trente-deux de chœur et six sœurs laies, selon le catalogue que la Supérieure nous a remis, savoir :

« La mère *Louise de Mucy*, supérieure ; la mère de *Gouhas*, vice-régente ; la mère de *Redon* ; la mère de *Maurel* ; la mère de *Bordes ;* la mère *Dempte ;* le mère de *Monteils* ; la mère *Delpech*, portière ; les sœurs de *Roques*, de *Mucy*, de *Merens*, de *Sajas*, boursière ; de *Laprade*, maîtresse des novices ; de *Lascassaignes*, de *Birac*, portière*;* de *Coquet*, de *Lacoste*, de *Roussel*, sacristaine ; de *Sarrau*, de *Tapie*, de *Tissonet*, de *Thomazau*, infirmière *;* de la *Barte*, maîtresse des pensionnaires *;* de *L'Annonsiade*, de *Raillacy*, dépensière *;* d'*Aubiac*, de *Villepreux*, de *Saint-Joseph*, de *Rastignac*, de *Lisle*, de *Martin*, de *Sabourous*, et d'*Arasse* ; et enfin les six sœurs laies. Nous y avons trouvé aussi six pensionnaires, de l'âge de dix à dix-sept ans.

« Nous avons pareillement trouvé selon l'estat que la Supérieure et la Boursière nous ont baillé que tout leur temporel consiste en la possession d'un chasteau, appelé *Pechredon*, avec terres, prés, vignes et bois, de la contenance de 92 carterées.

« Plus deux moulins et un foulon, aux lieux appelés *Bruget*, *Gandaille* et *Auxel*, le tout dans la juridiction de Puymirol.

« Plus, en la juridiction de la Sauvetat, près dudit Puymirol, un moulin appelé *Gaffardy* de la dépendance de Pechredon, lesquels susdits biens sont à la ferme de 725 livres par an, quittes de tailles et autres charges.

« Plus, en la juridiction d'Agen, une métairie appelée *au Compère*, en terre labourable et pré, de la contenance de cinquante carterées.

« Plus une autre métairie à *Coleyrac*, en la même juridiction, de la contenance de 32 carterées, où il n'y a que du seigle.

« Plus une autre métairie appelée *Berty*, en la même juridiction, en terre, bois, de la contenance de 10 carterées. Plus, en la même juridiction, 8 carterées et 7 cartonnats de vigne.

« Plus, en la juridiction d'*Aubiac*, lesdites religieuses possèdent en engagement une métairie appartenant à M. le Comte de Narbonne, pour 11,200 livres qu'il leur doit. Elle est de la contenance de 38 carterées en terre et en bois.

« Dans toutes les susdites métairies, elles ne recueillent que 80 sacs de blé ou mexture par an au plus. Il leur en faut 300 sacs tous les ans et 40 barriques de vin.

« Il leur est dû, pour reste de dots, 80,000 livres, et pour le vestiaire des religieuses, 570 livres.

« Elles doivent 2,000 livres empruntées en divers temps.

« Elles dépensent tous les trois ans environ 11,000 livres, et, depuis le commencement de ce trienne qui finira au mois de janvier, elles ont dépensé 6,660 livres.

« Mais n'ayant pas trouvé cet estat dans un ordre assez particulier et voulant savoir dans un plus grand détail la recette et la dépense, nous en avons remis la revue à la fin du trienne ; ensuite de quoi nous nous sommes retirés.

« Et le dix-septiesme du mesme mois et aux susdits, estant revenus audit monastère, après y avoir fait célébrer la sainte messe, nous avons esté reçus à la porte de la clôture par toute la Communauté ; la Supérieure nous ayant présenté la croix à baiser sur un agenouilloir, et pris l'eau bénite et ensuite les clefs du monastère que nous avons remises à la portière, nous sommes entrés, accompagnés de notre secrétaire, du sieur Vicière, confesseur ordinaire desdites religieuses et du sieur Ficusal leur chapelain, et avons esté conduits processionnellement dans le chœur, chantant le *Te Deum* ; et y estant arrivés au devant de l'autel, l'antienne *Ecce Sacerdos Magnus* a esté chantée ; et après les versets, la Supérieure a dit l'oraison de la visite du Prélat. De là, nous avons été conduits dans le chapitre où sont enterrées les religieuses ; nous y avons chanté le *Libera* et avons dit l'Oraison, après quoi, nous avons ordonné à nostre secrétaire de faire la lecture du bref de N. S. Père le Pape Alexandre VII, confirmant la supériorité et l'autorité que nous avons sur lesdites religieuses, à l'exclusion des Pères Cordeliers; lequel bref elles avaient obteuu de Sa Sainteté pour une plus grande seureté de conscience en l'année 1660, qui estoit 18 ans après qu'elles se furent volontairement soumises à notre supériorité et autorité naturelles. Nous avons ensuite tenu chapitre, et après avoir visité la clôture et considéré les besoins spirituels et temporels dudit monastère, nous avons faict des ordonnances qui sont entre les mains de la Supérieure[1]. »

Mascaron revint à l'Annonciade, le 20 février 1692. Marguerite Henriette de Narbonne était alors Supérieure. Il procéda, comme en 1686, à la visite du Couvent et à l'inventaire de ses biens[2].

Enfin, en 1703, il les autorisa « à faire un chœur et une sacristie à leur église, qui furent faits en bas du Couvent et à côté de l'autel et derrière icelny. Soit pour l'arceau, croisée, grille de fer, portes, fenêtres, carrellement, vitres et ferrures, concernant ladite batisse, la somme de 500 livres, laquelle somme est de la dot de sœur Marie de Lugat[3]. »

Cette même année 1703, et le 11 mai, le pape Clément XI accorda aux religieuses de l'Annonciade d'Agen une indulgence particulière, relative aux jeûnes et abstinences auxquels elles étaient soumises, s'en rapportaut du reste à cet égard à ce que déciderait pour les détails leur supérieur Mgr l'Evêque d'Agen[4].

—Durant tout le XVIIIe siècle, nous trouvons peu de documents intéressants, concernant le Couvent de l'Ave Maria. En 1731 toutefois, son existence fut menacée. Le cardinal de Rohan-Soubise, grand aumônier du Roi et membre du Conseil de Régence, trouvant beaucoup trop nombreux les Couvents de France, et soutenant qu'ils se nuisaient entre eux, proposa d'en supprimer plusieurs par voie d'extinction. Les Annonciades d'Agen et les religieuses de Notre-Dame de Paulin étaient comprises dans son projet. C'est du moins ce que nous apprend, telle que nous l'ont conservée les Ar-

---

[1] Journal du Couvent, p. 57-61.
[2] Archives de l'Evêché, F. 59
[3] Journal du Couvent, p. 61.
[4] Idem. p. 52-55.

chives de l'Evêché d'Agen, la lettre de cet ami du cardinal Dubois à l'Evêque d'Agen :

« Versailles, ce 7 avril 1731. J'ai eu l'honneur de vous annoncer, Monsieur, par ma lettre du 20 mars, que vous recevriez un état particulier des Communautés de votre diocése, auxquelles, sur l'avis de la commission, le Roy croit qu'il est à propos de défendre de recevoir des novices. Cette défense a plus d'un objet. Nous avons été obligés de représenter à Sa Majesté, en conséquence de notre examen, que la pauvreté qui est presque générale ne doit pas être attribuée à la seule réduction des rentes, mais aussi à la multitude des Couvents qui se trouvent actuellement dans le royaume, et au trop grand nombre de religieuses qui composent la plupart des Communautés. En effet, ces monastères se sont multipliés, depuis cinquante ans, à un tel point qu'ils se détruisent les uns et les autres, en se dérobant mutuellement les secours qu'ils pourraient tirer pour leur subsistance, tant des pensionnaires qui y sont élevées que des novices qui y sont reçues. Les pensions et les dettes sont pour ainsi dire mises au rabais, et dès lors les Couvents ne tirent plus aucun secours des pensions très modiques dans le tems que les dots, en fournissant une ressource momentanée qui cesse presque aussitôt qu'elle se présente, et qui laisse après elle une charge pesante et inévitable, sont plus nuisibles qu'utiles. De là vient, en effet, que les Communautés deviennent plus nombreuses que leur situation ne le comporte ; et quand une fois une maison, par le grand nombre de religieuses qu'elle est obligée d'entretenir, dépense plus qu'elle n'a de revenus, il faut nécessairement qu'en peu de temps elle soit détruite. Les dots des novices sont employées à fournir l'excédent de la dépense ; il meurt moins de religieuses qu'elles n'en reçoivent ; les dots sont consommées ; il faut nourrir davantage de religieuses ; on est réduit à aller à l'emprunt, les intérêts s'accumulent et la ruine devient inévitable.

« Sa Majesté a cru que pour remédier à ces inconvénients, il fallait supprimer une partie de ces pauvres Communautés, dont il est même plusieurs qui sont établies sans lettres patentes, et fixer pour l'avenir dans celles qui seront conservées un nombre de religieuses proportionné au revenu dont elles jouissent.

« L'on avait proposé en 1724 de supprimer d'abord toutes les maisons pauvres, et de réunir deux Couvents du même ordre en un seul Couvent ; mais ce projet ayant paru susceptible de beaucoup d'inconvénients, le Roi s'est proposé de parvenir à l'extinction des monastères que l'on jugera devoir être supprimés par la simple défense d'y recevoir des novices. L'amertume de cet ordre sera rendue supportable par les secours qui seront distribués régulièrement et qui principalement dans cette vue ont été accordés aux Communautés qui en ont besoin. Le nombre des religieuses diminuera insensiblement, et lorsqu'il n'en restera que peu, elles pourront, avec la permission des Evêques, se choisir tel Couvent de leur ordre qui leur sera le plus convenable. Cette voie plus longue à la vérité, mais beaucoup plus douce, semble prévenir tous les obstacles.

« Sa Majesté, persuadée que vous entrerez avec joie dans les vues qu'elle se propose, me charge de vous envoyer l'état des maisons de votre diocèse qui lui ont paru dans le cas d'être supprimées. Je vous prie de vouloir bien faire réflexion sur cet état, de me les communiquer et de me marquer s'il n'y a pas encore quelque maison à y ajouter, et qui, pauvre ou inutile par rapport à l'instruction ou à l'édification, peut être dans le cas de la suppression.

« Je pourrais aussi vous envoyer, Monsieur, l'état des maisons et Communautés de votre diocèse, dans lesquelles le nombre des religieuses n'étant pas proportionné avec les revenus, il semble qu'il convient de défendre de recevoir des novices pendant un temps. Mais la situation de ces maisons ayant changé vraisemblablement depuis trois ans que leurs états nous ont été adressés, la Commission a cru plus convenable de vous prier de vous faire rendre compte du nombre de religieuses qu'il y a actuellement dans chaque Communauté, d'examiner s'il est proportionné avec les revenus, et de vouloir bien me marquer le nombre de religieuses dont vous croyez que chaque maison doit être composée à l'avenir, afin que sur le compte que la Commission aura l'honneur d'en rendre au Roy, Sa Majesté puisse se déterminer à prendre avec vous, Monsieur, et tous les Evêques du royaume, les menées les plus justes pour exécuter un projet qui peut seul rétablir à jamais les maisons de filles religieuses de son Royaume.

« Il me reste, Monsieur, à vous prier de garder le secret sur celles que vous jugerez devoir être supprimées, afin d'éviter des mouvements et des sollicitations d'autant plus désagréables qu'elles seraient faites inutilement, et de vous demander en grâce de me renvoyer au plus tôt l'état des Communautés qui devront être supprimées, avec les réflexions que vous jugerez à propos d'y faire. Je comprends que les éclaircissements que le second état exige en retarderont nécessairement l'envoi. Je vous prie être bien persuadé, Monsieur, de la sincérité des sentiments qui m'attachent très parfaitement à vous. — Le cardinal de Rohan. »

Suit l'état des maisons et communautés de filles religieuses à supprimer : « Diocèse d'Agen : Les Ursulines de Marmande, les Annonciades de la ville d'Agen, les Religieuses de Notre-Dame d'Agen [1]. »

Ce projet n'aboutit pas ; et les Annonciades comme les religieuses de Notre-Dame d'Agen continuèrent à exister jusqu'à la Révolution.

— Se conformant aux traditions de ses prédécesseurs Mgr Jean d'Yse de Saléon, évêque d'Agen, vint en grande pompe, le 5 janvier 1735, visiter les Annonciades d'Agen. « La cérémonie s'est faite, dit leur Journal, comme à l'entrée de M. de Mascaron. Elle finit le 5 du même mois, sœur de Lugat étant mère ancelle. »

Une belle cérémonie religieuse eut lieu à l'Ave Maria d'Agen, le 26 mai 1743. « Ce jour-là, rapporte tout au long le Journal, nous eumes le bonheur de célébrer dans notre église la béatification de notre sainte Mère. M. Gardès, chanoine de Saint-Etienne, official et vicaire-général de Mgr de Chabannes, notre évêque, et député par lui, en fit l'ouverture en lisant au pied de l'autel le bref, et a entonné le *Te Deum*, assisté d'un grand nombre de prêtres qui l'ont chanté alternativement avec nous. On a donné ensuite la bénédiction du Très Saint-Sacrement. Le lendemain, le Chapitre de Saint-Etienne est venu en corps chanter la grand-messe. Nous envoyâmes le matin une bannière audit Chapitre par sept abbés. L'un portait la bannière, deux le ruban, deux avec des encensoirs et deux qui

[1] Archives de l'Evêché d'Agen. F. liasse 33 (Jésuites).

portaient deux gros cierges. Lesdits abbés précédaient le Chapitre qui vint en procession avec ces Messieurs. L'après-midi ils vinrent chanter Vespres de la même façon et s'en retournèrent de même et firent placer la bannière dans leur église comme l'usage ordinaire à pareil cas. Nous fîmes prier le Corps de Ville et le Présidial qui nous fit l'honneur d'assister à la grand-messe et à Vespres avec le Chapitre de la Cathédrale. Ce même jour le Révérend Père Massonneau, Jésuite, prononça le panégyrique de la Sainte éminemment. Le second jour, nous fîmes prier les trois compagnies des Pénitents, qui vinrent en procession portant la bannière, et chantèrent la grand-messe, et s'en retournèrent en procession avec la bannière. Ce jour-là la Communauté chanta Vespres et Complies, et ensuite le Révérend Père Capraise, grand Carme, prêcha parfaitement bien. Le troisième et dernier jour, le Chapitre de Saint Caprasy, vint encore de la même manière que celui de Saint-Etienne, pour chanter la grand-messe et les Vespres : et prescha le Révérend Père de Moncaut, Augustin, qui ne céda en rien pour son éloquence aux deux premiers prédicateurs. Les Messieurs de Saint-Caprasy après avoir donné la bénédiction, s'en retournèrent en procession avec une autre bannière qu'ils firent placer à leur église. Après, nous fîmes placer notre bannière dans notre église. Pendant ce temps-là, entonna le *Te Deum* M. Barbier de Lasserre, chanoine de la Cathédrale, assisté d'un grand nombre de prêtres qui le chantèrent alternativement avec la Communauté. Il y eut tous les jours une grande affluence de peuple, et des messes depuis les cinq heures du matin jusqu'à midi. Les quatre autels étaient toujours occupés. Nous fîmes élever l'autel de Saint-Jean pour cette célébrité. Nous parâmes notre église aussi magnifiquement qu'il nous fut possible, entre autres un très magnifique luminaire. La Vénérable Mère de Moncaut fit élever un magnifique autel de notre sainte mère, au bas de notre chœur, où elle mit un très beau luminaire à ses dépens. La Communauté a donné à manger aux abbés qui portaient et conduisaient la bannière tous les trois jours matin et soir. La sacristaine a aussi donné à manger à plusieurs prêtres. La Mère de Sevin était la supérieure.

« Nous avons compté à Rome pour les procédures de la béatification cent pistoles. Il nous en a coûté pour les trois bannières et le luminaire et toutes les autres dépenses 600 livres. Toute la jeunesse a fait à ses dépens des illuminations tous les soirs à toutes les fenêtres qui donnent au dehors.

« Nous avons eu les couleubrines de la maison de Ville pour saluer les Chapitres, le Présidial, et les Consuls, toutes les fois qu'ils entrèrent et sortirent de notre église [1]. »

« L'an 1765, nous dit encore le Journal, Mgr de Chabannes, évêque d'Agen, joint avec les Messieurs du Chapitre de St-Etienne, fit prier la Communauté de vouloir recevoir dans notre Eglise la procession qui allait à la chapelle de la Loge [2]. Nous y avons consenti, et, depuis, cette procession vient tous les ans, la seconde feste de Pâques. »

— On sait qu'en 1789 tous les couvents de France furent appelés à nommer un député qui les représenterait dans la réunion par province des Trois Ordres, à l'effet de rédiger les cahiers de plaintes et de doléances et de nommer ensuite un député du clergé aux Etats-Généraux. Le couvent de l'Annonciade procéda comme tous les autres à cette formalité. Voici le procès-verbal du Journal :

« Etats-Généraux de 1789 :

« L'an 1789 et le 3e de mars, en l'assemblée de la Communauté des religieuses de l'Annonciade de la présente ville d'Agen, convoquée capitulairement et extraordinairement au son de la cloche, dans le lieu ordinaire et accoutumé où se sont trouvées les Dames : Louise Costas, supérieure, Marguerite de Redon des Fosses, Jeanne Garin, Marie Daubas, Marguerite Ferrière, Marianne Delas, Jeanne Caunes, Philippe Salat, Françoise Beaubens, Marthe Leydet, Marie Malhié, Marie Rauzan, Marie Duchard, Anne Duchard, Marie Delbourg, Catherine Carrié, Marie Michel, Agnès Desparpaillat, Antoinette Dumas et Marie Capdeville, les toutes religieuses du Couvent et Communauté de l'Annonciade de la ville d'Agen, faisant tant pour elles que pour dame Thérèze Vidouze, aussi religieuse

---

[1] Journal du Couvent, p. 36-38.

[2] Voir le chapitre précédent (Chapitre I, tome II), que nous consacrons en partie à l'histoire de cette intéressante petite chapelle.

du présent couvent, absente de la présente assemblée pour cause d'infirmités; pour, en exécution des lettres du Roy, données à Versailles le 24 janvier 1789. du règlement y annexé et de l'ordonnance de M. le Lieutenant Général de la Sénéchaussée d'Agenais, rendue en conséquence le 19 février suivant, et au désir de l'assignation donnée à la présente Communauté le 23 dudit mois de février, en la présence de la dame supérieure, être procédé à la nomination d'un député ou procureur fondé de la Communauté dans la forme et proportion déterminée par l'art. XI du règlement de l'Assemblée générale des Trois Etats de la Sénéchaussée d'Agen, qui doit se tenir le jeudi 12 du présent mois de mars à 8 heures du matin; lesdites dames religieuses comparantes, après en avoir délibéré et avoir recueilli les voix en la manière usitée, ont nommé et député *Monsieur de Parades*, prêtre de l'Oratoire, vicaire général du présent diocèse [1], à l'effet de, pour et au nom de la présente Communauté, comparoir en ladite Assemblée Générale des Trois Etats, et là représenter ladite Communauté et concourir avec les autres membres de l'ordre du clergé à la rédaction du cahier des plaintes, doléances et remontrances, qui sera rédigé conjointement ou séparément, suivant que les Trois Ordres l'auront délibéré séparément ; procéder au nom de ladite Communauté à l'élection des députés qui seront envoyés aux Etats-Généraux dans le nombre et proportion déterminés par la lettre de Sa Magesté, et leur donner tous pouvoirs généraux et suffisants de proposer, remontrer, aviser et consentir tout ce qui peut concerner les besoins de l'Etat, la réforme des abus, l'établissement d'un ordre fixe et durable dans toutes les parties de l'administration, la prospérité générale du royaume, et le bien de tous et chascun des sujets de Sa Magesté. Promettant lesdites dames délibérantes d'agréer et d'approuver tout ce que ledit sieur de Parades, leur député, aura fait, délibéré et signé, en vertu des présentes de la même manière que si lesdites dames y avaient assisté en personne.

. . . .

[1] Voir la longue note que nous avons consacrée à ce supérieur de l'Oratoire d'Agen, au chapitre VII, les Jésuites et les Oratoriens, de notre Tome 1er sur les Couvents d'Agen.

Fait et arrêté en ladite assemblée capitulaire, ledit jour troisième mars 1889, et ont signé [1]. »

— Comme tous les Couvents d'Agen, le monastère de l'Annonciade fut soumis à toutes les formalités et procédures légales, qui, en 1790, précédèrent sa fermeture et sa ruine. Le 9 juillet de cette même année, ses religieuses encore au complet reçurent la visite des commissaires du district d'Agen, qui, conformément aux décrets de mars et d'avril derniers, vinrent procéder à l'inventaire des biens et de l'état actuel du Couvent. La supérieure, Marguerite de Redon des Fosses, répondit aux délégués qu'elle était entièrement soumise aux décrets de l'Assemblée Nationale. « En conséquence aurait été ouverte la porte de clôture, et nous, commissaires, aurions été reçus par toutes les religieuses qui nous auraient conduits dans une salle qu'elles nous auraient dit être l'infirmerie de leur maison, où, étant, nous auraient présenté les registres, livres de recettes, de dépenses, de fondations, livres terriers, cahiers de reconnaissances, etc. » Les revenus consistent : en une maison d'Agen, sise rue du Pourrat ou des Orphelines, louée par an 45 livres ; plus diverses chambres, granges et hangards, également loués ; plus les deux métairies de Compère, paroisses de Ste-Radegonde et de St-Amans, dont les revenus se montent à 2677 livres : la métairie de Berty, paroisse de St-Vincent des Cors et de St-Ferréol, 480 livres ; la métairie de Lestache où Bourbon, paroisses de St-Cyr, Monréal et St-Hilaire, 1500 livres ; la métairie de Marche, paroisses de Serres et de Merens, 275 livres ; la métairie de Craboué, près Aubiac, 695 livres ; le fief de Pechredon, juridiction de Puymirol, 1495 livres, plus diverses pièces de terre, vignes, prés, bois, situés en divers endroits autour d'Agen. L'argenterie du couvent est considérable. La sacristie est riche en ornements d'église, nappes, devants d'autel, chasubles. Le couvent possède beaucoup de linge. La cuisine et les caves sont pauvres, etc.

Suit l'état complet des religieuses, à cette date du 9 juillet 1790,

[1] Journal du Couvent, p. 38-40.

avec leurs réponses sur les intentions qu'elles ont de rester au couvent ou d'en sortir :

« Marguerite de Redon des Fosses, supérieure, 71 ans, veut rester dans la maison.

Françoise de Beaubens, sous-prieure, 55 ans, veut rester.

Jeanne Caune, maîtresse des novices, 66 ans, veut rester.

Marie Maillé, boursière, 45 ans, désire ne pas s'expliquer.

Marguerite Ferrière, portière, 66 ans, ne s'explique pas encore.

Philippe Salat, seconde portière, 55 ans, veut rester.

Marie-Geneviève Richard, sacristaine, 47 ans, veut rester.

Catherine Carrié, infirmière, 40 ans, ne s'explique pas encore.

Marie Michel, dépensière, 34 ans, ne veut pas s'expliquer.

Agnès Desparpaillat, maîtresse du pensionnat, 28 ans, ne veut pas s'expliquer.

Thérèze de Vidouze, 88 ans, veut rester.

Jeanne Garin, 71 ans, veut rester.

Marie Daubas, 70 ans, veut rester.

Marie-Anne Delas, 69 ans, veut rester.

Marthe Leydet, 57 ans, veut rester.

Marie Rozan, 46 ans, ne s'explique pas encore.

Marie-Anne Uchard, 42 ans, veut rester.

Marie Delbourg, 35 ans, veut rester.

Antoinette Dumas, 26 ans, ne s'explique pas encore.

Marie Capdeville, 25 ans, ne s'explique pas encore ; toutes religieuses professes.

Sœur Catherine Daunefort, 53 ans, ne veut pas s'expliquer.

Catherine Deltruch, 53 ans, ne veut pas s'expliquer.

Marie Bonnet, 46 ans, ne veut pas s'expliquer.

Marguerite Boyer, 42 ans, veut rester.

Anne Gayraud, 37 ans, ne veut pas s'expliquer ; toutes cinq sœurs converses.

Enfin, Marguerite Ducos, 69 ans, sœur tourière, veut rester.

Jeanne Lingeon, 61 ans, sœur tourière, veut rester.

Et Françoise Bigos, 29 ans, sœur tourière, veut rester ; toutes trois affiliées simplement à la maison.

« Il se serait aussi présenté Marie-Jeanne Barbier de Lasserre, qui nous aurait dit être religieuse professe de l'ordre de Sainte-

Claire, et sœur conventionnelle du couvent d'Astaffort, qui, depuis 25 ans, vit dans ladite communauté. Elle déclare vouloir conserver la vie commune dans la même maison, sans renoncer au couvent d'Astaffort, si jamais sa santé lui permet d'y rentrer[1]. »

L'estimation des différents biens du couvent, qui, par décret de la Constituante, devaient être vendus, continua pendant toute l'année 1790 et l'année 1791. C'est ainsi que le 18 novembre 1790 fut estimée 800 livres la maison de la rue des Orphelines ; puis un peu plus tard, 942 livres, la vigne de Combemingue: le 13 janvier 1791, la vigne de Roz, paroisse de Sainte-Foy, fut estimée 1,149 livres, etc. [2]

Néanmoins les religieuses de l'Annonciade restèrent dans leur couvent jusqu'en 1792.

Le 5 février 1791, en présence de Monsieur Laroche-Monbrun, maire d'Agen, la Communauté assemblée, au nombre de quinze religieuses, procéda par scrutin à la nomination de la supérieure et de l'économe. La première fut encore Marguerite de Redon des Fosses ; la seconde, Jeanne Caune [3].

Le 21 septembre 1791, ces deux sœurs rendent compte à Messieurs les Administrateurs du directoire du district d'Agen de la recette et dépense qu'elles ont faites depuis et compris la Saint-Martin de l'année 1789 jusques et y compris le dernier décembre 1790. Les recettes se montent à la somme de 8,956 livres, 4 sols, 6 deniers. Les dépenses à celle de 10,039 livres, 15 sols. Le couvent est donc en déficit de 1,083 livres, 10 sols, 6 deniers. Suit un tableau indicatif des revenus et dépenses des quatorze dernières années (1777-1791)[4].

Le 28 mai 1792, le couvent est toujours composé du même personnel : seize dames de chœur et trois sœurs converses [5].

---

[1] Archives départementales de Lot-et-Garonne. Biens nationaux. Etat en double. Idem, Journal du Couvent.

[2] Archives départementales.

[3] Idem.

[4] Idem.

[5] Idem.

Enfin, le 31 août 1792, eurent lieu l'évacuation définitive du couvent et la sortie irrévocable de toutes les religieuses. « Cejourd'hui, 31 août 1792, dit le procès-verbal, nous Thomas Noguère et Jean-Caprais Sembauzel, membres du directoire du district, nous sommes transportés au couvent des Annonciades de cette ville pour y procéder à l'exécution de l'arrêté du directoire du département du 26 de ce mois et la suivre jusqu'à l'évacuation entière de la maison. Avons fait venir la dame supérieure Redon, qui, sur la lecture de l'arrêté, a répondu qu'elle était disposée à nous donner satisfaction dans tous les points... Avons verifié les archives et tous les meubles déjà inventoriés, la sacristie, l'infirmerie, la lingerie, la cuisine, la cave, l'église, le chœur, etc., et l'inventaire dûment vérifié et augmenté des effets en plus, avons annoncé à la dame supérieure que le délai porté par l'arrêté du département était expiré; alors la majorité de la communauté (car, pendant que nous vaquions à l'inventaire, six d'entre elles s'étaient échappées, malgré qu'il leur eut été représenté qu'elles ne pouvaient sortir qu'après avoir signé le verbal d'évacuation), a dit avec la supérieure qu'elle obéirait et sortirait... après quoi, avons procédé à la remise des clefs, et constitué un gardien, etc. [1] »

Deux jours après le couvent de l'Annonciade était mis en vente. Le 2 septembre 1792, « soumission était faite par Monsieur Carmentran, administrateur du directoire du district, tendant à faire l'acquisition de la maison, église,jardin et dépendances du ci-devant couvent des religieuses de l'Annonciade, situé dans la présente ville, paroisse Saint-Etienne, confrontant du levant à rue Porte-Neuve, du midi à rue du Cat, du couchant à rue de l'Union, et du nord à maison de sieurs Saudet et Lugat... le tout d'une superficie de 1,500 toises. » Le couvent et l'église furent estimés 6,236 livres; les jardins et les dépendances, beaucoup plus vastes. 18.000 livres, et l'ensemble du couvent fut porté à la somme totale de 24,000 livres [2].

Bientôt le vaste emplacement de l'Ave Maria fut divisé en de

[1] Archives départementales. Biens Nationaux.
[2] Idem.

nombreux lots. Une foule de particuliers s'en rendirent acquéreurs et modifièrent à leur guise l'aménagement de leurs nouvelles propriétés. La ville d'Agen elle-même se porta plus tard adjudicataire du terrain où était élevée l'église, ainsi que d'une partie des jardins. Elle fit abattre l'antique sanctuaire, et, à sa place, perça cette rue qui joint le milieu de la rue des Colonels à l'extrémité de la rue du Cat, et à qui elle donna le nom de rue de l'Angle-Droit, qu'elle porte encore aujourd'hui. Par une coïncidence même assez étrange, une des parties de l'ancien couvent a longtemps servi, au milieu de ce siècle, de temple protestant. Du couvent de l'Annonciade d'Agen il ne reste plus aujourd'hui que le souvenir.

— Plus heureuse que notre cité, Villeneuve-sur-Lot a vu, presque aussitôt après la Révolution, se réinstaller dans ses murs les sœurs de l'Annonciade. Elle doit cette faveur à la piété et aux libéralités de Marie-Thérèse Saint-Cyr de Cocquart, qui, dès 1814, fit appel à toutes les anciennes religieuses de l'Ordre du diocèse d'Agen et des diocèses voisins, et leur concéda un vaste terrain qui prit son nom. La première chapelle fut bénie, le 26 juin 1816, par M. l'abbé de Cours, chanoine de la cathédrale d'Agen, délégué à cet effet par Mgr Jacoupy. Bientôt le monastère reprit son ancien éclat, si bien que l'installation première de Mme de Cocquart devint insuffisante et qu'il fallut bâtir une construction plus vaste. La première pierre du nouveau couvent, situé dans l'enceinte de la ville, sur la rive gauche et sur les bords du Lot, fut posée le 13 avril 1860, et, le 20 octobre 1863, les sœurs de l'Annonciade s'y transportèrent en grande solennité. Elles y sont encore aujourd'hui.

CHAPITRE III.

LE CHAPELET.

Le couvent du Chapelet fut, par ordre chronologique, la seconde maison de filles religieuses qui s'établit à Agen avant la Révolution.

Fondé dès le commencement du XIIIe siècle par saint Dominique lui-même, l'Ordre des Dominicaines précède de quelques années la création des Frères-Prêcheurs. A peine arrivé en Languedoc, où il était envoyé par le Pape pour combattre l'hérésie Albigeoise, saint Dominique « fut si touché de voir que quelques gentilshommes de Guyenne, contraints par la nécessité et n'ayant pas de quoi nourrir et entretenir leurs filles, les vendaient ou les donnaient à élever aux hérétiques qui les pervertissaient, qu'il prit la résolution de fonder et de bâtir un lieu où ces pauvres demoiselles pourraient être élevées et entretenues de tout ce qui serait nécessaire pour leur subsistance [1]. » Il s'entendit à cet effet avec les Évêques de Narbonne et de Toulouse, et, aidé par quelques premières libéralités, il fonda le monastère de Prouille, dans le diocèse de Saint-Papoul en Languedoc, en l'an 1206. Ce couvent, réservé uniquement aux filles nobles et dont la première supérieure fut Guillemette de

[1] Père Hélyot. Histoire des Ordres monastiques. T. III, chap. XXX. — Voir aussi l'Encyclopédie Théologique de l'abbé Migne. T. I, p. 74 et suiv.

Fanjaux, devint bientôt célèbre tant par le nombre de ses religieuses qui atteignait le chiffre de cent que par les vertus dont elles l'honoraient. Saint Dominique leur donna ses premières constitutions et il décida que leur habit consisterait en une robe blanche, une chappe tannée et un voile noir. Mais quand il eut fondé l'ordre à jamais célèbre des Dominicains, il en étendit les mêmes règles aux religieuses de Prouille, qui désormais s'identifièrent en tous points aux Frères-Prêcheurs.

L'ordre des Dominicaines s'étendit rapidement en France durant les XIVe et XVe siècle.

Au XVIe siècle et après un grand relâchement dans la règle et dans les mœurs, il fut réformé. C'est alors qu'Anne de Caumont, femme de François d'Orléans, comte de Longueville [1], fonda à Paris leur première maison. Elle s'éleva au faubourg Saint-Marceau. Puis ces religieuses s'installèrent rue Neuve Saint-Augustin où elles demeurèrent jusqu'en 1792.

D'abord institué pour secourir les jeunes filles pauvres, il eut plus tard pour mission d'honorer particulièrement le culte de la Vierge. C'est pour cette raison qu'il prit le nom d'*Ordre du Saint-Rosaire* ou plus communément du *Chapelet*. Après plusieurs modifications dans le costume, ces religieuses finirent par adopter la robe blanche avec un scapulaire qui ressemblait à un tablier et ne se mettait que par devant. Leur voile était noir et fort court.

— Bien avant que les Dominicaines ne vinssent s'établir à Paris, la ville d'Agen eut l'honneur de les recevoir dans ses murs. Mais ce ne fut qu'indirectement que ces pieuses filles adoptèrent notre cité. « L'an 1576, en effet, nous apprend la supérieure du couvent du Chapelet, dans la lettre qu'elle adressa en 1715 à Mgr Hébert sur l'état du couvent à cette époque, les religieuses de l'Ordre de saint Dominique furent fondées dans la ville de Lectoure par dame Mar-

[1] Voir la biographie de cette femme célèbre par le P. Hilarion de Coste. Voir également la plaquette extrêmement rare de notre savant compatriote M. Tamizey de Larroque : *Un document inédit, relatif à l'enlèvement d'Anne de Caumont.* (Extrait du Cabinet historique.)

guerite de Casseneuil de Pellegrue, dame de Lisse. Mais leur grande pauvreté et la mauvaise situation de ce lieu les obligèrent de demander d'être transférées dans la ville d'Agen, ce qui leur fut permis par le roy de France Henri, de triomphante mémoire, qui, par lettres patentes du vingt-septiesme décembre 1579, permit cette translation. Et le trentième de juillet 1580, elles prirent possession d'un petit monastère qu'elles habitent encore aujourd'huy dans la ville d'Agen [1]. »

Un acte fort important, passé quelques années après par les religieuses du Chapelet d'Agen, nous donne d'intéressants détails sur leur fondation et leur translation de Lectoure à Agen. D'après ce document, ce ne serait pas « la pauvreté ni la mauvaise situation de ce lieu », mais bien les troubles survenus à Lectoure pour cause des guerres religieuses, qui auraient empêché ces pauvres filles de demeurer en cette ville. Leur fondatrice Marguerite de Casseneuil leur vint à ce moment en aide et les abrita même pendant quelque temps dans son château de Lisse ; puis, d'accord avec l'autorité ecclésiastique, elle les établit à Agen, où, malgré quelques dissentiments, elles finirent par y demeurer.

La dame de Lisse mourut peu de temps après [2]. Par son testament du 9 juin 1585 [3], elle comblait de libéralités les filles du Chapelet d'Agen, qu'elle avait déjà dotées d'un fonds de vingt mille livres lors de leur création. Elle maintenait cette donation, en ajoutait plusieurs autres, et répartissait la plus grande part e de sa fortune entre ce couvent, le collège des Jésuites d'Agen, et plus

---

[1] Archives de l'Evêché d'Agen. F. 18.

[2] Marguerite de Pellegrue, dame de Casseneuil et de Lisse, était l'une des filles de François de Pellegrue, seigneur de Casseneuil en Agenais. Elle fixa sa résidence principale à Condom, où sa maison était située rue du Collège, et elle fonda, ainsi que nous l'apprend avec de nombreux détails notre savant ami M. Joseph Gardère (*Le Collège de Condom avant les Oratoriens*, Revue de Gascogne, tome XVII, page 22), cet important établissement, par acte du 2 septembre 1579.

[3] Testament de Marguerite de Pellegrue, retenu par Pierre Laurens, notaire à Villeréal. (Archives communales de Condom, série G G) (*Note de M. J. Gardère*).

particulièrement le collège de Condom [1]. Un procès intervint même à cette époque entre les religieuses d'Agen et Messire Pierre de Gordièges, chevalier, seigneur de Mazières, son petit neveu et son héritier, procès qui se termina par une transaction dont la copie nous est conservée aux Archives départementales de Lot-et-Garonne [2]. Nous ne reproduirons de cet intéressant document que les lettres royales de confirmation qui le résument et en signalent les points les plus importants :

« Henry, par la grâce de Dieu, roy de France et de Navarre, à tous ceux qui ces présentes lettres verront, salut. Nos chères et bien-aimées les religieuses et prieure du monastère du Chappelet, en nostre ville d'Agen, nous ont faict remontrer qu'en l'année mil cinq cent soixante-quinze, la feue dame de Lisse, Marguerite de Pelegrue et Casseneuil, meue d'ung chrestien zèle de dévotion, fonda et dota ledit monastère, compozé de douze filles comprins la prieure, et les accomoda de maison et autres lieux nécessaires pour leur habitation et pour faire le service divin; où elles auraient demeuré quelques années, jusques à ce qu'estant ces troubles survenus pour le faict de la religion, ladite dame les aurait transférées en la maison de Lisse, et despuis en ladite ville d'Agen, où il a esté basti esglises, maisons et aultres commodités nécessaires pour leur demeurance et la continuation du service divin, comme en lieu propre et plus commode que la ville de Lectoure; et comme dans le temps de ladite fondation, institution de religieuses, dotation dudit monastère, et les choses en dépendant, aient esté consenties par l'Evêque diocésain et son supérieur l'Archevêque de Bourdeaux, mesme par nostre Saint Père le Pappe, et le tout confirmé par le feu Roy dernier décédé, notre très honoré seigneur et père, et vérifié en nostre cour de Parlement dudit Bourdeaux et ailleurs où besoing estoit, tellement qu'il n'y aurait lieu de doubter de la validité; aussy que par lesdites lettres patentes de nostre feu sieur et frère, pareillement a esté expressément ordonné que ledit monastère de-

[1] Voir notre précédente étude sur les Jésuites et le Collège d'Agen, T. I, chap. VII. — Voir également le si intéressant travail de M. Joseph Gardère sur le Collège de Condom.

[2] Archives départementales de Lot-et-Garonne. B. 28.

meurerait perpétuellement en ladite ville d'Agen, ladite translation en a esté confirmée par arrêt de ladite cour, néanmoins soubz prétexte de certain arrest donné en nostre Conseil privé, le XIIIe de septembre mil cinq cent quatre-vingt-quatre, sur la requête présentée par ladite Pelegrue, par lequel aurait esté ordonné que lesdites religieuses retourneraient en la ville de Lectoure, combien qu'elles eussent despuis révoqué ladite poursuite et donné consentement à ladite translation, recognoissant que ladite ville d'Agen estoit plus propre et commode; néanmoins, feu Messire Jean de Gourdièges, chevalier, seigneur de Mazières, héritier universel de ladite Pelagrue, et despuis Pierre de Gourdièges, son fils, seroient entrés en procès avec lesdites religieuses, tant pour raison de ladite translation et assiette du revenu donné et délaissé de la dotation dudit monastère, et finallement après quelques procédures, par le moien d'aulcun personnage d'honorable qualité et d'aulcuns nos officiers, et seroient entrés et composés en accord de tous les différents, le 27e jour de décembre 1593, comme il est plus particulièrement contenu au contract ci-attaché, passé par maître J. Bataille, notaire royal à Agen, nous supplient et requièrent icelles religieuses nostre plaisir soit leur vouloir confirmer et approuver. Scavoir faisons que Nous, de l'advis de nostre dit Conseil, qui a veu ledict contract de transaction ci-attaché, et voulant favorablement traicter lesdites religieuses et monastère, pour leur donner moyen de continuer le service divin et participer à leurs dévotes prières et oraisons, avons confirmé et approuvé, aucthorisé et esmologué, et par ces présentes confirmons, approuvons, aucthorisons et esmologuons ledict contract, ci comme il est attaché, passé entre elles et ledit de Gourdièges, et, pour le faict de la translation et dotation dudit monastère et entretien d'icelluy, voulons et nous plaist que le tout sorte son plain et entier effect, selon la forme et demeure, comme il estoit ci par le mesme specifilé, sans qu'il y soit aulcunement contrevenu ; et à ceste fin, mandons et ordonnons à nos amès et féaulx les Conseillers et gens de nostre cour et parlement de Bourdeaux, sénéchal d'Agenois ou son lieutenant, et gens tenant le siège d'Agen, et aultres noz justiciers et officiers qu'il apartient, vérifier et faire enrégistrer ces présentes. Ensemble ledit contract ci-attaché, et leur contenu garder, observer et entretenir, et à ce faire, souffrir et obéyr, contraindre et faire contraindre tous ceux qu'il apartient, et qui pour ce fairont et contraindront par toute voye et contrainete accoustumée en tel cas, nonobstant opposition et appellation quelconque, et sans préjudice d'icelle; car tel est nostre plaisir. En tesmoing de ce, nous avons faict mettre nostre scel à ces dites présentes.

Donné à Paris le 20e jour de mai, l'an de grâce 1594, et de nostre règne le cinquièsme [1]. »

Labénazie, et sans doute d'après lui Labrunie, ne sont pas d'accord avec la supérieure de 1715 sur la date de leur arrivée à Agen. « Le 29 janvier 1585, nous dit Labrunie, les religieuses du Chapelet s'établissent à Agen par les libéralités de Mme de Casseneuil et de Lisse. Une singularité, ajoute-t-il, c'est que je transcris ceci le jour même où elles reçoivent l'ordre de quitter leur couvent (27 septembre 1792) [2]. » Labénazie écrit : « Les Dames religieuses du Chapelet de l'ordre de Saint-Dominique furent établies dans Agen sous Monseigneur de Frégose. Elles vinrent de Lectoure dans Agen, le 29 janvier 1585. Cinq ou six religieuses firent leur premier établissement dans la maison de Monsieur de Saint-Project, chanoine de Saint-Caprais. Il en fut dressé un acte authentique par devant Tourtonde, notaire royal. » « Cette maison, ajoute Labénazie au moment où il écrit, c'est-à-dire au commencement du XVIIIe siècle, conserve encore le zèle de son premier institut. La messe, l'oraison, l'office à minuit, la régularité, la dévotion envers le Saint-Sacrement et la sainte Vierge, l'union fraternelle, y règnent avec la même ferveur qu'elles avaient au commencement de leur établissement [3]. »

Un accord passé entre le syndic de la communauté d'une part et messire Jean Cère, bourgeois de Lectoure, d'autre part, nous donne, à la date de cette même année 1585, 28 février, les noms de cinq religieuses du Chapelet d'Agen. Ce sont : Mesdames Anne de Montlezun de Baratnau, prieure, Raymonde Vidillière, Fran-

---

[1] Archives départementales. B. 28.

[2] Labrunie. Abrégé chronologique des Antiquités d'Agen. An 1585.

[3] Labénazie. Manuscrits, tome II, livre V, chap. XIV, p. 458.

çoise de Laffitte, Gabrielle et Marie de Louppes, lesquelles cinq sont assistées dans ladite affaire de Frère Paris Ardouin, provincial de la province de Toulouse, et de Frère René Lefèvre, prieur du couvent d'Agen[1].

— Ce fut dans le quartier de Saint-Caprais que s'établirent les religieuses du Chapelet, quartier à qui du reste, elles donnèrent dans la suite leur nom.

Leur couvent, fort difficile à retrouver de nos jours dans ses délimitations exactes, à cause de la démolition de plusieurs corps de logis et du percement de deux rues nouvelles, occupait tout ce vaste emplacement compris entre, « à l'est, la rue et place Saint-Caprais ; au midi, la rue d'Amour et maisons des citoyens Fontané, Carbonneau et autres divers particuliers ; à l'ouest, la rue Fon-Nouvelle ; au nord, la maison du citoyen Charrière, la grange du citoyen Boë et la maison nationale occupée par le citoyen Rangouse, prêtre[2]. »

L'église A, enclavée dans une partie du couvent, s'ouvrait au midi sur la rue des Cornières et se prolongeait le long de la petite rue d'Amour, aujourd'hui rue Louis Blanc, qui aboutissait à la place Saint-Caprais. Elle formait un quadrilatère irrégulier, et se composait de quatre travées inégales, terminées par un chevet plat. Un petit édicule S, adossé à l'est, servait de sacristie, et donnait sur un jardin J, séparé des deux rues d'Amour et de Saint-Caprais par un mur assez élevé. L'église du Chapelet a été enlevée à moitié par le prolongement de la rue des Cornières. Ce qui en est resté constitue aujourd'hui la maison et le jardin de Monsieur le docteur Labesque.

La principale entrée du couvent du Chapelet se trouvait en A', au coin de la place Saint-Caprais. Un passage d'abord fort étroit, puis plus large, M, à ciel ouvert, partageait le couvent en deux parties. A droite, c'est-à-dire du côté nord, se trouvait la portion la plus importante du monastère, celle où habitaient les sœurs. Un petit vestibule, B, accédait au parloir C, qui se divisait en quatre

---

[1] Archives de M. l'abbé J. de Carsalade du Pont. Dossier de Puységur.

[2] Archives départementales de Lot-et-Garonne. Biens nationaux. (Limites du couvent, le 18 novembre 1792).

pièces : « le grand parloir des religieuses, le parloir sans grille et récréatif à l'usage des religieuses, le parloir sans grille à l'usage laïque, enfin le parloir laïque. »

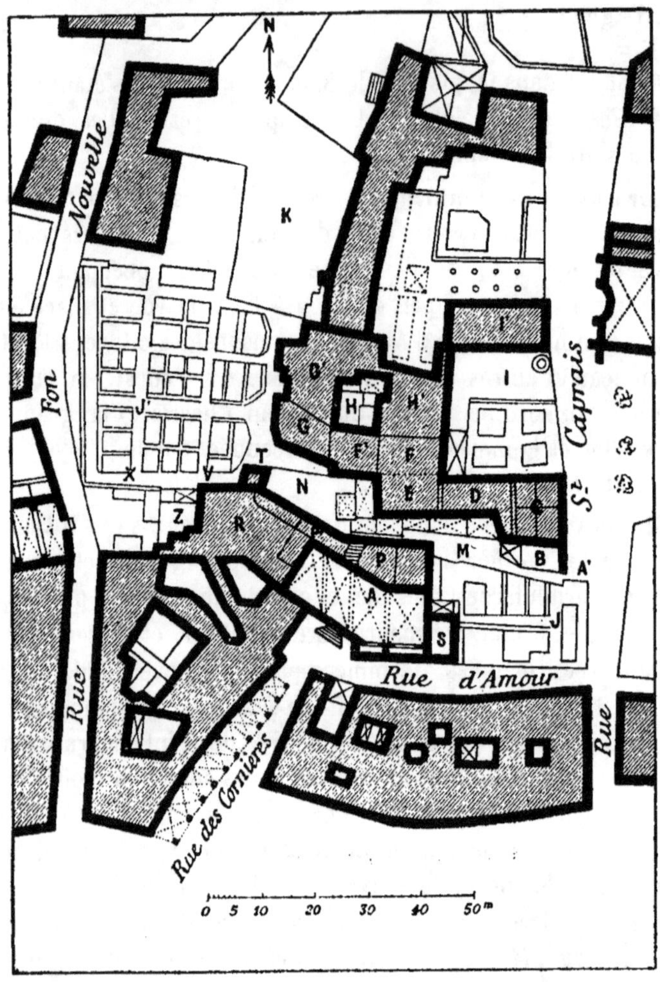

En D se trouvait au rez-de-chaussée le réfectoire, au premier le principal dortoir. En E, l'office et l'entrée du réfectoire. La grande cuisine était à côté en F, et en F' l'office et les dépendances de la cuisine ; en G « la cave au vin vieux ; » en G' « la cave au vin blanc et au vin étranger » ; en H, « une basse cour sombre ; » enfin en H', « la laverie domestique et les communs. »

Ce grand corps de logis était adossé à un jardin carré I, désigné comme « parc-terre du ci-devant chapitre Saint-Caprais », où se trouvaient à l'ouest des hangars et au nord un puits indiqué comme puits public. Puis venait une grande bâtisse I', qui servait de chai à bois et de cuisine, mais qui n'appartenait pas, croyons-nous, au couvent du Chapelet. Le couvent était limité au nord par « les vastes possessions du citoyen Charrière, K, » ainsi désignées sur le plan relevé au moment du morcellement et de la vente du couvent pendant la période révolutionnaire [1].

Si maintenant nous examinons la partie du monastère située à gauche de l'entrée A' et du passage M, entre le passage et l'église, nous voyons en P et P' une bâtisse assez étroite adossée au mur de l'église, qui renfermait au rez-de-chaussée des décharges, au milieu la cage d'un grand escalier, indiqué sur notre plan, et à l'extrémité la boulangerie et le four. En R, était placé le chai à bois, et, à la suite, en Z, successivement la basse-cour d'engraissage, le parc aux cochons, l'étable, et enfin en X un grand réservoir d'eau qui servait à arroser le jardin. Un immense jardin, J' s'ouvrait, en effet, sur ces diverses bâtisses, à l'ouest du couvent, et il longeait toute la rue Fon-Nouvelle dont il était séparé, nous dit Proché, par une muraille d'une grande hauteur. Il se rattachait à l'entrée du couvent par la basse cour, N, qui divisait, à la suite du premier passage M, les deux corps de logis du monastère.

Entre cette cour N et ce jardin J', adossée au bâtiment R, se trouvait la vieille tour T, qui subsiste encore aujourd'hui, enclavée dans un amas de maisons modernes et à laquelle on accède par l'entrée de la maison Riberot. Antérieure de près de quatre siècles à la fondation du monastère du Chapelet, la tour T présente tous les caractères de la dernière époque romane, c'est-à-dire du commencement du XIIIe siècle. A peu près carrée, elle est bâtie en moyen appareil ; ses murs mesurent 1^{m} 25 d'épaisseur. Une grande salle, fort éle-

---

[1] C'est grâce à ce plan, qui se trouve actuellement aux Archives départementales de Lot-et-Garonne (Biens nationaux, liasse du Chapelet), que nous pouvons subdiviser et détailler la fraction du plan de Lomet que nous reproduisons ici.

vée, voûtée en berceau légèrement brisé et percée d'ouvertures à plein-cintre, constitue le rez de chaussée. Au premier étage se remarque une élégante fenêtre romane géminée, dont la colonette, en marbre blanc dans sa partie supérieure, en pierre dans le bas, est terminée à ses deux extrémités par deux jolis chapiteaux romans, qui lui servent de base et de couronnement. Un second étage la termine, éclairé par quatre croisées à meneaux dont quelques-unes semblent postérieures à l'époque du rez de chaussée. Cette ancienne tour se relie au mur V, qui n'est autre chose qu'une partie des murailles de la deuxième enceinte de la cité d'Agen. Elle servait donc, à n'en pas douter, primitivement de tour d'enceinte ou de tour de garde ; et elle est actuellement le plus ancien et un des plus curieux débris de la ville d'Agen. Plus tard, lorsque les religieuses du Chapelet la trouvèrent dans le lot de bâtisses qui leur fut donné pour former leur couvent, elles s'en servirent comme de clocher, bien qu'elle ne fut pas attenante à l'église.

Tel était, dans ses limites et ses parties principales, l'ancien couvent du Chapelet d'Agen. De nos jours, le percement de la rue Neuve du Chapelet, momentanément rue François Arago, qui relie la rue des Filles de Marie à la place Saint-Caprais, et le prolongement jusqu'à cette rue de la rue des Cornières, ont enlevé non seulement la moitié de l'église, mais encore la presque totalité des bâtisses du monastère. Ce quartier a été si bouleversé qu'il est absolument impossible, sans l'aide du plan que nous donnons ici, de reconstituer et même de se représenter ce qu'était avant la Révolution le couvent du Chapelet d'Agen.

— Nous trouvons dans nos archives locales très peu de documents sur le couvent du Chapelet. Pour lui comme pour la plupart des monastères agenais, les évènements politiques extérieurs ne l'atteignirent pas ; et, durant les XVIIe et XVIIIe siècles, relativement calmes à côté des troubles religieux du XVIe, nous n'avons guère à enregistrer, concernant son histoire, que des faits locaux de très minime importance. Ajoutons que la plupart de ses archives, comme celles de tous les autres couvents agenais, furent vendues en 1842 comme papiers inutiles. Il reste donc fort peu à glaner dans les dépôts modernes, concernant son existence.

En 1604, les religieuses du Chapelet d'Agen, en même temps que celles de l'Ave Maria, le commandeur de Sainte-Quitterie, les Pénitents Bleus, les Capucins, les Dominicains, les Augustins, les Jésuites, en un mot toutes les communautés religieuses de la ville prétendent être exemptes des tailles et se refusent énergiquement à les payer [1].

La même année, le 13 avril, les Dames du Chapelet d'Agen passent un accord avec haute et puissante dame Antoinette de Lasset, veuve de feu messire Jehan de Durfort, sieur et baron de Bajamont, à l'occasion de la nourriture et entretenement de dame Jacquette de Durfort, sa fille, religieuse audit couvent. Sa mère avait promis, prétendent les religieuses, la somme de 600 livres par an. Sur son refus de les payer, les religieuses lui intentèrent un procès. En vertu de la transaction qui le termina, et grâce aux conseils de messire Gabriel Dufraine, seigneur de Montaignac, son beau-frère, elle consentit à payer la somme de 200 livres pour un laps de temps de quatre années. Signèrent au contrat : Sœurs, de Larguié, prieure, Solier, sous-prieure, Jeanne Defournel, Olympe de Durfort, M. de Durfort, G. de Goudail, B. de Robert, Rose de Gardès, M. du Bernet, M. Dancelin et Jeanne de Nargassier [2].

En 1614, la Jurade délibère sur l'autorisation à accorder aux Dames du Chapelet d'agrandir leur couvent en y ajoutant une nouvelle construction « sur la place de la Monnaie, près la collégiale de Saint-Caprais. » L'autorisation leur est accordée; et les consuls, à court d'argent, leur empruntent l'année suivante la somme de 1,500 livres [3]. Ils durent même y ajouter la somme de 500 livres, puisqu'en 1621, nous les voyons s'engager « à payer aux religieuses du Chapelet l'intérêt de la somme prêtée de 2,000 livres, à raison du denier quinze [4]. »

Les archives de l'Evêché nous ont conservé, dans la liasse du

---

[1] Archives municipales, CC. 119.

[2] Minutes de Me Cazaubon, notaire à Agen.

[3] Archives municipales, BB. 42.

[4] Idem, BB. 47.

couvent du Chapelet[1], un volumineux cahier, entièrement rempli par les procès-verbaux des curieuses séances d'exorcisme dirigé contre les malheureuses victimes de la superstition populaire, Guillemette et Marie Nouguès, servantes de la comtesse de Laugnac, Serène de Bajamont. La cinquième séance se tint, le 13 juin 1619, dans l'église du Chapelet, et elle fut présidée par le sieur de Galibert, assisté de MM. Daurée, Durand, le prieur des Carmes, et plusieurs Pères Carmes, Augustins et Jacobins. Nous renvoyons nos lecteurs, curieux de connaître les moindres détails de ces scènes étranges, à ce que nous en avons déjà dit dans nos précédents chapitres, et plus particulièrement aux longues pages que l'abbé Barrère leur consacre dans son histoire religieuse et monumentale du diocèse d'Agen[2].

Exemptes des tailles pour leur couvent d'Agen, les religieuses du Chapelet sont condamnées néanmoins par l'Assemblée des Trois-Ordres de 1620 à les payer pour leur propriété de Saint-Project[3].

Le 17 juin 1631, le Pape Urbain VIII, concède tout spécialement au couvent du Chapelet d'Agen le bref suivant d'indulgence plénière :

« Indulgence plénière concédée par Nostre Sainct-Père le Pape Urbain VIII, à tous ceux et celles qui visiteront l'église du monastère des religieuses appelées du Chapelet, de l'ordre des Frères Prescheurs, d'Agen.

« A tous fidelles chrestiens qui ces présentes lettres verront, salut et bénédiction apostolique. Pour augmenter la religion des fidelles et le salut des âmes, soigneux d'une pieuse charité des thrésors célestes de l'Eglise, nous concédons miséricordieusement en Nostre Seigneur à tous fidèles chrestiens de l'un et l'autre sexe, vrayment pénitens, confés et repens de la sacrée communion, qui visiteront l'église du monastère des religieuses appelées du Chapelet de l'ordre des Frères Prescheurs d'Agen, en la seconde feste de la Pentecoste, depuis les premières vespres jusques au soleil

[1] Archives de l'Evêché, F. liasse 18.
[2] Abbé Barrère, tome II, p. 381 et suivantes.
[3] Archives municipales, BB. 47.

couché de ladite feste, et là prieront Dieu pour la concorde des Princes chrestiens, extirpation des hérésies et exaltation de nostre Saincte Mère l'Eglise, plénière indulgence et rémission de tous leurs péchés. Ces présentes valables pour sept ans seulement. Nous voulons toutesfois que si autresfois nous avons concédé aux fidelles chrestiens, visitans ladite église, aucune indulgence perpétuelle ou à temps non encore écheu durable, que ces présentes soient nulles. Donné à Rome, à Sainte Marie Majeure, soubs l'anneau du pescheur, le dix-septiesme juin, mil six cent trente un ; de nostre pontificat, l'an huictiesme. Signé : M. A. Maraldus.

Et plus bas : « Gaspard de Daillon de Lude, par la grâce de Dieu et auctorité du Sainct Siège apostolique, évesque et comte d'Agen, ayant veu le bref de N. Très Saint Père Urbain, par la grâce divine Pape huictiesme, octroyé en faveur des religieuses du monastère appelé du Chapelet de l'ordre des Frères Prescheurs d'Agen, nous avons ordonné et ordonnons que ledit bref sera publié tant en la présente ville d'Agen qu'ailleurs, etc. Donné à Agen, ce second jour d'avril 1633 [1]. »

— « Par arrêt du conseil privé du Roi, en date du 22 juin 1638, Madeleine d'Absac, âgée de 14 ans, et fille du sieur Ladouze, décédé, sera enfermée au couvent de Ursulines d'Agen, jusqu'à son mariage, en exécution des dernières volontés de son père et nonobstant l'opposition du sieur de Longuet, son oncle maternel qui professe la religion P. R. »

La ville d'Agen ne possédant pas de couvent d'Ursulines, c'est au couvent du Chapelet que fut enfermée Madeleine d'Absac [2].

— Les archives de l'Evêché nous fournissent, pendant la seconde moitié du XVIIe siècle et presque tout le siècle suivant, divers états du couvent du Chapelet, qui présentent un certain intérêt.

C'est d'abord à la date du 13 février 1668 « la copie des verbaux des religieuses du Chapelet d'Agen, pour justifier de la valeur de leurs revenus, suivant les ordres du Roy, exécutés par les soins de

[1] Archives de l'Evêché d'Agen, F. 18.
[2] Archives municipales d'Agen, II, 9.

Monseigneur l'Evêque. » De ce long document il ressort que les biens et revenus dudit monastère consistaient à cette époque en :

« Une église avec une chapelle à l'un des costés, une sacristie, une tribune où les religieuses chantent l'office divin, un chœur d'où elles entendent la messe, des dortoirs, des parloirs, un réfectoire, divers offices, cuisines, caves, greniers, etc. »

Le capital peut être évalué à la somme de 53,600 livres, d'un revenu annuel de 3,393 livres, fourni soit par diverses rentes annuelles au denier quinze, seize et vingt, soit par « le domaine de Bors, situé dans la juridiction de Layrac, d'une contenance de quarante-neuf sesterées de terre, de la métairie de Campotou, juridiction de Puymirol, et d'une autre métairie près de Laplume, appelée à la Barbète. »

Les charges, tant en tailles qu'entretien, réparations, fournitures habituelles, etc., atteignent la somme de 1,268 livres. Il reste donc 2.125 livres pour la subsistance.

Le couvent se compose, à cette date de 1668, de vingt-sept religieuses professes du chœur, une novice et six sœurs laies professes. La prieure est sœur A. de Sabaros ; la sous-prieure, sœur Louise de Noailhan ; la tourière, sœur de Sainte-Foy [1].

De nombreux procès-verbaux d'examens de novices attestent qu'à cette époque le couvent était en pleine prospérité. Le 23 septembre 1665, sœur Jeanne de Lescazes, d'une ancienne famille agenaise, dont plusieurs membres jouèrent pendant les guerres religieuses un rôle considérable, est admise, après l'examen de M. Roussel, chanoine théologal, à faire sa profession. Le 24 mai 1668, c'est Marguerite Du Pin, examinée par le sieur Delcussot, prêtre et chanoine de l'église cathédrale de Verdun ; le 2 juillet de la même année, Anne Fontaine-Marie, examinée par François-Charles Tillemont, prêtre, prieur de Notre-Dame de la Grâce, diocèse d'Agen ; la jeune professe est de Marmande et n'a que dix-sept ans. Puis successivement, Marquèse de Najouls, le 24 mai 1667 ; Marie Sarrasin, le 15 juin 1712 ; Ysabeau Bouyssou, le 17 janvier 1714 ;

[1] Archives de l'Evêché F. 18.

Jeanne Bernède et Bertrande Damblard, le 13 mars 1733 ; Marguerite de Lanauze, le 6 octobre 1733, etc., etc. [1].

En 1703, le couvent du Chapelet se compose de vingt-six dames de chœur et sept sœurs converses. Les revenus ne sont plus que de 5,115 livres ; ils proviennent de rentes diverses, plus des métairies précédemment citées, auxquelles il faut joindre celle de Lage, près de Castelculier et une autre petite dans la juridiction de La Sauvetat de Savères. En outre, le couvent reçoit dix pensionnaires séculières qui fournissent ensemble la somme de mille livres. Les charges atteignent le chiffre de 5,485 livres. La dépense excède donc la recette de 370 livres [2].

Néanmoins, le couvent se maintient dans des conditions passables, et il donne plus qu'aucun autre l'exemple de la vertu et de la pauvreté. A la suite de la lettre qu'elle écrit à Monseigneur Hébert et dont nous avons donné le commencement aux premières pages de ce chapitre, la Prieure du Chapelet ajoute, à la date de 1715 : « Nos religieuses ont toujours vécu dans ce monastère dans la pratique de la règle et constitution de l'ordre de Saint-Dominique et dans celle de la pauvreté évangélique qu'elles ont professée, étant aujourd'hui au nombre de 38 religieuses, et n'ayant pour tout revenu fixe que la somme de 2,160 livres; n'ayant aucun privilège particulier; ayant les charges ordinaires du clergé ; et étant chargées de nourrir quatre domestiques à gages et un économe. Leur pauvreté ne seconde pas le zèle qu'elles ont pour la décoration du temple du Seigneur. On voit leur église sans dorure magnifique, ni argenterie. Il n'y a qu'une relique considérable, qui est le bras de saint Vincent, martyr, dans un buste de bois doré [3]. »

Le 26 juin 1722, dame Françoise de Douzon de Lalande, prieure du monastère de Notre-Dame du Chapelet, ordre de Saint-Dominique de la ville d'Agen, rend hommage au Roi pour les cens, rentes,

---

[1] Archives de l'Evêché, F. 18.

[2] Idem.

[3] Idem.

droits de huitaine et autres devoirs seigneuriaux appartenant audit monastère dans la juridiction de Layrac, sénéchaussée de Lectoure[1].

Dans l'état du couvent dressé le 21 avril 1731, les dépenses ont considérablement augmenté ; les revenus baissent chaque année. Aussi les religieuses du Chapelet adressent-elles une supplique au cardinal de Rohan, grand aumônier de France et membre du conseil de régence, pour qu'il les dispense de toutes les tailles qui leur sont imposées. La communauté comprend 31 religieuses de chœur, 8 sœurs converses, une tourière, deux servantes et trois valets. La prieure est dame Marie Carrié de Douzon[2].

Huit ans plus tard les religieuses du Chapelet reviennent à la charge auprès de l'intendant général du clergé pour obtenir l'exemption de la taille, et en outre pour que la communauté d'Agen maintienne au denier vingt le paiement des rentes qu'elle avait réduites au denier cinquante. Elles ne réussirent pas. Voici une des réponses qui leur furent adressées par l'agent général du clergé. La prieure du Chapelet était alors madame de Lamouroux :

« Du 26 août 1739. A Madame de Lamouroux, prieure du couvent du Chapelet d'Agen.

« Nous avons reçu, Madame, la lettre que vous nous avez fait l'honneur de nous écrire du 13 de ce mois et la requête qui y était jointe, tendant à faire ordonner le remboursement d'un capital de 4,200 livres, constitué sur la communauté d'Agen, si mieux n'aime ladite communauté en rétablir la rente au denier 20, au lieu du denier 50 auquel elle a été réduite, et à ce que cette communauté ait à faire décadastrer les fonds où se trouvent construits votre église, couvent et jardin, et à vous restituer les sommes qu'elle a indument exigées pour raison de la taille et autres impositions sur ces mêmes biens.

« Si votre couvent n'a pas consenti dans le temps la réduction au denier 50 de la rente dont il s'agit et que la communauté d'Agen

---

[1] Archives départementales du Gers, C. 504.

[2] Archives de l'Evêché, F. 18.

eut fait cette réduction sans observer les formalités prescrites par les édits et arrets, il parait, Madame, que vous seriez fondée à demander le rétablissement de cette rente sur le pied du denier 20 ; mais comme, lors des billets de banque, la communauté vous aura sans doute offert votre remboursement, il est à présumer que plutôt que de recevoir des effets qui étaient tombés dans le discrédit, votre couvent aura préféré de consentir la réduction au denier 50. Ainsi, Madame, ce serait inutilement que vous tenteriez aujourd'hui de faire rétablir cette rente sur le pied du denier 20. Vous ne seriez pas fondée non plus à en exiger le remboursement, à moins que la communauté ne fut point exacte à vous en payer les arrérages. Mais c'est ce qui ne parait pas par votre requête. Supposé toutefois qu'il y eut quelque fondement dans vos demandes à cet égard, ce n'est pas à nous à en connaitre ; vous devez vous pourvoir pardevant les juges ordinaires.

« Pour ce qui est de la décharge que vous demandez de la taille réelle, pour raison des fonds sur lesquels votre église, couvent et jardin sont construits, cette demande parait juste et conforme à la déclaration de 1696. Mais c'est par devant Monsieur l'Intendant de votre généralité, que vous devez vous pourvoir pour parvenir à obtenir cette décharge ; notre ministère ne pouvant être de quelque utilité dans les affaires qui concernent le clergé qu'autant qu'elles sont pendantes au conseil.

« Comme vous nous marquez n'être pas en état de soutenir aucun procès, vous pourriez engager Monsieur le syndic du clergé de votre diocèse à vouloir bien employer ses bons offices en votre faveur auprès de vos juges. Il y a lieu de croire que s'il vous trouve fondée dans vos demandes, il ne vous refusera pas tous les secours qui pourront dépendre de luy. Nous sommes, etc. [1] »

Le 6 mars 1775, donnent quittance d'une somme de 300 francs, en faveur des Pères Carmes d'Agen, Mesdames Sérène de Redon, prieure, Marie Douzon de Fontayral, sous-prieure, et Marie de Montpezat, procureuse, toutes trois sœurs du couvent du Chapelet d'Agen [2].

[1] Archives nationales, G 8, n° 2566.

[2] Archives départementales de Lot-et-Garonne, H, 5.

Un volumineux registre de 82 feuillets, conservé aux archives municipales d'Agen [1], et qui est « le livre journal des dépenses du couvent du Chapelet d'Agen, de l'année 1785 à l'année 1792 » nous donne quelques détails curieux sur la vie journalière des religieuses. Nous y voyons, entre autres choses, que les gages de leur domestique consistent en vingt-six écus par an, une paire de souliers, et une canne de grosse toile. Elles achètent le riz, 7 sous la livre ; le poivre en grains, 46 sous ; le beurre, 13 sous; le fromage, 10 sous; la chandelle, 16 sous ; une barrique de vin, 24 livres ; le bois, 15 livres le cent, etc. Pour un carême, elles achètent 1,200 œufs, à raison de 37 livres, 15 sous. Elles donnent comme honoraires annuels à leur chirurgien 42 livres; au Père confesseur, pour son année, 40 livres ; aux Jacobins, pour le service de l'autel, pendant six mois, 91 livres. Le compte de la boucherie pour trois mois se monte à 533 livres. En septembre 1785, elles achètent 140 paires de poulets, à raison de 125 livres. Leur supérieure madame de La Nauze meurt le 14 novembre 1785, à l'âge de 62 ans. Elles dépensent pour les frais de sa sépulture 109 livres, etc.

Voici du reste, en ces huit années, le relevé sur ce registre des noms des dernières prieures et sous-prieures. En 1785, sœur Laffite de Pelleguignon remplace, comme prieure, madame de La Nauze, décédée ; sœur de Redon est sous-prieure ; sœur Ségalié, procureuse. En 1787, sœurs Denabre, prieure ; de Bazon, sous-prieure; Ségalié, procureuse. En 1789, sœur de Bazon, prieure ; de Pelleguignon, sous-prieure ; Ségalié, procureuse. Enfin, en 1792, le 30 septembre, jour où se termine le journal, sœur de Bazon est encore prieure, sœur de Pelleguignon, sous prieure, et sœur Ségalié procureuse. Nous donnerons du reste, plus loin, l'état complet du couvent à cette date de la dispersion des religieuses.

— La Révolution arrive. Le 22 juillet 1790, les commissaires du district d'Agen, les sieurs Albaret, administrateur du district, et Nicolas Cazabonne de Lajonquière, procureur syndic, se présentent au Chapelet pour dresser, conformément à la loi, l'inventaire

---

[1] Archives municipales, GG. 197.

de l'état du couvent. « Et étant arrivés à la porte du monastère et parlant à la supérieure d'icelui, nous lui aurions expliqué l'objet de notre commission, prié et en tant que de besoin requis de nous ouvrir la porte de cloture pour y procéder. A quoi ladite dame supérieure aurait répondu être entièrement soumise aux décrets de l'Assemblée Nationale, sanctionnés par le Roi. Et en conséquence aurait de suite fait ouvrir la porte de cloture, en dedans de laquelle nous aurions été reçus par toutes les religieuses formant la communauté, qui nous auroient conduits dans une salle dite la salle de communauté... où auraient été montrés les registres du couvent, livres de dépenses et recettes, etc. » Il en résulte que le couvent du Chapelet possédait encore à cette date :

« Une maison et jardin, situés sur la place Saint-Caprais et vis à vis le couvent, où elles logent le domestique et le clerc, sous la réserve de la moitié du produit du jardin évalué annuellement à 40 livres.

« Plus une pièce de terre et pré, situés derrière Sainte-Foy, campagne affermée à sieur Louis Barsalou, moyennant cent livres.

« Plus une métairie, située dans la paroisse de Saint-Denis et Gudech, juridiction de Layrac et Caudecoste, appelée *de Bors*, d'un revenu annuel de 2,600 livres.

« Plus trois cartonnats de terre donnés à bail perpétuel, situés au lieu de *Jouandine*, évalué à 18 livres.

« Plus une métairie, appelée *Delages*, située sur la paroisse de Saint-Amans, juridiction de Castelcuillier, d'un revenu annuel de 1,900 livres.

« Plus une autre petite métairie appelée *Duburga*, située au même lieu, d'un revenu de 350 livres;

« Plus une autre métairie appelée de *Campotou*, située sur la paroisse de Saint-Caprais de Lerm, juridiction de Puymirol, de 550 livres.

« Plus un prébordage et gravier, situés dans la juridiction de Sérignac, appelé au *Prat de Marin*, de 30 livres.

« Plus une pièce de vigne, située sur la paroisse de Saint-Caprais de Lerm, juridiction de Puymirol, d'un revenu de 25 livres, etc. »

Suit l'énumération des rentes dues à la communauté, dont le total s'élève à la somme de 2,106 livres environ, et des charges annuelles ; plus l'inventaire de l'argenterie, des ornements d'église assez riches, de la sacristie, du linge, des meubles, de la cuisine presque entièrement dégarnie, des caves, du jardin, etc. Suit enfin l'état des religieuses avec leurs noms, leur âge, et leur intention de rester au couvent ou d'en sortir. Elles sont encore au nombre de 25, à savoir : Mesdames

De Bazon, supérieure, 62 ans; veut rester dans la maison ;

Anne Laffite de Pelleguignon, sous-prieure, 70 ans ; veut rester dans la maison ;

Catherine Ségalié, aînée, procureuse, 50 ans; veut rester dans la maison.

Marie de Redon, première dépositaire, 80 ans ; veut rester dans la maison.

Marie Fontairol, seconde dépositaire, 72 ans; veut rester dans la maison.

Catherine Lagarde Lamouroux, première conseillère, 83 ans ; veut rester dans la maison.

Marie Douzon, seconde conseillère, 83 ans ; veut rester dans la maison.

Marie de Montpezat, troisième conseillère, 70 ans ; veut rester dans la maison.

Marguerite de Nabre, quatrième conseillère, 63 ans ; veut rester dans la maison.

Suzanne Ferrière, cinquième conseillère, 67 ans; veut rester dans la maison.

Marie Dublanc, 55 ans, veut rester dans la maison.

Marie Lhulier, 61 ans ; idem.

Marie Guiton, 53 ans ; idem.

Marie Nozières, 59 ans ; idem.

Marie Duvilier, 54 ans ; idem.

Marguerite de Lisle, 61 ans ; idem.

Marie Dulion, 49 ans ; idem.

Elisabeth Ségalié, cadette, 45 ans ; idem.

Jeanne Despalungues, 42 ans ; idem.

Marguerite Viguié, 33 ans ; idem.

Jeanne Delas, 38 ans ; veut rester dans la maison.
Catherine Chambon, 35 ans ; idem.
Françoise Labastide, 27 ans ; idem.
Françoise Broca, 31 ans ; idem.
Antoinette Cabanes, 23 ans, idem.
Toutes dames de chœur.
Marie Bru, 66 ans ; idem.
Isabeau Mothes, 50 ans ; idem.
Rose Malaure, 56 ans ; idem.
Madeleine Gonerre, 45 ans ; idem.
Toutes quatre sœurs converses.
Marie Galan, 53 ans.
Jeanne Garrigues, 46 ans.
Toutes deux sœurs tourières affiliées à la maison [1].

Il est bon de faire remarquer ici que, de tous les couvents d'Agen, le Chapelet fut un des seuls, en ce moment critique, où toutes les religieuses, sans exception, déclarèrent vouloir rester dans leur maison et ne pas profiter de la liberté qui leur était offerte.

Les religieuses du Chapelet demeurèrent dans leur couvent jusqu'à la fin de l'année 1792 ; mais ce ne fut pas sans voir diminuer rapidement leurs revenus et vendre, par autorité de justice, la plupart de leurs propriétés. C'est ainsi, que le 22 mars 1791, il est procédé par experts, délégués par la municipalité, à l'estimation d'une maison leur appartenant, située en face de leur couvent, de l'autre côté de la place Saint-Caprais, « laquelle maison, dit le procès-verbal, confronte du levant à maison du cy-devant chapitre Saint-Caprais, jouie par M. Lamothe-Vedel ; du midi, à rue des Amours ; du couchant, à rue Saint-Caprais ; du nord, à place Saint-Caprais ; laquelle maison avons reconnu être d'une valeur de 3,500 livres [2]. »

L'année suivante, le 18 novembre 1792, il est procédé à l'estimation générale de tout le couvent, « maison, église, jardin, et de

[1] Archives départementales de Lot-et-Garonne. Biens Nationaux.
[2] Idem.

toutes les appartenances et dépendances, tels qu'en jouissaient les ci-devant religieuses du Chapelet de la présente ville ». Les bâtiments sont estimés 4,600 livres; le jardin, d'une contenance de 1,400 toises, 9,800 ; et l'ensemble est porté à la valeur totale de 14,400 livres. Suit l'état des religieuses, avec leur âge et leur entrée en religion. Il est en tous points semblable à l'état que nous avons donné pour l'année 1790.

Les religieuses du Chapelet abandonnèrent leur couvent à la fin du mois de septembre 1792. Aussitôt après, les ventes commencèrent. Le 4 septembre 1793, furent vendus la plupart des meubles, vaisseaux vinaires et objets divers. Le 31 mars 1794, les ornements de l'église et les effets de la sacristie y passèrent. Puis le 15 messidor, an III, (3 juillet 1795), ce fut le tour des orgues, qui furent vendus 3,050 livres, (valeur du temps), etc. [1].

Personne ne se présentant pour acheter la totalité du monastère, la municipalité décida qu'il serait divisé en plusieurs lots. Le géomètre Bernard Raby fut chargé de ce soin : et de ce vaste emplacement il en fit vingt lots, qui peu à peu furent achetés par divers particuliers, dont quelques-uns par la municipalité d'Agen pour servir dans la suite au prolongement de la rue des Cornières et à celui de la rue des Augustins jusqu'à la place Saint-Caprais. C'est ce qui ressort du volumineux procès-verbal d'estimation en date du 1er janvier 1794, suivi du devis estimatif et du plan de l'ancien couvent, qui sont actuellement déposés aux archives départementales de Lot-et-Garonne [2].

Dans l'état des bâtiments invendus, ayant servi autrefois au ci-devant clergé, et employés à des objets d'utilité publique, à la date du 14 vendémiaire an III (5 octobre 1794), nous lisons que « l'église du Chapelet sert d'atelier de lessivage du salpêtre. La maison contient le magasin national des grains et autres denrées, à l'exception des fourrages versés par les fermiers des biens nationaux. Elle est également employée par le district à plusieurs autres usages

[1] Archives départementales de Lot-et-Garonne. Biens Nationaux.
[2] Biens Nationaux.

qui varient suivant les circonstances. Le couvent est du reste en fort mauvais état, et l'entretien en serait fort coûteux [1]. »

Cet état de choses dura jusqu'en 1800, « époque à laquelle, nous dit Proché dans ses Annales [2], plusieurs citoyens de la ville d'Agen présentèrent au Maire une pétition tendant à obtenir la jouissance de l'église des Jacobins, ainsi que celle des ci-devant religieuses du Chapelet, pour l'exercice du culte catholique. Elles leur furent accordées, conformément aux lois du 11 prairial, an III, et du 7 vendémiaire, an VII, qui remettent aux habitants des villes et des communes, pour l'exercice de leur culte, les églises dont ils étaient en jouissance pour le même objet au 1er vendémiaire de l'an II, à moins qu'elles ne soient affectées à quelque service public. Cependant l'église des Jacobins ne fut ouverte que sept ans après, et celle du Chapelet sert encore de magasin à fourrage. » Or Proché écrivait ces lignes en 1814.

L'année suivante, 1815, le couvent du Chapelet subit une nouvelle transformation. Le principal corps de logis qui n'avait pas encore été vendu fut destiné à servir de prison correctionnelle. On y enferma d'abord les individus condamnés pour des délits de police, puis pour dettes, enfin pour délits politiques, et les militaires pour cause de désertion. Le 25 juillet 1815, nous apprend encore Proché [3], et au moment de la seconde Restauration des Bourbons, un grand nombre de militaires s'étant formés en partisans et exerçant toute sorte de brigandages, parmi lesquels plusieurs nègres, « on en amena, vers midi, à Agen, vingt-cinq bien liés, conduits par des gendarmes et des gardes nationaux à cheval. Parmi ces brigands étaient deux officiers blancs, les autres étaient noirs. On les mit d'abord aux prisons du Chapelet, mais comme on ne les crut pas assez sûres, ils furent transférés sous l'escorte de la compagnie des canoniers de la garde nationale aux prisons criminelles. »

Un projet avait été formé quelque temps auparavant qui n'aboutit pas. Sur la demande de Mgr Jacoupy, alors évêque d'Agen, qui

---

[1] Archives départementales. Biens Nationaux.
[2] Proché. Annales de la ville d'Agen, p. 84.
[3] Idem, p. 225.

cherchait à reconstituer le séminaire diocésain, mais manquait de local, le Gouvernement impérial lui céda, le 19 septembre 1807, « l'église, le chœur et la tribune de la maison dite du Chapelet ; » mais il ne consentit point à lui abandonner les autres dépendances qui lui étaient trop utiles. Un moment Mgr Jacoupy hésita. Mais, trouvant ce local beaucoup trop petit, il le refusa, pour installer son séminaire à la Visitation. Néanmoins, le 24 juillet 1813, il achetait à M. Bertrand, qui l'avait acquis pendant la période révolutionnaire, le grand jardin du Chapelet, moyennant la somme de 5,400 livres qu'il abandonnait au Séminaire. Ce dernier le garda jusqu'en 1828, époque à laquelle il le revendit 6.000 francs [1].

L'église et les principaux bâtiments du couvent restèrent donc propriété nationale et servirent de prison jusqu'en 1818. A cette date, ils changèrent encore une fois de destination. Sur la demande de plusieurs habitants d'Agen, et après avis favorable du Préfet du département et de la commission désignée à cet effet, tout un corps de logis de l'ancien couvent fut cédé par l'administration pour l'établissement d'une école d'enseignement mutuel. La direction en fut confiée à M. Cubes, qui l'ouvrit le 20 février 1818 ; les procès-verbaux des séances postérieures font foi que cette institution eut momentanément un certain succès [2].

L'école d'enseignement mutuel subsista au Chapelet jusqu'en 1822. Puis le local fut mis en vente, et ce qui restait de l'ancien couvent devint une propriété privée. Il ne demeure plus rien du couvent du Chapelet, que la vieille tour romane, encore bien conservée, qui l'avait précédé de trois siècles et qui lui a survécu.

---

[1] Archives du Petit Séminaire d'Agen.

[2] Proché. Annales de la ville d'Agen, p. 288. A lire l'excellente note dans laquelle M. Magen donne tous les détails de cette fondation, due à la Société d'Agriculture, Sciences et Arts d'Agen.

CHAPITRE IV.

LES RELIGIEUSES DE NOTRE-DAME DE PAULIN

Les progrès du protestantisme augmentant sans cesse à la fin du XVIe siècle, et la Guyenne devenant de plus en plus vers cette époque le foyer principal de l'hérésie, une noble et vertueuse dame résolut, pour combattre le mal et afin de continuer à élever la jeunesse dans les saintes traditions de la religion catholique, de fonder dans la capitale même de la province, à Bordeaux, un ordre spécial de filles. Après de nombreuses difficultés, et grâce à sa tenacité et à sa vocation religieuses, elle réussit. Cette dame était la vénérable mère Jeanne de Lestonac. Son père était pourvu d'une charge de conseiller au Parlement de Bordeaux, et sa mère, Jeanne de Montaigne, se trouvait être la sœur de l'immortel auteur des Essais.

Nièce du sceptique écrivain, fille d'une mère profondément huguenote, mais d'un père catholique, Jeanne de Lestonac embrassa avec ardeur cette dernière religion, et, durant toute sa jeunesse, elle fut un modèle de sagesse et de vertus chrétiennes. Mariée à dix-sept ans au marquis de Montferrand qui lui donna sept enfants, elle devint veuve après vingt-quatre années d'union ; et, dès ce moment, elle ne songea plus qu'à entrer dans les ordres religieux. Malgré la douleur et les efforts de ses enfants pour la retenir au milieu d'eux, elle les quitta brusquement et se réfugia à Toulouse, au couvent des Feuillantines, où elle prit l'habit le 11 juin 1603.

Mais une grave maladie la força de revenir à Bordeaux, non toutefois sans qu'elle persistât dans son idée de fonder avec sa fortune considérable une pieuse communauté.

Nouvellement rétablis en France, les Jésuites de Bordeaux, et principalement les Pères de Bordes et Raymond, avaient déjà formé le projet d'instituer un ordre de religieuses sur le modèle de la Compagnie de Jésus. Ils s'entendirent à cet effet avec Madame de Lestonac, dont le fils venait de revêtir l'habit de Loyola, et tous trois arrivèrent bientôt à leurs fins. Dix jeunes filles furent associées à l'œuvre naissante. Les règles du nouvel ordre, basées absolument sur celles des Jésuites, furent redigées ; et Mgr de Seurdis les approuva, le 25 mars 1606. Enfin un bref célèbre du Pape Paul V, expédié de Rome le 7 avril 1607, confirma la nouvelle institution. En voici le résumé sommaire :

« Comme ainsi soit donc, à ce qu'on nous a faict entendre, que Jeanne de Lestounac, dame veufve de feu Gaston de Montferrand, souldau de la Trau, seigneur et baron de Lendiras, de Lamote et autres places, Sérène Cogneau, Marie Roux, Ramonde de Capdeville, Blanchine Hérué, Anne Richellet et plusieurs autres vierges de la ville et diocèse de Bourdeaux, poussées du Saint-Esprit, désirent vouer à Dieu chasteté perpétuelle et lui rendre service agréable pendant leur vie, et munir les autres vierges et fillettes de mœurs et vertus chrétiennes et catholiques, nous recommandons grandement leur pieux désir en notre Seigneur, etc...... Meus par les humbles requestes de notre cher fils François du titre de Saint-Marcel, prêtre, cardinal de Sourdis, archevêque de Bordeaux.... Erigeons et instituons perpétuellement d'autorité apostolique, par la teneur de ces présentes, un monastère ou maison de nonains ou religieuses de tel ordre que François, cardinal, eslira, une fois entre tous les ordres de mandians ou non mandians, etc. » Le monastère des filles susdites sera établi à Bordeaux. Il sera soumis à la juridiction de l'ordinaire, et il devra respecter les constitutions qui leur sont données ci-jointes :

Ledit monastère sera placé sous l'invocation de la Mère de Dieu et prendra son nom.

Les dames religieuses, qui devront le composer, se consacreront à l'instruction des petites filles, et pourront s'adjoindre à cette effet d'autres femmes mariées. L'instruction sera gratuite.

Il y aura les novices, les sœurs et les mères. Les novices demeureront deux ans en probation. Ce délai passé elles pourront devenir professes et acquerront ainsi la dignité de sœurs. Elles ne pourront atteindre le degré de Mères qu'après l'âge de vingt-cinq ans et dix ans de religion.

Elles devront observer régulièrement les prescriptions et suivre les offices qui leur sont imposés.

Outre l'instruction qui leur sera donnée, les élèves devront être « détournées des écoles hérétiques et impures ; on leur apprendra à lire et escrire et travailler de l'aiguille en diverses façons, en somme toutes les honnestetés convenables à une vierge ingénue. »

Sous la juridiction de l'ordinaire, les religieuses ne seront jamais soumises à l'autorité des religieux. Il leur sera donné seulement un confessseur pour trois ou six ans.

Les sœurs seront sévèrement cloitrées ; aucun homme ne pourra pénétrer dans le couvent proprement dit.

Il y aura une supérieure qui sera élue pour trois ans ; une seconde mère, une procureuse, une sacristaine, une maîtresse d'école, et trois conseillères.

Les religieuses devront vivre en perpétuel état de chasteté, de pauvreté et d'obéissance à leur supérieure.

Il leur sera permis pour leur entretien d'avoir des propriétés et d'en toucher les revenus.

Suivent les diverses prescriptions relatives aux jeunes, aux confessions et aux heures de prière.

Donné à Rome, à Saint Pierre, sous l'anneau du Pescheur, le 1er jour du mois d'avril 1607, de notre Pontificat, l'an second[1]. »

1 Archives de l'Evêché d'Agen. F. 37.

— Un an après, toutes les formalités voulues étant accomplies, Jeanne de Lestonac reçut, le 1er mai 1608, le voile noir, et elle fut nommée supérieure de la première maison fondée à Bordeaux. Mais de sérieuses difficultés surgirent à ce moment entre elle, qui voulait conserver l'indépendance de son ordre, et Mgr de Sourdis, qui voulait l'assimiler à celui des Ursulines. Le prélat cependant finit par céder, et le roi de France ayant accordé à l'ordre de Notre Dame des lettres patentes en date du mois de mars 1609, les dix premières religieuses furent admises irrévocablement l'année suivante à la profession solennelle. L'ordre de Notre-Dame ou des Filles de Notre-Dame était définitivement fondé, et la vénérable Mère de Lestonac n'eut plus, jusqu'à sa mort arrivée le 2 février 1640, qu'à y consacrer tous ses soins [1].

Quoique agrégé par bref du Pape au vieil ordre de Saint-Benoit, l'ordre des Religieuses de Notre-Dame resta entièrement affilié à la Compagnie de Jésus. Il suivit en tous points les Constitutions de saint Ignace, si bien que ses religieuses reçurent quelques temps le surnom des *Jésuitines*. Son but resta celui que lui avait indiqué sa fondatrice : réparer les maux de l'hérésie, développer le culte de la Vierge, et s'adonner à l'instruction des jeunes filles et plus particulièrement des jeunes filles pauvres. Les religieuses étaient soumises à toutes les prescriptions spéciales aux autres ordres. La clôture était rigoureusement ordonnée. Quant au costume, il consistait en une robe noire, de serge commune, propre, simple et modeste. Elles portaient un grand manteau de même étoffe à la communion et dans les cérémonies. Leur voile en toile ou en coton était également noir et il descendait jusqu'à la ceinture [2].

L'Ordre des religieuses de Notre-Dame ne tarda pas à prospérer. Soutenu par presque tous les évêques des provinces du Midi et du

[1] Voir pour plus amples détails : *Considérations critiques pour servir à l'histoire de l'Ordre de Notre-Dame et à la vie de Madame de Lestonac, sa fondatrice*, par l'abbé Sabatier, chanoine honoraire. (Bordeaux, Lavigne, 1843, in-8.)

Idem : *Vie de la Mère de l'Estonnac, veuve de Gaston de Montferrand*, par le Père François de Toulouse. (Toulouse, 1671, in-4°), etc.

[2] Père Helyot: *Histoire des Ordres monastiques*, t. VI, p. 340. Voir aussi l'abbé Migne : *Dictionnaire des Ordres religieux*, t. IV, p. 951 et suiv.

Sud-Ouest, et particulièrement protégé par les Jésuites, il étendit ses rameaux à Béziers, à Poitiers, au Puy, à Toulouse, à Périgueux, à Pau et enfin à Agen.

— Dans son œuvre toute de piété et de dévouement, Jeanne de Lestonac trouva dans notre ville une puissante auxiliaire en la personne de noble demoiselle Rose de Cahuzières, fille unique de Messire Florimond de Cahuzières et d'Antoinette de Raymond. Désirant consacrer à la fondation d'une maison religieuse, propre à enseigner les jeunes filles, une partie de sa fortune, cette pieuse personne s'entendit avec Mgr de Gélas, alors évêque d'Agen, ainsi qu'avec Madame de l'Estonnac, et, le 14 août 1619, elle jeta les premières bases de cette fondation. C'est ce que nous apprend tout au long l'acte suivant de donation pure et simple et à jamais irrévocable. A cause de son importance, nous en donnerons ici les passages principaux :

« Saichent tous que damoiselle Roze de Cahuzières, désirant fonder un monastère de religieuses à la gloire de Dieu et honneur de Nostre-Dame, en recognaissance desdites grâces et faveurs que la divine Magesté luy a faite, bien que elle en feut indigne, dans lequel monastère elle veut eslire la sépulture d'elle et des héritiers qu'elle choisira cy-apprès, comme aussy mettre une de ses parentes à son choix dans ledit monastère, au cas qu'après avoir esté instruite et eslevé par des religieuses, elle feut en volonté de vivre religieusement ; et considérant que parmy les ordres et companies religieuses de l'ordre de Nostre Dame, quy seul en France se trouve fondé en la ville de Bourdeaux, duquel ordre dame Jeanne de Lestonac est la première supérieure en ladite ville, pour le publiq et l'instruction des jeunes filhes, et très dévot en l'exercice religieux, lesquel y est observé, ladite demoiselle de Cahuzières aurait prié Monseigneur le Révérendissime et Comte d'Agen avoir pour agréable que dans son diocèse d'Agen feut institué et fondé un couvent ou monastère dudit ordre ; et pour cest effait elle aurait offert faire une donation pure et simple et à jamais irrévocable auxdites religieuses, de deux maisons à elle appartenantes, situées en la ville d'Agen, joignant l'une près de l'autre, et l'une desquelles maisons damoiselle Anthoinette de Raymond, veuve de feu M. Pierre Dunoyer, quand vivait conseiller du Roy en la Cour de Parlement de Bourdeaux, sa vie durant fait sa résidance, et l'autre ládite demoiselle de Cahuzières fait sa demeure; aboutissant lesdites deux maisons, du bout à la place publique appelée de Paulin, d'ung costé maison d'ung nommé Dufour, notaire de ladite ville, et de l'autre avec une maison dépendante d'une chapelle appelée de... (mot en blanc), et autre costé, si meilleur est, avec tous les jardins, appartenances et dépendances d'icelle entièrement ensamble, une grange y joignant, située à la rue appelée de La Pontarique, confrontant d'ung costé au jardin de ladite demoiselle de Cahuzières et de l'autre à la maison dudit Duffour; laquelle donation ladite demoiselle de Cahuzières aurait supplié ladite dame de Lestonac, supérieure, et mère première dudit ordre, d'accepter aux conditions cy après exprimées. »

La demoiselle de Cahuzières donne, avec l'approbation de l'Evêque d'Agen, les deux maisons susdites à Madame la Supérieure de l'ordre de Notre-Dame, « tant pour elle que pour les autres religieuses quy sont de presant et seront à l'advenir. » Elle se réserve seulement, « sa vie durant et pour ce qu'elle n'a point d'autre maison pour se loger dans la ville d'Agen, une desdites maisons, celle en laquelle Anthoinette de Raymond habite, et le haut de la galleryc qui est le long de son jardin. »

En échange, Madame de Lestonac « devra payer annuellement à ladite demoiselle de Raymond et à Mademoiselle de Cahuzières, leur vie durant, la somme de cinq cents livres tournois pour le louage des deux maisons, granges, jardins, etc., et elle sera tenue de recepvoir, après leur mort, leur corps à jamais dans un caveau qui sera creusé près de la muraille de l'église, au voisinage de ceux des religieuses. Mademoiselle de Cahuzières fera élever d'ailleurs à ses frais un tombeau au lieu le plus esminant et honorable, avec ses amoiries, en pierre de marbre pour y graver son nom, comme fondatrice dudit monastère. Elle fera placer ses armoiries si elle le veut à l'entrée dudit monastère, et dans l'église, au lieu le plus en vue, un banc pour elle et pour les siens. Enfin la présente donation sera affichée dans ladite église. »

Madame de Lestonac s'engage en outre à faire dire et célébrer annuellement une messe de mort pour Madame de Cahuzières. Les religieuses du couvent enseigneront, selon l'institut de leur ordre « tant en l'escolle que pansion, les filles de la ville d'Agen ; et à partir du jour où elles entreront dans le couvent, elles recevront, pour l'instruire en leur ordre, une des filles du sieur de Raymond, celle qu'il voudra, au dessus de sept ou huit ans, la nourriront, et l'entretiendront de tout ce qui sera nécessaire sans que, pour raison de ce, la dame de Cahuzières, le père, mère ou parents de ladite fille, soient tenus de lui constituer aucune dot ou pansion. » Enfin si les religieuses ne réussissent pas dans leur pieuse entreprise, lesdites maisons reviendront à la dame de Cahuzières ou à ses héritiers. Fait à Bordeaux, au parloir du monastère de Nostre Dame de la présente ville, scyse en rue du Ha, le 24e jour du mois d'aoust 1619[1]. »

Labénazie confirme ainsi cette fondation : « On commença l'an 1619, vers le mois de février, de bastir l'église des religieuses de Notre-Dame de Paulin ; et au mois de mars 1621, un petit batiment fut fait et une petite église par provision où l'on put célébrer la messe[2]. »

« Plus tard, ajoute le même auteur dans ses manuscrits[3], ces filles ont fait bastir l'église que nous voyons voutée et une des mieux conduites et des plus belles de la ville. »

Enfin, les archives municipales ont conservé également le procès-verbal de l'assemblée de la Jurade, en date du 25 mai 1619, où les Consuls exposent qu'ils ont reçu une requête des religieuses de Notre Dame à l'effet de les autoriser à fonder à Agen, place Pau-

[1] Archives départementales de Lot-et-Garonne, H. 17. — Dans la *Revue de l'Agenais*, tome V, 1878, M. Ad. Magen a déjà reproduit quelques unes de ces pieces dans un article intitulé : *Notes pour l'histoire des religieuses de Notre-Dame d'Agen*. Aujourd'hui que nous incombe la tache d'écrire en entier cette histoire, nous ne saurions trop nous louer de ce que notre savant compatriote nous l'a ainsi facilitée, nous réservant d'utiliser dans une large mesure les documents qu'il signale, et auxquels nous joindrons tous ceux que depuis nous avons découverts ailleurs.

[2] Labénazie, Chronique Agenaise, p. 90.

[3] Idem. Manuscrits, t. II, livre V, chap. 19, p. 474.

lin, un couvent de leur ordre ; « lequel ne sera d'aucune charge à la présente ville, mais au contraire instruira les filles et leur apprendra à lire, à escrire, couldre et plusieurs autres exercices nécessaires. » Les trois ordres de la ville d'Agen se réunirent le 12 juin suivant, et il décidèrent « que les Consuls permettraient auxdites religieuses l'installation et fondation de leur Couvent, sans que la ville contribuât à aulcuns frais ni pensions[1]. »

— Ainsi que nous venons de le voir, le couvent des Religieuses de Notre-Dame était donc situé à Agen sur la place Paulin. Il en occupait tout le côté septentrional, là où se trouvent actuellement les maisons de Messieurs X. de Lassalle, Cazaubon notaire, et celles qui font le coin de la place avec la rue Pontarique. Il s'étendait le long et jusque vers le milieu de cette rue ; et il se terminait au nord par une jolie maison, X, construite par assises alternées de briques et de pierres, de la fin du XVIe siècle, et encore existante. Enfin, à l'ouest, son jardin se rattachait à toutes les cours qui forment le prolongement des maisons de la rue des Prêtres, dont il était séparé par l'ancien fossé de ville, F, aujourd'hui encore un aqueduc.

L'église A, formée de quatre travées à croisées d'ogives, fort vaste et très élevée, telle que nous la donne la fraction ci-jointe du plan de Lomet, était, nous dit Labénazie, une des plus belles de la ville. Elle mesurait vingt-cinq mètres de long sur dix de large ; elle avait son entrée en B sur la place Paulin, et elle était terminée par un chevet plat derrière lequel se trouvait, en S, la sacristie. Une chapelle latérale, H, occupait tout le côté gauche du chœur ; elle était surmontée d'une tour, dite la *Mirande*, qui servait de clocher[2].

Le couvent proprement dit, C, attenant à l'église, s'étendait sur

---

[1] Archives municipales, BB. 42.

[2] C'est ce que nous apprend un rapport adressé, vers 1735, à l'Evêque d'Agen, et que nous reproduirons en partie au cours de ce récit. Dans la vue cavalière de la ville d'Agen de 1648, nous voyons également qu'un clocher, surmonté d'une flèche élevée, est adossé au mur septentrional de l'église de Paulin.

toute la façade de la place et se prolongeait jusque vers le milieu de la rue Pontarique. « Le monastère de Paulin, nous disent les archives de l'Evêché [1], à la date de 1668, consiste en une église,

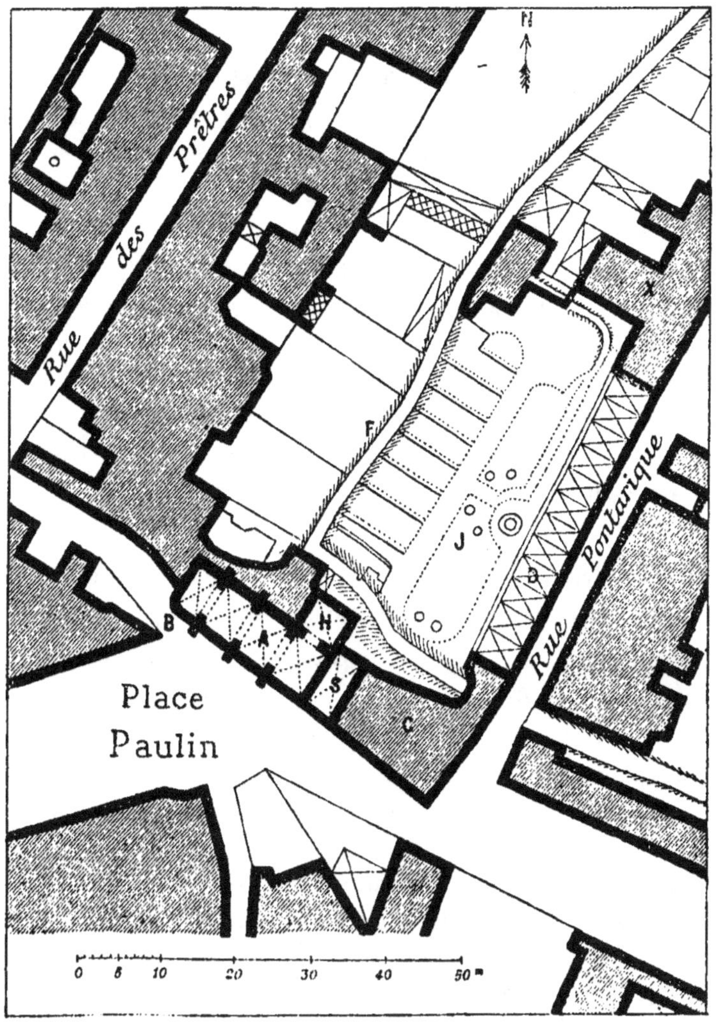

avec une chapelle à un des côtés d'icelle, une sacristie, une tribune où les religieuses chantent leur office divin, un chœur d'où elles entendent la messe et communient, un dortoir, un appartement

[1] Archives de l'Evêché, ❧ . 37.

pour loger les pensionnaires, un jardin et autres offices nécessaires suivant leur institut, faisant leur entière closture ; le tout basti depuis plusieurs années, et acheté moyennant la somme de 70,000 livres, provenant des dots desdites dames religieuses. » Une longue galerie voutée, D, à douze travées égales et dont on voit les traces, remplaçait au rez-de-chaussée de cette aile le cloitre habituel. Elle donnait sur un très beau jardin, J, qui existe encore aujourd'hui et qui est la propriété de Madame Boulet, fleuriste.

— Mgr de Gélas, qui fut évêque d'Agen de 1608 à 1631, semble avoir pris particulièrement en affection le couvent de Paulin, que du reste il avait fondé en grande partie avec Madame de Cahuzières. Il le dota de plusieurs bénéfices et notamment de la chapellenie de Saint-Sardos (canton de Prayssas) que les dames religieuses gardèrent jusqu'à la Révolution. Mais cette donation ne se fit pas sans soulever de grandes difficultés. Les archives départementales de Lot-et-Garonne nous ont conservé les différentes pièces relatives à cette longue affaire [1].

Le 10 février 1625, en effet, ce bénéfice leur fut accordé, pour les raisons qui ressortent de l'acte suivant :

Claude Gélas, par la grâce de Dieu, etc.... Le pieux institut des religieuses de Sainte-Marie, qui a pour fin d'élever dans la pratique de la vertu toutes les jeunes filles, ayant pris naissance depuis peu d'années dans la ville de Bordeaux, et s'étant aussi répandu dans notre présente ville d'Agen où ces religieuses font briller des fruits d'une éminente sainteté, notre sollicitude nous engage à prendre des moyens si efficaces pour perpétuer le cours de ces sources salutaires qu'elles ne puissent jamais tarir.... C'est pourquoi, tandis que nous nous occupions avec un industrieux zèle des expédients convenables pour fournir à ces religieuses une subsistance solide dont nous les voyons manquer, il s'est trouvé une ancienne chapelainie, fondée et desservie dans la chapelle de Saint-Sardos de notre présent diocèse, vacante par l'émission solennelle

[1] Archives départementales. H, 17.

des vœux de religion dans la chartreuse qui est près de Bordeaux, de Jean La Loge, qui en a été le dernier possesseur; laquelle chapelainie a été entièrement ruinée et abatue par le ravage des dernières guerres, et dont la vacance, nomination, permutation et autre disposition quelle qu'elle soit, nous appartient. Aussi, après avoir été prié d'annexer et d'incorporer au monastère desdites religieuses ladite chapelainie et de transférer dans leur église son service propre, s'il y en a, ou celui que nous voudrons y attacher nous-même; ayant mûrement considéré le fruit de cette union et l'état déplorable de cette chapelainie; ayant aussi une connaissance exacte de ses revenus qui n'excèdent pas la valeur de vingt-quatre écus d'or; nous occupant toujours de procurer la plus grande gloire de Dieu et de perpétuer un asile assuré aux bonnes mœurs du jeune sexe, comme aussi de lui fournir de salutaires instructions, nous nous sommes déterminé à unir, annexer et incorporer audit monastère ladite chapelainie, ruinée, abatue et vacante, de la manière qu'il a été dit, etc. Donné à Agen, le 10 février 1625. »

Cette union de la chapellenie de Saint-Sardos au monastère de Paulin était à peine décrétée qu'un certain Anthoine Carle, prêtre et docteur en théologie, y fit opposition, comme se prétendant régulièrement possesseur du susdit bénéfice, en vertu d'une provision expresse délivrée par la cour de Rome. Il niait le droit que prétendait avoir l'Evêque d'Agen de disposer à son gré de la chapellenie de Saint-Sardos, et dans sa requête au Parlement de Bordeaux, il relevait de nombreux abus et demandait que le bénéfice lui fut maintenu.

Jean Carrière, marchand de la ville d'Agen, abondant dans le même sens qu'Anthoine Carle, prétendit également que ledit bénéfice avait été fondé par son frère Guillaume Carrière, religieux bénédictin, sans que l'Evèque d'Agen put en disposer aucunement.

L'avocat des religieuses de Notre-Dame fut Géraud de Grimard, assisté de maître Delpech, syndic. Il se présenta devant la grande chambre du Parlement de Bordeaux, le 15 juin 1637; et il défendit si éloquemment les droits de ses clientes qu'il obtint gain de cause, et que, le 28 juillet 1638, la cour rendit un arrêt définitif en leur faveur: « lequel confirma l'union du bénéfice, et mettait tant sur l'appel comme d'abus interjetté par ledit Carle que conclusions prises par ledit Carrère les parties hors de cause et de procès sans dépans. »

— Le 29 juillet 1629, Claude Gélas, nous dit Labénazie, établit au monastère de Paulin « la prière qui se dit à une heure de l'après midy. C'était de dire le *Miserere mei* et cinq *Pater* et cinq *Ave Maria* pour le peuple, afin d'apaiser la colère de Dieu [1]. » On sait, en effet, qu'en cette année la ville d'Agen fut ravagée par une terrible épidémie de peste.

Le 30 décembre 1663, messire Bernardin Defaure, ex-conseille, au siège présidial d'Agen, paie, par devant Mᵉ Maussacré, notairer la somme de 3,150 livres, qu'il doit aux religieuses de Notre-Dame de Paulin. Signent au bas de l'acte : révérende Mère Françoise Dubernet, supérieure, Anne Jeanne de Grimard, Marguerite Hopil, Jacqueline Dufranc, Anne Hopil et Anne de Pélissier, procureuses [2].

Deux ans après, les mêmes religieuses se retrouvent au contrat de cession que fait en leur faveur noble Jean-Jacques de Cortète, écuyer, sieur de Belle-Isle et seigneur de Prades, fils de François de Cortète, l'illustre auteur de *Miramoundo* et du *Ramounet* [3], « laquelle cession consiste en l'abandon du moulin à eau de Roudigou,

---

[1] Labénazie. Manuscrits, t. II, l. V, p. 474.

[2] Archives de l'Evêché, F. 37.

[3] François de Cortète, seigneur de Prades, né au joli manoir de Prades près d'Agen vers 1586, mort après 1666, est célèbre par ses productions littéraires patoises et notamment par ses deux pastorales : *Ramounet, ou lou paysan Agenez, tournat de la guerro*, et *Miramoundo*, qui toutes deux ont obtenu quatre éditions (1684-1740.) Les œuvres du poète agenais sont devenues très rares. M. Charles Ratier, si compétent pour le vieux dialecte de notre pays, et qui a publié récemment une très intéressante notice sur François de Cortète (Agen 1890), a obtenu de M. Daurée de Prades, leur possesseur, communication des deux précieux manuscrits. Il en prépare actuellement une nouvelle réimpression, qui, nous l'espérons, dans l'intérêt de tous les littérateurs de la région, ne se fera pas trop longtemps attendre. On sait que le buste de François de Cortète vient d'être érigé sur une des places publiques de notre ville par les soins de la Société des Sciences, Lettres et Arts d'Agen, et couronné en même temps par la Société félibréenne de Paris.

autrement dit del Bruga, situé sur la Séoune, juridiction de Castelculier, d'un bateau, d'une grange et de deux pièces de terre, le tout moyennant la somme de 6,200 livres, sur laquelle somme les religieuses retiennent celle de 2,565 livres pour la dot constituée par le vendeur à sa fille, novice audit couvent, et les frais relatifs à son entretien. » La mère Dubernet n'est plus supérieure. C'est la Révérende Mère Jeanne de Grimard qui l'a remplacée à la tête du monastère. Elle est assistée de la mère Dubernet, mère seconde, Marguerite Hopil, Jeanne de Rabane, Anne de Pélissier, conseillères, Anne Hopil, discrète, et Marthe de Cambes, procureuse [1].

A peine installé à Agen, Mgr Claude Joly se rend, le 24 mars 1667, au Couvent « de ses très chères filles les religieuses de Notre-Dame pour y procéder à l'élection d'une nouvelle supérieure ». Il est reçu en grande pompe par toute la Communauté ; il dit la messe dans la chapelle, adresse une exhortation à ses religieuses sur l'importance de l'acte auquel elles vont procéder, et préside à la nomination de la supérieure. A la pluralité des suffrages, c'est la mère Anne-Jeanne de Grimard, qui est élue de nouveau prieure et supérieure du Couvent. Mgr de Joly la confirme dans ses fonctions. Quelques jours après la même supérieure adresse une requête à l'Evêque « afin qu'il permette que les religieuses de Notre-Dame fassent cette année leurs exercices spirituels sous la conduite du Père Recteur des Jésuites et se confessent à lui [2].

— Un état très complet nous donne, à la date du 6 mars de l'année suivante 1668, le compte des revenus et des charges du Couvent, ainsi que le nombre de ses religieuses. Les dettes actives se montent en principal à la somme de 42,811 livres et en rentes de ladite somme à celle de 9,430 livres, dont 9,300 livres de dettes litigieuses. Les revenus annuels des rentes sont de 2,690 livres. Mais elles ont en plus le moulin de Roudigou, affermé 300 livres, le bénéfice de la chapellenie de Saint-Sardos d'un revenu annuel de 120 livres, plus divers autres revenus, soit en terres, soit en pensions. Toutes charges payées, il reste aux religieuses pour s'en-

[1] Archives départementales, H. 17.

[2] Archives de l'Evêché, F. 37.

tretenir la somme de 2,280 livres. « La Communauté est composée à cette date de 44 religieuses, dont 35 professes de chœur, 2 novices et 7 converses; il y a en plus trois tourières et un domestique pour le service de l'autel. Les religieuses vivent de l'enseignement des petites filles et de leur travail manuel. » La supérieure est toujours Jeanne de Grimard [1].

Le 15 janvier 1672, les religieuses de Notre-Dame, en la personne de Madame Dubernet, leur supérieure, adressent une requête aux Consuls d'Agen, afin qu'ils leur fournissent un subside pour construire une classe à l'usage des jeunes filles. La Jurade réunie vote la somme de 900 livres, « qui permettra aux dames de Paulin de bastir leurs classes et d'y enseigner les petites filles conformément à la doctrine chrétienne [2]. »

— Mgr de Mascaron vint plusieurs fois visiter le couvent de Paulin. Le procès-verbal de deux de ses visites est resté consigné tout au long dans les archives de l'Evèché. La première eut lieu le 24 février 1692. Sa Grandeur fut reçue solennellement par la Révérende Mère de Montesquieu, supérieure, entourée des Mères : Du Bernet, de Cambès, de Poussou, de Lescazes, de Champier, de Girles, de Salegourde, Daste, de Chollet, de Ladebat, de Lamarre, Leblanc de Rance, de Saint Julien, de Péjoly, de Boulaygue, de Genevois, de Lescazes, de Brousse, Ducros, de Moynier, de Cornier, de Beauregard, de Laclaverie, de Cyrac, de Raimond, de Brousse, de Tartas, de Larmavaille, de Lavigerie, de Mucy, de Vaiade, Thérèse de Tartas, de David, de Beaulac, de Montaud, novice, et de Coudoing, novice ; plus de huit sœurs compagnes : de Pinèdre, d'Entraigues, de Fortin, de Viremondoy, de Bru, de Lourmaud, d'Ausonne et de Blache. Les charges annuelles ont augmenté : les revenus ont diminué. Le Couvent est fort peu prospère [3].

A sa seconde visite, qui eut lieu le 13 novembre 1700, l'état du Couvent a encore empiré. Les religieuses possèdent toujours, il est

[1] Archives de l'Evèché, F. 37.
[2] Idem.
[3] Idem.

vrai, le moulin de Roudigou, une faisande à Sérignac, une dîme à Cauzac un pré à Saint-Ferréol, plus diverses rentes constituées ; ce qui fait un capital de 48,876 livres d'un revenu annuel de 2.400 livres ; mais les charges ont augmenté ; et les religieuses n'ont de quitte que la modique somme de 1.000 à 1,100 livres, ce qui est insuffisant pour vivre ; car elles sont toujours au nombre de trente-quatre dames de chœur, trois novices sœurs de chœur, six professes et deux sœurs novices converses. Les noms sont à peu près les mêmes qu'en 1692, sauf que la mère de Boileau est supérieure, que les mères du Bernet, de Cambes, de Champier, Daste, de Montesquieu et de Laclaverie n'y sont plus ; et que nous trouvons en plus les noms des sœurs de Baquet, de Cieutat, de Nodigier, de Comarque, Douzon, d'Uchard, de Lestelle, de Fontairal, et Lamothe Le Blanc. Mascaron exhorte longuement les religieuses à obéir à la Supérieure, et à ne se relacher en aucune façon de la règle première qui leur a été imposée [1].

Ces recommandations étaient en effet devenues nécessaires. Dans une lettre que M. Sabouroux écrivait à Monseigneur, à la date du 3 septembre 1700, et où il rend compte d'une visite qu'il a faite au Couvent de Paulin, la mère de Boileau étant supérieure, il ajoute que « la Révérende Mère prie instamment Monseigneur que, pour contenir l'esprit bouillant de ses religieuses qui s'emportent assez facilement les unes contre les autres et même contre leur supérieure, notamment la mère de Rance, il lui plaise, à l'occasion d'un grand éclat qui vient d'arriver, lui envoyer un ordre dans lequel, sur les avis donnés que les religieuses tombent dans ces sortes d'emportements et manquent de respect à leur supérieure, il leur ordonne une confession publique et une demande de pardon [2]. »

Aussitôt après son arrivée à Agen, Mgr Hébert crut devoir faire également sa visite pastorale à tous les Couvents d'Agen. Celui de Notre-Dame ne fut pas oublié. Ce prélat s'y rendit en grande pompe, en décembre 1704, et comme son prédécesseur, il chercha à rétablir la paix dans la Communauté. Les archives de l'Evêché

[1] Archives de l'Evêché, F. 37.

[2] Idem.

d'Agen nous ont conservé la longue exhortation qu'il adressa aux religieuses [1]. Il est heureux des saintes dispositions qui se développent chaque jour davantage dans le couvent. Néanmoins, il ne peut s'empêcher de reconnaître que quelques-unes des sœurs « ont l'esprit trop vif, qu'elles s'emportent trop souvent contre leur supérieure ; et que cet état de choses est contraire à la loi du Christ. »

— Le Couvent des religieuses de Paulin eut un moment fort difficile à passer. Les charges augmentant et les revenus diminuant sans cesse, ainsi que nous l'apprennent les nombrenx inventaires et états du monastère à cette époque [2], la misère devint si grande en 1709 que beaucoup de sœurs durent quitter la maison et rentrer dans leurs familles. C'est ce qui ressort de quelques extraits encore conservés d'un journal du Couvent, rédigé vers le milieu du XVIII° siècle. « La Communauté de Notre-Dame d'Agen a été dans une extrême pauvreté, nous dit ce très curieux document, surtout environ l'an 1709 que Madame de Montferran, petite nièce de la fondatrice et qui fut choisie de la Communauté de Villeneuve pour être supérieure à Agen, fit éclater leur misère. Ce triste état fut cause que plusieurs furent obligées de sortir pour aller vivre chez leurs parents. Aux autres les parents leur établirent une pension considérable pendant leur vie, et les autres se procurèrent la subsistance par le travail de leurs mains. Du depuis il en est mort un grand nombre, et on a reçu des jeunes plus qu'il n'y en a d'anciennes, en telle matière que cette Communauté est en voie de se bien remettre. On fournit de tout aux jeunes pour les anciennes qui étaient du temps de la pauvreté. Elles sont obligées par les moyens de leurs pensions ou du travail de leurs mains de se fournir la portion et le vestiaire. Si on mettait les pensions dans la masse de la Communauté, il y aurait de quoi suffire à tout. Mais il y aurait des difficultés pour y parvenir. D'ailleurs, s'il y en a quelqu'une qui n'ait pas de pension, ou qui ne puisse travailler, on y pourvoit également et rien n'en paraît. On espère même donner bientôt la

[1] Archives de l'Evêché. F. 37.
[2] Idem.

portion. Sans la grande quantité de blé qu'on a été obligé d'acheter cette année diseteuse, et les pertes, on aurait déjà commencé [1]. »

L'évêque d'Agen, les autres Communautés, les parents vinrent en effet en aide aux religieuses de Paulin, et à partir de 1710, le couvent put continuer à vivre, quoique très modestement. « Nous sommes trente-neuf religieuses, dit la supérieure dans une lettre adressée à Mgr Hébert en 1715. Tous les revenus consistent en trois petits biens d'un très mauvais fonds : l'un est de 12,200 livres qui ne produit guère plus de 200 livres de revenus aux meilleures années à cause des charges. L'autre est de dix carterées, qui n'est guère meilleur étant sujet à l'eau. Le troisième est de neuf carterées qui paie de tailles et de rentes excessivement dans la juridiction de Lafox. Nous avons encore le moulin de Roudigou de 200 livres par an, et un fonds de 3,000 livres qui donne par an 130 livres. Nous payons de tailles pour cent carterées de terre, y comprenant les maisons achetées pour la clôture du Couvent et l'église, et même les classes qui s'ouvrent au public gratuitement. Nous vivons de notre travail et des charités qu'on nous fait, sous la protection de Dieu, de la Sainte Vierge et de Sainte Juste, dont notre église possède quelques reliques dans le buste qui est a côté du grand autel [2]. »

La misère continue à être si grande, qu'en 1718, les religieuses de Paulin, Mesdames Jeanne de Brousse, supérieure, Marie Boileau, mère seconde, Anne Thérèse Leblanc, mère conseillère, Françoise de Rance de Saint-Julien, conseillère, Marie de Genevois. mère discrète et Marguerite de Tartas, procureuse, « faisant tant pour elles que pour toutes les autres religieuses qui composent la Communauté du monastère, représentent très humblement à Monseigneur qu'il y a plusieurs fondations faites dans leur église ou chapelle, qui leur imposent l'obligation de faire dire un grand nombre de messes chaque jour dans le cours de l'année, sçavoir est :

« En premier lieu, le titre de l'Union de la chapelainie dite de

---

[1] Archives de l'Evêché. Journal du Couvent, F. 37.

[2] Idem.

Saint-Sardos, faite à la Communauté par Mgr de Gelas, le 10 février 1615, à la charge d'une messe chaque semaine et dont le revenu est de 120 livres.

» En second lieu, la fondation faite par Mademoiselle d'Hopil, nièce dudit évêque, à la charge aussi d'une messe chaque semaine (dont le fonds a été consommé) :

« En troisième lieu, la fondation faite par feu Madame de Boissonnade, présidente, à la charge d'une messe par mois. (Ce fonds qui était de 150 livres a été également consommé.)

« En quatrième lieu, la fondation faite en 1687 par Mademoiselle de Crusel, qui donna 3.000 livres à la charge d'une messe chaque jour. (Ce fonds a été employé à payer une métairie qui a été conservée).

« Enfin la donation faite par M. Barreau, prêtre, en 1706, réglée par transaction de 1716, et qui leur assure la rente annuelle de 90 livres, à la charge d'une messe chaque jour. (Cette fondation produit annuellement 87 livres, 6 sols, 8 deniers.)

« Les suppliantes ont exactement fait acquitter toutes les messes autant de temps que leurs facultés le leur ont permis ; mais depuis quatre ou cinq années qu'elles ont commencé de manquer des choses les plus nécessaires, elles n'y ont satisfait qu'en partie, et ayant tout lieu de craindre que de longtemps elles ne sauraient être en état de la faire acquitter en entier, elles ont recours à l'autorité de leur évêque, aux fins qu'atandu l'impuissance où elles se trouvent, il lui plaise de diminuer et régler le nombre desdites messes, etc.... »

Mgr Hébert fit droit à leur requête, et ordonna « que la fondation du sieur Barreau, d'une messe par jour, attendu le peu de revenus qu'elle rapporte, serait réduite à quatre messes par semaine. A l'égard de la fondation de la demoiselle Fillol, elle sera exécutée selon qu'il est porté par ladite fondation, et pour ce qui regarde les autres fondations dont les fonds sont perdus ou ont été consommés par la communauté dans leur grande nécessité, ladite communauté sera déchargée de les acquitter, et ce, jusqu'au temps qu'elle sera en état d'y satisfaire ; et cependant la communauté dira un *de profundis* chaque matinée après la messe, pour le repos des âmes des fondateurs. Fait à Agen, le 5 février 1719[1]. »

— Malgré l'insuffisance de leurs ressources, les religieuses de Paulin continuaient sans relâche à enseigner les filles pauvres de la ville. Dans l'état de 1720, Jeanne de Brousse, supérieure, confirme que ses sœurs « tiennent toujours les classes pour l'instruction et l'éducation des filles, gratuitement et sans nulle rétribution. Elles sont les seules de la ville d'Agen qui favorisent ainsi le public. Elles n'ont point reçu de novices, ajoute-t-elle, depuis environ douze ans, à cause de leur pauvreté. La Communauté ne subsiste que par les secours et charités, plusieurs des sœurs ayant été obligées de sortir pour aller chez leurs parents chercher le moyen de vivre; l'affliction, la mauvaise nourriture et l'assiduité au travail en ayant réduit une partie dans l'état d'infirmité, qui pourtant ne laisse pas de continuer les exercices ordonnés par la règle[2] ».

L'état très complet des biens, revenus, charges, etc., du couvent, le 30 juin 1727, nous donne les noms des dix plus anciennes religieuses. Ce sont : la Révérende Mère Jeanne de Brousse, supérieure, 67 ans ; Hélène de Montpezat, mère seconde, 69 ans ; Anne-Thérèze Leblanc, conseillère, 73 ans ; Marie de Bonnel, conseillère, 66 ans ; Marie-Anne de Brousse, conseillère, 59 ans ; Marguerite de Tartas, mère discrète, 62 ans ; Marguerite Le Blanc, procureuse ; Marie de Molinier, 74 ans, et Marguerite de Beaulac, 56 ans. Le couvent se compose à cette époque de vingt religieuses professes, trois novices, quatre sœurs converses, et quatre petites pensionnaires. Outre les biens précédemment nommés, les religieuses ont acquis la métairie appelée de Marot, de la contenance de trente-six carterées, paroisse de la Capelette près d'Agen; plus une faisande de dix carterées, à Sérignac, juridiction de Montesquieu, en Brulhois. Le total des revenus se monte à la somme de 2,747 livres, 6 sols. Les charges à celle de 3,596 livres. Les religieuses ne peuvent donc se suffire que par les aumônes, les charités et le travail manuel[3].

[1] Archives de l'Evêché, F. 37.

[2] Idem.

[3] Archives particulières de Madame la Comtesse de Raymond.

Nous avons déjà vu au chapitre consacré au Couvent des Annonciades de la ville d'Agen qu'en 1731 l'existence de ce couvent fut fortement menacée, et que le cardinal de Rohan, alors grand aumônier du Roi et membre du conseil de régence, avait proposé la suppression, dans chaque diocèse de France, de plusieurs couvents de religieuses, comme étant trop nombreux et se nuisant entre eux. Le Couvent de Notre-Dame de Paulin, à Agen, était compris, de même que les Annonciades, dans cette catégorie. Nous prierons ceux de nos lecteurs, désireux de connaître les motifs invoqués par le cardinal, de vouloir bien se reporter à notre précédent chapitre, où nous reproduisons *in extenso* la circulaire qu'il écrivit à ce sujet [1]. Le projet n'aboutit pas; et le couvent des religieuses de Paulin continua d'exister jusqu'à la Révolution.

Les dames de Paulin eurent vers cette époque un long procès à soutenir contre le sieur Marcassus, au sujet du paiement de la dot et de quelques autres rentes qu'il s'était engagé de faire à l'égard de sa belle-sœur, novice du monastère, et qu'il refusa ensuite d'effectuer. L'évêque d'Agen fut pris comme arbitre de part et d'autre, et, après de longues tergiversations, il arriva à une entente commune qui satisfit les prétentions de chacun [2].

—Du reste il semble que, l'aisance revenue, l'esprit de la communauté de Paulin ait absolument changé, et que, vers ce milieu du XVIIIe siècle, la discipline et l'observance des règles premières aient été totalement mises de côté. Un grand relâchement dans les mœurs des religieuses se produisit en effet vers l'année 1735. C'est du moins ce que constate, sous forme de journal, un long rapport adressé à l'évêque, trop curieux, bien que peu édifiant, pour ne pas que nous en reproduisions ici quelques extraits. L'exemple d'ailleurs partait de haut ; et ce que nous voyons à Paulin peut s'appliquer à cette époque à la grande majorité des couvents de France de filles religieuses.

Nous avons déjà dit que les sœurs de Notre-Dame, instituées en partie par les Jésuites, s'étaient mises sous leur subordination,

---

[1] Archives de l'Evêché d'Agen, F. 37.

[2] Idem.

suivaient leurs règles et écoutaient partout leurs conseils. A Agen comme à Bordeaux, les disciples de Loyola s'introduisirent dans le couvent de Paulin et en prirent la direction spirituelle. Les évêques, et notamment Monseigneur Hébert, ne virent pas toujours d'un bon œil l'intrusion de ces Pères dans la Communauté, et plus d'une fois ils désignèrent des confesseurs qui leur fussent étrangers. Ce fut l'occasion de graves conflits, ainsi que nous l'apprend ce rapport.

« La plupart des religieuses sont pour les Jésuites, les autres pour le confesseur de la communauté. Celles qui sont du parti des Jésuites, sollicitent surtout les postulantes et les novices, de se confesser aux Pères de la Compagnie, et, quand quelqu'une ne veut pas y aller, elle est rebutée des autres. Les Pères prétendent que le confesseur doit leur céder la place, au moins pour le temps des retraites. Si les sentiments du confesseur ne sont pas conformes aux leurs, les sentiments du Père prévalent, et on tourne le confesseur en raillerie. S'il arrive quelque dérangement à cause de leur légèreté, ou à cause des fréquentes visites des Pères, on tombe infailliblement sur le confesseur. Si on ne peut l'accuser d'être Janséniste, il est au moins accusé d'agir par jalousie et de se servir de la confession pour s'en plaindre. Pas un confesseur n'en est sorti, sans avoir eu de pareilles affaires avec eux, etc. [1] »

Et plus loin, le rapport nous fait ce curieux tableau du relâchement dans lequel était tombé le Couvent : « Depuis très longtemps, il n'y a plus d'écoutantes au parloir. Les mères anciennes ne demandent plus permission pour aller au parloir, ni ne montrent plus les lettres aux supérieures. Ces usages s'introduisent même beaucoup parmi les jeunes. On laisse entrer trop facilement les marchands et autres personnes qui veulent vendre quelque chose aux religieuses entre les deux portes. Il manque de jalousies à plusieurs fenêtres de la Mirande qui domine sur la place Paulin. Les personnes qui sont dans cette place sont mal édifiées de voir des pensionnaires et des religieuses, perchées à ces fenêtres, entreprenant

[1] Archives de l'Evêché, F. 37.

de leur parler ou de leur faire des signes. Autrement ce parloir est bien réglé. A l'exception des Jésuites, qui viennent sous le titre de onfessio n, il n 'y a pas une assiduité.

« Le confesseur ordinaire de cette communauté est M. Michel, homme de probité, qui a été leur confesseur ordinaire pendant longtemps, qui a toujours aimé le bon ordre et qui ne cause pas un dérangement. Il y en a un autre qui est Monsieur Charrière, promoteur, qui confesse uniquement la nièce du confesseur, comme ne pouvant se confesser à son oncle. Un Minime en confesse ordinairement deux. Pour les Jésuites, ce n'est pas réglé, quelquefois plus, quelquefois moins ; mais pour l'ordinaire il y en a deux. Le père Aléra en confesse deux ou trois anciennes depuis très longtemps, et une jeune depuis peu. On ne l'a cependant jamais accusé de rien. Il ne reste même pas plus de temps qu'il n'en faut pour les confesser. Le Père Recteur en confesse régulièrement trois ou quatre jeunes, professes ou novices. Le confesseur de la Communauté en confesse environ les trois quarts, et à l'exception de trois ou quatre, les autres ne font pas difficulté d'aller à luy quand leurs confesseurs manquent.

« A l'égard de l'affaire du Père Recteur, il s'agit principalement de deux jeunes professes qui lui sont extraordinairement attachées, qui sont la sœur L... et la sœur C... L'essentiel roule cependant sur la sœur L... C'est une fille de bonne famille, qui a un bon fond pour être une bonne religieuse et capable. Mais l'amitié que la supérieure a pour elle, tout comme plusieurs autres religieuses, les applaudissements qu'on lui a donnés, les instructions qu'elle a reçues des Pères Jésuites, tout cela met des obstacles à ses talents et l'a rendue hardie et entreprenante. Elle est fort caressante, toujours riante, fort attirante. Les personnes de tout sexe et de tout état qui la pratiquent s'attachent facilement à elle. A l'exception des Jésuites, il n'a pas paru qu'elle s'attachât à personne. Du moins elle s'en détache aisément.

« La Communauté a trouvé à redire sur trois confesseurs de suite qui ont confessé ces filles : le Père Planché, le Père Livron, dont on dit que Mgr de Saléon [1] demande la sortie au Provincial,

---

[1] Évêque d'Agen de 1729 à 1735.

et le troisième, qui a fait plus de bruit, est celui d'à présent le Père Recteur. On l'a accusé d'y venir trois fois la semaine et quelquefois davantage, et d'y rester le moins quatre heures. On remarqua que ces filles riaient beaucoup, surtout dans un lieu en présence du Saint-Sacrement. Lorsque Sa Grandeur a été avertie de cela, d'un commun dire ç'a été le confesseur de la Communauté qui le lui a écrit. Les religieuses intéressées n'ont pu même s'empêcher de lui en faire des reproches et de s'en plaindre. La supérieure d'à présent n'est pas trop portée pour ces Pères. Mais l'amitié qu'elle a pour cette fille, les ménagements qu'elle est obligée de garder avec la Communauté et les Pères, ont fait qu'elle n'a pas osé entreprendre d'y remédier, ou qu'elle n'a pas cru tout ce qui en était ; quoiqu'il ne se soit passé d'ailleurs rien de ce qu'on peut appeler formellement mauvais.

« L'histoire porte que Monsieur de Mascaron avait interdit ces Pères dans de pareils faits pour la Communauté de Notre-Dame et du Tiers-Ordre. Mgr Hébert, dans une pareille occasion, leur envoya à tous des lettres d'approbation avec la clause ordinaire : *Exceptis novicialibus*. Quoique Mgr de Saléon les eut tous approuvés, il leur avait recommandé de n'y aller que dans les cas particuliers. Ce qu'ils n'observaient pas [1]. »

— Le 23 avril 1739, haute et puissante dame Marie de Secondat, fille de Gaston de Secondat, seigneur de la Fleyte et de Roques, baron de Roquefort, et de Gabrielle de Gardès, et veuve de messire Marc-Antoine de Nargassier, seigneur de La Cépède, dispose pardevant maître Barènes, notaire à Agen, et par donation pure et simple et à jamais irrévocable, de la somme de trois mille livres en faveur du Couvent des religieuses de Notre-Dame d'Agen. Celles-ci s'engagent, en échange, à fournir une rente annuelle de 150 livres, jusqu'à la mort de la donatrice, et à recevoir, nourrir, loger et convenablement élever une jeune fille, non infirme, de dix à quinze ans, qui leur sera désignée et présentée par les héritiers de ladite dame ou leurs représentants. Signent à l'acte : Ma-

[1] Archives de l'Evêché, F. 37.

rienne de Brousse, supérieure ; Marie de Cieutat, mère seconde ; Marie de Bonnel, Marguerite de Tartas, conseillères ; Marguerite Leblanc, discrète, et Thérèse de Secondat de Montesquieu, procureuse [1].

Monseigneur de Chabannes ayant modifié les règlements du diocèse en ce qui concerne la rétribution pour les messes, et ayant élevé cette rétribution de cinq sols à huit sols, les religieuses de Paulin lui adressent, à la date du 22 avril 1743, une requête afin que « vu la pauvreté du Couvent, il réduise le service du nombre des messes de la fondation de feue Mademoiselle de Gélas, de 1646, et de celle de feu Messire Gérard Barreau. » Obtempérant aux désirs de ces dames et particulièrement de Révérende Mère Thérèse de Montesquieu, Sa Grandeur « réduit, à cause de la modicité du revenu desdites fondations, à 53 par an le nombre des messes dues à la fondation Gélas et à 200 celles de la fondation Barreau, lesquelles messes seront acquittées par la Communauté, selon cette réduction [2] ».

— En 1757, à la suite de pluies persistantes, les religieuses de Notre-Dame, en la personne de Marie-Jacquette Carayre, procureuse, « Révérende Mère Thérèse de Secondat de Montesquieu, supérieure, ne pouvant signer à cause de la faiblesse de sa vue, » adressent une requête à Mgr le marquis de Tourny, alors intendant de Guienne, contre les Consuls de la ville d'Agen « qui n'ont pas fait curer par leurs voisins le grand aqueduc, dont le débordement a causé des dégâts à leur Couvent ». On sait que cet aqueduc, qui avait été jadis un fossé d'une des premières enceintes d'Agen, autour du *Castrum Sancti Stephani*, traversait, sur une longueur de douze toises, le jardin et l'église du Couvent de Paulin. Monsieur de Tourny, par une ordonnance datée d'Agen, du 7 novembre 1757, prescrit aux Consuls de faire nettoyer ledit aqueduc [3].

---

[1] Archives départementales, H, 17.
[2] Archives de l'Evêché, F. 37.
[3] Archives municipales, FF., 195.

— En 1772, le 10 septembre, mourut à Agen la Révérende Mère Thérèse de Secondat de Montesquieu, supérieure du Couvent de Notre-Dame, l'une des plus distinguées et des plus aimées, et propre sœur de l'immortel auteur de l'Esprit des Lois. Voici en quels termes émus sa remplaçante, Madame de Narbonne, annonce cette perte aux différentes supérieures des maisons du même ordre, dans la circulaire qu'elle leur envoie [1].

« Ma Très-Révérende Mère,

« Nous venons de perdre notre Révérende Mère Thérèse de Secondat, sœur du grand Montesquieu, si chéri de son prince, si connu dans le monde littéraire. Ce précieux dépôt fut confié à nos Mères anciennes, à l'âge de cinq ans ; elles s'aperçurent bientôt que ses sentiments nobles et généreux répondaient parfaitement à sa naissance. Déjà marquée au thau des élus par les infirmités continuelles, les faveurs du ciel ne se bornèrent pas là; elle fut destinée aux noces de l'Agneau; l'Esprit Saint prépara la victime qui s'immola par les vœux solennels, à l'âge de dix-sept ans.

« D'abord employée aux saintes fonctions de l'Institut, elle prit pour sa tâche les pauvres et les plus rebutantes de la classe ; elle les instruisait avec une patience admirable et avait mille industries pour soulager leur misère.

« Dieu seul, ma Révérende Mère, pourrait vous dire tout le bien qu'elle a fait dans le pensionnat, il se perpétue dans nombre de familles par les vertus qu'elle a transmises à ses élèves. Son zèle pour la décoration des autels était analogue à la ferveur de son amour pour le Dieu caché qu'on y adore. Chargée de la manutention du temporel dans un temps où il suffisait à peine pour fournir du pain, elle y mit tant de conduite qu'elle le rétablit. Son intelligence pour les affaires, l'élévation de son génie, la supériorité de ses talents, son imagination féconde mais toujours guidée par la

[1] Archives du château de La Brède. Pièce communiquée par Madame la marquise de Saint-Exupéry, née de Laurière de Moncaut.

raison, sa sincérité et sa droiture faisoient l'admiration de toutes les personnes qui avoient à faire à elle. Toutes ces belles qualités, héréditaires dans la Maison de Secondat, étoient relevées dans la Révérende Mère DE MONTESQUIEU par toutes les vertus religieuses. Placée à la tête de la Communauté, elle en a été la forme et le modèle ; parce que l'esprit du Seigneur, qui habitoit dans cette âme pure et innocente, l'avoit remplie de ses dons pour sa propre perfection et celle de ses Filles. Revêtue de tendresse, de miséricorde et d'amour pour toutes, portant patiemment nos foiblesses, pardonnant nos fautes, exhortant, suppliant saintement, importune pour nous faire avancer dans les voies de la vie intérieure, sa ferveur étoit capable d'échauffer les plus tièdes et de porter la chaleur et la vie dans tous les cœurs. La prière faisoit ses délices, elle y recouroit continuellement pour y prendre de nouvelles forces, ou pour consulter Dieu dans son Tabernacle, comme Moïse, ou pour demander, comme Salomon, cet esprit de sagesse qui préside aux conseils du Seigneur. Elle ne craignoit rien lorsqu'il s'agissoit de soutenir ses droits et de combattre pour ses intérêts, comptant pour rien d'être jugée par les hommes. Sa prudence consommée tempéroit son zèle, adoucissoit ses corrections, et rendoit sa fermeté efficace ; elle concilioit très-à-propos l'indulgence avec la sévérité, la bienveillance avec la rigueur, et possédoit éminemment l'art du discernement des esprits, afin de diversifier la conduite qu'il falloit tenir, selon la variété des caractères et des tempéraments. Cette Mère tendre s'accordoit à peine le nécessaire, et répandoit avec une libéralité qui lui étoit naturelle sa pension sur les pauvres dans la Maison et sur les infirmes, les malades, qui étoient l'objet de sa compassion et de ses attentions. Cette digne Supérieure, ma Révérende mère, a été pendant vingt-quatre ans une lampe ardente et brillante par le feu de sa charité, et par son zèle à remplir les devoirs de sa charge. Il sembloit que les souffrances qui, depuis son enfance, étoient l'empreinte de sa grâce, renouvelloient ses forces. Et comme elle avoit demandé que son amour fût crucifié et effectif, ses vœux ont été exaucés : elle a vécu 81 ans avec des infirmités innombrables ; il y a trois ans qu'elle fut déchargée de la supériorité, parce qu'étant privée de la vue depuis bien des années, elle ne pouvoit presque plus agir, et qu'elle ne soupiroit qu'après ce moment, pour ne s'occuper plus que de sa fin. Le bien spirituel et temporel qu'elle avoit fait à la Maison l'engageoit à vouloir m'aider de ses conseils, en qualité de premiere conseillère ; mais à peine ai-je pu en profiter un an. Une attaque d'apoplexie et paralysie, ajoutée à ses vives coliques, l'absorboit entièrement, ne lui laissant que la liberté de faire un saint usage de tous ses maux ; augmentez-les, Seigneur, s'écrioit-elle, mais donnez-moi la patience. Sa prière fut écoutée, une hydropisie et phtisie survenue a terminé une vie pleine de jours et de mérites, le 10 de ce mois, après avoir reçu tous les Sacrements. Le Père Bernardin, du Tiers-Ordre de Saint-François, l'a assistée avec un zèle qui nous a édifiées. Aydez-nous, ma Révérende Mère, à nous acquitter d'un juste tribut de reconnoissance envers notre respectable défunte, en joignant vos vœux aux nôtres, pour qu'elle jouisse sans délai de la béatitude éternelle. Elle a été toute sa vie éprouvée par des peines intérieures, par des maladies continuelles ; elle n'a cessé de rendre son élection certaine par la pratique de ses vœux et de ses règles. Sa dévotion à la Sainte Vierge, à St. Joseph, St, Ignace, St. François Xavier et Ste Thérese, sa Patrone, lui suggéroit diverses pratiques pour les honorer.

« Sa foi vive et lumineuse, sa confiance en Dieu, son humilité profonde, en un mot, l'ensemble de toutes les vertus réunies dans cette sainte âme modère notre douleur, dans l'espérance qu'elle est devenue notre protectrice.

« J'ai l'honneur d'être avec un attachement bien respectueux,

« Ma très-Révérende Mère,

» Votre très-humble et très-obéissante Servante NARBONNE, Religieuse de Notre-Dame, Supérieure. »

» *D'Agen, ce 18 Septembre* 1772.

— Le Couvent des religieuses de Notre-Dame subit, comme tous les autres couvents de France, les rigueurs des lois révolutionnaires.

L'an 1790 et le 26 juillet, les administrateurs du district d'Agen se présentent au Couvent des religieuses de Notre-Dame de Paulin pour procéder à l'inventaire des biens du Couvent, conformément aux décrets de l'Assemblée nationale et du Roi. Reçus par la Supérieure « qui aurait répondu être entièrement soumise auxdits décrets », et admis dans l'intérieur du Couvent, en présence de toutes les religieuses assemblées au nombre de trente-quatre, ils procèdent à la vérification des livres de comptes, recettes et dépenses, ainsi qu'à l'inventaire des propriétés et revenus des religieuses. Il ressort de cet acte que les dames de Paulin possédaient encore à cette époque : le moulin à eau de Moudigou, sur la Seoune, paroisse de St-Amans ; la métairie de Marot, située dans la paroisse de La Chapelle-Renaut ; plusieurs pièces de terre à Sérignac ; la faisande de Mamère, paroisse de Sainte-Foy ; quelques terres à Saint-Pierre-de Gaubert ; la métairie de Dardet, paroisse et juridiction de Sainte-Colombe en Brulhois et quelques petites dîmes Les religieuses ont en outre plusieurs contrats de rentes, dont les arrérages, joints aux revenus des propriétés, constituent une somme annuelle de 11,002 livres, 12 sols, 6 deniers. L'argenterie est assez riche, les effets de sacristie fort nombreux et fort élégants, la lingerie pauvre, etc. Les charges sont lourdes : la principale est dans l'obligation d'enseigner les jeunes filles gratuitement.

Suit l'état des religieuses, leur âge, et leurs intentions de sortir du Couvent ou d'y rester. Il y a vingt-six dames de chœur professes, sept sœurs converses, et deux tourières, savoir :

MESDAMES :

Jeanne Dugout, supérieure, 57 ans ; déclare que son intention est de rester dans la maison ;
Antoinette Muraille, seconde, 43 ans, idem ;
Anne Gignoux, première conseillère, [illegible] ans, idem ;
Marie Delerm, deuxième conseillère, [illegible] ans, idem ;
Marguerite Lacombe, troisième conseillère, 73 ans, idem ;
Jeanne Renaut, discrète, 58 ans, idem ;
Marie Nasse, procureuse, 37 ans, idem ;
Catherine Guimounet, préfète des classes, 42 ans, idem ;
Jeanne Soubrau, infirmière, 51 ans, idem ;

Marie Gary, maîtresse du pensionnat, 34 ans, idem ;
Jeanne Vidouze, doyenne, 79 ans, idem ;
Antoinette Vidouze, cadette, 77 ans, idem ;
Françoise Marquet, 62 ans, idem ;
Marie Dubroca, 60 ans, idem ;
Marie Canol, 50 ans, désire sortir de la maison ;
Jeanne-Marie Dozzan, 48 ans, veut rester dans la maison ;
Jeanne Sechayron, 33 ans, idem ;
Françoise Lafitte, 28 ans, idem ;
Marie Delcussot, 26 ans, idem ;
Marie-Catherine Tardieu, 26 ans, idem ;
Jeanne Dumoulin, 23 ans, idem ;
Anne Cabrit, 31 ans, idem ;
Marie Delcruzel, 23 ans, idem ;
Marie-Jeanne Villeneuve, 21 ans, idem ;
Julie-Rose Vergnes, 22 ans, idem ;
Jeanne Lamartinie, 30 ans, idem ;
Toutes dames de chœur.

— Marie Robert, 76 ans, veut rester dans la maison ;
Marie Vergnes, 67 ans, idem ;
Jeanne Roujol, 32 ans, idem ;
Anne Bartelotte, 58 ans, idem ;
Marie Dru aînée, 49 ans, idem ;
Marie Dru cadette, 48 ans, idem ;
Jeanne Martel, 33 ans, idem ;
Toutes sœurs converses.

—Enfin Marie Calan, 50 ans, et Jeanne Lagardelle, 34 ans, sœurs tourières, affiliées à la maison, qui déclarent également vouloir rester[1].

Dans un second état desdites dames religieuses, dressé le 26 janvier 1791, il est dit que « la dame Canol, qui avait déclaré tout d'abord vouloir sortir, s'est rétractée par lettre du 12 du présent mois de janvier, annexée au procès-verbal. »

---

[1] Archives départementales. Biens nationaux. Etat double.

Les religieuses restèrent dans leur Couvent de Paulin jusques à la fin de septembre 1792. Entre temps furent estimées leurs diverses propriétés ; notamment le 10 septembre 1790, la métairie de Dardet, et le 17 février 1791, celle de Mamère, paroisse de Sainte-Foy, dont le revenu se montait à 647 livres, 12 sols, quitte d'impôts, et le capital à la somme de 12,324 livres [1].

Le 1er octobre 1792 fut effectué le recollement de l'inventaire des biens meubles du Couvent. Les religieuses sont convoquées par la Supérieure, et toutes, elles se présentent devant les délégués du directoire du département. Leur nombre est le même qu'en 1790. Forcées de se soumettre aux décrets, elles quittent le Couvent et la plupart rentrent dans leurs familles [2].

Le Couvent de Paulin devient aussitôt propriété nationale ; et, dès le départ des religieuses, il est affecté comme maison de réclusion pour les prêtres qui n'ont pas prêté le serment constitutionnel. On sait qu'à la même époque les nobles furent enfermés à l'ancien collège et les dames et religieuses à l'hôpital Delas. C'est à la maison de Paulin, nous dit Proché dans ses Annales[3], que fut incarcéré « le vertueux frère Eymeric, hermite, le seul des frères qui fut resté à Agen après leur expulsion de Saint-Vincent. Y étant tombé malade, il fut transporté à l'hôpital, où il mourut en 1809. »

Un volumineux registre des lettres, demandes, réponses, arrêtés, etc., du directoire départemental pendant la période révolutionnaire nous apprend que les détenus de Paulin se plaignent quotidiennement de l'insuffisance des secours et de nourriture qui leur sont octroyés. Sur la requête des membres du directoire, le citoyen Ysabeau daigne leur accorder la somme de quarante sous par jour à la date du 1er frimaire, an III (21 novembre 1794) [4].

L'année suivante, le Couvent de Paulin change de destination.

---

[1] Archives départementales. Biens nationaux.

[2] Idem.

[3] Proché. Annales de la ville d'Agen, p. 32.

[4] Archives départementales. Registre révolutionnaire du 12 fructidor, an II, au 6 pluviose, an III.

La Terreur passée et les ci-devant prêtres élargis, le Directoire décide qu'il servira de caserne et d'écurie pour les chevaux des troupes de passage. Le citoyen Dergny est chargé, le 7 frimaire an IV (28 novembre 1795), de dresser un devis estimatif des ouvrages à faire au cloître du ci-devant Couvent de Paulin pour y établir une écurie de quinze chevaux [1]. »

Enfin, après tant de destinées diverses, le Couvent des religieuses de Notre-Dame de Paulin, comprenant la ci-devant église, le couvent proprement dit, les jardins, et toutes les appartenances et dépendances, est mis en vente aux enchères publiques, le 1er prairial an VI (20 mai 1798), au prix de 19.050 francs, montant des trois quarts de son estimation. Il est adjugé, au sixième feu, pour la somme de 525,100 francs (valeur du temps), et bientôt après divisé en plusieurs lots et vendu à différents particuliers, « notamment, dit Proché dans son manuscrit, à des maîtres de pension, l'un desquels Monsieur Boé y est encore. Il y a aussi deux loges de francs-maçons, qui sont maintenant désertes comme les autres. » (1816). Depuis, la franc-maçonnerie y est revenue, et ses adeptes y ont tenu de nos jours plus d'une récréative séance.

Morcelé en sept ou huit maisons distinctes, tant sur la place Paulin que dans la rue Pontarique, le Couvent des religieuses de Notre-Dame a perdu sur ces côtés son aspect primitif. Seules les façades nord et ouest ont conservé quelques derniers vestiges de leur destination première. De larges fenêtres à meneaux s'aperçoivent encore au sommet de la bâtisse qui fut primitivement l'église, et les arcades du cloître restent en partie ouvertes sur les vastes jardins de l'ancien monastère.

---

[1] Archives départementales. Biens nationaux.

CHAPITRE V.

LES CARMÉLITES.

De tous les ordres religieux de femmes, celui qui frappe le plus l'imagination, qui répond le mieux aux aspirations mystiques de l'âme, qui reste encore aujourd'hui, comme autrefois, entouré d'une dévotion toute particulière, c'est certainement l'ordre du Carmel. Après les sœurs de Charité, toujours si admirables de zèle et de dévouement, les Carmélites viennent les premières, ayant su conserver la faveur populaire ; et ce n'est qu'avec respect et recueillement que l'on s'approche de leur pieux sanctuaire, tout embaumé des plus éminentes vertus. *Ou souffrir, ou mourir* : telle est la touchante devise des filles de sainte Thérèse. C'est la gloire à jamais impérissable de la grande extatique que d'avoir ouvert, en plein seizième siècle, aux heures les plus bouleversées de la tourmente religieuse, les portes de son monastère aux âmes délicates, avides de fuir les perversités du monde et à la recherche sur cette terre d'un introuvable idéal.

Il serait téméraire de raconter, dans ce court chapitre, la vie bien connue du reste de la sainte espagnole. Nul n'ignore les incertitudes de sa jeunesse, sa vocation irrésistible, sa première fondation à Avila dès l'année 1536, la réforme complète qu'elle opéra dans le vieil ordre des Carmes, et les multiples établissements qu'elle créa, tant d'hommes que de femmes, obéissant toujours à sa mission extra-terrestre et soutenue jusqu'à la mort par son dévouement, son infatigable ardeur, son inépuisable charité [1]. Sa sollicitude constante pour la France, sa prédilection même pour notre beau pays, ne devaient pas rester stériles. Aussi sa règle eut-elle rapidement franchi les Pyrénées, ses adeptes augmentant en peu d'années d'une façon qui tenait du prodige.

Des écrivains plus autorisés que nous ont déjà longuement raconté cette phase si particulière et pleine d'intérêt pour nos annales de l'histoire du Carmel. Ils ont appris comment le Père de Bérulle et avec lui Madame Accarie menèrent à bonne fin, malgré les difficultés sans nombre qui leur furent suscitées, leur admirable entreprise. La protection d'Henri IV et plus tard de Louis XIII, la générosité de la belle princesse de Longueville et de la plupart des familles princières de cette époque, l'habileté surtout de l'éminent fondateur de l'Oratoire, assurèrent les plus heureux débuts au monastère de Notre-Dame des Champs, dont les portes devaient s'ouvrir bientôt à Louise de La Vallière, et plus tard, celles de la maison voisine de Saint-Denis, à la fille même du roi, à la pieuse Louise de France [2]. Disons seulement ici, qu'à peine installé en France (1603), l'ordre des Carmélites Déchaussées se propagea rapidement dans les différentes provinces, et que, notamment en ce qui concerne la région du sud-ouest, le couvent de Bordeaux fut institué le septième en 1611, et celui de Lectoure, trente-deuxième fondation, le 8 septembre 1624, grâce aux libéralités du maréchal de Roquelaure [3].

---

1 Voir la vie de sainte Thérèse par Guillaume Gratian (Arras, 1610); ses œuvres complètes, traduites par Arnaud d'Andilly (1670); sa règle, ses constitutions, etc. Voir aussi le Père Hélyot. T. 1. p. 325; l'abbé Migne, etc., etc.

2 Voir les remarquables ouvrages de M. l'abbé Houssaye : *M. de Bérulle et les Carmélites de France* (1575-1611), Paris, Plon, 1872; et *Le Père de Bérulle et l'Oratoire de Jésus* (1611-1625), id. 1874.

3 Nous ne saurions trop recommander à nos lecteurs l'intéressant travail de notre ami M. A. Plieux sur *Le Carmel de Lectoure*, paru dans la *Revue de Gascogne* (Tomes XXVII et XXVIII) et auquel nous emprunterons pour notre étude de nombreux et précieux renseignements.

La règle des Carmélites Déchaussées est, on le sait, des plus sévères. Rappelons, entre autres prescriptions ordonnées par sainte Thérèse, que ces pieuses filles sont astreintes à la plus grande pauvreté. « Elles doivent vivre d'aumône et sans aucuns revenus, aux villes riches; ailleurs, il leur est permis d'avoir un revenu en commun. En été, elles se lèvent à cinq heures et font oraison jusqu'à six. En hiver, elles se lèvent à six heures et font oraison jusqu'à sept; et avant le souper elles ont encore une heure d'oraison. Elles jeunent depuis l'exaltation de la Sainte Croix jusqu'à Pâques, ne mangeant jamais de viande, si ce n'est dans les maladies; et aux jeûnes d'Eglise et tous les vendredis de l'année, excepté ceux qui sont entre Pâques et la Pentecôte, elles ne mangent ni œufs ni laitage. Le silence leur est recommandé depuis Complies, qu'elles disent après souper, jusqu'à Prime du lendemain. Outre la discipline de verge aux jours de Carême et de l'Avent, et en tous temps les lundis, mercredis et vendredis, elles la prennent encore tous les vendredis de l'année pour l'augmentation de la Foi, la conservation de la vie et des Etats des princes souverains, pour les bienfaiteurs, pour les âmes du Purgatoire, les captifs et ceux qui sont en péché mortel, et ce, durant l'espace d'un miserere et quelques oraisons [1]. »

Les Carmélites ont une tunique et un scapulaire de couleur marron et un manteau blanc étroit. Elles n'ont d'autres chaussures que des sandales de corde et des bas d'une étoffe aussi grossière que la robe. Elles couchent sur de simples paillasses. La clôture leur est rigoureusement prescrite, et ce n'est qu'à travers une grille des plus épaisses qu'elles peuvent assister à l'office divin, se confesser, recevoir la communion. En plus de leur confesseur, elles ont un supérieur qui a la conduite ordinaire du couvent, les dirige spirituellement, les gouverne, et au-dessus, un visiteur qui vient contrôler les actes du supérieur et lui sert en quelque sorte de contrepoids moral.

— Dans ses nombreux voyages à travers la France, au moment où le cardinal de Sourdis, archevêque de Bordeaux, lui montrait la

[1] Père Hélyot. Tome I, p. 325 et suiv.

plus incroyable hostilité, le Père de Bérulle fut forcé de rejoindre, en août 1621, le Roi, qui assiégeait la petite ville de Clairac ; et, après la reddition de cette place, il le suivit à Agen, où il demeura quelques jours avant de se rendre à Toulouse. C'est alors que le pieux fondateur du Carmel en France résolut d'établir un couvent de cet ordre dans notre ville, et qu'il chercha depuis tous les moyens d'arriver à ses fins. Un hasard providentiel vint, sept ans après, lui permettre de réaliser son louable projet.

Nous avons déjà dit que, grâce aux libéralités du maréchal de Roquelaure, les pieuses filles de sainte Thérèse s'étaient installées à Lectoure dès l'année 1623. La sœur Marie de la Sainte-Trinité, de la famille du président de Sevin, en devint la première prieure, et elle sut grouper autour d'elle tout un essaim de jeunes religieuses, désireuses de contribuer au développement et à la prospérité du nouvel ordre. Une d'entre elles était destinée à fonder le monastère d'Agen. Mais laissons parler à cet égard, dans toute sa simplicité, la prieure du Carmel d'Agen, transmettant, en 1715, à Mgr Hébert, sur la demande du comte d'Eu, tous les détails relatifs à la fondation de son monastère[1] :

« Lors de son voyage à Toulouse, le cardinal de Bérulle, passant par Agen, trouva cette dernière ville dans une position si agréable qu'il résolut d'y établir un des nombreux monastères de Carmélites, qu'il avait l'intention de transporter en France.

« La ville d'Agen fut, en effet, au nombre de celles que le Cardinal, de retour à Paris, désigna au Roi pour en obtenir des lettres patentes, espérant que quelque occasion favorable se présenterait pour l'exécution de son projet. Son espérance ne fut pas longtemps incertaine.

« Dans le monastère de Lectoure, vivait une jeune novice, pieuse et craignant Dieu. Elle avait nom Louise de Garrigue et était fille d'un bourgeois de ce nom de Castelnau d'Auzan. Orpheline, jeune encore, il lui restait quelques parents éloignés, avi-

---

[1] Archives de l'Evêché d'Agen : F. 14.—Voir aussi les Archives du Carmel d'Agen, notes manuscrites, et les chroniques de l'Ordre, 2e série, t. I, page 305 et suiv.

des des biens de ce monde, et un frère unique qui avait entre ses mains l'administration de l'héritage paternel. Ce frère venant à mourir, les autres parents cachèrent cette mort à la jeune novice pour la déshériter, attendant qu'elle eut fait sa profession avant de lui révéler la mort de son frère. Mais Dieu, qui avait d'autres desseins, permit que le jeune Garrigue apparut en songe à sa sœur pour lui découvrir sa mort et les intentions coupables de ses parents. Louise ne douta pas que ce ne fut là une inspiration du ciel ; et cette conviction elle la fit partager à la Mère prieure du couvent de Lectoure. Mais ce n'est là que la moitié de la révélation : Garrigue, dans le songe de sa sœur, l'engage à ne pas se laisser éblouir par la fortune, à persévérer dans sa vocation et à faire une fondation pour un couvent de son ordre. Elle etait alors à la veille d'entrer en religion. La Prieure du monastère de Lectoure jugea à propos de retarder sa profession pour vérifier la révélation de la jeune novice, qui se trouva véritable sur tous les points. La Prieure en écrivit toutes les circonstances à la maison de Paris. Le cardinal de Bérulle qui était à la fin de sa carrière vit le moment favorable pour doter d'un couvent du Carmel sa ville de prédilection.

« C'est en ces termes, qu'il engagea la mère prieure à persévérer dans son idée et qu'il approuva la fondation du monastère Agenais :

« La grâce de Jésus-Christ, Notre-Seigneur, soit avec vous pour jamais :

« J'ay receu vostre lettre du moys passé. J'approuve le soing que vous aves pris de préparer la fondation d'Agen. Je loue Dieu du moyen qu'il vous en donne par le testament de cette bonne fille que Dieu a réservée à l'Ordre et a choisye pour l'instrument de cette œuvre. Je l'offre à Jésus-Christ Nostre-Seigneur et à Sa Sainte Mère et les supplie d'approprier cette âme à eux par leurs voyes intérieures, par leur sureté, puissance et influence sur les âmes, comme il leur a plu se servir d'elle pour cette œuvre extérieure de leur gloire et service. Je vous prie luy dire de ma part, e la remercier aussy très affectueusement, de la pensée qu'elle a de faire cette aulmosne que vous me mendez à une de nos maisons. Je choisis celle de Tholoze e une tres proche e tres nécessiteuse. Et je supplie Nostre Seigneur me faire la grâce, et sa Très Sainte Mère aussi, de conserver à cette âme quelque bénédiction spirituelle, en eschange et recognoissance de la bénédiction temporelle que nous recevons d'elle. — Quant à la fondation de l'ordre, il faut penser à *Agen* e non à Aix, et il ne faut pas témoigner que la fondation doive estre faicte nécessairement par vous ny par la maison de Lectoure, laissant en doubte si les supérieurs se serviront de celle de Tholoze ; et cependant vous prie me mander, si vous pourrez laisser quelqu'une capable d'avoir soing de la maison de Lectoure en vostre absence et les noms de toutes celles que vous pensez qu'il faut tirer, e s'il y en aura assez pour satisfaire à ces deux maisons, sans qu'il soit besoing d'en prendre quelques unes d'ailleurs. Je vous prie aussy me mander en un papier à part le nom de toutes celles qui sont en vostre maison, leurs talentz et capacités e le temps qu'il y a qu'elles sont en l'ordre. J'estime aussy qu'il ne faut point tesmoigner le temps auquel on veut faire cette fondation d'Agen, que tout cela doit estre obscur e incogneu e caché dans le secret de la volonté des supérieurs. Et si Dieu permettait que celui qui vous donne de l'exercice fist quelque voyage dehors à Tholoze ou Bordeaux, le temps de cette absence faciliterait l'exécution de vos pensées. Il n'y a point de doubte que cette bonne sœur ne puisse faire sa donation à Tholoze et que vous ne la puissiez exécuter sans qu'il n'y ait rien par escrit. Car c'est la volonté qui fait le don et elle le fait au temps quelle peut disposer de son bien, e vous e elle l'exécutez en vertu de cette première intention lorsqu'elle est hors de pouvoir de faire disposition nouvelle, mais non pas d'accomplir ses intentions précédentes ny vous pour elle. Je supplie Nostre Seigneur Jésus et Sa Très Saincte Mère de recevoir la donnation qu'elle fait d'elle mesme à eux et à l'ordre en l'honneur de la donation mutuelle et admirable que Jésus fyt de soy-mesme à Marie e Marie à Jésus. Je suis en eux vostre très humble et très affectionné serviteur. P. de Bérulle, de Paris, ce 4 octobre[1]. »

[1] L'original de cette lettre, si précieuse pour le Carmel d'Agen, est déposé aux archives du Carmel de Lectoure. Elle a été déjà publiée par M. Plieux dans son travail sur le Carmel de Lectoure, (Revue de Gascogne, t. XXVII, p. 453) et en partie par la chronique de l'ordre des Carmélites (2e série, t. I, p. 308. 1887).

— Ainsi résolue par le P. de Bérulle, la fondation du couvent d'Agen s'effectua rapidement. Louise de Garrigues y consacra l'héritage paternel, qui se monta à la somme de 15,000 livres, et le 6 décembre 1628, six religieuses professes du couvent de Lectoure arrivèrent à Agen.

C'était, outre la pieuse fondatrice, Louise de Garrigues, en religion sœur Thérèse de Jésus, qui ne resta que peu de temps à Agen; la prieure même du Carmel de Lectoure, Marie de Sevin, en religion, Révérende Mère Marie de la Trinité, et les sœurs Rose de Ramundis (Madeleine de Jésus), Marie Lasne, de l'Isle Bozon (Marie du Saint-Esprit), Louise de Laubaisein (Louise de Jésus) et Catherine des Anges. La Révérende Mère Marie de la Trinité fut nommée prieure, laissant à la sœur Louise de Garrigues la direcion du Carmel de Lectoure; et la Mère Elisabeth de Saint-Joseph, professe de Paris et retirée à cet effet du couvent de Bordeaux, devint la sous-prieure du nouveau couvent.

En même temps s'accomplissaient les formalités administratives nécessaires à l'établissement dans Agen de ce nouveau couvent. Le syndic des religieuses Carmélites de la Réforme de Sainte-Thérèse de Lectoure écrivait aux Consuls une longue lettre, où il leur rappelait « comme quoi sœur Thérèse de Jésus, s'appelant lorsqu'elle était dans le monde Louise de Garrigues, avait institué par son testament pour son héritier ou héritière universel et général, en tous et chacun de ses biens, une fondation d'un monastère dudit ordre pour estre établi en la ville d'Agen, ou dans la ville d'Auch, suivant ce qui serait avisé et être plus expédient par les supérieurs dudit ordre, lesquels ayant approuvé le dessein de ladite sœur et que la fondation fut faite à Agen sous le bon plaisir de l'Evêque, qui a donné un avis favorable; à cet effet vous prions d'y accéder, protestant ne vouloir apporter aucun préjudice ni dommages ni au général ni au particulier de ladite ville, offrant de payer en outre toutes les charges exigées, etc. »

En conséquence de cette lettre, les Consuls s'assemblèrent, adoptèrent la proposition des religieuses, et, le 27 décembre 1628, ils passèrent le contrat définitif par lequel les religieuses Carmélites « en les personnes de R. Mère Marie de la Sainte-Trinité, prieure du Couvent d'Agen, sœurs Catherine des Anges, Magdeleine de Jésus et Thérèse de Jésus, professes, « s'engagent envers les Consuls d'Agen, à toutes les obligations voulues, à contribuer au paiement des tailles tant ordinaires qu'extraordinaires, et pour ce, hypothèquent tous leurs biens, présents et à venir [1]. »

Labénazie, tout en confirmant la date de l'établissement des Carmélites à Agen, ajoute : « Le 6 décembre 1628, les Carmélites s'établirent à Agen, dans la maison du sieur Langelier, possédée maintenant par Monsieur Lussan de l'Hostelnau, tout devant le puy de la Grande Boucherie [2]. Le lendemain 7, la première messe fut dite dans cette maison par la permission de Mgr de Gélas. Le 23 de ce même mois, Mgr de Gélas y exposa le Saint-Sacrement [3]. »

— Une année ne s'était pas écoulée que le Couvent des Carmélites d'Agen dut fermer ses portes et chercher un refuge ailleurs. La peste s'abattit, on le sait, terrible sur la ville d'Agen, en l'année 1629. Elle y fit de tels ravages que les pieuses filles de Sainte-Thérèse furent obligées de s'expatrier. « Ce n'est pas, nous dit la Chronique de l'Ordre, que ces anges d'abnégation eussent peur de la mort ; mais il n'entrait pas dans les desseins de Dieu de les moissonner à la fleur de leur vie, au commencement d'un établissement qui était son ouvrage, et qu'il voulait rendre fleurissant. » Sur l'injonction de leurs premiers supérieurs, les unes revinrent à Lectoure, d'où elles étaient parties, les autres furent envoyées à Toulouse, en attendant la fin de la contagion. De ce nombre fut la révérende Mère Marie de la Trinité. « Elle trouva dans cette ville le premier président Massuyer, qui, en premières noces, avait épousé sa sœur germaine Elisabeth de Sevin, et, se servant du crédit de son beau-frère, elle alla fonder, le 14 mars 1630, le monas-

---

[1] Archives du Carmel d'Agen. — Idem. Archives de l'Evêché. F. 14.

[2] La grande Boucherie d'Agen était située, au XVIe siècle, au fond de la Grande Place, près l'église Saint-Etienne. Elle fut transférée plus tard sur la place qui prit son nom, et qui s'appelle actuellement place Lafayette. C'est là, croyons-nous, que s'installèrent tout d'abord les Carmélites.

[3] Labénazie. Manuscrits, Tome II, livre V, chap. XIX, p. 474. Voir aussi sa Chronique Agenaise, p. 96.

tère d'Auch, où elle mourut; ce qui obligea les Supérieurs de l'Ordre de choisir une autre prieure pour la fondation d'Agen. Car déjà le fléau avait disparu.

« Ce fut la Mère Madeleine de Saint-Joseph, qui avait fait sa profession à Tours entre les mains de la Mère Anne de Saint-Barthelemy, espagnole et compagne inséparable de sainte Thérèse, dont elle reçut le dernier soupir. La Mère Madeleine vint à Agen dès l'année suivante, et elle y ramena cinq autres religieuses [1]. »

Le premier local était insuffisant. Un ecclésiastique de noble famille agenaise, Pierre du Lion de Belcastel, docteur en théologie, disciple du Père de Bérulle et déjà prêtre de l'Oratoire, voulant protéger une novice du monastère agenais, demoiselle Antoinette Bouthier de Cateure (ou de Catus), en religion sœur Thérèse de Jésus, résolut d'abandonner aux religieuses du Carmel une maison qu'il possédait dans la paroisse Saint-Etienne, rue de l'Annonciade ou de l'Ave Maria, et dont les vastes corps de logis et les grands jardins entre cette rue et celle des Penitents Bleus convenaient admirablement à cette destination. A cet effet, il s'entendit avec la Mère Madeleine, et, le 1er janvier 1632, il passait avec elle l'acte de donation suivant, dont nous donnons ici le résumé :

« Sachent tous présents et advenir que le 1er janvier 1632, dans la maison où résident les religieuses Carmélites déchaussées de l'Ordre de Sainte-Thérèse de Jésus, a esté présent au devant le parloir desdites religieuses Me Pierre du Lion de Belcastel, docteur en théologie et prêtre de la Congrégation de l'Oratoire de Jésus, lequel, tant à cause de la bonne et sincère affection qu'il a pour l'ordre desdites religieuses Carmélites que pour la bonne volonté qu'il a toujours eue pour damoiselle Anthoinette *Bouthier de Catus*, à présent religieuse novice en ladite maison et couvent des Carmélites, nommée en la religion sœur Thérèse de Jésus, et pour que ses infirmités ne la rendent pas à charge à la Communauté, il donne par ces présentes,

[1] Chroniques de l'Ordre, d'après le manuscrit de Labénazie (T. II. livre V, ch. XIX), qui s'était inspiré lui-même de la relation manuscrite de la prieure de 1715. (Archives de l'Evêché d'Agen, F. 14.)

par donation pure et simple, audit Couvent et à la Mère Magdeleine de Saint-Joseph, prieure, Catherine des Anges et Marie de la Sainte-Trinité, dépositaires, une maison, située dans ladite ville d'Agen, paroisse Saint-Estienne, et en laquelle lesdites religieuses résident présentement, avec les jardins, basses-cours et quelques petites maisons y joignant, et toutes autres appartenances et dépendances, confrontant d'orient avec maisons et jardins de M. de Verduc, d'occident aux maisons et jardins de M. de Maurès, du midy des héritiers de M. de Sarrau et autres, du septentrion avec jardins de M. Delas et autres et avec rue publique. » Les religieuses peuvent en disposer comme elles l'entendront. Le donateur se réserve seulement, sa vie durant, la somme de 400 livres que lesdites religieuses seront tennes de lui payer annuellement. Et dans le cas où la demoiselle de Catus, à cause de ses infirmités, ne pourrait faire sa profession, il veut qu'elle soit considérée comme bienfaitrice et puisse rester dans ledit monastère, etc. [1].

Et Labénazie ajoute : « Une fois en possession de leur nouvelle demeure, les Carmélites commencèrent à l'aménager en forme de couvent, et elles firent par provision une chapelle qui avait son entrée à la rue des Pénitents Bleus. Ce n'est qu'ensuite qu'elles ont fait bastir cette église voutée qui a son entrée à la rue de l'Ave Maria », et qui est encore aujourd'hui la chapelle du Lycée d'Agen.

Nous sommes ainsi amené à décrire le Couvent des Carmélites d'Agen, tel qu'elles l'habitèrent jusqu'à la Révolution, que nous le donne la fraction très exacte ci-jointe du plan Lomet, et que nous l'avons vu nous-même, avec quelques légères modifications seulement, alors qu'il servait de Collège à la ville d'Agen. Il fut démoli de fond en comble en 1857 pour faire place au magnifique lycée actuel.

— L'ancien Couvent des Carmélites d'Agen était situé dans la paroisse Saint-Etienne, entre les rues du Paradis et Saint-Jérôme à l'ouest, et la rue de l'Ave Maria, actuellement rue des Colonels-Lacuée, à l'est. Composé tout d'abord de la maison du sieur du

[1] Archives départementales de Lot-et-Garonne, B. 55, p. 41.

Lion de Belcastel, il s'agrandit peu à peu par l'acquisition de plusieurs maisons attenantes, et, moins de cinquante ans après l'installation des religieuses, il avait atteint les dimensions qu'il garda jusqu'en 89. Nous avons déjà donné à la page précédente sa délimitation primitive. Au moment de la Révolution, à l'heure où l'ingénieur Lomet en releva le plan, il était borné à l'Est par la rue de l'Ave Maria; au Nord, par la jolie maison, M, de la veuve Cambefort, où la tradition veut que soit descendue la reine Marguerite en 1585, durant les six mois qu'elle passa cette année-là à Agen [1], et dont les jardins et les dépendances s'étendaient jusqu'à la rue du Paradis; à l'Ouest, par cette même rue du Paradis et la rue Saint-Jérôme; au Sud, par l'ancienne maison Descressonnières, aujourd'hui le petit Lycée, son vaste jardin, et les maisons qui font le coin de la rue du Cat et de la rue des Colonels.

L'église du Couvent, qui, primitivement, était située à l'Ouest, fut bâtie vers la fin du XVIIe siècle, là où elle se trouve encore aujourd'hui. C'était une des plus vastes et des plus riches d'Agen. Elle subsiste du reste, telle qu'elle était autrefois, et sert de chapelle privée aux élèves du Lycée actuel. Elle est composée d'une seule nef, à trois travées inégales, dont la première, la plus rapprochée de la porte, mesure 6 mètres, celle du milieu 8m10, et la dernière, qui sert de chœur, 7 mètres à droite, et 6m40 à gauche. La longueur totale intérieure est sur le côté droit de 21m 10, et sur le côté gauche de 20m 50. Les voûtes sont en croisées d'ogives. Deux chapelles latérales B et B' existaient autrefois entre l'église et le mur de clôture. La première subsiste seule. Elle est divisée en deux parties, dont l'une sert de sacristie. La largeur totale est de neuf mètres.

Comme dans toutes les chapelles du Carmel, le chœur est beau-

[1] Cette maison, fort pittoresque, appartenait en dernier lieu à M. Benjamin Martinelli. Elle fut démolie en 1857, lors de la construction du lycée actuel. On se souvient encore de sa jolie façade gothique avec ses croisées à meneaux, de son portail ogival, de son grand perron, du gracieux oculus du rez de chaussée, de sa tour carrée à laquelle était attenante une échauguette fort élégante, de ses cours dallées, de son mystérieux jardin. (Voir le dessin que nous en avons donné dans le numéro de l'*Echo de Gascogne* du 1er mars 1889.)

coup plus élevé que la nef. Celui du Carmel d'Agen dépasse de cinq marches le niveau de la chapelle, qui lui-même est élevé de

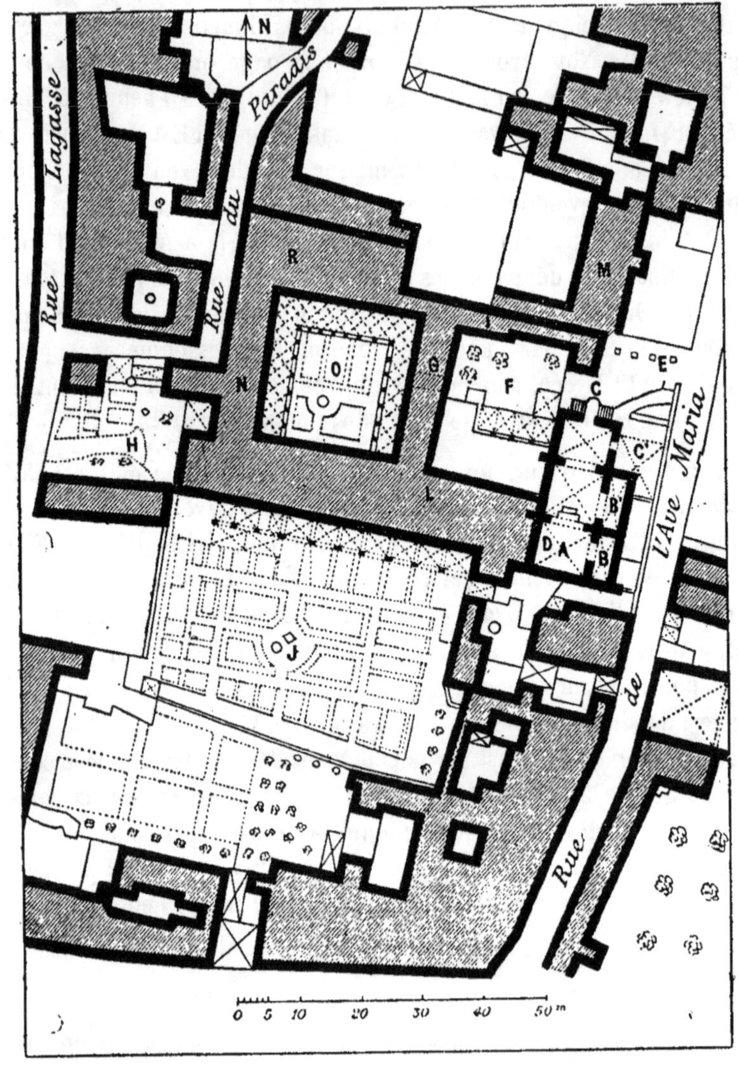

quatre degrés au dessus de la cour. L'entrée actuelle est en C. Une seconde entrée, aujourd'hui fermée, mais dont l'existence est attestée par une belle porte à moitié détruite, se trouvait jadis en C'. Ce devait être la première porte de la chapelle du Couvent. On voit encore en D la trace de la vaste baie grillée, derrière laquelle les Carmélites assistaient à l'office divin et qui communiquait directement avec le corps de logis prin-cipal L.

Elevé dans le style rococo, l'autel, quoique d'un goût douteux, est fort riche. Il est entièrement doré et tout incrusté de belles plaques de marbre des Pyrénées aux multiples couleurs. Il est supporté par quatre colonnes de porphyre. Un admirable tableau de sainte Thérèse en extase, offrant tous les caractères de l'école espagnole, en occupe le milieu. Cette belle toile se fait remarquer par sa pureté de lignes, l'éclat de son coloris, l'intensité suave de l'expression. Tout au fond de l'église, et au-dessus de la porte d'entrée, se lit l'inscription suivante, jadis en partie effacée, mais que l'on a pu néanmoins sauver à temps et reproduire dans sa délicate teneur primitive :

Quid non conatur Amor?
Cœlos in terris adumbrare
Carmeli Filiœ tentarunt,
Anno salutis, MDCCLXXII.

La voûte et les murs de la chapelle du Carmel d'Agen étaient, nous dit Saint-Amans dans ses Antiquités, « peints à fresque par Berinzagho, et avec beaucoup d'art. » Ces peintures sont malheureusement aujourd'hui totalement perdues.

L'entrée du Couvent était en E, sur la rue de l'Annonciade. En passant devant le portail de l'église, on arrivait dans une vaste cour F, plantée de platanes, et autour de laquelle étaient disposés les principaux corps de logis du monastère. Un corridor étroit G permettait, au rez-de-chaussée, d'accéder de la cour d'entrée dans le cloître O. Cette deuxième cour, parfaitement carrée, n'était bordée d'arcatures que de trois côtés. Ces arcatures à berceau, fort ordinaires et sans aucune recherche artistique, étaient supportées par sept piliers massifs. Tout autour se trouvaient le réfectoire R, les cuisines N, la lingerie, les dépenses, etc. Les cellules des sœurs formaient au-dessus le premier étage. Une petite cour H servait de dépendances et de basse cour. Enfin un grand jardin J s'étendait au midi sur toute la longueur du Couvent. Il était bordé d'un côté par une galerie voûtée de dix arceaux, et des trois autres côtés par de grands murs fort élevés, qui le séparaient des cours, jardins et logis avoisinants.

Le couvent des Carmélites était, on le voit, avec la Visitation et le Tiers-Ordre, un des plus vastes et des plus considérables de tous les monastères de filles de la ville d'Agen.

— « Un mois après leur retour à Agen, nous disent les Chroniques de l'Ordre[1], les religieuses Carmélites eurent la douleur de perdre la Mère Elisabeth de Saint-Joseph, leur sous-prieure. Elle avait fait sa profession au monastère de l'Incarnation à Paris, en 1611, âgée de vingt-six ans. Notre bienheureuse Mère Madeleine de Saint-Joseph l'estimait singulièrement pour sa fidélité à correspondre aux mouvements de l'esprit de Dieu. Elle fut envoyée sous-Prieure à Bordeaux, à l'époque des troubles de cette maison et de tout l'ordre. Elle y souffrit beaucoup et avec une si grande vertu que ceux mêmes qui la persécutaient étaient remplis de vénération pour sa sainteté. Elle fut retirée de cette maison pour être Prieure du second couvent de la même ville. C'est de ce lieu qu'elle vint à la fondation de ce monastère d'Agen, où elle mourut âgée de quarante-six ans, munie des derniers Sacrements. La communauté n'ayant pas encore de maison propre, ni de lieu destiné à la sépulture des religieuses, son corps fut porté a Lectoure le jour même de sa mort et fut enterré dans le cloître. »

Les filles de Sainte-Thérèse étaient à peine installées dans leur nouvelle demeure qu'elles eurent la douleur de la voir profanée par une populace furieuse, lors de l'émeute que provoqua le 10 juin 1635 l'établissement de la gabelle à Agen. Deux hommes de bien, Me Guillaume de Maurès, avocat au siège présidial, et son fils Jean Vincent de Maurès, conseiller en l'élection, dont la maison, actuellement occupée par Monsieur Ch. de Parades, se trouvait en face du couvent des Carmélites, poursuivis par la foule, essayèrent de venir chercher un refuge au Carmel. Mais ce fut vainement. « Davantage, nous dit le journal de Malebaysse, qui relate tous les dé-

---

[1] Chroniques de l'Ordre ds Carmélites. Monastère d'Agen p. 310.

tails de cette affreuse journée[1], ce mesme jour (17 juin 1635) fust tué ce vénérable homme M. Me Guilhaume de Maurès, advocat au siège présidial de la présente ville, âgé de 75 ans, et Me Jehan Vincent de Maurès, son fils, conseiller en l'élection. Ils furent tués sur le toit du couvent des religieuses Carmélites, où ils s'étaient réfugiés. Ce vénérable homme pria les meurtriers qu'on le tuâst à luy et qu'on sauvât son fils.Le fils les pria de mesmes: «Tuès-moi et sauvez mon père! » Quand ils furent morts, on les jeta du hault du toict en bas dans la basse-court desdites Carmélites. Il y eust la femme d'un hoste nommé Petit quy se tenait pour lors contre l'orme de la Porte Neufve, qui fust sy inhumaine que ne se contanta pas de les voir morts, elle arracha les yeux de la teste du fils dudit sieur de Maurès, et les mit dans son mouchoir et les apporta à sa mèson. Lesdits sieurs eurent plus d'avantage que les autres: car, par grasse espécialle, ils furent enterrés de nuict par les Pères Capucins dans leur esglisse, et leur maison ne feust pillée ny brulée. »

Les chroniques de l'ordre sont peu explicites sur la vie des saintes filles qui vinrent demander au monastère agenais le calme et le repos. A peine connaissons-nous la pieuse existence de cinq ou six de ces religieuses, grâce aux lettres circulaires envoyées à leur mort dans les autres monastères. Nous les résumerons toutefois à leur date de décès. Donnons pour le moment, depuis la fondation du monastère jusqu'à la Révolution, la liste des Prieures du couvent des Carmélites d'Agen. Les noms de famille pour la plupart n'ont malheureusement pas été conservés. Nous l'avons dressée d'après les Archives mêmes du couvent d'Agen.

1628. — Fondatrice : Sœur Thérèse de Jésus, du monastère de Lectoure. (Louise de Garrigues).

1re Prieure : la Mère Marie de la Trinité, de Paris, (Marie de Sevin).

2e Prieure : la Mère Madeleine de Saint-Joseph, professe de Tours.

---

[1] Manuscrit de la famille Malebaysse (Archives départementales). M. Ad. Magen en a donné le résumé dans sa notice intitulée : *Une émeute à Agen, en 1635*. (Recueil de la Société d'Agen, tome VII.)

1635. Mère Magdeleine de Saint-Joseph.
1638. Mère Gabrielle de l'Incarnation.
1644. Mère Madeleine de Saint-Joseph.
1648. La même.
1652. Mère Thérèse de Jésus.
1655. La même.
1659. Mère Isabelle de Jésus.
1659. Mère Thérèse de La Sainte-Trinité.
1662. La même.
1665. Mère Angélique du Saint-Sacrement.
1669. La même.
1672. Mère Radegonde de Saint-Joseph.
1675. La même.
1678. Mère Marie Madeleine de Saint-Gabriel.
1681. La même.
1684. Mère Victoire de Sainte-Thérèse.
1687. Mère Marie Madeleine de Saint-Gabriel.
1690. La même.
1693. Mère Marie de Jésus.
1696. La même.
1700. Mère Marie Thérèse de la Sainte-Trinité.
1703. Mère Euphrasie Madeleine de Saint-Marc.
1706. La même.
1709. Mère Marie Thérèse de Jésus.

Ici se présente dans le journal du Couvent une lacune jusqu'en 1777. Les circulaires et autres titres de la communauté permettent de la remplir en partie.

1717. Mère Marie-Thérèse de la Sainte-Trinité.
1730. Mère Euphrasie Madeleine de Saint-Marc.
1748. Mère Marie Thérèse de Jésus.
1754. Mère Anne de la Mère de Dieu.
1754. Mère Marguerite de l'Enfant-Jésus.
1760. Mère Isabelle des Anges.
1768. Mère Marie de la Croix.
1779. Mère Catherine de la Trinité.
1780. Mère Marie Luce de Saint-Bernard.
1783. La même.

1786. Mère Marie de la Passion (de Galibert).

1789. La même.

1792. Mère Thérèse de Jésus (Charrière). Elle partit pour l'Espagne, et fut remplacée la même année par la Mère Anne du Saint-Sacrement (Nasse), qui vit se fermer définitivement les portes de l'ancien Couvent.

La Mère Madeleine de Saint-Joseph, qui fut la seconde prieure du Couvent d'Agen et qui par trois fois, jusqu'en 1652, eut l'insigne honneur de le diriger, mérite, tant à cause de ses vertus que de l'habile impulsion qu'elle donna à son monastère, une mention particulière. La Chronique de l'Ordre nous donne d'intéressants détails sur son existence[1]. Professe du Couvent d'Agen, sœur Madeleine de Saint-Joseph prononça ses vœux le 1er novembre 1632. L'innocence, la douceur, le dévouement étaient les principaux traits de son caractère. Plusieurs fois gravement malade, elle supporta son mal avec une résignation admirable, et quand elle mourut, après avoir dirigé presque continuellement le Couvent d'Agen qu'elle laissait en pleine prospérité, « on crut qu'elle avait été communiée par la main des anges; car, au moment où le prêtre se disposait à lui donner la Sainte Eucharistie, elle se dressa sur son lit, ouvrit la bouche, eut l'air de communier, et retomba morte soudainement. Voici ce qui donna lieu de croire à ce miracle, et ce que la Prieure fit écrire sur le registre même des professions :

« Sœur Madeleine de Saint-Joseph avait un frère religieux, sainct et savant Bénédictin. Le frère et la sœur étaient si parfaitement dégagés de toutes choses, qu'ils ne s'étaient jamais écrit depuis leur consécration à Dieu. Le religieux fit le rapport suivant à Monsieur de Galibert, abbé de Clérac, un des grands hommes de son siècle, qui lui conseilla de suivre l'inspiration que Dieu lui donnait de se rendre à Agen, pour manifester pour sa gloire ce prodige que Dieu avait opéré en faveur de sa bienheureuse sœur. Le R. Père Ignace (c'est le nom de ce religieux) vint donc en ce monastère d'Agen quelques années après le décès de sa sœur et raconta que

---

[1] Chroniques de l'ordre des Carmélites, tome IV, Troyes, 1845.

le 1er dimanche de l'Avent qui précéda cette sainte mort, étant alors dans un monastère d'Auvergne, il sentit une inspiration qui lui ordonnait de prier pour sa sœur. Le matin du jour de la fête de sainte Agnès, il lui écrivit; puis, avant de dire la messe, dans la sacristie, quelque chose de blanc passa devant lui, et comme il était hors de lui-même pensant toujours à sa sœur, il prit les plus beaux habits réservés à l'abbé et dit la messe au moment où sa sœur mourante désirait recevoir la Sainte Communion. Il divisa l'hostie en deux parties. Mais il en vit trois. Puis tout à coup la troisième partie disparut, et il ne put la trouver. Il resta persuadé qu'elle était destinée à sa sœur, qui expirait à ce moment là. »

Vers la même époque, en 1652, mourait également au Carmel d'Agen une de ses pieuses fondatrices, sœur Catherine des Anges, qui avait accompagné de Lectoure sœur Thérèse de Jésus. On sait que cette dernière, Louise de Garrigues, ne resta pas longtemps à Agen. Elle revint à son cher monastère de Lectoure, dont elle fut plusieurs fois prieure; et elle y mourut, le 16 avril 1658, laissant toute sa fortune au couvent d'Agen, sauf la somme de 15,000 livres qu'elle légua au Carmel de Lectoure [1].

Le 4 juin 1666, nous dit le journal du couvent, Monseigneur Claude Joly bénit dans la chapelle des Carmélites d'Agen les fiançailles du marquis de Couserans et de Mademoiselle de Pelot, fille de l'intendant de Guienne, en présence des évêques de Montpellier et de Couserans.

Le 7 février 1667, nous apprend le même journal d'après une note manuscrite du secrétaire de l'Evêque le Prélat reçut également dans la chapelle du Carmel l'abjuration de l'un des suisses de Monseigneur l'Intendant de Pelot, en présence de beaucoup de noblesse. « Ce qui fait voir, ajoute le journal, la bienveillance toute particulière de Monseigneur l'Evêque pour les Carmélites d'Agen. »

En autorisant l'Ordre du Carmel à s'installer en France, le Souverain Pontife avait décidé que tous les monastères des Carmélites seraient surveillés spécialement par des prêtres, ou même des pré-

[1] Archives du Carmel de Lectoure. Voir aussi le travail de M. A. Plieux.

lats, chargés de régler toutes les questions aussi bien spirituelles que temporelles, et qui devaient prendre le nom de visiteurs généraux. Leur rôle était « de maintenir partout l'unité de direction, la stricte application de la règle et une sage indépendance vis-à-vis du clergé séculier ».

Leurs inspections se faisaient généralement tous les cinq ou six ans : elles coïncidaient souvent avec les cérémonies des professions religieuses ou des élections conventuelles. La plupart des visiteurs généraux étaient des hommes éminents, qui presque tous ont laissé un nom dans notre histoire ecclésiastique. Voici la liste que nous avons pu relever dans les archives du couvent d'Agen des visiteurs généraux qui vinrent dans notre ville jusqu'au moment de la Révolution :

1631. MM. l'abbé Jacques Duchesne.
1638. l'abbé Gibieuf.
1648. l'abbé Seugier.
1655. l'abbé Coqueret.
1659. l'abbé Pierre de Bérulle.
1669. l'abbé Chomel.
1675. l'abbé P. de Bérulle.
1699. l'abbé de Perrochel.
1714. l'abbé Rochette.
1724. l'abbé Lallemand.
1737. l'abbé de Hillevin, vic. gén. de La Rochelle.
1745. l'abbé Dargues, vic. gén. de Toulouse.
1747. Monseigneur Louis Bernard, évêque de Bethléem.
1748. MM. l'abbé Hachette, vic. gén. de Reims.
1754. l'abbé Chalvet, de Saint-Etienne.
1764. l'abbé Rigaud, vic. gén. de Tours.
1771. l'abbé de Juge de Brassac, v. g. de Chartres.
1774. l'abbé de Bonnal, v. g. de Chalon-sur-Saône.
1777. l'abbé d'Allerey, vic. gén. d'Uzès.
1783. l'abbé de Brassac.

Les archives du Carmel d'Agen nous ont conservé le procès-verbal de la première visite faite par Jacques Duchesne, en 1631 :

« Au nom de la Très-Sainte Trinité, en l'honneur de N. S. Jésus-Christ et de sa S. Mère, de S. Joseph et de S. Thérèse, Nous, Jacques du Chesne, prêtre, supérieur et prédicateur en la Congrégation de l'Oratoire de Jésus, en vertu d'une commission à nous donnée par le R. P. Charles de Gondren, supérieur général de ladite Congrégation, et en cette qualité, visiteur des religieuses de l'ordre de N. Dame du M. Carmel érigées et à ériger en France : Avons visité le monastère desdites religieuses érigé en la ville d'Agen, commençant par le Très-Saint Sacrement, leur chapelle et sacristie. Et après avoir ouy toutes les sœurs en particulier sur les besoins dudit Couvent, nous y sommes entré, assisté de Monsieur Nicolas Migia, prêtre, confesseur desdites religieuses, où en chapitre nous leur avons fait lecture d'une lettre de feu Monseigneur le Cardinal de Bérulle, adressante auxdites religieuses, avec quelque règlement concernant la régularité ; laquelle nous avons fait insérer en suite de ce présent acte; et l'après-dîner du même jour assisté de Monsieur La Bartouillie, prêtre, nous avons visité les offices, celles, confessionnaux et la cloture, et avons trouvé tout dans l'estat qu'il se peut présentement. En foi de quoi, nous leur avons laissé icy le présent acte, signé de notre main. Faict à Agen, ce 26 d'aout 1631. Signé : Jacques Duchesne. »

Suit une longue instruction spirituelle, adressée par le même visiteur auxdites Carmélites, ainsi que de nombreuses prescriptions concernant les règlements à suivre, les oraisons, les jeunes, les sorties, la tenue du parloir, la discipline intérieure, les licences, les cas de maladie, etc. [1].

Nous voyons dans les Archives départementales du Gers (C. 378), que trois métairies échurent à cette époque au couvent des Carmélites d'Agen. Elles leur furent contestées par les consuls de Castelnau d'Auzan et Me Jean Terride, notaire, collectionneur des tailles dudit lieu, en 1658, « attendu qu'elles n'en voulaient point payer les impositions. » C'étaient les métairies « dites au Penin, de Bastian et de Grit, situées dans la juridiction de Castelnau » qui leur avaient été léguées par feu le sieur Ogier Garrigues.

---

[1] Achives du Carmel d'Agen.

Indépendamment des visiteurs généraux, qui jugeaient en dernier ressort, des supérieurs, et plus bas des confesseurs du Couvent, l'Evêque diocésain désignait souvent de vénérables ecclésiastiques de son diocèse pour procéder à l'inventaire des biens des religieuses et déterminer l'état exact du couvent. Le premier inventaire que nous trouvons de l'état du Carmel d'Agen date du 29 février 1668. Il est fait par François-Charles Villemon, prêtre, prieur de Notre-Dame de la Grâce, diocèse d'Agen.

Cet acte constate que « les biens de la communauté agenaise consistent en :

« Une église bastie nouvellement avec deux chapelles, une petite sacristie et le chœur où les religieuses célèbrent le saint office. Plus en une maison et deux petits jardins dans l'enclos de ladite maison. Il n'y a encore que six cellules de basties : les autres sont faites avec des retranchemens clais, en attendant qu'on ait de quoi bastir un cloitre et un dortoir suivant l'usage de l'ordre. Les murs de cloture n'appartiennent pas tous au monastère, et ceux qui lui appartiennent ont besoin de quelque réparation. Il n'y a pas encore tout l'emplacement nécessaire à la régularité.

« La Communauté a 36,020 livres d'argent en obligations de rente constituée, soit aux deniers 16, 18 et 20. De cette somme, il y a une partie sur le clergé d'Agenais dont ledit clergé refuse depuis un an de payer la rente. Aussi est-on sur le point d'entrer en procès.

« Il y a aussi un autre procès avec un particulier qui doit 300 livres et dont la rente n'a pas été payée depuis dix ans.

« Outres diverses rentes, la Communauté possède une vigne dans la juridiction d'Agen, laquelle donne par an huit à neuf barriques de vin.

« Il y a aussi deux petites métairies dans le Haut-Armagnac, terre de Castelnau d'Auzan, qui sont affermées annuellement 200 livres. Mais une partie est mal payée à cause de la distribution des lieux et mauvais vouloir des fermiers. »

Somme toute, les revenus s'élèvent à la somme de 2,382 livres par an. Les charges à celle de 1,060 livres.

« Les grilles du chœur et du parloir ne sont que de bois.

« La communauté est composée de vingt-deux religieuses professes, y compris les sœurs laies. Elles n'ont point de novices. Au dehors, trois tourières, un valet pour garder les vaches et un clerc pour l'église.

« Ont signé : sœur Angélique du Saint-Sacrement, prieure, sœur Françoise de Saint-Joseph, sous-prieure, sœur Thérèse de Jésus et sœur Catherine du Saint-Esprit, dépositaires[1]. »

Le 2 septembre 1681, mourut à l'âge de 77 ans une des premières Carmélites d'Agen, celle en faveur de qui avait été donnée la maison du Père Du Lion de Belcastel, Thérèse Bouthier de Cateure, en religion sœur Thérèse de Jésus. « Pendant cinquante ans, nous disent les Chroniques de l'Ordre, elle dirigea admirablement le monastère. Le monde à qui elle plaisait, car elle réunissait toutes les qualités qui font le charme de la société, chercha à faire la conquête d'une personne aussi accomplie. Ses séductions auraient eu peut-être accès auprès d'elle, si le Seigneur ne l'eut frappée pendant son sommeil par la représentation de l'état où il se trouvait quand Pilate le montra au peuple en lui disant : *Ecce homo*. Depuis elle se consacra à Dieu. Frappée d'apoplexie, qui dégénéra en paralysie, elle perdit l'usage de la parole, et mourut en odeur de sainteté. »

Le 24 juillet 1700, eut lieu la présentation officielle de M. Jean de Sabouroux, prêtre, docteur en théologie, chanoine de l'église collégiale de Saint-Caprais et official du diocèse, comme supérieur immédiat du monastère de la Sainte-Trinité de l'ordre des Carmélites déchaussées d'Agen, lequel fut confirmé en ces fonctions par lettre de Mascaron, du 1er septembre 1700. Dans l'acte nous lisons les signatures de sœur Marie Thérèse de la Trinité, prieure, sœur Euphrasie Saint-Marc, sous-prieure, sœurs Marie Victoire de Sainte-Thérèse et Marie de Saint-Paul dépositaires, sœurs Angélique de Saint-Joseph et Jeanne de l'Incarnation, électrices[2].

Les mêmes archives nous donnent les nombreux procès-verbaux d'une longue liste de novices, admises à la suite d'un examen à de-

---

[1] Archives de l'Evêché, F. 14.

[2] Archives des Carmélites et de l'Evêché d'Agen, F. 14.

venir professes. Ce sont entre autres : en 1701, sœur Françoise Mazeau, examinée par Hermand de Sevin, curé de l'église Saint-Etienne ; en 1716, sœur Suzanne Duverdier de Castelsarrasin, par Roland Hébert, grand vicaire ; en 1731, sœur Catherine Marcot, par Monseigneur Jean d'Yse de Saléon ; et le 22 novembre 1733, sœur Marie de Laboulbène de Montesquiou, en religion sœur Marie du Sacré Cœur de Jésus, fille de François de Montesquiou, commandant pour le roi à Antibes, et d'Anne de Capmartin, etc. [1].

Le 30 mars 1702, mourut au Couvent d'Agen la Révérende Mère Marie Madeleine de Saint-Gabriel :

« Mademoiselle de Malastre, nous disent les Chroniques de l'Ordre dans l'éloge qu'elles font de ses vertus, était une charmante personne, douée de toutes les qualités de l'esprit et du cœur. Fille unique, destinée à être très riche, elle reçut une brillante éducation. Craignant de la perdre, son père, dès ses premières années, lui avait interdit l'entrée de tout couvent. Néanmoins, elle enfreignit cet ordre, et, poussée par une vocation irrésistible, elle entra au Couvent d'Agen. Pour la ramener auprès de lui, son père n'hésita pas à aller à Bordeaux demander au Parlement que sa fille lui soit rendue ; ce qui lui fut accordé dans le délai de trois mois. Rentrée chez elle, Madeleine de Malastre prit un habit semblable à celui de sa femme de chambre, elle conserva la tunique du couvent, en retroussa les manches sur celles de son habit et, pour se rendre plus ridicule, passa au travers de grands points de fil blanc. Elle parut ainsi devant son père qui comprit bien qu'il n'obtiendrait jamais rien d'elle. Sur ces entrefaites il tomba malade, et sa fille rentra au Couvent d'Agen. Pendant son noviciat, il ne vint jamais la voir ; mais le jour de son examen pour devenir professe, il n'y put tenir, et il la garda six heures dans ses bras, employant tous les moyens de séduction pour la faire renoncer à son projet. Son carrosse même l'attendait à la porte. Mais elle résista à toutes ses supplications et sortit victorieuse de cette lutte pénible. Une fois ses vœux prononcés, elle devint première portière ; puis elle fut élue dépositaire. Longtemps elle resta infirmière, et fut dans cet emploi admirable de

---

[1] Archives de l'Evêché d'Agen. F. 14.

dévouement. Pour mieux soigner une malade, elle mettait son lit à côté et ne cessait de respirer cet air fétide et corrompu. Durant les hivers les plus rudes, elle ne s'approchait jamais du feu, et ses veilles et ses jeûnes faisaient l'édification de tout le couvent... Elle mourut à l'âge de 85 ans [1]. »

L'Etat du Couvent des Carmélites, dressé en 1703, ne constate rien de particulier. Les revenus atteignent à peine la somme de 2,113 livres. Les charges se montent à 1,271 livres. Il ne reste donc que 842 livres pour l'entretien des vingt-six religieuses qui composent la Communauté [2].

En 1715, le Carmel d'Agen se compose de vingt-trois religieuses, dix-huit de chœur, une novice et quatre sœurs laies; plus trois tourières, deux valets, un clerc et trois chapelains pour trois messes d'obligations. « Tout le fonds de la communauté est à rente constituée. On doit plusieurs dots à des religieuses. Le monastère possède deux métairies, une faisande, deux vignes et quelques prairies pour nourrir les vaches à lait. Le couvent n'a pas de privilège particulier. En revanche, il possède quelques reliques, notamment un os de sainte Foy, et les os des jambes de sainte Valérie. » Le visiteur ajoute : « la maison est très propre, mais bien pauvre [3]. »

Le 18 juin 1717, mourut la révérende Mère Marie Thérèse de la Sainte-Trinité, de la famille de Gasc de Barac. La Chronique de l'Ordre raconte, entre autres détails biographiques, qu'en 1709 elle était prieure. « L'hiver fut excessif à Agen, et la Garonne était si glacée et si ferme que les carrosses et les charrettes, aussi bien que les gens de pied, y marchaient comme sur terre ferme. Voulant donner à ses sœurs du poisson le jour de sa fête, elle ordonna à la tourière d'aller en acheter à la place, de grand matin. Mais à cause de la glace, elle ne put rien trouver. Or, pendant son absence, un jeune homme vint frapper au couvent avec un panier plein de lamproies. La tourière, qui n'avait rien trouvé, cria partout au miracle...

---

[1] Chroniques de l'Ordre, Tome IV, p. p. 485 et suiv. (Troyes).

[2] Archives de l'Evêché, F. 14.

[3] Idem.

« Une autre fois, les légumes et les œufs étaient devenus si rares que le couvent n'en put avoir. Tout à coup, pendant plusieurs mois, des pièces de bois et autres troncs d'arbres qui étaient dans la cour du couvent produisirent tant de champignons, que la communauté en eut pour trois portions par semaine, etc. [1]. »

Peu de temps après, le 4 mai 1722, s'éteignit également au Carmel d'Agen, une femme de grande piété et de grande valeur, Mlle de Lauson, dont le père avait été nommé vice-roi de la Nouvelle France, et qui portait en religion le nom de Sœur Angélique de Saint-Joseph [2].

Les Carmélites d'Agen, fidèles à la règle de sainte Thérèse, ne se départirent jamais de ses rigoureuses observances. Labénazie, qui fréquentait ces saintes filles, écrit à la date de 1720 : « La piété et la sainteté de cette institution sont connues de toute la chrétienté. Et ce qu'il y a de considérable, c'est que la communauté d'Agen conserve le même zèle que l'Ordre eut en sa naissance et que ces filles firent paraître lors de leur premier établissement [3]. »

D'après l'état fort détaillé du 26 août 1727, la communauté se compose, à cette date, de vingt-deux professes, d'une novice, de cinq sœurs converses, et d'une dame qui s'y est retirée et qui paie pension. Elle possède une métairie à La Capelette, de 30 carterées environ, affermée par an 300 livres ; une autre métairie à Colayrac, d'un revenu de 350 fr. ; une faisande à Montréal, juridiction d'Agen, d'un revenu de 90 fr., et un jardin attenant au couvent, qui n'est même pas suffisant pour les herbages potagers. Le total des rentes qui leur sont dues en plus est de 503 livres, 16 sols. Les charges augmentent chaque jour ; l'entretien des religieuses et du couvent devient chaque année plus onéreux. Il est dû, par an, par la communauté la somme de 400 livres pour l'honoraire des R. P. Carmes et Jacobins, confesseurs et desservants ; 30 livres à M. Molinier, médecin du couvent ; 75 livres au sieur Vissière, chi-

[1] Chroniques de l'Ordre des Carmélites.
[2] Idem.
[3] Labénazie. Mss, T. II, livre V, chap. XIX. p. 474.

rurgien, pour lui et les médicaments, etc. Ce qui donne pour les charges un total de 4,943 livres. Il ne reste donc presque rien à la communauté pour son entretien et sa subsistance. Les religieuses vivent en partie du travail de leurs mains. « La moyenne partie du jour, elles sont occupées aux offices du chœur, à leurs méditations, au jardin, à leurs cellules, à faire partie de la décoration des autels, et le peu de temps qui leur reste, elles l'emploient à filer pour elles et à faire quelques fleurs qui ne leur produisent par an qu'environ 30 livres. » Ont signé à l'acte : Sœur Marie-Thérèse de Jésus, prieure ; Sœur Anne de la Mère de Dieu, sous-prieure ; et Sœurs Euphrasie-Magdeleine de Saint-Marc, et Marie-Magdeleine de Jésus, dépositaires [1].

Cet état de pauvreté du Carmel d'Agen fut du reste officiellement constaté et reconnu par le Gouvernement, qui, par arrêt du Conseil d'Etat du 5 mars 1731, « réglant la distribution des fonds destinés au soulagement des pauvres maisons et Communautés de filles religieuses du royaume », accorde aux religieuses Carmélites d'Agen, la somme de 300 livres de pension annuelle [2].

—La doctrine Janséniste, qui se développa tout particulièrement vers cette époque, trouva de nombreuses adhérentes dans les filles de Sainte-Thérèse. Le Carmel de Lectoure notamment se prononça énergiquement en sa faveur contre la bulle Unigenitus, et il eut, par son opiniâtreté et la fermeté de sa croyance en la nouvelle religion, de pénibles et douloureuses heures à supporter. Dans son étude sur le Carmel de Lectoure, Monsieur A. Plieux a longuement raconté les péripéties si curieuses qu'eut à traverser le monastère de cette ville, durant cette première moitié du XVIIIe siècle. La résistance de ses religieuses aux ordres formels de l'Eglise, leurs contestations avec leurs visiteurs, leurs supérieurs, les évêques, les confesseurs, constituent une des pages les plus intéressantes de l'histoire des Carmélites Déchaussées de France. Nul document ne nous apprend si la contagion gagna le couvent d'Agen, en rapports constants, on le sait, avec le Carmel de Lec-

[1] Archives de Mme la Comtesse Marie de Raymond.
[2] Archives de l'Evêché, F. 33.

toure, qui l'avait fondé. Nous ne pouvons néanmoins passer ici sous silence les quelques faits isolés le concernant, durant cette étrange période.

La révolte atteignait sa période aigue au monastère Lectourois, lorsque, en 1831, l'abbé de Saint-Géry-Magnas, abbé de Flaran et ancien supérieur du Carmel, fut chargé par l'Évêque de Lectoure, qui se débattait vainement dans cette affaire, de ramener à la raison et aux traditions orthodoxes de l'Eglise catholique une de ses cousines, Marie de Saint-Géry, en religion sœur Marie des Anges, qui se trouvait à la tête des opposantes. Une longue correspondance s'établit entre eux, qui n'aboutit pas à la conversion de la Carmélite. De guerre lasse, l'autorité ecclésiastique employa les grands moyens. Le 21 octobre 1733, nous dit Monsieur A. Plieux, d'après les archives du Carmel de Lectoure, un officier de la maréchaussée de cette ville signifia à la sœur Marie des Anges l'ordre de se retirer immédiatement au couvent d'Agen sous peine de désobéissance. L'abbé Monplan, ancien aide-major au régiment de Meuse et actuellement aumônier confesseur des Carmélites d'Agen, s'offrit pour accompagner l'exilée. Il l'obligea, quoique souffrante, à partir sur le champ, sans même lui laisser le temps de voir son frère et plusieurs dames qui s'étaient présentées au parloir pour la saluer. Pendant le trajet de Lectoure à Agen, la sœur Marie des Anges fut traitée avec une extrême rigueur. La voiture qui la portait s'étant brisée, elle dut faire à pied une partie du chemin, et elle arriva à destination en proie à une fièvre violente, dont elle mourut dix jours après.

« Je ne saurais vous exprimer, écrivait le 14 novembre la prieure d'Agen à celle de Lectoure, la peine où je me suis trouvée au sujet de la sœur Marie des Anges, qui arriva chez nous le 22 octobre. La fièvre la prit le 23, c'est-à-dire devint plus violente, avec un point au coté, fausse pleurésie, qui nous l'a enlevée le 2 du courant. Nous n'avons rien épargné pour sa guérison. Elle a fait sa confession générale au prieur des Carmes Déchaussés et lui a remis tous ses papiers. On la trouvait mieux, et, selon le sentiment du médecin, on ne croyait pas que cela allât si vite. Elle n'a pu recevoir les sacrements. Elle nous a fort édifiées par les bonnes dispositions qui nous ont paru[1]. » Monseigneur de Saléon, évêque d'Agen, lui fit rendre les derniers devoirs religieux. Mais la prieure de Lectoure refusa de lui faire célébrer une messe pour le repos de son âme.

La lutte persista encore quelques années entre les religieuses de Lectoure, toujours tenaces à leur doctrines Jansénistes et l'autorité religieuse. Ce ne fut qu'à force de temps, d'exil et de persécutions qu'on vint à bout de leur entêtement. De nombreuses Carmélites furent en effet envoyées au loin, à Toulouse, à Bordeaux, à Narbonne, à Montauban. Le couvent d'Agen, entre autres, dut recevoir par ordre de l'abbé Guibal la sœur Anne Marie (Anne Domerc), religieuse de Toulouse, exilée une première fois en 1730 de son couvent au couvent de Lectoure, et qui dut une seconde fois quitter cette ville pour venir faire sa pénitence au monastère Agenais.

— Vers le milieu du siècle, les Carmélites d'Agen eurent à soutenir un interminable procès contre le duc d'Aiguillon, au sujet de droits que leur réclamait ce seigneur à propos de l'acquisition de biens qu'elles avaient faite sur ses terres. Le dossier de cette longue affaire se trouve encore en partie aux Archives Nationales, à Paris[2]. On y voit que le 6 juin 1729, les Carmélites d'Agen achetèrent, moyennant la somme de 13000 livres, du sieur de Malartic, une métairie en domaine noble appelée de *Lamothe*, sis dans la juridiction de la ville d'Agen, ainsi qu'une autre métairie de *Fontanes* et le moulin de Cabalé, seigneurie et justice de Bajamont, au marquis de Chazeron. Conformément à l'usage de la sénéchaussée d'Agen, elles ont payé audit marquis seigneur de Bajamont les lods voulus, de trente ans en trente ans, sur le pied du douzième du prix. Du même temps, elles se sont acquittées, en 1737, envers le duc d'Aiguillon, comme engagiste du comté d'Agenais, des lods de la métairie de Lamothe, évalués à 3000 livres. Le duc leur réclame d'autres droits, à raison du domaine de Fontaine et du moulin de Cabalé. Ce à quoi elle se refusent, prétendant que ces droits ne sont dus qu'au marquis de Chazeron. L'affaire s'engagea dès

---

[1] Archives du Carmel de Lectoure.

[2] Archives nationales. G[8]. N°s 2454, 2482, 2586, 2587, 2789 et 2812. (Carmélites d'Agen.)

l'année 1754 et fut portée par les religieuses d'abord devant l'assemblée du clergé, puis devant le conseil du Roi. Une première lettre des agents généraux du clergé au syndic des religieuses, Me Bourrière, en fait mention à la date du 26 août 1754 : « Nous avons reçu, Monsieur, la lettre que vous avez pris la peine de nous écrire le 15 de ce mois, et le mémoire qui y était joint, concernant le procès que les Dames Carmélites d'Agen ont au conseil contre Monsieur le duc d'Aiguillon, concernant l'indemnité de certains biens qu'elles ont acquis dans la mouvance du Roy. Comme cette affaire parait mériter beaucoup d'attention, nous aurons soin de la communiquer à notre Conseil et d'examiner avec luy le party que nous aurons à prendre à cet égard. » Autre lettre du 6 septembre de la même année, des mêmes au même, où il est expliqué « le motif pour lequel on ne peut pour le moment prendre le fait et cause des Carmélites. » Leur mémoire sera du reste communiqué à la prochaine assemblée générale du clergé « afin qu'elles puissent prendre un party sur l'abus que les officiers du domaine ou ceux des seigneurs engagistes pourraient faire de la déclaration du 21 octobre 1724. »

L'affaire traina en longueur jusqu'en 1758. A cette date, l'évêque d'Agen prend en mains la cause des Carmélites et la recommande chaudement aux agents du clergé. Une nouvelle correspondance s'établit entre leur syndic et l'agent général du clergé, « à la suite de nouvelles poursuites que les gens d'affaires du duc d'Aiguillon viennent d'intenter contre les Carmélites et plusieurs autres communautés du diocèse d'Agen. » Enfin l'affaire vint devant le conseil du Roi, et Me Pelé, avocat des Carmélites, obtint un arrêt pour mettre en cause le marquis de Chazeron, conjointement avec ses clientes, contre le duc d'Aiguillon. Le 18 décembre 1758, le Conseil décida qu'il y avait lieu de diviser la question : « 1° M. le duc d'Aiguillon demande des droits d'indemnité pour les héritages que les Carmélites ont vendus sans avoir payé le droit d'amortissement. Sur cette question, il décide que les Carmélites ne doivent aucun droit d'indemnité, attendu que ces héritages n'ont pas été amortis » 2° M. le duc d'Aiguillon prétend que les Carmélites doivent au Roi un droit d'indemnité pour les héritages qui sont dans la censive et la haute justice d'un seigneur particulier, c'est-à-dire pour le domaine de Fontaine et le moulin de Cabalé. A cela les Carmélites, répondent que ces biens sont dans la mouvance immédiate du marquis de Chazeron, et non dans la haute justice du Roy. Sur cette question, le Conseil établit que lorsque les héritages sont dans la mouvance immédiate et la haute justice du Roy, les ecclésiastiques doivent payer au Roi l'indemnité qui serait due aux seigneurs particuliers, si les biens acquis étaient dans la mouvance et justice de ces particuliers. Quand les héritages sont seulement dans la justice du Roy, sans être dans sa mouvance immédiate, il n'est dû au Roy que le dixième des droits qui seraient dûs aux seigneurs particuliers qui auraient la mouvance et la justice. Enfin quand les héritages ne sont ni dans la mouvance immédiate, ni dans la haute justice du Roy, il n'est dû au Roy aucune indemnité. » Malgré cette décision, le litige pendant ne fut pas encore définitivement tranché. Et, si comme il est probable, un arrêt intervint vers cette époque, il fut considéré comme non acquis par l'une des parties, le fils de Monsieur de Malartic, qui, quelques années plus tard, réengagea l'affaire, ainsi qu'il résulte des précieux documents que nous allons porter à la connaissance de nos lecteurs.

L'année 1770 fut glorieuse pour le Carmel français. La pieuse fille de Louis XV, Madame Louise de France, résolue par un acte sublime de pénitence à racheter les fautes inexcusables de son père, entra solennellement, le 11 avril, au monastère des Carmélites Déchaussées de Saint-Denis, où elle prit le nom de sœur Thérèse de Saint-Augustin. Le 12 septembre 1771, elle prononça ses vœux définitifs. Un si mémorable évènement fut aussitôt communiqué à toutes les maisons de l'Ordre, et nous trouvons dans les archives du couvent d'Agen plusieurs lettres d'Henri, évêque de Cydon, visiteur apostolique et général des Carmélites de France, adressées à la Révérende Mère prieure d'Agen, pour lui faire part des cérémonies grandioses qui eurent lieu à cet effet et recommander aux prières des saintes filles du Carmel toute la famille royale.

Mais ce que ces archives ne nous disent pas, et ce que nous apprennent les quatre lettres autographes et inédites ci-jointes de Madame Louise de France, c'est la part importante que prit cette Princesse à l'administration des affaires intérieures du couvent d'Agen et l'affection toute particulière dont elle honora ses sœurs.

Il résulte, en effet, des documents suivants, qu'une bonne fortune nous permet de publier pour la première fois[1], que M. de Malartic, premier président du conseil supérieur de Perpignan voulut revenir sur les ventes et donations faites par son père aux Carmélites d'Agen et que celles-ci durent, pour triompher dans leur opposition, s'adresser à l'intervention toute puissante de Madame Louise de France, leur sœur. Son appui ne leur fit point défaut, ainsi qu'on va le voir par la lecture des pièces suivantes :

« Paris, le 6 mars 1784.

« Monsieur,

« Madame Louise de France, Carmélite de la maison de Saint-Denis, m'a ordonné de vous faire passer sa lettre cy-jointe ; vous y verrés que la Princesse m'a chargé de suivre la défense des Dames Carmélites d'Agen, sur la demande que vous projetté de former contre elles à l'effet de rentrer dans les biens que feu Monsieur votre Père a vendus à cette communauté.

« Cette Princesse, prenant le plus vif intérêt à cette maison, désire que vous veuilliés bien m'adresser un Mémoire qui établisse vos droits, pour que je puisse lui en rendre un compte détaillé et exact qui la mette en état de vous mander ce qu'elle en pense et la manière dont elle croira que cette affaire peut être terminée.

« J'espère donc, Monsieur, que conformément aux volontés de la Princesse, vous voudrés bien m'adresser ce Mémoire. A mon égard, je suis fort aise que cette circonstance me fournisse l'occasion de me rappeler à votre souvenir.

« Je suis avec respect, Monsieur, votre très humble et très obéissant serviteur.

« Signé : Harvoin, receveur général des Finances, rue de Paradis, au Marais, près l'hôtel Soubise. »

---

[1] Nous devons, en effet, à l'obligeance bien connue de M. A. Magen, qui pour nous les a extraites de sa précieuse collection, la communication de ces quatre lettres autographes et absolument inédites de Madame Louise de France. M. Magen n'a point voulu s'arrêter en si bon chemin. Il a joint à la complaisance la générosité, et il a fait don de ces quatre pièces aux Archives départementales de Lot-et-Garonne.

Suivent la lettre, dont il est fait ci-dessus mention, ainsi que les trois autres lettres de la fille de Louis XV, toutes quatre adressées à M. de Malartic, premier Président du Conseil supérieur de Perpignan :

I.

« J. M. des Carmélites de Saint Denis, ce 3 mars 1784.

« Jay appris, Monsieur, qu'il y a discution entre les Carmélites d'Agen et vous pour une ancienne acquisition. Comme je m'interesse à cette maison, si vous avez quelques prétentions, je désirerois que vous m'envoyés un mémoire qui établisse vos droits ou pour mieux dire à M. Harvoin que j'ay chargé de suivre cette affaire pour les Carmélites d'Agen ; et je vous prie de suspendre touttes demandes en justice jusqu'à ce que vous ayez reçu ma réponse que je vous ferés attendre le moins possible, sachant bien qu'en fait d'affaires, les longueurs sont insoutenables. Soyez persuadé, Monsieur, des intentions d'estime et de considération que j'ay pour vous.

« Sœur Thérèse de Saint-Augustin. R. C. I. »

II.

J. M., ce 21 May 1784.

« Je vous ai promis, Monsieur, de vous récrire lorsque j'aurois examiné l'affaire de nos sœurs d'Agen. Vous croyez bien que je ne m'en suis pas rapporté à mes foibles lumières ; j'ay consulté d'habilles jurisconsultes, et d'après leurs décisions, je ne peut que vous exorter à ne pas pousser l'affaire plus loing, parceque je ne peut qu'exorter nos sœurs d'Agen à soutenir leurs droits contre une prétention sans fondements. Vous me trouverez peut-être un peu franche. Mes tel est mon caractère. Mon état d'ailleurs m'oblige à ne point biaiser et encore la parolle que je vous ai donnée, Monsieur, de vous dire mes sentimens, je serois fachée d'être dans le cas di joindre mes sollicitations contre vous, surtout après nous avoir laissé tant de tems tranquilles. Mais il me parait que des procureurs ou votre procureur n'a pas exécuté exactement vos recommandations; car par les nouvelles que j'ay eues pendant ce tems, il s'est un peu remué. Soyez persuadé, Monsieur, que quoyque ne sois pas de votre sentiment, je n'en ai pas moins d'estime pour vous, persuadée que vous ne mettrez pas de mauvais procédés dans l'affaire. Je prie Dieu qu'il vous accorde au contraire de tout passifier en renonçant à des droits qui ne sont pas fondés.

« S. Thérèse de S. Augustin. R. C. I. »

III

« J. M., ce 1er juillet 1785.

« J'ay reçu, Monsieur, la lettre que vous m'avez écrite du 12, en réponce à la mienne. Les affaires ne peuvent pas aller bien vite, quand on est si éloignés ; il faut le tems aux partis d'arriver. Je ne voit pas pourquoy vous feriez de nouvelles consultations. Si vous voulez véritablement m'obliger, comme vous le dites, Monsieur, et comme j'aime à le croire, vous n'avez pas autres choses à faire que faire signifier aux Carmélites d'Agen ; d'après quoy je ferai signifier à M. l'abbé Arbau de rester tranquille et de ne pas ce mêler des autres demandes étrangères aux Carmélittes et contre d'autres particuliers, d'abord que vous m'aurez mandé que vous avez fait signifier votre désistement. Car pour moy, Monsieur, il n'y a que les Carmélittes qui m'intéressent et je vous prie d'être bien persuadé de la joye que j'aurai de voir leurs affaires terminées, et du grai que je vous en aurez, ainsi que de mes sentiments pour vous.

« S. Thérèse de S. Augustin. R. C. I. »

IV.

« J. M., ce 8 août, 1785.

« Je vous envoye, Monsieur, une réplique à vos prétentions dont les moyens sont si bien établis que j'ay lieu de croire que vous abandonnerez les prétentions et que vous cesserez de tourmenter les Carmélittes d'Agen.

« S. Thérèse de S. Augustin. R. C. I. »

Par cette dernière lettre, on le voit, beaucoup plus brève et plus sèche que les précédentes, l'affaire dut être poursuivie par M. de Malartic, qui, malgré ses protestations d'obliger la tante de son Roi, n'en continua pas moins de faire valoir ses prétentions contre les Carmélites d'Agen. Que résulta-t-il de ce procès ? Les archives de l'Ordre restent muettes.

Nous ne trouvons plus au Carmel d'Agen à cette époque que deux lettres dignes d'être mentionnées. L'une est signée de MM. Charles Auguste, évêque d'Acques, visiteur apostolique et général, de Rigaud, vicaire général de Tours, et de Brassac, vicaire général de Chartres, qui annonce à la Mère Prieure la mort de Louis XV, à la date du 13 mai 1774. L'autre, également signée des visiteurs généraux de l'Ordre, apprend aux religieuses Carmélites d'Agen, à la date de 1788, la mort de leur bien-aimée sœur et bienfaitrice, Madame Louise de France, et leur prescrit de faire célébrer à son intention tous les ans un service solennel [1].

—La Révolution trouva les filles de Sainte-Thérèse du Carmel agenais plus que jamais fidèles à leur serment de vivre et de mourir dans la maison, où fuyant les fausses joies du monde, elles étaient venues chercher le repos et la paix du cœur. C'est ce qui ressort de l'acte suivant, dont nous donnons ici le résumé [2] :

« L'an 1790 et le 17 juillet, les délégués du Directoire du département se transportent au couvent des Carmélites d'Agen afin de dresser l'inventaire des biens et du personnel.

Sur le vu des livres de comptes, dépenses, recettes, etc., ils constatent que le couvent possède comme biens immobiliers : une maison, rue de l'Annonciade, louée par an 200 livres ; une petite maison, rue Lagasse, louée 38 livres ; une autre, même rue, louée par an 40 livres ; une métairie appelée de Lamothe, paroisse d'Artigues, juridiction d'Agen, affermée 1,000 livres par an ; une pièce de terre, à la Croix de Saint-Jean, paroisse de Monbran, d'un revenu de 40 livres ; un moulin à eau, appelé Cabalé, paroisse de Saint-

---

[1] Archives du Carmel d'Agen.

[2] Archives départementales de Lot-et-Garonne. Biens Nationaux.

Pierre Lafeuille, juridiction de Bajamont; une autre métairie appelée de Lile, paroisse de La Capelette, affermée 978 livres; une faisande appelée de Valois, près la Porte du Pin, d'un revenu de 653 livres; une métairie appelée Martel du Médecis, paroisse Saint-Hilaire de Colayrac, affermée 1,350 livres; une métairie appelée de Bayle, paroisse Saint-Hilaire de Colayrac, d'un revenu de 1,057 livres; et une vigne, paroisse Saint-Hilaire, d'un revenu de 312 livres. Les religieuses possèdent en outre plusieurs rentes, dont les revenus joints à ceux des métairies, forment un total de 8,783 livres de revenu annuel. »

Les commissaires dressent ensuite l'inventaire de l'argenterie, des effets de sacristie, très nombreux et très riches, des meubles du couvent fort pauvres, de la lingerie, des meubles de cuisine, des cellules, de l'appartement du visiteur, de la bibliothèque « où ne se trouvent ni manuscrits ni médailles » et qui contenait seulement 318 volumes in-8° ou in-12, tous livres de religion et « de spiritualité. »

Les charges sont assez lourdes. Elles consistent en dettes, donations, fondations de messes.

Vient enfin la liste des religieuses, avec leur âge et leur intention de demeurer au couvent ou d'en sortir. C'étaient : Mesdames

Marie de Galibert, dite sœur Marie de la Passion, supérieure, âgée de 54 ans. Son intention est de vivre et mourir dans la maison;

Jeanne de Cazabonne (sœur Jeanne de Saint-Michel), sous-prieure, 70 ans; id.;

Marcelle-Elisabeth de Perrin (sœur Marcelle-Elisabeth de Jésus), première dépositaire, 67 ans; id.;

Ursule de Gueyze (sœur Ursule-Victoire de Jésus), troisième dépositaire, 62 ans; id.;

Foi de Pelissier (sœur Sainte-Foi de la Nativité), 56 ans; id.;

Rose Dufau (sœur Marie-Rose de l'Enfant-Jésus), 55 ans; id.;

Marguerite Fontaine-Marie (sœur Angélique du Saint-Esprit), 58 ans; id.;

Marie-Anne Dayries (sœur Marie de la Conception), 51 ans; id.;

Marie-Anne Fontfrède (sœur Marie-Thérèse de Sainte-Anne), 50 ans; id.;

Thérèse Charrière (sœur Thérèse de Jésus), 47 ans, id.;
Anne Nasse (sœur Anne du Saint-Sacrement), 40 ans; id.;
Marie-Anne Fontfrède cadette (sœur Marie-Anne Thaïs de Saint-Joseph), 44 ans; id.;
Thérèse de Cazabonne (sœur Sainte-Thérèse de Saint Jean-Baptiste), 39 ans; id.:
Thérèse Uchard (sœur Thérèse Dorothée de Saint-Barthélemy), 40 ans; id.;
Jeanne-Renée de Chemineau (sœur Magdeleine de la Sainte-Famille), 49 ans; id.;
Jeanne Dayries (sœur Jeanne-Emmanuel), 32 ans; id.;
Jeanne Lafargue (sœur Jeanne-Marie de Saint-Joseph), 31 ans; id.;
Jeanne-Marie Lafitte de Pelleguignon (sœur Julie de Saint-Esprit), 31 ans; id.;
Catherine de Dieu (sœur Félicité du Sacré-Cœur de Jésus), 28 ans; id.;
Jeanne-Marguerite Lespinasse (sœur de la Sainte-Trinité), 31 ans; id.;
Marie Roudil (sœur Mélanie de la Présentation), 25 ans; id.;
Marie-Anne de Lamartinie (sœur Marie du Sauveur), 26 ans, id.,
Marie-Bonaventure Noubel de Jalabert (sœur Marie-Bonaventure-Eléonore), 31 ans; id.

Toutes dames de chœur.

Jeanne Lacombe (sœur Jeanne de Jésus-Maria), 70 ans; id.;
Catherine Larroque (sœur Catherine-Victoire de Jésus), 58 ans; id.;
Marie Danois (sœur Scolastique de l'Assomption), 40 ans; id.;
Jeanne Rouby (sœur Jeanne de l'Incarnation), 39 ans; id.;
Marie Andrieu (sœur Marie Saint-Augustin), 31 ans; id.;

Toutes cinq sœurs converses.

Catherine Galtier, 74 ans;
Jeanne Aragon, 61 ans;
Marie Lacroix, 37 ans.

Toutes trois sœurs tourières, affiliées à la maison.

— Pendant toute l'année 1791 et l'année 1792, les agents du département procédèrent à l'estimation des différentes propriétés des Carmélites, dont nous venons de donner les noms dans l'acte qui précède. Les procès-verbaux de ces opérations sont conservés aux archives de notre département [1].

Le 7 février 1791, les délégués de la municipalité se présentèrent de nouveau au couvent des Carmélites, afin de surveiller l'élection qui devait se faire de la Supérieure et de l'Econome. Les sœurs converses refusèrent de voter. Les sœurs professes y furent contraintes. Par vingt-une voix, la prieure actuelle, Mme de Galibert, en religion sœur Marie de la Passion, fut réélue prieure, et Madame Perrin, en religion sœur Elisabeth Marcelle de Jésus, fut nommée économe [2].

Les religieuses demeurèrent dans leur Couvent jusqu'à la fin de l'année 1792. Elles eurent la douleur de perdre, le 8 janvier de cette année, la révérende Mère prieure Mme de Galibert. Le lendemain même, Mme Charrière, en religion sœur Thérèse de Jésus, fut élue à sa place. Ce fut, avant la fermeture du couvent, la dernière prieure du Carmel agenais. Le 17 août 1792 en effet parut le fameux décret ordonnant l'évacuation par tous les ordres réguliers de France de leurs maisons religieuses, et la vente immédiate de ces maisons. Comme toutes les communautés d'Agen, les religieuses Carmélites durent se courber sous la tyrannie révolutionnaire. L'ordre leur fut signifié le 1er octobre par les officiers municipaux qui forcèrent une dernière fois les grilles du couvent, procédèrent au récollement de l'inventaire dressé deux ans auparavant, et dressèrent un nouvel état des religieuses avec leur âge, la date de leur naissance et leurs intentions. Comme en 1790, toutes sans exception déclarent vouloir rester dans l'ordre, liées qu'elles sont par leurs vœux perpétuels [3]. Mais il leur fallait quitter leur monastère et se disperser au dehors. La mère prieure demeura jusqu'au 6 octobre, afin de remettre à la municipalité les meubles, effets, ornements sacrés, titres de propriété, etc. qu'elle réclamait. Puis elle abandonna à son tour et à tout jamais le couvent.

[1] Archives dép. Biens nationaux.
[2] Archives des Carmélites d'Agen.
[3] Archives dép. Biens nationaux. — Etat en double.

Voici le dernier acte qu'elle rédigea et signa quelques heures avant de sortir irrévocablement. C'est l'état de profession des sœurs du voile blanc ou autrement converses et de trois sœurs tourières :

« Le 31 décembre 1741, ma sœur Jeanne Lacombe, converse, a fait sa profession au Couvent des Carmélites d'Agen le jour et an marqués ci-dessus. La Mère Marie-Thérèse était prieure, et la Mère Isabelle dépositaire.

La sœur Catherine-Victoire Larroque a professé le 16 février 1767. La mère Marie de la Croix étant alors prieure, et mère Marie-Thérèse dépositaire.

La sœur Scolastique Danois a professé le 19 août 1771 ; sœurs Catherine de la Sainte-Trinité prieure, et Marie-Thérèse dépositaire.

La sœur Jeanne de l'Incarnation de Rouby a professé le 13 février 1777. La mère Marie-Thérèse prieure, et sœur Elisabeth dépositaire.

La sœur Marie Andrieu a professé le 18 février 1784; mère Marie Luce prieure, et sœur Marie de la Passion dépositaire.

La première sœur tourière ou donnée, appelée Catherine Gantié, a été affiliée à notre communauté en l'année 1746. La mère Marie-Thérèse prieure, et mère Isabelle dépositaire.

La seconde tourière ou donnée a été affiliée en l'année 1750, appelée Jeanne Aragon; la mère Isabelle prieure, et la sœur de l'Incarnation dépositaire.

La troisième tourière, appelée Marie Lacroix, a été affiliée à notre communauté depuis l'année 1780, la mère Marie Luce étant alors prieure, et la sœur Marie de la Passion dépositaire.

Je soussignée, dépositaire des religieuses Carmélites d'Agen, certifie que le contenu ci-dessus est sincère et véritable.

A Agen, ce 6 octobre 1792. Sœur Marcelle de Perrin [1].

— De toutes ces pauvres expulsées, quelques-unes entrèrent simplement dans leurs familles; d'autres, la Mère prieure en tête, et cinq de ses filles partirent pour l'Espagne, afin de gagner un nouveau

---

[1] Archives dép. Biens nationaux.

monastère. Après mille dangers, elles échouèrent à Sarragosse, où elles s'installèrent. D'autres enfin furent recueillies par des âmes charitables et restèrent à Agen. De ce nombre fut M. Despans, qui ouvrit sa maison aux plus infirmes et qui leur permit de se réunir chez lui jusqu'à la fin de la tourmente. « Elles continuaient, dit le journal des Carmélites d'Agen, à porter l'habit religieux sous un vêtement ordinaire qui le cachait entièrement. Elles se réunissaient pour la récitation de l'office divin, la réfection et les divers exercices religieux qu'elles s'efforçaient de pratiquer autant que la situation du moment le permettait. Tremblant toujours d'être surprises, l'oreille au guet, mais le cœur plein de confiance en Dieu, elles prolongeaient et multipliaient chaque jour davantage ces heures de réunion, et bientôt elles ne se séparèrent plus. » Très-pauvres, elles vivaient d'aumônes et des ouvrages de leurs mains; et c'est grâce surtout au zêle et au dévouement d'une sœur converse (sœur Marie) qu'elles purent, quoique souvent très péniblement, traverser ces heures de crise et attendre de meilleurs jours. De tous leurs pieux souvenirs elles n'avaient gardé que deux reliquaires et la cloche du monastère, qui avait été oubliée dans le procès-verbal de l'inventaire. »

Pendant ce temps étaient vendus les meubles, vaisseaux vinaires, linges, ustensiles, effets et ornements sacrés du Couvent. Une maison même en fut détachée, celle qui servait, à droite de l'église, de logement à l'aumônier, et qui fut vendue à M. Diché. Mais contrairement à ce qui se passa pour les autres maisons religieuses de la ville d'Agen, le couvent des Carmélites ne fut ni morcelé, ni vendu. On estima bien, le 26 mars 1793, le grand jardin, « confrontant du midi au jardin du citoyen Davach, du couchant à la cour du citoyen Bazon, du levant et du nord aux édifices du couvent, et qui était divisé en seize petits carreaux, au milieu desquels se trouvait un puits, y ayant une treille le long du mur du côté nord, et d'une superficie de 262 toises, 2 piés, six pouces [1]; » mais on réserva tous les corps de logis du monastère pour y installer l'administration du département.

[1] Archives dép. Biens nationaux.

Le 7 mai 1793, les citoyens Garreau et Paganel, représentants du pays à la Convention Nationale dans les départements de la Gironde et de Lot-et-Garonne, donnèrent au Conseil du département l'autorisation suivante, signée d'eux :

« Le Conseil du département de Lot-et-Garonne a représenté, et nous nous sommes convaincus par nous-mêmes, que l'exiguité du local où il tient ses séances, met un grand obstacle à la célérité et à l'ordre de ses opérations infiniment multipliées depuis quelque temps. Nous l'autorisons en conséquence à transporter provisoirement ses séances et ses bureaux dans la maison des cy-devant Carmélites, à la charge par ledit Conseil d'obtenir les autorisations nécessaires de la Convention nationale.

« Fait à Agen, le 7 mal 1793, l'an 2 de la République française.

« Signé : PAGANEL et GARREAU[1]. »

L'administration du département fut donc immédiatement transportée à l'ancien Couvent des Carmélites, et les bureaux y furent installés dès le mois de juin suivant 1793. Le 25 septembre de la même année, le fameux conventionnel Tallien tint une assemblée publique « dans l'église même des ci-devant Carmélites, nous dit Proché dans ses Annales. Il renouvela toutes les autorités, destitua tous les administrateurs et fonctionnaires qui avaient pris part aux arrêtés des 17, 18 et 19 juin derniers, comme fédéralistes et ennemis du bien public, et il les remplaça sur le champ par d'autres qui avaient manifesté des sentiments plus énergiques et plus révolutionnaires. » C'est alors que le citoyen Géraud remplaça le citoyen Lafont comme maire d'Agen.

L'administration départementale demeura au ci-devant couvent du Carmel d'Agen jusqu'en 1810. A cette époque, un décret impérial du 23 avril « concéda gratuitement à la ville d'Agen, en remplacement de l'Evêché, qui lui avait été abandonné en 1796 pour l'indemniser de son ancien collège de la rue Grande Horloge

[1] Archives départementales. Registres révolutionnaires.

aliéné au profit de l'Etat, l'ancien Couvent des Carmélites à l'effet d'y établir le nouveau Collège. En conformité de ce décret, la Préfecture qui était aux Carmélites fut transportée vers la fin de cette année à l'Evêché, et le Collège fut établi au mois de novembre de l'année suivante au Couvent des ci-devant religieuses Carmélites[1]. » Il y est resté jusqu'en 1858, époque où tous les corps de logis du vieux monastère ont été successivement démolis pour faire place au Lycée actuel. Seule, ainsi que nous l'avons déjà dit, a été conservée et subsiste encore aujourd'hui l'ancienne chapelle du Couvent.

— Qu'étaient devenues pendant ce temps les quelques Carmélites demeurées à Agen ? Vivant très modestement, sans aucune ressource que leur travail manuel et quelques aumônes, elles avaient pu néanmoins acquérir, en 1807, grâce à l'énergie et au zèle de leur supérieure, Mme Nasse, en religion la Mère Anne du Saint-Sacrement, une fort pauvre et fort triste maison, rue du Jeu de Paume, entre la rue Porteneuve et la rue Lacépède. C'est là qu'elles résidèrent pendant trente ans, fidèles à l'observance de leur règle et vivant dans la clôture la plus absolue. Lors de la Restauration des Bourbons, prenant pour exemple les Carmélites d'Auch, elles adressèrent une supplique au Roi, par l'intermédiaire de la duchesse d'Angoulême, afin de rentrer en possession de leur ancien Couvent. Mais elles se heurtèrent contre les prétentions exagérées de la municipalité, et leur requête n'aboutit pas [2]. Elles restèrent donc jusqu'en 1837 dans l'impasse du Jeu de Paume. C'est là et à cette date que mourut la Révérende Mère Anne du Saint-Sacrement, leur prieure, chargée d'années, et après avoir été témoin de tous les orages de la Révolution. Elle fut remplacée par la Révérende Mère Euphrasie de Saint-Grégoire, qui ne put longtemps soutenir le poids d'une telle charge. De nombreuses novices se présentaient en effet de tous côtés pour embrasser la règle de Sainte Thérèse, et le local se trouvait trop restreint. Dans cet

---

[1] Proché. Annales de la ville d'Agen. Voir à cet égard notre *Notice sur le Collège d'Agen*. Agen, 1888.

[2] Archives de l'Evêché d'Agen. Dossier moderne.

embarras, la Mère prieure s'adressa au Carmel de Toulouse, et, sur l'ordre du Supérieur de ce couvent, Mgr d'Arbau, la sœur Thérèse-Catherine du Saint Cœur de Marie (Thérèse Henry) dut venir à Agen avec mission de relever le couvent des Carmélites. Elle arriva dans notre ville le 18 octobre 1838, et, grâce aux soins de M. l'abbé Baret, confesseur, puis supérieur de la communauté, grâce aussi à la protection de Mgr Jacoupy, elle put mener son œuvre à bonne fin [1].

Nommée prieure dès la fin de cette année 1838, la Mère Catherine résolut sans plus tarder d'entreprendre la construction d'un monastère régulier et d'abandonner le local beaucoup trop étroit et malsain de la rue du Jeu de Paume. Encouragée par ses supérieurs, aidée surtout par la générosité des fidèles de la ville, elle acheta, au nom de la nouvelle communauté, à Mme veuve André Miraben, le 9 novembre 1839, un vaste terrain situé à Malconte, faisant face aux anciens murs de ville et près de la Plateforme, pour la somme de 18,000 fr., dont la moitié fut payée immédiatement. Les constructions commencèrent aussitôt ; et moins de deux ans après, le 22 juillet 1841, le nouveau monastère était suffisamment aménagé pour que les religieuses pussent venir l'habiter.

La translation devait, sur les désirs des sœurs, s'opérer de nuit ; mais l'autorité ecclésiastique insista pour qu'elle eut lieu pendant le jour ; l'évènement lui donna raison. La cérémonie fut splendide. « On évalue, disent les Chroniques de l'Ordre, à plus de vingt mille personnes le nombre de gens qui se rendirent ce jour-là à Agen, tant du diocèse que des diocèses voisins... Enfin le cortège se mit en marche. Les religieuses étaient au nombre de vingt. Des piquets de troupe, échelonnés sur le parcours, maintenaient l'ordre ; et plusieurs corps de musique, groupés sur divers points, faisaient entendre de triomphantes et pieuses symphonies.

« Les Confréries, sous leurs magnifiques bannières, venaient les premières, suivies des Congrégations religieuses, après lesquelles

---

[1] Chroniques de l'Ordre.

marchaient le Petit-Séminaire et un nombre considérable d'ecclésiastiques en habit de chœur. Puis entre deux rangs de séminaristes qui les protégeaient contre l'empressement de la foule, empressement bienveillant et respectueux cependant, s'avançaient les Carmélites, couvertes de leurs manteaux blancs et de leurs longs voiles noirs. Les Novices et les sœurs du voile blanc précédaient les sœurs de chœur, derrière lesquelles venait la Très Révérende Mère Prieure, tenant entre ses mains un grand crucifix de bois.

« Lorsqu'elles parurent, il y eut un frémissement général. Une émotion indicible pénétra toutes les âmes, même les moins accessibles aux impressions religieuses. Des larmes d'attendrissement sillonnaient les visages. Les voilà, murmurait-on, ces saintes filles qui ne vivent que pour prier, s'immoler et souffrir [1] ! »

La messe fut célébrée dans l'église paroissiale des Jacobins, et le sermon prononcé par l'abbé Capot, alors professeur de rhétorique au Petit-Séminaire. Puis, l'office divin terminé, la procession se remit en marche, et les saintes filles du Carmel arrivèrent enfin au nouveau monastère, où, la grille s'étant à jamais refermée sur elles, elles entonnèrent un *Te Deum*, pleines de reconnaissance pour le Dieu qui avait permis le rétablissement de leur ordre.

—Nous n'entrerons pas dans les détails de l'organisation moderne du couvent des Carmélites d'Agen. Fidèle aux saintes traditions, il s'est perpétué jusqu'à nos jours aussi prospère qu'avant la Révolution. Reconnu comme Congrégation autorisée, il a pu traverser victorieusement la passe difficile des fameux décrets de 1882, qui, comme ceux de la Convention, ont si maladroitement fermé pour la seconde fois les portes de tant de saintes maisons. Plus que jamais retirées dans le silence du cloître, les filles de Sainte-Thérèse continuent à Agen, comme partout ailleurs, à appeler les bénédictions du Ciel sur ceux mêmes qui voudraient encore les persécuter, priant pour les malheureux et les infortunés du siècle, vivant dans le renoncement absolu des joies de ce monde, toujours en extase,

---

[1] Chroniques de l'Ordre.

comme sainte Thérèse, devant leur divin idéal, et fidèles jusqu'à la mort à leur devise : « Ou souffrir, ou mourir ! »

— Les trois dernières prieures agenaises ont été la Mère Marie-Angélique (Marie Ysorge), (1854-1858); la Mère Marie de Saint-Michel (Marie de Montségur), (1858-1865); et la Mère Marie de la Trinité (Marie Lormond), prieure depuis 1865, qui dirige encore aujourd'hui le Carmel d'Agen. Nous serions ingrat envers elle, si nous ne la priions pas ici d'agréer, à travers les grilles de son impénétrable retraite, nos plus respectueux remerciements pour l'obligeance avec laquelle elle a mis à notre disposition les Archives de son monastère, qui nous ont permis, on l'a vu, de compléter utilement ce travail.

CHAPITRE VI.

LE TIERS-ORDRE DE SAINT-FRANÇOIS.

Dans une de ses pages les plus éloquentes, le comte de Montalembert a retracé, en les rendant à jamais célèbres, la vie et l'œuvre de sainte Elisabeth de Hongrie. Nul sujet, en effet, ne pouvait mieux inspirer l'illustre auteur des *Moines d'Occident* ; nul ne se prêtait plus largement au développement de ses idées généreuses et chrétiennes et de la thèse hardie qu'il soutenait avec tant d'enthousiasme et de succès, la réhabilitation des ordres monastiques. Si le temps lui a manqué pour arriver au couronnement de son œuvre, c'est-à-dire pour terminer l'histoire du grand siècle de saint Bernard, en revanche il a raconté dans ses plus touchants détails l'histoire d'Elisabeth; et c'est avec un charme infini que l'on apprend de sa plume « la vie de cette jeune femme en qui se résume la poësie catholique de la souffrance et de l'amour, et dont l'existence modeste et oubliée se rattache néanmoins à l'époque la plus resplendissante du moyen-âge [1]. »

Tous les rêves dorés qui peuvent hanter l'imagination d'une femme, la beauté, la fortune, le rang suprême, le bonheur dans le mariage, les délices de la maternité, furent pour sainte Elisabeth autant de réalités ; comme aussi, elle eut à supporter, en moins de

---

[1] Les Moines d'Occident. Introduction.

dix années, les souffrances les plus cruelles, les plus injustes humiliations. Ramenant tout à Dieu, joies et tristesses, grandeur et pauvreté, elle donna, durant sa courte vie, l'exemple le plus édifiant de toutes les vertus chrétiennes, et elle se revêtit une des premières de l'habit du Tiers-Ordre que le patriarche séraphique venait d'instituer à l'usage des gens du monde. Aussi, est-ce avec raison que les religieuses de Saint-François regardent comme leur mère sainte Elisabeth de Hongrie, puisque, d'après ses nombreux biographes, elle a été la première Tertiaire qui, après son veuvage, ait prononcé des vœux solennels [1].

Nous avons déjà exposé au chapitre IV du Tome premier de ce travail, consacré aux *Cordeliers*, quelle fut l'œuvre touchante et impérissable de saint François d'Assise, et comment, après avoir créé l'ordre des *Frères Mineurs*, et, pour les femmes, celui des *Clarisses*, il institua un troisième ordre, dit pour cela *Tiers-Ordre*, moins sévère et moins rigoureux, et approprié aux besoins de ceux qui, ne pouvant se cloîtrer, voulaient néanmoins pratiquer, tout en vivant de la vie ordinaire, les vertus monastiques.

La règle, fort longue et fort détaillée, que le saint fondateur donna en 1221 à sa nouvelle institution fut confirmée solennellement par une bulle du Pape Nicolas IV en 1289. Elle fut adoptée bientôt par l'Europe entière; et les plus grands rois, notamment saint Louis, l'empereur Charles IV et presque toutes les reines et princesses se firent une gloire de l'embrasser. Aussi bien pour le Tiers-Ordre que pour l'ordre primitif des Frères Mineurs, d'innombrables rameaux bientôt s'en détachèrent. Et si, pour ces derniers, nous avons déjà cité les *Réformés*, les *Récollets*, les *Déchaussés*, et principalement les *Capucins*, qui eurent, on le sait, une inportante maison dans Agen [2], nous devons également, comme rejetons du Tiers-

[1] Voir : S. Bonaventure, Serm. de Ste Elisabeth; — Conrad de Marburg, de Vita S. Elis; — Annales du Tiers-Ordre; etc. etc.; — et de nos jours, le Père Hélyot et l'abbé Migne, (Dict. des ordres religieux, tome II, p. 144 et suiv.)

[2] Les Capucins. Chapitre VIII, p. 293 du Tome I des Couvents d'Agen avant 1789.

Ordre, indiquer les *religieux Réguliers du Tiers-Ordre de Saint-François*, qui adoptèrent véritablement une règle conventuelle, ceux de la *Régulière Observance d'Italie*, le *Tiers-Ordre d'Allemagne*, celui d'*Espagne*, de *Portugal*, de *France*, autrement dit *Tertiaires de Picpus* [1], sans parler de l'interminable série des sociétés et confréries de Pénitents, qui toutes ou presque toutes avaient la prétention de suivre et de pratiquer dans son extrême rigueur la règle du Tiers-Ordre de Saint-François.

Le sexe féminin ne se fit par faute de suivre, avec non moins d'ardeur et d'enthousiasme, le pieux courant qui, en ces siècles de prière et de foi, entrainait les âmes vers les aspirations mystiques; et c'est par centaines que l'on peut compter dans toute la chrétienté les nombreuses ramifications, soit de l'ordre primitif des *Clarisses*, *Colletines*, *Bernardines*, *Capucines*, *Annonciades*, etc., soit du *Tiers-Ordre*, sous l'invocation, ou de la bienheureuse *Angéline de Corbare*, ou de la Révérende Mère *Françoise de Besançon*, ou encore les *Recolletines*, les *Sœurs Grises*, les *Hospitalières*, ou enfin, et ce sont les plus nombreuses, les *Elisabethines*, qui, comme à Agen, prirent pour mère sainte Elisabeth de Hongrie.

—Il faut que, durant toute la première moitié du XVIIe siècle, l'esprit religieux ait été bien sincère et bien vif dans toutes les classes de la population agenaise pour que, malgré le nombre exagéré de couvents, tant d'hommes que de femmes, qui surgissaient chaque jour dans un nouveau quartier de la ville, quelques âmes pieuses et avec elles l'autorité ecclésiastique et tout le corps des officiers municipaux aient encore songé à instituer une nouvelle communauté féminine, sous l'invocation de saint François d'Assisse et de sainte Elisabeth.

Un vénérable ecclésiastique de notre ville, prêtre aussi distingué que vertueux, maître Charles de Fontmartin, chanoine et portier de la cathédrale de Saint-Etienne, résolut en effet de consacrer sa

---

[1] Les Tertiaires de Picpus possédaient également une maison dans Agen. (Voir notre Tome I, p. 423).

fortune à la fondation d'un couvent du Tiers-Ordre de Saint-François. Il s'adressa à sa nièce « dame Mathurine de Bousquet, fille de feu sieur Louis du Bousquet et de demoiselle Charlotte de Fontmartin, mariés audit lieu de Carmat en Quercy, sénéchaussée de Martel, à présent veuve de noble Marc-Antoine de Chabagnac, seigneur de Sabaud, capitaine du régiment de Piémont », et, aidés tous deux des libéralités des sieurs Guillaume Rattier, prêtre, et Jean Rattier, avocat en la Cour présidiale d'Agen, ils décidèrent « de faire dans la ville d'Agen, une fondation pour l'entretien de quelques religieuses cloitrées, en même temps que ladite dame pourrait vivre avec elles en qualité de fondatrice. » A cet effet, ils jetèrent les yeux « sur l'Ordre des religieuses du Tiers-Ordre de Saint-François, sous l'invocation de sainte Elisabeth, qui est estably en la présente ville de Toulouse, sous la conduite et juridiction de l'ordinaire, et qui a esté fondé par Messire André de Nesmond, premier président en la Cour du Parlement, et par dame Olive Daste son épouse, » et, le 6 mai 1638, ils se rendirent tous deux dans cette ville, à l'effet de s'entendre avec la supérieure du couvent. Les pourparlers aboutirent rapidement; et, d'accord avec les religieuses dudit couvent de Toulouse et l'autorité ecclésiastique, il fut convenu : « à savoir, que ledit sieur de Fontmartin et ladite demoiselle du Bousquet, sa nièce, donneraient par donation entre vifs et à jamais irrévocable, à l'effet de la fondation d'un monastère du Tiers-Ordre de Saint-François sous l'invocation de sainte Elisabeth, dans la ville d'Agen, et pour l'entretien des religieuses, la somme de 1,000 livres tournois de rente constituée annuelle et perpétuelle; qu'ils verseraient à cet effet entre les mains de la supérieure la somme de 15,000 livres tournois; et que de plus le sieur de Fontmartin donnerait en argenterie, ornements d'église, tapisseries et autres meubles de maison, jusqu'à la somme de 1,800 livres tournois. En revanche, ladite demoiselle du Bousquet pourrait vivre au monastère, y coucher, faire ses dévotions, etc., tant qu'elle le voudrait, et cela à titre de fondatrice. Sa sœur pourrait également y entrer à sa volonté. »

En outre, « les sieurs Guillaume Ratier père, et Jean Ratier, docteur et advocat en la Cour, font, par ce même contrat de fondation, donation pure et simple, pour être érigée en monastère, d'une maison, grange, basse-cour et jardin, le tout joignant et situé dans la ville d'Agen, paroisse Saint-Caprasy, confrontant par devant à la grande rue Saint-Caprasy, maisons de Touron, héritier, de Roussse, héritier de Singlande et sieur de Saint-Gilis; des deux côtés aux deux rues appelées de Roussanes et de La Clausulle; et par le fonds avec maison de feu Me Rupère, conseiller au sénéchal d'Agen et grange de Me Barbier, conseiller en la Cour des Aides de Guienne. Cette donation est faite pour la dot et portion héréditaire de demoiselle Isabeau de Ratier, fille du sieur donateur et de ladite feue demoiselle de Codoing, et sœur dudit Jean Ratier fils, à présent religieuse novice dans ledit monastère, nommée suivant la règle sœur Isabeau de Jésus. »

Enfin les religieuses de la maison-mère de Toulouse, fondée par le sieur André de Nesmond en faveur de la défunte mère Isabeau de Roumilhou, s'engagent à placer dans le couvent qu'on se propose d'établir à Agen des sœurs tirées des trois seules maisons de leur ordre, alors existantes, celles de Toulouse, de Paris et de l'Isle au comté d'Avignon (6 mai 1638)[1].

Le contrat de fondation une fois passé, il restait à obtenir le consentement des Consuls. Les pieux donateurs s'adressèrent à cet effet à M. de Nesmond lui-même, afin que, sa haute influence étant mise en jeu, il recommandât leur affaire aux magistrats d'Agen. L'honorable Président ne se fit pas prier; et, le 30 juillet de la même année, il adressait de Paris aux consuls d'Agen la lettre suivante :

« Messieurs les Consuls, les assurances que vous m'avés toujours données de vostre amitié et de la continuation de vos bonnes grâces me font promettre que vous aurez agréable la prière qui vous sera faite par Monsieur Ratier pour consentir à l'establissement des religieuses du Tiers-Ordre de Saint-François dans vostre ville. Vous verrés par les contrats de fondation qu'elles ne vous seront point à charge et qu'elles ne vous apporteront que toute sorte d'utilité et

[1] Trois copies identiques existent de ce contrat de fondation du couvent du Tiers-Ordre de Saint-François d'Agen. Une se trouve aux Archives départementales de Lot-et-Garonne (B. 57); une autre aux Archives de l'Evêché d'Agen (F. 59); enfin une troisième aux Archives municipales d'Agen (BB. 54).

de bénédiction. J'ai intérêt particulier dans ce qui les regarde, ma mère estant dans leur maison comme fondatrice et ma fille. C'est pourquoi, je prendrai très-grande part à la faveur et à la courtoisie qu'ils recevront de vous, et tascherai de le recognaistre en toute sorte d'occasion auxquelles vous me jugerez capable de vous témoigner que je suis, Messieurs, vostre bien humble et très affectionné serviteur.

« NESMOND[1]. »

Les Consuls et Jurats d'Agen se réunirent aussitôt, et ils consentirent à l'unanimité « à l'établissement du monastère desdites filles, approuvant ledit contrat de fondation et lesdites donations, à la condition toutefois que lesdites religieuses paieront les tailles ordinaires et extraordinaires et qu'elles ne seront en aucune façon à charge à la communauté d'Agen[2]. »

En même temps, sur la requête du sieur de Fontmartin et de sa nièce à l'Evêque d'Agen, Monseigneur d'Elbène octroyait à son tour son approbation, laquelle fut suivie, deux ans après, des Lettres Patentes du Roi, confirmant, à la date de juillet 1640, la fondation d'un monastère de religieuses du Tiers-Ordre de Saint-François dans la ville d'Agen[3].

—Ainsi que nous venons de le voir dans le contrat de fondation, la première maison où s'installèrent les religieuses du Tiers-Ordre de Saint-François, venues au nombre de six de Toulouse pour fonder l'établissement d'Agen, était située dans le quartier Saint-Caprais, entre la place Saint-Caprais, la rue Roussanes et la rue de La Clausulle. Mais, comme nous l'apprend Labénazie dans l'intéressant passage suivant de son manuscrit, elles n'y séjournèrent pas longtemps :

« Monsieur d'Elbène reçut encore les filles du Tiers-Ordre de Saint-François, qui furent établies à Agen le 16 juin 1640. Mon-

[1] Archives municipales. GG. 196.
[2] Archives muncipales, BB. 54.
[3] Idem. Voir aussi archives de l'Evêché, F. 59.

sieur de Fontmartin, chanoine et sacriste de Saint-Etienne, fut leur fondateur.

« Elles demeurèrent, pendant les trois premières années, dans une maison appartenant maintenant à Monsieur Comte, dans la paroisse Saint-Caprais, et dans une partie de la maison de Monsieur Saint-Gillis. Leur chapelle avait son entrée dans la rue Roussanes.

« Après ces trois années, elles se changèrent dans la maison de Monsieur de Villemond, conseiller aux aydes, dans la rue Saint-Antoine, où elles ont fait bastir leur couvent, qui est un des beaux monastères de la ville. Ce changement se fit le 20 avril 1643. Six religieuses qui venaient de Toulouse en firent le premier établissement, qui ont donné à cette famille un esprit de piété et d'une propreté si grande que leur église est l'attrait des ecclésiastiques d'Agen [1]. »

Labrunie confirme également l'arrivée dans Agen, à la date de 1640, de six religieuses du Tiers-Ordre, venant de la maison-mère de Toulouse ;

« Trois ans après, dit-il, elles s'établirent dans la maison de Monsieur de Villemond, conseiller à la cour des aides. M. de Fontmartin, chanoine portier de la Cathédrale, le même à qui les Carmes Déchaussés durent leur établissement en 1659, fut leur fondateur à Agen [2]. »

Sise au milieu de la rue Saint-Antoine, et possédant un immense jardin qui s'étendait au midi jusqu'à la place des Jacobins, cette maison du conseiller de Villemond devint donc, à partir du 20 avril 1643, la deuxième demeure des filles de Sainte-Elisabeth dans Agen. Mais bientôt le nombre des religieuses augmentant, les donations pieuses affluant, les dames du Tiers-Ordre se trouvèrent trop à l'étroit, et elles achetèrent la maison de M. de Beaulac, conseiller à la cour présidiale d'Agen, qui était contigue à la leur, rue Saint-Antoine, et que, moyennant le contrat suivant, ce magistrat leur céda de fort bonne grâce :

---

[1] Labénazie : Manuscrits, Tome II, livre V, chap. 20, p. 482.

[2] Labrunie. Abrégé chronologique des Antiquités d'Agen.

« Cejourd'hui, 24e d'avril 1654, dans le parloir et au devant la grille des religieuses du Tiers-Ordre de Saint-François d'Agen, ont été présentes et constitué en leurs personnes la Révérende Mère Claire de Saint-François, supérieure, et sœurs Marguerite de la Conception, Isabeau de Jésus, Marguerite de Saint-Louis, Bertrande de Saint-Jacques, Anne de Saint-Joseph, discrètes, assistées de Monsieur Maître Charles de Fontmartin, prêtre, fondateur dudit couvent, d'une part ; et Monsieur Me Nicolas de Beaulac, conseiller du Roi en la Cour et Sénéchaussée d'Agenois, lequel, pour la plus grande commodité des religieuses, leur baille une sienne maison, en la présente ville, rue Saint-Antoine, paroisse Saint-Hilaire, et dans laquelle il fait à présent sa demeure, ses appartenances et dépendances, basse-cour, jardin, grange, étable, et généralement tout ce qui en dépend; confrontant du levant à rue Saint-Antoine, du derrière aux jardins de Me Charles Raigniac, advocat au Parlement, d'un costé aux jardins desdits Dames religieuses, et de l'autre avec la maison des hoirs de feu Monsieur Hermand de Godail, en son vivant lieutenant civil et criminel en ladite Cour. En échange lesdites dames baillent au sieur de Beaulac une maison, jardin et grange en ladite ville et rue appelée de Daurée, à elles donnée et léguée par feu Me Jacques Durand, prêtre et curé de Sainte-Foy. Elles s'engagent à payer en plus au sieur de Beaulac, la somme annuelle de 186 livres, etc. [1]. »

En possession des deux maisons de Villemond et de Beaulac, qui à elles deux occupaient déjà, avec leurs jardins et leurs dépendances, une superficie de terrain suffisamment large entre la rue Saint-Antoine et la place des Jacobins, les religieuses du Tiers-Ordre de Saint-François commencèrent, ainsi que nous le dit Labénazie, à élever sur cet emplacement leur couvent ; et, démolisant presque entièrement ces vieux immeubles, elles construisirent dès cette époque leur chapelle, qui, ainsi que nous allons le voir, était entièrement attenante au corps de logis principal.

Néanmoins elles ne tardèrent pas à étendre encore leurs possessions du côté du couchant, puisque vingt-deux ans après, le

---

[1] Archives de l'Evêché d'Agen, F. 59.

23 avril 1676, elles achetaient à la famille de Bressolles deux autres immeubles, rue Saint-Antoine, également attenants à leur couvent. L'acte suivant en fait foi :

« Les 23 et 24 avril 1676, ont comparu Me Marc Antoine de Bressolles, sieur de La Grange, Jean Joseph de Bressolles, sieur de Lisle, advocat au Parlement et demoiselle Jeanne de Bressolles, épouse de Me Jean de Lacuée, conseiller du Roy à la Cour présidiale et Sénéchaussée d'Agenois, d'une part ; et sœur Marie des Anges, supérieure, sœurs Françoise de saint Jacques, vicaire, Catherine du Saint-Sacrement, Bertrande de saint Jacques, Marguerite des Séraphins et Marguerite de saint François, d'autre part ; lesquelles dames achètent auxdits de Bressolles une maison contigue que lesdits de Bressolles avaient acquise de Me Jean de Sabouroux, docteur en médecine, confrontant du devant au nord à la rue Saint-Antoine, du levant à l'Eglise et jardin dudit monastère, du midi audit jardin, et du couchant à autre maison desdites de Bressolles, laquelle autre maison, lesdites dames achètent également ; et ce pour la somme de 4500 livres, à savoir, la première maison pour 3000 livres et la deuxième pour 1500 livres, etc.[1]. »

Les achats continuèrent, si bien qu'à la fin du XVIIe siècle, le couvent du Tiers-Ordre de Saint-François était devenu un des plus grands de la ville d'Agen. Comme nous le voyons sur la fraction ci-jointe du plan Lomet, il occupait au moment de la Révolution, et à part deux ou trois maisons, tout l'emplacement compris entre la rue Saint-Antoine au nord, la rue Pont de Garonne à l'est, la place des Jacobins au midi, et la rue Londrade à l'ouest. Voici du reste, à cette époque, et telle que nous la donne le procès-verbal d'estimation du couvent à la date du 8 novembre 1792, sa délimitation exacte.

Le couvent du Tiers-Ordre de Saint-François « confrontait du levant à la rue Saint-Antoine et à maisons de la citoyenne Fontirou, Borie et du citoyen Flages ; du midi à rue Garonne et à maisons de Bourguignon, Pomet, Darquié et autres divers particuliers ;

---

[1] Archives de l'Evêché, F. 59.

du couchant à place Electorale (des Jacobins) et maison du citoyen Lormand; du nord à rue Electorale (Londrade) et maisons de ladite Fontirou et Borie[1]. »

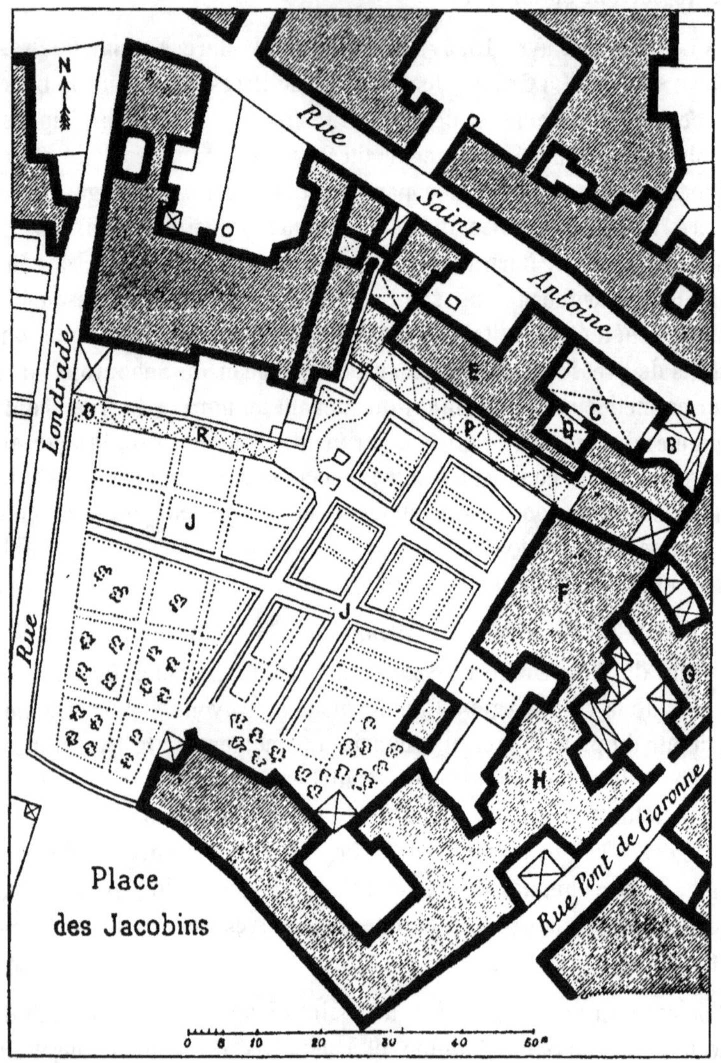

D'après ce même document, la superficie totale de ce vaste emplacement était de 1500 toises.

[1] Archives départementales. Biens Nationaux.

— L'entrée du couvent du Tiers-Ordre se trouvait en A, sur la rue Saint-Antoine, presque en face de la rue Maillé. Un porche assez élevé conduisait dans la petite cour B, sur laquelle s'ouvrait l'église C. Très petite, puisqu'elle ne mesurait que 18 mètres de long sur 7 de large, cette chapelle n'était formée que d'une seule travée. Son autel était à l'ouest. La salle D servait de petite chapelle ou de sacristie. On voit encore les restes de son plafond en losanges de bois. Le corps principal du couvent s'étendait en E, sur une longueur de quarante mètres environ. La façade méridionale en pierres et briques, conservée intacte de nos jours, surmontait la belle galerie P, composée de neuf voûtes en croisées d'ogives, et dont les neuf arcades cintrées, plus basses que le niveau du sol, s'ouvraient sur le jardin. Ce vaste jardin J s'étendait jusqu'à la place des Jacobins au sud et la rue Londrade à l'ouest. Attenant au mur élevé qui la séparait de cette dernière rue, une seconde galerie de huit arcades, R, terminée par un pavillon O, que l'on retrouve de nos jours, servait également de promenoir aux religieuses [1].

Plus tard, ainsi que nous le verrons au cours de ce chapitre, les dames du Tiers-Ordre acquirent peu à peu d'autres maisons entre leur jardin et la rue Garonne. Elles les approprièrent suivant les circonstances à leurs besoins, comme la belle maison F, où l'on voit encore de nos jours une superbe salle au rez-de-chaussée, dont le plafond à la française fort riche et fort élégant rappelle la meilleure époque du XVIIe siècle ; ou bien elles les louaient à divers, comme les maisons G et H, qu'elles possédaient également au moment de la Révolution.

Dans ses notes sur les couvents d'Agen, Proché nous dit à la date de 1815 : « Le couvent du Tiers-Ordre était situé dans la rue Saint-Antoine. Il existe encore en entier, à l'exception de l'église

---

[1] Voir plus loin l'état du couvent en 1668, qui nous donne des détails complémentaires sur l'aménagement de l'église et de quelques autres parties du couvent.

qui a été convertie, une partie en chambre de cabaret et le reste avec la sacristie en écurie dépendant de ce même cabaret. Le corps de la maison, avec un très grand jardin, est occupé par M. Bory, Président de la Cour d'Agen, qui a vendu peu à peu à divers particuliers plusieurs maisons que possédaient les religieuses sur la rue Saint-Antoine et sur celle du Pont-de-Garonne, vis-à-vis la maison de M. Darribeau Lacassagne. Ces dernières maisons fermaient leur jardin au midi. Il aboutissait à la place des Jacobins dont il était séparé par une haute muraille qui s'étendait, en tournant à gauche, dans une partie de la rue Londrade. M. Bory a fait faire une porte sur la place pour aller à l'église Notre-Dame. »

Aujourd'hui tout ce vaste corps de logis est morcelé en sept ou huit maisons qui donnent sur la rue Saint-Antoine. La dernière vente, faite par M. le conseiller Cassaigneau, a fractionné le vaste jardin en portions inégales. Une rue nouvellement percée le traverse même dans sa longueur et sa largeur. Il ne reste plus guère que quelques arcades de ce qui constituait le cloître des religieuses de Saint-François.

— Les documents abondent sur l'histoire du couvent des religieuses du Tiers-Ordre. Nous ne résumerons que les plus importants.

Il existe dans les précieuses archives de M. Daurée de Prades, à ce joli manoir de Prades dont les tourelles, couvertes de lierre, commandent les deux vallées de la Séoune et de la Garonne et évoquent en même temps le souvenir de l'aimable poète François de Cortète, toute une volumineuse correspondance, échangée de 1645 à 1650 environ, entre la Supérieure de la maison du Tiers-Ordre de Saint-François de Paris, sœur Françoise de Sainte-Marie, et MM. de Fontmartin et Rattier, fondateurs du couvent d'Agen. Consultée par eux pour les moyens à employer afin de mener leur œuvre à bonne fin, la pieuse dame leur recommande avant toutes choses d'apporter leurs soins à bien choisir l'emplacement définitif, et, une fois l'édifice construit, à faire observer la règle dans toute sa rigueur. Elle ne veut pas, en commençant, envoyer à la maison d'Agen des sœurs trop jeunes, qui pourraient compromettre son avenir « en apportant encore quelques restants de leur légèreté mondaine ». Néanmoins, elle ne doute pas que le succès ne couronnne leurs efforts [1].

Le couvent du Tiers-Ordre, en effet, prospéra rapidement. Les donations affluèrent dès les débuts, grâce auxquelles les religieuses purent édifier leur monastère et agrandir leurs possessions.

Ce fut d'abord les libéralités, sans cesse renouvelées, que leur fit de son vivant le pieux chanoine de Fontmartin.Ce respectable ecclésiastique, à qui les dames du Tiers-Ordre avaient dû leur établissement dans Agen, et qui, par une donation de 9,000 livres, avait également contribué à la fondation du couvent des Petits Carmes [2], décéda en l'année 1658. Par son testament, en date du 16 juin de cette même année, il désire être enseveli « dans l'église du monastère des religieuses du Tiers-Ordre de Saint-François établi dans Agen, dans le presbytère et à l'endroit où se dit l'Introït de la messe ; et au cas où je mourrai ailleurs, ce sera à la discrétion de mon héritier bas nommé de choisir le lieu de ma sépulture, lequel je prie instamment qu'elle soit faite sans pompe ny esclat, voulant néanmoins qu'il soit dit pour le repos de mon âme, après mon décès, deux cens messes et ce le plus promptement ; en outre, qu'il soit donné et distribué dans la quarantaine, la somme de cent livres aux pauvres... Je donne et lègue au Couvent des R. P. Carmes Deschaussés, qui se doit bientôt establir, la somme de 3,000 livres, à la condition qu'ils seront tenus de dire et célébrer chaque jour de l'année à perpétuité et à jamais une messe dans l'église dudit monastère des religieuses du Tiers-Ordre de Saint-François ; et dans le cas où ils n'accepteraient pas ce legs, je veux qu'il soit et demeure fait en faveur des religieuses du Tiers-Ordre et sous les mêmes conditions. » Il laisse ensuite différents legs aux autres établissements religieux de la ville ; 200 livres aux Pénitents Bleus ; 200 livres aux Orphelines, etc., et il institue pour son héritier universel Messire Jean de la Praderie, prêtre et seigneur de Saint-Hilaire, son neveu [3].

---

[1] Archives du château de Prades.

[2] Les Couvents d'Agen avant 89 : Tome 1, chapitre X, p. 352.

[3] Archives de l'Evêché, F. 59.

Rappelons ici, bien que nous l'ayons déjà appris au chapitre des Carmes Déchaussés, que la clause relative à la fondation d'une messe par jour au couvent du Tiers-Ordre, imposée aux Petits Carmes, suscita un procès entre les deux couvents, les Pères Carmes ne voulant pas se rendre chaque jour rue Saint-Antoine et ayant en leur lieu et place désigné un simple prêtre de la ville, les religieuses exigeant au contraire que la volonté du testateur fût fidèlement exécutée. Une transaction intervint cependant, le 27 janvier 1663, en vertu de laquelle les Pères Carmes cédèrent aux Dames du Tiers-Ordre la somme de 2,100 livres à prendre sur diverses créances, moyennant laquelle celles-ci les déchargèrent de l'obligation que leur avait imposée le chanoine de Fontmartin [1].

L'année suivante 1659, c'est le grand archidiacre de la Cathédrale Saint-Etienne, Messire Claude d'Hopil qui, par testament, veut également être enterré dans l'église du Tiers-Ordre. A cet effet, il fonde un obit et chapellenie, auxquels il attribue une rente de 1,066 livres, qui lui est due par Messieurs les Consuls, en date du 1er juillet 1653, et qui, après sa mort, devra être payée à un prêtre qui deviendra titulaire dudit obit [2].

Indépendamment des maisons de Villemond, de Beaulac et de Bressolles, qui avaient servi aux dames du Tiers-Ordre à asseoir définitivement leur monastère, le couvent était assez riche en 1669 pour pouvoir encore acheter, moyennant la somme de 1,500 livres, « à demoiselle Marguerite de Leydet, veuve de feu sieur Jacques Rovère, bourgeois d'Agen, agissant comme procuratrice de demoiselle Jeanne Feraud, veuve de feu Pierre Leydet, advocat en la Cour du Parlement de Bordeaux, une maison sise rue Pont de Garonne ou de Moncorny, confrontant du devant à ladite rue de Garonne, du couchant au jardin du couvent, d'un costé à maison de M. de Gascq, chanoine de Saint-Etienne, et de l'autre à maison du sieur Descayrac, bourgeois, et jardin de M. Raigniac, avocat. » L'acte est passé le 25 janvier 1669 au nom de la Révérende Mère Marguerite de Saint-Louis, supérieure du couvent, et

---

[1] Archives de l'Evêché, F. 15.

[2] Idem. F. 59.

des sœurs Anne de Saint-Joseph, vicaire, et Marguerite de la Conception, dépensière [1].

Enfin, pour ne parler que des acquisitions les plus importantes, opérées par les religieuses du Tiers-Ordre, citons encore, à la date du 19 juin 1680, l'acte d'achat de la métairie de Lamothe-Ferrand, juridiction du Port-Sainte-Marie, consenti par dames Marie de Saint-Charles, supérieure, et Marguerite de la Conception, vicaire, à dame Marguerite d'Hallot, veuve de feu Messire Florimond d'Hallot, moyennant la somme de 3,000 livres [2].

—Pour le couvent du Tiers-Ordre de Saint-François comme pour celui des Carmélites notamment, les différents actes le concernant, que nous fournissent les archives locales, ne relatent que les noms en religion des sœurs qui le composaient. Ils sont tous muets, conformément à la règle de l'Ordre, sur leurs noms de famille. Seuls les énumèrent les divers procès-verbaux d'examen des jeunes novices. Les archives de l'Evêché d'Agen [3] nous en ont conservé un très grand nombre. Citons entre autres, et afin d'indiquer que le couvent du Tiers-Ordre ne renfermait guère que des jeunes filles issues des premières familles de la ville ou des environs, les noms suivants, que nous trouvons de 1665 à 1730. Ce sont : Angélique de Barbier, fille de Me Claude de Barbier, doyen en la Cour des Aides de Bordeaux, et de dame Françoise de Redon (1665) ; Anne de Gardès, fille de Jean de Gardès, avocat, et de Jeanne de Galibert (1670) ; Anne de Muraille (1700) ; Suzanne du Desert (1712) ; Marguerite de Las de Brimont, et Catherine de Las de Brimont (1714 et 1716) ; Marie de Singlande (1715) ; Anne de Saint-Jean Coliac (1730) ; Louise de Monberoux (1730), etc. [4].

Nous possédons également presque tous les inventaires et états de ce couvent, aux différents triennes du XVIIe et du commence-

[1] Archives de l'Evêché, F. 59.
[2] Idem
[3] Idem.
[4] Idem.

ment du XVIIIe siècle. Presque tous identiques, ils relatent dans les plus grands détails les charges et revenus du couvent, ses propriétés mobilières et immobilières, le nombre des religieuses, leurs recettes et leurs dépenses. C'est ainsi que le 26 février 1667, l'état rend compte que « pendant la durée de la supériorité de la Mère Marguerite de Saint-Louis (28 septembre 1663 — 26 février 1667), tout le bien du monastère n'a consisté qu'en un fonds de rentes constituées, dues par diverses personnes bien solvables et se montant à la somme de 75,300 livres. Depuis le trienne précédent, le fonds est monté de 10,500 livres provenant tant des dots des religieuses que de legs pieux. Le nombre des religieuses à ce moment est de vingt-neuf, dont vingt-cinq dames de chœur et quatre converses. Le monastère est quitte de dettes [1]. »

L'état du 14 février 1668, sous la même supérieure, est beaucoup plus explicite. Il nous donne d'intéressants détails sur les constructions et bâtisses du couvent.

« Ledit monastère, dit-il, consiste : en une église bastie depuis plusieurs années, avec une chapelle à l'un des côtés de ladite église, deux chœurs, l'un pour entendre la messe et l'autre pour chanter l'office divin et deux sacristies l'une intérieure et extérieure ; plus en deux vieilles maisons, estant au dedans de leur clôture, de l'une desquelles il y a une communication par une gallerie à un petit dortoir que lesdites religieuses ont fait bastir, et dont elles se servent ensemble desdites maisons pour leur habitation, en attendant qu'elles aient de quoy faire bastir et construire un cloître et autres lieux réguliers ; plus en un jardin et murs de leur clôture. Ont aussi lesdites religieuses au dehors et attenant de leur dit monastère une autre maison pour loger leur confesseur ou directeur, et pour recevoir ceux qui vont prescher en leur église. » Les rentes constituées, leur seul revenu, se monte à 75,000 livres en capital. Le total des revenus annuels est de 4,496 livres, 5 sols, 6 deniers. Celui des charges, de 836 livres, 7 sols, 1 denier. Reste pour l'entretien du couvent, la somme nette de 3,656 livres,

---

[1] Archives de l'Évêché, F. 59.

18 sols, 5 deniers. Leur nombre est de 25 dames professes, 4 sœurs converses, dont trois professes et une novice, et une tourière [1]. »

Dans l'état suivant du 1er janvier 1672, il n'est guère indiqué en plus que l'acquisition de la maison voisine à Mlle de Leydet, faite le 25 janvier 1669, et qui rapporte par an 75 livres [2].

Mais avant de continuer cet inventaire de la fortune du couvent, relatons la cérémonie imposante qui fut célébrée au Tiers-Ordre de Saint-François, le 14 février 1673, et où Mgr Claude Joly, alors évêque d'Agen, fit solennellement accepter aux religieuses, les règles et constitutions spéciales qui leur avaient été données par lui, le 31 mars de l'année précédente 1672. Nous les retrouvons dans leur entier aux archives de l'Evêché d'Agen. Voici les sommaires des différents chapitres :

Chapitre I.

De la condition et réception des Novices ;
Ce que doivent jurer et promettre les religieuses par la profession solennelle de cette règle ;
Des jeûnes et abstinences ;
De l'oraison et du divin office ;
Des offices et élection des supérieures ;
De la manière de converser tant dedans que dehors le couvent ;
Des malades et de leurs visites ;
De la visite du monastère ;
Des offices des deffunctes ;
De l'obligation de la règle.

Chapitre II.

De la vocation des religieuses du Tiers Ordre ;
De la réception et entrée des novices ;
De la forme des vœux ;
De l'observance des vœux d'obéissance, de chasteté, de pauvreté ;
De la clôture ;

---

[1] Archives de l'Evêché, F. 59.
[2] Idem.

De la confession ;
De la Communion ;
De la messe ;
Du silence ;
De l'humilité ;
De la modestie ;
Des mortifications et austérités ;
Des corrections ;
Du réfectoire ;
De l'ouvroir ;
Des parloirs ;
Des récréations ;
Du dortoir, chambres et cellules ;
Des habits des sœurs ;
De l'infirmerie et des malades ;
Du chapitre et des Coulpes ;
Des fautes punissables ;
De l'emploi des biens et des comptes ;
De la visite annuelle.

Chapitre III, spécial au couvent d'Agen.

De l'élection de la supérieure et autres officières ;
De la supérieure ;
De la vicaire ;
De la maîtresse des novices ;
Des sœurs discrètes ;
De la sœur économe ou procuratrice ;
Des sacristaines ;
De la maîtresse du chœur et des cérémonies ;
Des portières ;
De l'infirmerie ;
De l'apothiquairesse ;
De la despansière ;
De la robière ;
De la lingère ;
De la maîtresse de l'ouvroir ;
De la libraire ou bibliothécaire ;

De la lectrice;
De la maîtresse des pensionnaires;
Des confesseurs et chapelains ;
Des sœurs converses.

Chapitre IV.

Distribution des heures du jour.

Chapitre V.

De l'obligation des sœurs à l'observation des présentes constitutions.

Relevons en passant quelques prescriptions spéciales, dans ces divers chapitres :

« Les postulantes devront être fidèles catholiques, non suspectes d'hérésie, fermes et stables en l'obéissance de l'Eglise Romaine, non liées d'aucune promesse de mariage, exemptes de dettes, saines de corps, habiles d'esprit et pourvues de bonne volonté, n'estant nullement souillées et maculées d'aucune vulgaire et publique infamie, en paix avec le prochain.

« Les novices porteront l'habit de probation, lequel doit être vil et abject.

« Elles pratiqueront avec la plus grande rigueur les jeunes et abstinences prescrits. Elles abandonneront tous les vains et curieux ornements du monde, et avant d'embrasser la clôture et de prononcer les vœux définitifs, elles fuiront les lieux de réunion où l'on danse et où l'on joue, et seront fort tempérées dans leur parler. »

Une fois cloîtrées, les religieuses du Tiers-Ordre porteront « l'habit de drap gris commun, très long, avec un manteau agrafé par devant d'une agrafe en bois. Elles porteront les manteaux aux cérémonies. Les scapulaires seront plus courts que l'habit de trois doigts. La ceinture sera d'une corde et les voiles d'étamine noire. Ceux des novices seront de toile blanche. Leurs guimpes seront de toile commune sans empois. Les bandeaux seront de même, et couvriront tellement le front qu'on ne verra pas les cheveux qui seront coupés quatre fois l'an. Elles n'auront que la bague de profession, sans montre ni chapelet en forme de bracelets, ni rubans, ni cordons de soie, ni autres choses semblables qui représentent la mondanité. »

Suivent de très longues recommandations concernant l'observance rigoureuse des trois vœux ordinaires, où le prudent ordonnateur entre, notamment pour l'un d'eux, dans les plus intimes et les plus curieux détails [1].

Une fois lues devant toutes les religieuses assemblées dans le parloir du couvent, ces constitutions furent soumises par Monseigneur Claude Joly à leur acceptation.

« Interrogées pour savoir si elles entendent pratiquer lesdites institutions, si elles en sont satisfaites et si elles désirent vouloir les observer exactement et fidèlement, quelques-unes nous manifestèrent l'intention de soumettre leurs difficultés, qui furent bientôt levées. Alors toutes, unanimement, nous témoignèrent avoir lu, examiné, pratiqué et entendu les susdites constitutions et déclarèrent vouloir les observer jusqu'à la mort. Sur quoi, elles les signèrent toutes, conjointement avec nous. Et le 18 courant (1673), nous sommes allés dans leur chapelle dire la sainte messe, pour attirer sur elles les lumières, l'onction et la force du Saint-Esprit [2]. »

— Dix-neuf ans plus tard une cérémonie analogue eut lieu au couvent du Tiers-Ordre d'Agen. L'illustre évêque Jules de Mascaron visita ce couvent, le 27 février 1692. Voici en partie le texte du procès-verbal de cette visite, ainsi que de l'état du couvent à cette époque [3].

« L'an mil six cens quatre vingt douze et le 27e de février, nous Jules, Evêque et Comte d'Agen, après avoir indiqué notre visite canonique à nos très chères filles en N. S. la supérieure et les religieuses du Tiers-Ordre de la présente ville, nous nous sommes rendu dans leur monastère, à une heure après midi, où estant au devant de la grille, nous avons invoqué le secours du Saint-Esprit, en récitant tous ensemble le *Veni Creator Spiritus*; à la fin duquel nous avons fait un discours auxdites religieuses sur le sujet de notre visite.

---

[1] Archives de l'Evêché, F. 59.
[2] Idem.
[3] Idem.

Ensuite de quoy nous les avons ouïes toutes en particulier au nombre de 23 de chœur, et 6 sœurs converses, selon le catalogue que la Supérieure nous a remis, savoir :

« La Reverende Mère de Tartas, supérieure, la mère vicaire, la mère maîtresse des novices, la sœur Marguerite des Séraphins, la sœur Catherine du S. Sacrement, la sœur Françoise de Sainte-Marie, la sœur Françoise de N.-Dame, la sœur Catherine de Ste-Claire, la sœur Isabeau de la Résurrection, la sœur Louise de S.-Jean, la sœur Madeleine de S.-Bernard, la sœur Marguerite des Innocents, la sœur Angelique de la Trinité, la sœur Anne de Ste-Françoise, la sœur Catherine de Ste-Thérèse, la sœur Marguerite de Ste-Foy, la sœur Isabeau de Ste-Madeleine, la sœur Jeanne de la Nativité, la sœur Françoise du Sauveur, la sœur Jeanne de la Miséricorde, la sœur Louise de St-Joseph, la sœur Marie de Jésus, la sœur Louise de St-Ignace, et enfin les six sœurs converses : savoir, la sœur Marie du St-Esprit, la sœur Jeanne de Ste-Marthe, la sœur Antoinette de l'Annonciation, la sœur Vitale de St-Alexis la sœur Jeanne de Ste-Justine, la sœur Marguerite de St-Antoine.

« Nous avons trouvé, selon l'état que la supérieure et la boursière nous ont donné, que tout leur temporel consiste en biens fonds et dettes actives :

« Premièrement, elles possèdent : La métairie et le moulin de Loubatérie, sis dans Clermont-Dessus, acquis, l'une le 28 juillet 1677 pour 14,000 livres et l'autre le 3 février 1680 pour 6,775 livres. Ledit moulin s'afferme 100 sacs moture et 25 sacs froment. Quitte de taille, il est d'une valeur de 500 livres. La susdite métairie donne de revenu pour 70 ou 80 sacs de blé, froment ou moture. Sa valeur est de 320 livres.

« Plus la métairie de Lamothe-Ferrand dans la juridiction de Port-Sainte-Marie, acquise le 28 juin 1670 pour 7,000 livres ; laquelle s'afferme 250 livres.

« Plus un fonds de rentes constituées au profit du couvent dues par MM. du clergé, par contrat du 21 avril 1690, montant à la somme de 5,400 livres.

« Plus d'autres rentes dues par MM. de Rance, Laborde, de Chambon, le marquis de Marin, de Ratier, de Groussou, Pellicier,

Ducros, Lacassagne, Pouget de Madaillan, de Bressolles d'Autreuil, de Sevin, les Jésuites, d'Hallot, de Rangouse, etc.

« Plus, elles ont acquis depuis six mois la métairie de Mauga, sise dans la juridiction de Brax, qui n'a encore rien donné, et qui est d'une contenance de trente carterées.

« Le total des revenus, tant en biens fonds que rentes, se monte à la somme de 3,713 livres. »

Suit l'état des charges, dettes, dépenses ordinaires, réparations, entretien du médecin, du chirurgien, dépenses d'église, nourriture, vêtements, etc., dont la somme totale se monte à 5,122 livres. Les dépenses excèdent donc les recettes. Elles ne vivent que de pensions on arrérages annuels dus par les pensionnaires.

Suit enfin le procès-verbal de la visite du cimetière, de la clôture et de toutes les dépendances.

La visite faite, Mgr l'Evêque rendit en faveur des religieuses une longue ordonnance, par laquelle il confirme et renouvelle toutes les ordonnances précédentes rendues en faveur dudit couvent, exhortant les sœurs à pratiquer toutes les vertus recommandées et à suivre exactement leurs règles, et entrant pour cela dans de nombeux détails de règlementation intérieure.

—Gros scandale au couvent des Filles de Saint-François d'Agen un beau jour des premières années du XVIIIe siècle ! La lettre suivante de Madame la Supérieure, non datée, mais adressée à l'Intendant de Guienne, M. de La Bourdonnaie, qui remplit ces fonctions de 1700 à 1709, nous en donne, mieux que nous ne saurions le faire, tous les piquants détails :

« Monseigneur,

« Les Religieuses du couvent du Tiers-Ordre de Saint-François d'Agen remonstrent très humblement à Vostre Grandeur qu'il y a environ sept ou huit ans qu'elles ont fait bastir et construire une petite grange pour enfermer leurs vaches, avec une petite chambre pour un jardinier, au fond du jardin qu'elles ont dans l'enclave de leur couvent. A laquelle chambre elles ont fait faire une petite fenestre où les Sœurs converses ou autres religieuses vont prendre le lait qui a ésté trait desdites vaches. Mais il est arrivé que, Messieurs le Maire et Consuls de la présente ville ayant tiré des billets de logement de soldats sur ledit jardinier, celles desdites religieuses qui ont été prendre le lait desdites vaches, lorsqu'elles ont ouvert la fenestre par où elles devaient le recevoir, ont trouvé les soldats qui étaient logés chez le jardinier, qui ont usé de quelques insolences à leur égard, en telle sorte qu'elles se sont trouvées dans une confusion extraordinaire. Et comme elles se pourroient tomber dans le même cas, et que, d'ailleurs, cette chambre et grange étant construites dans l'enclave dudit couvent, lesdits consuls ne peuvent pas y tirer de logements de gens de guerre, les suppliantes sont obligées d'avoir recours à Vostre Grandeur pour y apporter le remède nécessaire. A ces causes, il plaise à Votre Grandeur de décharger le jardinier de tout logement de gens de guerre [1]. »

Les plus jeunes nonnettes du couvent allant, par un matin de mai, dans leur costume négligé, traire le lait de leurs vaches tout au fond du jardin, et trouvant en leur lieu et place une vaillante compagnie de gardes françaises qui les saluent et les reçoivent à leurs façons, quel joli sujet pour un des aimables conteurs de l'époque ; quel séduisant tableau pour un Coypel ou pour un Fragonard !

—Malgré leur nombre considérable, les religieuses du Couvent du Tiers-Ordre ne voyaient pas à cette époque leur monastère prospérer. La lettre que la Supérieure adresse, le 8 mai 1715, à Monseigneur Hébert nous donne à cette date l'état exact du couvent :

« ... Le revenu de ladite communauté, écrivait-elle, peut aller à présent annuellement à la somme de 3,000 livres, tant pour le bien-fonds que pour les rentes constituées en faveur de ladite communauté. Les charges annuelles consistent pour le chapelain, le confesseur et le prédicateur à la somme de 278 livres ; plus pour l'entretien de l'autel, des ornements d'église, cierges et huiles, à 300 livres ; plus pour le paiement du médecin, chirurgien, drogues nécessaires, homme d'affaires et domestiques à 150 livres ; plus pour les impositions que le clergé fait annuellement sur ladite

[1] Archives municipales d'Agen, GG, 196.

communauté à 147 livres ; enfin pour les tailles, rentes et réparations des bâtiments, de l'église, du couvent et des métairies à la somme de 500 livres. Il ne reste, les charges distraites, que la somme de 1,625 livres de revenus. Ce revenu est encore sujet aux cas fortuits qui arrivent souvent sur les biens-fonds et encore sur les rentes qui en demeurent en arrérages, sur lesquelles il faut faire le relachement d'une partie pour retirer le paiement de l'autre.

« La communauté est à présent composée de vingt-six religieuses du chœur et de six sœurs laies. La communauté n'a aucune relique, ni d'autre trésor, sur quoi elle puisse donner de mémoire pour la curiosité. Fait à Agen, ce 8 mai 1715 [1]. »

Dans les états de 1720 et de 1727, on voit que la gêne augmente et que pour ce couvent, comme pour tous les autres, la misère arrive à grands pas. En 1728, les religieuses sont au nombre de vingt-six professes de chœur, une novice et six sœurs converses. La dépense excède la recette de 6,786 livres et le couvent tombe en partie en ruines. « Nous ne saurions plus subsister, écrit le 12 juillet la supérieure sœur Marie de Saint-Augustin à Monseigneur l'Evêque, si les rentes ne reviennent sur le même pied qu'elles étaient ci-devant, c'est-à-dire au denier dix-huit ou vingt. La communauté se soutenait depuis longtemps en recevant quelque sujet dont nous consommions les dots. Mais à présent nous sommes sans ressources. La misère du pays est si grande qu'il n'y a presque personne qui soit en état de faire des filles religieuses, parce qu'il faudrait de si grosses dots pour pouvoir tirer le revenu que donnaient autrefois mille écus pour fournir à la nourriture des filles, que toutes les communautés sont résolues de n'en pas recevoir. D'ailleurs la communauté a tout un corps de bâtiment qui menace si fort ruine que les maîtres massons nous ont averties souvent que nous n'y étions pas en sûreté et que nous étions à même d'y être toutes écrasées un jour. Mais nous n'avons jamais été en état de le faire réparer, parce que ce serait une dépense le moins de 25 à

[1] Archives de l'Evêché. F. 59.

30,000 livres. C'est pourtant presque la moitié du couvent et un logement duquel nous ne saurions nous passer. Mais enfin il faut s'abandonner à la Providence [1] ».

En 1727, la situation ne s'est guère améliorée. Le tableau des charges et revenus du couvent du Tiers-Ordre de la ville d'Agen, dressé le 26 août de cette année, porte que les religieuses sont au nombre de vingt-neuf. Il n'y a ni novices, ni postulantes, ni dames retirées, seulement six sœurs converses et quatre petites pensionnaires. Les dix plus anciennes religieuses sont : sœur de Saint-Augustin, 82 ans ; sœur de la Trinité, 79 ans ; sœur de Sainte-Françoise, 78 ans ; sœur de Sainte-Thérèse, 67 ans ; sœur de Sainte-Foy, 67 ans ; sœur du Sauveur, 65 ans ; sœur de la Miséricorde, 63 ans ; sœur Saint-Joseph, 57 ans ; sœur de Saint-Ignace, 56 ans; et sœur de la Vierge, 47 ans. Le Couvent possède toujours : le moulin à trois meules de Loubatéry, sur le ruisseau de la Barguelonne, juridiction de Clermont-Dessus, portant un revenu de 600 livres ; une maison, rue Saint-Antoine, affermée 85 livres ; et une autre, rue Pont de Garonne, 66 livres ; plus la métairie de Loubatéry, de 55 carterées, paroisse et juridiction de Clermont-Dessus, d'un revenu annuel de 400 livres ; la métairie de Lamothe-Ferrand, de 27 carterées, paroisse de Saint-Laurent, juridiction de Port-Sainte-Marie, d'un revenu annuel de 300 livres ; la métairie de Mauga, paroisse et juridiction de Brax, en Bruillois, de 30 carterées, d'un revenu annuel de 260 livres; et une faisande au lieu appelé de Paillet, près Agen, de 5 carterées et d'un revenu de 100 livres. Les rentes constituées, dues soit par le clergé, soit par divers particuliers, se montent à la somme de 49,603 livres de capital, soit en revenu annuel 1,804 livres. Le revenu total est donc de 4,335 livres. Il y a d'urgentes réparations à faire au couvent. Les dettes sont nombreuses ; les charges augmentent sans cesse et leur ensemble se monte à 9,123 livres. Elles dépassent donc les recettes de 4,788 livres. « La cause en est aux impositions, aux tailles, décimes, disette de grains, grêles et brouillards qui emportent toutes les récoltes, les accidents étant presque annuels

[1] Archives de l'Evèché, F. 59.

en ce pays depuis quelque temps. Si la communauté subsiste, c'est par le secours des aumônes dotales des filles qui entrent en religion audit Couvent, surtout depuis la diminution de la constitution des rentes établies sur le clergé. Lesdites religieuses emploient tout leur temps au chœur de leur église, aux offices et méditations. Il ne leur reste après que fort peu d'heures pendant chaque jour, qu'elles emploient à filer pour leurs voiles et pour le linge nécessaire à la communauté » L'état est signé de sœur Marguerite de Sainte-Foy, supérieure ; sœur Anne de Sainte-Françoise, vicaire ; sœur Catherine de Sainte-Thérèse, maitresse des novices; sœur du Saint-Esprit, économe ; et sœurs Marie de Saint-Augustin, Louise de Saint-Joseph, Louise de Saint-Ignace, et Antoinette de tous les Saints, discrètes [1].

— Nous venons de voir que dans presque tous ces documents, lettres ou inventaires, les religieuses du Tiers-Ordre se plaignent, comme du reste leurs sœurs de tous les autres couvents d'Agen, de la diminution et réduction des rentes qui leur sont dues par le clergé. On sait, en effet, que par arrêt du Conseil, le Roi avait réduit ces rentes du denier vingt au denier cinquante. Ce fut une cause de ruine et de véritable misère pour toutes les communautés religieuses. Celle du Tiers-Ordre d'Agen supporta cette mesure avec assez de résignation. Le 27 octobre 1720, ces dames déclarèrent en effet au sieur Malebaysse, représentant des consuls et un des consuls de la ville « qu'elles se soumettent audit arrêt du Conseil du 24 août, et qu'elles ne demanderont à l'advenir, ni ne prétendront la rente annuelle des 990 livres qui leur sont dues par eux, que sur le pied du denier 50 [2]. »

Néanmoins, la misère augmentant et les revenus diminuant sans cesse, elles s'adressèrent à l'agent général du clergé, à Paris, afin qu'il intercédât pour elles. Les archives nationales nous ont conservé les deux réponses qui leur furent faites à cet égard.

---

[1] Archives de Madame la comtesse Marie de Raymond.
[2] Archives municipales, GG. 196.

Le 20 décembre 1727, M. de Mongiron écrit à Mme de Sainte-Foy, supérieure des religieuses de Saint-François d'Agen, que la situation du couvent d'Agen est certainement fort intéressante, mais qu'elle est en tous points semblable à celle des autres couvents. « Il faut chercher des moyens plus efficaces pour vous secourir. Il n'est cependant pas possible au diocèse d'Agen d'augmenter le denier de la rente qu'il vous doit. Il ne dépend ni de Monseigneur l'Evêque ni de son bureau diocésain de vous accorder cette augmentation. Le Roi a ordonné cette réduction au denier 50 des rentes dues par le clergé et par les diocèses. Il faut se soumettre à sa décision. Il y aurait un autre moyen de vous procurer des secours : ce serait de vous rembourser les 14,000 livres de capital en deux ou trois paiements. Nous en écrivons par cette lettre à M. le syndic du clergé d'Agen, afin de savoir de lui ce que le diocèse peut faire en votre faveur, et nous le prions de vous faciliter la chose, autant qu'il sera possible. »

Suit, en effet, une lettre de M. de Valras à M. le syndic du diocèse d'Agen, à la date du 20 décembre 1727, où il recommande la requête des Dames religieuses du Tiers-Ordre, « dont la maison se trouve dans le plus triste état[1]. »

Nous ne savons quel fut le résultat de cette enquête, ni si les religieuses d'Agen obtinrent cette réduction. Il est à présumer qu'une transaction intervint et que, pour elles comme pour quelques autres couvents, le Conseil du Roi réduisit seulement la rente due au denier trente.

— Le 11 février 1710, sœur Anne de Sainte-Elisabeth, « dite au siècle Anne de Muraille », fait sa profession religieuse au couvent des filles de Saint-François d'Agen.

Mêmes cérémonies, le 21 juin 1723, pour Suzanne du Saint-Sacrement, dite au siècle Suzanne du Désert; le 20 janvier 1726, pour sœur de Saint-Paul, dite au siècle Marguerite de Charrière ; et le 27 janvier 1727, pour sœur de Saint-Basile, dite au siècle Foy de Mère.

[1] Archives nationales, G[8], 2557. Numéros 327 et 328.

Le 18 septembre 1746, M. Galinat, ancien curé, cède aux dames religieuses du Tiers-Ordre de Saint-François d'Agen une rente constituée au capital de 600 livres à lui due par M. Galtier, afin de servir de fonds à trente messes annuelles et perpétuelles. Mme de Moncaut se trouve à cette date supérieure du couvent[1]. Elle supplie quelques temps après Mgr l'Evêque de permettre que la Communauté fasse désormais ses exercices spirituels sous la conduite du Père recteur des Jésuites.

— Une bonne fortune nous a permis de retrouver, pour les dernières années du XVIIIe siècle, le journal du Couvent. Malheureusement le registre ne contient que les principaux évènements des années 1779 à 1786. Sur la première page on lit : « Livre contenant les élections de la supérieure et des autres officières, la réception des postulantes et des novices, et généralement toutes les autres affaires importantes de la communauté. A commencé depuis le 1er avril 1780. » Le bureau se compose à cette époque de : « Sœur Sérène de Laurière, supérieure ; sœur Sérène de Sainte-Catherine de Moncaut, vicaire ; sœur Cécile de Monteils, maîtresse des novices ; sœur Thérèse de Sevin, discrète ; sœur Julie d'Hauterive, discrète ; sœur Françoise de Charrière, discrète ; et sœur Louise de Ponte, discrète. Notons, entre autres faits à signaler :

Le 4 avril 1780, sœur Marie Roumejoux, d'Agen, est admise au postulat ; le 4 septembre 1780, à la prise d'habit ; le 21 janvier 1782, à la profession.

En septembre 1779, la supérieure a jugé nécessaire de faire faire quelques réparations au moulin de Loubatéry, sur la Barguelonne, appartenant au couvent. Elle a des difficultés avec l'entrepreneur, au sujet du paiement du prix.

Le 25 avril 1782, la même sœur Sérène de Laurière, supérieure, donne en afferme les métairies de Planté, paroisse de Saint-Maurice Floirac, et de Pagniagne, juridiction de Montpezat, à Pierre Bourdelle, moyennant la somme annuelle de 730 livres.

---

[1] Archives de l'Evêché, F. 59.

En l'année 1785, Sérène de Laurière est remplacée à la tête du couvent par sœur Marthe de Couloussac. A cette dernière restent adjointes pour l'administration de la communauté : sœurs Sérène de Laurière, vicaire, Cécile de Monteils, maîtresse des novices, et de Sainte-Catherine de Moncaut, Clémence d'Hauterive, Françoise de Charrière, et de Sainte-Rose du Barthes, discrètes. Me Molinier, prébende de la Cathédrale Saint-Etienne, est l'aumônier du couvent.

Le 29 septembre 1785, meurt, à l'âge de cinquante-sept ans, sœur Louise de Latour de Ponte. Ses obsèques sont célébrées avec solennité.

En août de la même année, la communauté se vit assignée par M. Laborie, seigneur de Primet, à propos d'une pièce de terre de huit cartonnats, qu'elle avait acquise par échange en 1689, et que ledit seigneur prétendait dépendre de son fief de Primet. Il ne réclamait du reste que 9 deniers de rente annuelle. Vu la modicité de la somme, et sur les conseils de Me Bernard, avocat, et Me Dupérier, procureur, les religieuses se désistèrent. Elles n'en furent pas moins condamnées par la Cour du Sénéchal aux deux tiers des dépens ; mais elles furent dispensées de toute indemnité.

Enfin, au mois d'août 1786, « j'ai fait mettre, écrit la supérieure, sœur Marthe de Couloussac, avec l'agrément de toute la Communauté, une pompe au puits du jardin avec un canal qui conduit l'eau à la cuisine pour la commodité des religieuses et le soulagement des sœurs. Les frais ont coûté 643 livres, que quelques particulières ont donné avec mon consentement ».

Là s'arrêtent, malheureusement trop courts, ces quelques fragments du dernier journal du couvent du Tiers-Ordre de Saint-François [1].

---

[1] C'est à l'obligeance de Madame E. de Guiringaud, petite nièce de Mme de Couloussac, que nous devons la communication de ce précieux journal, qu'elle détient actuellement. Nous la prions d'agréer ici nos respectueux remerciements.

—Le 18 février 1790, les citoyens actifs de la ville d'Agen, formant la sixième section, s'assemblent dans l'église des dames religieuses du Tiers-Ordre, à l'effet de procéder à l'élection des officiers qui doivent composer la future municipalité agenaise. Le lendemain, 19 février, M. de Laroche Monbrun, chevalier de Saint-Louis, était élu maire par 277 suffrages, et M. Bory, avocat, procureur de la commune par 297 voix. Le corps municipal fut composé de onze officiers et de vingt-quatre notables [1].

Le 16 juillet de la même année, conformément aux décrets de l'Assemblée Constituante, les administrateurs du district d'Agen, procèdent à la visite domiciliaire du couvent de la rue Saint-Antoine.

Voici quelques extraits du procès-verbal :

« L'an 1790 et le 16e de juillet, nous Antoine Albaret, administrateur du district d'Agen, et Nicolas Cazabonne de Lajonquière, procureur syndic du directoire du district d'Agen, nous sommes transportés dans le couvent des Dames religieuses du Tiers-Ordre de Saint-François, pour procéder à l'estimation des biens du couvent ; et, étant arrivés à la porte du monastère et parlant à la supérieure d'icelui, nous lui aurions expliqué l'objet de notre visite. A quoi ladite dame supérieure aurait répondu être entièrement soumise aux décrets de l'Assemblée Nationale sanctionnés par le Roy. Et en conséquence aurions procédé à l'inventaire des biens du couvent. » Sur ce, les commissaires vérifient les livres de dépenses et de recettes, les contrats de rentes constituées, les baux à ferme, les contrats d'acquisition, etc., et ils établissent l'état des revenus et des charges du couvent. Les immeubles consistent toujours : « En trois maisons, situées rue Pont-de-Garonne et rue Saint-Antoine ; le moulin de Loubatéry, la métairie de Plantey, juridiction de Montpezat, la métairie de Loubatéry, à la Magistère, celle de Saint-Laurent, juridiction de Port-Sainte-Marie, celle de Mauga, paroisse de Brax, et celle de Paillet, paroisse Sainte-Foy. Ils produisent un revenu annuel de 9,950 livres, deux sols. L'argenterie est peu riche. Les

---

[1] Proché. Annales de la ville d'Agen.

effets de sacristie très nombreux, le mobilier, la lingerie, les effets de cuisine, la bibliothèque, où il est dit n'exister ni livres, ni manuscrits, ni médailles, mais seulement deux livres de chant, sont à la suite inventoriés. » Suit enfin l'état des religieuses, cette fois avec leurs noms de famille, qui composent le personnel du couvent à cette date.

Le couvent contient dix-huit dames de chœur, trois sœurs converses, et une tourière affiliée à la maison. Consultées sur leurs intentions, ces dames s'expliquent de la façon suivante :

DAMES DE CHŒUR.

Madame Rose de Couloussac, supérieure, âgée de 60 ans, déclare que son intention est de rester dans la maison ;
Madame Marianne de Laurière, sous-prieure, 70 ans, idem ;
Madame Marie de Monteils, maîtresse des novices, 70 ans, idem ;
Madame Cécile de Mazet, sacristaine, 66 ans, idem ;
Madame Marie Charrière, seconde sacristaine, 66 ans, idem ;
Madame Jeanne Du Barthas, portière, 62 ans, idem ;
Madame Jeanne de Beaumont, seconde portière, 54 ans, idem :
Madame Clémence d'Hauterive, chargée de la clef de la porte, 71 ans, idem ;
Madame Jeanne de Laurière de Pompadour, maîtresse du pensionnat, 68 ans, idem ;
Madame Marie de Lachèze, seconde maîtresse du pensionnat, 32 ans, idem ;
Madame Jeanne de Falques, dépensiaire, 44 ans, idem ;
Madame Thérèse de Lormand, première infirmière, 58 ans, idem ;
Madame Reine de Lormand, cadette, seconde infirmière, 52 ans, idem ;
Madame Françoise Dumas, lingère, 24 ans, idem ;
Madame Sérène Moncaut de Laurière, doyenne, 91 ans, idem ;
Madame Antoinette de Sevin, 77 ans, idem ;
Madame Julie de Rebessac, 74 ans, idem ;
Madame Françoise de Lafitte, 71 ans, idem.

SŒURS CONVERSES.

Jeanne-Marie Reyssac, 59 ans, idem ;
Jeanne Boissié, 59 ans, idem ;
Antoinette Pinèdre, 32 ans, idem.

Enfin il existe une sœur tourière, affiliée à la maison, Jeanne Daunis, âgée de 68 ans[1]. »

De nombreux documents existent sur les dernières années du couvent du Tiers Ordre. Citons entre autres un volumineux registre contenant l'état des revenus perçus par les religieuses de cette maison, pendant quatorze ans, de 1776 à 1790. Il ne donne aucun renseignement nouveau sur les possessions, soit en meubles, soit en immeubles du monastère[2].

Durant le cours des années 1790, 91 et 92, les estimations et inventaires des différentes propriétés du couvent ne se ralentissent pas. Chaque maison de la rue Pont-de-Garonne notamment, que les religieuses louaient à divers particuliers, est toisée, évaluée et estimée par les experts désignés à cet effet. Il en est de même du moulin de Loubatéry, des différentes métairies, et de la faisande de Paillet, près la Salève, d'un revenu net annuel de 480 livres, et d'un capital de 9,156 livres[3].

Les religieuses du Tiers-Ordre de Saint-François d'Agen restèrent toutes dans leur couvent de la rue Saint-Antoine jusqu'au 1er octobre 1792, qui fut la date de leur départ forcé. Ce jour-là elles étaient encore au nombre de quinze dames du chœur, savoir : Mesdames Rose de Couloussac, supérieure, Serène de Laurière de Moncaut, Antoinette de Sevin, Marie de Rebessac, Clémence de Raffin, Marianne de Laurière, Jeanne-Marie de Laurière, Marie-Cécile de Mazet, Jeanne Dubernet, Thérèse de Lormand, Jeanne-Elisabeth de Beaumont, Reine de Lormand, Jeanne Falgue, Marie Guérin de La Chaize et Françoise Dumas ; plus trois sœurs converses, Jeanne Boissié, Marie Reyssac et Antoinette Pinèdre[4]. Mises en demeure d'évacuer immédiatement leur maison, elles obéirent aux ordres formels du Directoire du département, et se dispersèrent à tout jamais. Presque toutes rentrèrent dans leurs familles. En même temps, le couvent était mis en vente « comme bien national ayant

[1] Archives départementales. Biens nationaux. Etat en double.
[2] Idem.
[3] Idem.
[4] Idem.

appartenu au ci-devant clergé. » Par suite d'une soumission faite dès le mois suivant, il fut procédé le 8 novembre 1792 à son estimation, et porté dans son ensemble, maisons, granges et jardin, à la valeur de 29,000 livres[1]. Deux ans après, les 11 et 13 prairial an III, (30 mai et 1er juin 1795), furent vendus « les meubles et effets des ci-devant religieuses du couvent du Tiers-Ordre. » La vente atteignit le chiffre médiocre de 1,464 livres[2].

Nous avons déjà dit au cours de ce chapitre, avec Proché dont on ne saurait trop louer l'exactitude à relater tous les évènements de l'époque révolutionnaire, que M. Bory, président de la Cour d'appel, acheta dans la suite aux divers soumissionnaires presque tous les immeubles qui constituaient l'ensemble du couvent. Il fit longtemps de la majeure partie sa principale habitation.

Aujourd'hui l'église est détruite; le corps de logis est morcelé en sept ou huit maisons différentes ; et le jardin, divisé en plusieurs lots, éventré même par des rues nouvelles, a perdu à tout jamais cet aspect à la fois sévère et mélancolique que nous nous souvenons de lui avoir vu autrefois.

---

[1] Archives départementales. Biens nationaux.

[2] Idem.

CHAPITRE VII.

LES ORPHELINES OU SŒURS DE SAINT-JOSEPH.

Le septième couvent de femmes qui, par ordre chronologique, s'établit dans Agen avant la Révolution fut celui des Orphelines, de son vrai nom le couvent des sœurs de Saint-Joseph.

L'histoire de cet établissement a déjà été écrite. Profitant de ce qu'un heureux hasard avait fait tomber entre ses mains une partie des anciennes archives du couvent, M. le chanoine Hébrard, grand vicaire de Mgr l'Evêque d'Agen, a raconté avec son talent habituel et sa compétence toute particulière les diverses phases par lesquelles était passé ce monastère, depuis sa fondation jusqu'à nos jours. Il est entré dans les plus grands détails sur son organisation intérieure, ses ressources pécuniaires, les différents actes de gestion de ses supérieures [1]. Nous aurions donc mauvaise grâce à venir ici sur ses brisées et à refaire après lui l'histoire de cette communauté, si nous n'avions cependant conscience qu'en passant absolument sous silence cette congrégation de saintes filles, nous laisserions dans notre ouvrage d'ensemble sur les couvents d'Agen avant 1789 un vide qui pourrait paraître regrettable; surtout si nous ne nous con-

---

[1] Le Couvent des sœurs de Saint-Joseph ou des pauvres filles Orphelines d'Agen, par M. l'abbé Hébrard, vicaire général. Agen. Imp. Vᵉ Lamy, 1886.

sidérions comme obligé de faire connaître quelques nouveaux documents, notamment le plan de l'établissement, tel que nous le donne l'ingénieur Lomet. Aussi demandons-nous à M. le chanoine Hébrard l'autorisation de résumer ici son œuvre, déjà si substantielle, et d'ajouter aux pages pleines d'intérêt qu'il a écrites, et que nous signalons à la curiosité de nos lecteurs, les renseignements qu'il nous a été donné de découvrir depuis, et qui ne pourront, croyons-nous, que compléter utilement son travail.

L'établissement d'un couvent d'Orphelines à Agen ne date que de 1641. Néanmoins, bien avant cette époque, le besoin s'était fait sentir chez nos pères d'une fondation de ce genre, et un essai avait été tenté, qui, faute de secours pécuniaires, ne dut pas aboutir. Il n'en est fait mention qu'une seule fois dans nos archives locales.

Au cours du chapitre IV de notre Tome Ier sur les couvents d'hommes d'Agen, nous avons parlé d'un saint personnage, dont le zèle religieux fut très remarqué à Agen au commencement du XVIIe siècle. C'était le frère Bernard Ruffe ou Ruffus, cordelier, vicaire en 1606 du couvent des Frères Mineurs d'Agen. Sa vie fut un modèle de piété et de vertus chrétiennes. Outre ses nombreux actes de charité que nous font connaître les annales de son Ordre, il ne cessa d'encourager les sentiments religieux de ses compatriotes, et il fut le premier qui eut l'idée de fonder dans cette ville une maison destinée à abriter les pauvres filles orphelines. Nous le voyons, en effet, insister d'une façon toute particulière auprès de maître Jean Fauveau, greffier d'appeaux en la sénéchaussée d'Agenois, dont il était le père spirituel, afin que celui-ci se décide à acheter un local à cette intention. Ses conseils furent écoutés, puisque, le 17 octobre 1604, « ledit maître Jean Fauveau, greffier d'appeaux, cédant aux instances de frère Bernard Ruffus, religieux au couvent des Cordeliers de la présente ville, son père spirituel, achète pour la somme de neuf vingt livres (180 livres) audit Parriol, marchand tailleur d'Agen, une petite maison, sise rue de l'Argenterie, près la tour de Vacqué, confrontant du devant à ladite rue, par ung cousté et devers soleil levant avec maison et jardin d'Isabeau Lague, femme de Pierre Garos, marchand, et d'autre côté à maison et jardin de Jean Giral, advocat praticien. » Il l'affecte en même temps, « au logement de quatre *filles Orphelines*, quy feront résolution de vivre pudiquement et chastement tout le temps de leur vye ; lesquelles seront choisies et eslues par l'advis dudit Père Ruffus, tant qu'il vivra, et, après son décès, par l'advis du Père gardien dudit couvent de Saint-François. »

« S'il arrivait, ajoute l'acte, que Dieu ne veulhe permettre que lesdites filhes ou aulcune d'icelles feist banqueroute à son honneur, pudicitté et casteté, elles devraient être incontinent chassées de la maison... laquelle le donateur désire être appelée *Maison de Chasteté*[1]. »

Nos archives restant muettes sur les suites de cette affaire, nous ignorons si les vœux de ces deux personnages se réalisèrent et quelles furent les destinées de cette maison, ainsi affectée à cet usage. Quoiqu'il en soit, elle n'existait plus en 1641, lorsque furent installées à Agen, pour la première fois, les sœurs de Saint-Joseph.

— Ce fut le cardinal François d'Escoubleau de Sourdis, archevêque de Bordeaux, qui, le premier en France, attira l'attention des personnes pieuses sur le sort des pauvres Orphelines. Non content d'avoir fondé l'Ordre des Filles de Notre-Dame, dont nous avons longuement parlé au Chapitre IV de ce Tome II, et d'avoir en outre procuré à son diocèse l'établissement des Ursulines dans sa ville métropolitaine, il résolut d'instituer spécialement une nouvelle congrégation « de filles et de veuves, qui vivraient en commun et recevraient charitablement les filles orphelines de père et de mère, abandonnées et délaissées, sans aucun appui, pour les élever dans la piété chrétienne et dans la pratique de toutes sortes de vertus[2] ». Le cardinal François de Sourdis étant mort en 1628, son frère et successeur à l'archevêché de Bordeaux, Henri d'Escoubleau de Sourdis, reprit son idée, continua l'œuvre commencée et eut le mérite insigne de la mener à bonne fin.

Il se servit à cet effet d'une sainte fille, Marie Delpech de l'Estang, qui avait déjà dans une de ses maisons réuni les premières

[1] Archives départementales de Lot-et-Garonne, B. 37.

[2] Abbé Migne. Dictionnaire des Ordres religieux. Tome II, p. 694.

orphelines ; il l'encouragea à donner tous ses biens à l'œuvre naissante et il la mit à la tête de la nouvelle congrégation, qui prit le titre de *Société des Sœurs de Saint-Joseph pour le gouvernement des orphelines*. Mgr de Sourdis donna à la nouvelle communauté des règles et des constitutions, et Louis XIII lui octroya, en 1639, des Lettres Patentes, qui reconnaissaient officiellement son existence et lui permettaient d'accepter et recevoir toutes sortes de biens. Plus tard Louis XIV les confirma par de nouvelles lettres du 20 mai 1673.

D'abord séculières, puisque les premières sœurs ne formulaient aucun vœu, l'institution devint bientôt à peu près régulière, lorsque les veuves ne furent plus admises et que les nouvelles adhérentes durent prononcer les vœux de chasteté et d'obéissance et s'engager à ne rien posséder en particulier. « Les unes étaient destinées à apprendre à lire et à écrire aux orphelines, les autres à leur enseigner tous les ouvrages qui conviennent aux personnes de leur sexe, etc. [1]. »

L'établissement de Bordeaux eut un plein succès ; et bientôt la plupart des diocèses voisins cherchèrent à imiter son exemple et à organiser chez eux de semblables maisons. Pour ne parler que du nôtre, Monseigneur d'Elbène, à peine monté sur le trône épiscopal d'Agen, résolut d'établir dans sa ville une maison de ce genre, et c'est de la façon suivante qu'il encouragea les pieuses intentions des premières fondatrices :

« La maison des filles Orphelines d'Agen, nous dit la supérieure elle-même, Isabeau Ricard, dans le mémoire inédit sur l'état de son couvent qu'elle adressa à Mgr Hébert, le 8 avril 1715, fut fondée par dame Isabeau de Cambefort, dame de Blanval, veuve de noble Thomas de Redon, conseiller du Roi, lieutenant principal au Présidial d'Agen, le 11 juillet 1641, par acte retenu par Salèles, notaire d'Agen ; auxquelles filles elle donna une maison et jardin dans la ville d'Agen pour l'établissement desdites filles orphelines

---

[1] Abbé Migne. Dictionnaire des Ordres religieux, Tome II, page 694.

« Le Roy, par sa bonté ordinaire, a accordé des Lettres Patentes auxdites filles orphelines pour l'établissement de ladite maison en date du mois de juillet 1696, lesquelles font tous les jours une prière particulière pour la conservation de la santé et prospérité de Sa Majesté et de la famille royale.

« Ladite maison desdites Orphelines consiste en une très petite chapelle qui peut contenir cent personnes, une petite chapelle à costé pour les filles de la maison, des chambres dans l'intérieur de la maison pour les sœurs, et une chambre pour les orphelines, avec un fort petit jardin. Tous les bâtiments sont fort petits et très mal batis à cause de la pauvreté de la maison.

« Il y a deux sœurs qui conduisent cette maison et une sœur laie, qui ont fait vœu de rester dans ladite maison, et suivant l'institut et règles des filles de Saint-Joseph qui sont à Bordeaux. Il y a ordinairement dix à douze pauvres filles orphelines dans la maison, qu'elles entretiennent de leur travail manuel; elles prennent d'autres filles pensionnaires, si la commodité de leur logement qui est très petit le peut permettre.

« Le revenu de ladite maison est très modique, qui consiste en cent livres de revenus et quelques pièces de terre à la campagne, dont le revenu est destiné pour ceux qui les ont données à faire dire des messes. La maison est très pauvre, parce qu'elles ont été obligées de payer les amortissements au sujet des terres qu'on leur a données pour la fondations des messes. Quoique le Roi les en ait exemptées par des lettres patentes, on n'a pas voulu y avoir égard, cette maison devant estre regardée comme les hospitaux qui en sont exems.

« Fait à Agen, ce 8 avril 1715. Isabeau Ricard, supérieure[1]. »

Ainsi donc que nous l'apprend officiellement ce document, la maison des Orphelines d'Agen fut instituée en 1641 par Dame Isabeau

[1] Archives de l'Evêché d'Agen, F. 38.

de Cambefort, veuve de Thomas de Redon, la même que nous verrons fonder l'année suivante, également à Agen, l'important couvent de la Visitation. « Pour le culte et service de Dieu et en l'honneur de saint Joseph, elle donne en faveur des Orphelines une maison avec jardin, située dans la rue des Autas, confrontant du devant à ladite rue des Autas, du derrière à la rue Lassaigne, d'un côté à une autre petite rue, et d'autre côté à maison de........ » Ce fut la première donation.

Une grande dame de l'époque, Sérène de Durfort, dame de Bajamont, épouse de Charles de Montpezat, seigneur de Laugnac, s'intéressa aussi vivement à l'institution naissante. Elle l'aida dès la première année de ses libéralités, et elle obtint que le couvent de Bordeaux déléguât à Agen une de ses fondatrices, la sœur Catherine Daulin, qui, aidée d'une pieuse fille, comme elle de Bordeaux mais habitant Agen, Suzanne Furt, prit en mains la direction de la nouvelle maison et la fit prospérer rapidement.

C'est l'époque où Monseigneur d'Elbène encouragea les efforts de ces deux saintes femmes, et, à l'exemple de son collègue de Bordeaux, donna aux sœurs de Saint-Joseph d'Agen leurs premières règles et constitutions. Ces statuts, dont l'original existe encore aux archives de l'Evêché d'Agen et dont la teneur est inédite[1], portent la date du 22 février 1648. Vu leur importance, nous les reproduirons ici in-extenso :

RÈGLES ET STATUTS DES SOEURS DU COUVENT DE St-JOSEPH

« Pour donner les premiers mouvemens à cet exercice de piété, nous avons fait et donné, faisons et donnons, les resgles et constitutions que sensuivent :

« Ladite société de veuves et filles associées sera nommée et appelée la Société des Sœurs de St-Joseph, pour le gouvernement des Orphelines, qui ne pourra passer le nombre de sept, y compris la supérieure, si ce n'est que la multitude des filles orphelines en requiert davantage ; auquel cas y sera pourvu.

[1] Archives de l'Evêché, F. 38.

« Toutes les sœurs de la Société au nombre que dessus ne pourront y entrer et faire le vœu d'obéissance simple, qu'elles n'aient atteint l'âge de 33 ans, sans notre approbation et qu'entre nos mains ou de nos vicaires généraux. De ce nombre des sœurs de la Société, trois pour le moins s'emploieront au ménage commun de la maison.

« L'une d'icelles sera supérieure pour trois ans, et, à la fin du trienne, toutes les sept nous en présenteront deux pour être supérieure, l'une desquelles nous choisirons et la confirmerons supérieure pour les trois ans.

« Toutes obéiront à cette supérieure, au gouvernement de la maison, et autrement sans contredit, à peine de tomber en péché de désobéissance.

« L'ordre commun de la Société pour l'exercice spirituel sera tel : elles se lèveront à cinq heures du matin en tout temps et se coucheront à neuf du soir ; sytost qu'elles seront levées, elles feront et accommoderont leurs chambres.

« Elles vaqueront à faire le bon propos, et, à l'oraison environ demie-heure avant le dîner, elles iront en leur chapelle faire l'examen particulier et recollection, attendant l'heure du dîner.

« Au soir entre huit et neuf, feront l'examen général dans la chapelle où assisteront les filles orphelines.

« Les dimanches et fêtes solennelles se confesseront et feront la sainte communion, ensemble le jour de saint Joseph, patron de la Société.

« Outre les jours de jeûne que l'Eglise commande, elles jeûneront tous les samedis et toutes les veilles de fêtes solennelles de Notre-Dame, sauf pour les infirmes, ainsi qu'il sera advisé par la Supérieure.

« Ne pourront quitter la maison, soubs quelque prétexte que ce soit, qu'il ne demeure toujours trois des sœurs en la maison pour le maintien des filles orphelines au devoir.

« Se souviendront, en levant et habillant les petites filles et les traitant, de la douceur de N.-Seigneur envers les petits enfants quand il les appelait à soy.

« Aucun homme de quelque condition ou âge que ce soit n'entrera dans la maison de la Société ; et s'il est nécessaire de parler à quelqu'un qui vienne à la maison, ce ne sera que dans la chapelle de la maison ou dans la première chambre basse qui regarde la rue, la porte d'icelle toujours ouverte, excepté toutesfois pour les ouvriers et manœuvres, quand il sera nécessaire, qui pourront entrer avec la licence de la Supérieure.

« Elles pourront recevoir les dames et demoiselles dévotes à visiter et à voir la maison, et l'instruction qu'on fait aux orphelines, à ce qu'elles prennent de là sujet d'assister la maison et d'employer leur faveur pour colloquer lesdites filles selon leur vocation, estant venues en l'âge ce dessous spécifié.

« Toutes les orphelines de père ou de mère légitimes, ou de père ou mère qui bien qu'encore vivants sont si pauvres et impuissants qu'ils ne les peuvent nourrir et pourvoir, seront reçues en ladite maison, tant que sera sa capacité et moyens de charité, pourveu que le nombre des dernières, à savoir qui ont père ou mère pauvres, n'excède pas le quart de toutes les autres filles orphelines.

« Elles porteront toutes une même robe et de même couleur de la forme et façon, néanmoins de la condition de leur naissance, d'autant qu'il s'en peut rencontrer qui descendent de maison de qualité tombée en pauvreté.

« Dès le matin l'on les fera lever, habiller à six heures. On dressera leur lit devant elles si elles sont encore en bas âge, et si elles sont grandettes et ont la force, on les leur fera faire et les emploiera-t-on à lever et habiller les autres plus petites.

« Après cela on leur fera prier Dieu ; on leur enseignera à faire le bon propos, à se mettre en présence de Dieu, à dire le chapelet. On leur apprendra les principes de la foy et bonnes mœurs ; à se bien accuser et confesser ; et dès l'âge de dix ou onze ans à faire la Sainte Communion.

« Tous les jours elles ouïront la sainte messe dans la chapelle de la Société, si faire se peut, où les sœurs assisteront pour les contenir en modestie et attention.

« Quand la cloche de l'*Ave Maria* sonnera, toutes se mettront à genoux et salueront la Sainte Vierge Mère de Dieu, récitant les oraisons propres et ordinaires à ce sujet.

« Les plus grandes pourront être menées aux prédications avec les sœurs de la Société pour apprendre le maintien honnête et modeste parmi les compagnies en l'église de Dieu.

« Toutes les orphelines ne coucheront point ensemble, si elles ne sont fort petites, mais dormiront séparément.

« Elles seront enseignées à lire et escrire selon qu'elles y seront propres, à coudre, faire linceuils, chemises, nappes et tous ouvrages de l'éguille et autres choses nécessaires en un ménage ; comme aussi à dresser un ménage, nestoyer les chambres, dresser les lits, la vaisselle et tout ce qui est requis d'ordinaire pour le maintien et vivre d'une maison.

« Leur travail se fera en commun ; et les sœurs seront requises à ce travail présentes pour empêcher les filles d'oisiveté et de caqueter.

« Tout le profit qui proviendra du travail des sœurs et orphelines sera employé à l'entretien de la maison et société.

« Elles tiendront toujours lesdites filles orphelines occupées, et les instruiront à la diligence, fuir la paresse, aimer la vertu, et au comportement des filles sages sans légèreté.

« Si quelqu'une des orphelines manque au devoir, elles en fairont la correction, telle que la prudence et la charité chrétienne leur suggèrera.

« Quand les orphelines ainsi eslevées seront venues à l'âge de quatorze ou quinze ans, les sœurs allant faire des visites en mèneront quelques-unes avec elles, afin qu'elles apprennent comme il faut converser parmi les compagnes de leur sexe, et comme il faut cheminer modestement par les rues.

« Cette instruction et éducation leur sera faite et continuée en ladite société jusques à l'âge de seize ans accomplis ou dix-huit pour celles qui ne seront encore robustes pour l'emploi d'un service.

« En cet âge et non au-delà, les sœurs de la Société auront soin de les colloquer hors la maison, selon la capacité de chacune et selon leur esprit et industrie : à savoir ou par un honneste mariage sortable à leur condition, ou les mettant au service d'honnestes familles de dames ou demoiselles, ou pourront passer en couvent de religion si elles en ont la vocation en cas qu'elles trouvent qui les veuillent recevoir pour Dieu.

« Lesdites filles orphelines auront une heure de récréation chaque jour, de laquelle quelqu'une des sœurs ne s'éloignera pour faire que tout soit honneste et modeste en leur entretien.

« Déclarons que nous pourvoierons à ladite société de confesseur ordinaire qu'elles nous présenteront pour l'approuver, qui leur célèbrera la sainte Messe chaque jour, s'il y a fonds suffisants.

« Afin de tenir toute choses en la vigueur de ces règles et constitutions et en donner d'autres et telles que les occurances demanderont, nous ferons la visite de ladite maison et société chaque année, et toutes fois et quantes qu'il sera advisé par nous, pour le meilleur gouvernement d'icelle.

« Si donnons en mandement à nos vicaires généraux et à tous officiers de nos cours écclésiastiques, en tout ce qu'à chacun touche et appartient, de mettre nos présentes lettres d'approbation, institution et érection de Société, règles et constitutions à exécution, selon leur forme et teneur ; nous réservant tous les droits à nous accordés en pareil cas par les saints canons et décrets des Conciles.

« Donné à Agen, dans mon palais épiscopal, le vingt-deuxième février 1648. — D'Elbène, Evêque et Comte d'Agen.

Non content d'avoir ainsi règlementé la vie spirituelle des bonnes sœurs de Saint-Joseph, Mgr d'Elbène s'occupa aussi de pourvoir à leur existence. A cet effet, il donna ordre à tous ses prêtres de quêter dans leurs paroisses afin de subvenir aux besoins de la maison. Un de ses successeurs, Mascaron, s'intéressa également plus tard d'une façon toute particulière au couvent des Orphelines. Il le visita en 1700, et il obtint pour ces pieuses filles de nouvelles lettres patentes de Louis XIV, qui vinrent confirmer et approuver, à la date de juillet 1696, leur établissement dans Agen [1].

— Nous allons examiner rapidement les principaux actes d'administration des différentes supérieures qui se succédèrent à la maison des Orphelines d'Agen depuis 1641 jusqu'à la Révolution. Nous énumèrerons également les donations les plus importantes qui leur furent faites, et nous ferons connaître, en terminant, les principales dispositions de l'immeuble de ce petit couvent.

Catherine Daulin, qui, avec Suzanne Furt, présida aux débuts de la communauté d'Agen, resta supérieure de 1641 à 1653. De nombreuses libéralités facilitèrent sa tâche. Ce fut d'abord Suzanne Furt qui en mourant institua, dès le 27 juin 1645, les Orphelines d'Agen ses héritières générales et universelles. Puis, le 29 juin 1646, Suzanne Gélas, veuve de M. d'Hopil, laissa aux Orphelines une somme de 450 livres « payable dans l'année de son décès. »

Le 13 novembre de la même année, Cécile de Raymond, femme du sieur Valade, avocat, leur légua la somme de 150 livres.

Par son testament du 13 août 1652, noble Armand de Godailh, sieur d'Arasse, leur lègue 300 livres. Enfin noble Sérène de Durfort de Bajamont, leur première bienfaitrice, révoquant une donation antérieure, leur laisse, par testament du 25 juillet 1653, « 4000 livres à prendre sur ses biens, à condition qu'elles feront célébrer dans leur chapelle une messe de *Requiem* chaque semaine et à perpétuité. » Ce legs engendra même plus tard un procès que les religieuses de Saint-Joseph eurent à soutenir au XVIIIe siècle contre Charles François de Monestay, marquis de Chazeron, héritier de la dame de Durfort [2].

Catherine Daulin mourut de la peste en l'année 1653. Elle fut

[1] Archives de l'Evêché, F. 38. Voir également le travail de M. l'abbé Hébrard et les archives du Couvent.

[2] Les archives du couvent des Orphelines renferment un long mémoire, fort instructif, relatif à ce procès (4 mai 1724).

remplacée par Marie de Lafeurière, qui resta cinquante-trois ans à la tête de l'établissement.

— Durant ce long intervalle (1653-1706), la communauté des Orphelines ne fit que prospérer, quoique, fidèles à leur règle, ses sœurs restassent toujours pauvres. Néanmoins Marie de Lafeurière agrandit considérablement le couvent en achetant successivement plusieurs petites maisons attenantes, situées toutes entre les rues Lassaigne et des Autas. Elle vit s'augmenter aussi le nombre des pensionnaires et continuer la série des donations. C'est ainsi que le 16 décembre 1660 la communauté reçut par testament de Guillaumette Paloche, jeune fille de seize ans, résidant à la maison, « deux parcelles de vignes, avec une maison, un jardin et un verger, au lieu des Cardinals, juridiction de Puymirol, en considération de ce qu'elle a esté nourrie, élevée et enseignée en religion chrestienne, apostolique et romaine dans ledit établissement, alors qu'elle avait esté délaissée de tous ses parents [1]. » En outre, il faut mentionner les legs de : Guillaume Masquard, bourgeois d'Agen, qui donne 100 livres (1668) ; du sieur Davasse, 500 livres (1672) ; d'Antoine Muraille, greffier à la cour de l'élection d'Agen, 750 livres (1680) ; et de Jeanne Tabarly, six sacs de mesture et deux barriques de bon vin (1680), qui fonda en même temps une chapelle dans l'église des Orphelines, désigna pour y célébrer la messe tous les dimanches de l'année maître Jean Paychery, aumônier de la Visitation d'Agen, et donna à cette fin sa métairie de Grésolles, paroisse de Mérens [2]. N'oublions pas de signaler également à cette époque, le 28 mai 1686, le legs de la fameuse Anne de Maurès, qui, par son testament, légua 4,000 livres aux Orphelines d'Agen, etc.

C'est sous l'administration de Marie de Lafeurière que le Roi octroya à la communauté, en 1696, de nouvelles Lettres Patentes, et que Mascaron vint faire, le 25 février 1700, la visite canonique de l'établissement, suivant les usages établis [3].

---

[1] Archives départementales, B. 74.

[2] Archives de l'Evêché, F. 38.

[3] Idem.

Sœur Isabeau Ricard remplaça Marie de Lafeurière à la tête de l'établissement des Orphelines d'Agen. Dès les premières années de son gouvernement, le couvent fut visité par André Hébert, prêtre, abbé de Saint-Maurin et vicaire général de l'évêché, à l'effet de procéder à l'inventaire de ses revenus. Nous voyons à la date du 6 juillet 1707, que la communauté des Orphelines d'Agen ne renferme que trois religieuses : Sœur Isabeau Ricard, supérieure, sœur Rose Charpaut, novice, et sœur Françoise Faugère, converse; plus sept jeunes filles orphelines, « le nombre en étant quelquefois moindre, quelquefois plus grand. » Les revenus ne consistent que dans une petite métairie, au lieu de Grésolles, dans la paroisse de Mérens, rapportant par an 130 livres, et dans les arrérages de rentes constituées, atteignant la somme de 277 livres.Le total des revenus est de 408 livres, 14 sous. Celui des charges de 256 livres, 15 sols, 13 deniers. Les religieuses n'ont donc pour vivre que la somme de 151 livres, 18 sols, 9 deniers[1].

Néanmoins sous la sœur Isabeau Ricard, comme sous Marie de Lafeurière, de nouvelles donations permirent au couvent d'ajouter quelques autres petits immeubles aux maisons déjà achetées rue des Autas et rue Lassaigne, et d'acquérir ça et là autour d'Agen quelques pièces de terre. Nous citerons entre autres : le 3 décembre 1710, un legs de 400 livres par Jean Dessolliès, bourgeois d'Agen; le 22 mars 1713, un legs de 350 livres par noble Sébastien de Redon, seigneur des Fosses; le 14 mai 1720, 1,200 livres par Catherine Lassort ; le 5 septembre, 3,000 livres léguées par Catherine Descrimes, épouse de noble Jean de Baulac, etc. [2].

Nous avons déjà vu, aux premières pages de ce chapitre, quel était l'état du couvent en 1715, état décrit dans sa lettre à l'évêque par Isabeau Ricard, supérieure. Un nouvel inventaire fut ordonné en 1727, qui devait établir l'état exact du couvent, ainsi que les charges et les revenus de la communauté à cette époque. Elle n'avait guère prospéré. Les charges se montent à la somme de 565 livres; les revenus ne consistent que dans les produits fort

---

[1] Archives de l'Evêché, F. 38.

[2] Idem.

minimes de la métairie de Grésolles dans la paroisse de Mérens, et d'une autre métairie à Foulayronnes, plus en arrérages de quelques rentes constituées. Vient ensuite l'état très détaillé du mobilier, tant de la chapelle que de la maison. « Il y a, ajoute l'inventaire, actuellement dans la maison cinq pauvres orphelines, cinq pensionnaires et une autre petite fille demi-pensionnaire. La communauté n'est composée que de la sœur Ricard, supérieure, de la sœur Antoinette Priozet, de la sœur Magdeleine Brouch et de deux sœurs domestiques. On n'observe pas ce qui est marqué par les statuts concernant l'âge auquel doivent se faire les vœux, à cause de la rareté des sujets. Il n'y a que quatre maisons de cet institut, savoir : celle de Bordeaux, d'Agen, de Paris et de Rouen[1]. »

La sœur Antoinette Priozet ne resta pas longtemps dans la maison. A la suite de scènes assez vives, relatives au remboursement de la dot qu'elle avait apportée, elle abandonna le petit couvent de la rue des Autas et entra, le 17 mars 1738, chez les dames de La Croix d'Aiguillon.

Les différentes supérieures, dont les noms nous sont connus et qui remplacèrent successivement Isabeau Ricard, furent : Marguerite Seguin (1738), Madeleine Bru (1745), Anne Bardin de Montayral (1761), Madeleine Brouch (1771), Anne Scolastique de Ponte (1777), et Marie Thérèse de Leydet (1784). Chacune de ces sœurs apporta à la communauté une dot, qui, quoique modique, servit à l'entretien des religieuses et des pensionnaires. Peu d'évènements importants signalèrent leur passage à la tête de l'établissement. Notons cependant une difficulté qu'elles eurent en 1746 avec les Dominicains d'Agen, au sujet d'une maison de la rue des Autas qu'elles avaient incorporée à leur couvent, et sur laquelle les Frères-Prêcheurs prétendaient avoir acquis un droit de rente. L'affaire s'envenima et menaça de tourner en procès. Mais sur les conseils de leur directeur, les religieuses de Saint-Joseph, dont les prétentions n'étaient du reste aucunement fondées, n'insistèrent pas ; et elles s'engagèrent à payer, tous les vingt-neuf ans, aux Pères Do-

---

[1] Archives de l'Evêché, F. 38. Idem du Couvent.

minicains « de qui elles reconnaissaient tenir en fief perpétuel la dite maison, sous la rente d'un denier, la somme de dix livres à titre d'indemnité. » Cette clause fut scrupuleusement exécutée jusqu'à la Révolution.

Nous trouvons à la date du 2 juin 1771, sous l'administration de Madeleine Brouch, aux archives départementales de la Gironde, la lettre ci-jointe que cette supérieure adressa à M. l'Intendant de Guienne :

« Monseigneur. Permettez qu'en vous renouvelant les vœux que je fais pour vous à ce nouvel an, je prenne la liberté de vous présenter une requête à laquelle j'espère que Votre Grandeur aura égard. Notre reconnaissance sera des plus vives. Mais elle ne saurait ajouter au respect profond avec lequel j'ai l'honneur d'être, Monseigneur, votre très humble et très obéissante servante. Sœur de Ste Magdeleine Brouch, supérieure des religieuses de la communauté de S. Joseph, des Orphelines d'Agen. Ce 2 Janvier de l'an 1771. »

La requête fut renvoyée le 10 du même mois par l'Intendant à M. Assolent, subdélégué d'Agen, avec la note suivante : « Je joins icy, Monsieur, un mémoire par lequel les Religieuses de la communauté de S. Joseph demandent la permission d'enfermer dans leur maison un dégagement qu'elles prétendent inutile au public. S'il vous parait que leur demande puisse être accordée sans inconvénient, vous voudrez bien donner communication de leur mémoire aux officiers municipaux, afin qu'il soit pris à ce sujet une délibération. Je suis, Monsieur etc.[1]. »

Comme on le voit, l'idée fixe de toutes les supérieures de la communauté de Saint-Joseph d'Agen était d'agrandir leur couvent, si exigu, il faut bien le reconnaître, à ses débuts.

A cette époque, c'est-à-dire dans la dernière moitié du XVIIIe siècle, grâce aux acquisitions successives que nous avons signalées, il atteignit sa plus grande extension. Les religieuses allèrent même

[1] Archives départementales de la Gironde, C. 533.

jusqu'à demander que la rue Lassaigne, sur laquelle elles avaient jeté un pont pour relier les deux fractions du couvent qui se trouvaient de chaque côté de cette rue, leur fût attribuée en son entier :

« Monseigneur, écrivaient-elles à l'Intendant de Boutin, à la date du 20 avril 1763, les religieuses de la Société de S. Joseph de la ville d'Agen ont l'honneur de vous remontrer très respectueusement que leur petite maison se trouvant placée dans un quartier reculé, entre deux rues, l'une desquelles partage leur petit jardin, et laditte rue ne servant qu'à recevoir les immondices et par là donner un très mauvais air à leur couvent, où elles élèvent des jeunes demoiselles et autres n'ayant père ny mère, les remontrantes, se voyant privées de joindre leurs deux lopins de jardin et de communiquer à un de leurs corps de logis, ont été forcées de faire un pont sur ladite rue où il n'y a que très peu d'aboutissants, dont partie ne sont que des granges qui ont leurs issues aux deux bouts de la maison des remontrantes. Dans cette situation, elles ont recours à Votre Grandeur, afin qu'il vous plaise leur accorder la rue cy-dessus énoncée, pour la fermer aux deux bouts, autant que dure leur emplacement. Elles osent espérer que vous voudrez bien accorder cette charité à une maison qui bénira à perpétuité la main bienfaisante qui lui aura fait une telle grâce, et les suppliantes ne cesseront, Monseigneur, de faire des vœux au ciel pour la conservation de Votre Grandeur.

« Ont signé : Sœur de Montayral, supérieure, sœur de Ste Magdeleine, sous prieure, et sœur Bru, économe [1]. »

Cette requête n'aboutit pas. Il fut ordonné par l'Intendant qu'elle serait signifiée « aux autres possesseurs et habitants de la rue » qui tous s'opposèrent à la demande des religieuses. Toutefois l'arceau qu'elles avaient jeté sur cette rue fut maintenu pour leur usage particulier. Il existe encore de nos jours, plus grand même qu'il ne l'était avant la Révolution.

---

[1] Archives du couvent des Orphelines.

De nombreuses et importantes réparations furent faites en 1779. On éleva d'abord de deux étages le bâtiment qui reliait l'église au corps de logis principal, et on établit au premier la tribune et une grande salle, et au second un corridor et divers appartements. Puis, quelques années après, on refit à neuf toute l'aile méridionale qui séparait les deux cours, et qui comprenait au rez-de-chaussée la cuisine, le réfectoire, la boulangerie, et au premier étage le logement des pensionnaires. On l'éleva ainsi à la hauteur du grand bâtiment qui longe la rue des Autas. Aussi, lorsque Lomet, à la veille de la Révolution, leva le plan d'Agen, il trouva toutes ces réparations terminées.

C'est une fraction de ce plan que nous reproduisons ici, indiquant quelles étaient à cette époque les dispositions de ce petit couvent des Orphelines. Ells n'ont guère changé de nos jours. Ainsi qu'on l'a vu par les legs et acquisitions précédentes, la première maison donnée par Madame de Cambefort aux sœurs de Saint-Joseph fut celle qui faisait le coin de la rue des Autas à l'ouest, de la rue Lassaigne à l'est, et de la petite rue qui au sud réunit ces deux voies. C'est là que fut établie tout d'abord la chapelle du couvent, et c'est là que nous la retrouvons en 1789, un peu moins grande seulement que de nos jours. Cette chapelle A formait un long rectangle de 15 mètres de long sur 5 de large. Elle était, semble l'indiquer Lomet, divisée en quatre travées inégales, à croisées d'ogives, bien qu'il ne reste nulle trace de ces divisions premières. L'église actuelle, que l'on a allongée récemment de trois mètres environ, n'est formée que d'une seule nef en forme de galerie plafonnée. L'autel est encore à sa place primitive, c'est-à-dire à l'extrémité méridionale. Une petite nef latérale à l'est renfermait la sacristie. De nos jours cette nef a été prolongée comme le reste de l'église jusqu'à la hauteur de sa partie médiane et sert de chœur aux religieuses et à leurs pensionnaires. La nef principale est ouverte au public.

En B se trouvait la porte principale du couvent, donnant sur la rue des Autas. Au dire des bonnes sœurs, la porte d'entrée actuelle aurait également été reculée de trois mètres. Le principal corps de logis était en C, longeant la rue des Autas. C'est là que se trouvaient les chambres des religieuses, les classes, les dortoirs et les principaux appartements. L'aile droite D, qui sépare les deux cours E et F, renfermait au rez-de-chaussée la cuisine, le réfectoire, et au premier étage le pensionnat. Elle a de nos jours conservé la même

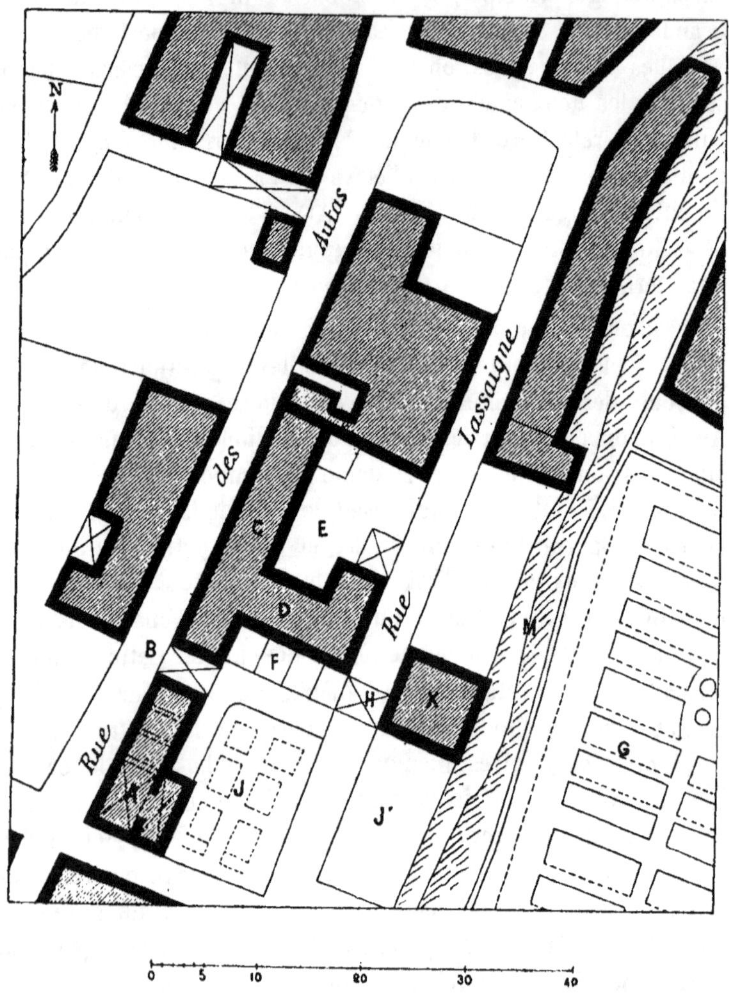

destination. Une galerie voûtée F, supportée par quatre arceaux, fut aménagée quelques années avant la Révolution pour servir de promenoir aux religieuses en cas de mauvais temps. Elle s'ouvre sur le petit jardin J, et se prolonge au premier étage par un arceau H, qui franchit encore la rue Lassaigne et permet aux sœurs de communiquer, sans être vues, avec le bâtiment X ou buanderie, situé de l'autre côté de cette rue, et au devant duquel s'étend également un second jardin J', à peu près semblable et parallèle au premier. Ce jardin recouvrait en partie un ancien fossé de ville, dit le Gourbaut M, qui existe encore aujourd'hui, quoique comblé à peu près par les terrassements qui ont servi à asseoir la belle constrction moderne que les sœurs actuelles ont fait élever sur l'emplacement de l'ancien jardin du couvent des Grands Carmes, G. On sait, en effet, que ce jardin, un des plus vastes de la ville, fut morcelé à la Révolution en plusieurs lots, et que les Orphelines en acquirent de nos jours la majeure partie par voie d'échange. Ce nouveau corps de logis, que notre plan ne reproduit pas, vaste, sain et bien aéré, renferme actuellement les classes et les salles de malades. Il s'ouvre par un grand portail sur la rue de Belfort, de création récente, laquelle traverse,dans l'axe de son milieu, l'ancien jardin du couvent des Grands Carmes. La bonne tenue du couvent actuel des Orphelines, sa propreté irréprochable, les intelligentes dispositions de son aménagement intérieur, font le plus grand honneur aux saintes filles qui le dirigent de nos jours, et jurent, par le plus heureux contraste, avec l'immonde et sale quartier dans lequel le hasard l'a placé.

— « Quelques années avant la Révolution, nous dit Proché dans ses notes manuscrites et inédites sur les couvents d'Agen, l'établissement des sœurs de Saint-Joseph avait bien dégénéré. Ce n'était plus qu'une école fréquentée par des jeunes filles en bas âge. » Le procès-verbal suivant de la visite qu'y firent, le 30 juillet 1790, les officiers municipaux, nous donne l'état exact des charges et revenus de la Communauté à cette époque :

« Nous Jean-Joseph Rouzier, administrateur du district d'Agen, et Jean Duchanin, adjoint du procureur syndic du même corps administratif... nous sommes transportés dans le couvent des sœurs Orphelines de la présente ville, appelées sœurs de Saint-Joseph, pour procéder, en exécution des décrets des 14 et 20 avril derniers, à l'inventaire des biens du couvent; et, étant arrivés à la porte dudit couvent, parlant à la supérieure d'icelui, nous lui aurions expliqué l'objet de notre commission : à quoi ladite supérieure aurait répondu être entièrement soumise aux décrets de l'Assemblée

Nationale sanctionnés par le Roi. En conséquence aurait de suite fait ouvrir la porte dudit couvent, en dedans duquel nous aurions été reçus par toutes les sœurs formant la Communauté, qui nous auraient conduits dans une salle dudit couvent, où étant avec :

« Sœur Marie-Thérèse Leydet, supérieure ;

« Sœur Scolastique de Ponte, assistante ;

« Sœur Catherine Brousse, conseillère; sœur Françoise Loudoux, procureuse ; et sœur Marie Molinié, toutes professes ; — Marie Péchambert, Thérèse Boë et Isabeau Dufeau, converses :

« Lesquelles sœurs Orphelines nous ont déclaré que l'objet de leur institution est uniquement et absolument l'éducation et l'enseignement public, qu'elles ne sont distraites de cette occupation par aucune pratique de leur règle, qu'elles conservent absolument leur liberté et peuvent quitter leur maison lorsque bon leur semble, n'étant liées que par des vœux simples qui cessent d'être obligatoires par le seul acte de leur volonté ; de quoi elles nous ont prié de vouloir charger notre présent procès-verbal. »

Vient ensuite l'examen des registres, livres de recettes et dépenses, titres de propriété, etc. Il résulte de ces derniers que les Orphelines possèdent à cette date : « Une maison avec ses dépendances, sur le terrain de laquelle est bâtie l'église et une partie du couvent, donnée le 11 juillet 1641 par demoiselle Isabeau de Cambefort. Une autre maison, rue des Autas, donnée par Crespin Sébastien, à la date du 16 juin 1653. Deux autres maisons, rue des Autas, données le 15 novembre 1676, par Françoise Rayssac. Plusieurs autres petites maisons, également rue des Autas, données par divers. La faisande de Rouquié, paroisse Sainte-Foy d'Agen, donnée par le sieur Gabriac, d'un revenu annuel de 350 livres. La métairie de Grésolles, paroisse de Mérens, d'un revenu de 587 livres. Plus différents contrats de rente. L'argenterie est des plus pauvres. Les effets de sacristie, chapes, chasubles, devants d'autel, etc. sont peu riches et peu nombreux. Suit l'inventaire des salles d'études et pensionnat, meubles, linge, cuisine, chai, etc.

« Pour ce qui est de la Bibliothèque, lesdites sœurs déclarent n'avoir dans la maison aucun appartement destiné à cet usage, ni aucun manuscrit, ni médaille, mais seulement quelques livres de spiritualité servant à leur usage. »

L'inventaire se termine par l'état des religieuses, leur âge respectif, et leur déclaration de rester dans la maison ou d'en sortir.

« C'est à savoir :

« Sœur Marie-Thérèse Leydet, supérieure, 62 ans ; déclare que son intention est de rester dans cette maison, pourvu qu'elle soit conservée, et non ailleurs, c'est-à-dire dans d'autre maison religieuse ;

« Sœur Scolastique de Ponte, assistante, 70 ans ; veut vivre et mourir dans cette maison ;

« Sœur Catherine Brousse, conseillère, 81 ans ; idem ;

« Sœur Françoise Loudoux, procureuse, 40 ans ; idem ;

« Sœur Marie Rose Molinier, 28 ans ; idem ;

« Marie Péchambert, sœur converse, 76 ans ; idem ;

« Thérèse Boë, converse, 64 ans ; idem ;

« Isabeau Duffau, converse, 38 ans, idem. »

— Contrairement à ce qui se passa pour les autres communautés religieuses de la ville, les sœurs de Saint-Joseph furent conservées, pendant la Révolution, dans leur modeste couvent. Elles eurent en effet l'heureuse chance de pouvoir bénéficier de la loi qui maintenait provisoirement en exercice les hôpitaux et autres maisons de charité, auxquels elles furent assimilées. Ce ne fut pas toutefois sans avoir à lutter contre les vexations de la municipalité, dont, à force de patience et de douceur, elles finirent par triompher. Elles purent donc continuer à enseigner. Mais elles durent se dessaisir de la plupart de leurs biens. C'est ainsi qu'elles vendirent, le 4 février 1793, pour 700 livres leur domaine de Rouquié, situé dans la paroisse de Sainte-Foy, d'un revenu annuel de 480 livres, 15 sols [1]. La sœur Scolastique de Ponte était alors supérieure, ayant été élue le 8 février 1791. La misère s'accrut à ce moment-là au couvent de Saint-Joseph, tellement pénible que les officiers munici-

[1] Archives départementales. Biens nationaux.

paux eux-mêmes s'en émurent et proposèrent qu'il leur fût attribué trois petites métairies, jadis aux Carmélites. Mais leur démarche généreuse n'aboutit pas [1].

Un état des bâtiments et édifices nationaux invendus, dressé le 14 vendémiaire de l'an III (5 octobre 1794), nous apprend, à propos de la maison et église des ci-devant religieuses Orphelines « que ce local renferme à cette date un établissement destiné à l'éducation et à l'instruction gratuite de pauvres filles orphelines, et qu'il est encore en activité. L'église, très petite, n'a pas encore reçu d'estimation [2]. »

— Les choses restèrent en l'état jusqu'en 1804, époque où l'établissement des Orphelines fut réuni, avec le Refuge, aux hôpitaux Saint-Jacques et Delas. En 1808, la communauté fonctionnait encore, et se composait de quatre religieuses : Marie-Thérèse Leydet, supérieure ; Marguerite Macartie ; Rose Molinier ; et Isabeau Dufau, plus une postulante, Marie Poitevin. Elle recevait trente élèves payantes et vingt-cinq gratuites. C'était son unique ressource. Mais bientôt ces religieuses, qui étaient fort âgées, moururent, Marie-Thérèse Leydet entre autres, le 17 mai 1810 [3] ; et il ne resta plus que la sœur Rose Molinier.

Voici, à la date de 1815, ce que nous dit Proché sur cet établissement : « Après la Révolution, il s'y établit une pension de jeunes demoiselles qui fut d'abord très nombreuse, puisqu'on n'avait plus la ressource des couvents de religieuses dans chacun desquels il y avait un pensionnat, excepté chez les Carmélites. Mais ces sœurs n'étaient ni en assez grand nombre, ni assez instruites. Aussi, en dernier, lieu cette maison n'était plus qu'un asile pour les jeunes filles qui voulaient se marier contre la volonté de leurs parents. Tel est encore son état. On pourrait, je pense, tirer un meilleur parti de cette maison, quoique située dans un quartier désagréable [4] ».

[1] Archives du couvent.
[2] Archives départementales. Biens nationaux.
[3] Archives du couvent.
[4] Proché. Note inédite sur les couvents d'Agen.

Le vœu de Proché fut bientôt exaucé. Trois ans après, en effet, Mgr Jacoupy, comprenant les avantages considérables que pouvait offrir à son diocèse un établissement de ce genre, songea à le reconstituer sur de nouvelles bases. A cet effet, il s'entendit avec la Mère Genyer, qui venait de fonder à Moissac la communauté de la Miséricorde, afin « d'élever de jeunes orphelines, de faire la classe aux enfants pauvres et de soigner les plaies des malades misérables ». Il lui offrit le couvent des sœurs de Saint-Joseph. La Mère Genyer accepta le 19 novembre 1818. Elle installa elle-même à Agen la sœur Marie-Adelaïde Agard, qu'elle mit à la tête de la nouvelle communauté. Mais elle ne conserva des anciennes sœurs de Saint-Joseph que la sœur Rose Molinier, en souvenir des services signalés qu'elle avait rendus au couvent pendant la Révolution.

Le couvent de la Miséricorde existe encore aujourd'hui, aussi prospère qu'aux premiers jours. Bien qu'il ne soit plus dirigé par les sœurs de Saint-Joseph, il a conservé néanmoins le surnom de *Couvent des Orphelines*, le but qu'il poursuit étant le même, et son œuvre, toute de charité et de bienfaisance, se faisant sentir comme autrefois sur la population pauvre, mais reconnaissante, de la ville d'Agen.

CHAPITRE VIII.

LA VISITATION.

La ville d'Agen possédait en 1642 dix communautés religieuses d'hommes et six de femmes. Pour une cité aussi peu populeuse, ce nombre était déjà trop considérable. Néanmoins, les sentiments de piété étaient si vivaces chez ses habitants, une foi mystique enflammait d'une telle ardeur certaines âmes d'élite, que chaque année de cette première moitié du XVIIe siècle voyait surgir un nouveau projet de fondation religieuse, presque aussitôt mis à exécution et soutenu, non seulement par l'autorité ecclésiastique, mais plus encore par l'autorité civile et la masse de la population. C'est ainsi qu'en moins de vingt années s'établirent dans Agen les Dames de Paulin, les Carmélites, les religieuses du Tiers-Ordre, les sœurs de Saint-Joseph. Et ces dernières étaient à peine installées que leur pieuse fondatrice songeait déjà à élever un nouveau monastère sur des bases autrement considérables que ne l'étaient celles de l'humble maison de la rue des Autas.

Ce fut en effet Isabeau de Cambefort, dame de Blanval, veuve de Thomas de Redon, conseiller du Roi et lieutenant principal en la Cour présidiale, qui fonda, en 1642, dans notre ville, le couvent de la Visitation. Ce monastère acquit en peu de temps une trop grande importance, les documents qui nous en sont restés sont trop nombreux, pour que nous ne nous étendions pas longuement sur son histoire et que nous ne fassions pas revivre les principales phases de son existence, toute de piété, de désintéressement et de dévouement.

— L'histoire du couvent de la Visitation d'Agen a déjà été écrite; malheureusement ce travail n'a jamais été publié. Un des hommes qui ont le plus contribué pendant ce siècle à développer dans notre ville l'instruction religieuse, un de ces prêtres qui à une excessive modestie joignait toutes les qualités du cœur et de l'esprit, M. l'abbé Tournié, ancien directeur du Petit-Séminaire d'Agen, séduit depuis longtemps par le charme de la demeure qu'il habitait, avait entrepris, dans les dernières années de sa vie, d'en écrire les annales. S'inspirant de ses souvenirs comme des matériaux qu'il avait pu trouver, il avait, ainsi qu'il le dit lui-même dans sa préface, « réuni dans un recueil pour servir à l'histoire du couvent de la Visitation Sainte-Marie d'Agen tous les documents qu'avaient pu lui fournir les Archives et les Bibliothèques de la ville, ainsi que plusieurs personnes instruites de l'histoire locale. Malgré leur nombre, ajoute-t-il, ces documents sont loin de suffire pour une histoire complète de ce couvent. Ils laissent une lacune immense que j'ai longtemps considérée comme un vide impossible à combler. » Ce fut là, croyons-nous, la raison principale qui empêcha M. l'abbé Tournié de livrer son travail à la publicité.

Plus heureux que lui, il nous a été donné de découvrir à la Bibliothèque nationale de Paris tout un volumineux recueil de lettres circulaires, émanées des diverses maisons de France de l'Ordre des Visitandines, et dont quelques-unes remplissent précisément les vides signalés par l'ancien directeur du Petit-Séminaire. Trop reconnaissant de la générosité avec laquelle le vénérable abbé nous avait communiqué aussi bien ses notes sur les anciens couvents de la ville que celles qui l'avaient aidé à entreprendre son travail, nous nous empressâmes de lui faire part de nos découvertes. Il allait les utiliser et mener ainsi son œuvre à bonne fin, lorsque la mort vint le prendre. Son manuscrit est resté inédit.

La monographie de la Visitation Sainte-Marie d'Agen par l'abbé

Tournié est actuellement entre les mains de Monsieur le chanoine Hébrard, à qui son auteur l'a confiée en mourant. Nul, mieux que M. le grand vicaire de Monseigneur d'Agen, ne semblait désigné, autant par sa haute compétence en matière d'histoire ecclésiastique que par les importants travaux à qui il a déjà donné le jour, pour présenter utilement au public une œuvre d'un si réel intérêt. Tel n'a pas été cependant son avis. Dans une note de son ouvrage sur le couvent des sœurs de Saint-Joseph d'Agen, dont nous avons déjà parlé au chapitre précédent, M. le chanoine Hébrard, rappelant, comme nous, les patientes recherches de l'abbé Tournié et aussi l'heureuse trouvaille que nous avons faite, « se reprocherait, dit-il, de ne pas nous laisser le champ entièrement libre. » Il renonce par suite à publier les pages précédemment écrites, et, à son tour, il nous investit en quelque sorte du soin difficile d'écrire l'histoire de la Visitation d'Agen.

Nous ne pouvons que regretter sa détermination, qui nous prive à coup sûr de pages dont le charme n'aurait fait que relever l'éclat de la pieuse maison des filles de Sainte-Chantal. Elle nous procure toutefois l'avantage, et nous nous hâtons de l'en remercier ici, de ne point laisser de lacune à notre travail sur les anciens couvents d'Agen. Le cadre forcément restreint de notre publication ne nous permet malheureusement pas de donner à l'histoire des Visitandines de notre ville toute l'ampleur que nécessiteraient les nombreux documents trouvés par nous. Nous n'hésiterons pas cependant à reproduire *in extenso* les plus importants d'entre eux, en même temps que certains passages du volumineux manuscrit de l'abbé Tournié, heureux de pouvoir rendre ainsi à la mémoire de ce respectable ecclésiastique l'hommage que nous dicte notre reconnaissance et que méritaient si pleinement ses vertus.

— L'Ordre célèbre de la Visitation fut fondé, en 1610, par saint François de Sales, aidé de la baronne de Chantal. Nos lecteurs ne doivent pas ignorer la vie de ces deux personnages. Ils savent que, né le 21 août 1567 au château de Sales dans le diocèse de Genève, François de Sales, après de fortes études faites d'abord au collège d'Annecy, puis à Paris chez les Pères Jésuites, entra dans les Ordres, malgré le désir de ses parents, devint bientôt coadjuteur de l'évêque de Genève, et, après de longues et admirables prédications dans le Chablais et toute la Savoie, remplaça en 1602, et à sa mort, son bienfaiteur sur le trône épiscopal de cette ville. Ayant pu se rendre personnellement compte dans ses différentes missions des besoins de son diocèse, il consacra ses premiers soins à y porter remède et chercha tout d'abord à grouper autour de lui une nouvelle congrégation de femmes à laquelle il donna le nom de la Visitation de Notre-Dame. Ce fut alors que, prêchant à Dijon un jour de l'année 1604, il fit la connaissance de la baronne de Chantal, et que les vertus et la piété de cette sainte femme la désignèrent suffisamment au saint évêque pour qu'il pût lui confier la direction de la nouvelle Communauté.

La baronne de Chantal avait à ce moment trente-deux ans. Née à Dijon le 23 janvier 1572, Jeanne-Françoise Frémiot, fille d'un président au Parlement de Bourgogne, avait épousé un gentilhomme de la Chambre du Roi, Christophe de Robertin, baron de Chantal, dont elle eut six enfants. Mais, après quelques années d'une union en tous points heureuse, elle eut la douleur de perdre son mari, tué par suite d'un accident de chasse ; et de ce jour, malgré sa jeunesse, elle résolut de se consacrer entièrement à Dieu. C'est trois ans après son veuvage qu'elle fut mise en rapport avec l'évêque de Genève qui bientôt lui fit part de ses projets de fondation d'un nouvel Ordre religieux de femmes, et institua d'accord avec elle, en 1610, à Annecy, la première maison de l'Ordre de la Visitation.

Grâce aux soins dont il l'entoura, grâce surtout à la piété et à l'intelligence de Jeanne de Chantal, la maison d'Annecy prospéra rapidement, et beaucoup de filles des plus illustres maisons de la Savoie et de la Bourgogne vinrent augmenter de suite le nombre de ses novices. Cinq ans après, en 1615, la Mère de Chantal fondait à Lyon la seconde maison de l'Ordre, et depuis cette époque, chaque année vit surgir, en France d'abord, puis à l'étranger, de nouvelles maisons.

Les sœurs de la Visitation n'avaient jusqu'à cette époque prononcé que des vœux simples ; elles ne gardaient point la clôture ; et leur rôle se bornait à soulager les malades et à passer leur temps aux œuvres de charité. Sur leurs instances et celles de François de Sales, elles furent bientôt reconnues officiellement en religion ; et le Pape Paul V « érigea en 1618 cette congrégation en titre de religion sous la règle de Saint-Augustin, avec toutes les prérogatives et les privilèges des autres ordres religieux ». Des constitutions furent préparées, et son successeur le Pape Urbain VIII les approuva solennellement en 1618. Il fut décidé entre autres choses que ces nouveaux monastères de femmes n'auraient pas de chef spécial, mais qu'ils seraient uniquement soumis au gouvernement de leurs évêques respectifs. François de Sales mourut le 28 décembre 1662, laissant en pleine prospérité l'ordre qu'il avait fondé [1].

La Mère de Chantal consacra depuis ce moment toute son existence à assurer le développement et à accroître la fortune de cette œuvre admirable. Pendant dix-neuf ans elle ne cessa de gouverner les saintes filles de la Visitation, et par ses voyages, son zèle et sa charité, de fonder dans tous les grands centres de nouvelles maisons. Nous n'entreprendrons pas ici de raconter sa vie, écrite déjà bien avant nous [2]. Qu'il nous suffise de dire que lorsqu'elle mourut, le 13 décembre 1641, l'ordre comptait déjà quatre-vingt-sept monastères, pour s'élever bientôt après au chiffre de cent soixante.

La règle des Visitandines n'est pas des plus sévères. L'ordre ayant été spécialement institué par saint François de Sales pour la retraite des filles et des femmes infirmes, les austérités, les jeûnes, les mortifications y sont suffisamment tempérés. Soumises à leur Supérieure à qui elles doivent rendre compte de leurs moindres pensées, les sœurs de la Visitation ont deux oraisons mentales par jour. Le silence doit être observé par elles depuis Matines jusqu'à Prime du jour suivant, depuis la récréation du matin jusqu'à Vêpres, et pendant tous les repas. Leur pauvreté doit être absolue. Elles sont réparties en trois catégories : les choristes, destinées

---

[1] Voir Père Hélyot : Histoire des Ordres monastiques, Tome IV, p. 309. Voir aussi l'abbé Migne : Dictionnaire des Ordres religieux, Tome III, p.921; Marsolier : *Vie de saint François de Sales*, etc, etc.

[2] Idem. Voir aussi le remarquable ouvrage de l'abbé Bougaud : *Histoire de Sainte Chantal et des origines de la Visitation* ; Paris, 1863, 2 vol. in-8°.

principalement aux offices du chœur, les associées, pouvant remplir comme les choristes toutes les charges du monastère, enfin les domestiques.

Quant à leur habillement, « il doit être noir et aussi simple que possible, tant pour la matière que pour la forme. Les robes sont faites en forme de sac, assez amples néanmoins pour faire des plis lorsqu'elles sont ceintes, les manches longues jusqu'à l'extrémité des doigts et assez larges pour pouvoir y mettre les mains. Leur voile est d'étamine noire sans doublure. Elles portent sur le front un bandeau noir, et au lieu de guimpe, une barbette de toile blanche sans plis, avec une croix d'argent sur la poitrine [1]. »

Jeanne Fremiot de Chantal venait de mourir en 1641, lorsque, l'année suivante, fut fondé à Agen le monastère de la Visitation.

— Nous venons de voir que la première maison de l'ordre de la Visitation avait été établie par sainte Chantal à Annecy, le 6 juin 1610. Cinq ans après, le 2 février 1615, elle fondait à Lyon la seconde maison de l'Ordre, qui, par suite du nombre considérable de religieuses, se dédoublait bientôt dans cette ville même en un deuxième monastère le 21 décembre 1627, et encore en un troisième le 27 septembre 1641. L'année précédente, le 2 juillet 1640, se fondait à Bordeaux la quatre-vingt-unième maison, sortie à son tour du premier monastère de Lyon [2].

Agen, dont l'esprit de piété des habitants se maintenait toujours aussi vivace qu'aux grands siècles de foi, ne pouvait manquer de voir s'élever dans ses murs un monastère du nouvel ordre. Grâce à la générosité de deux des familles les plus respectables de la ville, il fut fondé, deux ans après celui de Bordeaux, en l'année 1642.

Ce fut en effet tout d'abord Isabeau de Cambefort, dame de Blanval, la même que nous avons vue l'année précédente établir le couvent des sœurs de Saint-Joseph, qui prit l'initiative de la nou-

---

[1] Père Hélyot, T. IV, p. 309 et suiv.

[2] Annales de l'Ordre. Voir aussi l'ouvrage de l'abbé Bougaud.

velle fondation. Elle était fille de Messire Julien de Cambefort, sieur de Selves, élu consul d'Agen en 1590, 1598, 1604, 1614 et 1622 [1], et de Marguerite Du Beau. Originaire d'Ecosse ou d'Irlande, dit le vicomte de Magny au volume IV de son Nobiliaire universel, cette famille de Cambefort vint en France dès le XIe siècle et s'établit en Auvergne, au Puy en Velay. C'est un de ses membres qui s'installa dans la suite à Agen et y forma la branche des Cambefort, seigneurs de Selves et de Lamothe-Bezat. Nous les voyons jouer un rôle important dans toutes les affaires de la fin du XVIe siècle et posséder dans Agen de nombreux immeubles, notamment une grande maison rue Garonne, et aussi cette jolie maison à tourelle et pignon, sise rue de l'Ave Maria, à côté du couvent des Carmélites, que la tradition dit avoir été habitée par la reine Marguerite de Valois, lors du séjour de six mois que fit à Agen, en 1585, cette aimable princesse [2]. Mais la principale maison des Cambefort, seigneurs de Selves, et notamment de Julien de Cambefort, père de la donatrice, était située rue Porte-Neuve, au coin de cette rue et de la rue Saint-François. Isabeau de Cambefort épousa, le 15 février 1616, noble Thomas de Redon, écuyer, seigneur des Fosses [3]. Elle en eut trois enfants : un fils, noble Adrien de Redon, qui continua la famille, et deux filles, Jeanne-Charlotte et Marie-Elisabeth, qui, à la suite de la fondation de leur mère, entrèrent en religion au couvent d'Agen. Devenue veuve, Isabeau de Cambefort put disposer pleinement de sa fortune personnelle ; et c'est ainsi qu'elle donna par acte du 2 avril 1642 à l'ordre de la Visitation sa maison paternelle, dite communément la *maison de Selves*.

Dans le livre terrier de la juridiction d'Agen, fait en 1640, c'est-à-dire deux ans seulement avant la fondation du couvent de la Visitation, et à la page 628 « qui est le commencement de la Rue

[1] Archives municipales d'Agen. Livres consulaires.

[2] Voir le numéro du 5 mars 1889 de l'*Echo de Gascogne*, qui contient, en tête d'un article que nous lui avons consacré, un dessin fort exact de cette pittoresque demeure, aujourd'hui démolie.

[3] Voir les importantes notes généalogiques, consacrées aux deux familles de *Cambefort* et de *Redon* par Madame la comtesse Marie de Raymond. (Archives départementales de Lot-et-Garonne. Reg. 2 et 4.

Porte Neufve, à main gauche, allant vers ladite porte», et qui appartenait à la Gache Saint-Etienne, cette maison de Cambefort est ainsi décrite : « Les hoirs de feu *Julien de Cambefort, sieur de Selves,* pour la grande maison où il faisoit sa demeure, jardin, grange, fours et estable, le tout joignant ensemble, à commencer à la maison des hoirs Arnauld Besoles praticien, qui est à la rue de la Porte Neufve jusques à la maison de la chapelle de S.-Front, qui est à la rue de Vaqué (rue Saint-François), sans y avoir aucune autre maison, grange ny jardin entre deux, que cele de Jacques Dufour qui souloit apartenir à Sibaut Bilhon, mercier ; toujours du devant à ladite rue de la Porte Neufve et au carrerot de Vaqué ; du derrière aux murs de la ville, chemin des Rondes entre deux et grange de M. Jean Boissonnade procureur, et à la chapelainie Saint-Front, autrement Destrades, avec un petit jardin qui est au fond du jardin de ladite chapelainie, qui soulait appartenir à Despaux, qui confronte du derrière aux murs de la ville, chemin des Rondes entre deux, d'un côté jardin de Géraut Lafite et sa ferme. Cottée : 4 sols.» [1].

La maison de Selves, appartenant à Isabeau de Cambefort, faisait donc, en 1642, le coin de la rue Porte-Neuve et de la rue Vaqué, aujourd'hui rue Saint-François. A côté et toujours dans la rue Porte-Neuve se trouvaient celles d'Arnaud Besoles praticien, de M. Jean Boissonnade avocat, de François Jeyan, conseiller élu, de Jean Chastelet, avocat, et enfin celle de M. Florimond Chastelet, prébandier de l'Eglise Saint-Etienne, qui touchait « la ruette d'Argué, allant à la muraille de ville », actuellement la rue du Jeu de Paume [2].

En outre de la « maison, grange et jardin » que dame Isabeau de Cambefort donnait aux religieuses de la Visitation, elle leur promettait dans le contrat de fondation, malheureusement perdu, mais que le document suivant, du 17 février 1643, nous permet de reconstituer en partie, « pour les aider à fonder ledit monastère, la somme de quatre cens livres de rente, rachetable moyennant la somme de

[1] Archives municipales d'Agen. CC. 5.

[2] Idem.

8,000 livres,qu'elle avait assignée sur la maison noble de Blanval »; et elle stipulait expressément que ses donations ne seraient valables qu'autant que le couvent d'Agen serait fondé par celui de Bordeaux, et « que ladite supérieure du couvent de Bordeaux, dévote mère Catherine-Charlotte de Crémeaux, viendrait elle-même à Agen, demeurerait supérieure, et amènerait avec elle quatre autres religieuses professes dudit couvent qui deviendraient permanentes et sédentaires en iceluy » [1].

Le couvent de Bordeaux accepta avec empressement ces offres généreuses de la dame de Cambefort, offres qui avaient déjà reçu l'approbation de Mgr l'Evêque et de l'autorité municipale ; et le 24 août de cette même année 1642, Révérende Mère Charlotte de Crémeaux remerciait en ces terme les consuls d'Agen d'avoir consenti à leur établissement :

« Messieurs, nous supplions le Tout-Puissant de continuer à respandre abondamment sur vous son divin esprit. Il est trop évident que vous le possédés, puisque avec tant de bonté et charité vous nous faites l'honneur de permettre notre establissement en la ville d'Agen. Agréez, je vous suplie, Messieurs, que nous vous en fassions nos très humbles remerciments, non seulement pour nous et celles de Lion, mais encore pour tout notre petit institut qui recognaistra à perpétuité devant Dieu les effets de vos bonnes volontés, mais spécialement celles que la Providence de Dieu a destiné pour effectivement vous rendre en ce lieu leurs très humbles services en la personne de Mesdemoiselles vos filles et en toute occasion, voulant toujours préférer vos intérêts à tous autres, comme y estant parfaitement obligées, et nous déterminant à vous donner toutes sortes de contentement pour mériter, Messieurs, la continuation de vos bienveillances et protections. C'est ce que nous espérons aux intercessions de notre saint fondateur pour vous faire paroistre d'honorer unanimement en la favorable réception de ses indignes filles. Ce qui m'oblige en particulier de me dire en toute humilité, Messieurs, votre très humble et très obéissante servante en Notre-

---

[1] Voir l'acte suivant du 17 février 1643.

Seigneur. Catherine-Charlotte de Crémeaux, supérieure de la Visitation Ste-Marie. Dieu soit béni. De notre monastère de Bordeaux, ce 24 aout 1642[1]. »

Il résulte de cette lettre, contrairement à l'opinion de Labrunie, qui, dans son Abrégé chronologique, fait remonter à l'année 1638 la fondation du monastère de la Visitation d'Agen, que les religieuses de Bordeaux n'étaient pas encore dans notre ville au mois d'août de l'année 1642. Elles n'y arrivèrent en effet qu'au mois d'octobre, comme l'affirment les chroniques de l'Ordre, Malebaysse et Labénazie, pour s'établir définitivement le 31, ainsi que l'écrit la supérieure dans sa lettre de 1715 à Mgr Hébert :

« Notre fondation de la Visitation Ste-Marie d'Agen fut faite en l'année 1642, la veille de la fête de tous les Saints. Madame de Redon de Blanval, qui est notre fondatrice, les Messieurs de Redon des Fosses, ses fils et petits fils et tous leurs descendants, restent nos fondateurs[2]. » Et Labénazie, toujours bien renseigné en ces matières religieuses, ajoute : « Mgr d'Elbène reçut agréablement dans Agen les religieuses de l'Ordre de la Visitation, institué par saint François de Sales, qui s'établirent dans la maison de M. de Selves, à la rue Porte-Neuve, où elles sont encore et où elles vivent d'une manière exemplaire et édifiante[3]. »

Néanmoins, Malebaysse écrit dans son manuscrit, à la date de 1642 : « Au mois de novembre, les religieuses de la Visitation vinrent s'établir à Agen, dans la maison de M. de Godailh »[4]. Or la maison de Godailh se trouvait rue Saint-Antoine, « à main gauche allant vers la porte » ainsi qu'il résulte du passage suivant du livre terrier de 1640. « Me Herman de Goudail, sieur d'Arasse, jadis assesseur en la sénéchaussée d'Agenois, pour une grande maison, basse-cour, grange et jardin à la rue St-Antoine, sortant au carrerot des Jacopins, et le jardin faisant coin devant lesdits Jacopins :

---

[1] Archives municipales d'Agen. GG. 196.

[2] Archives de l'Evêché. F. 67.

[3] Labénazie. Manuscrits, Tome II, livre V, chapitre 20, p.481.

[4] Manuscrit des frères Malebaysse. (Archives départementales de Lot-et-Garonne).

ladite maison et jardin joignants, confronte avec maison et jardin de M. de Baulac, conseiller, d'autre côté maison de M. Ducros, conseiller, et des autres côtés auxdites rues [1]. »

Il semble, après avoir lu ce passage de Malebaysse, qu'une confusion pourrait s'établir entre les maisons de Cambefort et de Godail, fort éloignées cependant l'une de l'autre, puisque la première se trouvait rue Porte-Neuve et la seconde rue Saint-Antoine. Et nous n'aurions probablement jamais pu éclaircir ce premier point douteux de la fondation du couvent d'Agen, si l'acte suivant, que nous reproduisons *in extenso*, vu son importance, n'était venu trancher cette difficulté. On va voir en effet que la famille de Godail disputa à Isabeau de Cambefort l'honneur de fonder dans Agen le monastère de la Visitation, qu'elle lui accorda à la même date des immeubles considérables, à la condition toutefois que les sœurs viendraient non plus du monastère de Bordeaux, mais bien de celui de Lyon, et qu'un procès s'en suivit, fort pénible sans doute pour les bonnes sœurs qui auraient bien préféré recevoir des deux côtés, sans être obligées d'avoir à opter entre les libéralités que leur faisaient ces familles. Moins de quatre mois après leur première installation à Agen, Isabeau de Cambefort adressait en effet à la dévote mère supérieure de la Visitation d'Agen, à la date du 17 février 1643, l'acte de sommation suivant :

« Dans la ville et citté d'Agen, cejourd'huy, dix-septièsme du mois de février mil six cens quarante trois, après midy, régnant Louys par la grâce de Dieu, Roi de France et de Navarre, par devant moy notaire royal soussigné et en présence des témoins bas nommés, a esté présente en sa personne *Damoiselle Yzabeau de Cambefort*, dame de Blambal, veufve à monsieur Mᵉ Thomas de Redon, conseiller du Roy et lieutenant principal au siège présidial et sénéchal de la présante ville, laquelle comme si elle parlait à dévote mère *Catherine-Charlotte de Crémeaux*, supérieure du monastère de la Visitation Ste-Marie et en sa personne aux autres religieuses du dit ordre, leur a dict que ladite Cambefort aurait cy-devant donné pour fonder ledit monastère la somme de quatre cens livres de

[1] Archives municipales. CC. 5.

rente, rachetable moyennant la somme de huit mil livres qu'elle aurait assigné sur la maison noble de Blambal, par contrat reçeu par Ricard, notaire royal de Luzignan, laquelle donation elle a depuis confirmé et ratifié par autre contrat du........ reçeu par Mausacré, notaire de ceste ville; depuis lesquels *Noble Herman de Goudail*, sieur d'Arasse et la d^{lle} sa femme aurait fait donation d'une maison, située dans cette ville, et de deux cens livres de rente pour la mesme fondation aux charges et conditions portées par led. contrat, sur lesquels Mgr l'Evêque d'Agen ayant donné son autorisation et permission de l'establissement dudit monastère, il est advenu que ladite devote Mère de Crémeaux et quatre religieuses professes dudit ordre sont venues du monastère de Bordeaux pour l'établissement de celui-cy dans cette ville. A quoi ladite dame Blamval aurait consenty, sur ce qu'on luy aurait donné à entendre que lad. Mère de Crémeaux devait demeurer supérieure audit monastère et les religieuses qui venaient avec elles permanentes et sédentaires en iceluy. Ce toutefois, ladite de Blambal vient d'estre advertie que led. sieur d'Arasse et d^{lle} sa femme ont, par leur contrat, stipulé que lad. dame de Crémeaux et deux religieuses venues dud. monastère de Bordeaux ne sont venues que par provision et que la supérieure et deux autres en plus grand nombre doivent venir de Lion, et qu'en conséquence de ce le sieur d'Arasse a escript audit Lion les religieuses qu'il demandait et qu'il a reçeu responsc et qu'il luy a esté déféré l'option de deux supérieures, et que ledit sieur d'Arasse a procédé à faire toutes lesdites missives et à l'élection d'une de ses supérieures, sans avoir donné aulcune cognoissance de ce dessus à lad. Blambal; voire que led. s^r d'Arasse a fait acheter auxd. religieuses deux maisons contigues à celle que luy et sa femme leur ont donné, plus chèrement qu'elles ne valaient, par moytié, ayant faict bailher 1500 livres de la première, et de l'autre achetée à M. de Baulac, conseiller, 5000 livres; et par ce moyen endebté led. monastère de 6500 livres en de bastiments inutiles, et lesquels pour estre rendeus logeables cousteront autant; à ce point qu'avec le bastiment que led. s^r d'Arasse leur a donné, led. monastère se trouve estre possesseur ou acquéreur de maisons jusques à 12500 livres, et qu'en ayant un jour le reste de la maison dudit sieur, il faut que le monastère paie aux héritiers dud. sieur la somme de 6000 livres, revenant en tout à 18500 livres, qui est une somme très importante et capable d'anéantir led. monastère et ruiner lad. fondation. Lad. de Blambal déclare qu'elle s'oppose auxdits prétandus achapts desd. maisons, comme faits au désavantage du monastère et lesquels pourront ruiner sa fondation, voire d'autant que par ses contrats il n'est aucunement parlé que la supérieure ny autres religieuses deussent venir de Lion, et que led. sieur d'Arasse a stipulé cella pour en prendre ses advantages à son préjudice, comme il a déjà commencé de faire par lesdit contrats d'achapt qu'il a faict passer sans lui en avoir rien communiqué, ny des autres contrats qui ont été passés avec des filles que led. sieur d'Arasse a faict entrer dans led. monastère. Lad. de Blambal a déclaré et déclare qu'elle n'entend pas approuver ni admettre led. d'Arasse ny ladite d[lle] sa femme pour cofondateur avec elle, et que jaceit qu'il y peust avoir d'autres cofondateurs. Ils ne pourront estre reçeus sans son exprès consentement.

« C'est pourquoy lad. de Blambal déclare à lad. de Crémeaux qu'elle entend se tenir à sa fondation, aux charges et conditions portées par lesd. contrats, à la charge qu'elle soit seule fondatrice, et que lesd. sieur d'Arasse et la damoiselle sa femme ne concourent pas en lad. fondation, et que lad. de Crémeaux et autres religieuses professes qui sont venues demeurent en icelle, voyre, d'autant que le pied de lad. fondation pourrait estre estimé trop petit, lad. dame de Blambal déclare à lad. de Crémeaux qu'en cas où elle vouldra renoncer à la donation desd. sieur Arasse et la demoiselle sa femme, elle offre outre et par dessus ce qu'elle a donné par lesd. contrats de donner; comme en cas d'acceptation elle donne d'ors et déjà à ladite de Crémeaux, supérieure dudit monastère absente, mais moy notaire à raison de mon office pour elle et pour led. monastère stipulant et acceptant, la somme de 200 livres de rentes sur tous et chacun de ses biens meubles et immeubles, mesme sur lad. maison noble de Blambal, racheptable moyennant la somme de 4,000 livres une fois payée, aux conditions que ledit monastère sera teneu de recepvoir une fille de lad. damoiselle pour religieuse ou en son défaut autre fille qu'elle présentera, sans qu'elle porte autre dot, comme led. sieur d'Arasse avait stipulé pour la demoiselle de Grimard. Comme aussi lad. de Blambal offre de leur bailler et fornir la maison du feu sieur de Selves, son père, jardin, maisonnettes, fours et granges adjacents, et ce pendant deux ans, sans que led. monastère soit teneu de payer aulcun louage ; et, ou pendant lesd. deux années ou au bout d'icelles lesd. religieuses ne pourront pas jouir de ses maisons, en ce cas lad. de Blambal offre de bailler la maison en laquelle elle habite, jardin et grange qui en dépendent, et ce pour telle somme que par aucun expert sera admise et qui luy sera prescontée, sur ce étant moins et en desduction desd. douze mille livres ; déclarant au surplus qu'elle a communiqué ses intentions à Monseigneur l'Evêque et suplié très humblement de les agréer. Et partant, somme et interpelle lad. de Crémeaux de communiquer promptement le présent acte aud sieur Evesque et de lui faire response, protestant où lesd. religieuses refuseront d'accepter leds. offres de se pourvoir en récision desd. contrats et autrement de tout ce qu'elle peut et doit protester, et de tout ce dessus lad. dame de Blambal m'a requis acte et de le notifier à lad. mère de Crémeaux, aud. nom que luy ay concédé ès présences de Me Jean Biot, praticien, et Bernard Julia, clerc, dud., Agen habitant[1]. »

Dans ses *Notes pour servir à l'histoire complète du couvent de la Visitation d'Agen*, l'abbé Tournié interprête de la façon suivante cet important document :

« Cette pièce, précieuse par les nombreuses particularités qu'elle nous transmet sur l'origine du monastère de la Visitation d'Agen, nous dédommagerait presque entièrement de la perte des actes de fondation, si elle nous en avait reproduit l'exposé édifiant des motifs qui inspirèrent à la noble dame de Redon sa pieuse entreprise. Il est vrai qu'elle ne nous donne pas non plus la date des deux actes qu'elle mentionne ; mais cette omission est facile à réparer.

« D'Hozier, en effet, dans sa généalogie de Redon, place la fondation au 2 avril 1642. C'est évidemment la date du premier contrat passé à Lusignan. La supérieure Cunolio de Lagarrigue dans son mémoire de fondation la place au 31 octobre suivant, veille de

---

[1] Archives de l'Evêché d'Agen. Série F. 67.

la fête de Tous les Saints, de l'année 1642. C'est la date du contrat de ratification.

« Le 4 novembre arrivèrent du couvent de Bordeaux à Agen la religieuse Charlotte de Crémeaux et quatre religieuses professes qui étaient : Sœurs Marie Suzanne Ducros, assistante, Jeanne Marie Busenac, Jeanne Aimée Nourry et Françoise Angélique de la Pesse, conseillères. Enfin l'inauguration du couvent dut avoir lieu au commencement de l'année 1643. C'est la date qu'assignent à sa fondation tous les documents officiels, et c'est de cette année 1643 que commence le cycle des *Triennaux*, ou espace de trois ans, à l'expiration desquels avaient lieu le retrait de toutes les charges et l'élection des nouvelles dignitaires [1]. »

Isabeau de Cambefort eut le dernier mot. Les religieuses de la Visitation n'acceptèrent que les donations de la dame de Blanval, et celle-ci fut seule reconnue leur fondatrice. Le manoir de Selves, que nous décrirons dans la suite, devint donc le couvent des Sœurs de la Visitation sous la direction de Catherine Charlotte de Crémeaux. Cette dernière demeura à Agen et fut par suite la première supérieure.

Que faut-il cependant penser de la pièce suivante que nous trouvons aux Archives de l'Evêché, à la date du 23 juillet 1646? Faut-il la considérer comme une suite du procès intenté aux Godail? Les maisons visées et saisies sur feu Jullien de Cambefort, dont l'acte ne nous donne malheureusement pas la confrontation, sont-elles des dépendances de la maison où s'étaient depuis trois ans installées les religieuses? L'insuffisance de ce document nous empêche de fournir une solution à ces questions. En tous cas, il nous rapelle que Charlotte de Crémeaux était encore supérieure à cette époque, et il nous donne en outre les noms de quatre religieuses, ses assistantes. Nous en reproduirons la partie principale :

« Sachent tous présens et advenir que dans la ville et citté d'Agen et dans le parloir du monastère de la Visitation Saincte-Marie de

---

[1] Manuscrit de l'abbé Tournié.

lad. ville, ce jourd'hui vingt et troisième du mois de juillet mil six cens quarante six, après midy, régnant Louis par la grâce de Dieu, roy de Navarre, par devant moy notaire royal soubsigné et en présence des tesmoings bas nommés, a esté présent M. Simon Coulon, juge de la baronnie de Laubardemont, lequel faisant pour Messire Jean Martin de Laubardemont, conseiller du Roy ordinaire en ses conseils et pour noble Isaac du Candal, seigneur de Fonterailles, conseiller secrétaire du Roy, maison et couronne de France, auxquels promet faire ratifier ces présentes à peine de tous dépens, dommages et intérêts dans deux mois prochains, a subrogé et subroge au lieu et place desd. sieur de Laubardemont et du Candal, dévote Mère-Sœur Catherine Charlotte de Crémeaux, supérieure du monastère de la Visitation Sainte-Marie de la présente ville d'Agen, assistée des sœurs Marie Suzanne Ducros, assistante, Jeanne Marie Busenac, Françoise Angélique La Pesse et Jeanne Aymée Nourry, conseilhères dud. monastère, soubsignées, faisant tant pour elles que pour la communauté dud. monastère, illec présentes, stipulantes et acceptantes au devis et adjudication faicte en faveur desd. sieurs, par arrêt de la Cour du Parlement de Paris du 17 août 1645, de la moitié des maisons, granges, fours, estables et jardins scis et situés dans lad. présente ville d'Agen, saisis sur feu Jullien de Cambefort, sieur de Selves, limités et confrontés par l'arrêt ci-dessus despuis la dernière ligne de la page 46 dud. arrest que led. sieur Coulon faisant pour lesd. sieurs a fait imprimer, jusques à la 26e ligne de la page 47, duquel ledit sieur Coulon a baillé coppie auxd. religieuses, etc., et dorénavant lesd. religieuses seront tenues de payer toutes les charges comme tailles, etc., de la moytié desd. maisons et jardins, consentant que lesd. religieuses prennent possession desd. immeubles, moyennant lad. subrogation, le prix et somme de 4500 livres dont lesd. religieuses seront teneues de payer incontinent après que led. sieur Coulon aura fourny la ratification desd. sieurs, la somme de 1500 livres dans un an prochain, et pareille somme de 1500 livres pour fin de payer dans six mois après sans intérêts, etc.[1] »

---

[1] Archives de l'Evêché, F. 67.

— Les débuts du couvent de la Visitation furent modestes. Les sœurs se contentèrent tout d'abord de la maison de Selves et de ses dépendances, dans une chambre de laquelle elles établirent provisoirement leur chapelle; et ce ne fut, comme nous le verrons plus tard, qu'en 1715, qu'elles bâtirent définitivement leur église. Néanmoins la plupart des grandes familles de la ville tinrent à honneur de protéger la nouvelle fondation. Un grand nombre de leurs filles y prirent le voile; et leurs dots, généralement de 3000 livres de capital, y apportèrent l'aisance et la prospérité. Parmi les premiers bienfaiteurs du couvent, nous trouvons, dans quatre livres de raison du monastère, où sont relatés la plupart des évènements importants et en même temps toutes les recettes et les dépenses, et qui par suite peuvent être considérés comme le journal même du couvent, les noms de MM.: de Soldadié, de Boissonnade, de Sevin, de Barbier-Lasserre, de Saint-Gilis, de Frenay, d'Espalais, Ducros, de Redon, de la Garrigue, de la Ville, Madame d'Halot, Monseigneur Hébert, les Jésuites, les Consuls d'Agen, etc.[1]. Citons la première note de l'un de ces volumes, qui vient confirmer ce que nous avons déjà écrit : « Au 27 mars 1643, Mademoiselle de Redon, notre très chère fondatrice doit à ce monastère par contrat du 2 avril et du 13 août 1642 et du 26 et 27 mars 1643, la somme de 12000 livres qui ne porte de rente annuelle que 400 livres fermes au 20 mars par avance. Actes retenus, le premier par Ricard, notaire à Lusignan, du 2 avril ; le second, du 30 août, par Maussacré, notaire d'Agen, et les deux autres par Cabos, notaire dud. Agen, les jours et an susdits. »

---

[1] Trois de ces livres de raison, dont un porte le titre de « *Répertoire de tout ce qui est deub à ce monastère de la Visitation Sainte-Marie d'Agen* » appartenaient à M. Jules de Bourrousse de Laffore, qui avait bien voulu nous les prêter. Ils vont de l'année 1643 à l'année 1766. Un autre intitulé « *Inventaire général de tous les meubles de ce monastère de la Visitation Sainte-Marie d'Agen* », renouvelé à chaque élection de supérieure, depuis 1643 jusqu'en 1718, appartient aux Archives départementales de Lot-et Garonne, où il est coté : Série H. 18. — Ces différents registres, où nous allons amplement puiser pour tous les détails qui vont suivre, nous ont permis de reconstituer la liste à peu près complète des différentes supérieures depuis la fondation du couvent jusqu'à la Révolution.

Catherine Charlotte de Crémeaux, qui, sur la demande d'Isabeau de Cambefort, était venue de Bordeaux pour fonder la maison d'Agen, en fut la première supérieure, d'abord de 1643 à 1646, puis, de 1646 à 1649. Le couvent comprenait déjà dix-sept religieuses. Mais l'inventaire des meubles qui, selon les règlements de l'ordre, fut dressé au moment de sa déposition, et dont les différents registres ont été conservés[1], porte que, à cette époque, les revenus sont à peine suffisants et les ornements d'église encore peu nombreux. Néanmoins il est intéressant de relever, entre autres choses, la liste de « trente quatre tableaux peints à l'huile, encadrés, que possède le couvent, scavoir: la Visitation, la Descente de Croix, sainte Agnès, l'Annonciation, l'Ascension sur bois, l'Assomption, sainte Thérèse, saint Augustin, un beau tableau du Cœur de Jésus, trois petits tableaux sur verre de la sainte Vierge et de l'enfant Jésus, de sainte Catherine et de saint François de Sales, deux sur cuivre de sainte Madeleine, deux en broderie de soie en satin blanc, un reliquaire doré avec des reliques de Notre-Seigneur Jésus-Christ, etc., etc. » M. de Godail, sieur d'Arasse, a fourni sur les instances de la Supérieure assez de blé pour suffire au couvent ces premières années, ainsi qu'une grande quantité de bois. Monseigneur a envoyé quelques aumônes, et Mademoiselle de Sevin « deux coqs Dinde, quatre poules, deux perdrics, plus petits oiseaux, vin et fruits[2]. »

Sœur Françoise Angélique de la Pesse fut élue supérieure en 1649 et réélue pour trois ans en 1652. Elle gouverna donc jusqu'en 1655. L'année qui suivit sa première élection, les Consuls d'Agen « empruntèrent au monastère la somme de 640 livres, payables dans un an, afin de payer Françoise Ville, pour frais de nourriture de chevaux de la compagnie des gardes de Monsieur nostre Gouverneur[3]. » Lorsque cette supérieure fut déposée en 1655, le monastère de la Visitation d'Agen contenait « dix-neuf religieuses professes, quatre novices, deux tourières et six petites. » Les dépenses de table ne s'élevaient pour l'année qu'à la modique somme

[1] Archives départementales de Lot-et-Garonne, H. 18. — Voir aussi, dans les archives privées de M. J. de Laffore, le journal du couvent.
[2] Idem.
[3] Archives municipales, BB. 59.

de 590 livres, 12 sols, les épices en plus; les autres dépenses, y compris les frais de l'autel, l'abonnement du médecin et du chirugien, et les voyages fréquents et obligés de quelques sœurs, à celle de 384 livres, 5 sols. Le couvent recevait de nombreuses aumônes, telles que du vin, de la volaille, des fruits. Il ne possédait pas, croyons-nous, encore de métairie au dehors.

Jeanne Aimée Nourry fut la troisième supérieure. Elle gouverna de 1655 à 1658.

Après elle furent élues *Françoise Nicole de Sevin* (1658-1661) et *Claire Francoise de Montaignat*, qui, réélue pour le second triennal, gouverna par suite six ans, de 1661 à 1668. Le 21 mai 1662 et sous le gouvernement de Claire de Montaignat, fut célébrée à la Cathédrale Saint-Etienne une imposante cérémonie à l'occasion de la béatification de saint François de Sales, fondateur de la Visitation. Aussi les religieuses du couvent d'Agen y assistèrent-elles au premier rang, ayant été invitées officiellement par l'autorité ecclésiastique. Les consuls relatent également dans leur journal cette cérémonie : « Le 19 du présent mois de mai, les Vicaires Généraux ont envoyé dans l'hostel de ville le sieur Redays, vicaire en l'église cathédrale, pour nous prier d'assister à la béatification du bienheureux François de Sales qui doit se faire le dimanche après, 21 courant[1]. » Par un bref du Pape Alexandre VII, à la date du 19 avril 1665, François de Sales fut mis au nombre des saints. Deux ans après, les religieuses de la Visitation d'Agen résolurent de célébrer à cette occasion une fête solennelle. La lettre suivante de l'Intendant de Bordeaux aux Consuls d'Agen en fait foi :

« Montauban, ce 11 juin 1667. Messieurs, Les religieuses de la Visitation de votre ville, ayant dessein de solenniser la canonisation de saint François de Salles, leur fondateur, je vous prie de les ayder en ce qui dépendra de vous pour rendre l'action plus célèbre, afin que votre ville ne tesmoigne pas moins de zèle et de piété pour un si grand saint qu'ont fait toutes les aultres du royaume. Je seray toujours, Messieurs, vostre très humble et très affectionné serviteur, Pellot[2]. »

---

[1] Archives municipales, BB. 61.

[2] Idem.

Monseigneur Claude Joly remplaça Monseigneur d'Elbène sur le trône épiscopal d'Agen. Il fit sa première entrée dans notre ville le 5 mars 1665 ; et, quelques mois après, il commença sa visite dans tous les établissements religieux. « Le 5 juin, nous dit l'abbé Tournié dans ses notes, Monseigneur Joly commença la visite du monastère des religieuses de la Visitation, qu'il continua jusqu'au 12 de ce mois. Il y revint deux ans après le 1er décembre 1667, célébra la messe dans leur chapelle et communia toute la communauté, lui faisant une exhortation miraculeuse. La visite ne se termina que le 4 janvier 1668 [1]. »

Néanmoins une nouvelle visite eut lieu par son ordre, le 1er mars de cette même année 1668, qui fut confiée à Maître Jean Paichery, prêtre du diocèse d'Agen. Les archives de l'Evêché nous en ont conservé le procès-verbal. « L'église, maison et tout l'enclos du monastère consistent en la contenance d'une carterée et un arpent de terre, mesure d'Agen. La maison qu'habitent les religieuses n'est pas bâtie, ni la clôture encore faite. Elle menace fort ruine. Il n'y a que la moitié qui leur appartient. Elles louent l'autre moitié à raison de cent douze livres par an. Elles en paient toute la taille qui reste, commune année, à 70 livres, 10 sols. » Les charges, y compris les réparations, le luminaire, 150 livres dues au confesseur, 20 au médecin, 60 à l'apothicaire, 20 au chirurgien, 15 au procureur, 15 au notaire, 36 au sacristain, 12 au vacher, 18 à une servante, etc., se montent à la somme de 839 livres. Les revenus annuels à celle de 1,637 livres, représentant un capital de 25,900 livres. Dévote Mère Claire-Françoise de Montaignat est supérieure, Jeanne-Françoise Bret, assistante et conseillère, Françoise Nicole de Sevin, économe et assistante, Jeanne Thérèse de Frenay, portière et conseillère, Marie Alexis de Redon Monplaisir, conseillère. La communauté se compose de dix-neuf religieuses professes du voile noir, quatre sœurs domestiques aussi professes, cinq sœurs novices et deux tourières [2].

---

[1] Notes manuscrites de l'abbé Tournié.

[2] Archives de l'Evêché, F. 67.

Au mois de mai 1668, *Jeanne-Françoise Bret* remplaça Claire de Montaignat à la tête du couvent. Elle ne gouverna que trois ans. Aux archives de l'Evêché nous trouvons la lettre suivante que cette supérieure écrivit alors à Monseigneur l'Evêque d'Agen :

« Supplie très humblement vostre Grandeur, Jeanne-Françoise Bret, supérieure des religieuses de la Visitation Sainte-Marie d'Agen, de vouloir permettre l'entrée dans notre monastère, selon les constitutions de notre ordre, aux confesseurs, médecins, apothicaires, chirurgiens, maçons, jardiniers, laboureurs, meuniers, serruriers et autres personnes dont les entrées sont requises et nécessaires, comme aussi de vouloir dispenser de l'usage des viandes, les vendredis, samedis, vigiles, quatre temps et le caresme, suivant l'ordonnance du médecin, celles qui se trouveront incommodées. Cependant nous prierons Dieu pour la conservation de vostre sacrée personne. Jeanne-Françoise Bret, supérieure de la Visitation Sainte-Marie d'Agen [1]. »

Le couvent continuait à prospérer. Les donations ne se faisaient point rares, et le nombre des religieuses augmentait chaque jour. Citons entre autres la donation faite le 3 mai 1669 par demoiselle Catherine de Campagno de Patras, veuve de Jean de Boissonnade de Larroque, de la somme de 3,600 livres, « à la condition d'être reçue, nourrie et entretenue dans le monastère de la Visitation d'Agen, sans être toutefois obligée de pratiquer la règle de l'Ordre et avec faculté d'en sortir pour les besoins de sa santé [2]. »

Sœur *Marie-Elisabeth de Redon* fut la septième supérieure. Elue en 1671, elle gouverna deux triennaux, jusqu'en 1677. Cette sœur peut compter parmi les religieuses les plus distinguées que la maison d'Agen renferma dans ses murs. Nous ne saurions mieux faire ici que de laisser la parole à l'abbé Tournié, qui, dans ses notes inédites, retrace ainsi son portrait :

« Sœur Marie-Elisabeth de Redon remplaca en 1671 la sœur Jeanne-Françoise Bret. Elle fut une des plus grandes religieuses

---

[1] Archives de l'Evéché, F. 67.

[2] Archives départementales de L.-et-G., B. 80.

qu'ait eues le couvent de la Visitation d'Agen, et une des premières qui s'y soient consacrées à Dieu. Elle faisait déjà partie de la communauté en 1656, ainsi que la sœur Jeanne Charlotte de Redon, par conséquent treize ans après la fondation du couvent. C'est ce que nous apprend un acte de transaction souscrit par noble Adrien de Redon au sujet de la fondation du couvent par sa mère Isabeau de Cambefort. Peut-être étaient-elles ses sœurs ? S'il en était ainsi, quelque redevable que fût le couvent à la pieuse dame de Blanval pour la cession de son patrimoine, il en aurait reçu un don autrement estimable en la personne d'Elisabeth de Redon.

« Les bibliographies qui nous restent de quelques religieuses du monastère s'accordent à la signaler comme la gloire et l'ornement du couvent. A un mérite supérieur, elle joignait une pénétration rare. Chargée du noviciat, personne ne la surpassa dans l'art de diriger les sujets qui lui étaient confiés, pour les amener à un haut degré de perfection et les former à tous les règlements de la vie intérieure. Mais le plus éminent service que la sœur Elisabeth de Redon ait rendu à son couvent, c'est d'avoir de la sœur Thérèse de Lagarrigue formé une religieuse semblable à elle-même. Cette dernière, en effet, ainsi que nous le verrons dans la suite, gouverna longtemps la communauté, et perpétua les exemples et les leçons de sa vertueuse maîtresse. Dès que ces deux âmes d'élite se furent connues, elles ne formèrent plus qu'un seul cœur. L'élève, se faisant un bonheur de continuer à vivre sous une si habile direction, ressentit la joie la plus vive lorsqu'elle vit Elisabeth de Redon devenir supérieure ; et de son côté, cette dernière éprouva la plus douce consolation de voir sa chère disciple prendre plus tard sa place, d'être exhortée par elle dans sa dernière maladie, et de mourir entre ses bras. »

— La Mère Elisabeth de Redon fut remplacée en 1677 par *Françoise-Nicole de Sevin*, que nous avons déjà vue précédemment à la tête du monastère, et qui redevint supérieure de 1677 à 1683. Sa biographie, écrite au moment de sa mort, nous a été conservée dans le *Recueil des Lettres circulaires, émanées des religieuses de la Visitation Sainte-Marie d'Agen, des différents monastères de France ou à elles adressées de France ou de l'étranger.* « Bien qu'elle ait ordonné, nous apprend ce document, qu'on n'écrivit rien sur elle après sa mort, sa vie fut si belle que ses compagnes ne crurent pouvoir taire son nom. D'une des familles les plus honorables d'Agen, elle avait tellement la vocation religieuse, que, durant les premiers temps, elle ne voulut remplir au couvent que les fonctions les plus abjectes. Son humilité profonde et son mépris d'elle-même la faisaient se regarder toujours inférieure à ses compagnes. Sa mortification était sans bornes, et il ne se passait de jour qu'elle ne fasse quelque acte héroïque. Elle assaisonnait journellement ses aliments d'absinthe ou de quelque autre dégout propre à révolter l'appétit le plus affamé... Sa charité pour ses sœurs était tendre et empressée... Elle aurait fait le tour de la maison plusieurs fois pour leur rendre quelque léger service; elle inspirait une confiance qui aurait pu dégénérer en mépris, si l'on n'avait été prévenu autant qu'on l'était des vertus de cette grande et digne religieuse... Toujours la première au chœur et à l'oraison du matin... Elle était en outre si laborieuse qu'elle seule faisait plus d'ouvrage de communauté avec les embarras de ses charges que bien d'autres. Elle a vécu toute sa vie dans un éloignement total pour le dehors, à la réserve du temps qu'elle a été supérieure qui a été de quinze années... Elle mourut le 28 avril 1716, par la violence d'une fièvre continue, à l'âge de 92 ans, du rang des sœurs choristes [1]. »

Comme on le voit par ce court extrait d'une existence si bien remplie, la vie des religieuses de la Visitation d'Agen s'écoulait douce et calme, sans être mêlée d'aucune façon aux orages du dehors. Rien de saillant ne se passa au couvent durant cette fin du XVIIe siècle. Le nombre des religieuses augmentait, et avec elles l'aisance et la prospérité. C'est ainsi que nous relevons en 1687, sous le gouvernement de la Mère *Jeanne-Catherine de Massiot* (1683-1689), qui avait remplacé la Mère de Sevin, la donation de 3,000 livres faite par Marie Lafargue au couvent d'Agen, « à la condition de passer audit monastère le reste de ses jours, comme

[1] Bibliothèque nationale. Imprimés. L[d]. 173.

laïque, d'être nourrie, entretenue et habillée suivant sa condition, et qu'il lui sera donné annuellement la somme de six livres pour subvenir à ses petites nécessités [1]. »

Marie-Elisabeth de Redon fut réélue supérieure de 1689 à 1695. C'est elle qui eut l'insigne honneur, le 27 mai 1693, de recevoir, en grande pompe, la visite que fit au monastère l'évêque Jules Mascaron. Les archives de l'Evêché nous ont conservé le curieux procès-verbal de cette importante cérémonie. La renommée de notre évêque, ainsi que les nombreux détails contenus dans ce document qui nous donne l'état exact et complet du couvent à cette époque, nous font un devoir, malgré sa longueur, de le reproduire ici *in extenso* :

« Nous Jules, par la permission divine et par la grâce du Saint-Siège apostolique, évêque et comte d'Agen, conseiller du Roy en ses conseils et son prédicateur ordinaire, après avoir adverty nos très chères filles de la Visitation Sainte-Marie de cette ville d'Agen que nous commencerions la visite de leur monastère le dimanche dans l'octave du Saint Sacrement, vingt cinquiesme du mois de may de cette année 1693, nous nous sommes transportés le même jour accompagné de nos deux aumoniers dans l'église dudit monastère, où, après avoir célébré la sainte messe et donné la sainte communion à toutes les sœurs, nous sommes montés au grand parloir, et la communauté y étant assemblée au son de cloche, nous avons déclaré l'ouverture de notre visite ; et l'avons commencée par l'invocation du Saint-Esprit et une exhortation que nous leur avons faite sur le sujet de la visite, par rapport à l'adorable sacrement de l'Eucharistie que l'Eglise honore dans ce tems.

« Ensuite nous avons vérifié que la communauté est composée de vingt-trois religieuses de chœur, savoir : sœur M. Elisabeth de Redon, supérieure ; s. M. Delas de Brimon, assistante ; s. M. Anne de Sevin, lingère ; s. M. Aymée du Chateau ; s. M. Thérèse de la Garrigue, sacristaine et conseillère ; s. Nicole de Sevin, première surveillante et assistante ; s, M. Anne Ducros, assistante ; s. Su-

[1] Archives départementales, B. 98.

zanne de Pommiers, refectorière ; s. Joseph de Védrines, infirmière; s. Augustine Dudon, robière : s. Anne de Labarthe, portière; s. Aymé de Rangouse ; s. J. Françoise Dudon, seconde maîtresse des pensionnaires ; s. Charlotte de Redon, qui a le soin des affaires du monastère; s. Thérèse de Bonel, lingière ; s. Françoise Catherine de Redon, aide-robière ; s. Catherine de Massiot, surveillante; s. Séraphique Dancellin, économe et conseillère; s. Catherine Bonin, aide sacristaine ; s. Françoise de Goute ; s. Angélique de Latresne, maîtresse des pensionnaires et aide-pensionnaire ; s. Alexis de Redon de Monplaisir, directrice ; s. Agnès Descomps, conseillère ; — de quatre sœurs domestiques : sœur Foy Peychery, boulangère ; Marie Monméjean, infirmière ; Madeleine Pouget, cuisinière ; Antoinette Pomiers, dépensière ; — et de deux sœurs novices : Anne Merle et Madeleine de Goze.

« Nous les avons toutes entretenues en particulier, pour savoir d'elles l'état de la maison, tant sur ce qui regarde l'observation de la règle et de la discipline spirituelle que sur le temporel ; et le samedi 30e du même mois, après midy, nous étant transportés au même monastère, accompagnés de nos deux aumoniers et ayant joint à notre suite le sieur Réau, prêtre de notre diocèse, qui sous notre autorité est le directeur et le confesseur de nos chères filles, nous sommes entrés revêtus de notre rochet et camail dans l'intérieur de la maison. Nous avons été reçus à la porte par toute la Communauté. La Supérieure nous y a présenté de l'eau bénite, et nous a remis en mains les clefs des portes ; après quoy nous avons marché processionnellement avec la croix à la tête de la Communauté jusques au chœur où nous avons fait les prières, selon qu'il est marqué dans le coutumier. Après quoy toutes les sœurs s'étant retirées dans leurs chambres ou aux lieux de leurs emplois, pour nous y attendre, nous avons fait le tour de la cloture que nous avons trouvée en bon état. Il serait à souhaiter que les murailles du jardin du côté de la Porte neuve fussent un peu plus élevées. Nous avons visité le réfectoire, la cuisine où nous nous sommes fait représenter le pain que l'on donne aux sœurs ; nous l'avons trouvé bon et bien fait ; et le vin qui nous a paru sain et potable. Ensuite, nous avons été aux infirmeries, chambres, dortoirs, greniers. Les chambres sont meublées proprement et simplement ; les greniers bien entretenus ; les infirmeries trop pressées et remplies de trop de lits et trop voisines du logement des pensionnaires que nous avons aussi visité.

« Après quoi nous étant arrêtés dans la chambre de la Supérieure, avec elle son assistante, l'économe et les conseillères, nous avons vérifié par l'inspection des livres : 1° Que les fonds qui portent rente en obligations sont de la somme de 21,898 livres, 16 sols, lesquels sont dus par ceux qui suivent : M. de Redon de Monplaisir doit du reste de la dot de feu sa chère sœur 300 livres, rente 20 livres. MM. Molas et Reux doivent du reste de la dot de feu notre chère sœur de Joly, 120 livres, rente 8 livres. M. le Président de Montesquieu doit en obligations 2,600 livres, rente 144 livres, 10 sols. MM. de Sevin et Charpaut doivent en obligations 288 livres, rente 19 livres. Le sieur Villeneuve doit du reste de la dot de feu sa sœur, sans rente, 190 livres. Le sieurs Scadafals doit en obligation 150 livres, rente 8. M. Ducros doit du reste de la dot de sa chère sœur 220 livres, rente 14. M. de Lasfosses doit de la dot de feu sa chère sœur, 2,100 livres, rente 105. M. Lambert doit pour la dot de feu notre chère sœur Delas de Brimon, 3,000 livres, rente 166. M. Vergès du Port doit du reste de la dot de sa belle-sœur, 600 livres, rente 33. M. de Bonnel doit du reste de la dot de sa chère fille 3,000 livres, rente 166. M. Rangouze doit de la dot de sa fille 2,000 livres, rente 105. M. de Redon de Sarau, de sa fille 2,200 livres, rente 122. M. de la Garrigue, de la dot de sa chère sœur 2,700 livres, rente 150. M. de la Barthe du reste de la dot de sa fille 1,200 livres, rente 66, 13. Maitre Pouget, 200 livres, rente 11, 26. M. Mathieu, bonnetier, doit à rente constituée 230 livres, rente 101. M. Magnas de la dot de notre chère sœur de Goze, 800 l., rente 40 l. Toutes lesquelles sommes desdits fonds en obligations, jointes ensemble, montent à la somme de 21,898 livres, 16 sols.

« Les rentes qui en proviennent, jointes ensemble, montent à la somme de 1,191 livres, 17 sols, 6 deniers.

« Sur lesquels fonds la Communauté doit 1° 1,000 livres pour fin de paie de la taxe, et 2,600 livres d'autre part dont elle paie la rente : montant pour le tout à 3,600 livres. — 2° Que les biens que lad. Communauté a en terres consistent en trois métairies, savoir : la 1re en la paroisse de Saint-Cyr, nommée au *Roussel*, de la contenance de 54 carterées ; la 2e à Clermont-Dessus, nommée *Guéringaud*, de la contenance de 51 carterées ; la 3e dans la paroisse de Sainte-Foy d'Agen, nommée *Rost*, de 18 carterées, lesquelles trois métairies portent 1,500 livres de revenu annuel, lorsqu'il plaît à Dieu d'en conserver les fonds.

« Les personnes qui composent ladite communauté sont au nombre de vingt-neuf religieuses, deux sœurs tourières et trois séculières, qui ne sont point au nombre des pensionnaires ; de sorte qu'après avoir examiné ce qu'il faut pour la nourriture et l'entretien de la maison, nous avons trouvé qu'il s'en faut près de 2,000 livres de rente que la Communauté n'ait de quoi subsister pendant l'année.

« La sacristaine nous a aussi remis l'état des ornements et des meubles de la sacristie tels qu'il suit. Il y a deux calices, un grand et un petit avec leurs patènes, deux custodes, une grande et une petite ; un soleil, une croix d'argent, une lampe d'argent, un encensoir d'argent avec la navette, deux paires de buretes et un petit bassin d'argent, un petit reliquaire de saint François de Sales d'argent, cinq bustes de bois doré dont il y en a des saints martyrs et un de saint François de Sales, huit vases de bois doré, quatre petits tableaux à corniche dorée, six chandeliers de bois doré, six de bois argenté, six de cristal, huit d'étain fin avec deux petits bassins et une aiguière. Il y a cinq devants d'autel rouges, trois desquels sont assez propres, six chasubles de même couleur, dont trois sont fort usées ; six devants d'autel blancs ; cinq chasubles de même couleur ; deux verts avec leurs chasubles ; un de velours noir avec sa chasuble et un autre de drap ; deux violets avec leurs chasubles fort usées ; un qui est de satin bleu, couvert de broderies d'argent ; deux chapes dont il y en a une noire. Il y a six aubes de batiste, et douze de toile commune ; deux douzaines de nappes pour l'autel, six douzaines de serviettes, quatre surplis dont deux assez propres ; douze cingules et d'autre menu linge assez propre.

« Après leur avoir donné nos avis sur leur temporel, nous sommes allés à la chambre du chapitre où toute la communauté était assemblée, et après avoir fait les prières portées par le coutumier, nous leur avons fait un petit discours où nous avons remercié Dieu des bénédictions spirituelles qu'il verse sur cette maison, dans laquelle par sa miséricorde nous avons trouvé beaucoup de vertus et nul défaut essentiel. Mais comme le juste doit être encore justifié et que celui qui l'est doit encore laver ses pieds, pour éviter les imperfections qui se glissent dans la Communauté, ce qui pourrait avoir des suites plus considérables, après avoir taché d'attirer sur nous les lumières du Saint-Esprit par la prière, par les réflexions et les connaissances qui nous ont été données par toute la Communauté, nous avons ordonné aux sœurs domestiques d'être plus attachées à leurs charges, plus charitables envers les infirmes et plus respectueuses envers les sœurs du chœur, et de se souvenir de ce que nous leur avons dit là-dessus à chacune en particulier. En outre nous ordonnons que les parloirs se fermeront selon la règle, dès que l'Angelus sera sonné, qu'ils ne seront point aussi fréquentés qu'ils le sont les dimanches et fêtes, et que l'on apprendra par cette retraite aux parents à sanctifier les jours consacrés à la prière.

« Nous recommandons très étroitement l'observance du silence dans les temps et dans les lieux où la règle ordonne de les garder. Tout le monde s'est plaint du relachement sensible qui se glisse de ce côté-là. Nous exhortons donc tout le monde, et l'ordonnons autant que nous le pouvons, de s'en corriger. Ce qu'il y a de plus dangereux, c'est que très souvent la charité est aussi blessée par ces discours que le silence. On redit aux absentes ce qui a été dit d'elles, et on altère presque toujours ce qui a été dit ; en sorte que ces rapports engendrent souvent des froideurs. On va même jusqu'à révéler les secrets du conseil à celles qui y sont intéressées, surtout pour ce qui regarde les suffrages aux réceptions des novices. Nous défendons très étroitement tels rapports, telles redites et telles révélations d'un secret qui est et naturel et religieux.

« Nous ordonnons que les commissions se donneront avec plus d'ordre, une fois le matin et une fois après midi ; que la porte ne s'ouvre et ne se ferme point à toute heure, comme il arrive par le nombre et la confusion des commissions que l'on donne à tous moments. Nous ordonnons que la même sœur qui écoute au parloir n'y soit pas au-delà d'une heure et demie tout au plus, et qu'on la fera relever par une autre. La maison ayant besoin du secours de toutes les sœurs, nous règlons ce que chaque religieuse pourra faire par son travail particulier ou de ses parents et amis à trois mois tout au plus; le reste de son travail sera en commun et pour la maison.

« Nous ordonnons par dessus toutes choses qu'on ait grand soin des malades, non seulement lorsqu'elles sont en danger, mais même dans leur langueur et leur convalescence. Il faut retrancher aux autres dépenses pour subvenir à celle-ci qui est si essentielle et si consolante. Nous exhortons aussi les malades d'avoir quelque égard à la misère du tems et à la pauvreté de la maison, en sorte qu'il y ait un combat entre les sœurs de patience et d'amour de la Croix de la part des infirmes, et de charité, de soin et de douceur de la part des infirmières et de celles qui doivent veiller au soulagement des malades; que la gaieté, la civilité et la charité règnent dans toutes les récréations.

« Nous ordonnons que cette ordonnance sera lue en Chapitre.

« Après avoir ordonné toutes ces choses, nous en avons fait voir l'importance dans la suite de notre discours, et donné à toute la communauté l'absolution générale, comme il est marqué dans le coutumier. Nous nous sommes retirés.

« JULES, *évêque, comte d'Agen.*

« Du mandement de mondit seigneur, LAURENS, *Secrétaire*[1]. »

— Marie-Elisabeth de Redon fut déposée au mois de mai 1695 et remplacée par *Jeanne-Catherine de Massiot*, qui prit pour la seconde fois en main le gouvernement de la communauté et le conserva jusqu'en 1701. La biographie de cette religieuse nous a été conservée par la collection des lettres circulaires des différents

[1] Archives de l'Evêché, F. 67.

monastères de la Visitation de France[1]. Beaucoup trop longue pour être transcrite ici *in extenso*, nous la résumerons sommairement.

Sa famille était une des plus anciennes et des plus illustres du Parlement de Bordeaux. Son père confia son éducation aux Visitandines de cette ville, et notamment à Catherine-Charlotte de Crémeaux, qui l'amena avec elle à Agen en 1642, quoiqu'elle fût encore enfant. A l'âge de quinze ans elle voulut se faire religieuse : mais son père s'y opposa longtemps. Vaincu à la fin par ses instances, il consentit à se séparer d'elle à tout jamais, et elle prononça ses vœux, « avec une joie qui marquait combien son cœur se dilatait d'avoir fait un si heureux choix ». Ses qualités étaient fort nombreuses. « Elle avait une douceur incroyable, un esprit des plus distingués et une mémoire prodigieuse. Dieu l'avait douée d'un talent merveilleux pour parler de lui, et elle se faisait écouter avec attention et plaisir. Il lui suffisait de jeter une fois les yeux sur un ouvrage d'esprit pour ne plus l'oublier ». Elle remplit toutes les charges de la communauté et se distingua dans toutes, principalement comme infirmière, « cette communauté, dit la lettre circulaire, ayant toujours été, depuis sa naissance, l'asile des infirmes. » Très sévère pour elle-même, malgré de fréquentes et douloureuses migraines, elle savait inspirer les mêmes principes aux novices qu'elle dirigeait. Puis elle devint supérieure. « Elle ne se vit pas plutôt revêtue du poids de cette charge, qu'elle commença par se concilier tous les cœurs et tous les esprits. Le Seigneur bénit son gouvernement en lui envoyant de bons sujets et des moyens pour loger ses religieuses, qui, jusque-là, avaient été si fort à l'étroit qu'elles couchaient toutes deux à deux. *Elle fit bastir un corps de logis qui fait aujourd'hui le plus bel ornement de cette maison* ; et elle trouva suffisamment d'argent pour entreprendre cette bâtisse et la conduire à bonne fin ». Ainsi que nous le verrons quand nous décrirons le plan du couvent, cette construction est celle, encore bien conservée, qui longe la rue Saint-François, et qui date par conséquent des dernières années du XVII[e] siècle.

[1] Bibliothèque nationale. Imprimés ; L[d] 173.

Catherine de Massiot fit beaucoup de bien à la communauté d'Agen. « C'était une véritable mère qui a agi de toutes ses forces pour procurer le bien temporel de la maison, ayant une connaissance parfaite de toutes les affaires et beaucoup de génie pour les bien ménager. Son zèle n'a pas été moindre pour le bien spirituel de toutes en général et de chacune en particulier ». Non contente d'avoir édifié la belle construction du nord, « elle fit ériger *en l'honneur de la sainte Vierge une chapelle* où elle employa tout l'argent qu'elle avait reçu de ses parents. C'était le lieu de ses suaves consolations, et quoique cet endroit fût le plus élevé du couvent, on l'y voyait aller deux fois par jour ». La Mère de Massiot mourut, le 10 Mai 1715, d'une attaque d'apoplexie. Elle était âgée de quatre-vingt-quatre ans, et était restée soixante-six ans sœur professe.

— La Mère *Nicole de Sevin* l'avait remplacée, en 1701, à la tête de la maison. Elle ne la gouverna cette fois que trois ans, jusqu'en 1704. Nous avons déjà reproduit plus haut sommairement sa biographie. Un seul acte de son gouvernement nous est rappelé par les archives de l'Evêché d'Agen. C'est la translation au couvent de la Visitation de Bordeaux, grâce à la permission accordée par Mascaron, de la sœur Catherine-Angélique de Latresne, à la date du 1er février 1702 [1].

— Deux ans après, au mois de Mai 1704, était élue supérieure *Marie-Thérèse de La Garrigue*, dont nous avons déjà parlé à propos de la mère Elisabeth de Redon, et qui fut, à trois reprises différentes, élue supérieure du couvent de la Visitation d'Agen.

La biographie de cette religieuse a été écrite après sa mort sous le titre de : « *Abrégé des vertus de Notre très honorée sœur Marie-Thérèse de Lagarrigue, décédée en ce monastère de la Visitation Sainte Marie d'Agen, le 7 Janvier 1732, âgée de 69 ans, 53 de religion, du rang des sœurs choristes*. Elle est contenue dans un recueil de lettres

[1] Archives de l'Evêché. F. 67.

imprimées, adressées par les supérieures des divers couvents de France à la supérieure de la maison Mère, qui se trouve encore à la bibliothèque du Grand Séminaire d'Agen, sous le titre de *Biographies de la Visitation* (1728-1742), et sous la cote de B, 51 [1]. Nous en résumerons, avec l'abbé Tournié, les principaux passages.

Marie-Thérèse de Lagarrigue, nous apprend-on en effet, fut, ainsi que la très honorée Mère Marie-Elisabeth de Redon, la gloire de la Visitation d'Agen. Elle appartenait à une famille distinguée de la ville. Elle se sentit de très bonne heure appelée à la vie religieuse, et deux fois elle se réfugia furtivement à ce couvent. Mais son père, qui avait pour elle une tendresse particulière, l'obligea de rentrer dans la maison, où elle ne fit que s'affermir dans le mépris du monde et dans le dessein de se consacrer à Dieu. Son père étant mort bientôt après, Thérèse de Lagarrigue donna à cette perte les témoignages de la plus vive douleur ; puis elle s'arrangea avec son frère François-Gabriel de Cunolio, seigneur de Lagarrigue [2], et entra au couvent de la Visitation d'Agen. Elle eut le bonheur d'avoir comme maîtresse des novices la très honorée sœur Mère Elisabeth de Redon, « une des plus grandes religieuses qui aient été dans cette maison », qui sut apprécier les qualités dont Dieu l'avait douée et qui étaient une grande douceur, un jugement solide, une résolution ferme. Elle s'attacha à la former à la vie intérieure en l'habituant à n'agir que poussée par des sentiments supérieurs. L'élève répondit facilement aux soins de sa maîtresse. Aussi

---

[1] Messieurs les Pères Maristes du Grand Séminaire ont bien voulu nous autoriser à prendre communication de ce précieux volume. Qu'ils nous permettent de leur adresser ici, pour leur extrême obligeance, nos plus sincères remerciements.

[2] Voir la généalogie très complète, consacrée à cette famille par Madame la comtesse Marie de Raymond. (Archives départementales. Fonds Raymond. Reg. 3). — Voir aussi le tome 1er du Nobiliaire de Guyenne et de Gascogne.

fut-elle en peu de temps apte à prendre le saint habit de la Visitation. La communauté fut unanime pour l'admettre à la vêture. Dès ce moment Thérèse de Lagarrigue redoubla d'ardeur pour se disposer au dernier sacrifice par une régularité plus parfaite, une humilité plus profonde et des efforts constants pour arriver à la perfection religieuse. Enfin elle s'offrit au céleste époux et elle eut le bonheur de voir à ce moment sa maîtresse devenir sa supérieure (1689).

Bientôt après sa profession, elle remplit successivement tous les emplois de la maison : on l'envoya au réfectoire, à la dépense, à la lingerie, à l'infirmerie, au parloir, et partout elle déploya le plus grand zèle et la plus touchante charité. Mais le talent qu'elle avait reçu de Dieu pour le gouvernement et pour l'éducation des novices et des pensionnaires était supérieur à tous les autres. Aussi a-t-elle passé la plus grande partie de sa vie, ou dans la charge de supérieure qu'elle exerça pendant dix-huit ans, ou dans celle de directrice qu'elle occupa dans les vides de sa supériorité, qui n'ont jamais été que de trois ans.

Thérèse de Lagarrigue n'avait que vingt-cinq ans, c'est-à-dire l'âge voulu par les constitutions, lorsqu'elle fut élue pour la première fois supérieure au mois de mai 1704, en présence de Monseigneur Hébert, qui, l'année précédente, venait de remplacer Jules Mascaron sur le trône épiscopal d'Agen. Un état du couvent de cette époque (1705), nous apprend que la maison renfermait vingt-six religieuses professes du voile noir, cinq du voile blanc, trois sœurs tourières, deux novices, une pensionnaire, un domestique, un valet et un clerc. Les revenus en terres s'élevaient à la somme de 1,340 livres, en rentes à celle de 1,202 : ce qui faisait un total de 2542 livres. Les charges se montaient à 7,355 livres. Le couvent se trouvait donc obligé pour vivre de s'endetter et de prendre le nécessaire sur les dots des novices et des pensionnaires. La sœur Marie-Thérèse de Lagarrigue signe à cet acte comme supérieure ; Jeanne-Françoise Dudon, comme assistante, Nicole de Sevin, Elisabeth de Redon, Augustine Dudon, comme conseillères, et Marguerite-Agnès de Gensac, comme économe [1].

[1] Archives de l'Evêché. F. 67.

La même année, Mgr Hébert doit à la communauté la somme de 2,000 livres, qu'elle lui prête comme principal et sans rente. « L'acte, dit le journal, n'est pas public[1] ».

Malgré ses qualités, qui firent d'elle une des plus grandes supérieures du couvent de la Visitation d'Agen, et sa sage administration, la Mère Thérèse de Lagarrigue vit, à la fin de son premier gouvernement, la division se jeter parmi ses compagnes, la discorde et le trouble bouleverser sa communauté, et la paix et la dignité de la maison gravement compromises. « On aurait lieu de croire, nous dit à ce sujet son biographe, que des jours si bien remplis devaient être des préjugés d'une vie douce et tranquille. Mais Dieu, pour sa sanctification, en ordonna autrement et permit pour un temps que les applaudissements, que les supérieurs lui avaient primitivement donnés, dègénérassent et prissent contrepied, de façon à l'accabler, si sa raison et sa religion ne l'eussent soutenue ». Nous voulons parler du scandale que provoqua l'élection comme professe de la sœur Suzanne de Pommiers. Les archives de l'Evêché contiennent encore tous les détails de cette curieuse affaire[2]. Nous les résumerons :

Mademoiselle Marie-Suzanne de Pommiers était depuis quelque temps pensionnaire au couvent de la Visitation d'Agen. Arrivée à l'âge voulu, elle manifesta le désir de se faire religieuse. Reçue postulante, elle s'aperçut, au moment de prendre l'habit, que la majorité des sœurs lui était hostile. Elle ouvrit son cœur à l'évêque. Mgr Hébert, reconnaissant qu'elle avait toutes les qualités requises, l'engagea vivement à persévérer dans la voie qu'elle s'était tracée. Il en parla même à chaque religieuse en particulier, les exhortant à la recevoir. Bientôt après, la communauté tint un chapitre général, et Mlle de Pommiers ne fut reçue novice que par quinze voix contre six. Sa mère et Monseigneur lui conseillèrent alors de sortir du couvent. Mais elle resta inébranlable dans sa dé-

---

[1] Journal du couvent. (Archives de M. le Dr J. de Laffore), p. 140.
[2] Archives de l'Evêché. F. 67.

termination. Durant tout son noviciat, aucune plainte ne fut formulée contre elle. Bien au contraire, la supérieure ne tarissait pas d'éloges à son égard. Le noviciat passé, et au moment de prendre le voile, Mlle de Pommiers pria l'Evêque de venir pressentir la communauté à son sujet. Toutes les religieuses l'assurèrent de leur concours. Le vote eut lieu. Mlle de Pommiers recueillit quatorze boules noires et seulement sept blanches. Devant un tel scandale, Monseigneur Hébert s'émut et vint admonester la supérieure, lui reprochant de l'avoir trompé. Celle-ci se jeta à ses genoux, avoua sa faute et lui demanda pardon.

Un exemple était nécessaire. Mgr Hébert hésita entre ces trois moyens : « 1° Faire présenter par les religieuses favorables une requête, en vertu de laquelle, eu égard à la cabale manifeste, elles demanderaient à Monseigneur de se servir de son autorité pour remédier au mal ; — 2° Intenter une procédure canonique dans laquelle, après serment prêté, l'Evêque demanderait à chaque religieuse ses sentiments intimes sur la novice ; — 3° Casser le chapitre où la novice avait été refusée, et lui permettre de continuer son noviciat, avec défense de tenir aucun autre chapitre concernant sa profession, sans une permission expresse de l'ordinaire ». Finalement il se rendit à cette dernière mesure et prit l'arrêté suivant : « François Hébert, évêque d'Agen, afin de remédier au mal déjà fait et de faire cesser le scandale qui porte grand tort à la communauté....., avons cassé et cassons le susdit chapitre, tenu le trentième jour de ce mois, le déclarant nul et de nul effet, défendons qu'on y ait aucun égard et voulons qu'on nous communique incessamment le livre des délibérations capitulaires ; ordonnons en outre que la novice, au sujet de laquelle ledit chapitre a été tenu, continuera son noviciat, et défendons qu'on tienne à son sujet aucun chapitre touchant sa profession, sans qu'au préalable on ait observé exactement ce qui est porté dans les règles et constitutions de l'Ordre et sans notre permission expresse. Donné à Monbran, dans notre château épiscopal, le 25° du mois de Juillet 1709. François, évêque et comte d'Agen ».

Faut-il voir dans cette résistance aux désirs de leur Evêque bien plus que dans une hostilité marquée à l'égard de la jeune novice un parti pris des Visitandines d'Agen de s'insurger contre l'autorité ecclésiastique et une participation aux idées jansénistes, si en vogue à ce moment-là, aussi bien dans les cloitres qu'au sein du clergé séculier ? Nous ne saurions l'affirmer, bien que les annales de l'Ordre ne nous cachent pas que la plupart des maisons de la Visitation de France donnèrent dans cette erreur, qu'elles reconnurent du reste peu de temps après en se soumettant entièrement à la fameuse bulle *Unigenitus*. Quoi qu'il en soit du monastère d'Agen et de cette curieuse affaire de la sœur de Pommiers, voici ce qu'écrit Labénazie, qui nous en donne le dernier mot : « L'an 1709, les religieuses de la Visitation refusèrent le voile noir à une fille que Mgr l'Evêque voulait qu'on reçût, prétextant qu'elle n'avait ni la vocation, ni l'esprit de leur institut. Cela leur attira la disgrâce de Mgr l'Evêque qui se crut méprisé. Il les punit, et par des pénitences il porta sa punition jusqu'à leur ôter les pensionnaires, transférant une novice de ce monastère dans celui du Tiers-Ordre, et plaçant une fille qui souhaitait d'entrer à la Visitation dans le couvent de l'Annonciade. Il crut son autorité blessée, et menaça même la supérieure de la Visitation de la déposséder et de ne permettre plus qu'on reçût ni postulante ni novice : ce qui réduirait ce monastère à la pauvreté. Néanmoins, il se contenta d'interdire la supérieure et les assistantes, abrégeant même d'un mois son interdit. La Cour fut instruite de son procédé. Mais les religieuses ont fait des prières à Dieu pour lui demander que Mgr Hébert reprenne l'esprit de père et oublie celui de juge, et qu'étant les filles de saint François de Sales, le modèle de la douceur des évêques, Dieu inspire à leur égard ce même esprit à leur supérieur [1] ».

Mgr Hébert ne tint pas rigueur aux Visitandines d'Agen. L'affaire n'eut pas d'autres suites. La sœur de Pommiers fut peu après reçue professe, et devint même, ainsi que nous le verrons dans la suite, supérieure du couvent.

---

[1] Labénazie. Manuscrit, Tome II, livre V, chap. XXVI, p. 572. Voir aussi Chronique agenaise, p. 151.

La Mère de Lagarrigue continua à gouverner la communauté, et « elle recouvra, dans l'esprit de ses supérieurs, l'estime et le rang qu'ils ne pouvaient refuser à ses rares et précieuses qualités. »

Conformément à la règle de l'Ordre, elle fut déposée en 1710, et devint maîtresse des novices, s'acquittant de cette charge avec autant de zèle et de succès que de celle de supérieure.

—La Mère *Marie-Alexis de Redon-Monplaisir* lui succéda; mais elle ne gouverna que deux ans, la mort étant venue la prendre subitement, avant la fin de son trienne, en l'année 1712.

« Elle était, nous dit sa biographie qui a été conservée[1], de ces personnes qui font peu de cas des faveurs de la naissance, et on eût ignoré ce qu'elle était de ce côté-là, si elle n'avait eu nombre de Messieurs ses parents dans cette ville qui exercent dans le Présidial et dans les armées des charges considérables. Monsieur son père était un gentilhomme du Port-Sainte-Marie, ville assez voisine de celle-ci. Elle eut le malheur de le perdre et Madame sa mère aussi, dans un âge où elle pesait peu le désagrément de se trouver orpheline. Elle fut conduite chez un de Messieurs ses parents, où elle fut livrée, selon son aveu, à tout ce que le mauvais exemple a de dangereux, dans un château assez resserré pour le dehors. Ce fut dans l'enceinte même de ce château qu'elle se trouva dans un péril évident de perdre ce qu'elle avait de plus précieux. Cette chaste Agnès se trouva un jour aux prises avec un loup ravisseur qui voulait à vive force en faire sa proye: après avoir fait voir à Dieu la pureté de ses désirs, elle se débarassa de ce suppot de satan en lui laissant au visage une marque pour la vie de sa sagesse et d'une sainte vivacité et pour ce malheureux un souvenir éternel de son crime... » Puis elle entra pensionnaire au couvent d'Agen; mais sa vocation n'était pas encore arrêtée. Elle se retira chez une

[1] Bibliothèque nationale. Imprimés. Ld 173 : Collection de lettres circulaires de la Visitation : « *Abrégé de la vie et des vertus de notre très honorée Mère Marie-Alexis de Redon de Monplaisir.* »

de ses parentes, et y demeura quelque temps. Elle revint ensuite à Agen, et rentra définitivement au monastère, où après, avoir fait son noviciat, elle fut reçue professe du voile noir. D'une grande humilité, d'une douceur inaltérable, elle était le modèle de ses compagnes. « On ne l'a jamais veue en hyver prendre d'autre place auprès du feu que celle du coin, dans le temps même qu'elle était supérieure ; et lorsque nous la pressions de prendre une place au milieu de nous et de s'y asseoir, elle nous disait qu'elle avait l'habitude de se tenir debout, qu'il lui en couterait de s'en défaire...» On lui a vu verser des torrents de larmes, les deux fois qu'elle a été nommée directrice, tant elle se croyait inhabile à remplir cet emploi... Son extérieur était si anéanti et si abîmé devant Dieu qu'elle y était comme un être inanimé ; sa position figurait la disposition de son âme ; son oraison était un anéantissement total d'elle-même, rempli d'une sainte confiance... C'était l'esprit du monde le plus raisonnable; et elle avait le cœur si bon et si tendre sur les misères des pauvres, qu'elle se privait souvent de ce qu'elle avait pour leur en faire part. Dès qu'on était malheureux, on était assuré de trouver en elle une protectrice. » Elle remplit successivement les fonctions d'infirmière, de portière et enfin de supérieure. « Là, elle s'attacha à maintenir le bon ordre que notre très honorée Mère déposée avait laissé, et ses exemples nous prêchaient beaucoup plus que ses paroles. »

La Mère Alexis de Redon était en pleine possession de sa charge de supérieure, lorsque la mort vint la ravir à l'affection de ses chères sœurs. « L'année 1712 et la seconde de sa supériorité, ajoute sa biographie, fut la dernière de sa vie. La maladie qui nous l'enleva en six jours fut un coup de soleil qui lui causa un sommeil léthargique d'abord, puis un grand accablement et enfin un accès de fièvre qui l'emporta. Elle était âgée de 72 ans, dont 52 de religion. »

La Mère *Thérèse de Lagarrigue* fut élue aussitôt après à sa place, et, pour la seconde fois, gouverna pendant deux triennaux la Communauté (1712-1718). C'est durant ce laps de temps que, par ses soins, la maison d'Agen fut agrandie et changea d'aspect, et que fut construite l'église, qui devait subsister jusqu'à la Révolution.

—Depuis soixante-dix ans, en effet, que le couvent de la Visitation était fondé, l'argent avait manqué à ses supérieures pour construire une église qui fût digne et du nombre des religieuses et de la situation prépondérante qu'avait prise dans Agen cette utile communauté. Nous avons déjà vu qu'en 1700 la mère Catherine de Massiot, allant au plus pressé, avait employé le peu de ressources, qu'à force d'habileté elle s'était procurées, à agrandir l'ancienne maison de Selves en prolongeant ses constructions le long de la rue Saint-François et en élevant cette bâtise en belles pierres de taille que l'on voit encore de nos jours, et qui rappelle la construction du Grand Séminaire. C'est là qu'elle établit le nouveau dortoir des religieuses et transporta également le noviciat.

Depuis, les religieuses avaient étendu leurs possessions du côté de la rue Porte-Neuve, où elles avaient acquis la maison attenant à la leur, désignée, dans le cadastre de 1640, sous le nom de « maison des héritiers de feu Armand Besoles » qu'elles démolirent aussitôt. C'est sur son emplacement que Thérèse de Lagarrigue fit bâtir l'église, les sœurs de la Visitation n'ayant eu jusqu'à ce jour, ainsi que nous l'apprennent les documents suivants, qu'une petite chapelle provisoire élevée dans une des salles de la maison.

A cet effet elle s'adressa à Mgr Hébert, qui la pressait vivement de mettre son dessein à exécution. « Nous lui devons, dit sa notice biographique écrite aussitôt après sa mort [1], de nous avoir fait bâtir une *belle église*, un *chœur*, des *sacristies*, une *décharge* commode pour cete office et *deux dortoirs*. Il est vrai que nous n'aurions pensé ni dû penser sans témérité à édifier dans un temps aussi cruel, si Monseigneur Hébert, notre digne prélat, ne nous avait pressées vivement par le besoin indispensable d'un chœur, y *étant les unes sur les autres et notre église n'étant qu'une petite chapelle.* Il nous assura qu'avec 7,000 livres nous sortirions de cette entreprise. Il est pourtant réel qu'à rendre tout habitable il nous en

[1] Biographie de la Mère de Lagarrigue. Biblioth. du Grand Séminaire d'Agen. B. 51.

coûta 30,000 livres. Il faut avouer en même temps que jamais la Providence n'a paru plus palpable que dans le cours de cet ouvrage. Notre très honorée Mère reçut plus de vingt religieuses ; nous eûmes le mal au cœur de perdre un grand nombre d'excellents sujets, et l'acquisition que nous fîmes des filles de beaucoup de mérite ne fut pas capable de nous consoler, quoiqu'elles nous missent en état de payer tous nos ouvriers. Avant la déposition de notre chère Mère, elle avait reçu la quittance finale de tous les ouvriers. »

« Le 22 avril 1713, écrit Labénazie dans sa Chronique Agenaise, Monseigneur Hébert mit la première pierre à l'église de la Visitation, qui fut commencée ce jour-là. » Il en fut lui-même l'architecte, et il fut aidé dans son entreprise par son frère l'abbé Hébert : « Ils en firent le plan et prirent toutes les dimensions, » nous dit une lettre circulaire de 1714 que nous reproduisons plus loin in extenso, à cause des curieux détails qu'elle nous donne, notamment sur le scandale qui éclata dans les dortoirs le jour de la pose de la première pierre. La construction dura deux ans. Elle fut achevée en 1715.

« Nous avons déjà bâti un dortoir de belles pierres, écrit à cette date la Supérieure dans son rapport, et un noviciat assez joli pour ce païs. *Nous avons de plus bâti une église très jolie*, par les soins de Mgr Hébert, notre très digne prélat, qui se dispose à la sacrer incessamment. Nous espérons qu'on y célèbrera le saint sacrifice de la messe à la saint Jean prochaine de cette année. Nous avons un reliquaire d'argent où il y a de la chair de saint François de Sales, patriarche et fondateur de notre saint Ordre. Nous avons de plus cinq bustes dorés : un de notre Père, François de Sales, où il y a de ses ossemens. Dans les autres quatre, il y a de la chair et des ossemens des saints Venturin, Constance, Réparate et de saint Venant. Nous n'avons point de privilèges. Nous avons toujours l'honneur et le bonheur de vivre sous l'obéissance de Messeigneurs les Evêques.

« Nous sommes trente-neuf religieuses, savoir : vingt-cinq du chœur, neuf novices pour le chœur et quatre sœurs converses.

Nous avons trois domaines ; le premier nous a coûté 16,000 livres ; le second 12,000, et le troisième 6,000 ; tout le revenu que nous pouvons en tirer aux bonnes années, pouvant faire la somme, les tailles payées, de 1,200 livres. Du reste nous n'avons rien de curieux qui puisse occuper l'esprit du prince auquel nous souhaitons une longue vie toute heureuse et prospérante. C'est ce que nous demandons au Seigneur avec instances dans nos faibles prières, et qu'il le comble de ses consolations dans cette vie et dans l'autre[1]. »

— L'église de la Visitation, ainsi qu'on peut le voir sur le plan ci-joint, n'avait, quoi qu'en disent les sœurs, qu'une assez minime importance. C'était une chapelle bien plutôt qu'une église. D'une longueur de vingt mètres seulement sur dix de large, sa nef principale était divisée en deux travées à croisées d'ogives, R et R' d'inégales proportions et reliées entre elles par un vaste arceau, également désigné sur le plan. Le chœur était en R' et l'autel à l'extrémité, adossé contre le mur oriental. A gauche se trouvaient deux petits réduits, dont l'un carré, S, servait de sacristie. A droite, en V, existait une autre petite nef latérale, fort étroite, divisée également en deux travées à croisées d'ogives. Enfin un très beau portail, dont nous allons décrire l'ornementation extérieure, donnait sur la rue Porte-Neuve et permettait aux fidèles d'entrer directement dans la chapelle.

Cette église, d'une construction plus que modeste, écrit l'abbé Tournié, à en juger par les traces qu'offrent les arceaux de ses chapelles latérales encore visibles et par les arceaux récemment démolis, manquait totalement de décorations artistiques au dedans. Mais ce défaut n'était applicable qu'à l'intérieur de l'édifice et non à la façade extérieure de l'église, qui donnait sur la rue Porte-Neuve. Celle-ci au contraire se faisait remarquer par la beauté de son architecture. Nul de nos annalistes ne l'a signalée; mais la description que nous allons en donner a pour garants un

[1] Archives de l'Evêché. F. 67.

croquis et une note trouvés parmi les papiers de M. de Saint-Amans, témoin oculaire et juge compétent.

« Quatre pilastres, deux de chaque côté du portail, ornés de cannelures et montés sur de riches bases, reposaient chacun sur un élégant piédestal, et de là s'élevaient jusqu'à la hauteur de l'Eglise. Là, de leurs chapiteaux où la gracieuse volute ionique s'alliait à la riche corbeille corinthienne aux feuilles d'acante, ils supportaient un magnifique entablement, surmonté d'un fronton semi-circulaire. Un second fronton également semi-circulaire décorait l'arcade du portail dont les montants en guise de pilastre lui servaient de supports.

« Pour donner une idée de la richesse de cette œuvre architecturale, il nous suffira de dire que les proportions et l'ornementation n'étaient autres que celle du bel ordre composite, en vogue en France à cette époque, durant le règne de Louis XIV.

« Mais ce qui rendait cette belle composition encore plus remarquable, c'était le grandiose médaillon qui décorait l'espace laissé libre entre les pilastres au-dessus du portail. Le sujet était le mystère de la Visitation, où les personnages étaient représentés de grandeur naturelle. Sainte Elisabeth sur le seuil de sa demeure, qu'ombrageait un palmier, accueillait la sainte Vierge et pressait de sa main celle de sa cousine « dextras jungendo. » A la suite de la sainte Vierge figurait saint Joseph dans l'admiration des merveilles que se racontaient les deux bienheureuses mères. Ce médaillon, morceau de sculpture, rare dans son genre, était l'œuvre d'un nommé Richefort ou Rochefort et composait avec le reste de la façade de cette église, dit M. de Saint-Amans, un chef d'œuvre d'architecture, le seul morceau qui nous restât du beau siècle de Louis XIV. (On sait en effet que la première pierre de cette église avait été posée par Mgr Hébert, le 22 avril 1713.) La façade en fut terminée en 1719, suivant Labrunie.

« Un pareil sujet religieux et un chef-d'œuvre de sculpture, ajoute l'abbé Tournié, offraient au vandalisme révolutionnaire une trop belle occasion de satisfaire sa haine contre la religion et son horreur pour les arts. Aussi, le 3 décembre 1793, une horde d'iconoclastes vint-elle se ruer sur ce médaillon et le mutiler. De cette belle façade d'église, il n'est pas resté le moindre vestige, et il n'en resterait pas même un souvenir dans la mémoire des Agenais, si un petit carré de papier, trouvé fortuitement dans la succession de M. de Saint-Amans, n'était venu nous offrir le moyen de suppléer au silence de nos annalistes.

« Le musée du Petit Séminaire conserve deux précieux fragmens de ce médaillon, trouvés dans la démolition d'un pan de muraille de remplissage où ils avaient été employés comme moellons. C'est un pied de saint Joseph et les mains unies de sainte Elisabeth et de la sainte Vierge. Par leurs dimensions de grandeur naturelle, par le fini du travail et la qualité de la pierre, ils justifient pleinement l'assertion de M. de Saint-Amans et prouvent combien le champ de ce médaillon avait dû être profondément fouillé et combien les figures devaient y avoir de saillie, pour que ces deux pièces aient pu en être ainsi détachées dans leur entier[1]. »

Au nord de l'église, y attenant, était le couvent de la Visitation, dans l'ancienne maison de Selves, dont nous avons déjà donné, d'après le cadastre de 1640, la confrontation extérieure. Nous allons le décrire tel que nous le représente la fraction ci-jointe du plan Lomet, relevé au moment de la Révolution, avant sa transformation, et aussi d'après un plan, à peu près identique quoique moins détaillé, qui existe aux Archives Nationales de Paris, et qui fut dressé vers 1780 pour « Mesdames les Religieuses de la Visitation d'Agen[2]. »

L'entrée du couvent était en A, donnant sur la rue Porte-Neuve. On pénétrait aussitôt dans la petite cour B, dite *cour du parloir*, qui séparait les deux principaux corps de logis C et D, et où se trouvaient, au rez-de-chaussée, d'un côté le *parloir* et les *salles de réception*, de l'autre côté, les *cuisines*, la *dépense* et les *communs*. Au

---

[1] Manuscrit de l'abbé Tournié, qui annote ainsi ce passage : « *Voir le Recueil des actes du Couvent, manuscrits et imprimés en 2 volumes, petit in-folio, qui étaient à la Bibliothèque du Grand Séminaire, aujourd'hui, s'ils ne sont pas détruits, à l'Evêché.* » Malgré nos plus actives recherches, il nous a été impossible de retrouver ces deux volumes, dont l'intérêt pour nous était inappréciable.

[2] Archives Nationales. Cartes et plans. Lot-et-Garonne. Série N.

fond de la cour, occupant la moitié de sa façade orientale, se dres-

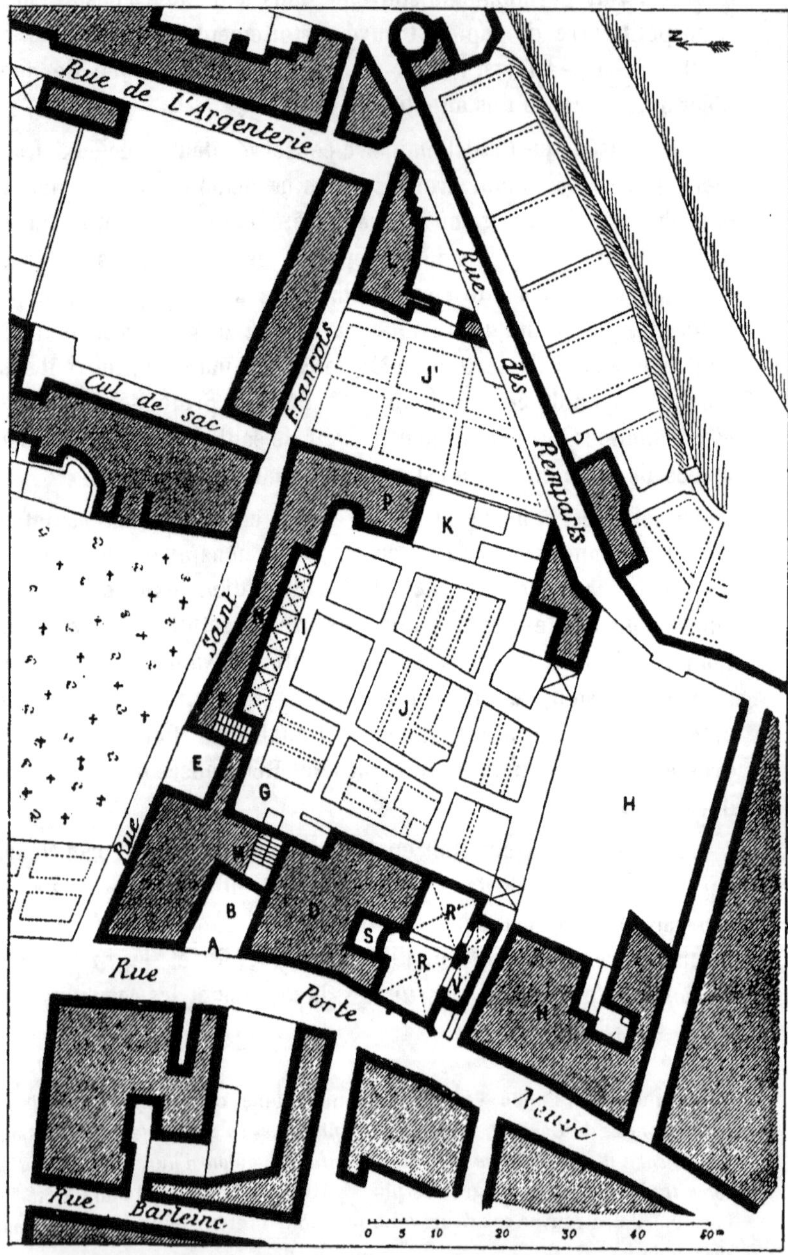

sait la *mirande* M, sorte de tour rectangulaire, qui servait de cage à l'escalier principal, conduisant aux deux étages du couvent, pour se terminer par une vaste salle, d'où la vue s'étendait sur toutes les maisons de la ville, et qui fut, vers la fin du XVIIe siècle, ainsi que nous l'avons déjà dit, transformée en oratoire en l'honneur de la Vierge par la supérieure Catherine de Massiot.

La mirande existait déjà en 1642, quand fut fondé le couvent. A en juger par l'ornementation extérieure de ses fenêtres à meneaux, surmontées d'un fronton triangulaire, et par les moulures de ses autres ouvertures, elle daterait de la fin du XVIe siècle, ou plus sûrement des premières années du XVIIe siècle. Cette élégante construction fut élevée probablement par le père même de la bienfaitrice, Julien de Cambefort, sieur de Selves, qui durant sa vie joua un rôle très actif dans Agen et fut plusieurs fois consul. La mirande subsiste encore dans son état primitif, et mérite d'être vue principalement du côté de la cour. Le bel escalier de pierre qu'elle renferme dessert les principales salles du Séminaire actuel, notamment au second étage l'intéressant musée d'histoire naturelle, créé par l'abbé Tournié. Ces salles renfermaient autrefois la *lingerie*, l'*infirmerie*, le logis *des dames*, et avant la construction de l'aile orientale, le noviciat et les dortoirs. Ces derniers se trouvaient dans le corps de logis faisant le coin de la rue Porte-Neuve et de la rue Saint-François.

Ce fut, on le sait, en 1700 que la Mère de Massiot fit construire l'aile de la rue Saint-François N, séparée du corps de logis principal par la petite cour E, qui n'existe plus de nos jours, et sur l'emplacement de laquelle se trouve aujourd'hui en partie la vaste chapelle du Petit Séminaire. Un bel escalier en pierre F, construit sur le modèle de celui de la mirande et de la même largeur que lui, desservait les deux étages qui comprenaient au premier le *noviciat* et au second le *dortoir*. Le *réfectoire* fut transporté au rez-de-chaussée entièrement voûté en croisées d'ogive, et sur lequel s'ouvrait une *galerie extérieure* également voûtée de huit arceaux I, qui subsiste encore aujourd'hui. C'était le cloître ou pour mieux dire le promenoir couvert des religieuses. Un vaste jardin J, divisé en onze carreaux, procurait au monastère les fruits et les légumes nécessaires à son entretien. Il se terminait par la basse-cour K, où les religieuses renfermaient les volailles et les oiseaux divers qui leur étaient offerts. En J', était un autre petit jardin, qui sur le plan des Archives Nationales, est indiqué comme « un jardin dont Mesdames de la Visitation veulent faire l'acquisition », et en L la maison du sieur de La Grave, qui faisait le coin de la rue Saint-François et de la rue des Remparts.

Enfin le monastère confrontait du midi d'abord avec l'hôtel de Secondat H, ancienne maison du conseiller Jeyan, dont une descendante, Marie Françoise de Jeyan, épousa au milieu du XVIIIe siècle Messire Gratien de Secondat de Roquefort, puis avec son jardin H' qui longeait la rue d'Argus, aujourd'hui rue du Jeu de Paume. Ces immeubles, vendus d'abord le 17 novembre 1834 aux Carmélites, furent revendus par elles, le 13 mai 1840, au Petit-Séminaire qui les possède actuellement.

Tel était, dans ses dispositions principales, le monastère de la Visitation, au moment de la Révolution. Ainsi que nous le verrons à cette date, il fut entièrement bouleversé après le départ des sœurs, et il subit, depuis cette époque jusqu'à nos jours, de multiples tranformations. Nous les indiquerons au fur et à mesure que nous relaterons les phases diverses par où passa le Petit-Séminaire, qui, on le sait, fut installé sur son emplacement.

— La chapelle terminée, Mgr Hébert vint en grande solennité la bénir et y dire la première messe. Cela se passait en 1715. Le couvent était alors, grâce à la sage administration de la Mère de La Garrigue, en pleine voie de prospérité. Deux lettres circulaires de cette époque nous donnent de très curieux détails sur sa situation intérieure. Malgré leur longueur, nous croyons devoir, à cause de l'intérêt qu'elles offrent, les reproduire ici in extenso [1].

Le premier de ces documents est une lettre circulaire que les sœurs de la Visitation d'Agen écrivent à leurs compagnes des au-

---

[1] Bibliothèque nationale. Imprimés. Ld (173). *Collection de lettres circulaires émanées des religieuses de la Visitation Sainte-Marie des différents monastères de France ou à elles adressées de France ou de l'étranger, rangées par ordre alphabétique de monastères et dans chaque monastère par ordre chronologique.* In-4, Tome II, Agen.

tres monastères de France, à la date du 10 septembre 1714. Elle est ainsi conçue :

« VIVE + JÉSUS.

« NOS TRÈS HONORÉES ET CHÈRES SŒURS,

« Nous voicy à la veille de nos retraites, où nous venons prendre congé de vos charitez et vous asseurer que vous aurez beaucoup de part dans nos prières. C'est dans cet aimable désert, qui n'a d'affreux que le nom, que nous nous promettons des consolations que la terre ne nous peut donner : nous tâcherons de les mettre à profit pour la sainte éternité. Avant cet heureux temps, nous allons donner à vos charitez le détail de nos petites nouvelles : il y en a de bien tristes puisque dans un an nous avons perdu quatre sujets qui faisaient une des meilleures portions de notre Communauté ; le bras de Dieu en nous frappant s'est adouci sur ces belles âmes, en leur donnant selon toutes les apparences la récompense des saints. La première fut notre très honorée Mère Marie-Alexis de Redon de Monplaisir, que nous avions l'honneur d'avoir pour supérieure depuis deux ans : sa mort nous procura le bonheur de voir remplir sa place par N. très honorée sœur la Deposée qui tomba dangereusement malade le même jour que notre chère Mère. Jugez N. T. C. Sœurs de notre état, dans des circonstances qui ne nous offraient que la perte de ces deux soutiens de notre maison; nous eûmes recours au Père Céleste par des vœux ardents ; sa divine miséricorde nous écouta en faveur de N. C. S. la Déposée, et nous permit d'en faire élection dans un tems où elle venait de se disposer tout de bon au voyage de la sainte éternité. Monseigneur notre grand Prélat ne nous donna que six jours pour nous disposer à cette grande action : beaucoup moins nous eut suffi. non pour nous consoler de la perte que nous venions de faire, mais pour soulager notre douleur en nous mettant au plus vite sous l'obéissance de cette C. Mère ; nous avions fait pendant six années l'expérience de son gouvernement, et n'en avions interrompu le cours que pour suivre les ordres de nos SS. fondateurs. Sa Grandeur nous témoigna beaucoup de satisfaction du bon choix que nous avions fait ; s'étant donné la peine d'entrer une fois pour le scrutin, elle voulut bien le faire une seconde, pour dire à N. T. H. Mère que quoiqu'elle ne fut pas en état de faire sa profession de foy, elle la confirmait et lui donnait le pouvoir entier. Cette élection, faite avec tant d'agrément de part et d'autre, nous eut fait un plaisir parfait, si elle ne se fut faite par un rude contrecoup.

« Quelques tems auparavant nous avions eu l'honneur de posséder nos T. H. Sœurs de la fondation d'Aire; ces chères sœurs nous embaumèrent par l'odeur de leurs vertus. La T. H. Mère Françoise-Séraphique de Monmorin, qui en est le digne chef, nous donna une véritable idée des premières supérieures par sa ferveur et son zèle pour toutes les observances; sa charité était très bien secondée par ses chères filles. Nous aurions bien souhaité les retenir plus longtemps; nous fîmes valoir pour y réussir tous nos petits airs empressés par les témoignages de nos cœurs bien sincères et bien tendres pour leurs charitez; il fallut enfin se rendre à leurs bonnes raisons; elles nous font l'honneur d'avoir avec nous une relation particulière qui sert à nous dédommager de leur séparation.

« Vous avez sans doute sceu, N. C. sœurs, que nous faisons *bâtir une église*; vous nous avez peût-être blamées et avec raison que dans un temps si rude et si dur, et notre revenu suffisant à peine pour nous entretenir la moitié de l'année, nous ayons entrepris une batisse. Nous ne l'aurions pas fait aussi si Monseigneur notre illustre Prélat ne l'eut absolument voulu, persuadé que notre chœur, qui est très petit, nous fait contracter les infirmitez où nous sommes presque toujours sujettes. Sa Grandeur en est l'architecte avec M. l'abbé Hébert son frère; ils en ont fait le plan et pris toutes les dimensions. Monseigneur nous fit l'honneur de poser la première pierre, le 21 du mois d'avril, accompagné de Messieurs de sa cathédrale avec nombre d'autres prêtres, de plusieurs messieurs du Présidial et de presque toute la ville. Cette cérémonie se fit avec beaucoup d'honneur pour nous et de profit pour nos massons, et sur le tout avec un grand désordre en nos dortoirs, où, quelque précaution que nous eussions pris, nous ne peumes empêcher qu'on entrât. La plupart s'enfermaient dans nos cellules, espérant y trouver de quoy se rafraîchir et se refaire de la pluie qu'ils avaient essuyé pendant la cérémonie; mais ils furent bien surpris de n'y trouver qu'une discipline et quelques livres.

« Quelques jours après, M. l'abbé Hébert vint bénir notre nouvelle cave, et y faire la sépulture de N. T. C. sœur Marianne Victoire Valtrin. Il nous fit la grâce de nous dire ensuite que s'il mourait dans Agen, il voulait être enterré dans la chapelle de N. S. fondateur, voulant faire toute la dépense du dedans de cette chapelle. Cette grâce jointe à beaucoup d'autres que nous recevons souvent de Monseigneur notre grand Prélat et de Monsieur son digne frère, nous pressent à vous solliciter de prier le Seigneur pour leur conservation ; en nous rendant ce service, N. C. S., vous le rendrez à tout ce diocèze ; il n'en fut jamais un mieux pourveu ; ceux qui ont leu la vie de N. S. fondateur la trouvent retracée dans celle de cet illustre Prélat; c'est sa douceur, sa charité et sa vigilance pastorales sur tous les besoins de son troupeau ; nous nous estimons heureuses d'en faire une petite partie; si le Seigneur écoute nos vœux, nous jouirons longtemps de ce bonheur.

« Nous nous apercevons que nous différons trop à vous parler des grandes obligations dont nous sommes redevables aux T. H. MM. les Supérieures et Déposées de nos Monastères de Paris, particulièrement celles du premier et du second. Nous avons beaucoup perdu par la mort de la T. H. M. Marie-Christine Leroy et de ma T. H. S. Marie-Henriette Sibour. Nous avons aussi beaucoup recouvré en la personne de ma T. H. S. Marie-Augustine Bellavoine. Nous recevons souvent des marques de ses charitables bontez et de son aimable protection. Nous ne devons pas moins à ma T. H. M. la Supérieure du faubourg Saint-Jacques et à ma T. H. S. Anne-Elisabeth de Lamoignon, qui sont toutes les véritables héritières de l'esprit et du cœur de N. S. fondateur; notre T. C. Mère nous dit souvent que nous méritérions d'être privées de l'honneur de leur bienveillance, si nous les perdions un moment de veüe; sa charité nous fait faire des prières particulières pour leur conservation; elle trouve en nous une grande disposition à nous acquitter de ce devoir avec le plus de ferveur qu'il nous est possible; nous suivons en elle notre penchant et l'exemple que nous donnent nos T. H. SS. les Déposées Françoise Nicole de Sevin et Jeanne-Catherine de Massiot, qui sont des règles animées et des modèles d'une ferveur qui nous fait souhaiter de les imiter de près. L'union qui règne entre N. T. H. Mère et leurs charitez nous porte à rendre la notre toujours plus étroite, et nous fait oublier par cette douceur toutes les misères que nous venons d'éprouver par une inondation qui s'est faite dans toutes les villes qui sont sur la Garonne ; nous perdîmes tous nos grains presque à la veille de les recueillir, avec une partie des granges de nos métairies et tout notre petit bétail; nous fumes obligées, l'année précédente, d'acheter pour 3,500 livres de blé, tant pour notre nourriture que pour les semences. Nous empruntâmes cet argent à rentes constituées ; et nous avons regardé comme un bienfait de la Providence d'en trouver dans un tems où toutes les familles de cette ville avaient senti comme nous le bras du Seigneur. Rien n'était plus digne de pitié, N. T. C. SS. que d'entendre le récit de la perte que chaque particulier avait faite; l'on oubliait ses propres malheurs pour s'attendrir sur ceux d'autruy. Dieu, qui est un bon maître, nous a donné cette année une moisson abondante, le bled a diminué considérablement et l'on commence un peu à se refaire de ce côté-là, tout le reste ayant triplé de prix ; nous regardons comme un présent de Dieu que dans des années si cruelles, nous ayons reçeu un grand nombre de postulantes qui ont toutes d'heureuses dispositions à remplir les devoirs de leur vocation. Si elles réussissent, nous aurons de quoy payer notre église qui nous coûte 8,000 livres; nos massons nous ont promis de nous prêter jusques là une partie de cette somme. A la fin de ce petit détail nous ajoutons les asseurances de nos tendres respects, vous priant de vouloir bien les présenter de notre part à votre très honorée Mère. La nôtre vous prie de recevoir le témoignage des siens et nous ordonne aussi de vous donner un succint récit de la vie de nos quatre dernières défunctes. Après vous avoir suppliées de vouloir être persuadées que 26 professes du voile noir, 3 du blanc, 3 novices, deux sœurs tourières, 7 postulantes, dont il y en a deux pour le rang des sœurs domestiques, douze pensionnaires et une demoiselle qui vit religieusement parmi nous depuis bien des années, qui sont le nombre de cette communauté, vous sont entièrement dévouées pour être toujours dans l'aimable déliction, Nos très honorées et chères sœurs,

Vos très humbles et indignes sœurs et servantes : Les Sœurs de la Communauté de la Visitation Sainte-Marie d'Agen.

D'Agen, ce 10 septembre 1714. Dieu soit béni ! »

Cette lettre est suivie des longues et très intéressantes biographies : de la Mère *Alexis de Redon-Monplaisir*, que nous avons déjà résumée, et qui décéda le 10 août 1712 ;

De la sœur *Jeanne-Françoise Dudon*, de Bordeaux, décédée à Agen, à l'âge de quarante-trois ans, le 1er février 1713, du rang des sœurs choristes ;

De la sœur *Marie-Anne-Victoire Valtrin*, de Saintes, décédée à Agen, à l'âge de vingt-quatre ans, le 7 mai 1713, du rang des sœurs choristes ;

De la sœur *Marie-Constance de Plaisance*, de Villeneuve, morte à Agen, à l'âge de vingt-quatre ans, de la maladie de la pourpre, le 11 août 1713 ;

De la sœur *Jeanne-Marie Monméjean*, domestique, décédée à l'âge de cinquante-huit ans, le jour de Noël 1713 ;

De la sœur *Jeanne Séraphique Dancellin*, d'Agen, décédée le 30 avril 1714, à l'âge de soixante-dix-sept ans ;

De la sœur *Françoise Agnès Descomps*, de Bordeaux, décédée à Agen, le 6 mai 1714, à l'âge de quatre-vingt-trois ans, du rang des sœurs choristes ;

De la sœur *Marie-Angélique Dudon*, de Bordeaux, décédée à Agen, le 15 mai 1714, à l'âge de soixante-dix-sept ans, du rang des sœurs associées ;

Enfin de la sœur *Thérèse-Angélique de Vembomel*, de Bordeaux, décédée à Agen, à seize ans et demi, le 2 juillet 1714 [1].

— La seconde lettre est une lettre circulaire de la Mère Thérèse de Lagarrigue, datée des fêtes de Pâques de l'an 1718, et ainsi conçue :

De notre monastère d'Agen, ces fêtes de Pâques de l'an 1718.

VIVE † JÉSUS.

MES TRÈS HONORÉES SŒURS,

« Le temps de la glorieuse résurrection est un temps de faveur par la paix qu'il procure aux cœurs bien disposez à la recevoir. Cest

---

[1] Bibliothèque nationale. Imprimés. Ld. (173).

dans cette circonstance que je viens, en prenant congé de vos charitez, réparer auprès de vous la faute que j'ay commise, en me privant de consolation de vous renouveler mon profond respect, pendant les six années que la Providence m'a confié le soin de la communauté, à qui j'ay cédé l'avantage de vous faire part de nos petites nouvelles. L'empressement que nos chères sœurs ont eu de remplir ce devoir me servira de garant de celui que j'aurais eu moi-même à les prévenir. Si les grandes et diverses occupations n'avoient été un obstacle presque invincible, il est bien juste, ma très honorée sœur, qu'en faisant la cloture de notre supériorité, j'aye l'honneur de vous remercier de toutes les bontez dont la plupart de vous m'avez fait la grâce de me faire ressentir fréquemment les effets, et que je vous prie de vous interesser auprès du Seigneur pour qu'il nous donne à l'Ascension prochaine une supérieure qui efface par la bonne conduite tous les deffauts de la mienne.

« Jay le plaisir de laisser cette communauté toute remplie du désir de se perfectionner selon l'esprit primitif de notre sainte vocation. Je dois cette justice à nos sœurs ; on n'en voit guère d'une plus facile conduite, qui aiment autant leur état, et parmi lesquelles la bonne intelligence se soutienne avec tant de persévérance ; il ne leur manque qu'une personne capable de les aider, et de cultiver leurs bonnes dispositions ; c'est à ma confusion que j'ay occupé cette charge seulement pour m'édifier de leurs bons exemples ; je supplie le Seigneur qu'il leur donne une mère de son choix et qu'il les dédommage abondamment de ce qu'elles ont eu à souffrir à mon égard. Vous aurez de la peine à croire, ma très honorée Sœur, que pendant ces six années nous ayons fait faire la sainte profession à *vingt-deux* religieuses, et donné l'habit à *trente,* dont deux l'ont quitté ne se sentant pas assez de courage pour passer plus avant. Dieu en a appelé à lui deux autres, dont la vocation étoit bonne et solide ; ce nombre, tout vrai et tout réel qu'il est, me paroit quelque fois impossible ; cependant le renouvellement qui s'est fait depuis trop peu d'années dans cette maison ne nous prouve que trop que si nous avons gagné par l'acquisition d'une troupe de bons sujets, le Seigneur a exigé de nous de grands sacrifices en frappant vivement le troupeau par la perte d'un nombre de saintes religieuses dont le mérite et la vertu faisoient la bonne odeur de cette communauté.

« Vous jugez bien, ma très honorée sœur, qu'un si grand accroissement n'a pu se faire sans nous mettre dans la nécessité de batir. Après avoir édifié un temple au Seigneur, le chœur et les sacristies, nous avons fait deux *petits dortoirs*, qui contiennent douze chambres, dont quelques unes peuvent servir aisément pour deux de nos sœurs dans le besoin ; cette dépense, que nous avons faite avec autant de ménagement que d'utilité, n'a pas laissé que de nous couter 30,000 livres, ce qui a fait que nous n'avons pu mettre en rente que très peu de choses, les dots de nos sœurs étant d'ailleurs fort modiques. L'on a ici comme ailleurs grand désir de donner à Dieu des épouses, mais à peu de frais, parceque la foy y est très vive et que l'on est persuadé que les biens temporels sont inséparables d'avec les biens spirituels. Nous tachons de maintenir ceux-cy dans toute leur intégrité ; pour les autres il est très difficile, tant par les mauvaises récoltes que par la difficulté qu'il y a d'être payé de ses débiteurs.

« Enfin tout nous sollicite de concert à nous abandonner entièrement à la divine Providence, à qui nous devons sans balancer les grandes obligations que nous avons à nos très honorées sœurs, les supérieures de nos monastères de Paris, particulièrement à celle du premier du faubourg Saint-Jacques et à notre très honorée sœur Anne-Elizabeth de Lamoignon, et à la supérieure et déposée de Chaillot ; nous les regardons toutes comme nos mères, nos bienfaitrices, pour lesquelles nous demandons à Dieu qu'il les comble de ses précieuses grâces, et qu'il soit lui-même la récompense de tous les actes de charité effective qu'elles font en faveur d'un grand nombre de nos monastères, qui comme nous, ne peuvent assez admirer combien ses aimables mères possèdent l'esprit de nos saints fondateurs. Nous ne sommes pas moins reconnaisantes qu'édifiées de tous les soins empressés que ma très honorée sœur, la supérieure de notre monastère de Rome, vient de se donner auprès de sa Sainteté pour tout l'institut, afin de nous procurer quelque petite partie du trésor de l'église; elle nous a obtenu par le crédit du cardinal Cassini, protecteur de notre saint ordre, un grand nombre d'indulgences dont les supérieures peuvent faire l'application, avec le renouvellement de celles qui nous avoient été accordées, il n'y a que sept ans, en faveur de tous les bienfaiteurs et parents du premier et second rang ; nous tacherons de profiter des avis que sa charité nous fait la grâce de nous donner, et de faire un saint usage de tous ces biens spirituels.

« Les bonnes nouvelles que cette chère mère nous donne au sujet du procès de béatification de notre très digne et vénérable mère de Chantal nous font déjà sentir la véritable consolation que nous aurons de voir Sa Sainteté révérée de tous les fidèles ; nous esseyerons de notre côté de nous rendre telles qu'elle nous souhaite, en imitant ses vertus d'aussi près qu'il nous sera possible, pour faire un jour partie de sa gloire. Ne doutons pas que ce soit la récompense de nos très honorées sœurs d'Annecy, pour tous les mouvements qu'elles se donnent auprès du saint siège pour le progrès de cette affaire ; nous demandons au Seigneur leur conservation avec toute l'ardeur que mérite leur zèle pour la gloire et la perfection de l'ordre.

« Comme nous n'avons jamais douté, ma très honorée sœur, de la part que votre charité prend à tout ce qui nous regarde, nous vous dirons, comme à d'autres nous-mêmes, nos alarmes continuelles sur la santé chancelante de Monseigneur notre illustre prélat ; accoutumé de tout temps aux grandes et pénibles occupations, il regarde de mauvais œil tous ceux qui lui parlent de se ménager ; mais son travail infini, joint à un tempérament déjà ruiné, l'épuise absolument et nous fait tout craindre. Cet épouvantable malheur, dont nous sommes menacées, a été cruellement prévenu par un autre, qui naturellement n'en devoit être tout au plus que la triste suite. Monsieur l'abbé de Saint-Maurin, digne frère de ce grand prince de l'église, et son grand vicaire, s'est retiré à Tours, où, selon toutes les apparences, la nécessité de ses affaires le retiendra le reste de ses jours. Que n'avions-nous à vous dire sur ce sujet ? Nous avons perdu un bienfaiteur, un père commun qui entroit avec cette qualité dans toutes nos affaires, dont il faisoit effectivement les siennes propres ; ce coup nous a d'autant plus frappées qu'il nous était imprévu, et que nous éprouvions journellement la continuation de toutes ses bontés, qui n'étoient qu'une suite de mille soins et de mille mouvemens, qu'il se donnait depuis le commencement de notre batisse, en ayant fait lui-même le plan et les devis. Dans quel embarras n'eussions-nous pas été par notre peu d'expérience, s'il ne l'avait conduite jusqu'à la fin ? Nous espérons, ma très honorée sœur, que vous entrerez dans tous ces différents mouvements dont nous sommes vivement touchées à l'égard de ces deux puissants patrons, également zélés pour la gloire de notre ordre et pour l'avantage particulier de ce monastère, et que vous aurez la bonté de vous joindre à nous pour demander à Dieu leur conservation, qui nous est plus chère et plus nécessaire que jamais. Nous allons ajouter à la fin de cette lettre, l'abrégé des vertus de nos quatre dernières défuntes. Celui qui regarde nos deux chères déposées ne sera pas aussi étendu que meriteroit leur longue et sainte vie, ne nous restant aucune de nos chères sœurs de la fondation, ni de celles qui ont vécu avec elles un temps considérable; d'ailleurs il faudrait une plume plus habile que la mienne pour vous donner une idée juste de leur vertu. Nos chères sœurs, dont le nombre est de trente-huit professes du voile noir, trois du blanc et cinq novices, dont il y en a deux pour le rang des sœurs domestiques, avec trois sœurs tourières, et un grand nombre de pensionnaires: toute cette petite troupe réunie vous offre ses profondes obéissances. Je salue avec un respectueux attachement vos aimables filles, vous assurant pour moi que je serai toute ma vie avec un respect rempli de la plus vive reconnaissance,

Ma très honorée sœur,
Votre très humble et indigne sœur et servante
en Notre Seigneur
Sœur MARIE THÉRÈZE DE LAGARRIGUE,
de la Visitation Sainte Marie. Dieu Soit Béni.

Suivent les biographies de la Mère *Jeanne Catherine de Massiot*, ancienne supérieure, décédée le 10 mai 1715, déjà donnée par nous;

De la Mère *Françoise Nicole de Sevin*, ancienne supérieure, et que nous avons également résumée plus haut ;

De la sœur *Françoise Madeleine Pouget*, sœur domestique, décédée à l'âge de quarante-deux ans, le 24 avril 1716;

Et de la sœur *Marie Claire de Saint-Beauzel*, décédée à l'âge de vingt-six ans, du rang des sœurs choristes, le 25 avril 1716 [1].

---

[1] Bibliothèque nationale. Imprimés, Ld. 173.

— Ainsi qu'on vient de le voir au commencement de cette seconde lettre, la Mère de Lagarrigue, conformément à la règle de l'ordre, fut déposée le jour de la fête de l'Ascension, 1718, et remplacée par la Mère *Marie-Suzanne de Pommiers* (1718-1721.) Ce fut avec de grand regrets que ses sœurs la virent quitter la direction de la maison. « Nous passâmes, disent-elles dans sa biographie, les six années de son second gouvernement, avec toute la rapidité d'une course remplie de bonheur. » Elle redevint maîtresse des Novices. Mais trois ans après elle fut de nouveau élue supérieure, et elle reprit la direction de la maison pendant deux nouveaux triennaux (1721-1727.)

Rien de saillant cette fois ne vint marquer cette période de son administration. La Mère de Lagarrigue prenait de l'âge, et les infirmités la rendaient moins alerte qu'autrefois. « Très pesante, dit sa biographie, elle ne pouvait plus agir. Cependant elle se rendait encore à l'Oraison du matin et aux autres exercices, à la grande édification de la communauté. Elle finit pas ne pouvoir plus assister qu'à la messe. Ses journées se passaient à prier et à lire, n'ayant en vue que le bonheur d'obtenir une bonne mort..... Sa dernière maladie commença par une oppression de poitrine à laquelle se joignit l'hydropisie, qui dura trois semaines. Les maux qu'elle souffrit portèrent sur tous ses membres et lui firent endurer une espèce de martyre avec une patience, une douceur et une résignation entière aux ordres de Dieu. Enfin, elle mourut le 7 janvier 1732, à l'âge de soixante-neuf ans, dont cinquante-trois de religion du rang des sœurs choristes. La maison, dit en terminant son biographe, a perdu en elle son soutien et son plus bel ornement. Nous espérons qu'elle nous sera aussi utile dans l'autre vie qu'elle nous l'a été dans celle-ci. Dieu nous fasse la grâce de l'imiter. »

—*Marie Suzanne de Pommiers* fut élue une seconde fois supérieure du monastère en 1727, et elle l'administra cette fois six années, de 1727 à 1733. Aussitôt entrée en charge, elle dressa en grand détail l'état du couvent. Le monastère se composait alors de quarante religieuses professes, les dix plus anciennes étant : Sœurs Marie Thérèse de Lagarrigue, 63 ans; Marie Suzanne de Pommiers, 59 ans ; Marie-Joseph de Vedrine, 60 ans; Jeanne Thérèse de Bonnal, 50 ans ; Françoise Catherine de Redon, 50 ans ; Jeanne Marie de Sevin, 49 ans ; Marie Madeleine de Feydie, 49 ans ; Rosa Elisabeth de Salles, 44 ans; Anne Thérèse Dudon, 41 ans et Jeanne Elisabeth Moustafa, 41 ans; plus de 3 novices, d'une postulante et de 6 sœurs converses.

La communauté possédait toujours ses quatre anciens domaines, savoir : 1. La métairie appelée *Le Rost,* juridiction d'Agen, située dans un petit vallon, d'une contenance de dix-huit carterées en terres labourables, peu de prés et de vignes, dans un fonds ingrat et dans une mauvaise situation, d'un revenu annuel de 170 livres ;

2. La métairie appelée *Le Roussel,* de cinquante-cinq carterées, située dans le vallon et paroisse de Saint-Cyr, consistant presque uniquement en terres labourables, le tout d'un fonds des plus médiocres, et d'un revenu annuel de 300 livres ;

3. Une autre métairie appelée *de Guéringaut,* en plaine, paroisse de Clermont-Dessus, de la contenance de cinquante-une carterées, en terres labourables, peu de prés et de vignes, d'un fonds commun, et d'un revenu annuel de 450 livres ;

4. Enfin, une autre métairie située en plaine, paroisse de Sainte-Radegonde, juridiction d'Agen et de Castelcullier, consistant en maison, grange, jardin, terres labourables, vignes, d'un fonds commun de dix carterées et d'un revenu annuel de 120 livres ;

5. Le jardin du clos suffit à peine pour le potager de la Communauté.

De plus, il est dû aux religieuses, tant en rentes constituées que viagères, provenant de l'extinction de l'aumône dotale des religieuses, la somme de 1,348 livres, 16 sols.

Enfin elles perçoivent, soit comme travail des religieuses, « ces dernières passant la plus grande partie du temps aux offices et exercices de la Communauté, mais cependant consacrant le peu de temps qu'il leur reste à filer de la laine pour leurs petits besoins, » soit comme pensions annuelles des pensionnaires et des novices, soit enfin « comme rente annuelle de 200 livres que le Roi accorde à la sœur de Guillem, religieuse audit couvent, pour cause de religion, elle ni ses parents n'ayant aucun bien pour la doter, mais qui n'a jamais été payée, quoique la Communauté ait fourni des quittances en 1714 et 1715 et que la sœur de Guillem vive encore, la somme de 2,040 livres.

L'ensemble des revenus s'élève donc à la somme de 4428 livres, 16 sols.

Les charges, consistant en impôts, rentes perpétuelles pour cause d'emprunt; frais du culte, 300 livres; vestiaire des religieuses, 800 livres; médecin, le sieur Fonfrède, chirurgien, le sieur Vissière, et drogues et remèdes, 212 livres; aumônier et confesseur, le sieur Lalande, 300 livres; deux valets et deux servantes, 117 livres; nourriture des religieuses, 6,435 livres, etc., se montent à la somme totale de 8019 livres, 10 sols.

Il y a donc un déficit de 3,590 livres, 94 sols, qui n'est comblé que par les dots des filles entrant au fur et à mesure en religion.

Le tableau est signé de Monseigneur l'Evêque, de sœur Marie-Suzanne de Pommiers, supérieure; s. Françoise-Catherine de Redon, assistante, s. Marie-Madeleine de Faydit, s. Marie-Delphine de Bosq, et s. Jeanne-Catherine de Selves, conseillères. Il porte la date du 26 août 1727 [1].

Le 5 mars 1731, le Roi a établi sur son trésor royal, dit le journal du couvent, une pension annuelle de 600 livres sur la tête des dix plus anciennes religieuses de la Communauté, en deux pactes différents, l'un au premier avril, et l'autre au premier octobre, en sorte que ladite pension diminuera à mesure que lesdites religieuses mourront [2].

La Mère de Pommiers fut déposée au mois de mai 1733 et remplacée par la *Mère Madeleine-Angélique Joubert,* qui gouverna de 1733 à 1739. Trois mois avant la fin de son premier trienne, cette supérieure écrivit une lettre circulaire, adressée à la Supérieure de la Maison-Mère, où elle explique comment, religieuse du couvent de Grenoble, elle fut choisie par les religieuses d'Agen, sur les instances de leur évêque, Monseigneur de Saléon, comment elle opéra

---

[1] Archives de Mme la comtesse M. de Raymond. Voir aussi notes de M. l'abbé Tournié.

[2] Journal du Couvent. 3e cahier, p. 297. Archives de M. le Dr J. de Laffore. Voir aussi Archives de l'Evêché, F. 67.

son voyage de Grenoble à Agen, et dans quel état elle trouva et laissa le couvent. Vu l'intérêt de cette missive et les détails qu'elle nous donne sur l'épiscopat de Monseigneur de Saléon, sa visite au couvent, la dévotion du Sacré Cœur, le départ de l'Evêque, l'arrivée de Monseigneur de Chabannes, les bienfaiteurs du monastère, etc., nous en reproduirons les principaux passages[1] :

« De notre monastère d'Agen,
ce 20 février 1736.

« VIVE JÉSUS.

« MA TRÈS HONORÉE SOEUR,

« Les liens de la dilection se serrent plus étroitement à la vue de l'objet qui les a formés et unis ; c'est dans cet esprit que nous venons de célébrer la fête de notre saint fondateur; tachant de nous exciter à la ferveur, nous lui avons demandé de nous obtenir un parfait renouvellement dans tous les devoirs de notre état, pour avoir part un jour à cette couronne de justice dont il est revêtu. Dans cette idée, je viens sous un même caractère remplir à votre égard les devoirs d'un sincère et profond respect et satisfaire mon inclination en vous assurant de mon très parfait attachement. Je n'aurais jamais pu penser, ma très honorée sœur, que je dusse un jour me montrer à votre charité comme supérieure ; la Providence en a disposé ainsi, dans un tems où je ne croyais pas que rien de ce monde put augmenter ou affaiblir la félicité que je goûtais dans notre second et cher monastère de Grenoble, dont j'ai l'honneur d'être professe... Nos chères sœurs d'Agen, chez qui nous avons l'honneur d'être présentement, souhaitant une supérieure étrangère, se servirent de la médiation de Monseigneur de Saléon, pour lors leur évêque. Ce grand et saint prélat que nous avons eu l'honneur et le bonheur d'avoir pour Père spirituel, pour la leur procurer, s'adressa à notre monastère. Dieu permit que nos sœurs conseillères fixèrent leurs vues sur moi, oubliant dans leur délibération qu'elles avaient des sujets infiniment supérieurs à ce choix... »

---

[1] Bibliothèque du Grand Séminaire d'Agen. B. 51.

La sœur Joubert hésite à accepter. Elle fait ses adieux à son monastère et part pour Agen. Relation de son voyage. Elle s'arrête successivement à Tulin, au monastère de Saint-Marcelin, puis à ceux de Romans, Valence, Montélimar, Pont-Saint-Esprit, Nîmes et enfin Toulouse. Elle loue l'hospitalité qu'elle a reçue partout.

« Nous arrivâmes dans notre cher monastère d'Agen, après un voyage de vingt-un jours. Nos chères sœurs m'ouvrirent leurs cœurs aussitôt que leur porte. Et nous pouvons dire que nous fûmes bien dédommagées de nos fatigues et d'une rude canicule par leur tendre et gracieux empressement à nous recevoir, qui n'a pas consisté précisément à cette première réception ; car elles se sont soutenues par un tendre attachement et dans tous les devoirs unis à la charge dont elles m'ont honorée. Nous avons trouvé, dans le général et dans le particulier, un corps de communauté très bien composé, des filles de vertu et de vrai mérite, d'une conduite aisée, qui veulent le bien, faisant leur volonté de celle de leur supérieure, qui aiment leur état et qui le remplissent dignement, étant très capables par elles-mêmes de raisonner et de juger des choses. Elles se soumettent aux lumières de celles qui sont préposées pour les conduire, attachées inviolablement aux décisions de l'Eglise ; ne connaissant ni ne voulant connaître que celles qui émanent de cette source...

« Nous n'avons pas eu moins de bonheur de la part de Monseigneur de Saléon, notre très digne évêque, maintenant évêque de Rodez. Il nous fit l'honneur de nous assurer de toute sa protection et de son secours dans nos besoins, ce qu'il a parfaitement soutenu. Il eut la bonté de défrayer nos chères sœurs de la dépense de notre voyage, nous ayant fait compter une somme considérable pour tous les frais qu'il conviendrait de faire.

« Cette Communauté a souffert beaucoup par les billets, et se trouve souvent en peine pour les grosses provisions et pour entretenir des malades qui se succèdent les unes aux autres.... Monseigneur nous fit l'honneur de faire la visite. Dans l'exhortation préliminaire, il nous fit la grâce de nous dire qu'il était charmé de tout le bien qu'on lui disait de nous. Il nous écouta avec tant de bonté que nous nous félicitions d'avoir un évêque qui retraçait de si près par sa douceur, sa charité et sa sainteté le vrai caractère de notre saint fondateur. Il visita toute la maison et trouva tout en règle, à la réserve des *Parloirs* qui tombaient en ruines et que nous n'étions pas en état de réparer. Sa Grandeur a bien voulu en faire la dépense, nous en ayant fait accommoder un qui est des plus propres et des plus réguliers de cette ville.

« Nous avons eu, par ses soins et par sa bonté, l'établissement de la Confrérie du Sacré-Cœur de Jésus. Nous voyons avec une extrême consolation de jour à autre le progrès de cette dévotion. Que n'aurions-nous pas à dire des bontés de M. le Prieur de Lasserre et de M. l'abbé de Condorsset, vicaires généraux de Monseigneur de Saléon. Nous avions en eux de vrais Pères pour l'attention continuelle qu'ils avaient à faire plaisir à cette communauté et par la confiance parfaite qu'ils nous inspiraient. Un coup de Providence nous a enlevé ces trois soutiens par la translation de Monseigneur de Saléon à l'Evêché de Rodez. Les charités immenses qu'il avait faites dans son diocèse lui avaient attaché le cœur de son peuple, qui le regardait comme une ressource immanquable dans ses besoins. Aussi la ville fit-elle de grandes instances auprès des puissances pour le retenir ; mais inutilement. Dieu, qui en frappant d'un côté radoucit de l'autre, nous en a donné un en la personne de Monseigneur de Chabannes, agent du clergé de France, dont toutes les voix portent son éloge... »

La supérieure continue par faire l'éloge du nouveau Prélat. Elle met la communauté sous sa protection. Elle remercie ses compagnes de leur dévouement. Elle rend grâce également aux bienfaiteurs du couvent, notamment « les Pères Jésuites qui se prêtent à nous pour les prédications et confessions extraordinaires avec une bonté et un esprit de charité qui gagne toute notre confiance; M. l'abbé Michel, qui nous fait l'honneur de confesser la communauté avec tant de désintéressement qu'il nous fait grâce pour l'honoraire... etc. »

Elle termine enfin, en priant la supérieure de s'unir à elle pour demander à Dieu la conservation de la très chère et respectable mère déposée, Suzanne de Pommiers « dont la vertu et la patience dans des infirmités continuelles font chaque jour pour elle de nouveaux sujets d'édification » , en détaillant un ornement d'autel, œuvre de la sacristaine, « dont le fonds est presque tout en argent », et en énumérant les divers actes importants passés récemment dans la maison, la prise d'habit de deux novices, la mort de six religieuses, etc. « La communauté, ajoute-t-elle, est composée de trente-deux sœurs professes du voile noir, six du blanc, une novice, douze pensionnaires et quatre tourières. Tout ce nombre réuni présentent à votre charité leurs très profonds respects, et à nos chères sœurs, vos aimables filles, que je salue cordialement avec votre permission. Nous vous souhaitons comme à elles l'abondance des grâces du Seigneur ; faites-nous celle de nous croire avec autant de respect que de sincérité, ma très honorée sœur, votre très humble et indigne sœur et servante en notre Seigneur.

Sœur Madeleine-Angélique Joubert,
de la Visitation Sainte-Marie. Dieu soit béni. »

Suit la biographie de la sœur *Antoinette-Aimée de Montesquiou*, d'Agen, décédée, après une longue et douloureuse agonie, à ce couvent de la Visitation, le jour de Quasimodo 1733, âgée de trente-six ans, professe de vingt ans, et du rang des sœurs choristes [1].

— Après un deuxième trienne, la mère Joubert fut déposée en 1739 et remplacée par *Rose-Elisabeth de Salles*, depuis longtemps religieuse à la Visitation d'Agen et qui gouverna une première fois de 1739 à 1745. Durant cette période, « le 5 juillet 1743, nous apprend le journal du couvent, Monsieur le marquis d'Hauterive, Messieurs du Chapitre de Saint-Caprais et nous, avons passé une transaction par laquelle il est déclaré que notre bien du *Roussel* estait vendu noble et exempt de rente. Afin qu'à perpétuité celles qui viendront après nous ne soient pas inquiétées, nous leur déclarons ici que nous sommes exemptes d'une certaine rente que ledit Chapitre Saint-Caprais avait il y a trois ou quatre cents ans sur notre métairie du Roussel, comme il est déclaré pour la transaction dont nous avons copie dans nos papiers avec le contrat d'achat de la métairie [2] ».

[1] Bibliothèque du Grand Séminaire d'Agen. B. 51.
[2] Journal du couvent. 3e cahier : Archives de Lafforo.

Le même journal nous donne également à cette époque un grand nombre de noms de jeunes filles de la ville ou des environs, qui prennent le voile, au couvent d'Agen avec la date de leur profession et le chiffre de la dot qu'elles apportent. Relevons entre autres les noms de : *Marie-Françoise de Laganasse*, reçue professe le 24 décembre 1732, avec 2,700 livres de dot ; *Jeanne Pagès*, (19 juillet 1732), 3000 livres ; *Marianne-Foi Quinsac* (1736), 3000 livres ; *Marianne de Saint-Amans* (1737), 3,500 livres ; *Thérèse Laffitte* (1737), 3000 livres ; *Thérèse Marcot* (1738), 1000 écus ; *Madelaine Roux*, (1739), 3000 livres ; *Marianne Despeyroux*, (1740), 2,500 livres ; *Valentine de Nombres*, (1740), 3,500 livres ; *Marie-Anne Aunac* (1742), 606 livres ; *Thérèse-Eléonore Dudon* (27 octobre 1743), 3000 livres de dot et 500 livres de meubles, etc, etc. [1].

— *Anne-Thérèse Dudon* remplaça Elisabeth de Salles en 1745 et gouverna jusqu'en 1751. A cette date fut réélue, pour six ans encore, *Rose-Elisabeth de Salles* que nous voyons à la tête de la Visitation d'Agen, jusqu'au mois de mai 1757. C'est durant ce second gouvernement que Mesdames les religieuses de la Visitation d'Agen furent condamnées à payer certains droits domaniaux, par ordonnance de M. de Tourny, intendant de Bordeaux, à la date de 1752 [2], et que fut écrite par les religieuses d'Agen la lettre circulaire suivante, qui nous fournit de si intéressants détails sur les gouvernements des dernières supérieures, les attentions de Monseigneur de Chabannes, les bienfaits reçus, les nouvelles réparations faites au couvent, notamment *l'aile du cloître, percée de huit arceaux* et les embellissements apportés à l'*autel*, à la *chapelle qui a été élevée à côté de la sacristie*, et principalement sur la fête qu'elles ont célébrée avec une pompe inaccoutumée à l'occasion de la béatification de la Mère de Chantal, qui a duré trois jours et a donné lieu à toutes sortes de réjouissances.

---

[1] Journal du couvent. 3e cahier : Archives de Laffore.
[2] Archives départementales de la Gironde. C. 2215.

Nous croyons devoir encore, à cause de son puissant intérêt, la donner ici in extenso :

« De notre monastère d'Agen,
ce 13 novembre 1753.

« VIVE JÉSUS.

« NOS TRÈS HONORÉES ET CHÈRES SŒURS,

« Le bonheur d'être membre de notre saint Ordre nous fait aimer et respecter ses saintes lois; ç'en est une des plus consolantes pour nous, et dont nous ne nous dispensons point, de rendre à vos charitez les devoirs de l'union la plus sincère et de l'attachement le plus respectueux. Cette louable et pieuse maxime si bien établie et si heureusement soutenue d'une si intime communication nous paroit toujours inspirée du Ciel, par les pieux sentimens qu'elle fait naitre dans tous les sujets qui composent notre saint institut, qui prennent tant de part à la régularité de notre Ordre et à l'avancement de notre perfection.

« C'est en effet un moyen pour se soutenir dans une sainte émulation, pour ménager parmi nous le bien de la paix, et, dans un si grand nombre de monastères qui nous séparent, pour ne faire de nous, dans le même esprit, qu'un même cœur. Notre communauté, grâces au Très-Haut, a toujours conservé cet esprit si digne d'une âme religieuse qui veut se sanctifier dans le sein d'une aimable solitude où Dieu nous a heureusement conduites. Ces sentiments nous font marcher comme à l'envie dans une ardente émulation pour nos saintes maximes ; il en est même qui, sous le poids des années et l'accablement des infirmitez, ne s'arrettent pas lorsqu'il s'agit de la régularité ; il est vrai que la communauté a toujours été gouvernée par de dignes supérieures que la Providence nous a fourni ; et nous avons présentement l'honneur d'être sous la conduite de notre très honorée Mère *Rose-Elizabeth de Salles* ; digne héritage de la vertu de celles qui l'ont précédée, elle ne l'est pas moins de son juste discernement.

« On avait déjà eu l'avantage d'éprouver son sage et aimable gouvernement ; son esprit, sa vertu, son zèle, et tous les autres talens qui l'avoient conduite et destiné à la supériorité l'ont ramenée à cette première place. Malgré toute sa résistance, toutes comme d'une voix unanime, l'ont voulue, la croyant la plus digne pour l'occuper ; elle, ne le pensant pas de même, sa vertu a employé tous les moyens pour combattre nos désirs et s'opposer à nos vœux; mais le Ciel, qui nous a soutenues dans nos justes et judicieux sentimens, la soumise à ses ordres.

« Nous devons donc bénir le Seigneur de ce qu'il a bien voulu nous donner une supérieure qui possède si parfaitement le don du gouvernement, qui sait si bien se captiver les esprits et les cœurs par ses manières gracieuses, par sa bonté insinuante, par son zèle pour la maison du Seigneur et par son édifiante exactitude à remplir dignement les devoirs de sa charge.

« Après cette insigne faveur que le ciel a accordée à nos désirs et à nos vœux, pourrions-nous manquer à nos engagements, fortifiées d'ailleurs par les grands exemples de notre respectable et chère sœur la déposée *Anne-Thérèse Dudon*, Dieu l'ayant avantagée de tous les talens qui font un des plus grands sujets; sa vertu consommée, se montrant dans toutes les occurences , parle beaucoup mieux que nous ne saurions faire à son sujet. C'est avec un zèle infatigable qu'elle donne ses soins à notre noviciat, qui est assez nombreux.

« Ce qui met le comble, nos intimes sœurs, à l'avancement de notre esprit intérieur qui a toujours été le distinctif de notre Ordre, sont les sages avis et prudens conseils de notre père spirituel en la personne de *M. de Gardès*, grand vicaire et official de ce diocèse ; ses grandes lumières, propres à ramener les esprits et à se concilier les cœurs, se prêtent avec une généreuse bonté pour nous soutenir dans la pratique du bien. Il se présenterait ici un champ bien vaste si on voulait commencer à l'origine des preuves qu'il a données de son mérite distingué, si on vouloit entreprendre de parler de ses premiers jours, où ses rares talents se développoient si rapidement; sa science et sa grande expérience lui méritent l'estime de tout le monde, qu'il s'est acquise par ses manières gracieuses, son intégrité, sa droiture, son zèle pour le bien de l'église et son insigne piété.

« Qui peut ignorer le juste choix que *Monseigneur de Chabannes*, notre illustre prélat, en a fait pour partager avec lui les soins et sollicitudes pastorales et la confiance que ce grand évêque, si renommé dans l'église, lui a donnée pour les affaires de son diocèse? On ne doit pas être surpris si l'auguste chapitre, dont il est membre, le députe dans toutes les occasions pour parler en son nom.

« Nous ne sçaurions passer sous silence les obligations infinies que nous avons aux *RR. PP. Jésuites*, nous rendant constamment leurs charitables services pour la prédication et les confessions extraordinaires. Nous avons en cette auguste compagnie une confiance et une reconnaissance proportionnée à leurs bontés, nous faisant éprouver dans toutes les occasions que leur bienveillance, si avantageuse pour nous, est héréditaire dans leur maison en faveur de la nôtre.

« Nous n'en avons pas moins à M. l'*abbé Michel*, qui depuis vingt ans dirige notre communauté avec une prudence et un désintéressement qu'il porte jusqu'à ne vouloir d'autre rétribution que le plaisir de nous rendre ses bons services. C'est un ecclésiastique revêtu de toutes les qualités qu'exige notre constitution et qui s'attire, par sa sage conduite, notre estime et nos respects.

« Que n'avons-nous pas à dire sur les obligations que nous ressentons vivement à nos chères sœurs du premier monastère de Paris et de Toulouse? Les bontés, qu'elles nous prodiguèrent à l'occasion de notre Triduum, méritent toute notre gratitude, ne se rebutant jamais et se montrant toujours disposées de la manière du monde la plus gracieuse et la plus engageante à nous obliger.

« Nous avons participé, avec tout l'institut, au triste évènement arrivé à notre premier monastère d'Annessy, par le grand et terrible incendie dont il fut affligé; nous fûmes toutes attendries et navrées de la plus vive douleur au triste récit qu'on nous en fit; nous adorâmes les desseins de Dieu, toujours justes et équitables; et nous rendîmes des actions de grâce à sa divine bonté, de ce que, par un prodige admirable, les sacrés dépots de notre saint fondateur et bienheureuse mère furent conservés sans nulle lésion et dommage. Si nos modiques facultés nous eussent permis d'agir conformément à notre bonne et ardente volonté, nous n'aurions pas manqué de concourir, avec nos chers monastères, au prompt rétablissement du lieu de notre origine.

« Nous ne participons pas moins au triste état de plusieurs de nos maisons qu'il plait au Dieu tout puissant de visiter en tout temps, où Dieu a semblé vouloir faire ressentir les effets de sa justice à ses épouses et fidelles servantes, comme au reste de son peuple. Ce qui augmente notre déplaisir, c'est de nous voir hors d'état de leur donner du secours selon l'étendue de nos désirs, par la rareté de l'argent et les impositions royales si multipliées, ayant fait du moins ce que nous avons pu, conformément à nos petites facultez que nous économisons, afin de nous passer de la bourse d'autrui et par conséquent n'être à charge à personne.

« Nous avons été obligées de faire plusieurs réparations; toutes ne méritent pas la presse : nous nous bornons aux plus essentielles pour en faire part à vos charitez. Nous n'avons qu'une seule aile de *cloitre* qui est très belle, à huit arceaux, qui dépérissoit, que nous avons fait raccomoder à grande pierre de taille et aussi reblanchir, étant à présent dans la perfection; c'est un des plus jolis agrémens de notre maison.

« Nous avons aussi fait faire une très bonne et belle *pendule*, dont la commodité nous dédommage bien de la dépense; car n'ayant pas d'horloge dans la maison, nos chères sœurs, qui régloient les exercices, étaient très souvent exposées à prendre des rhumes et des fluxions pour entendre les horloges de la ville, afin de régler les exercices à propos. De plus, nous avons fait venir d'Aubusson, par le moyen de nos chères sœurs de Paris, un fort beau tapis au goût de Turquie, pour le marche-pied de notre maître-autel, aux quatre extrémités duquel sont représentées les armoiries et écusson de l'ordre, et coûte quatre-vingt livres.

« Nous faisons de plus faire un *poële* pour notre salle de communauté qui, étant fort nombreuse, trouvera de l'agrément à se chauffer en corps; mais comme on n'a eu cette prévoyance qu'un peu tard, aussi ne pourra-t-on l'avoir que pour l'hyver prochain. Toutes ces petites dépenses, qui ne laissent pas que de monter fort haut, se sont faites des ouvrages de nos sœurs, qui, éloignées de toute nouveauté et la fréquentation du parloir, emploient avec zèle pour la communauté, l'adresse, la diligence, et l'économie; grands talens dont Dieu les a avantagées.

« La plus importante de nos réparations et la plus coûteuse est celle que je vais dépeindre au naturel à vos charitez. Pour vous en donner une juste idée, je commence par le devis de la disposition de notre *autel*, qui, quoique uni à un rétable de bois de noyer, qui n'est pourtant qu'un placard, placard fait par le goût singulier dont il est construit de sculpture, d'architecture et de menuiserie, augmente l'agrément et l'éclat de notre église, comme on pourra le voir par le détail suivant :

« Le fond dudit rétable est une belle peinture couleur de gris de palome; son fronton surdore sur son cadre; le milieu, rehaussé d'un agneau immolé, représente un bas relief, lequel est doré et les flammes de leur couleur naturelle, sur un champ d'azur émaillé d'étoiles d'or; ledit fronton surmonté d'une croix d'or, soutenue par deux palmes; et le tout est supporté par deux consoles également dorées.

« Au-dessous est uu ceintre représentant tout ordre d'architecture dont les différents ouvrages sont variés par une belle dorure or et azur; ses moulures sont dorées aussi en plein. Le fond, comme menuiserie plate, est enrichi d'une représentation du Sacré-Cœur de Jésus dans une gloire; à côté sont deux chérubins en relief sur leur piédestal doré tout autour; et le fond, en couleur de nuage, avec quatre pots d'où sortent des flammes, artistement élaborées par la variété de la dorure et peinture en gris de palome, et les flammes de la couleur naturelle.

« C'est là la terminaison du haut du rétable, dominé d'un beau pavillon de couleur rouge et bleue, qui semble hors-d'œuvre, et est relevé dans le fond d'une belle hermine.

« L'entablement, en grande corniche, représentant le même ordre que le ceintre, est doré et peint dans le même goût.

« L'architecture est ornée d'une belle frise, dont la variété des couleurs fait un effet merveilleux, et est terminée aux extrémités d'un panneau delié en marbre fin de couleur exquise.

« Au reste, les chérubins cy dessus sont surdorés en leurs ailes et draperies, et le reste d'un bel incarnat.

« Les cordons dominans de l'architrave dorés en plein.

« La menuiserie plate au-dessous de l'architrave, formant l'entre deux des chapiteaux des pilastres, est garnie d'un panneau en marbre varié dans le fond duquel est un chérubin en bas relief, les doubles ailes surdorées et la tête peinte au naturel, figurant au-dessus avec les quatres collatéraux qui sont de figure ovale, rehaussés sur leurs quatres parties d'une sculpture en feuillages dorés en plein et soutenus de quatres panneaux complétant l'ovale, peints en marbre de couleur exquise, dorés sur leurs moulures intérieures et extérieures.

« Les six pilastres en canelure, dorés en plein sur leurs bosses avec leurs chapiteaux d'une sculpture fine, les canelures peintes en couleur d'or, et leurs bases dorées également en plein.

« La corniche au-dessous des bases, dorée en plein avec le cadre du grand panneau qui est au bas, qui est peint en marbre noir.

« Le cadre des soubassemens des pilastres en or, et les panneaux en marbre different.

« Depuis enfin la dernière corniche jusqu'au res de chaussée, les cadres en couleur d'or et les panneaux de marbre de toutes couleurs.

« Le grand cadre, très bien sculpté en feuillages qui par leurs dispositions forment huit faces ; le tout doré en plein, ayant au-dessus un panneau de marbre fin de figure octogone.

« Dans les trois tableaux sont représentés les trois mystères : dans le grand, la Visitation; dans le collatéral,du côté de l'évangile, la Présentation ; dans celui du côté de l'épitre, l'Annonciation.

« Quant à l'autel. nous avons conservé l'ancien tabernacle, qui ne laisse pas d'avoir son mérite, et avons pratiqué deux crédences, une de chaque côté, très bien dorées, et d'un très bon goût quant à la sculpture.

« Nous avons, pour conserver cet ouvrage, fait deux rideaux d'indienne qui couvrent le tout ; ce qui n'a pas laissé de nous coûter du seul achat, quatre cent livres, y comprenant, à la vérité, ceux que nous avons mis au tableau de notre bienheureuse mère.

« Cette réparation étoit très essentielle pour le parfait embellissement de notre église, qui est des mieux prises ; étant aussi toute charmante par elle-même, elle aurait eu un autre éclat à la solennité de notre triduum, si le maître-autel eût été tel qu'à présent ; n'étant pourtant pas de notre faute, nous ne laissâmes pas d'en être bien mortifiées, surtout nos chères sœurs sacristaines, dont le zèle, l'ordre et l'arrangement pour tout ce qui sert à la décoration de la maison du Seigneur ne peuvent être plus grands. Elles en ont donné une forte preuve, ayant par leur adresse et industrie, fait la grande réparation cy dessus énoncée; il est vrai qu'elles ont eu un petit secours d'une de nos sœurs, qui, à sa profession, fit présent à la sacristie de cent écus.

« —Nos grandes fêtes se passent à l'ordinaire avec peu d'éclat extérieur, mais beaucoup de devotion intérieure, nous tenant dans la maxime d'une noble simplicité, très digne des filles de la Visitation, faisant ainsi consister notre gloire dans notre abaissement.

« Une des plus célèbres pour nous est celle de notre saint patriarche, à laquelle Messieurs de Saint-Lazare, qui ont le Séminaire, nous font l'honneur d'officier la veille et le jour ; leurs belles voix et leurs manières majestueuses inspirent une ardente dévotion et font paroitre en même temps un relief des plus parfaits.

« Nous nous attachons surtout à avoir d'excellents panégyristes qui satisfont pleinement, tant à l'attente des nombreux et brillants auditoires qu'à la nôtre, étant toujours comme affamées d'entendre l'éloge de notre saint fondateur par le détail de ses incomparables vertus.

« Nous nous félicitons avec tout l'institut de ce que nous sommes si heureusement avantagées ; et nous avons en effet bien lieu de nous féliciter de ce que le ciel a répandu ses bénédictions sur la longue attente de nos vœux, qui sont enfin satisfaits par l'entière terminaison de la *Béatification de notre digne mère de Chantal*. Si cet acte éclatant de vertu, qui fait l'admiration et le parfait objet de la piété des fidèles, brille aujourd'hui à nos yeux, n'en devons-nous pas, après Dieu, toute la gloire à Notre Saint Père le Pape, digne de nos plus vives actions de grâces ?

« N'était-il pas bien doux à nos chères sœurs de Rome de dire de si près à sa personne sacrée : Vive Benoit quatorze ! Que son pontificat soit digne de lui, par l'accroissement de tous les biens, qu'il surpasse par sa durée celui de ceux qui l'ont précédé depuis le prince des apôtres, qu'il accomplisse enfin ce qu'il a si glorieusement commencé, en mettant au rang des saintes celle qu'il vient d'honorer du titre de bienheureuse !

« Tels sont, nos très honorées sœurs, les vœux unanimes que nous ne cessons de faire pour le Souverain Pontife et digne chef de l'Eglise.

« Que ne devons-nous pas au Révérend Père Saccarelly, zélé postulateur de cette sainte cause ? Ses soins assidus, ses peines infatigables et sa persévérance à toute épreuve ne méritent-ils pas toute notre gratitude et d'en éterniser parmi nous la mémoire par de ferventes et confiantes prières, qui ne l'ont pas moins été (dans ces jours de grâce et de bénédiction que nous avons solemnisé la béatification de notre bienheureuse Mère) pour nos charitez ; nous transportant en esprit à ses pieds, lui demandant pour notre institut et pour vous l'accroissement et la perfection de cet esprit primitif de régularité et de persévérance pour la gloire que nous lui devons, en faisant de ses maximes la règle de notre conduite.

« Cédant, comme il est juste, à la plupart de nos maisons l'honneur, l'éclat et la magnificence, dont leurs circulaires nous ont informées de leurs pompeuses solennités, vos charitez pourtant nous permettront de ne leur céder en rien pour l'ardeur et la bonne volonté avec lesquelles nous y sommes portées toutes pour contribuer à l'envi à la gloire accidentelle de notre sainte. Ce qui nous a causé du retardement (ne nous ayant permis de célébrer notre triduum qu'à la fin de 1752) est la terminaison que nous attendions impatiemment *d'une très jolie chapelle que nous avons fait bâtir en son honneur, du goût de celle de saint François de Sales, qui est vis-à-vis, située du côté de l'Evangile, sur la ligne du chœur, à côté de la sacristie, et couverte d'un très bel arceau en pierre de taille, à côté duquel on a ménagé une jalousie, par où nous pouvons entendre la sainte messe.*

« Cette chapelle étant finie, on y plaça le tableau de notre bienheureuse Mère, représentée à genoux dans son oraison, tenant en sa main droite un Christ et de l'autre un cœur enflammé. Son air majestueux et ses traits parlants font un chef-d'œuvre accompli ; trois anges dans une nuée rayonnante embellissent le tableau ; de plus, la Visitation, représentée à l'Oratoire en tout son entier (et de peinture très fine) fait le coup d'œil le plus ravissant et attire l'applaudissement général des habiles connaisseurs. Il a douze pans de hauteur sur neuf de large, sans y comprendre le cadre, qui est des mieux sculptés, très bien doré, aussi bien que les gradins qui sont au-dessous, avec le piédestal orné de deux anges qui soutiennent le buste où l'on plaça solennellement les reliques de notre incomparable Mère.

« Nous tapissâmes superbement ladite chapelle avec les autres, et la décorâmes d'une manière noble avec des linges fins plissés en festons, quadrillés, et colonnes très bien symétrisées, de plus relevé d'un très riche ornement que nous fîmes porter exprès de Lyon, et quantité de luminaire entremêlé de bouquets artificiels : les autres chapelles répondant très bien à la propreté de celle-ci.

« L'église était tapissée à trois rangs de tenture d'une belle haute lice, représentant l'ancien et le nouveau testament; le devant de notre tribune, qui fait face au grand autel, était orné d'une étoffe couleur de feu et argent, avec des tableaux de moyenne grandeur à cadre doré, entremêlés de cierges et bouquets artificiels.

« La chaire était garnie sur le devant d'un glacé en argent, avec les galons et crépines de même, ce qui assortissait à merveille, quoique d'étoffes différentes.

« Le sanctuaire tapissé de même que la nef; l'autel pris dans son tour faisait un éclat ravissant, par l'arrangement et la symétrie qui y régnait, la diversité des bustes, cadres dorés, reliquaires, flambeaux d'argent en quantité, six grands chandeliers de même, nombre infini de bouquets dans leurs urnes argentées et dorées ; le tabernacle, quoique beau par lui-même, paraissait avec beaucoup d'éclat à la faveur d'un grand luminaire placé avec ordre qui relevait infiniment le tout.

« La veille des trois jours, messieurs du Séminaire vinrent processionnellement à notre église. Après les prières ordinaires, on fit la lecture du bref, qui fut suivie du chant du *Te Deum*, des vêpres et de la bénédiction du Très Saint Sacrement.

« Le lendemain, sixième novembre, premier jour de notre triduum, Monseigneur notre illustre prélat y vint en procession avec son chapitre, suivi du séminaire.

« Messieurs du présidial et du corps de la ville se firent un devoir de piété de s'y rendre. On y chanta la messe avec beaucoup de goût et de méthode ; les enfants de chœur y firent merveille. L'après-midi Monseigneur y revint avec la même solennité; on chanta vêpres avec autant de mélodie que la messe, qui furent suivies d'un très beau sermon prononcé par un ecclésiastique choisi par le chapitre de la cathédrale, qui mit dans le plus grand jour la sainteté de notre bienheureuse Mère. Monseigneur donna la bénédiction, qui fut terminée par le *Te Deum*, qu'on poursuivit en s'en retournant.

« Le second jour fut rempli par Messieurs du Séminaire, qui est très nombreux, accompagnés du présidial et du corps de ville. Le troisième fut par l'insigne chapitre de la collégiale Saint-Caprais. Ces deux jours se passèrent dans le même ordre et cérémonies que le premier, y ayant eu aussi de très éloquents discours sur le même sujet, qui ont fait l'admiration tant des citoyens que des étrangers qui y ont assisté en très grand nombre, ce qui nous faisoit craindre la confusion.

« Pour l'éviter, on nous détourna d'exécuter un projet, déjà formé et arrêté, d'avoir plusieurs instruments mélodieux pour accompagner ces augustes cérémonies et former comme un doux concert qui inspirât plus de respect pour la sainteté de nos temples; mais craignant au contraire qu'il ne servit à le faire perdre, nous nous conformâmes aux sentiments des personnes éclairées ; aussi fîmes-nous, nos très chères Sœurs, au défaut des instrumens, retentir les cloches accompagnées du bruit des coulevrines, qui n'a guère cessé à l'entrée, à la sortie des processions, au commencement et à l'élévation de la messe, à différents tems des vêpres, aux bénédictions du Très Saint Sacrement, et de plus, tous les jours à l'illumination, dont l'arrangement et l'éclat furent extrêmement interrompus par un vent impétueux, qui ne discontinua pas de trois jours, qui ne mit pourtant pas d'obstacle à la piété du grand concours du monde, soit de la ville et des environs.

« Pour empêcher la trop grande confusion, les soldats du guet faisaient la garde à la porte de l'église et aux entrées du sanctuaire, qui était garni de fauteuils pour les personnes de rang et de distinction; les messes ont été sans nombre, de même que les communions; quoique nous ayons quatre autels, les prêtres étaient obligés d'attendre beaucoup, et plusieurs de s'en retourner sans dire la messe. Citoyens, étrangers, tous se sont bornés à une grande dévotion ; mais pour libéralités nous n'en avons reçu aucune, ayant bien fait toutes les dépenses à nos propres frais et sans leurs secours, qu'ils bornaient uniquement aux pauvres et aux nécessiteux, trouvant toujours que les religieuses sont trop riches et trop opulentes.

« Dans notre petitesse,dont nous ne nous séparons pas,nous n'en avons que plus d'honneur, ayant fait les choses seules. A la vérité la bourse de notre chère sœur économe en est devenue extrêmement légère et lui a fait éprouver qu'il vaudrait quelque fois mieux un peu de moins de cet honneur, remplacé par de gracieuses libéralités.

« Nous n'omettrons pas de dire à vos charités que notre très honorée mère (dont la prévoyance pour le bon ordre, à l'entière satisfaction de chacun, s'est signalée en tout d'une manière d'autant plus charmante qu'elle lui est comme naturelle), ne manqua pas de pourvoir aux rafraichissements pour ceux qui en souhaitaient, par de bon vin, jambon, pâtés, dindes, et tout ce qui pouvait les satisfaire, ainsi que pour les prédicateurs en gibier et confitures.

« Voilà à peu près, nos très chères Sœurs, le détail de nos petites nouvelles dont nous n'aurions pas tant tardé de vous faire part, s'il n'eut été le grand nombre de malades que nous avons eu et qui subsiste encore, quoique avec un peu plus de relâche.

« Il ne nous reste donc présentement qu'à exécuter les intentions de notre très honorée Mère, qui nous ordonne d'assurer vos charités de ses respects, vous désirant tout bonheur ; et nous vous supplions d'offrir à la vôtre les obéissances très humbles de trente-neuf professes du voile noir, cinq du blanc, une prétendante pour le chœur, quatre tourières, dont l'une encore postulante, une fille de service qui s'est donnée à nous depuis plusieurs années, et vingt-cinq pensionnaires. Toute cette nombreuse famille a l'honneur de vous souhaiter un accroissement de grâces célestes, étant avec les sentiments de l'attachement le plus respectueux, dans l'union d'une charité sans bornes, qui nous rend jusqu'au delà du tombeau,

nos très honorées et chères Sœurs,
vos très humbles et très obéissantes
indignes sœurs et servantes en Notre Seigneur,
« Les sœurs de la Communauté de la Visitation Saint-Marie.
« Dieu soit béni [1] ! »

— Il ne nous reste que très peu de choses à dire sur l'histoire de la Visitation d'Agen pendant la seconde moitié du XVIIIe siècle jusqu'à la Révolution.

A Rose-Elisabeth de Salles succéda, en 1757, sœur *Thérèse-Elisabeth de Louppes*, qui gouverna de 1757 à 1763. Puis ce fut le tour de la Mère *Marie-Françoise de Laganasse*, de 1763 à 1769. Le journal du couvent s'arrêtant à cette date, et les archives de l'Evêché, comme celles de la Commune, étant absolument muettes à partir de cette époque, il ne nous a point été possible, malgré nos plus actives recherches, de retrouver les noms des trois avant-dernières supérieures, qui durent gouverner la communauté, chacune probablement deux triennes, d'abord de 1769 à 1775, puis de 1775 à 1781, enfin de 1781 à 1787. En tous cas, leur administration dut être sage et calme, puisqu'aucun incident n'est relaté durant cette période.

La dernière supérieure de la Visitation d'Agen fut la sœur *Thérèse-Eléonore Dudon*, élue une première fois, en présence de la municipalité, le 7 février 1791. Elle assista donc, ainsi que nous allons le voir, à la pénible agonie, puis à la ruine définitive de son cher couvent.

— En exécution des décrets des 14 et 20 avril 1790, sanctionnés par le Roi le 22 de ce mois, les commissaires du district d'Agen,

---

[1] Lettres circulaires de la Visitation. Bibl. Nat. Imprimés Ld. 173.

MM. Joseph Rouzier et Nicolas de Cazabonne de la Jonquière, accompagnés d'Antoine Durand, greffier, se transportèrent le 20 juillet 1790 au couvent de la Visitation d'Agen. Ils avaient mission de dresser l'inventaire des biens de la communauté et en même temps de relever le nombre des religieuses et de connaître leurs intentions de demeurer dans la maison ou d'en sortir.

« Et étant arrivés [1] à la porte d'entrée du monastère et parlant à la supérieure d'icelui, nous lui avons expliqué l'objet de notre commission, prié et en tant que besoin requis de nous faire ouvrir la porte de cloture, pour y procéder. A quoi ladite dame a répondu être entièrement soumise aux décrets de l'Assemblée nationale, sanctionnés par le Roi. Et, en conséquence, aurait de suite fait ouvrir la porte du cloître, en dedans de laquelle nous aurions été reçus par toutes les religieuses formant ladite communauté, qui nous auraient conduits dans une salle qu'elles ont dit être la salle de communauté, où étaient : Dame Thérèse-Eléonore Dudon, supérieure ; Marie-Rose Vignes, sous-prieure ; Marguerite-Julie Daurière, conseillère ; Jeanne-Félicité de Redon, conseillère ; Marie-Françoise de Laganasse ; Marie-Anne-Foi Quinsac ; Marie-Anne-Joseph de Saint-Amans ; Marie-Thérèse Marcot ; Jeanne-Françoise Dartus ; Marie-Thérèse Dupin ; Marie-Anne Daurière ; Anne-Catherine de Varennes ; Anne-Rosalie Dartus ; Marie-Germaine de Louppes ; Marthe-Angélique de Redon ; Anne-Adélaïde de Redon ; Jeanne-Dorothée Mathieu ; Catherine-Henriette Darribeau ; Jeanne-Augustine Delbouix ; Catherine-Eulalie Abouly ; Marie-Suzanne Champier ; Marie-Justine Blanc ; Thérèse-Françoise Issert ; Catherine-Euphrasie Lacombe ; Thérèse-Catherine de Ségur ; Madeleine-Cécile de Louppes, absente pour cause de maladie et dans ce moment à Bagnères, toutes sœurs professes ; — plus, sœurs Anne-Marie Marty ; Jeanne-Elisabeth Barrau ; Marie-Anne Maydat ; Louise-Marguerite Donnadieu ; Françoise-Madeleine Brunet, sœurs converses ; et Jeanne-Marie Bru, sœur tourière ».

Les commissaires procédèrent d'abord à la visite des livres de dépenses et de recettes ; puis ils dressèrent l'état des biens du cou-

[1] Archives départementales de Lot-et-Garonne. Biens nationaux.

vent. C'était, en biens fonds, les métairies : 1° du *Roussel*, consistant en édifice, prés, bois, vignes et terres labourables que lesdites dames font travailler à moitié fruits, d'un revenu annuel de 1,846 livres ; 2° de *Roste*, qu'elles font travailler à moitié fruits, et d'un revenu annuel de 880 livres ; 3° deux *vignes* dans la juridiction d'Agen, l'une hors la porte Saint-Georges, l'autre près le pont de Courberieu, travaillées à moitié prix, d'un revenu annuel d'une barrique de vin estimée 20 livres ; 4° treize *petites pièces de terre*, dont sept en terres labourables et six en vigne, dans la paroisse de Sainte-Radegonde et dans celle de Saint-Amans, donnant annuellement 300 livres et six barriques de vin ; 5° la métairie de *Guéringaut*, d'un revenu annuel de 1,946 livres ; 6° Une métairie, appelée de *Coustaux*, paroisse et juridiction de Clermont-Dessus, de 1,244 livres ; 7° enfin une petite *boutique*, contigue à leur maison, louée à Raymond Lisse, cordonnier, pour 9 livres annuellement.

Les rentes, tant constituées que viagères, constituent un revenu de 1,031 livres. L'ensemble des revenus se monte donc à la somme annuelle de 7,396 livres, 4 sols.

L'inventaire de l'argenterie et des effets de sacristie nous les montre très riches et fort nombreux : devants d'autels, chasubles, nappes, tapis, coussins, chandeliers, etc., onze grands tableaux qui décorent le chœur, et quelques autres dans la sacristie, le parloir, la salle de communauté, etc.

Les commissaires inventorient ensuite l'infirmerie, les communs, la lingerie, la cuisine, le réfectoire, la boulangerie, le pensionnat, les dortoirs, la cave, où ils ne trouvent que quarante fûts vides, enfin la bibliothèque, où les religieuses déclarent n'avoir aucun manuscrit, ni médailles, rien que quelques livres religieux, au nombre de cent environ. Puis elles déclarent leurs différentes charges, dettes, pensions, messes de fondation, etc.

Enfin les commissaires terminent leur visite, qui avait duré trois jours, en procédant à l'état des religieuses de la communauté. Mais laissons ici parler l'abbé Tournié, qui, en termes émus et indignés, auxquels nous nous associons pleinement, raconte de la façon suivante cette triste phase de l'existence de la Visitation d'Agen :

« Les commissaires du district n'avaient encore rempli que la première partie de leur mission. Ce n'était que la violation, au nom de la nation, des droits de la propriété temporelle méconnus et tyranniquement foulés aux pieds. La seconde partie devait être d'une bien autre importance : elle allait jusqu'à empiéter sur les droits de la conscience et de l'autorité spirituelle.

« La tourbe philosophique ne cessait depuis longtemps, même jusque sur le théâtre, de présenter à l'opinion publique les couvents comme un séjour où gémissaient les tristes victimes de la superstition et de l'oppression. Elle se flattait de n'avoir qu'à en ouvrir les portes pour les voir aussitôt déserter, et elle jouissait par avance du triomphe qu'elle se promettait. Ses espérances furent bien déçues.

« Les commissaires avaient ordre d'interpeller chaque membre des communautés sur son intention de persister dans ses vœux religieux ou de s'en affranchir, suivant la liberté qu'on lui offrait. Ponr remplir cette partie de leur tâche, ils dressèrent l'état du personnel de la Visitation, et établirent que ce couvent se composait de vingt-six dames de chœur, cinq sœurs converses, une affiliée, la demoiselle Bayle et une sœur tourière.....

« Dans leurs réponses aux mêmes questions des commissaires, les Carmélites, les Religieuses du Tiers-Ordre, celles du Chapelet, les Dames de Paulin, les Orphelines, protestèrent à l'unanimité de leur intention irrévocable de demeurer fidèles à leurs vœux et de rester dans leurs communautés. Seules quelques Annonciades refusèrent de répondre définitivement.

« Malgré la douceur de sa règle, ajoute l'abbé Tournié, le couvent de la Visitation ne fut pas à l'abri des défections. Peut-être furent-elles un peu moins nombreuses qu'à celui des Annonciades. Interpellée la première, la supérieure Thérèse-Eléonore Dudon, âgée de soixante-huit ans, déclara bien haut que son intention était de vivre et de mourir dans la maison. A son exemple, quinze dames du chœur, les cinq sœurs converses et la sœur tourière exprimèrent la même intention. Sur les dix autres dames du chœur, trois, les sœurs Marie Delbouix, âgée de trente-six ans, Catherine Lacombe, vingt-six ans, et Angélique de Ségur, trente-deux ans, refusèrent de s'expliquer pour le moment. Sept, au contraire, déclarèrent vouloir sortir de la maison. C'étaient : les sœurs Jeanne-Félicité de Redon, conseillère, cinquante-un ans ; Marthe-Angélique de Redon, quarante-neuf ans ; Anne-Adelaïde de Redon, quarante-six ans ; Anne Daurière, soixante-deux ans ; Marie-Mathieu, quarante-six ans ; Jeanne Darribeau, quarante-deux ans, et Marguerite Champier, vingt-huit ans. Après un tel éclat, qu'on ne pouvait regarder que comme le discernement des vierges sages et des vierges folles, il ne restait plus à ces dernières qu'à se retirer. Ce n'est pas sans une profonde tristesse qu'on voit parmi elles des religieuses, d'un âge avancé, perdre ainsi le mérite de longues années passées au service de Dieu. On regrette surtout de voir figurer parmi elles trois sœurs portant un nom vénéré dans la communauté et recommandable par le souvenir de la famille qui avait fourni au monastère la fondatrice, de nombreux bienfaiteurs et de grandes religieuses, qui avaient été l'ornement et la gloire de la commmunauté ».

Avant de quitter le couvent, les commissaires reconnurent que la maison pouvait contenir trente-quatre religieuses.

— Les pouvoirs de la Mère Thérèse-Eléonore Dudon expiraient à la fin de l'année 1790. Les Constitutions prescrivaient une nouvelle élection. Les évènements qui se précipitaient si rapides la firent ajourner de quelques mois. Elle eut lieu cependant le 7 février 1791, et elle offrit cela de particulier que la municipalité y assista, substituant ainsi l'autorité civile à l'autorité ecclésiastique.

A cette date, en effet, un officier municipal, suivi d'un greffier, se transporta au Couvent et présida aux votes des religieuses. La communauté, composée seulement de dix-huit religieuses professes et de cinq sœurs converses, procéda à l'élection de la supérieure et de l'économe. Au premier tour de scrutin, la dame Thérèse-Eléonore Dudon obtint quinze suffrages et fut élue pour la seconde fois supérieure. La sœur Marie-Thérèse Marcot ne réunit qu'au troisième tour les suffrages nécessaires pour être nommée Econome.

Le procès-verbal fut signé par toutes les religieuses [1].

. . . .

[1] Archives départementales. Biens Nationaux.

Les choses restèrent en l'état jusqu'à la fin de 1792. Néanmoins nous devons signaler, durant cet espace de temps, d'abord une réunion, dans l'église de la Visitation d'Agen, des électeurs du district d'Agen, à la date du 18 septembre 1791, à l'effet de procéder au remplacement des cures vacantes dans l'étendue du district[1]; puis l'estimation qui fut faite, durant toute cette année 1791, par les commissaires délégués, des différents biens de la communauté, notamment de la métairie de Roste, qui fut estimée, le 28 février 1791, 13.447 livres; de celle du Roussel, portée le 25 mars à 35,092 livres; de celle de Guéringaud, le 14 avril, à 44.000 livres; de celle du Rouaire, 31.240 livres; et enfin d'un chai à Bon-Encontre, estimé le 14 avril 9.026 livres[2].

Mais les mauvais temps arrivaient, et l'heure de quitter à tout jamais leur couvent venait de sonner pour les filles de Sainte Chantal. Ce fut en effet dans les derniers jours de septembre 1792, qu'elles durent, conformément à l'article 2 de la loi du 16 août 1792, abandonner le monastère. Un état fut dressé à la date du 27 septembre, qui nous donne les noms des dix-huit dernières religieuses professes et des sœurs converses, leur âge, la date de leur naissance et les pensions qui, selon le temps qu'elles ont passé au couvent, leur sont attribuées. Les noms sont les mêmes que ceux que nous avons cités en 1790. Les pensions varient entre 700 et 400 livres[3].

—Les religieuses parties, la municipalité procéda immédiatement à l'estimation et à la vente du couvent.

Le 11 octobre en effet « et en conséquence d'une soumission du citoyen Jean-Pierre Lanes, instituteur public, en date du 10 octobre, furent estimés par le citoyen Tonnelé-Gimbrède la maison, église, jardin et dépendances du couvent de la Visitation d'Agen, « lequel couvent est situé dans la présente ville, rue Porte-Neuve, paroisse Saint-Etienne, confrontant: du levant, au petit jardin

[1] Proché Annales de la ville d'Agen, p. 12.

[2] Archives départementales. Biens Nationaux. — Idem : Notes Tournié.

[3] Archives départementales. Biens Nationaux.

national qui se trouve à la suite du couvent entre la rue Saint-François et le chemin de ronde, du midi à maison et jardin de la demoiselle de Secondat, du couchant à rue Porteneuve et du nord à rue Saint-François.» Les bâtiments furent estimés 10,700 livres, et le jardin, d'une contenance de 900 toises, 10,800 livres. Total : 21,500 livres[1].

Le couvent fut mis en vente aux enchères le mois suivant, et acheté intégralement, le 24 novembre 1792, par le citoyen J. Pierre Lanes, pour la somme de 34,300 livres[2]. Mais il ne le garda pas longtemps, au moins dans son entier.

Moins de deux ans après, le 18 pluviôse, An II (6 février 1794), le citoyen Lanes revendait en effet au citoyen Thomas Benjamin Ménard la portion du Couvent ainsi spécifiée : 1° *Le grand corps de logis* bâti en pierres de taille, le long de la rue Saint-François, avec les latrines, la buanderie, le four, la grange et le pigeonnier, et la partie du jardin qui en dépend ; 2° *La ci-devant église* du couvent, sans les chapelles, « laquelle confronte du levant à jardin restant audit sieur Lanes, du midi à la partie que le citoyen Bonis, perruquier, a acquise déjà dudit Lanes, du couchant à la rue Porteneuve et du septentrion à la partie dite de la sacristie, à la chapelle et au chœur restant au vendeur. » Cette vente était effectuée moyennant le prix de 25,000 livres.

Enfin, le 22 thermidor, An IV (9 août 1796), ledit sieur Lanes vendait au sieur Ménard, moyennant 5,400 livres, tous les édifices qui lui restaient encore à gauche de la Mirande dudit couvent, c'est-à-dire tout le terrain compris entre les maisons actuelles Malaire et Labadie au coin de la rue Saint-François, avec cour et édifice en dépendant, et une ligne qui longeait le mur nord de la Mirande depuis la rue Porte-Neuve au couchant et les possessions déjà acquises par le citoyen Ménard au levant. C'est là où furent ouverte plus tard l'entrée du Séminaire et établis le parloir des élèves et le logement du portier[3].

---

[1] Archives départementales. Biens Nationaux.

[2] Idem.

[3] Notes manuscrites de l'abbé Tournié. Voir aussi Archives départementales. Biens Nationaux.

Le morcellement du Couvent de la Visitation ne devait pas s'arrêter là. Le 14 messidor An VI (2 juillet 1798), le sieur Ménard revendit au citoyen J.-B. Tonnelé-Gimbrède « la ci-devant église du ci-devant couvent de la Visitation d'Agen, telle qu'elle est maintenant sans aucune réservation, située sur la rue Porteneuve, que ledit Ménard a acquise avec partie du ci-devant Couvent et du jardin du citoyen Jean-Pierre Lanes, instituteur public, par contrat du 18 pluviôse An II », aux mêmes conditions prescrites dans la première vente et moyennant le prix de 2,800 livres [1].

Trois ans après, le 21 vendémiaire An X (13 octobre 1801), le citoyen Lanes vendait au citoyen J. B. Tonnelé-Gimbrède, architecte, une partie de son jardin qui était derrière l'ancienne église, à présent sa propriété, moyennant le prix de 5.000 livres [2].

Enfin le 15 frimaire An XI (6 décembre 1802), ce même Tonnelé-Gimbrède revendait tout le local qu'il avait acheté aux sieurs Ménard et Lanes à M. Abraham Lemaitre, receveur des contributions. La vente indique en première ligne « la maison située rue Porte-Neuve, consistant en divers appartements aux deux étages, avec cour, latrines, jardins et décharges ; ladite maison, confrontant du levant à chemin des Rondes, du midi à jardin et maison de la dame Raymond et maison du citoyens Bonis, du couchant à la rue Porteneuve, du nord à maison, jardin et décharge du citoyen Lanes, constituant le local d'icelle maison sur lequel était ci-devant une église, sur laquelle il a été bâti ladite maison de Thomas Benjamin Ménard, par contrat du 14 messidor An VI, retenu par Lhulier, notaire, et Jean-Pierre Lanes, par autre contrat du 21 vendémiaire An X. Le tout moyennant la somme de 14,000 francs [3]. »

En moins de dix ans, l'ancienne église de la Visitation, complètement distraite du reste du Couvent, était donc passée entre les mains du citoyen Lanes qui l'avait démolie, puis du citoyen Ménard, puis du citoyen J.-B. Tonnelé-Gimbrède, et finalement dans

---

[1] Archives départementales de Lot-et-Garonne. Dossier moderne du Grand Séminaire, (Chemise Petit Séminaire, maison Lemaitre.)

[2] Idem.

[3] Idem.

celles de M. Lemaitre, receveur général, qui bâtit, dans la suite, en 1802 nous dit Proché et sur son emplacement même, le bel hôtel que l'on voit encore aujourd'hui et qui sert actuellement avec sa cour carrée d'entrée au Petit Séminaire. Les sieurs Lanes et Ménard continuèrent de garder leurs acquisitions jusqu'à la date de 1808.

— A cette date, de grands bouleversements vinrent encore modifier l'agencement de ce quartier. Monseigneur Jacoupy occupait depuis six ans le siège épiscopal d'Agen, et il cherchait par tous les moyens en son pouvoir à réparer le mal fait par la Révolution à la religion, à l'Eglise et à son clergé. Un de ses premiers soins fut de rétablir dans Agen le Séminaire. Mais le local manquait, l'ancienne maison des Lazaristes étant devenue, ainsi que nous l'avons écrit dans le chapitre XII du tome premier de ce travail, la propriété de l'Etat qui l'avait transformée en caserne et n'était pas disposé à la rendre de sitôt. Néanmoins Napoléon, par décret du 14 mars 1804, avait décidé qu'il y aurait par chaque arrondissement métropolitain, sous le nom de Séminaire, une maison d'instruction pour les jeunes gens qui se destinaient à l'état ecclésiastique, et il était prêt à seconder les vues de Monseigneur Jacoupy.

Un instant, en 1807, l'autorité civile, d'accord avec l'autorité ecclésiastique, essaya d'établir le Séminaire diocésain dans l'ancienne église et les dépendances du couvent du Chapelet[1]. Mais ce local parut bientôt insuffisant, et on chercha ailleurs. C'est alors que l'année suivante, Monseigneur Jacoupy jeta les yeux sur l'ancien couvent de la Visitation et qu'il résolut de faire l'acquisition de tout ce qui restait encore debout de cet établissement.

Le 14 mars 1808, en effet, Monseigneur Jacoupy achetait au sieur Thomas-Benjamin Ménard, négociant à Toulouse, tout ce que ce dernier possédait de l'ancien monastère; « lequel évêque, dit l'acte de vente, accepte pour remplir la destination indiquée par des personnes pieuses qui ont désiré acheter pour l'établissement d'un Séminaire la maison et dépendances ci-après désignées et

[1] Voir notre chapitre précédent sur le couvent du Chapelet.

ont remis à cet effet à mondit sieur Evêque la somme dont il sera ci-après parlé et qui forme le prix de la présente vente, savoir :

« Est une maison, grande cour, hangard et jardin que ledit sieur Ménard possède en cette ville sur les rues Porte-Neuve et Saint-François, le tout contigu et faisant partie du ci-devant couvent de la Visitation, et généralement tout ce que le sieur Ménard a acquis du sieur Lanes, adjudicataire dudit couvent..., auquel il a fait de très grands changements pour mettre ladite maison et dépendances dans l'état actuel, plus d'un jardin sur la rue Saint-François, qui fut adjugé au sieur Ménard le 13 germinal an II ; dans laquelle présente vente n'est cependant pas comprise l'église dudit couvent... etc. » La vente eut lieu moyennant la somme de 22,000 francs [1].

Aussitôt cet achat effectué, Monseigneur Jacoupy y installa l'abbé Gardelle, qui avait déjà commencé de donner chez lui des leçons de théologie à quelques jeunes ecclésiastiques, et le Séminaire fut ainsi de nouveau fondé. Mais, comme nous l'apprend M. l'abbé Labatut, supérieur actuel du Petit-Séminaire, dans le si intéressant discours qu'il a prononcé à la distribution des prix de cet établissement, le 3 août 1885 [2], et qui a trait à son histoire, « les élèves ne pouvaient se réunir encore que dans quelques cellules délabrées qui terminaient la partie de l'Est avant la construction du réfectoire actuel. C'est là que le vieux professeur se rendait chaque jour pour y dire la messe dans une chambre érigée en chapelle et donner dans une autre sa leçon de théologie. Une autre pièce servait de dortoir ; le réfectoire et la cuisine étaient au rez-de-chaussée ; le tout était desservi par un vieil escalier de bois qu'on installa provisoirement : ce vénérable escalier y est encore. »

Une chapelle manquait aux besoins du service ; Monseigneur Jacoupy crut l'avoir trouvée. Il songea et demanda à annexer à son Séminaire la chapelle voisine de *Notre-Dame du Bourg*. Cette chapelle était une des plus anciennes d'Agen. Ruinée par les Sarrasins,

---

[1] Archives départementales du Grand Séminaire. Voir aussi : Pièces justificatives de l'abbé Tournié.

[2] Semaine catholique du diocèse d'Agen. 11e année, n° 33.

puis par les Normands, elle fut reconstruite au XIIIe siècle dans le style ogival et devint, grâce à la chapelle de Notre-Dame de Grâce et à la confrérie de la Passion que Mascaron y établit, un lieu de dévotion pour tous les fidèles d'Agen[1]. Après la Révolution et jusqu'à la réouverture des Jacobins, le service de la paroisse se fit dans cette église. Puis elle resta quelques mois inoccupée et servit de chapelle aux Pénitents Bleus. Enfin, quand Napoléon eut rétabli dans toute la France l'exercice du culte catholique, elle subit quelques transformations, que nous rappellerons ici sommairement, étant donnés surtout les débats récents qui se sont élevés à son égard entre le Petit Séminaire et la paroisse des Jacobins.

Le 16 février 1807, l'Empereur rendait le décret suivant :

Sur le rapport de notre ministre des Cultes, nous ordonnons et décrétons ce qui suit ;

« Article Ier. — Conformément à la demande de l'Evêque d'Agen et à l'avis du Préfet de Lot-et-Garonne, la chapelle de Notre-Dame du Bourg, située dans la ville d'Agen, est conservée pour être affectée à l'usage public du culte sous le titre d'annexe et sous la surveillance du curé de la paroisse de Notre-Dame de la même ville.

« Article II. — Notre Ministre des Cultes est chargé de l'expédition du présent décret. — Signé : NAPOLÉON. »

L'église Notre-Dame des Jacobins étant devenue le centre de la paroisse, Monseigneur Jacoupy demanda l'année suivante que le présent décret fut rapporté et que le Séminaire prit, comme chapelle, l'église de Notre-Dame du Bourg. Les deux lettres suivantes nous font voir qu'il était en cela d'accord avec l'autorité supérieure. Le ministre des Cultes, Bigot-Préameneu, écrivait, en effet, au Préfet de Lot-et-Garonne, à la date du 26 mars 1808 :

« Monsieur le Préfet, M. l'Evêque d'Agen m'écrit qu'il vient d'acheter une maison dans laquelle il se propose d'établir son Sé-

---

[1] Voir pour la chapelle Notre-Dame du Bourg : Etudes sur l'architecture religieuse de l'Agenais, par M. Tholin. T. II, p. 261 ; — Notice historique sur la vie de Monseigneur Jacoupy, par l'abbé Delrieu ; — et les notes très substantielles, inédites, de l'abbé Tournié, que nous utilisons ici.

minaire diocésain ; et il me prie de soumettre cette acquisition a l'approbation de Sa Majesté. Il me fait en même temps observer que cette maison, qui n'est qu'une partie de l'ancien couvent de la Visitation, est trop petite pour remplir pleinement son objet. Il voudrait donc pouvoir y ajouter la chapelle Notre-Dame du Bourg, dont il ferait celle de son Séminaire, et il désire que j'en fasse la demande à Sa Majesté. Cette chapelle, dit-il, est très voisine de la maison qu'il vient d'acquérir. Elle est petite, enfoncée de plusieurs marches ; il ajoute qu'elle a servi pendant quelque tems de paroisse, mais que c'était faute d'une église plus convenable, et què depuis le moment où la paroisse a été transférée à l'église des Jacobins, on n'a maintenu l'exercice du culte dans cette chapelle que par égard pour ses voisins. M. l'Evêque me dit encore que ce fut à sa prière que vous unites votre vœu au sien pour qu'elle fut érigée en annexe de la paroisse. Il en conclut que vous ne refuserez pas de concourir avec lui pour l'attacher maintenant au Séminaire, puisque malgré cette réunion, elle demeurerait toujours ouverte au public, avec cette seule différence qu'elle serait servie par le Directeur de cet établissement au lieu de l'être par un vicaire du curé.

« Ces raisons m'ont paru plausibles. Je désire que vous unissiez en effet votre vœu à celui de M. l'Evêque, et que vous approuviez pleinement la nouvelle destination qu'il se propose de donner à cette chapelle.

« Agréez, etc.

« Le Ministre des Cultes,

Bigot-Préameneu [1]. »

Et le 12 avril suivant, il envoyait à l'Evêque cette seconde lettre : « J'ai reçu, Monsieur l'Evêque, la réponse que j'attendais de Monsieur le Préfet de Lot-et-Garonne. Il pense que la demande que vous faites, d'être autorisé à *réunir la chapelle N.-D. du Bourg à votre séminaire, réunit toutes les convenances et tend à compléter un établissement indispensablement nécessaire à votre diocèse*. Mais en reconnaissant les avantages de la concession que vous désirez,

---

[1] Archives départementales. Dossier du Grand Séminaire.

M. le Préfet semble craindre qu'elle n'occasionne des réclamations, soit de la part des habitants d'Agen, soit de la part des ecclésiastiques qui étaient habitués à desservir cette chapelle.

« Je voudrais, M. l'Evêque, prévenir ces réclamations, et je suis persuadé qu'en cela mon vœu est entièrement conforme au vôtre. J'ai donc écrit à M. le Préfet de se concerter avec vous pour m'envoyer des articles de projet de décret, contenant les conditions auxquelles la chapelle N.-D. du Bourg pourrait, sans blesser aucun intérêt, être attachée au Séminaire. Je lui fais en même temps observer que cette chapelle, étant actuellement une annexe de la paroisse et ayant été mise comme telle à la disposition de la commune, il conviendrait que votre demande fût appuyée d'une délibération du corps municipal.

Agréez, etc.

Le Ministre des Cultes,

BIGOT-PRÉAMENEU [1]. »

Toutes les formalités réclamées par l'administration supérieure furent remplies, et la chapelle Notre-Dame du Bourg fut officiellement réunie au Séminaire. Les deux actes suivants en font foi :

1° « Paris, 27 Octobre 1808.

« Monsieur l'Evêque. Je ne puis mieux répondre aux deux lettres que vous m'avez écrites le 4 Juillet, relativement aux objections qu'on ferait contre la réunion de la chapelle Notre-Dame du Bourg à votre Séminaire, qu'en vous transmettant le décret qui ordonne cette réunion. *Ce décret est sans conditions et sans restrictions.* Je n'ai pas proposé à Sa Majesté d'en mettre, afin que vous ayez tout le mérite de celles que vous vous imposerez, si vous les jugez nécessaires à la paix.

Agréez, Monsieur l'Evêque, etc.

Le Ministre des Cultes, comte de l'Empire,

BIGOT DE PRÉAMENEU. »

---

[1] Archives de l'Evêché. Id. : Notes Tournié.

2° Décret impérial, portant annexion de la chapelle de Notre-Dame du Bourg au Séminaire d'Agen :

« Au palais de Saint-Cloud, 19 Octobre 1808.

« Napoléon, Empereur des Français et Roi d'Italie,

Sur le rapport de Notre ministre des Cultes, avons décrété et décrétons ce qui suit :

Article 1er. — La chapelle Notre-Dame du Bourg, sise à Agen, que, par notre décret du 16 février 1807, nous avons affectée à l'usage public du culte sous le titre d'annexe et sous la surveillance de la paroisse de Notre-Dame, est et demeure annexée au Séminaire, établi dans la même ville, par notre décret du 14 Mars dernier.

Article 2. — Notre Ministre des Cultes est chargé de l'exécution du présent décret.

Signé : NAPOLÉON [1]. »

Contrairement à ce qu'on a essayé d'établir de nos jours, la chapelle de Notre-Dame du Bourg fut donc bel et bien donnée « sans conditions ni restrictions » par décret du 19 Octobre 1808 au Séminaire diocésain, qui jusqu'à ces dernières années a continué de la desservir. Malheureusement pour lui, ce décret a été rapporté, le 4 Janvier 1886, après avoir été mis en vigueur pendant quatre-vingts ans.

— Les libéralités affluèrent au Séminaire, grâce à la généreuse initiative de Mgr Jacoupy. Des bourses et des demi-bourses furent créées en sa faveur par décret impérial, et le nombre des élèves s'accrut rapidement. Ils étaient trois en 1808 ; à la fin de 1809, ils atteignaient le nombre de trente-deux.

En 1811, un décret impérial vint ralentir la marche toujours croissante des élèves du Séminaire. Ce décret imposait en effet aux

---

1 Archives de l'Evêché. — Voir aussi Pièces justificatives de l'abbé Tournié.

jeunes séminaristes l'obligation de suivre les cours du collège communal nouvellement réorganisé. Mais la Restauration supprima cette mesure vexatoire, et, par ordonnance de novembre 1814, elle établit dans chaque département une Ecole Ecclésiastique destinée à instruire et à élever les jeunes gens qui se destinaient à entrer au Grand Séminaire. Ainsi que nous l'avons déjà dit dans notre chapitre relatif à l'histoire du Grand Séminaire [1], Mgr Jacoupy l'appliqua à son diocèse, et il organisa définitivement alors ce qu'on a appelé depuis le Petit Séminaire.

Nous n'entrerons pas ici dans tous les détails que nous donnent les notes inédites et toujours si intéressantes de l'abbé Tournié sur l'organisation intérieure du Petit Séminaire, les noms de ses différents professeurs, leur zèle et leur habileté, le nombre des élèves, le progrès de l'établissement, etc. [2] Cette étude dépasserait de beaucoup le cadre que nous nous sommes imposé. Nous laisserons également de côté tout ce qui touche l'organisation du Grand Séminaire, dont nous avons donné d'ailleurs, au chapitre XII de notre tome 1er, une rapide esquisse. Nous nous contenterons simplement de rappeler que par ordonnance royale du 27 septembre 1816, Mgr Jacoupy obtint du Gouvernement d'être mis en possession de l'ancien Séminaire diocésain, dit de Saint-Phébade, affecté depuis la Révolution au casernement des troupes, et que, le 6 Novembre 1817, il scinda définitivement ses deux séminaires, en établissant la grande Ecole ecclésiastique dans l'ancienne et belle construction due à la générosité de Mascaron, et en maintenant les jeunes élèves à l'ancien couvent de la Visitation.

— Le Petit Séminaire, qui seul doit nous occuper ici, eut alors pour premier supérieur M. l'abbé *Tailhé* « dont on a dit, nous rappelle M. l'abbé Labatut dans son substantiel discours, qu'il avait été créé et mis au monde pour être supérieur du Petit Séminaire

---

[1] Tome 1er. Chapitre XII, page 421. — Les Lazaristes.

[2] Archives du Petit Séminaire. Notes manuscrites de l'abbé Tournié. — Voir aussi le discours de M. le Supérieur Labatut, à la date du 2 août 1885. (Semaine catholique, 15 août 1885. 11e année, n° 33.)

d'Agen. » Il conserva ces hautes fonctions jusqu'au 21 octobre 1837, époque où il donna sa démission [1].

Durant ces vingt années, l'établissement ne fit que prospérer. Grâce au nombre toujours croissant des élèves, il fallait songer à agrandir les premières acquisitions de Mgr Jacoupy. L'abbé Tailhé s'en acquitta heureusement. Il modifia tous les dortoirs en leur donnant plus d'espace ; il changea de place le réfectoire et les cuisines, et de la grande salle d'études, dont l'aile avançait sur la cour, il fit une chapelle vaste et commode. « La chapelle, nous dit M. Labatut, était autrefois dans les classes actuelles de cinquième et de sixième, puis dans la cour, au bas du grand escalier de pierre. L'entrée de la maison était au bout du cloître prolongé jusqu'à la rue Porte-Neuve ». L'abbé Tailhé modifia ces anciennes dispositions [2].

Mais ce fut surtout par l'acquisition de l'hôtel Lemaître, le 8 avril 1823, qu'il donna à l'établissement qu'il dirigeait une importance des plus considérables.

L'hôtel Lemaître existait, on le sait, depuis 1812. Il avait été bâti sur l'emplacement même de l'ancienne église de la Visitation dont nous avons indiqué précédemment les ventes successives depuis la Révolution. Le Petit Séminaire fut autorisé « pour cause « d'agrandissement » à acheter ce magnifique immeuble, avec la cour et le jardin qui en dépendaient. L'acte d'achat dit en effet « qu'il consiste en une maison, cour, jardin, écurie, décharges, etc, sis rue Porteneuve, et acquis autrefois par M. Lemaître, de défunt Jean-Pierre Lanes, suivant contrat du 26 nivôse an XII et autres contrats, etc.. confrontant du levant à rue des Rondes, du midi à jardin de Mademoiselle de Secondat, du couchant à ladite maison Secondat et rue Porte-Neuve, du nord à maison Lanes ». La vente

[1] Voir sa biographie dans les notes manuscrites de l'abbé Tournié. (Archives du Petit Séminaire).

[2] Il existe aux Archives du Petit Séminaire, (liasses Tournié), quatre plans modernes, très bien faits, de cet établissement aux diverses époques qui nous occupent en ce moment. Ils donnent tous les renseignements que l'on peut désirer sur les différentes transformations subies par le Petit Séminaire depuis la Révolution jusqu'à nos jours.

eut lieu moyennant la somme de 40.000 francs, payable en quatre annuités [1].

L'abbé Tailhé ne s'en tint pas à cet agrandissement. La même année, le 29 octobre 1823 et grâce à la donation de 12.000 francs que fit l'abbé Rous, vicaire général « au nom de personnes qui veulent rester inconnues », le Petit Séminaire acquit de la dame Marie Laporterie, veuve de M. Jean-Pierre Lanes, « une maison et petit jardin contigu, confrontant du levant, du midi et du nord aux bâtiments et possessions du Petit Séminaire et du couchant à la rue Porte Neuve, avec ses entrées, issues, servitudes, dépendances, etc ». « Les dépendances, nous dit l'abbé Tournié, étaient *la Mirande* avec la cour d'issue sur la rue et le jardinet [2] ».

Le Petit Séminaire était donc rentré, dès ce moment-là, en possession de presque tout l'emplacement de l'ancien couvent de la Visitation. C'est quelque temps après que la chapelle, qui se trouvait dans une aile latérale, G, avançant sur la cour, fut une fois encore changée de place, qu'on la transporta au premier étage du bâtiment qui avait été élevé sur l'ancienne petite cour E, donnant sur la rue St-François, et que cette aile G fut démolie entièrement, ce qui permit d'agrandir la cour et de dégager la façade orientale si élégante de la Mirande et de la pittoresque construction de Redon. Cet état de choses a été conservé jusqu'à nos jours.

M. l'abbé Tailhé dirigea le Petit Séminaire jusqu'en 1837, époque où, nommé vicaire général, il fut obligé de se démettre de ses fonctions. Le nombre des élèves était alors d'environ deux cents. M. l'abbé Pierre *Degans*, vicaire des Jacobins, lui succéda. « D'une extrême douceur qui contrastait singulièrement avec le caractère ferme et énergique de l'abbé Tailhé, M. l'abbé Degans ne fut pas heureux dans sa direction, nous dit M. Labatut dans son analyse de l'histoire moderne du Petit Séminaire. La discipline se relacha sensiblement ; les formes extérieures ecclésiastiques se modifièrent de plus en plus ; l'esprit du siècle s'introduisit parmi les enfants du sanctuaire, à ce point que quelques élèves

---

[1] Archives départementales. Dossier du Séminaire.

[2] Archives du Petit Séminaire. Notes Tournié.

à peine consentaient à porter la soutane. » Ce mal dura jusqu'à la création du collège Saint-Caprais et jusqu'à l'avènement de Monseigneur de Vesins (1841).

Néanmoins, nous devons citer, sous le gouvernement de M. l'abbé Degans, l'acquisition faite par le Séminaire, le 13 mai 1840, de la belle maison voisine, dite *l'Hôtel de Secondat*, avec jardin et décharges y attenant, moyennant le prix de 20.000 francs [1]. Cet hôtel était l'ancienne maison désignée dans le cadastre de 1640, sous le nom de maison Jeyan ; il passa ensuite au milieu du XVIIIe siècle dans la famille de Secondat de Roquefort et par héritage dans celle de Raymond. Enfin, le 17 novembre 1834, le comte de Raymond le vendit aux Carmélites pour la somme de 20.000 francs. Ces dames ne gardèrent cet immeuble que six ans, et le revendirent pour la même somme à Monseigneur de Vesins, qui l'acheta pour le Petit Séminaire. Ce fut, avec l'achat fait le 18 février 1846 de la maison Condom, ancienne partie de la chapelle des Visitandines, au prix de 18.000 francs, la quatrième et dernière période des différents agrandissements du Petit Séminaire, qui, sauf les trois maisons faisant le coin, l'une de la rue Porte Neuve et de la rue St-François, l'autre de la rue Porte Neuve et de la rue du Jeu de Paume, enfin la troisième de la rue S. François et du Cours de la Plateforme, posséda et possède encore le vaste emplacement compris entre ces quatre rues, c'est-à-dire beaucoup plus que n'avait autrefois possédé le couvent de la Visitation.

L'abbé Degans fut remplacé en 1842 par l'abbé *Souèges*, curé de Tonneins, dont l'administration sage et paternelle ne dura que six ans. Ce fut l'abbé *Tournié* qui lui succéda à la tête de l'établissement, à partir du 11 septembre 1848. La biographie de ce vénérable ecclésiastique a été écrite plusieurs fois avant nous et par des plumes plus autorisées que la nôtre [2]. Qu'il nous suffise de rappeler ici, comme nous l'avons du reste déjà écrit au commencement de ce chapitre, qu'ayant connu personnellement M. l'abbé

---

[1] Archives du Petit Séminaire. Notes de l'abbé Tournié.

[2] Voir : Notice de M. Tournié, par le chanoine Delrieu, 1880 ; l'Eloge de M. Tournié, par l'abbé Combes, 1880 ; et enfin les lignes émues que lui consacre dans son discours l'abbé Labatut.

Tournié, à qui nous devons en grande partie d'avoir pu écrire ce long travail sur les anciens couvents d'Agen, nous ne saurions passer son nom sous silence, sans rendre une fois de plus hommage à son excessive modestie, à sa science profonde, comme à toutes les qualités si nombreuses qui firent de lui un prêtre des plus distingués en même temps que le plus dévoué des supérieurs. L'abbé Tournié chercha en effet à faire revivre dans la communauté l'esprit ecclésiastique des premiers jours ; disciple de l'abbé Tailhé, il sut rétablir et faire aimer les anciennes et véritables traditions.

On lui doit une grande part des aménagements nouveaux, entre autres la création des deux parloirs actuels, l'installation dans la maison de Secondat,entièrement modifiée,de la grande salle d'études et du dortoir qui se trouve au-dessus, et aussi l'idée première d'établir au fond de la cour d'entrée, à la place du salon de l'ancien hôtel Lemaître, une chapelle pour les usages journaliers. Mais cette idée ne fut mise à exécution par son successeur qu'après son départ.

L'abbé Tournié dirigea le Petit Séminaire jusqu'en 1860, époque où ses infirmités le forcèrent à donner sa démission. Néanmoins, il resta dans l'établissement, dont il employa les dernières années de sa vie à écrire l'histoire, et où il mourut le premier août 1879. Ainsi que nous l'avons déjà dit, ses manuscrits n'ont jamais été publiés.

Ses successeurs furent d'abord M. *l'abbé Augardes*, curé de Castillonnès, du 24 octobre 1860 au 15 octobre 1884 ; puis M. *l'abbé Labatut*, curé de Penne, qui est encore aujourd'hui à la tête du Petit Séminaire.

C'est grâce à la complaisance de Monsieur le Supérieur actuel que nous avons pu prendre connaissance de toutes les notes manuscrites que l'abbé Tournié a laissées sur l'histoire de l'ancien couvent de la Visitation et sur celle des deux séminaires,et qui sont conservées par lui aux archives du Petit Séminaire avec un soin jaloux. Qu'il nous permette, en terminant cette monographie, de lui adresser, pour l'extrême obligeance qu'il a toujours mise à nous faciliter notre tâche, l'expression bien sincère de nos plus vifs remerciements.

CHAPITRE IX.

LE REFUGE
OU MAISON DU BON-PASTEUR.

La dernière maison, nous ne dirons pas régulière, car celle dont nous avons à parler ici ne se rattache en aucune façon aux précédentes, mais simplement religieuse, la dernière Communauté de femmes en un mot qui fut fondée à Agen avant la Révolution, fut celle du *Refuge* ou *Maison du Bon Pasteur*. Son but primitif « aurait été, nous dit Proché, de servir d'asile aux pénitentes volontaires. » Mais en réalité elle fut établie, ainsi que nous l'apprennent les Lettres patentes de 1746 que nous reproduirons plus loin, « pour y recevoir et entretenir gratuitement les filles et femmes de mauvaise vie qui y seraient enfermées en vertu de nos ordres ou par jugement et ordonnance de police. » On l'appela dans la suite *Maison de force*; et nous verrons que c'était bien presque toujours par force que ses jeunes pensionnaires en franchissaient le triste seuil.

Du reste, le besoin d'une telle fondation se faisait à cette époque, aussi bien à Agen que dans toutes les grandes villes du royaume, impérieusement sentir. L'austérité, souvent plus apparente que réelle, du règne de Louis XIV avait fait place à la licence la plus effrénée; et c'est d'accord avec les autorités civiles que l'autorité ecclésiastique chercha à enrayer le mal. Sous un masque, plus fin il est vrai, la luxure régnait en maîtresse souveraine; et les mœurs du XVIIIe siècle pouvaient marcher de pair avec celles du temps des derniers Valois.

Nous n'entreprendrons pas, on le comprend facilement, de retracer ici le tableau du libertinage agenais aux siècles précédents, encore moins de faire un historique complet de la prostitution dans notre ville à ces lointaines époques. Cette étude, qui ne manque pas d'intérêt, ne saurait rentrer dans le cadre de notre travail. Nous nous en tiendrons simplement à l'histoire de la Maison du Refuge au XVIIIe siècle. Néanmoins, comme au XVIe siècle déjà nos pères avaient fondé un établissement à peu près identique dans Agen, et que les documents sur l'ancienne maison des Filles Repenties se présentent à nous aussi nombreux que piquants, nous remonterons quelque peu en arrière, et nous indiquerons quelles mesures furent prises par les consuls de notre ville pour essayer de ramener au bien les Madeleines pécheresses, aussi peu repentantes du reste à cette époque que de nos jours.

— Déjà, au commencement du XVIe siècle, les désordres étaient grands dans la ville d'Agen, et notre cité ne brillait ni par la pureté de ses mœurs ni par la chasteté de ses habitants. Les frères Prescheurs tonnaient en pleine chaire contre ce relâchement des conduites, et les Consuls cherchaient, mais vainement, à opposer une digue aux nombreux abus qui en résultaient. Ce fut un Jacobin qui prit l'initiative d'une réforme aussi salutaire, et qui, pendant tout le carême de 1511, ne cessa de réclamer auprès de la municipalité « qu'elle eut à créer un Covent de Filles Repenties, comme il en existe dans les aultres villes voisines, pour les filles communes. » La Jurade se réunit après Pâques, et le 15 avril de cette même année, elle décida « que lesdites filles seraient mises en quelque maison que soit louée aux dépens de la ville, jusqu'à ce que on voie comment elles se porteront, sans faire aultre préparation ni création de maisons ; et que si on vouldra leur faire haulmône, que on leur fasse [1]. »

La population agenaise soutint les officiers municipaux ; elle leur fournit les premiers subsides ; et, dès l'année suivante 1512, le couvent des Filles Repenties était fondé. Les consuls édictèrent à cet effet, le 1er mai de cette année, le curieux règlement suivant :

[1] Archives municip. d'Agen. BB. 23, fol. 108.

« Nous, Marc de La Vyguerie, licencié ès droits, Pierre d'Estradas, Jehan de Votz, Pierre de Gaillard, Jehan Chabrity, Pierre Jolys, Pierre Robbert dict de Nozères et Nycolas Reygnondeau, consuls de la cité d'Agen, pour l'année mil quinze cent et douze : Par advis et délibération de Conseil, de Messieurs les Jurats d'Agen, et pour la conservation de la maison des Filles Repenties et leur collège, avons ordonné et estably, ordonnons et establissons que, avant que aucune fille repentie soit reçeue avecques les autres filles ès en leur maison et collège, demourera trois mois entiers avec une femme de bien, vivant honnestement, et sans reprouches ; et, passé ledit temps de trois mois, fauldra que ladite femme où aura demeuré ladite fille, amène et conduise ladite fille en la maison de la ville, et se purge par serment devant Messieurs les Consuls *supra vita et moribus* de ladite fille, et ce faict, s'il se trouve par ledict serment que ladicte fille soit honneste et de bonne conversation, audit cas, sera ladite fille repentie mise et acceptée avecques les autres filles repenties. Laquelle fille, nouvellement reçue, demeurera trois moys entyers avecques les autres filles, et iceux passés aura ladite fille eslection et liberal arbitre de demeurer avecques les autres filles, ou bien de s'en aller là où bon luy semblera. Et si ladite fille ainsi reppentie eslit demeurer avecques les autres filles, ne s'en pourra aucunement sortir, sinon que se mariât, entrât en religion, ou bien qu'elle fut mariée avant que entrée audit collège, et que son marri la requit et demandât, pour le servir, vivre et demeurer avecques lui, comme femme doit faire avecque son mary. Et encore audit cas que le mary la requist, ne luy sera baillé ni délivré que ne soit par congié et licence de tous Messieurs les Consuls, affin de evitter les abus et inconvenians qui s'en pourraient ensuivre. *Registratum fuit de mandato dictorum dominorum consulum, die prima mensis Maii, anno Domini millesimo quingentesimo duodecimo* [1]. »

Cette première maison des Filles Repenties fut établie rue Pontarique, ainsi que nous l'apprennent les Archives municipales :

« Comme aussi fut que la Maison, vulgairement appelée des Filles Repenties, est sise en ladite ville d'Agen et près la place de

[1] Archives municip. BB. 23. fol. 121.

Paulin, confrontant par devant à une rue publique dite de *La Pontarique* et par ung cousté à la maison de Maistre Jacques de Antonio et d'autre cousté à la maison de Jehan de Pis dit l'Espaulat [1]. »

Mais ce local devint bientôt trop petit, et il dut être modifié, tant dans son règlement intérieur que dans ses dispositions extérieures. Le 27 janvier 1515, en effet, les Consuls constatent « que la Maison des Filles Repenties s'est adhultérée et perdue à cause du mal gouvernement d'icelles. » Ils font dresser « l'inventaire des ustensiles et meubles meublants de ladite maison », et ne trouvent que quatre lits, « ce qui est de beaucoup insuffisant [2]. » Aussi décident-ils, au bout de quatre ans, « que les maisons de l'Ecole Vieille et des Filles Repenties seront vendues pour appliquer la somme provenant de ces ventes à la construction d'un hopital, spécial aux pestiférés, et qui sera établi au lieu de Saint-Michel dont il portera le nom [3]. »

Enfin, le 18 août 1521, il est décidé ce qui suit :

« Comme aussi ladite maison des Filles Repenties, près la place de Paulin, est trop petite et moins que suffizante à faire colliège et habitation auxdites filles repenties, par advis et délibération de Messieurs les Consuls et Juratz de ladite cité a esté ordonné icelle maison estre vendue et à l'encan public, au plus offrant et dernier enchérisseur, pour employer lesdits pécune et fonds et deniers qui en proviendront à l'édifice de la *maison de Barbaste,* en laquelle soulait estre le b.....; laquelle maison de Barbaste, par advis et délibération ci-dessus, a esté cédée et depputée pour faire ung Colliège et Covent auxdites Filles Repenties. Et depuis en ça, icelle maison desdites Repenties, assise près ladite place de Paulin, a esté vendue à l'encan public et par substitution accoustumée, moyennant tant et par devant M. Antonio, notaire, par Monsieur de Nadal.... lequel argent sera emploié à la réparation de ladite maison de Barbaste et Covent desdites Repenties, à présent communément nommé *le Covent de la Maydeleine* [4]. »

---

[1] Archives municip. BB. 23. fol. 311.
[2] Idem., fol. 177.
[3] Idem., fol. 264.
[4] Idem., BB. 23. fol. 311.

Il nous aurait été fort difficile d'indiquer en quel quartier de la ville se trouvait « cette maison de Barbaste », où furent transportées en 1521 les Filles Repenties, sans la précieuse indication de la dénomination précédente, qu'elle prit alors, « de Couvent de la Magdeleine. » Il résulte en effet des documents que nous avons déjà publiés dans le Tome Ier de ce travail [1], que les Pénitents Bleus s'établirent, en 1590, « dans l'église de La Magdelaine et bâtiments y adjassants, qui autrefois avaient servi pour l'ancien Coullège », et que cet ancien Collège avait été installé précédemment « dans l'ancien Couvent de La Madeleine ou des Filles Repenties. » Or, nous savons que les Pénitents Bleus occupèrent tout l'emplacement compris entre la rue Saint-Jérôme à l'Est, la rue du Cat au Midi, le jardin des Capucins à l'ouest, et l'hôtel de Maurès, aujourd'hui l'hôtel de Parades, au Nord. C'est donc là que se trouvait, au commencement du XVIe siècle, la maison dite de Barbaste, et que fut établi le couvent de La Madeleine, ainsi dénommé à cause des Pénitentes que l'on y enferma.

La nouvelle institution fonctionna environ quarante ans ; mais ce ne fut pas sans engendrer peu à peu de déplorables désordres, susciter durant ce laps de temps de nombreux ennuis aux Consuls, et finalement disparaître sous le mépris public, par suite des scandales qui naissaient chaque jour. Quoique fort concis, les Mémoires et Testaments des Consuls nous en disent assez pour nous édifier sur ce sujet. Tout alla bien aux débuts. Le 15 mars 1522, une jeune pècheresse d'Agen demande aux Consuls à ce qu'il leur plaise de la faire entrer au Couvent des Filles Repenties. « Elle se repend sincèrement de son inconduite passée, et désire prendre l'habit de La Magdelaine, voulant vivre désormais honnestement pour gagner Paradis et saulver ici bas son âme [2]. »

Surviennent bientôt les abus. En 1526, les trésoriers de la communauté octroient « sept livres, neuf sols, onze deniers *aux man-*

---

[1] Voir notre ouvrage : *Les Couvents d'Agen avant* 1789, Couvents d'hommes, Tome Ier, pages 199 et 321.

[2] Archives municip. BB. 23. fol. 336.

des pour avoir mis en prison les Filles Repenties, qui s'étaient battues [1]. »

« L'an 1531, nous dit Labénazie dans ses annales de la ville d'Agen, il y avait à Agen un couvent de Repenties, appelé de La Madeleine, comme il paraît par le testament de Catherine Delas. » En 1535, les Consuls décident qu'il faut nommer « un homme de bien pour veiller sur la maison des Filles Repenties où se fait grand tapage et se commettent nombreux désordres [2]. »

Le mémorandum laissé par les Consuls de l'année 1538 à leurs successeurs de 1539 est bien plus explicite encore : « Item, vous plaira visiter souvent le Couvent des Repenties, auquel, durant lequel temps, avons trouvé de graves insolences tant que restaient dans ledit couvent plusieurs filles mal vivantes. Ainsi les Repenties vont par la ville aux cabarets et tavernes, tellement que ledit couvent est grandement diffamé, auquel se faict, comme il est nothoire, grandes meschantises et paillardises, quelque remonstration que par plusieurs foys leur ayons faicte de bien vivre honnestement. Par quoy serait bon de reconnettre deux ou troys honnestes femmes Repenties, et, icelles reconnues, chasser toutes celles qui sont au dit couvent, et, ainsi faisant, faire œuvre méritoire [3]. »

La licence des mœurs était en effet devenue extrême à cette époque. Scaliger, qui pourtant aurait dû se montrer plus reconnaissant envers la cité qui le glorifiait et l'avait si généreusement adopté, la décrit ainsi :

DE AGENNO

Nomina non ponam, tua nomina ponere nil est,
Nam, quia nil est, sunt nomina tua nulla.
Livor edax, fœnus, fraudes, discordia, lites,
Barbariеis mendax perdita lingua probris.
Natio mendax, mendax natio, natio mendax !
Quo terra et cœlo tetrius esse nequit.
Segnis, iners, spurca sub paupertate superba,

[1] Archives municip., CC. 292.
[2] Idem. BB. 25.
[3] Idem., BB. 25, fol. 92.

Sordenti fatuus luxus avaritia.
Templa vorans attenta superstitione, sed extra
Pupilla et vidua et tu, peregrine, cave !
Triste pecus, pigri ventres, mens subdola : victa
Fracta es, victricem non ferat ipse Deus.
Jactabunda, sed in hoc est jactatio : talus
Insidiæ diræ, jurgia, damna, neces.
Perfidiosa, exlex, fera, cervicosa, maligna.
Cum vino et vini turbine cœca Venus.
Venalis pudor, ac testi se vendere ludus.
Qui nequam faciat laude superbus aget.
Furtis ingenium deest, deest vis justa rapinis ;
Sacrilegam tamen hoc ditat utrumque manum.
De magna dictum est olim Carthagine, quod te
De minima, de te velle silere pium est [1].

Bien qu'exagérée et présentée sous des couleurs par trop sombres, il faut croire toutefois que cette peinture des mœurs de notre ville avait un fond d'exactitude et de vérité. Les Archives municipales viennent en bien des points confirmer le dire du grand homme, et les efforts de la municipalité, pour faire cesser cet état de choses, nous donnent une idée peu édifiante de la conduite des habitants d'Agen à cette époque.

— Il serait trop long de citer en effet ici les multiples arrêtés et ordonnances des consuls contre les femmes adultères et les filles débauchées, encore moins d'entrer dans les détails des peines diverses édictées contre les batteurs de pavé, les larrons, les coureurs de brelans et coupeurs de bourse, qui pullulaient dans Agen, et faisaient, le soir, de ses rues de véritables coupe-gorges. Le bannissement, le fouet, le collier, le carcan, l'exposition publique, la promenade dans une cage de fer, la baignade surtout, réservée aux femmes impudiques [2], constituaient les principaux modes de répression de la prostitution et des attentats aux bonnes mœurs. Souvent

[1] Jules-César Scaliger. Poésies, in-8° 1574. part. II, p. 35. Voir aussi *Revue de l'Agenais*. Tome xv, p. 270.

[2] Dans son intéressante notice, *Un Châtiment singulier*, M. Jules Andrieu s'est longuement étendu sur ce curieux mode de correction employé par nos pères aux XVIe et XVIIe siècles. (Agen, in-8°, 1885).

aussi, et lorsqu'il s'agissait de jeunes filles ou femmes repentantes, on les enfermait soit pour quelques mois, soit pour toute leur vie, au couvent de La Magdeleine. L'arrêt du Parlement de Bordeaux, du 8 octobre 1543, rendu sur appel d'un jugement du bailliage d'Agen, et condamnant « Françoise de Duras, coupable d'adultère, à être fustigée par les carrefours de la ville et renfermée ensuite, sa vie durant, au couvent des Filles Repenties de ladite ville d'Agen, mais la relaxant de l'accusation d'empoisonnement intentée contre elle par son mari [1], » nous fournit un de ces nombreux exemples de la sévérité que montraient nos pères dans la répression de l'inconduite et de l'immoralité.

Ce fut pis encore, lorsque les édits de 1560 et 1565, provoqués par les vœux des Etats d'Orléans, supprimèrent officiellement la prostitution. Le libertinage s'étendit à toutes les classes de la société, et la police des consuls ne put donner ordre aux scandales et délits de toutes sortes qui se commettaient chaque soir dans Agen. C'est l'époque où Belleforest, qui, d'après Labrunie, vivait alors dans notre ville et y remplissait les fonctions de précepteur des enfants d'Antoine de Nort, conseiller au Présidial, écrivait ses Histoires Tragiques et s'exprimait en ces termes sur les mœurs de notre cité :

« ... La jeunesse d'Agen [2], ayant abondance de biens, pleine de ses désirs, et n'ayant soucy que de rire, plus transportée des appétits sensuels que du désir d'embrasser la vertu ou les affaires, ne s'adonnoyent qu'à dresser festins et masquerades, et n'eut-on ouy qu'aubades aux portes des damoiselles caressées et servies par cette jeunesse oisive et pleine de loisir. Ce pervertissement estoit causé par deux sortes de gens, desquels la cité est plus fertile que d'autres, de financiers c'est à savoir, et d'ecclésiastiques, les uns employant les deniers du Roy à telles et si folles despenses, et les autres consumans les biens des pauvres à l'entretenement plus des

---

[1] Archives municipales, BB. 25. f° 143.

[2] *Histoires tragiques*, par François de Belleforest, Commingeois, tome VI, histoire VII°. (Lyon, 1583,), p. 475 et suiv.

violons et hauboys et en présens faicts à leurs favorites, qu'à vestir les membres de Jésus-Christ et nourrir ceux desquels ils engloutissent le patrimoine; auxquels s'estait adjousté un tiers genre de corruption, à sçavoir ces jeunes escoliers, nouveaux venus de Tholouse, lesquels se pourmenant de jour en la sale de la court du Seneschal, et allans au parquet ouyr déduire et plaider quelque cause, estoyent toute la nuict sur le pavé, couroyent de rue en rue et visitoyent, comme caymans, les portes des grans maisons, accompagnés de menestriers (genre d'hommes nez pour la ruyne de la jeunesse), et suivaient la façon de faire des premiers à courtiser les dames.

« Revenant à nostre propos, estant telle la corruption de la jeunesse et tout perverty, et pour la licence de mal faire et la grande impunité de maux, on eut dit qu'Agen était un vrai coupe-gorge, et estait aussi assuré d'aller de nuict par les détroits plus périlleux de quelque boys ou montagne, que par les rues d'icelle ville, tant les bateurs de pavé y estoient ordinaires, et les bateries fréquentes et blessures y advenant presque tous les soirs. Je ne vous dis rien de quoi je ne puisse dire; je l'ay veu, estant en icelle cité du temps que l'on poursuivoit la cause sur laquelle j'ai basti ceste histoire, et lors qu'un certain financier voulut occir un prescheur dans l'église cathédrale de Sainct-Estienne, pour n'avoir presché à sa fantaisie. Car, à bien parler, je ne pense à ma vie avoir esté en lieu de la France ou les partialités, ligues, querelles et inimitiez fussent en tel règne qu'en ceste cité, et ne vois jamais peuple tant dissimulé ny couvant sa malice en son cœur, en si défiant de son prochain, que les habitans de cette ville, tellement que se fréquentant ensemble, se visitant familièrement, c'estoit pour prendre garde aux actions, gestes et paroles les uns des autres, pour puis après s'en prévaloir; et estoit sortie cette défiance pour l'esgard des financiers, lesquels, sans rien flater, ont esté cause de la ruine d'Agen, laquelle tant s'en faut que soit telle que jadis. Si elle en a quelque ombrage, de cecy je m'en rapporte au tesmoignage mesme de ceux qui en sont natifs, desquels j'en ay cogneu de fort gens de bien, pleurans le désastre de leur païs et se plaignant de la corruption de ce siècle et abatardissement de la gloire de la cité, estimée la plus gentille de ses voisines. »

Cet extrait n'est du reste que le préambule d'une histoire fort tragique, qui se serait passée en ces temps-là à Agen, que raconte très longuement Belleforest, et dont la brutalité et la sauvagerie dépassent toutes les bornes du possible.

—En présence d'un tel débordement de mœurs, toutes les mesures préventives prises par l'autorité consulaire demeurèrent vaines. Les scandales multipliés qui se produisaient au couvent des Filles Repenties, les désordres de toutes sortes qu'y constataient chaque jour les consuls [1], finirent par leur donner des doutes sur l'utilité d'une maison, dont les bons effets se faisaient si longtemps attendre. De plus son entretien leur coûtait fort cher. La prostitution déclarée libre, ils comprirent que cet établissement n'avait plus aucune raison d'être. Ils le supprimèrent.

C'est du moins ce qui semble résulter des arrêtés pris par eux, dès 1564, concernant la maison des Filles Repenties. Il est dit, en effet, dans le livre des audiences des consuls de cette année, que la municipalité agenaise fit auprès du haut clergé des instances réitérées « pour fonder dans l'église de la Madeleine un collège pour la célébration des messes du Saint-Esprit [2]. » L'établissement était donc à peu près fermé ou tout au moins jugé inutile.

La démarche des consuls aboutit. Et, dès l'année suivante 1565, une ordonnance du Roi prescrivait la formation d'un collège, qui prit le nom de collège du Saint-Esprit, et fut installé « dans l'ancien couvent des Filles Repenties [3]. » Ces dernières furent-elles, une fois encore, transportées dans un autre local ? Nous ne le pensons pas. Nous ne trouvons plus, en effet, depuis cette date, aucune trace de leur existence dans la ville d'Agen. Sans doute les arrêts judiciaires condamnent encore les filles de mauvaise vie à être enfermées « dans un couvent de Filles Repenties » ; mais tout fait supposer que c'est en dehors d'Agen, dans quelque ville voisine, pourvue d'une semblable maison de correction, qu'elles durent

---

[1] Archives municipales, BB. 25.

[2] Idem. FF. 32.

[3] Idem. BB. 30, f° 131, 137, 233. Voir notre *Monographie sur le Collège d'Agen*. (Agen, 1888).

subir leur peine. Le seul établissement qui pouvait les recevoir alors à Agen était l'hôpital. Et nous savons par les archives hospitalières de notre ville que beaucoup d'entre elles y furent renfermées.

— Cet état de choses dura jusqu'au milieu du XVIIIe siècle. Les règnes de Louis XIII et de Louis XIV, ou plutôt les mesures énergiques prises par leurs représentants en province, semblent avoir, à Agen, adouci et moralisé singulièrement les mœurs de ses habitants. Il n'est que très-rarement trace, en effet, dans les archives municipales, d'excès commis par eux.

En revanche, avec la Régence, la licence reprit de plus belle, et avec elle le libertinage et la prostitution. Dès 1726, les dossiers d'informations contre les femmes ou les filles de mauvaise vie se multiplient dans les casiers de la juridiction consulaire. Beaucoup de ces malheureuses sont poursuivies sur la requête de leurs maris. Quelques-unes prennent les devants et emploient les menaces en guise d'intimidation. Quelquefois c'est le père qui les dénonce, en sa qualité de grand justicier. Le sieur Jean Fabré, infirme, vient requérir contre sa femme qui a vendu ses deux filles, Rosette et Nanette[1]. Le mal s'aggrave de plus en plus et les consuls, à qui appartiennent la connaissance et la répression de ces abus, rendent chaque semaine des jugements portant tous des condamnations à la réclusion dans une maison de Force d'une ville voisine, ou bien à l'hôpital général de la présente ville, et ce, pour un délai de un à dix ans, ou souvent même pour un temps indéfini. A dater de 1746, la réclusion est ordonnée dans la Maison du Refuge d'Agen[2].

Monseigneur de Chabannes, si zélé pour le bien de son diocèse et qui ne reculait devant aucun sacrifice pour tâcher d'améliorer le sort de ses administrés, fut en effet le premier instigateur de la nouvelle fondation. Emu de la corruption et de la dépravation des mœurs du peuple d'Agen, il résolut d'y apporter, dans la limite de ses moyens, un prompt remède. A cet effet il s'entendit avec

---

[1] Archives municipales, FF. 106, 107, 108, etc.

[2] Idem.

l'archevêque de Bordeaux, pour qu'il fût créé dans l'un ou dans l'autre diocèse une Maison de Refuge, à la fondation et à l'entretien de laquelle ils participeraient également tous deux. Sa demande fut favorablement accueillie, et, après de nombreux pourparlers, les deux prélats aboutirent à une entente définitive. Il fut décidé qu'une Maison de Refuge serait créée dans le diocèse d'Agen, et autant que possible dans la ville même d'Agen, qu'elle recevrait les pénitentes de cette ville comme de celle de Bordeaux, et que les autorités, tant municipales qu'ecclésiastiques des deux cités, contribueraient à son existence. Les archives de la Gironde nous ont conservé, en effet, une volumineuse correspondance de Monsieur de Tourny, intendant général, concernant « l'établissement projeté tant à Bordeaux qu'à Agen, par le seigneur de La Tresne, l'archevêque de Bordeaux et l'évêque d'Agen, d'une Maison du Bon Pasteur, à la création de laquelle les jurats des deux villes ne donnent leur consentement que dans l'espérance d'en voir rapidement suivre l'élévation [1]. »

Monseigneur l'Evêque d'Agen prit donc en mains l'organisation d'une telle œuvre, et il écrivit au Roi pour lui en démontrer l'utilité, en même temps qu'il lui soumettait les grandes lignes de la nouvelle institution. La réponse de Louis XV ne se fit pas attendre; et, dès le mois de décembre 1746, il octroyait les lettres patentes suivantes, portant dans la ville d'Agen établissement d'une Maison ou Communauté de Refuge :

« Louis, par la grâce de Dieu, roy de France et de Navarre, à tous présens et à venir, salut. Notre amé et féal conseiller en nos conseils, ledit sieur de Chabannes, évêque d'Agen, nous a fait remonstrer que des personnes de piété de cette ville proposent de fournir des fonds nécessaires à l'établissement d'une Maison de Refuge, ainsi et de même qu'il s'en trouve d'établies dans plusieurs villes de notre royaume, pour y recevoir et entretenir gratuitement les filles et femmes de mauvaise vie qui y seront enfermées en vertu de nos ordres ou par jugement et ordonnance de police; ou celles qui, touchées de repentir, après avoir vescu dans le li-

[1] Archives de la Gironde. C. 2499.

bertinage, s'y présenteront de leur plein gré, pour pratiquer la pénitence dans les exercices de piété et d'une vie occupée ; que cet établissement, donnant un asile aux femmes et filles qui ont vescu dans le libertinage, et qui n'y persistent que faute de secours légitimes pour s'en retirer, et montrant aux autres qui voudraient s'opiniatrer dans le désordre un lieu destiné à leur faire faire une pénitence forcée, ne peut produire que des effets très avantageux, et qu'il est devenu si nécessaire dans la ville d'Agen où la corruption et la dépravation des mœurs du bas peuple font tous les jours de nouveaux progrès; qu'il ne peut y avoir d'autre moyen de réprimer la licence et de ramener le bon ordre ; et que n'y ayant point dans toute la Guyenne de maison de pareil institut, cette province participera à l'avantage qu'on retirera de celle qui sera établie en ladite ville d'Agen ; mais que cet établissement ne pouvant avoir lieu sans notre autorité; ledit sieur Evêque d'Agen nous a très humblement fait supplier de lui accorder nos lettres patentes sur ce nécessaires ;

« A ces causes et autres à ce nous mouvant, Nous, de l'avis de notre conseil et de notre grâce spéciale, pleine puissance et autorité royale, avons permis, loué et approuvé, et par ces présentes, signées de notre main, permettons, louons et approuvons l'établissement d'une communauté dans notre ville d'Agen, sous le titre de *Maison de Refuge*, pour y recevoir gratuitement toutes les filles et les femmes débauchées qui, persistant dans leur libertinage, y seront renfermées par nos ordres, ou par sentences et ordonnances des juges de police de ladite ville, et celles qui, touchées du désir d'une meilleure vie, voudront s'y retirer de leur plein gré pour expier leurs fautes. Voulons que ladite maison jouisse des privilèges, franchises et libertés dont jouissent les communautés de pareil institut dans les différentes villes de notre royaume où il y en a d'établies. Permettons à ladite maison d'accepter tous dons et legs qui lui pourront être faits, et d'acquérir maisons, terres et héritages, etc. Comme aussi amortissons les fonds seulement sur lesquels sont ou pourront être batis la chapelle, maison, jardin et enclos, etc. Ladite maison de Refuge sera immédiatement sujette à la juridiction du sieur Evêque d'Agen et de ses successeurs, et gouvernée suivant les règlements, statuts et constitutions qui lui seront données par ledit sieur Evêque, lequel pourra établir et changer à son gré la Supérieure qu'il trouvera à propos d'y préposer, entendre et cloturer par lui, ses successeurs ou vicaires, les comptes de recette et dépense de ladite maison. Si donnons en mandement, etc. Donné à Versailles, au mois de Décembre l'an de grâce 1746, et de notre règne le trente-deuxième. Signé : LOUIS [1]. »

Ces lettres ne furent enregistrées sur les registres de l'Hôtel de Ville d'Agen que neuf ans après, le 24 septembre 1755. Elles avaient été enregistrées au Parlement de Bordeaux, le 19 avril 1747 [2].

— Ainsi qu'on le voit, les juges de police avaient le pouvoir, dès cette époque, de faire enfermer de force dans cette Maison les filles qui persistaient dans le libertinage ; en même temps que ses portes s'ouvraient devant celles qui, touchées de repentir, s'y présentaient de leur plein gré.

L'établissement était placé sous la juridiction de Monseigneur d'Agen, qui se réservait de lui donner ses règlements, statuts et constitutions.

Restait à trouver dans Agen un local convenable. C'est ici que les difficultés commencèrent et que pendant de longs mois Mgr de Chabannes vit son œuvre entravée par le mauvais vouloir des habitants et l'absence de toutes ressources pécunières. Nul ne se souciait en effet d'un voisinage qui, d'après la tradition, menaçait d'être fort turbulent. Nulle communauté, nulle administration, nul citoyen ne consentit, malgré les supplications de l'Evêque, à abandonner sa demeure, pour la louer à cet effet à l'autorité ecclésiastique. Ce ne fut qu'en 1751, c'est-à-dire cinq ans après l'octroi des Lettres royales, que l'Evêque d'Agen parvint, à force de persévérance et de patience, à asseoir définitivement la maison qui lui tenait tant à cœur.

Il jeta en effet les yeux sur l'ancien fief de Sainte-Quitterie, toujours aux Chevaliers de Malte, et qui, en partie ruiné et presque

---

[1] Archives municipales, GG. 230. — Idem, BB. 77.

[2] Idem, BB. 77.

abandonné par ses propriétaires, se prêtait admirablement aux projets philanthropiques de l'éminent prélat.

Nous avons déjà parlé, dans le Tome Ier de ce travail sur les Couvents d'hommes d'Agen avant 1789, de cet intéressant fief des anciens Chevaliers du Temple, devenu, à la disparition de cet ordre, la propriété des Hospitaliers de Saint-Jean de Jérusalem [1]. Il est donc superflu de rappeler ici quelles furent les différentes phases de l'existence de la Commanderie de Sainte-Quitterie, dépendante de la maison mère du Temple de Brulhes, au moyen-âge et dans les temps modernes.

Nous savons que les Pénitents Gris s'y installèrent momentanément à leur création en 1600, et qu'ils y demeurèrent jusqu'en 1632, époque où ils résilièrent leur bail avec les chevaliers de Malte et vinrent s'installer dans la rue Fon Nouvelle [2]. Depuis ce moment, le vieux domaine du Temple ou de Sainte-Quitterie fut presque entièrement délaissé par l'Ordre. Il ne rapportait du reste que de très minimes revenus.

Néanmoins, au dernier siècle, les visites des commandeurs de Saint-Jean de Jérusalem y devinrent plus fréquentes; et le procès-verbal de celle de 1737 nous donne l'état exact où se trouvait ce membre relativement peu important de l'altière Communauté. A cette époque en effet il fut fait une vente détaillée de la chapelle et du mobilier de Sainte-Quitterie :

« Et avons requis lesdits marguillers, chargés de l'entretien de ladite chapelle, qui nous ont répondu qu'ils avaient donné tous leurs soins depuis longtemps à orner, entretenir et faire servir ladite chapelle, où ils font dire la messe tous les dimanches et fêtes, pour lequel service ils donnent aux R. P. Jacobins la somme de 45 livres annuellement, sans aucun secours que celui des quêtes et dons des fidelles qui commencent de finir depuis quelques années par le mauvais tems.

« Et après avoir fait la visite de l'église et sacristie, nous en

---

[1] Les Couvents d'Agen avant 1789, Tome Ier, p. 27 et suivantes.

[2] Voir également, dans le même ouvrage, notre chapitre sur les Pénitents Gris d'Agen. (T. 1, p. 337 et suiv.)

sommes sortis par la porte qui a communiqué au jardin au pied de la tour, qui est couverte de tuiles canal, n'ayant d'autre plancher que celuy qui couvre ladite sacristie. Les quatre murailles, dont l'épaisseur est fort grande, sont basties de pierre de briques et d'un excellent mortier qui les entretiendront aussi longtemps que l'édifice pourra subsister.

« L'ancien cloître, qui est en devant ladite chapelle fermé d'une bonne porte à clef, est entouré d'un couvert en apent, couvert de tuiles à canal, et au milieu est un vuide pour un parterre qui est aujourd'huy en jardin, formant un carré entouré de trois côtés de piliers en bois qui soutiennent ledit apent, et du côté de la chapelle, en briques, le dessus sert de galerie; ayant remarqué de plus que vis à vis la galerie il y a une maison du nommé Roudanès, qui a fait ouvrir deux fenêtres sur ledit cloître et jardin et a appuyé sa batisse sur les murs dudit cloître, sans en avoir obtenu la permission.

« Au bout du grand jardin, joignant la chapelle, est le logement du jardinier, lequel nous avons trouvé consister en deux petits étages, le bas servant de chay, et tout contigu une décharge séparée par une cloison avec sa porte, le haut par où nous sommes montés, par un degré de pierre couvert par l'avancement du toit ; ladite maison consiste en une seule chambre avec sa cheminée, éclairée par une fenêtre du côté du midi. Ledit logement est basti de pierre, couvert de tuiles à canal.

« Le jardin qui part depuis l'église jusqu'au dit batiment, divisé en deux parties, est de contenance d'environ 12 picotins, confrontant du levant à la rue Saint-Martial, clos de ce côté par un fossé et une bonne muraille ; du midy, à rue de l'Ecole Vieille ; du couchant à jardin muré et maison du sieur Rouquette, procureur au Sénéchal; et du Septentrion à maison et ruette de Sainte-Quitterie, dans laquelle il y a un puits commun au portal de ladite Commanderie et à la muraille du jardin et maison et chapelainie de Saint-Caprasy [1]. »

---

[1] Archives du grand prieuré de Toulouse. Ordre de Malte. Liasse Sainte-Quitterie. (Arch. dép. de la Haute-Garonne).

C'est dans cet état, reproduit par nous sur le plan original (Tome Ier, p. 36), que se trouvaient la chapelle et l'enclos de Sainte-Quitterie d'Agen, lorsque Mgr de Chabannes résolut d'y fonder sa maison de Refuge.

A cet effet, il fit proposer à Messire Jean-François de Pallavicini, commandeur du Temple de Brulhes, d'où dépendait Sainte-Quitterie, de lui donner ladite chapelle et enclos en fief ou cens perpétuel. Celui-ci s'en rapporta à la décision de son supérieur, le grand maître de l'Ordre, et à son sacré conseil. Sur quoi il fut rendu, le 10 novembre 1751, un décret portant qu'au préalable il serait nommé deux commissaires *in partibus* pour procéder à la vérification de l'utilité ou du préjudice de cette aliénation.

Les deux commissaires, MM. de Leaumont et de Nupces, nommés par commission du 9 mars 1752, déclarèrent qu'un contrat d'inféodation était préférable à un acte de vente. Un bail à fief s'en suivit, le 16 avril 1752, sous les cens et redevances de 45 livres. Mgr de Chabannes prit aussitôt possession du local. Il fit démolir le vieux donjon du Temple, la chapelle et le cloître, et, sur leur emplacement, fit élever, dès cette époque, « un grand corps de maison, avec chapelle et offices nécessaires au logement des Pénitentes. »

Mais ce premier bail fut infirmé par un décret du 14 décembre 1752, qui n'approuva l'aliénation que sous la rente en aliments.

Un nouveau bail fut passé entre les deux parties, en 1754, qui cette fois aboutit. Il fut la conséquence d'une seconde enquête, dont nous allons donner in extenso le procès-verbal, tant à cause des curieux détails qu'il nous fournit sur l'ancienne disposition de la vieille maison de Sainte-Quitterie que des clauses et conditions qui règlementèrent définitivement l'acquisition de l'Evèque d'Agen. Cette relation des chevaliers Deaulx et de Valence sur l'aliénation de la chapelle de Sainte-Quitterie d'Agen porte la date du 27 mai 1755.

« L'an mil sept cent cinquante cinq et le vingt-septiesme jour du mois de may, Nous frère Joseph de Raymond Deaulx, chevalier de l'Ordre Saint-Jean de Jérusalem, commandeur des commanderies de Villeneuve, Torane, Lagarde et de Sainte-Marguerite de Luzeran, et frère Claude Silvestre de Timbrune-Valence, chevalier du même ordre, colonel du régiment de Béarn, sçavoir faisons que nous étant rendus à la ville de Toulouse, pour y assister au chapitre provincial qui a commencé depuis le vingt-cinq du courant, nous a été remis cejourd'huy par frère Jean Sébastien de Varagnes Belesta, chevalier de notre ordre, commandeur de Pech Chavanet, receveur et procureur général au présant grand prieuré, une relation du 20 janvier dernier, signée du Vénérable Bailly de Cavanille, et du commandeur frère Dom Joseph Dalmeida, authorisé d'un décret de son A. E. E. Mgr le Grand Maître et son sacré conseil du 4 février 1754 de l'Incarnation, qui nous commet et députe en qualité de Commissaire *in partibus*, pour vérifier l'inféodation faite par l'acte du 16 avril 1753 de la chapelle et enclos de Sainte-Quitterie, situés dans la ville d'Agen, dépendant de la commanderie du Temple de Breuil, faite en faveur du Seigneur Evêque d'Agen, en qualité de seul supérieur de la Maison de Refuge ou de force, établie dans ladite ville en vertu des lettres patentes de Sa Majesté du mois de décembre 1746. Et après avoir fait lecture de ladite relation et décret duement scellé en cire noire et signé par frère François Guedes, vice-chancelier, nous avons reçu la susdite commission avec honneur et respect, et de suite avons prêté le serment accoutumé sur nos croix entre les mains l'un de l'autre ; et ayant mandé venir le sieur Bernard Reynes, secrétaire de notre ordre que nous avons choisy pour écrire sous nous le présant verbal, nous luy avons fait pareillement prêter le serment.......

« Et voulant procéder aux fins de notre susdite commission, nous nous serions fait remettre les relations, décrets et généralement tout ce qui a été fait depuis le décret du 10 novembre 1751 jusqu'à ce jour; à quoy ayant été satisfait, nous dits Commissaires avons commencé par faire lecture du susdit décret, rendu sur la supplique de Mgr l'Evêque d'Agen, pour obtenir la permission d'acquérir ou d'inféoder la chapelle Sainte-Quitterie, jardin et terroir en dépendant, et qui nomme MM. les commandeurs de Leaumont et de Nupces à l'effet de se transporter dans la ville d'Agen pour vérifier l'utilité ou préjudice qui pourrait se trouver dans ladite aliénation, la relation faite par lesdits sieurs de Leaumont et de Nupces, commissaires des 6 et 9 mars 1752, qui trouvent très avantageuse l'inféodation proposée par ledit seigneur Evêque, autre décret du 23 juin de ladite année portant que les susdits commissaires rapporteront dans leur relation s'il est plus avantageux à l'ordre de vendre le susdit fonds que de l'inféoder, la relation faite par les susdits commissaires sur ledit décret, portant qu'il est plus avantageux à l'ordre d'inféoder que de vendre; autre décret du 14 décembre 1752, rendu sur les relations cy-dessus qui permet l'inféodation à la charge que la rente censive de 85 livres proposée par ledit sieur Evêque d'Agen sera convertie en aliments, et en cas d'impossibilité permet l'inféodation à prix d'argent ; les lettres patentes accordées par le Roy à l'Evêque d'Agen du mois de décembre 1746, qui permet l'établissement d'une maison de Refuge ou de force dans la ville d'Agen, avec l'arrêt d'enregistrement rendu par le Parlement de Bordeaux, le 9 avril 1747; le contrat de bail à fief, du 16 avril 1753, passé par Messieurs les commandeurs de Leaumont et de Nupces de la chappelle et enclos de Sainte-Quitterie sous la rente annuelle de 85 livres; les relations faites par MM. les chevaliers de Modène et d'Olivary du 21 juin 1754; une délibération de la vénérable langue de Provence du 9 novembre 1754, où est insérée la relation de MM. les chevaliers de Ligonde et de Pomerol et celle de M. le chevalier d'Olivary; ensemble une minute de nouveau bail d'inféodation pour servir de modèle au nouveau contrat d'inféodation.

« Nous susdits Commissaires, ayant vu les principales raisons qui ont empêché la ratification de l'acte d'inféodation dudit jour 16 avril 1753, et qui sont : que les susdits Commissaires n'ont pas suivi exactement tout ce qui leur était prescrit.... nous étant en outre demandé de passer un second bail d'inféodation, conformément à la minute annexée à la supplique dudit sieur commandeur de Pallavicini, etc., ou de faire une nouvelle description de tous les susdits biens avec leurs revenus et un plan et une figure d'iceux.

« Nous nous serions transportés, le 30 du présent mois, aux Archives du Grand Prieuré, où nous avons verifié lesdits titres..... A quoi ayant satisfait, nous avons trouvé qu'il est dit dans les dénombrements du membre de Sainte-Quitterie, qu'il consiste en une *chapelle* dédiée à cette sainte, à côté de laquelle il y a un *cloitre*, au milieu duquel est un *petit jardin* et un lopin de *jardin* et terre au derrière, et que, joignant ladite chapelle, il y a une *tour carrée*, le tout joui par les marguiliers de cette chapelle, ensemble une rente de neuf livres, seize sols, huit deniers, établie sur deux pièces de vigne, possédées par les héritiers d'Antoine Fournier et de Julien Rigaud, et ce, en conformité de l'acte consenti par lesdits marguiliers en faveur de M. le commandeur de Lussan Carbonaut, le 29 novembre 1664.

« Plus ledit sieur Commandeur possède un *grand jardin* qui est à main droite en entrant avec une *maison* à deux petits étages pour le jardinier, le tout contigu et fermé par des murs, confrontant du levant la rue Saint-Martial, midy rue de l'Ecole Vieille, couchant jardin du sieur Bazignan, muraille entre deux, septentrion maison d'Etienne Gelard de Lamouroux et rue Sainte-Quitterie, dans laquelle il y a un *puits* commun au devant du portail dudit enclos.

« Plus dépend dudit membre diverses censives sur des maisons dans la ville d'Agen et contigues à ladite chapelle, ensemble plusieurs fiefs dans ladite ville, paroisse, juridiction et lieux circonvoisins, trois pièces de vigne et trois de terre de la contenance de deux carterées, deux picotins, le tout dénombré par article dans les susdits dénombrements, le revenu duquel membre se trouve confondu dans celui de Sauvaignas et celui du local Sainte-Quitterie, évalué suivant les sousfermes dans les améliorissemens du commandeur de Cays à 30 livres, et dans ceux du commandeur de Parisot à 50 livres, etc. »

Les Commissaires vinrent, le 4 juillet suivant, au lieu de Sainte-Quitterie, situé dans la ville d'Agen. Ils le trouvèrent « fermé par de bons murs tant anciens que nouvellement construits; » et après l'avoir très exactement parcouru et vérifié conforme aux divers dénombrements dressés précédemment : « lequel susdit local nous avons trouvé, confronte du levant la rue Saint-Martial, aqueduc de la ville, *sive* Gourbaut entre deux traversant ledit local, midy rue Narbonne cy-devant de l'Ecole Vieille, couchant jardin du sieur Basignan et du nommé Beynet, facturier, muraille entre deux, septentrion maison du nommé Salvi, petite place de Sainte-Quitterie, avec un puits commun au milieu, muraille entre deux, à laquelle est encore l'ancienne porte dudit enclos, et encore dudit septentrion avec la rue Sainte-Quitterie et maison d'Antoine Roudanes, lesquels susdits confronts nous avons trouvé être les mêmes que ceux énoncés dans les améliorissemens de MM. de Cays et de Parisot, etc., et ayant confronté le plan avec le local, nous l'avons trouvé dans son étendu et confronts parfaitement conforme, *à la réserve du local ou était placée la chapelle, la tour, le cloître, le petit jardin qui était au milieu d'yceluy et lopin de jardin et terre, à ceux que sur la foy du contrat d'inféodation dudit jour* 16 *avril* 1753 *on les a faits démolir ou détruire et fait construire à leur place un grand corps de maison avec une chapelle et offices nécessaires pour loger cette communauté*; ayant néanmoins reconnu que le tout a été bâti sur le même local comme on le verra par le nouveau plan que nous avons fait lever et par l'arpentement qui en a été fait par M. Bonnet en notre présence, duquel il conste que ledit local contient en tout quatre cartonnats, deux picotins et demy, qui est la même contenance qui fut donnée dans les arpentements précédents, etc. »

Les Commissaires règlent ensuite les clauses et conditions qui doivent être insérées dans le nouveau bail d'inféodation qu'ils se proposent de passer avec l'Evêque, et qui sont :

« 1° Que l'acte du 16 avril 1753 demeurera annulé et cancellé;

« 2° Que le local où était placée la chapelle Sainte-Quitterie, tour, cloître, petit jardin qui était au milieu d'iceluy, lopin de jardin et terre, maison du jardinier et jardin, le tout contigu et dans un même tenement, ainsi qu'il est désigné dans l'arpentement et plan, sera baillé en emphitéose perpétuelle pour l'établissement de la Maison de force ou de refuge moyennant la censive annuelle et perpétuelle de dix sacs bled froment, mesure d'Agen, le sac composé de quatre cartons, et le carton de huit picotins, beau, bon, pur et net, payable le jour et fête de saint Jean-Baptiste et rendu dans la ville d'Agen, entre les mains du seigneur Commandeur, fermiers ou procureurs, ladite censive franche et quitte de toutes charges réelles et personnelles à perpétuité, sans quelle puisse en aucun tems être diminuée ; et attendu que le fonds cy-dessus tombe en main-morte, il sera payé par ladite communauté un droit d'indemnité de trente en trente ans, évalué à la somme de cent quarante-une livres, treize sols, quatre deniers, payable en six portions, savoir : 23 livres, 12 sols, 3 deniers, chaque cinq ans, dont le paiement sera fait à la fête de saint Jean-Baptiste de l'année 1758 ; comme aussi ladite communauté paiera un droit d'accapte évalué à trois livres à la mort de chaque grand maître de l'ordre.

« 3° Que l'on sera tenu de reconnaître ledit fonds toutes les fois qu'ils en seront requis, en faire la montrée, l'améliorer et non détériorer, ny mettre en main morte, faite ni prohibée de droit, et venant le cas que ladite maison et communauté de Refuge s'étendrait, serait supprimée, ou changerait de nature quelconque, les fonds cy-dessus inféodés rentreront de plein droit à ladite commanderie du Temple en l'état qu'ils se trouveront pour lors, sans que pour raison de ce l'ordre ny le commandeur soient tenus à aucune indemnité ni remboursement.

« 4° Dans le cas où l'on serait trois ans sans payer ladite censive, il sera permis audit seigneur Commandeur de reprendre lesdits biens inféodés avec toutes les améliorations qui y auront été faites, sans observer aucune formalité de justice, nonobstant tous usages contraires auxquels il sera dérogé par exprès.

« 5° Sera tenue ladite communauté d'entretenir à ses dépens ladite chapelle à perpétuité et pendant tout le tems qu'elle jouira des susdits biens et d'y faire dire annuellement une messe haute, le jour et fête de saint Jean-Baptiste, et une messe de *Requiem* le lendemain pour les défunts de l'ordre, se réservant lesdits seigneurs commissaires les droits de visite et honorifiques dans ladite chapelle qui consistent, savoir : que lorsque MM. les Commissaires, députés pour les visites de la susdite commanderie, arriveront dans ladite ville d'Agen, ils feront avertir la supérieure de ladite maison qui sera tenue d'envoyer chez eux pour prendre leur heure pour la visite de ladite chapelle, à la porte de laquelle ils seront reçus au son des cloches par l'aumônier revêtu de surplis et étolle qu'il remettra au prêtre visiteur, leur présentera de l'eau bénite et les conduira à l'autel en chantant l'antienne de coutume et oraison de l'ordre ; et après y avoir fait leur prière, le prêtre visiteur donnera la bénédiction s'il y a réserve, sans pourtant que lesdits commissaires puisent rien prétendre à ladite chapelle que ce qui sera de droit honorifique et sans qu'ils puissent exercer aucun droit de supériorité dans ladite maison.

« 6° Qu'il sera mis sur la porte principale de l'entrée dudit monastère une croix de Malte à huit pointes, remarquable.

« 7° Qu'il sera soumis à M. le Commandeur un expédié en bonne forme dudit bail, ensemble un plan du local, le tout aux dépens de ladite communauté.

« 8° Que tous les biens présans et à venir de ladite communauté seront obligés au paiement de ladite censive.

« Finalement que lorsque les clauses et articles cy-dessus seront rédigés en acte public, toutes les formalités en pareil cas requises y seront insérées, etc.

« Signés : Le chevalier D'EAULX, commandeur de Taurane,

Le chevalier DE TIEMBRUNE DE VALENCE[1]. »

Suit, à la date du 17 juillet 1755, « *le bail définitif de la chapelle et enclos Sainte-Quitterie,* consenti en faveur de Monseigneur l'Evêque d'Agen, sous la rente de dix cetiers bled, ratifiée par décret de S. A. C. en son conseil, en date du 23 octobre 1755, et passé entre Messire frère Joseph de Raymond d'Eaulx, chevalier de l'ordre de Saint-Jean de Jérusalem et Messire Claude Silvestre de Timbrune de Valence d'une part, et MM. Jean-Baptiste de Lagrèze, prêtre, docteur en théologie et curé d'Aiguillon, procureur fondé de Messire Jean François de Paliavicini, commandeur de la commanderie du Temple de Breuil d'autre part, et Monseigneur Joseph Gilbert Gaspard de Chabannes, évêque et comte d'Agen, supérieur de la communauté du Refuge, encore d'autre part, » lequel contrat rappelle tous les actes consentis à cet effet antérieurement; l'état des lieux avant la démolition entreprise par l'Evêque; l'état actuel « consistant en un bâtiment à deux étages destiné pour ladite communauté et en un grand jardin, séparé aussi en deux par ledit fossé, le susdit local contenant quatre cartonnats, deux picotins et demi, suivant le dernier arpentement ; » enfin les confrontations déjà données et les conditions précédemment établies par les Commissaires.

[1] Archives départementales de la Haute-Garonne. Fonds de l'Ordre de Malte. Liasse 3, Sainte Quitterie, n° 4.

Nous reproduisons ici le plan de la Maison du Refuge, telle que la fit construire en 1753 Monseigneur de Chabannes, et tel que

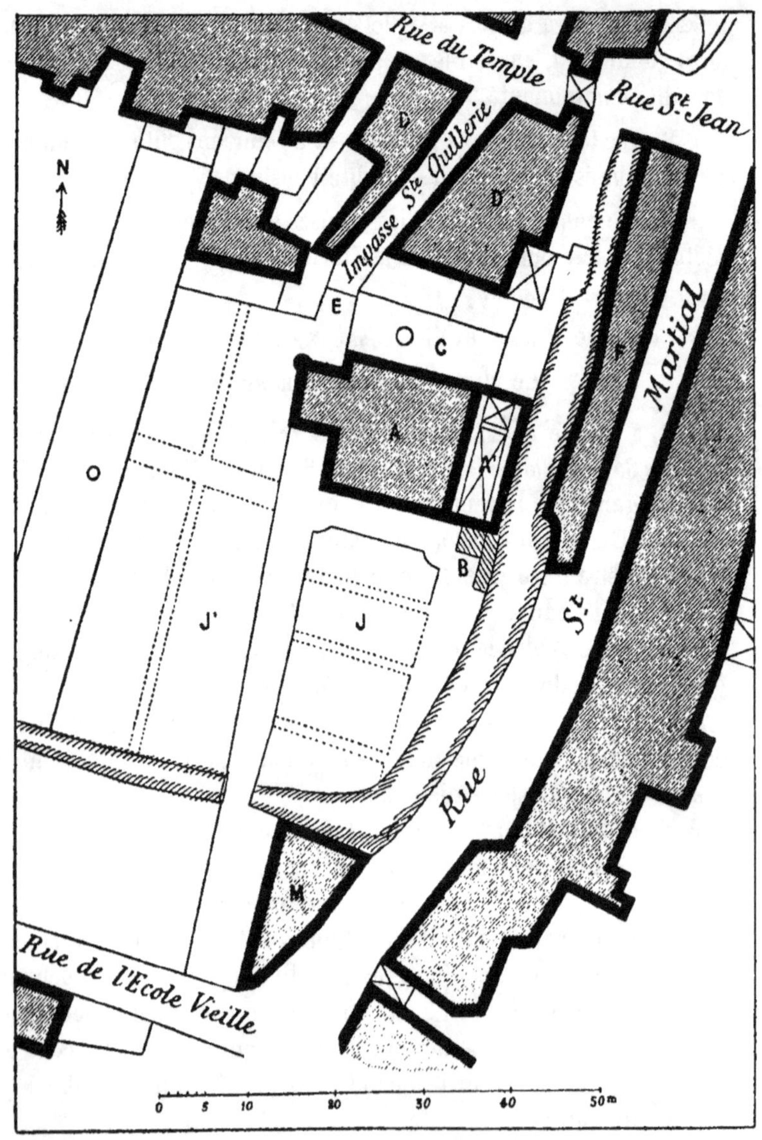

nous le présente Lomet, dans son relevé de la ville d'Agen au moment de la Révolution.

En le comparant au vieux plan de Sainte-Quitterie, donné par nous à la page 36 de notre Tome Ier, nos lecteurs verront que c'est absolument sur l'ancien emplacement de l'église, du cloître et du donjon B, que fut élevé l'unique et vaste corps de logis A, à deux étages, à peu près carré ; ainsi que la petite chapelle A' y attenant, qui le termine à l'est du côté de la rue Saint-Martial, dont elle est séparée par le pâté de maisons F, existant encore aujourd'hui et l'ancien gourbaut ou fossé de ville. L'entrée se trouve toujours en E, au fond de l'impasse Sainte-Quitterie. Le puits C n'a pas été comblé, et les mêmes et vastes jardins J et J' entourent et aèrent comme autrefois la nouvelle construction au sud et à l'ouest. Le procès-verbal qui précède nous dispense de rappeler ici les diverses confrontations de cet établissement.

—Le local trouvé, Monseigneur de Chabannes fit appel à la communauté des filles du *Bon Pasteur*, fondée déjà depuis plus d'un demi-siècle et dont les bienfaits se faisaient sentir dans un grand nombre de villes du royaume. On, sait en effet, que Mme de Combé, d'origine hollandaise, femme d'un très grand sens et d'une excessive piété, prit à cœur de ramener, vers la fin du XVIIe siècle, les pécheresses que la débauche et le libertinage avaient égarées, et que, grâce à de nombreuses aumônes, elle fonda à cet effet, le 15 mars 1688, à Paris, dans la rue du Cherche-Midi, la première maison dite du *Bon Pasteur*. Bientôt cette demeure devint trop petite, le nombre des jeunes pénitentes volontaires s'étant rapidement accru ; et la pieuse dame dut provoquer, pour les contenir dans les villes voisines, de nouvelles fondations. Orléans, Troyes, Angers, Amiens, Toulouse, etc., virent successivement s'élever dans leurs murs des maisons de Refuge, qui toutes s'inspirèrent des règlements donnés par Mme de Combé et de l'idée première qui avait présidé à la fondation de la Maison-Mère.

Bien que la plupart de ces maisons aient été dès leurs débuts soumises à la juridiction épiscopale, une même règle leur était imposée. Elles se composaient partout de deux sortes de filles que l'on nommait sœurs, qui ne prononçaient pas de vœux, mais dont la conduite était régulière, et de filles pénitentes. « Les sœurs se consacraient gratuitement à la conversion et à la sanctification des filles tombées dans le désordre ; et les filles Pénitentes, pour expier leurs péchés, embrassaient volontairement une vie de mortification, de travail et de retraite.

« Les robes des pénitentes sont de bure ou de gros drap brun. Elles sont serrées, le cou fermé par une agrafe. Il y a deux plis arrêtés sur les épaules. Les manches sont larges d'un bon tiers et descendent jusqu'au bas du poignet. Elles ont une ceinture de cuir noir, large d'environ un pouce et arrêtée par une boucle de fer noirci. La coiffe est d'étamine assez épaise pour ne pas voir au travers. Au-dessous, elles portent une autre coiffe d'étamine en forme de cornette, longue de deux tiers et profonde d'un quart.

Elle ont une pointe qui avance sur la moitié du front en forme de bandeau, et portent à leur ceinture un gros chapelet de bois brun où il y a une croix, sur laquelle est un Christ de cuivre jaune. Au lieu de souliers, elles ont des sandales de bois couvertes de cuir. Les sœurs sont habillées comme les pénitentes, sauf que leurs coiffes sont en taffetas. Il n'y a nulle distinction entre elles et les pénitentes, soit pour le logement, soit pour la nourriture[1]. »

A Agen, Monseigneur de Chabannes donna à la nouvelle maison ses statuts et son règlement. Elle ne devait à l'origine renfermer que des pénitentes volontaires, et pendant dix ans, en effet, elle n'eut pas d'autre destination. Le document suivant en fait foi :

« Le 11 juillet 1764, en vertu d'un jugement prévotal, la nommée Jeanne Brévoty, accusée de vol et convaincue de récidive, est condamnée à être battue et fustigée nue de quatre coups de verge par l'éxécuteur de la haute justice à chaque carrefour et lieux accoutumés de la présente ville, et à être flétrie à l'un d'eux d'un fer chaud marqué de la lettre W. A la suite de quoi elle doit finir sa peine dans une maison de force, en compagnie de la nommée Jeanne Estebenine. » Le Procureur du Roi adresse à ce sujet à l'Intendant Bertin, le mémoire qui suit :

« Par jugement prévotal et en dernier ressort, rendu à Agen le 14 juillet 1764, la nommée Jeanne Brévoty détenue dans les prisons

[1] Voir Père Helyot : Histoire des ordres monastiques. Tome VIII, p. 244. — Idem, abbé Migne : Dictionnaire des ordres religieux. Tome Ier, p. 508 et suiv.

royales de la ville d'Agen, a été condamnée à être renfermée dans une maison de Force pendant l'espace de dix ans. Par un autre jugement prévotal, aussi rendu le 6 août 1765, la nommé Jeanne Estebenine a été condamnée à être renfermée pour trois ans dans une maison de force. N'ayant pas de maison de force dans la province, le Procureur du Roy en la Maréchaussée généralle de Guienne au département d'Agen, se conformant aux ordres de Monseigneur le Vice-Chancelier, a ordonné que lesdites condamnées fussent enfermées dans un dépôt provisoire. » En conséquence, M. l'Intendant général Bertin écrit à Madame la Supérieure du Refuge d'Agen, la lettre suivante :

« Je prie *Madame Bru*, supérieure de la maison du Refuge de la ville d'Agen, de recevoir dans ladite maison les nommées Jeanne Brévoty et Jeanne Estebenine, pour y demeurer par provision jusqu'à ce que les arrangemens concernant le renfermement des vagabonds soient consommés à Agen, ce 12 octobre 1765.

« P. S. — Il sera tenu compte à ladite maison du Refuge de la nourriture desdites femmes, à raison de 7 sols par mois pour chacune. »

Suit l'acceptation de la Supérieure du Refuge d'Agen :

« Je, soussignée, Supérieure de la maison du Refuge de la ville d'Agen, déclare à Messieurs les cavaliers de la brigade à la résidence d'Agen qu'ils ont remis et que j'ai reçu dans ladite maison de Refuge, en conséquence de la prière que Monsieur l'Intendant m'a fait par écrit le douze de ce mois au bas du mémoire ci-dessus et des autres par écrit de Monsieur le Procureur du Roy de la prévoté générale de Guienne au département d'Agen, les nommées Jeanne Brévoty et Jeanne Estebenine, condamnées, savoir : ladite Brévoty à être renfermée dans une maison de force pour l'espace de dix ans, par jugement prévotal du 21 juillet 1764, et ladite Jeanne Estebenine à être aussi renfermée dans une maison de force pendant l'espace de trois années par jugement prévotal du 6 août dernier, pour y demeurer dans ladite maison par provision, jusqu'à ce que les arrangemens concernant le renfermement des vagabonds soit consommés, ainsi qu'il est porté dans l'écrit de Monseigneur l'Intendant, aussi ci-dessus, lequel écrit et mémoire de Monsieur le

Procureur du Roy m'ont été remis en expédition duement collationnée et signée de Monsieur Foursau, greffier en chef de ladite prévoté par lesdits conseillers, moyennant quoi ils en demeurent bien et valablement déchargés.

« Fait à Agen, le 14 octobre 1765.

« V. BRU[1]. »

Il ressort donc de ces deux pièces, d'abord que, jusqu'à cette année 1765, les filles condamnées pour libertinage n'avaient pas encore été enfermées de force à la maison du Bon Pasteur d'Agen ; puis que la première supérieure de l'établissement fut la dame Bru.

Mais ainsi que nous l'apprend Proché dans ses notes inédites sur les Couvents d'Agen : « Dans la suite, on enferma au Refuge les filles prostitués que la police faisait arrêter et que les Consuls condamnaient à y rester un certain nombre de mois ou d'années, jusqu'à ce que elles parussent repentantes et entièrement converties. Les parents qui avaient des filles, dont la vie était déréglée et scandaleuse, et qui ne pouvaient les corriger par d'autres moyens, les faisaient renfermer dans ce lieu avec la permission des Consuls. Elles étaient rasées en entrant et vêtues d'une étoffe grossière. On les mettait dans des salles où elles étaient occupées à la filature ou à des ouvrages convenables à leur sexe, sous la surveillance des sœurs qui étaient ordinairement au nombre de trois ou quatre. Ces sœurs ne faisaient pas de vœux. La nourriture de ces recluses était la soupe, du pain et de l'eau. Elles ne sortaient jamais que lorsqu'elles obtenaient leur liberté entière. Ce traitement et la crainte d'être renfermées dans ce lieu produisaient un très bon effet. »

Un mémoire du Refuge d'Agen vient confirmer le dire de Proché. Nous y lisons en effet que, d'après le règlement imposé par Monseigneur l'Evêque, le régime de cette communauté était confié à quatre dames administresses, la supérieure étant chargée de faire exécuter ledit règlement, quant à la distribution des heures pour le travail, le repos, les offices et les repas. Une dame était commise à l'office du linge ; une autre à l'ouvrage des pénitentes ; une troisième à leur garde ; la quatrième enfin, qui était le plus

[1] Archives départementales de Lot-et-Garonne. B. 394, liasse.

souvent la Supérieure, aux offices de l'infirmerie, de la sacristie, de la cuisine, et à la surveillance générale du couvent. La maison n'avait d'autres biens que ceux dépendants du local. Ses revenus ne consistaient qu'en certaines rentes constituées. Enfin elle était gérée par un Conseil d'administration de cinq membres, dont l'Evêque était président de droit[1].

Les Archives départementales de la Gironde, comme celles du Lot-et-Garonne, sont pleines, à partir de 1760 jusqu'à la Révolution, d'informations relatives à la maison du Refuge d'Agen. On se rappelle en effet que cette maison était régionale, qu'elle servait à renfermer aussi bien les condamnées de Bordeaux que celles d'Agen, et qu'elle recevait des secours de ces deux villes. Il n'est pas un registre de cette époque qui ne contienne des noms de quelque malheureuse, condamnée à y être incarcérée, soit pour quelques mois seulement, soit pour de longues années. Les pénitentes volontaires devenaient de plus en plus rares. En revanche, celles que la police municipale capturait se montraient chaque jour plus nombreuses, à tel point que le local d'Agen menaçait d'être insuffisant. De 1765 à 1775, les enquêtes augmentent avec les condamnations, et les scènes de désordre et de scandale auxquelles donnaient lieu le plus souvent l'arrivée et le séjour de ces pêcheresses, presque toujours impénitentes, n'étaient pas faites pour adoucir les rigueurs de la maison.

Un échange très actif de correspondances s'établit à cette époque entre les délégués d'Agen et l'intendant de Bordeaux[2], ainsi qu'entre les deux prélats chargés d'administrer la Maison du Refuge. Presque toutes sont relatives à des demandes de secours d'argent. Quelques-unes concernent spécialement les familles, souvent d'ancienne noblesse, des jeunes détenues.

Le 20 juillet 1764, entre autres faits intéressants, M. Arbeau, administrateur de la maison du Refuge d'Agen, et en même temps chanoine de Saint-Caprais d'Agen, écrit à M. Duchesne, secrétaire de l'Intendance de Bordeaux, la lettre suivante, qui nous fournit

[1] Archives départementales de Lot-et-Garonne. Biens nationaux.
[2] Archives départementales de la Gironde. Série C.

de curieux détails sur l'état de la maison, ainsi que sur les noms et la déplorable santé de quelques-unes de ses pensionnaires :

« Vous savez, Monsieur, que notre bonne ville d'Agen doit au zèle de M. de Tourny père l'établissement d'une maison de force, sous le nom de *Maison du Refuge*. Ce sage magistrat se prêta d'autant plus volontiers aux vues de notre Evêque pour cette bonne œuvre qu'il en connaissait l'utilité et la nécessité pour le pays. La plupart des filles que les magistrats municipaux font renfermer dans cette maison sont gâtées. Plusieurs le sont au dernier degré, et les deux dernières qu'on nous a amenées, la semaine passée, par sentence de Messieurs les consuls, seraient capables, dit-on, d'infecter toute la jeunesse de la province. Celle qu'on croit le plus gâtée n'a que dix-sept ans. Nous ne manquons pas de zèle et de bonne volonté dans cette maison pour les faire guérir. Mais un établissement naissant est trop pauvre pour avoir les facultés nécessaires. Nous n'avons pas de logement convenable et séparé pour les faire passer par le grand remède. J'ay veu, Monsieur, dans les papiers publics, il y a quelque tems, qu'on avait composé un remède qu'on appelle *les dragées*, qui réussit contre cette maladie et qu'on peut prendre sans toutes les précautions du grand remède. Ne pourriez-vous pas, Monsieur, par vos représentations, engager M. l'Intendant de nous en procurer gratuitement pour quelques malades, avec la méthode de s'en servir. Nous les ferons prendre avec tous les soins possibles [1]. »

Nouvelle lettre du bon chanoine Arbeau, à la date du 27 janvier 1765, dans laquelle il annonce à M. l'Intendant « qu'il a, avec assez de succès, utilisé les dragées envoyées par lui, et qu'il en désirerait d'autres. » L'intendant s'empresse d'accéder à sa demande, et, le 6 février 1765, il lui accorde « la somme de 150 livres pour acheter des dragées de Keyser [2]. »

En même temps, il adjuge, en manière d'aumône, au Refuge d'Agen le produit des matériaux de la chapelle Sainte-Catherine, détruite à la porte Saint-Antoine, et qui avaient été vendus cent li-

---

[1] Archives départementales de la Gironde. C. 522.

[2] Idem. C. 524.

vres [1]. Mais le trésorier de l'hôtel de ville y fit opposition, et se refusa à payer cette somme au Refuge sous prétexte qu'il lui était dû de huit à dix mille livres. Vainement la Supérieure insista pour la recouvrer. Il fallut que M. le chanoine Arbeau en appelât à l'Intendant de Bordeaux. « La cherté du blé, dit-il, nous met aux expédiens pour faire vivre nos pénitentes, qui, en cette année, sont au nombre de 25. Cette petite somme de 100 livres nous serait du plus précieux secours. »

Le nombre des pénitentes, enfermées par force dans la maison du Bon Pasteur d'Agen, augmentant chaque jour avec le dévergondage de l'époque, cette pieuse et utile institution n'aurait pu sub-

[1] Nous croyons intéressant de reproduire ici le passage inédit que Proché consacre, dans ses notes sur les couvents d'Agen, à cette chapelle Sainte-Catherine :

« On voyait autrefois au faubourg Saint-Antoine, sur le local où est maintenant l'auberge du sieur Gautier, une chapelle qui portait le nom de Sainte-Catherine à qui elle était dédiée. C'était là que les maîtres de bateaux du Passage, qui se trouvaient de rang de poste les mardi et vendredi, faisaient dire une messe le jour de leur départ pour Bordeaux, à laquelle ils assistaient avec leur patron et leur équipage pour demander à Dieu un heureux voyage. Tous les maîtres de bateaux qui descendaient à Bordeaux observaient le même acte de dévotion. Il n'y avait pas d'aumônier attaché à cette chapelle; mais comme elle était voisine des Cordeliers et des Capucins, on allait à l'un des deux couvents pour demander au Père gardien un prêtre qui, moyennant dix sous, célébrait la messe. Les voyageurs logés dans les auberges voisines et qui désiraient entendre la messe avant de partir, surtout les dimanches et fêtes, s'adressaient à ces religieux qu'ils payaient quelquefois généreusement. Le curé de Saint-Hilaire, dans le territoire duquel était cette chapelle, ne voulait pas qu'on y dît la messe le dimanche, afin que tous ses paroissiens assistassent à la messe et au prône. — Cette chapelle a été détruite, il y a environ cinquante ans (Proché écrivait ceci en 1815). Je me rappelle d'y avoir plusieurs fois servi la messe. Derrière était un cimetière où l'on ensevelissait les personnes noyées, après les avoir exposées pendant quelques heures sur une table de pierre, placée au milieu du cimetière. Le terrain où était cette chapelle, alors très bas et de niveau avec l'ancienne porte Saint-Antoine et les prairies qui sont au bord de la Garonne, appartenait à Mme Castan, aubergiste ; il était inculte et sablonneux. On n'y voyait que quelques aubiers épars et sans ordre. Une maison fut bâtie à la place de la chapelle Sainte-Catherine, par le sieur Lavigne, maître de poste, etc. » Elle devint une auberge et de nos jours l'Hôtel de France.

sister avec ses propres ressources, si quelque âme charitable ne fût venue de temps à autre à son secours. C'est ce qui arriva notamment, à propos du testament de la dame Antoinette Gautier, fondatrice, avec Mgr de Chabannes, du Refuge d'Agen. Cette dame, épouse du sieur Jean-Jacques Silvain de Lascombes, fit son testament à la date du 11 mai 1769. S'étant intéressée de son vivant à la fondation et à la prospérité de l'établissement, elle ordonne, dans ses dernières volontés, « qu'il soit dit à perpétuité dans la chapelle de ladite maison, et non ailleurs, une messe basse pour le repos de son âme et de celles de ses prédécesseurs; et au cas où ladite maison viendrait à ne pas subsister, elle veut que la rente de 160 livres qu'elle établit pour cette fondation soit transférée à trois communautés d'hommes qu'elle désigne par portions égales, à la charge par chacune de dire ladite messe pendant quatre mois. » En la personne du sieur Dutrouilh, cadet, syndic trésorier du bureau d'administration de ladite maison du Refuge en l'an 1781, ledit bureau demande si la testatrice a voulu fonder cette messe, chaque jour, chaque semaine ou chaque mois. Il adresse à cet effet une lettre à Monseigneur d'Agen, afin qu'il se prononce sur cette question. L'héritier Labrousse s'en remet également à la sagesse et aux lumières de Sa Grandeur.

Chargé par l'Evêque du soin de faire cesser cette incertitude, M. Argenton, curé de Saint-Hilaire, « estime qu'il y a lieu d'accorder au bureau d'administration sa demande, et il requiert en conséquence que la fondation dite sera réduite et fixée à perpétuité à une messe basse, dite dans la chapelle dudit Refuge, chaque dimanche et jour de fête. De novembre 1781 [1]. »

Parmi les autres bienfaiteurs de la maison du Refuge d'Agen, à cette époque, citons également MM. Moustafa, négociant, Marcot, Sembauzel, le marquis de Montalembert, Barsalou, Roudil, les Pères de Bon-Encontre, l'Evêché d'Agen, et de nombreux prêtres de la ville qui, tous, sur le livre de recettes sont inscrits pour diverses rentes payables annuellement [2].

---

[1] Archives de l'Evêché d'Agen. F. 55.

[2] Archives de l'Hôpital d'Agen. Registre des comptes, recettes et dépenses, etc.

Les Hospitaliers de Saint-Jean de Jérusalem n'avaient pas, comme on pourrait le croire, abandonné tout à fait leurs droits sur leur ancien fief de Sainte-Quitterie. Ils s'en considéraient toujours comme nu-propriétaires : témoin le contrat de reconnaissance, exigé le 14 août 1780 par le nouvel et dernier commandeur du Temple de Breuil, frère Bernard de Polastron de La Hillière, et passé par M. l'abbé de Passelaïgue, chanoine de la cathédrale d'Agen, abbé de Pérignac, vicaire général et official du présent diocèse, député en même temps du bureau d'administration de la maison du Refuge d'Agen. L'acte confirme en tous points les confrontations déjà existantes, ainsi que les clauses du bail primitif ; et l'abbé s'engage, au nom dudit bureau, d'en exécuter ponctuellement les conditions [1].

— La Révolution modifia de fond en comble la destination du Refuge d'Agen. Comme pour les diverses maisons régulières de la ville, le directoire du district ordonna qu'il y fut fait une visite, ainsi qu'un inventaire détaillé des meubles qui y étaient renfermés. Voici le procès-verbal de cette violation de domicile :

« Ce jour-ci, 11 septembre 1790, Nous, Antoine Albaret, administrateur du directoire du district d'Agen, et M. Cazabonne, procureur syndic du même corps, nous sommes transportés dans la maison du Refuge de cette ville, pour procéder à l'inventaire de ladite maison ; et, ayant fait avertir Madame la Supérieure d'icelle, elle serait venue à notre rencontre et nous aurait dit être entièrement soumise aux décrets de l'Assemblée nationale. Puis, elle nous aurait présenté les divers registres de propriété, contrats de rente, titres divers de rentes constituées, etc. Ensuite elle nous aurait déclaré posséder, pour tout immeuble, trois petites maisons qui sont extérieures au mur d'enceinte, et louées à divers, ainsi que deux chambres particulières louées également. » Suit l'inventaire de l'argenterie qui ne contient que trois pièces, un calice, un ciboire et un soleil, des effets de sacristie, des meubles, du linge, etc. Il n'existe ni bibliothèque, ni livres, ni

---

[1] Archives de Sainte-Quitterie. Liasse 3, n° 5 (Archives dép. de la Haute-Garonne.)

manuscrits, ni médailles. Suit enfin l'état du personnel qui se compose de quatre dames administreresses et d'une affiliée, savoir :

« Madame Dally de Lagarde, supérieure, âgée de 50 ans;

« Madame Duga, 32 ans ;

« Madame Barriéty aynée, 31 ans ;

« Madame Barriéty, cadette, 23 ans ;

« Et Marie Laporte, sœur affiliée, âgée de 68 ans.

« Et attendu que lesdites dames ne font aucune espèce de vœu et qu'elles sont libres de sortir à tous instants sans l'intervention d'aucune forme, nous n'aurions pas cru prendre leur déclaration individuelle sur l'intention de sortir de ladite maison ou d'y rester. La maison pourrait contenir environ soixante filles et les dames nécessaires pour son administration [1]. »

— La prostitution ne cessant pas avec la proclamation des immortels principes, et la nécessité de maintenir dans Agen une maison de force se faisant toujours impérieusement sentir, malgré le nouvel état de choses, le Directoire du département chargea, le 20 du mois de mai 1791, le directoire du district de procéder à une enquête « sur la fondation, biens, revenus, administration, régime, degré actuel d'utilité et celui dont peut devenir susceptible la Maison du Refuge, située en la ville d'Agen. » M. Noguères fut nommé commissaire, et fit à ce sujet un long rapport que nous avons déjà utilisé en partie à propos de la fondation et des règlements primitifs de l'établissement du Bon Pasteur. Voici en quels termes il s'exprime sur l'état de la maison, en cette année 1791 :

« Le nombre des Pénitentes, par l'effet du décret du 26 mars dernier, a été réduit à celui de quatre, qui y sont encore en vertu des jugements de police.

« Une seulement y est venue de gré y faire pénitence ; deux, de l'âge de 16 à 17 ans, y ont été placées sur la sollicitation de personnes charitables, pour leur éviter les dangers de la vie du monde ; il y en a cinq autres de l'âge de 11 à 14 ans.

« Toutes s'occupent à filer du coton, ainsi que les dames administreresses.

[1] Archives départementales. Biens Nationaux.

« Leurs travaux sont insuffisants pour les nourrir ; et il résulte des renseignements pris qu'elles gagnent au plus sept ou huit sols chaque jour ouvrier.

« Le but de cet établissement y était déjà défiguré avant la Révolution. En outre des filles et femmes qui y étaient renfermées par les ordres du Roi ou par des jugements de police, on y en admettait encore qui n'y entraient pas de gré pour y faire pénitence ; on y recevait même des filles de l'âge le plus tendre ; et cette non-conformité à l'établissement était déjà sans doute un vice, qui s'aggravait peut-être par le danger que courroient ces jeunes filles, en conversant habituellement avec des personnes déjà entachées.

« Aujourd'hui les lettres de cachet n'y constitueront plus de coupables, les règlements de police ne statuent plus sur les peines à infliger aux femmes de mauvaise vie. On ne verra guère de femmes pénitentes y vouloir entrer de gré.

« Cette maison deviendra donc vide, si les tribunaux de justice, prononçant sur les délits de ce genre, ne continuent pas d'affecter aux coupables une maison de Pénitence. Elle est donc dans l'état présent dans un degré d'utilité bien modique, puisqu'elle ne renferme valablement que les coupables qui ont encore à attendre, pour leur liberté, l'époque fixée par la condamnation des jugements qui les en prive.

« L'état de cette maison est néanmoins bon. Son local est important. Ses revenus sont encore de plus de 1,400 livres ; et il serait ridicule que l'usage en fût cependant borné à l'habitation de quatre femmes, de la liberté desquelles le terme arrivera bientôt.

« Dans cet état de choses, le directoire du district pense que la maison du Refuge doit changer de destination. Mais entre tous les établissements utiles, desquels elle pourrait devenir le siège, celui qui offrirait un asile à l'indigent, dans la faiblesse de l'enfance, dans l'abandon de la nature, lui paraît devoir être préféré. C'est un des devoirs qui se recommandent à la sensibilité de l'homme, à la prévoyance du moraliste, à la sagesse du législateur !

« Le directoire du district voit donc son humanité intéressée à proposer pour eux des vues que la raison, la morale et la politique ne peuvent désavouer.

« Elles sont de destiner la maison du Refuge à recevoir les enfants femelles exposées, lorsqu'à l'âge de sept ans elles sortiront des mains des sevreuses; de les faire jouir jusqu'à l'âge de huit ans de la somme de trois livres par mois, dont l'administration se propose de proroger le paiement jusqu'à ce terme; de les y retenir jusqu'à l'âge de quinze ans, afin que par des travaux utiles, dont elles sont devenues capables, elles puissent compenser la faiblesse des travaux de leurs premiers ans, et maintenir dans la maison un équilibre de recette et de dépense.

« Le directoire du district ne fait que présenter l'aperçu de cet établissement. Si ses vues sont adoptées, il s'occupera avec vigilance de tous les moyens desquels il pourra obtenir une instruction solide, une éducation accommodée et une économie utile.

« Fait le 23 mai 1791.

« Noguères, vice-président; Rouziès, Albaret, Duchanin, Cazabonne de La Jonquière [1]. »

Longtemps, les avis demeurèrent partagés. Les uns voulaient adopter les conclusions précédentes et aménager l'ancien Refuge de façon à ce qu'il ne reçût que des petites filles abandonnées; les autres penchaient pour que sa destination première lui fut conservée. Cette seconde manière de voir semble avoir prévalu; du moins si nous en croyons l'état suivant, contenant « le devis des ouvrages de terrassement, maçonnerie, charpentes, couvertures, planchers, etc., à faire à la maison du Refuge d'Agen », et dont l'exposé débute ainsi, à la date du 22 juin 1793 :

« Dans la partie méridionale de la ville d'Agen, on construisit, il y a environ trente ans, un corps de logis destiné à servir de maison de Refuge ou de Force; cet établissement se trouvant insuffisant, on se proposa, il y a trois ans, de le doubler en le prolongeant vers le couchant. A cette époque, il n'en fut exécuté que la moitié du côté du midi, laquelle même, à défaut de fonds, fut laissée imparfaite. Il s'agit aujourd'hui de l'achever et de distribuer les différentes pièces de ce bâtiment de manière à y placer les femmes con-

---

[1] Archives dép. de Lot-et-Garonne. Biens Nationaux.

damnées à la correction, à la détention et à la réclusion. Tel est l'objet du présent devis, etc. [1]. »

— Après plusieurs essais, tous restés infructueux, la maison du Refuge fut définitivement fermée, et ses pensionnaires transférés à l'ancien hôpital Delas, par arrêté du 22 floréal, an VI (11 avril 1798.) Une seule commission, dite de *Hospices réunis*, l'administra désormais, à partir de ce moment. Dans les précieuses archives de l'Hôpital Saint-Jacques et de l'hôpital Delas, que nous utiliserons longuement au chapitre suivant, nous voyons, en effet, à la date de messidor an VI (juin 1798), que les administrateurs de l'ancien hospice du Refuge, les citoyens Sembauzel, Ferrier, Brisse, Malebaysse et Pons rendent aux nouveaux administrateurs des Hospices réunis un compte détaillé de leur gestion. Le vieux local de Sainte-Quitterie redevint donc une fois de plus vacant.

En 1806, on y établit provisoirement le Collège, mais on l'en sortit peu après, et l'emplacement fut loué à différents particuliers, dont quelques-uns y installèrent des institutions libres d'enseignement primaire. Ce fut notamment le cas des Messieurs Levêque, d'abord instituteurs libres, puis directeurs de l'Ecole Normale de Lot-et-Garonne.

Par contrat du 7 juin 1810, l'administration de l'Hospice, de qui dépendait toujours l'ancien local de Sainte-Quitterie, afferma à M. Jacques Paul Duplantier, avocat, pour une durée de cinq ans et moyennant la somme de 500 livres par an « le grand corps de logis et le grand jardin du Refuge. »

Six ans après, par contrat du 2 février 1816, « les mêmes objets que tenait M. Duplantier furent donnés en location à demoiselle Marie Adélaïde de Batz de Trenquelléon aux mêmes conditions et pour une durée de six ans [2]. » On sait que le but de cette femme si distinguée était d'établir dans Agen la maison-mère des filles de Marie, et que ce fut le vieux fief du Temple qui servit de premier abri à cet ordre, qui, depuis, a rendu et rend encore de si nombreux

[1] Archives dép. de Lot-et-Garonne. Biens Nationaux.

[2] Archives de l'hôpital d'Agen. Registre des comptes de la maison du Refuge.

services [1]. Les pieuses filles restèrent quatre ans dans l'ancienne maison du Refuge. Le local étant insuffisant, elles le quittèrent en 1820 pour s'installer définitivement sur l'emplacement du vieux couvent des Augustins, au quartier Saint-Hilaire, où elles sont encore aujourd'hui.

Enfin, lorsque, le 19 mars 1839, les Frères de la Doctrine chrétienne arrivèrent dans Agen, on utilisa l'immeuble de la rue de l'Ecole-Vieille pour les y loger, et on les installa d'abord dans la bâtisse méridionale, nouvellement construite, de l'enclos de Sainte-Quitterie. La prospérité de l'institution ne faisant que croître et le nombre des élèves augmentant sans cesse, on dut céder aux Frères, en octobre 1842, une partie des jardins, ainsi que la moitié de la grande maison, la partie nord servant toujours d'habitation à M. Levêque. Ce ne fut qu'après la mort de ce dernier que les Frères devinrent, en 1871, possesseurs de tout l'ancien local du Refuge. Ils y sont demeurés jusqu'au 1er mars 1881, date de leur brutale expulsion. Depuis ce jour, le vieux fief de Sainte-Quitterie a été converti une fois de plus en diverses écoles publiques et laïques de filles et de garçons. Quel sort l'avenir lui garde-t-il encore ?

---

[1] Voir le chapitre VI, page 189, du Tome Ier de notre travail sur les couvents d'Agen.

CHAPITRE X

LES HOPITAUX

Nous ne saurions mieux terminer cette longue étude sur les communautés religieuses tant d'hommes que de femmes de la ville d'Agen, avant 1789, qu'en consacrant notre dernier chapitre aux Hôpitaux, que la piété et la générosité de nos pères y élevèrent à plusieurs reprises et que desservirent plus tard les sœurs de Saint-Vincent de Paul. A ce titre donc cette monographie a sa place toute indiquée dans le cadre de notre travail. Il nous est doux en même temps de constater et de proclamer ici bien haut que, depuis les temps les plus reculés jusqu'à nos jours, l'amour des pauvres, la charité, l'hospitalité furent toujours très-largement pratiqués dans Agen.

Il est en effet dans la nature humaine de venir en aide aux malheureux. Et ce n'est pas l'antique cité d'Agen, à qui sa remarquable position au sein d'un pays fertile, son commerce considérable, ses multiples industries assurèrent de tous temps la richesse et la prospérité, qui aurait pu se soustraire à cette loi impérieuse de la charité. C'est pourquoi, voyons-nous, aussi loin que peuvent remonter nos archives et nos chroniques, ses consuls, ses jurats, ses magistrats, son clergé, et notamment les frères et les sœurs de ses nombreux couvents, se multiplier, non seulement en temps d'épidémie, pour soigner les malades, mais organiser sans cesse des secours et créer des maisons de bienfaisance et de refuge, dont l'origine de quelques unes se perd dans la nuit des temps.

Il nous est difficile de suivre au moyen-âge l'histoire des établissements hospitaliers qui furent fondés dans Agen. La plupart des documents antérieurs au XVIe siècle nous font défaut. Néanmoins quelques lambeaux de chartes et quelques fragments de nos plus anciennes chroniques nous permettront d'attester que les Agenais ne se firent pas faute de secourir, aux heures les plus troublées, les pauvres et les déshérités de ce monde.

En revanche, c'est à foison que nous récolterons dans les archives modernes la plus ample moisson de renseignements sur les hôpitaux de la cité. L'apparition si fréquente de la peste, qui semblait s'abattre sur Agen à périodes déterminées, les maux de la guerre, les troubles civils, les épidémies, les contagions sont notés avec le plus grand soin par les chroniqueurs et les consuls; et ces fléaux ont presque aussitôt comme palliatifs la création d'une nouvelle maison de bienfaisance, ou la réorganisation et l'amélioration de celles qui existaient déjà.

Disons aussi qu'à part une ou deux défaillances les évêques d'Agen, et avec eux tout le haut clergé séculier, tinrent toujours à honneur de favoriser ces élans de générosité. D'un autre côté, les consuls qui, comme patrons de l'hopital, se trouvaient chargés du soin de son administration, n'hésitèrent jamais dans les moments difficiles à remplir consciencieusement leur devoir. Il n'est pas un de leur Mémoires qui ne contienne, durant plus de deux siècles, de longues recommandations, touchant les hopitaux, adressées chaque année à leurs successeurs; et cette préoccupation des malheureux ils la considèrent constamment comme une de leurs obligations les plus sacrées. Soins journaliers à donner aux malades, distributions à faire aux pauvres, visites des pauvres honteux, expulsion hors la ville des pauvres étrangers, répartition par quartier des mendiants et des visiteurs, correction des femmes perdues, surveillance des filles repenties, entretien des femmes abandonnées, etc., etc., toutes ces charges, les consuls les remplissent avec un zèle admirable et la plus scrupuleuse exactitude. C'est qu'ils s'inspirent de leur conscience, de leur honnêteté publique et privée, et surtout de leurs sentiments toujours profondément religieux.

Mais, bien avant que l'autorité civile n'ait mis au XVIe siècle la main sur les hôpitaux, ces derniers existaient depuis longtemps déjà, dirigés par l'autorité ecclésiastique et entretenus soit par des communautés religieuses, soit par de simples religieux. Nous en trouvons sept avant 1561, époque où, par un édit célèbre, Charles IX ordonna dans toutes les grandes villes du royaume la fusion des hôpitaux. Ce fut, ainsi que nous le verrons à cette date, une véritable laïcisation, qui devait entraîner après elle les mêmes abus que ceux dont nous sommes aujourd'hui les témoins attristés. Tellement il est vrai que l'histoire tourne dans le même cercle, et que, malgré la soi-disant expérience acquise, les mêmes erreurs sont engendrées par les mêmes passions humaines. Ce ne sera donc pas sans intérêt que nous verrons comment à Agen l'autorité diocésaine dut céder le pas pour les affaires du temporel à l'autorité municipale, et comment cette dernière, après d'infructueux essais laïques, appela à son aide, pour les soins à donner aux pauvres et aux malades, les pieuses Filles de La Charité que venait d'instituer Saint Vincent de Paul.

Les sept hôpitaux, dont l'existence dans la ville d'Agen nous est attestée par nos archives locales comme par nos annalistes, sont, d'après l'ordre chronologique de leur fondation : 1° *L'Hôpital Saint-Antoine ;* 2° *L'Hôpital Saint-Georges ;* 3° *L'Hôpital du Martyre ;* 4° *L'Hôpital Saint-Jacques ;* 5° *L'Hôpital Saint-Michel ;* 6° *La Léproserie* ou *maison des Ladres de la Porte du Pin ;* 7° *L'Hôpital du Saint-Esprit.* Les cinq premiers se trouvaient dans l'enceinte de la ville, mais longeant ses murailles de l'ouest et du nord, comme si leurs fondateurs avaient tenu à les éloigner autant que possible du centre de la cité. Les deux autres étaient placés à l'est, *extra muros.*

Nous allons les étudier séparément et réserver pour le dernier chapitre, bien qu'il fut un des plus anciens, l'hôpital du Martyre ; cette maison ayant eu, grâce à son vaste emplacement, l'heureuse fortune de grouper dans ses murs les autres hôpitaux de la ville, au moment de l'union du XVIe siècle, et de subsister par suite, comme seul hôpital public destiné aux malades, jusque bien après la Révolution. Nous terminerons cette étude par la monographie de la *Manufacture de Las,* ou *Hôpital général des Pauvres,* créée en 1685 par Mascaron, et dont l'existence, parallèle à celle de l'hôpital du Martyre, ne prit fin que lorsque ce dernier lui fut réuni en 1819.

I

CHAPITRE I.

I. — L'HOPITAL SAINT-ANTOINE.

La mention la plus ancienne touchant l'hôpital Saint-Antoine nous est donnée par Labénazie. Le bon chanoine et prieur de l'église collégiale de Saint-Caprais nous dit en effet, dans son manuscrit encore inédit de l'*Histoire en particulier du diocèse et des églises d'Agen*[1], que « l'église Saint-Antoine d'Agen fut bâtie à l'occasion du *feu ardent*, vers le tems que ce mal commença à se faire sentir, c'est-à-dire vers l'an 994, et qu'elle fut fondée par les libéralités de quelques personnes qui avaient des dixmes inféodées ou usurpées qu'elles donnèrent à cette église, dont le prieur tirait les revenus sur les dixmes de Sainte-Raffine, de Fraysses et de Vitrac dans le diocèse d'Agen. »

Et il ajoute dans ses annales : « Il y avait un hôpital joignant cette église, appelé l'*hôpital Saint-Antoine*, servant aux malades de ce mal, qui fut si furieux en ce pays qu'il mourut 40,000 hommes en Agenais, Limousin et Périgord. »

Bien que nous ayons déjà parlé ailleurs assez longuement de ce mal, nous croyons devoir rappeler ici à nos lecteurs ce qu'on entend par ces mots de *feu ardent*, et comment le pape Urbain II s'efforça de venir en aide aux victimes de cette effroyable maladie.

C'est vers le milieu du xe siècle que s'abattit tout à coup en France

---

[1] Livre III, chapitre VI, page 191. Nous avons déjà dit, au cours de ce travail, que ce précieux manuscrit, auquel nous avons emprunté de si nombreuses citations, appartenait à Mme B. Martinelli, aujourd'hui à sa fille Madame de Boëry, comme provenant de la succession de M. Darribeau-Lacassagne, à qui Labénazie l'avait légué.

une série de maux étranges, jusqu'alors inconnus, et dont on ne trouve aucune trace dans l'antiquité. *Feu sacré, feu de Saint-Antoine, les ardents, mal des ardents*, tels furent les noms sous lesquels on confondit longtemps ces terribles épidémies, sur lesquelles la science moderne n'a peut être pas dit encore son dernier mot.

Le plus ancien monument connu sur le feu de Saint-Antoine est la chronique de Frodoart, en l'année 945. C'est la principale source où depuis ont puisé tous ceux qui ont traité ce sujet, notamment Sauval et Belleforest. Sauval nous dit en effet dans ses *Antiquités de Paris*, livre X : « Quantité de monde, tant à Paris qu'aux environs, périt d'un mal appelé le *feu sacré* ou les *ardents* ; ce mal les brûlait petit à petit et enfin les consumait sans qu'on put y remédier. » Il place la première apparition de ce fléau sous Hugues Capet, comte de Paris, quelque temps avant qu'il ne devint roi de France.

Rodolphe, dans son livre *De Incendiis*, rapporte qu'en 993 il régnait une mortalité effrayante parmi les hommes : « C'était, dit-il, un feu caché, *ignis ignotus*, qui, dès qu'il avait atteint quelque membre, le détachait du corps après l'avoir brûlé. Plusieurs éprouvèrent l'effet de ce feu dans l'espace d'une nuit. »

Mézeray confirme ce fait dans son abrégé chronologique. Il dit qu'en 994 on observa une maladie qui emporta en peu de jours dans l'Aquitaine, le Périgord, le Limousin et l'Angoumois plus de 40,000 personnes : « C'était le feu sacré ou mal des ardens, ajoute-t-il, qui avait fait une autre fois de grands ravages ; il prenait tout à coup et brûlait les entrailles ou quelque partie du corps qui tombait par pièces ; bienheureux qui en était quitte pour un bras ou une jambe. Ce fléau donna lieu à des fondations d'hôpitaux pour recevoir ceux qui en étaient atteints. »

Au XIe siècle, même maladie, mêmes douleurs, même effroi. En 1089, Sigebert parle d'une attaque de feu de Saint-Antoine qu'on observa dans la Basse-Lorraine : « Les membres noirs, comme du charbon, se détachaient du corps et les sujets mouraient misérablement. » L'épidémie fut générale en France ; tous les écrivains la racontent avec les détails les plus navrants.

Pendant les dix dernières années du XIe siècle et les premières du XIIe, ce mal sévit continuellement et exerça ses plus cruels ravages. C'est, en effet, l'époque des croisades, des guerres civiles, des guerres privées de seigneur à seigneur, des plus sauvages dévastations des Normands : la peste, la famine, la misère sont partout, et les maux les plus hideux envahissent la France. Nous lisons dans la chronique d'Hugues de Fleury que « la peau devenait livide ; les chairs se consumaient, les os se séparaient et les douleurs étaient telles que les malades y succombaient. Ce feu agissait sans chaleur et pénétrait d'un froid glacial ceux qui en étaient atteints au point que rien ne pouvait les réchauffer. Puis à ce froid succédait tout à coup la plus grande chaleur et le malade ne tardait pas à mourir. »

Ce fut alors, en 1093, sous le pontificat d'Urbain II, que l'Eglise fit un appel à la charité des fidèles et que l'ordre de Saint-Antoine fut institué. Entre autres provinces, le Dauphiné était ravagé cette année-là par le mal du feu ardent. Un gentilhomme du pays, Gaston, d'une famille illustre, vit son fils Guérin frappé de la cruelle maladie. Dans son désespoir, il eut recours à saint Antoine dont le corps, rapporté en 1050 de Constantinople par Jocelin, seigneur de la Mothe-Saint-Didier, était déposé dans la chapelle du petit bourg de Saint-Didier, depuis bourg de Saint-Antoine, non loin de Saint-Marcellin, dans l'Isère. Gaston fit vœu que, si son fils guérissait, il se consacrerait avec lui au soulagement des pauvres malheureux atteints du même fléau et logerait les pèlerins qui venaient de toutes parts implorer l'intercession du saint. D'après la légende, Gaston, dans son sommeil, vit saint Antoine lui apparaître et lui promettre la guérison de son fils, mais à la condition qu'il tiendrait expressément sa promesse et qu'il marquerait son manteau d'un T de couleur céleste ; il lui en montra même la figure au haut de son bâton qu'il planta en terre et qui aussitôt lui sembla reverdir[1]. Guérin revint à la santé ; il se transporta avec son père au bourg de Saint-Didier, et tous deux firent bâtir auprès des reliques du saint un hôpital pour recevoir les malades. Le 28 juin 1095, ils quittèrent leurs habits mondains et ils se revêtirent d'un costume noir marqué d'un T bleu. Le pape Urbain II, qui se trouvait alors au concile de Clermont, approuva cette fondation, institua l'ordre de Saint-Antoine

---

[1] Voir le père Hélyot : *Histoire des ordres monastiques*, t. II, p. 108.

de Vienne et lui octroya de nombreux privilèges qui furent confirmés par ses successeurs. Gaston mourut en 1120 ; mais l'ordre était fondé, et les services qu'il rendit à l'humanité étaient trop considérables pour que la jalousie des bénédictins de Montmajour et les nombreux procès qu'ils lui suscitèrent pussent dans la suite diminuer sa légitime influence. De nombreuses maisons s'établirent en effet bien vite dans toute la France, et Boniface VIII, en 1297, ordonna que les religieux de Saint-Antoine, d'abord laïques, dépendraient de la maison-mère de Saint-Antoine en Dauphiné, où fut bâtie une splendide abbaye qui conserva le corps du saint, qu'ils vivraient sous la règle de saint Augustin, et qu'ils formeraient désormaient une congrégation indépendante de chanoines réguliers.

Cependant le fléau ne disparaissait pas avec toutes ces fondations, et, malgré les nombreux pèlerinages que l'on faisait à Saint-Antoine, il sévit cruellement pendant tout le XIIe et une partie du XIIIe et du XIVe siècles. Au XVIe et au XVIIe siècles, il reparut encore, moins violent il est vrai, sur certaines portions du territoire. C'est alors que les compagnies savantes s'emparèrent de la question, et que le mal, regardé jusque-là comme un instrument de la vengeance divine, fut généralement attribué à l'humidité marécageuse et surtout à la mauvaise nourriture, notamment à l'usage du seigle ergoté et corrompu. Un important mémoire de la Société royale de médecine, ayant pour titre : *Recherches sur le feu de Saint-Antoine*, auquel collaborèrent MM. de Jussieu, Paulet, Saillant et l'abbé Tessier [1], en l'année 1776, vint fixer les vrais caractères de cette incroyable maladie. Depuis, une remarquable brochure de M. le Dr Eugène Bacquias, parue à Troyes en 1865 [2], conclut dans le même sens et résume ainsi les connaissances positives acquises de nos jours par la science sur ces diverses maladies. Le feu de Saint-Antoine doit être distingué du mal des ardents. « Le feu de Saint-

---

[1] Mémoires de la Société royale de médecine. Année 1776, page 260.

[2] Recherches historiques et nosologiques sur les maladies désignées sous les noms de feu sacré, feu de Saint-Antoine, mal des ardents, etc., par M. le docteur Eugène Bacquias (Troyes, 1865, in-8° de 16 pages).

Antoine, c'est l'ergotisme gangréneux, maladie endémique dont le développement est favorisé par l'humidité et toutes les causes qui tendent à altérer la qualité des grains ; on le voit sévir dans les pays marécageux, lorsque le temps a été humide et malsain, aux époques de guerre et de disette, où la nécessité conduit les malheureux à se nourrir de farine de mauvaise qualité, altérée par l'ergot de seigle. C'est donc la gangrène sèche, avec, pour cause prédisposante, la misère, une alimentation insuffisante, et, pour cause occasionnelle, la présence de l'ergot de seigle dans le pain. C'est la plupart du temps une maladie chronique entraînant plus souvent la perte du membre atteint que la mort du malade.

« Quant au mal des ardents, ajoute le même auteur, que Mézeray a confondu avec le feu de Saint-Antoine, c'est la peste noire, caractérisée par une marche très aigüe, par des bubons aux aines, aux aisselles, par des charbons, par une fièvre très violente, le délire, et une mortalité effrayante. » C'est ainsi que ce fléau terrible fit à Avignon, en 1348, 60,000 victimes ; à Milan, en 1607, 160,000 victimes ; à Venise, en onze mois, 94,236 victimes ; à Moscou, en 1771, 70,000 victimes sur 150,000 habitants, et que la peste égyptienne de 1708 enleva 200,000 hommes dans l'espace de cinquante jours[1].

— Ce fut donc au moment de la terrible épidémie de 994 que furent fondés à Agen, d'après Labénazie, l'église et l'hôpital Saint-Antoine, lesquels fonctionnèrent certainement durant toute la première moitié du XIe siècle. Cette maison fut-elle desservie par des religieux Antonins, de l'ordre de Saint-Antoine de Vienne ? Nous ne le croyons pas ; cet ordre n'avait été fondé en effet à Vienne qu'en 1093, et Labénazie lui-même écrit qu'à cette date la chapelle agenaise était tombée dans le plus profond abandon. C'est le moment où, ainsi que nous l'avons raconté tout au long au chapitre Ier, Tome I, de ce travail, l'église de Saint-Antoine d'Agen fut donnée aux moines de la Grande Sauve et devint par suite un prieuré Bénédic-

---

[1] Voir Pariset : Mémoire sur les causes de la peste. (Annales d'hygiène publique, t. VI, p. 303, 1831.)

tin. L'hôpital, établi à ses côtés, en fut-il détaché ? Continua-t-il, sous la dépendance des enfants de Saint-Gérard, à recevoir des malades ; ou bien sa destination première fut-elle entièrement changée ? C'est ce que nul document n'est venu nous apprendre, pendant le long cours des XIIe, XIIIe, XIVe et XVe siècles ? Quand, pour la première fois, au début du XVIe siècle, nous retrouvons dans nos archives le nom de l'hôpital Saint-Antoine, c'est d'une nouvelle fondation qu'il s'agit, comme si ce lieu, sanctifié depuis cinq siècles, semblait prédestiné à abriter toujours quelque maison de bienfaisance.

C'est peut-être en effet, en souvenir des nombreux services que le vieil hôpital Saint-Antoine avait rendus aux victimes du feu ardent et des épidémies si meurtrières du moyen-âge, que, le 26 février 1518, le sieur Pierre Liposte, marchand de la cité d'Agen, mû de pitié à l'égard des pauvres de ladite ville, résolut de fonder dans le quartier Saint-Antoine, à côté et peut-être même sur l'emplacement de l'ancien hospice, un nouvel hôpital qui prit le nom d'*Hôpital Saint-Antoine*. L'acte suivant de fondation en fait foi :

« Aujourd'huy, ce 26e jour du moys de février, l'an 1518, en la cité d'Agen et maison commune d'icelle, aux présences de moy notaire et tesmoings ci-dessous escripts, establi en sa personne sire Pierre Liposte, marchand de ladite cité d'Agen, lequel considérant que plusieurs pouvres en ceste ville et ailheurs vont à grande pouvreté, pour faulte de lougis et hospitaulx, et sont mal traictés en leur pouvreté, de son bon gré, en l'honneur de Dieu et de la Vierge Marie, saincts et sainctes du Paradis, par la teneur du présent instrument, a donné et donne par pure donation et irrévocable à la Université de ladite cité d'Agen et Messieurs les Consuls présents et stipulants, honorables personnes noble Jean de Ladague, Pierre de Nozères dit de Bézat, Pierre de Bédat, Jehan Bernard Lacombe, et Antoine Basterom, consuls dudit Agen, pour l'an susdit et stipulant, savoir est : une sienne maison avec ses appartenances et dépendances, située et assise en ladite cité d'Agen et au-devant du prieuré Sainct Anthoine, confrontant par devant à la rue de Sainct-Anthoine, et par ung cousté à ung carreyrot tirant de ladite rue au couvent des Frères Prescheurs dudit Agen, et par l'autre cousté à la maison de Messieurs Pierre et Jehan Durand dit de Pétardieu, et par derrière à la maison et jardin de Sanx de Goudail, sauf ses autres confrontations et limites. Icelle maison employer à dédier à ung hospital pour les pouvres avec les pactes et charges que s'ensuyvent : savoir à ces pactes entre lesdites parties que ledit Liposte s'est réservé et réserve, sa vye durant, pour la moytié, l'administration dudit hospital et maison à Dieu, et autre moytié à ladite Université et Messieurs les Consuls de la présente cité. Item a esté accordé entre lesdites parties que, après le décès dudit Liposte, il a vouleu et consenti que lesdits Messieurs les Consuls et Université d'Agen soient patrons et administrateurs dudit hospital et maison, lequel hospital pourroient dédier à l'honneur du sainct ou saincte du Paradis que bon leur semblera, si n'est dedié par avant son décès. Item ont accordé que durant la vie dudit Liposte, il aura l'administration et distribution du bien que se amassera pour les pouvres qui seront en ladite maison ou hospital, et icelui-là qui amassera sera teneu lui communiquer ce que aura amassé pour en faire la distribution, ainsy que bon luy semblera. Item s'est devestu et investu, et promis et obligé, et renoncé et juré lesquelles choses aux présences de sieurs Estienne de Lacoste et Jehan de Nègre le jeusne, marchans dudit Agen et de moy, RECLUS [1]. »

Cet hôpital Saint-Antoine prospéra rapidement. Dans les recommandations que les Consuls de 1538 adressent à leurs successeurs de 1539, ils leur spécifient tout particulièrement : « Vous plaira visiter bien souvent les hospitaulx, mesmement l'hospital de Sainct-Anthoine, où se habite grand nombre de pouvres et malades, plus que en tous lesdits autres hospitaulx [2] ». C'est que la première moitié du XVIe siècle fut tristement féconde en épidémies de peste, que les hôpitaux regorgèrent à cette époque de malades, et qu'il fallait faire un appel pressant au dévouement des communautés et à la générosité des habitants. Il y fut répondu largement à Agen. Citons, entre autres, la donation que fit, en l'an 1554, noble dame Louise de Lacombe, veuve de Pierre de Madaillan, d'une somme de 1,350 livres à l'hôpital Saint-Antoine d'Agen, et pareille somme à

[1] Archives municipales d'Agen. BB. 23. p. 255.
[2] Archives municipales. BB. 25, p. 91.

l'hôpital Saint-André de Bordeaux [1]. Mais l'exécution de ce legs ne fut pas obtenue sans difficultés. Car nous voyons les Consuls être obligés de soutenir assez longtemps un procès devant le Parlement de Bordeaux, pour pouvoir toucher la somme qui leur était due [2]. En même temps ils autorisent deux ermites à loger à l'hôpital Saint-Antoine, dans le but de venir en aide à l'hospitalier, qu'en leur qualité de patrons et d'administrateurs dudit hôpital ils y ont établi.

Avec la seconde moitié du xvie siècle, l'hôpital Saint-Antoine ne tarde pas à péricliter.

Dès 1555 déjà, le nombre de ses malades diminue ; et il était presque nul, lorsque fut rendue l'ordonnance de Charles IX, prescrivant, dans tous les grands centres, la fusion des hôpitaux. Les Consuls d'Agen durent songer à mettre aussitôt cette mesure à exécution. Dans une jurade de l'année 1562, il fut décidé que les quatre hôpitaux d'Agen, de Saint-Antoine, de Saint-Georges, de Saint-Michel et de Saint-Jacques seraient réunis à l'hôpital du Martyre, et que pour réparer ce dernier hôpital et le rendre propre à recevoir les pauvres et les malades des quatre autres, l'hôpital Saint-Antoine, l'hôpital Saint-Jacques, l'Ecole Vieille et une certaine maison de Farguet seraient immédiatement vendus, et, « l'argent provenant de ces ventes, employé aux dites réparations [3]. » En conséquence, le 9 décembre 1564, « en l'audience de la Cour présidiale de la sénéchaussée d'Agenois au siège d'Agen, par devant Messieurs tenant icelle par requête, a comparu Me Thibaut, avocat en ladite Cour et consul de ladite ville d'Agen, pour et avec les syndics des hôpitaux de ladite ville d'Agen, lequel en présence des avocats et procureurs du Roy, a dit et remonstré que les pauvres de Dieu sont mal et incommodément logés à l'hôpital appelé du *Martire*, près l'église Saint-Caprais de ladite ville, parce que ledit hôpital est fort mal basty et incommode pour y retirer, nourrir et entretenir lesdits pauvres, comme est notoire. A ce moyen, lesdits

---

[1] Archives municipales, BB. 27.
[2] Archives de l'hôpital d'Agen.
[3] Archives municipales, BB 30.

syndics, consuls, jurats et les plus apparans et principaux de ladite ville ont été d'avis, après en avoir conféré ensemble, présenter la présente requête aux fins qu'il plaira à la présente Cour pour édifier et bastir ledit hospital du Martire, nourrir et entretenir les pauvres, faire un fonds en rente ou autrement pour ladite nourriture ; pour à quoy subvenir, a été arreté entre eux, sauf le bon plaisir de la presente Cour, que les autres hospitaulx qui sont en ladite ville, l'un appellé *Saint-Antoine*, l'autre *Saint-Jacques*, et une maison sise en la rue de Garonne, appelée del *Farguet*, laquelle a été donnée puis naguères auxdits pauvres, ensemble une maison appelée de l'*Escole Vieille* et autre maison appelée *l'Escotelle*, lesquels hôpitaux et maisons susdites sont à présent vacquans et inutiles, se ruinent et dépérissent journellement, soient mis à l'enchère, vendus à l'estaing de la chandelle et délivrés au plus offrant et dernier enchérisseur, pour l'argent qui en proviendra être mis à l'intérêt ou à certain achapt de rente ou autrement pour en nourrir les pauvres et réédifier et construire ledit hôpital du Martyre. La Cour présidiale, faisant droit à cette requête, ordonne que lesdits hospitaux et maisons seront vendus. »

« Et ledit jour mardi, 19 décembre 1564, les criées ayant eu lieu en la forme ordinaire, a été procédé à la vente de l'hôpital Saint-Antoine... A quoy M. Anthoine Gouget, procureur en la présente Cour, s'est présenté et y a mis à 750 livres ; et après, Antoine Sarillon y a mis à 910 livres ; et ledit Gouget à 1,000 livres. Enfin M° Pierre Siris, greffier, y ayant mis à 1,100 livres, sur cette dernière somme la chandelle s'est éteinte. »

Une seconde criée fut faite quelques jours après, le 5 janvier 1564 (vieux style). Personne autre ne se présenta. Bien au contraire, le sieur Siris déclare « vouloir se désister, sinon que la délivrance lui en soit faite présentement. »

Enfin le 21 juillet 1565, une dernière criée ayant eu lieu, et aucun nouvel acquéreur ne s'étant présenté pour l'hôpital Saint-Antoine, cet établissement demeura dument acquis par le sieur Siris, greffier, pour la somme de 1,100 livres, « à condition que comme maison noble, elle serait exempte de tailles [1]. »

---

[1] Archives de l'hôpital d'Agen. Liasse non classée.

Me Pierre Siris ne resta pas longtemps en possession de sa nouvelle acquisition. Ne put-il pas tenir ses engagements à l'égard des consuls ? Une opposition ou une surenchère quelconque furent-elles faites à l'achat précédent ? Bref, moins de vingt ans après, nous retrouvons encore l'hôpital Saint-Antoine inoccupé et en la possession des syndics de l'hôpital du Martyre. C'est ainsi que le 1er juin 1594 ces derniers « font vente à François Marcomme, hoste du logis de l'Escu de France, des fruits de la maison communément appelée l'hospital Saint-Antoine, et ce pour quatre années, moyennant la somme de 50 livres par an [1]. »

Mais un acquéreur, plus sérieux cette fois, ne tarda pas à se présenter. Ce fut Me Jehan Sabaros, avocat au siège présidial d'Agen, qui, le 15 novembre 1596, acheta définitivement, et moyennant la somme de 1200 livres, aux syndics de la Maison-Dieu qui étaient pour cette année : MM. Jehan de Vaurs, syndic perpétuel, Bernard Pellicier, procureur, Bernard Rodier, avocat, Pierre Saint-Gillis, notaire, et Bernard Vacqué, marchand, l'ancien hôpital Saint-Antoine, « confrontant du devant à ladite rue Saint-Antoine, d'un costé à maison de Pierre Durand, marchant, d'autre costé à une rue tirant au couvent des Frères Prêcheurs, et du derrière à grange de M. d'Arasse [2] ».

C'est ce que confirment, dans leurs chroniques, Labénazie et Labrunie qui écrivent que, jusqu'au dernier moment, cet hôpital avait été régi par un prieur titulaire. Mais là où ces chroniqueurs nous induisent en erreur, c'est lorsqu'ils ajoutent que la maison qu'acheta en 1597 Me Sabaros « se trouvait derrière l'autel de l'église Saint-Antoine ». Il ressort en effet clairement des confrontations précédentes que cette maison était sise au coin de cette rue et de la rue Londrade, et à côté de la maison de M. de Godail, sieur d'Arasse, près du couvent où plus tard s'établirent les religieuses du Tiers-Ordre de saint François. Il ne faut donc pas la confondre avec celle qui se trouvait derrière l'autel de l'église Saint-Antoine, dans la rue Caillou, qui depuis est bien devenue en effet l'hôtel de la

---

[1] Archives de l'Hôpital. Délibération des bureaux. Rég. 1573-1600.
[2] Idem. Rég. 1563.

famille de Sabaros, occupé aujourd'hui encore par les familles d'Aiguillon et de Guiringaud ; ce qui peut facilement, nous le reconnaissons, donner lieu à l'erreur commise par le curé Labrunie. Comment M. de Sabaros, qui en 1596 acheta l'hôpital Saint-Antoine, se transporta-t-il plus tard dans la maison voisine de la rue Caillou, de l'autre côté de la rue Saint-Antoine ? C'est ce que nous ne pouvons expliquer. En tous cas, il était nécessaire d'indiquer exactement ici où se trouvait placé, dans Agen, au XVIe siècle, l'hôpital Saint-Antoine, avant sa fusion définitive avec l'hôpital du Martyre.

II. — L'HOPITAL SAINT-GEORGES.

Aussi ancien que l'hôpital Saint-Antoine se trouvait, à Agen, au Moyen-Age, un autre hôpital appelé l'*Hôpital Saint-Georges*. Nous n'avons que très peu de renseignements sur son compte.

Labénazie nous dit dans ses Annales : « L'hôpital Saint-Georges était proche le moulin de Saint-Georges. Cela paraît par reconnaissance du livre d'ordre du chapitre de Saint-Caprais, page 10, verso [1], où Guiller Rigal reconnaît la place du moulin foulon près du moulin de Saint-Georges, avec un jardin tout près, qui confronte, avec la chapelle et l'*hôpital Saint-George*, et avec le cimetière de ladite chapelle, la muraille qui lui sert de clôture. Entre deux, il y a une croix de pierre où était l'église et où le chapitre Saint-Caprais fait station le premier jour des Rogations. Cet hôpital était régi par un prieur, dit le prieur de Saint-Georges [2] ».

Et, dans son manuscrit inédit, le même chroniqueur ajoute : « Lorsqu'en 1130, le duc Guillaume fonda l'hôpital Saint-Jacques à Agen, l'hôpital Saint-Georges y existait déjà, comme il paraît par une sentence de Deodatus, évêque d'Agen, prononcée dans l'hôpital Saint-Georges, à la rue Bordeille, duquel il ne reste plus aucun vestige [3]. »

---

[1] Ce précieux registre est aujourd'hui perdu.

[2] Labénazie. Annales de la ville d'Agen, p. 136.

[3] Idem. Mss. Livre III, chap. 20, p. 255.

Ces faits sont également confirmés par Labrunie, qui, comme Labénazie, place l'hôpital Saint-Georges « près du moulin de ce nom [1] ».

Enfin, dans nos archives municipales, nous ne trouvons qu'une ligne consacrée à cet hôpital. Dans les mémoires des consuls de l'année 1498 (rôle écrit en langue romane), il est recommandé, à propos d'une rente que doit l'hôpital Saint-Georges à la ville : « Item plus que avises que l'ospitel de Sainct Jordy fa oblig. a la vila ; aspicias... (mot déchiré) [2] ».

D'après nos mêmes chroniqueurs, les biens de l'hôpital Saint-Georges, que régissait encore au XVIe siècle un prieur, dit *Sancti Georgi Agennii prior*, furent unis, comme ceux des autres hôpitaux, en 1561, à l'hôpital du Martyre.

III. — L'HOPITAL SAINT-JACQUES.

L'hôpital Saint-Jacques est certainement celui de tous les hôpitaux d'Agen qui fut, au Moyen-Age, le plus fréquenté.

On connaît la dévotion qui, en ces heures de troubles et de misère, entraîna pendant de longs siècles les fidèles vers Compostelle. On sait les chemins qu'ils suivaient d'habitude, les villes qu'ils traversaient, les hôtelleries où ils avaient coutume de s'arrêter [3]. Il n'est pas une bourgade de notre province qui n'ait vu par suite s'élever dans ses murs un hospice dit de *Saint-Jacques* ; et, si les religieux de l'époque manquaient à ce devoir, il était aussitôt rempli par les confrères de la confrérie de Saint-Jaccques, dont les multiples rameaux dans chaque ville d'Aquitaine et de Gascogne rendirent aux pèlerins, qui allaient en Galice visiter le tombeau du saint, plus d'un service signalé. Agen fut une des premières cités du Sud-Ouest de la France où s'établit une confrérie de saint Jac-

---

[1] Labrunie. Abrégé chronologique des Antiquités d'Agen. Année 1691.

[2] Archives municipales, BB. 21.

[3] Voir le remarquable travail de notre ami M. Adrien Lavergne sur les *Chemins de Saint-Jacques en Gascogne* (Auch, 1889.)

ques; et ce sont ses membres qui, dès le début de leur association, se firent les fondateurs et les patrons de l'antique hôpital de ce nom. C'est donc par erreur, croyons-nous, que Labénazie, dans son manuscrit, prétend que « ce fut en allant à Compostelle, vers le milieu du XIIe siècle, que le duc Guillaume fonda dans Agen l'hôpital Saint-Jacques [1] ».

L'hôpital Saint-Jacques d'Agen ne date que du milieu du XIVe siècle. Une ordonnance de l'official, à la date du 29 octobre 1367, prescrit en effet la publication d'une bulle du Pape Innocent IV, en vertu de laquelle il est accordé un an et quarante jours d'indulgence à tous les fidèles « qui visiteront dévotement le *novel ospital de Sainct-Jacques* », à certains jours indiqués, et y feront des aumônes pour le soulagement des pauvres. La même pièce nous apprend que ce furent « MM. les confraires de la confrairie de sainct Jacques qui fondèrent et construisirent à leurs frais ledit hôpital, qu'ils dédièrent au saint patron de leur confrérie, laquelle confrérie se tenait pour lors dans la paroisse Saint-Hilaire-d'Agen [2] ». Et ce qui vient encore confirmer cette fondation, c'est la déclaration que fit en 1564, à propos de l'union de l'hôpital Saint-Jacques à l'hôpital du Martyre, Me Pierre de Redon, lieutenant principal en la cour présidiale de la sénéchaussée d'Agen ; « lequel a dit, pour le regard de l'*hôpital Sainct-Jacques*, ses prédécesseurs être fondateurs dudit hôpital, et comme leur ayant succédé, il est patron ; parquoy consent que la place et meurs dudit hôpital soient vendus et l'argent qui en proviendra être converti en la nourriture des pauvres et réparation de l'hopital du Martire, sauf toutefois qu'il se réserve une chambre qui sera bâtie audit hopital pour retirer les Pèlerins allant et venant à Saint-Jacques [3] ». Du reste, dès le 18 juin 1364, nous voyons qu'un bail à ferme d'une pièce de terre, située au Colombier, paroisse de Dolmayrac, est consenti « par les maires et confraires de la confrairie de Saint-Jacques en l'église Saint-Hilaire », en faveur

---

[1] Labénazie. Mss. Livre III, chap. 20, p. 255.
[2] Archives municipales, GG. 218.
[3] Archives de l'Hôpital d'Agen. Liasse.

de Raymond Frison, pour une durée de vingt-neuf ans, moyennant la prestation annuelle d'une carterée de froment [1].

L'hôpital Saint-Jacques, nous dit encore Labénazie, et après lui Labrunie, était rue Fon-Nouvelle, « près des Augustins, à la maison de MM. Dumoulin et de Sauvabère. Il dépendait, comme ses semblables, d'un prieur, ainsi qu'il paraît par les livres des rentes de l'hôpital (livre A), où Antoine Rebel reconnaît une pièce de terre *sub priore dicti hospitalis Sancti Jacobi*.[2] »

D'un autre côté, à propos de l'arrentement d'une maison consenti par les administrateurs de l'hôpital, le 22 février 1381, à Pierre de Pavinol, habitant d'Agen, moyennant vingt deniers de rente annuelle, il est dit que « cette maison, située *rue de la Pontariqua*, confronte d'un costé à l'hospital de Sainct-Jacques et par derrière à l'ancien fossé de la ville [3] ». D'où il semblerait résulter que l'hôpital Saint-Jacques était situé à cette époque près de la rue Pontarique, et non plus dans le voisinage des Augustins, au nord de la ville.

Quoiqu'il en soit, cet hôpital fut administré, durant la deuxième moitié du XIVe siècle, par les confrères et les mages de la confrérie de Saint-Jacques. De nombreux documents l'attestent. C'est ainsi que le 15 janvier 1368, il est rendu une sentence par Gaillard Du Puy, bachelier en droit, délégué du sénéchal d'Agenais, entre les mages de la confrérie de Saint-Jacques d'Agen, patrons de l'hôpital Saint-Jacques, demandeurs, et Saizide de Caumont, défenderesse, en vertu de laquelle cette dernière est condamnée à restituer aux demandeurs un cheval de poil liard qui avait appartenu à feu Raymond d'Aigrefeuille, dont la confrérie était héritière, ou à en payer la valeur fixée à 60 livres de petits guiennois [4].

Et plus tard, le 25 octobre 1378, un bail à ferme de la moitié d'une vigne, située à Castillon, dans le territoire d'Agen, apparte-

---

[1] Archives municipales, GG. 218.
[2] Labénazie. Annales d'Agen, p. 136.
[3] Archives municipales, GG. 219.
[4] Archives municipales, GG. 218.

nant à l'hôpital Saint-Jacques, est consenti par les mêmes confrères, administrateurs dudit hopital, pour quatre années à Pierre del Fraysse, pélicier d'Agen, moyennant le quart du vin et de la vendange récoltés[1]. Et encore, le 30 novembre 1379, les mêmes confrères, toujours qualifiés d'administrateurs de l'hôpital, louent un jardin situé devant l'église de N.-D. du Mont-Carmel, au lieu appelé Saint-Florès, dépendant dudit hôpital, à Bernard de Laverdun et Bernard de Ventesain, corroyeurs, moyennant 21 livres de petits tournois, durant l'espace de quatre années[2]. Etc.

Il semble qu'avec le XVe siècle l'autorité municipale d'Agen ait déjà mis la main sur les biens et la régie de l'hôpital Saint-Jacques, d'où elle en aurait écarté les anciens confrères. C'est ce qui résulte des nombreux documents que nos archives locales nous ont conservés. Les consuls, durant cette époque et tout le XVIe siècle, se font gloire, en effet, de se qualifier de patrons de l'hôpital Saint-Jacques, et c'est avec un soin continu qu'ils en administrent les biens. Ces biens, du reste, paraissent déjà assez considérables. Le 15 avril 1460, ils consentent un bail emphythéotique d'un bordil, situé au lieu de La Roqual, juridiction d'Agen, et d'un pré situé dans la paroisse de Saint-Amans, le tout de la dépendance de l'hôpital Saint-Jacques, moyennant un écu d'or d'oublies, payable chaque année à l'hopital, le jour de la saint Julien[3].

Le 11 juin 1470, c'est la pièce de terre située de l'autre côté de la Garonne, au lieu dit La Traverse de Saint-Jacques, qui est affermée par François de Bracellis, administrateur de l'hôpital d'Agen, nommé par les Consuls, au profit de Jean Castanh, brassier, moyennant deux sous d'oublies et le septième de la récolte[4]. Cette pièce de terre fut plus tard transformée en vigne, puisqu'on voit qu'il fut fait, le 2 septembre 1530, une reconnaissance féodale, en faveur du chapelain de l'hôpital Saint-Jacques, d'une vigne située au lieu dit « Las Traverses, » paroisse de Monbusc, sous la rente annuelle de

---

[1] Archives municipales. GG. 219.
[2] Idem.
[3] Idem. GG. 220.
[4] Idem. GG. 220.

cinq deniers tournois d'oublies et de la septième partie des fruits. Elle fut vendue, le 25 mars 1539, à Pierre Cazals, sauf réserve des droits de rente de l'hôpital [1].

L'hôpital possédait en outre plusieurs maisons, rue Pontarique. Son chapelain en loue une, le 17 février 1479, à Pierre de Jassemias, maneuvrier, moyennant une rente de 9 sols et 12 deniers d'oublies [2]. Il jouissait également, vers 1505, d'un certain nombre de pièces de terre dans la banlieue d'Agen, notamment à l'endroit appelé *Bordeilhes* et du côté de La Roqual et de Castelcuillier [3]. Jean de Siris, était alors chapelain de l'hopital Saint-Jacques, délégué comme administrateur pour la régie de ses biens.

C'était du reste une règle, établie depuis longtemps à l'hôpital Saint Jacques, que d'en confier l'administration des biens au chapelain en exercice. Déjà, le 22 mai 1467, un échange est fait entre l'hôpital Saint-Jacques, représenté par son chapelain, le sieur Raymond Montauh, et le chapitre de l'Eglise cathédrale. En payement d'une rente de 20 sols due au chapitre pour l'obit de Bernard de La Guarrigue, bienfaiteur de l'hôpital, cet établissement abandonne aux chanoines une redevance de 19 sols et 12 deniers d'oublies qu'il possédait sur une maison, sise rue de Boc [4]. En 1525, le chapelain est un certain Jean de Cayran, qui obtient du Présidial une ordonnance en vertu de laquelle Pierre de Cazaux est condamné à payer 5 deniers de rente à l'hôpital, et une autre plus importante qui prescrit de rayer la chapellenie de Saint-Jacques, dont il est titulaire, du rôle de cotisations, emprunts et décimes [5].

Plusieurs procès naissent vers cette époque entre les administrateurs de l'hôpital Saint-Jacques et certains particuliers de la ville. Dès 1536 s'engage une longue procédure entre le syndic de l'hopital et la famille de Lespinasse, au sujet de l'exécution du tes-

---

[1] Archives municipales. GG. 222.
[2] Idem. GG. 221.
[3] Idem. GG. 221.
[4] Idem. GG. 220.
[5] Idem. GG. 222.

tament de Duron Esclabissat et d'une vente aux enchères d'une partie des biens de ladite hérédité[1]. Plus long encore fut le procès soutenu par les consuls d'Agen et les syndics de l'hôpital contre un certain Raymond Delmur, mis en possession de la chapellenie de Saint-Jacques, par collation de l'Evêque d'Agen, en 1558, après la résignation de Jean Desprès jeune, et qui depuis touchait tous les revenus de l'hospice, sans vouloir les remettre aux mains des syndics[2].

Dans l'hôpital Saint-Jacques, comme dans les autres hôpitaux d'Agen, de nombreux abus surgissent dès le milieu du xvie siècle. Les consuls de 1538, dans leur memorandum, recommandent déjà tout particulièrement à leurs successeurs, l'hopital Saint-Jacques, où se produisent de graves désordres. « Item, c'est quant à l'hospital de Saint-Jacques, est à noter que audit hospital ne habite plus de pouvres ni malades ; que en sorte, s'il y en a aucun, n'est pas sûr de toute l'année. Et touttefoys l'hospitalier dudit hospital ne cesse les jours ordonner et demander l'aulmone pour les pauvres, de cryer et sonner avecque sa cloche, de demander l'aulmone pour les pouvres de l'hospital de Saint-Jacques, combien que la plupart du tems n'y en a aulcun ; dont il se approprie lesdites aulmônes à son proffit. Et cella luy a esté remonstré par Nous qui lui avons deffandu de ne demander les aulmones qu'il n'y eust des malades.[3] » Et le mal va grandissant de jour en jour.

Ce n'est pas que les épidémies aient disparu et que la santé publique se soit améliorée. Bien au contraire. La peste faisait de continuelles apparitions dans Agen, et les lieux publics, les maisons privées, voire même les rues, regorgeaient de pauvres, d'infirmes et de misérables. Vainement la Cour du Parlement de Bordeaux, en ses Grands Jours, rendit-elle en 1536 une ordonnance, en vertu de laquelle il était expressément ordonné aux consuls « de faire rentrer tous les pauvres dans les hôpitaux où ils seront nourris de l'a-

---

[1] Archives municipales, 222.
[2] Idem.
[3] Idem. BB. 25, p. 91.

gent des aumônes et de faire travailler, ou sinon d'expulser de la ville, tous les mendiants valides [1] ».

La mauvaise administration, la rivalité des autorités municipale et ecclésiastique, le trop grand nombre des hôpitaux qui se portaient ombrage, les guerres religieuses qui éclataient, telles étaient les principales causes qui engendraient ces déplorables abus. Une mesure rigoureuse s'imposait. Une réforme radicale devenait nécessaire. L'autorité royale le comprit. Et elle décida de séculariser, et autant que possible de centraliser en une seule maison, les trop multiples établissements de charité. C'est alors que fut rendue l'ordonnance de 1561. C'est à ce moment également que fut vendu l'hopital Saint-Jacques, et ses biens réunis à l'hôpital du Martyre.

La jurade de 1562, dont nous avons déjà parlé à l'occasion de l'hôpital Saint-Antoine, décida, nous le savons, que les hôpitaux d'Agen encore en exercice seraient vendus, et l'argent, provenant de ces ventes, employé à la réparation de l'hôpital du Martyre. A l'audience de la Cour présidiale du 9 décembre 1564, nous avons déjà vu M. de Redon, lieutenant principal, consentir en qualité de patron de l'hôpital Saint-Jacques, qualité qu'il dit tenir de ses ancêtres, fondateurs dudit hôpital, à la vente de la place et des murs de cet ancien édifice, et demander qu'il soit réservé dans le nouvel hôpital une chambre à l'usage des Pèlerins de Saint-Jacques de Compostelle [2]. Le mardi 19 décembre de la même année eurent lieu les premières criées. Quand vint le tour « de la place et murs de l'hôpital Saint-Jacques, Me Jean Boissonnade, procureur, y mit la sommme de 60 livres ; Bernard Tournerie, 70 livres ; Boissonade, 90 livres ; enfin Tournerie, 95 livres, sur laquelle la chandelle s'éteignit. » Nouvelles enchères les 14 et 21 juillet 1565. Enfin le 28 juillet de la même année, le sieur Jean Pauquet, marchand de la présente ville, s'étant présenté et ayant ajouté cinq livres au prix du sieur Tournerie, l'hôpital Saint-Jacques (place et murs) lui fut adjugé

---

[1] Archives municipales. BB. 26.
[2] Archives de l'hôpital d'Agen.

définitivement pour la somme de 100 livres. Le sieur Pauquet en prit immédiatement possession [1].

IV. — L'HOPITAL SAINT-MICHEL.

Le quatrième hôpital, qui existait à Agen au XVIe siècle, et dont les biens furent réunis en 1560 à l'hôpital du Martyre, était l'*Hôpital Saint-Michel*.

Nous ne savons rien sur son origine.

« Il était, dit Labénazie dans ses Annales, près des Pénitents Bleus, au Carné, où il y avait une chapelle de Saint-Michel au siècle dernier. Un prieur le régissait. Le prieuré était réuni à la cure de la Cathédrale [2] » Et il ajoute dans son manuscrit sur le diocèse d'Agen : « J'ai vu plusieurs titres où le prieur de cet hôpital était appelé *Prior hospitalis Sancti Michaelis Agenni*. Ces titres étaient de 1350 et 1460. Dans l'un, Garcie de Rogerto est appelé ainsi en 1357 et 1368. Un autre titre, en langue vulgaire, appelle Aymeric de La Gleyza, *espitalor del espital de Saint-Miquel d'Agen*. Auparavant en 1351, Géraud Fournier est qualifié du même titre d'Espitalor. Dans les titres de 1460, l'hospitalier est encore appelé *hospitalis de Sancti Michaelis Agenni* [3]. »

L'hôpital Saint-Michel existait donc déjà en 1350. Son emplacement devait être, d'après ces renseignements, celui où s'établirent en 1600 les Pères Capucins et dont nous avons donné le plan, à la page 301, chapitre VIII, du tome Ier de ce travail. Il se trouvait près du cimetière, dit du *Carné*, entre les Jacobins et le local que les Pénitents Bleus occupèrent dans la suite, rue Saint-Jérôme.

En l'an 1479, le chapelain de l'église de Saint-Sulpice de Rivalède, propriété des Hospitaliers de Saint-Jean de Jérusalem, échange son église contre ledit prieuré de Saint-Michel. C'est ce qui résulte

---

[1] Archives de l'hôpital d'Agen. Reg. 1563-1601, p. 16. — Voir aussi Archives municipales, BB. 30.

[2] Labénazie. Annales d'Agen, p. 137.

[3] Idem. Manuscrit, livre V, chapitre XVII, p. 466

de l'acte suivant que nous avons trouvé dans les riches archives de l'Ordre de Malte :

« Item, en l'an 1479, e lo dernier jour del mes de Mars, led. Moss. Anthoine Gorde, cappela, permutat lad. gleiza parochiala del Sanct Sulpice, e son annexa Sanct Jehan de Lerm, am lo priorat de Sanct Miquel, intra muros civitatis Agenni[1]. »

L'hôpital de Saint-Michel devait être, au commencement du XVIe siècle, absolument abandonné, lorsque, à la suite de la terrible épidémie de peste de 1518, les consuls décidèrent de le relever pour y loger et soigner les victimes de la maladie. L'acte suivant en fait foi :

« Le XIIIIe jour du mois de février 1519, MM. les consuls Chabrity, Grave, Granges, Imbertis, Lassalle et Pujols, par l'organe dudit Chabrity, ont remonstré à MM. les jurez scubz nommés comment chascun jour despuis cinq ans en ça, en ceste ville et cyté d'Agen, a eu plusieurs inconvéniens de Peste et en sont beaucoup morts de ladite peste et infection, pour faulte de recapte et habitation ; occasion de quoy par plusieurs foys a esté mis sur le bureau et en champ bastir et ediffier ung hospital, dédié au service de ceulx qui dors en avant seront malades de peste pour les recapter ; et en outre comment il y a deux maisons qui sont de la ville, savoir est, l'Escole Vieille et des Repenties, qu'il sera bon de vendre pour faire et edifier ledit hospital, actandeu que chascun y contribuera volontairement......

« Et ont esté d'opinion tous ensemble que le *lieu de Sainct-Michel* sera bien propice, même que tout autre lieu, pourveu que avant que tirer outre, le tout soit remonstré à MM. l'Evesque ou ses officiers et autres de l'Eglise, et aussi à MM. les officiers du Roy et au populaire ; et selon leur advis qu'il y soit procédé ; car autrement la ville sera toujours en danger et pouvreté[2]. »

Il est probable que la requête des consuls fut agréée par l'autorité ecclésiastique, et que les pestiférés de 1519 et années suivantes

---

[1] Archives départementales de la Haute-Garonne. Archives de l'Ordre de Malte. Liasse Saint-Sulpice de Rivalède.

[2] Archives municipales d'Agen. BB. 23, p. 261.

trouvèrent un asile assuré à l'ancien hôpital de Saint-Michel, réorganisé pour eux. En tous cas, cette maison existait encore en 1561, et elle était régie par un prieur, lors de la fusion des principaux hôpitaux d'Agen. Labénazie, et avec lui Labrunie, nous disent formellement que les biens de l'hôpital Saint-Michel furent, comme ceux des hôpitaux Saint-Antoine, Saint-Georges et Saint-Jacques, réunis à ceux de l'hôpital du Martyre.

V. — L'HOPITAL DES LADRES OU LÉPROSÉRIE.

Le grand mouvement de foi qui entraîna, aux XIIe et XIIIe siècles, les populations chrétiennes de l'Occident vers le tombeau du Saint-Sépulcre, le peu d'ordre qui dès les débuts régna dans ces expéditions lointaines et toutes spontanées, le manque absolu d'hygiène et de précautions pour sauvegarder la santé des Croisés, engendrèrent bientôt à leur suite d'innombrables maladies, qu'accrurent encore la fréquentation des Orientaux, la mauvaise nourriture et le brusque changement de climat. Beaucoup furent frappés de maux étranges, inconnus en Europe, qui s'implantèrent à leur retour chez eux. De ce nombre fut la Lèpre, mal repoussant et hideux, qui faisait jeter hors la société les malheureux qui en étaient atteints. Abandonnés de tous, même de leurs parents, les lépreux ne trouvaient quelque secours qu'auprès de confrères assez courageux pour se dévouer à eux et leur prodiguer leurs soins. Mais ils étaient généralement parqués en dehors des villes, à l'abri de tout contact, et comme pour la masse du public des objets de dégout et de mépris. Par cela même plus dignes de commisération de la part des personnes charitables, ils trouvèrent de bonne heure un abri dans des hospices spéciaux, qui prirent indifféremment le nom de *Léproseries, Maladreries, Mezelleries* ou *Lazarets*.

Les premières créations de ce genre spécial d'hôpitaux se trouvent en Orient. La tradition veut même que ce soit saint Basile, qui, dès le IVe siècle, ait établi à cet effet un vaste hôpital à Césarée, et que son exemple ait été suivi plus tard par les empereurs d'Orient, qui auraient mis les Lépreux sous la protection de Saint-Lazare, devenu depuis leur patron. L'ordre célèbre des Hospitaliers de Saint-Lazare fut en effet spécialement fondé pour eux, et nous le trouvons, dès la première croisade, établi à Jérusalem. Longtemps on les a confondus avec les Hospitaliers de Saint-Jean de Jérusalem. Les deux ordres cependant sont parfaitement distincts. Le seul dont la mission particulière ait été de secourir les lépreux est celui de Saint-Lazare, dont les chevaliers prirent le nom *d'Hospitaliers* et se répandirent rapidement en Europe, au fur et à mesure que se propageait le mal dont ils s'étaient héroïquement chargés de soigner les victimes.

Ce mouvement, tout de dévouement et de charité chrétienne, ne trouva pas indifférente notre cité d'Agen. Dès la fin du XIIe siècle, une Léproserie y fut établie. Nos chroniqueurs sont tous d'accord sur ce point :

« Il y eut au XIIe siècle, nous dit Labénazie, une maladie honteuse appelée la Lèpre. On séparait exactement de toute société ceux qui en étaient atteints et on les renfermait dans des lieux écartés, loins des habitations des hommes, mais pourtant près des grands chemins. Le nombre s'en augmenta si fort qu'il n'y avait ville ni bourgade qui ne fut obligée de bastir un hospital pour les retirer. On nommait ces maisons *Ladreries*, à cause de Saint-Lazare, patron des pauvres et des languissants. Ces maisons recevaient des fondations publiques, qui, avec les aumônes des passants, les enrichirent en peu de temps. Le peuple ne pouvait les souffrir : il les accusaient de mener une vie pleine de débordement ; ce qui les rendait encore plus odieux.

« Agen ne fut pas exempt de ce malheur. Ce fut pour cela que l'hôpital qui est à la *Porte du Pin* fut fait pour les Lépreux. Il fut alors plus riche qu'il n'est maintenant. C'était un prieuré. Le directeur était appelé *Prior de Pinni Agenni*. Il y avait une église, là où est à présent la croix de pierre que nous y voyons de notre temps. Cette église et cet hôpital furent ruinés et démolis par les Huguenots aux premiers troubles, et la Croix fut plantée en l'endroit où estait l'église, l'an 1582, le 24 du mois de mars. La maison fut rebâtie l'an 1585, le 11 octobre. Cet hôpital est devenu pauvre, parce que les aumônes ont cessé à mesure que le mal a diminué. Ce qui lui reste a été uni à l'ordre de S.-Lazare. [1] »

---

[1] Labénazie. Manuscrit inédit. Tome II. Livre III, chap. XV, p. 229.

Labrunie, et d'après lui Saint-Amans, confirment les mêmes faits.

Il résulte donc des renseignements si précieux et si formels de Labénazie que l'hôpital des Ladres se trouvait à Agen à la Porte du Pin, hors des murs de la ville, là où se voit sur le plan de Lomet la croix de pierre qu'il signale, à la jonction des deux routes de Cahors et de Toulouse, et par suite sur le bord de ces deux grandes voies. Les quelques rares documents le concernant, que nous avons trouvés dans nos archives locales, vont nous dire quelles péripéties diverses il eut à subir depuis la fin du XVe siècle.

A cette époque, les malades de la maladrerie du Pin adressent une requête aux Consuls d'Agen afin d'obtenir d'eux un secours, pour subvenir aux réparations de l'oratoire, que Jean de La Coste, recteur de La-Sauvetat-de Savères, mort dans ladite maladrerie, avait fait construire au-devant de cet hôpital .

Dès les premières années du XVIe siècle, et à l'heure de la peste, les consuls, « patrons des biens des Lépreux », redoublent de soins et d'attention afin d'éviter, si c'est possible, le fléau. Sur le rapport d'un sieur Chaperon, médecin, et Lussignet, barbier, qui déclarent, après une sérieuse inspection, le sieur Bernard B. atteint de la lèpre, ils ordonnent audit Bernard de se retirer au plus vite « aux lieux où habitent les lépreux, hors la ville, séparés de la compagnie et conversation des hommes. » La même mesure est prise, quelques temps après, à l'égard de Jeanne D., qui, sur le procès-verbal de visite de trois consuls et deux médecins, est soupçonnée d'être atteinte de la lèpre et renfermée aussitôt à la maladrerie de la Porte du Pin [2].

En avril 1572, les consuls d'Agen, toujours qualifiés « patrons des biens des Lépreux, » passent une transaction avec un certain Bernard Prochet, « lequel avait fait prendre et saisir tous les biens de la maison de la maladrerie de lèpre, qui sont près la présente ville d'Agen, et ce pour la somme de 200 livres à lui dues par feu Bar-

[1] Archives municipales. GG. 220

[2] Idem. BB. 24.

thélemy Albarède, grand vicaire, administrateur et procureur de ladite maison de lèpre, délégué par les consuls, qui avaient été condamnés envers ledit Prochet [1]. »

Mais les troubles religieux vinrent porter un coup terrible à la maison des Lépreux d'Agen. On sait que, durant les années 1573 et 1574, la ville, menacée chaque jour par les entreprises hardies des protestants qui tenaient le plat pays et les villes fortes voisines, redoublait de vigilance et de précautions afin d'éviter toute surprise. A chaque conseil les mesures de sûreté deviennent plus rigoureuses. Les garnisons sont doublées, les commandants de quartiers triés sur le volet, les protestants, restés en ville, désarmés et surveillés de près. Dans une jurade du mois d'avril 1574, on craint que le vaste local de la Léproserie, à la Porte du Pin, puisse servir à couvrir et à loger les ennemis. On ordonne aussitôt qu'elle sera rasée, ainsi que l'ancien hôtel de la Monnaie situé près de St-Caprais ; et les matériaux en provenant serviront à réparer les brèches des remparts [2].

Cet ordre fut immédiatement exécuté. Et, si le résultat fut le même, ce n'est pas aux Huguenots, comme le dit Labénazie, que la maladrerie de la Porte du Pin dut d'être renversée, mais bien aux habitants d'Agen, comme mesure de précaution.

Le local resta donc vacant jusqu'en 1582, époque à laquelle une croix y fut plantée, le 24 du mois de mars.

Mais la maladie ayant reparu plus forte que jamais, avec les misères de la guerre civile, il fut décidé qu'on rebatirait la maison des Ladres sur son ancien emplacement.

A cet effet, les consuls commencèrent, en vue de se procurer quelque argent, par « vendre, le 17 juin 1586, au sieur Géraud D. les fruits des biens qui avoient appartenu aux povres lépreux, près ladite ville, consistant en deux pièces de prés et plusieurs terres labourables [3] ; » et, « le 11 octobre 1586, nous dit le consul Trinque dans son livre de raison, on commença de rebastir la maison des

---

[1] Archives municipales. GG. 223

[2] Idem. BB. 32.

[3] Idem. BB. 34.

Ladres près la Porte du Pin [1].» Mais ce local devint incommode et insuffisant dans la suite ; si bien que les Lépreux eux-mêmes demandèrent son changement. Nous voyons en effet que, dans la jurade du 7 mars 1611, « il est proposé et représenté que les pauvres Lépreux, qui dernièrement habitaient devant la Porte du Pin de cette ville, ont commencé de bâtir une nouvelle maison, sur un champ qui est au devant ladite porte et près d'icelle. »... Le travail ayant été interrompu par ordre des Consuls, « lesdits lépreux désirent continuer ledit bâtiment pour y pouvoir loger, attendu qu'ils sont très mal logés, là où ils demeurent. Ils demandent donc que cette permission leur soit accordée ». La Jurade décida qu'il serait fait droit à leur juste demande [2].

La maladrerie d'Agen continua d'exister durant tout le XVIIe siècle. En 1645, il est expressément défendu aux malades de la maladrerie de la Porte du Pin d'avoir aucune communication avec les ouvriers de la tuilerie voisine [3]. Mais avec la disparition du mal, les aumônes diminuèrent, et la pauvreté arriva.

Lorsque la Révolution vint changer l'ancien ordre de choses, la léproserie d'Agen avait déjà cessé d'être. Les quelques biens qui lui restaient avaient été réunis à l'ordre de saint Lazare. De nos jours, *le ruisseau des Ladres*, qui prend sa source au pied du roc de Castillou, passe à la Porte du Pin, contourne à l'est et au sud la ville d'Agen, et vient se jeter dans la Garonne au-dessus des casernes actuelles, nous a seul conservé le souvenir de l'ancien hôpital des Lépreux, dont il baignait autrefois les murs.

VI. — L'HOPITAL DU SAINT-ESPRIT.

Il existe très peu de documents sur l'ancien hôpital du Saint-Esprit d'Agen. Cette maison serait même tombée dans le plus

---

[1] Livre de raison du consul Trinque, marchand. Année 1586. — Idem : Labénazie, Labrunie, Archives municipales. BB. 40, etc.

[2] Archives municipales. BB. 40.

[3] Idem. BB. 57.

complet oubli, si Labénazie n'avait eu soin de nous en rappeler l'existence en ces termes :

« L'an 1694, en novembre, le Roy ayant désiré réunir à la commanderie de Montpensier, de l'ordre militaire du Saint-Esprit, tous les biens de cet ordre, M. Labénazie a découvert par la bulle d'Urbain VIII, de l'an 1625, le second de son pontificat, que le prieuré du Saint-Esprit et la maison de ce prieuré dans Agen, ainsi que la chapelle hors la ville, étaient un *hôpital du Saint-Esprit*, et qu'il y en avait un autre à Penne, un à Sainte-Foy-la-Grande, prieuré et hôpital, un à Clairac, un à Nérac, et un autre à Layrac [1]. »

Et Labrunie, qui seul en parle avec lui, ajoute : « Monsieur Labénazie nous dit qu'il y avait encore l'hôpital du Saint-Esprit, situé lez Agen. J'ai été prieur du Saint-Esprit jusqu'en 1791. La nation, comme l'on sait, a englouti les biens de tous les hôpitaux d'Agen [2]. »

Dans la liasse des Biens Nationaux, consacrée aux anciennes chapellenies d'Agen [3], nous voyons en effet qu'en 1790 le bon curé de Monbran était encore titulaire de la *Chapellenie du Saint-Esprit*. Il comparut même, à ce titre, le 18 septembre 1790, devant Jean Florimond Boudon de Saint Amans et Pierre Georges Benaud, officiers municipaux d'Agen, délégués à cet effet ; et il déclara « qu'il dépendait de cette ancienne chapellenie : 1° six cartonnats ou picotins de terre, situés sur le haut du rocher dit du Saint-Esprit ; 2° Une petite maison dans la présente ville, rue Floirac, paroisse de saint Caprais ; 3° Une autre petite maison, rue de la Poste aux lettres ; 4° Enfin un petit fief comprenant sept carterées de fonds possédé par des tenanciers. » L'ensemble des revenus de ladite chapellenie, déduction faite des honoraires et décimes ordinaires, se montait à la somme annuelle de 160 livres, 8 sols, 5 deniers.

Le 21 décembre de la même année, les commissaires experts s'étant transportés, afin de procéder à l'estimation de ces biens, « sur la pièce de terre de six cartonnats, située sur la plaine du

---

[1] Labénazie. Annales de la ville d'Agen, p. 142.
[2] Labrunie. Abrégé chronologique. Année 1691.
[3] Archives départementales de Lot-et Garonne. Biens Nationaux.

Saint-Esprit, paroisse de sainte Foy, dépendant de la chapellenie du Saint-Esprit dont était pourvu naguère M. Labrunie, curé de Monbran, et confrontant de toutes parts à terre de M. de Moncaut, nous avons trouvé, disent-ils, une bâtisse qui en dépend ; et, nous en ayant fait ouvrir la porte, nous avons remarqué que c'est une *ancienne chapelle*, que l'autel y est encore, ainsi que le tableau, mais dans un état tel qu'on ne peut distinguer ce que ledit tableau représente. » La terre fut évaluée 46 livres, 15 sols, 5 deniers de revenus, déduction faite des impôts ; ce qui en portait le capital à la somme de 1029 livres, 2 sols, 10 deniers.

La maison de la rue de « la Poste aux lettres » fut également estimée, le 23 mai 1791, 2400 livres. Quant à celle de la rue Floirac, le procès-verbal d'estimation fait défaut.

Où était situé l'ancien hôpital du Saint-Esprit dans Agen ? C'est ce que, faute de documents précis, il est malaisé d'établir. Dans le chapitre précédent, consacré à l'historique de la maison du Refuge, on a pu voir qu'en 1564 la municipalité agenaise, débordée et ne pouvant plus arrêter le flot toujours montant du libertinage et de la prostitution, avait supprimé comme absolument inefficace le couvent de la Madeleine ou des Filles repenties, et décidé qu'il serait transformé « en un collège pour la célébration des messes du Saint-Esprit, » collège qui, dès l'année suivante 1565, prit le nom « de collège du Saint-Esprit [1]. » La fondation du collège d'Agen, quelques années plus tard, par la reine Marguerite et les Consuls, ayant rendu ce collège du Saint-Esprit inutile, fut-il à ce moment transformé en un hôpital, qui fut dénommé hôpital du Saint-Esprit et qui resta tel jusqu'à la fondation de la confrérie des Pénitents bleus et leur installation dans l'immeuble précité [2] ? Aucun document ne nous permet de le préciser. D'un autre côté, Labénazie et Labrunie nous disent que, de même que l'hôpital des Ladres, l'hôpital du Saint-Esprit se trouvait, à leur époque, hors la ville d'Agen. Etait-ce du côté de la Porte du Pin, ou plutôt au

[1] Archives municipales. BB. 30.

[2] Voir, au tome Ier, le chapitre consacré aux Pénitents bleus.

nord-est de notre cité, sur « *ce rocher du Saint-Esprit* », qui en a encore conservé le nom, et où se voit toujours une grande bâtisse dite « la maison du Saint-Esprit », dans laquelle furent découverts par les commissaires de 1790 ces vestiges d'ancienne chapelle et d'autel en ruines ? C'est ce que tout, jusqu'à preuve du contraire semble faire supposer.

VII. — L'HOPITAL DU MARTYRE.

Nous aurions dû, si nous nous étions rigoureusement conformé à l'ordre chronologique de fondation, placer l'étude de cet hôpital après celle des hôpitaux Saint-Antoine et Saint-Georges. Nous avons préféré la garder pour la fin de cette première partie, l'hôpital du Martyre ayant, on le sait, été choisi par les Consuls comme lieu de réunion de tous les autres hôpitaux d'Agen. Ce qui pourra permettre à nos lecteurs de suivre ainsi, sans interruption aucune, les diverses phases de ses destinées, depuis les temps obscurs de son origine jusqu'à l'époque toute moderne où, à son tour, il fut réuni à l'hôpital de Las.

L'hôpital du Martyre est en effet un des plus anciens hôpitaux d'Agen. Il était placé au lieu, dit autrefois *lou Martrou* ou le *Martyre*, entre l'église Saint-Caprais actuelle et l'église Sainte-Foy, là où, suivant la tradition, auraient été inhumés, après leurs supplice, les corps de sainte Foy, de saint Caprais et des autres martyrs d'Agen. C'est ce que nous apprend en termes fort précis l'annaliste Proché, lorsqu'il nous dit, dans ses notes manuscrites sur les anciens couvents d'Agen :

« L'hôpital Saint-Jacques était placé dans un lieu appelé autrefois le Martyre, parceque sainte Foy, saint Caprais et plusieurs autres saints d'Agen y avaient été martyrisés, dans le temps que Dacien était préfet de la Gaule, sous l'Empire de Dioclétien, vers 285 de l'ère chrétienne. Saint Dulcide fit déposer toutes leurs reliques en ce lieu et y fit bâtir une église, sous l'invocation de sainte Foy. Mais il ne faut pas croire que c'est celle qui existe aujourd'hui. Ce monument de la piété de saint Dulcide fut détruit par les Normands.

On éleva dans la suite une église sur les ruines de celle-là, à laquelle on donna le nom de *Saint-Caprais du Martyre*, pour la distinguer de la collégiale, dédiée au même saint. Les restes de cette église subsistent encore sous le sanctuaire de l'église de l'hôpital Saint-Jacques. »

En écrivant ces lignes, Proché ne fait que résumer les divers passages que Saint-Amans, Labrunie, Labénazie, et avant eux Darnalt, consacrent au vieil hôpital d'Agen. Voici en effet comment notre plus ancien chroniqueur rend compte de l'origine du Martyre :

« Comme aussi se revoit une fort chrestienne et remarquable antiquité, dans *l'hôpital Saint-Capraise*, de ceste ville. C'est un lieu soubs terrain, creux et profond : *sepulchrum ubi sanctissimorum martyrum reponebantur corpora*. Encor pour ce jourd'huy, le vulgaire l'appelle le *Martyre*. Aussi les premiers temples des chrestiens étaient appelés *Martyria*, parce que les premières esglises se batissaient en l'honneur de Dieu et mémoire des saints Martyrs.... L'occasion et la raison du nom et qualité de ce lieu dans cette ville fut, qu'en ce temps là, le siège Romain et le Prétoire pour les magistrats gouverneurs au nom de l'estat et de l'empire de Rome estait estably en ceste cité, y faisant sa résidence ordinaire ; et partant il se treuve plusieurs grandes et horribles persécutions et supplices y avoir esté faicts et exécutez contre les premiers chrestiens[1]. »

Alors que la ville d'Agen n'avait pas étendu sa première enceinte, et que ses plus anciennes murailles s'élevaient au nord entre l'église Saint-Etienne et l'église Saint-Caprais, il existait, sur l'emplacement même ou fut construite plus tard la collégiale, un terrain bas, humide, formé par divers petits ruisseaux, dont l'un, appelé dans les vieux actes ruisseau de la Bretonnerie, longeait ces premières murailles de la ville, venait se jeter dans la Masse en face la tour Saint-Côme, et formait avec elle en amont une presqu'île marécageuse, « un lac, dit Labénazie, où furent jetés les corps des saints

[1] Darnalt. Antiquités de la ville d'Agen et pays de l'Agenais. Chapitre IV, page 27.

Martyrs. » Argenton combat l'existence problématique de ce lac. Labrunie et après lui Saint-Amans reconnaissent cependant que cette partie nord des faubourgs d'Agen était un marais, formé par le refoulement des eaux de la Garonne. Quoiqu'il en soit, ils affirment tous l'existence du Martyre, comme étant l'endroit où furent ensevelis les corps de saint Caprais et de sainte Foy, compris depuis dans la dernière enceinte des fortifications[1].

Ce lieu fut rapidement sanctifié par la piété des fidèles. Et il est probable qu'un oratoire y fut construit dès les débuts afin d'en perpétuer le souvenir. Détruit par les Normands ou par les invasions barbares primitives, on éleva plus tard sur ses ruines une plus vaste église, dite Saint-Caprais du Martyre, bien avant la fondation de la Collégiale actuelle qui ne date que du milieu du XIIe siècle. Renversée à son tour ou tombée en désuétude par suite de la construction de sa toute puissante voisine, ses débris furent utilisés pour l'installation d'une hôtellerie ou hôpital, qu'on appela hôpital du Martyre, et qui, nous dit Labénazie, « ne servait originairement qu'aux pèlerins qui venaient visiter le sépulcre et les reliques des martyrs d'Agen[2]. »

A quelle date faut-il faire remonter la construction de cette crypte si intéressante, que l'on voit encore sous l'ancienne église de l'hôpital, naguère la chapelle des Pénitents Gris ? Sa seule et modeste travée en berceau lui assigne-t-elle une origine contemporaine du moment des persécutions, ou seulement de l'époque romane ? C'est ce que nul document n'est venu nous apprendre. Là encore, comme Labénazie et Labrunie, nous en somme réduit aux conjectures.

« M. Labénazie nous raconte, écrit Labrunie dans son abrégé chronolcgique, qu'en 1687 les syndics de l'hôpital Saint-Jacques, faisant creuser le sol pour faire la cave de la maison, on découvrit à huit ou dix pieds de profondeur un tombeau de marbre et un autre en briques, dans lesquels se rencontrèrent les ossements de

---

[1] Labrunie : Abrégé chronologique. Saint Amans : Essai sur les Antiquités du département de Lot-et-Garonne, page 46.

[2] Labénazie. Manuscrit. Livre IV, chapitre IX, page 333 et suivantes.

corps entiers. La profondeur de l'endroit où on les trouva fit croire, dit-il, que c'était des corps de ces saints qui, selon notre Propre, souffrirent le martyre avec saint Caprais et sainte Foy, et qui furent jetés dans ce lac ou gouffre que M. Argenton dit être de l'invention de notre bon prieur. Tous nos anciens actes, en effet, appellent ce lieu *lou Martrou*, et la rue qui y conduit est encore connue sous le nom de rue du Martyre. Cependant les gens accoutumés à disserter, voyant que le cimetière de Saint-Caprais n'est séparé de l'endroit où furent découverts ces tombeaux que par la rue du Martyre, pensèrent avec plus de vraisemblance qu'on se trouvait en présence d'un retranchement ou reste d'un cimetière primitif, qu'on avait coupé jadis pour y pratiquer ladite rue, et où les corps mis au jour étaient demeurés ensevelis. On ne remarqua sur ces tombeaux ni inscriptions, ni hiéroglyphes sur lesquels la critique put s'exercer. Je visitai avec soin ces tombeaux, poursuit notre bon prieur, et je trouvai, dans celui de marbre principalement, lorsqu'on eut enlevé la pierre en dos d'âne qui le couvrait, une croûte de terre limoneuse, grasse et noire, de l'épaisseur de quatre doigts, aussi molle que l'argile dont on fait les moules, et formant comme une voûte sur les ossements renfermés dans ce tombeau. » Labénazie se livre là-dessus à une longue digression sur la nature de cette terre. Il termine en disant que ces ossements et leur enveloppe furent enterrés dans l'église de l'hôpital, à gauche de la nef, près de la première marche de l'autel. Une pierre carrée désignait le lieu où ils avaient été enfouis.

« Lorsqu'on rebatit l'hôpital en 1772, ajoute Labrunie, on sortit encore deux tombeaux de la cave qu'on y creusait, mais vides. J'en comptai en outre au moins une douzaine qu'on y laissa et qui font comme le sol de ladite cave[1]. »

Ces derniers tombeaux se trouvent encore au-dessous de la cave de la maison qui appartenait naguère à Monsieur Fort, conseiller à la Cour d'appel.

Saint-Amans, dans ses Antiquités, nous donne les dessins de deux

---

[1] Labrunie. Abrégé chronologique, année 1687.

de ces tombeaux en pierre, découverts à une profondeur, dit-il, de quinze pieds dans les caves de l'hôpital. « Une croix grecque sur la couverture désigne seulement qu'ils avaient appartenu à des chrétiens. Tous ces tombeaux étaient en général de six à sept pieds de long sur deux pieds de haut et autant de large[1]. »

Ces deux tombeaux, reproduits par Saint-Amans, n'existent plus. Quant à la pierre indiquant dans la chapelle de l'hôpital l'endroit où furent déposés les ossements, elle a été enlevée depuis ou recouverte par le carrellement actuel. Qui pourrait dire les précieuses découvertes que l'on ferait si l'on opérait d'intelligentes fouilles au-dessous et tout autour de l'antique crypte du vieux Martyre d'Agen ?

— L'hôpital du Martyre fonctionnait déjà en 1262. Son existence nous est attestée par les actes suivants qui nous apprennent que le chapitre de Saint-Caprais avait toute autorité sur lui. Il en gérait l'administration, en percevait les revenus, et dictait ses volontés à l'Hospitalier, qui lui devait sa nomination.

« Anno Domini millesimo ducentesimo sexagesimo secundo, Guillelmus, prior et capitulum Sancti-Caprasii de Agenno, concessimus Ramundo de Laubareda, presbitero, faciendo sibi gratiam specialem, ut possit in ecclesia de Martyrio celebrare missas usque ab beneplacitum prioris et capituli predictorum, non tamen antequam missa matutinalis in ecclesia sancti Caprasii fuerit celebrata, et si quas oblationes habuerit, totum reddere debet priori et capitulo supradictis, exceptis duobus denariis pro Capellaniâ suâ. Item ista concessio tali modo facta fuit quin servitium quod debet facere in ecclesiâ sancti Caprasii, tam in missis celebrandis quam in aliis officiis ecclesiasticis, in nullo penitus imminuatur, et licet dictus Ramundus sit *custos hospitalis sancti Caprasii,* non est factus dominus hujus gratia rei in hospitali... Si vero aliqua receperit legata dictæ ecclesiæ de Martyrio vel quamcumque aliam rem obtentam ipsius ecclesiœ, omnia debet reddere et expendere pro voluntate

---

[1] Saint-Amans. Antiquités d'Agen, page 191 et planche No XII.

supradictorum prioris et capituli, et nihil sibi aliquatenus vendicare cum istud statutum sibi non vindicat locum[1]. »

Et au même martyrologe de Saint-Caprasi, page 91, il y a, nous dit Labénazie, un autre statut contre l'hospitalier du Martyre, en la forme qui suit :

« Anno 1309. Nos supra nominati canonici hoc edictum seu statutum prohibitorium fecimus atque vallavimus perpetuo robore pro nobis et successoribus nostris duraturum, ut hospitalarius noster de cœtero aliquatenus non prœsumat aliquos pannos lecti funeris alicujus nostri canonici recipere, nec eos sibi seu hospitali nostro appropriare prœtextu aliquo, nisi in quantum dictus canonicus illos seu aliquos ex illis legavit in suâ ultima voluntate hospitalario antedicto ad dicti hospitalis pauperum usus ; et s'il l'entreprenait, le chapitre se réserve de l'en punir[2].

« Si vero nihil legavit totum ordinationi capituli relinquatur, et si hospitalarius contra hujus statuti tenorem aliquid attentare prœsumat, careat omnino legato in testamento de functi canonici, et pannis restitutis conditioni et panæ arbitrariæ prioris et dicti capituli subjacebit, et quod hospitalarii qui pro tempore fuerint hoc statutum servaturos se proprio juramento promittent[3]. »

« Il se trouve encore un acte dans le livre capitulaire de Savorelli, page 39, par lequel il fut commis un prêtre à l'hôpital par le chapitre. « Anno 1517, die 27 décembre. In hoc capitulo prœdicti Domini tradiderunt et dederunt onus et gubernamentum hospitalis de Martyribus Domino Petro Meruli, qui promisit et juravit gerere et disponere bona.

« Le cimetière de l'église Collégiale de saint Caprasi, ajoute enfin Labénazie, fut aux pauvres de l'hôpital ; et c'est une église qui est de la mense du chapitre de saint Caprasi, exprimée dans la transaction de Raoul, évêque d'Agen : *Ecclestam Sancti Caprasii de Martirio*, comme appartenant au chapître de saint Caprais, lequel a

---

[1] Martyrologe de Saint Caprais. Extrait reproduit par Labénazie dans son manuscrit. Tome II, livre IV, chapitre IX, page 333 et suivantes.

[2] Idem, page 104.

[3] Idem, page 104.

encore tous les honorifiques dans l'église de l'hôpital. Cet hôpital fut bâsti dans le cimetière de saint Caprais. Les tombeaux qu'on a trouvés sous les fondemens de l'hôpital en rendent témoignage. L'Eglise était primitivement la chapelle du cimetière [1]. »

Il ressort donc clairement de tous ces anciens textes du Martyrologe de saint Caprais, malheureusement à tout jamais perdu, que dès les temps les plus reculés une chapelle fut construite au champ du Martyre, que peu après un cimetière y fut établi tout autour, qu'un hôpital, à l'usage des pieux pèlerins, s'éleva dans la suite à ses côtés, et qu'enfin, depuis sa fondation jusqu'au milieu du XVIe siècle, cet hôpital appartint au chapître de saint Caprais, qui en avait l'administration et en percevait les revenus.

A quelle époque l'hôpital du Martyre ou de saint Caprais fut-il fondé ? Un des actes précédents nous dit formellement qu'il existait en 1262. Fut-il détruit dans la suite, puis reconstruit, ou simplement agrandi ? C'est ce qui semble résulter des termes d'une transaction, passée le 28 mai 1327, entre le chapître de saint Caprais et les Consuls d'Agen. Cet acte, fort important et plein d'intérêt, nous a été conservé par Argenton, dans son précieux recueil des Pièces Justificatives [2]. Il provient, comme les précédents, du Martyrologe de saint Caprais, et a trait à la délimitation des possessions du chapître avec les murs de ville et les fossés qui les baignaient au nord et au nord-est. Nous n'en rapporterons ici, vu sa longueur, que le passage relatif au nouvel hôpital. Il s'agit de l'établissement d'une écluse, en aval du pont de « l'hospital Novel » près des moulins de Cajarc et de Bordeilhes, qui sont possessions du chapître.

« Super eo etiam, quod dicebat ipsum capitulum ipsos Consules

[1] Labénazie. Manuscrit. Tome II. Livre IV. Chapitre IX. Page 333 et suivantes.

[2] *Argenton. Recueil des pièces justificatives, etc. n°* 97. On sait que ce précieux manuscrit, provenant de la bibliothèque de Saint Amans, a été acheté par notre zélé archiviste, M. G. Tholin, pour le compte des Archives départementales de Lot-et-Garonne, où il est actuellement déposé. Il a pu échapper ainsi, fort heureusement à temps, au naufrage général de cette importante collection.

et universitatem construxisse seu construi fecisse quamdam clausuram lapideam subtus pontem vocatum de l'*Espital Novel*, occasione cujus sclausæ aqua adeo restangat, quod, ex nimia restagnatione, molendina ipsius Capituli vocata de *Bordhela* molere impediebantur et ingutorgata penitus remanebant in gravem jacturam capituli memorati. Super eo etiam quod ipsum Capitulum discebat et asserebat quoddam molendinarium, quod est scitum infra dictum pontem de l'*Espital Novel*, in rivo vocato de la Massa, esse proprium ipsius capituli et ad ipsum capitulum pleno jure pertinere et pertinere debere. etc. [1] »

Entre le moulin de Bordeilhe et la Masse, cet *hôpital nouveau*, ne pouvait être, près de Cajarc, et appartenant au chapître de saint Caprais en 1327, que l'hôpital du Martyre, ainsi appelé, soit parce que de nouvelles réparations y avaient été faites, soit pour le distinguer des hôpitaux saint Antoine et saint Georges, ou autres, déjà plus anciens que lui.

— Pendant toute l'époque de l'invasion anglaise, nous perdons la trace de l'hôpital du Martyre. Il fonctionnait toujours cependant, puisque, plus tard, le 27 décembre 1517, nous avons vu, d'après Labénazie, que le chapître de saint Caprais en confia la direction à maître Pierre Meruli, qui promit et jura de l'administrer fidèlement. Mais les siècles de foi étaient passés. Les pèlerins se faisaient rares aux tombeaux des martyrs ; et les malades étaient dirigés de préférence sur l'hôpital saint Jacques où les autres maisons d'Agen. C'est donc en fort mauvais état et même en ruines que nous le retrouvons en 1560, lors de l'union de tous les hôpitaux. « Attendu que les pouvres de ladite ville sont mal et incommodément logés à l'hospital appelé du Martire, près l'église saint Caprasy de ladite ville ; que ledit hospital est mal basty et incommode pour y recevoir, nourrir et entretenir lesdits pouvres, comme est notoire.... lesdits syndics et les plus apparens et principaulx de ladite ville ont été d'avis de

[1] Cet acte a été reproduit en partie par MM. Magen et Tholin, à la page 318 de leur volume, les *Chartes d'Agen*, d'après une copie informe déposée aux Archives municipales de la ville. La copie d'Argenton, très claire et très nette, en complète heureusement les parties omises et déchirées.

réédifier et bastir ledit hospital du Martire, afin de nourrir et d'entretenir lesdits pauvres [1]. »

C'est le moment, en effet, où venait d'être modifié du tout au tout le système d'administration des hôpitaux, et où les Consuls d'Agen, investis d'une autorité nouvelle sur les maisons de charité, prirent les mesures radicales que nous avons déjà signalées et que nous allons étudier plus minutieusement.

CHAPITRE II.

UNION DES HOPITAUX. — L'HOPITAL SAINT-JACQUES OU DU MARTYRE

Après deux édits importants rendus, l'un par Henri II en 1555, l'autre par François II en juillet 1560, édits qui règlementaient d'une façon toute nouvelle la gestion des hôpitaux dans les principales villes du royaume, Charles IX, résumant leurs prescriptions généralement peu appliquées, ordonna, le 10 mai 1561, « que tous les hôpitaux, maladreries, léproseries et autres lieux pitoyables, soit qu'ils fussent tenus en titre de bénéfice ou autrement, ès villes, bourgades ou villages, seraient régis et gouvernés, et le revenu d'iceux administré par gens de bien et resseans et solvables, deux au moins en chacun lieu ; esquels seront esleus et commis de trois ans en trois ans par les personnes ecclésiastiques ou laiz, à qui par les fondations, le droit de présentation, provision ou nomination appartiendra, autre que leur parens, domestiques ou de leur famille. Et ès lieux qui ne sont en patronage et de fondation de gens d'église ou laiz, encores qu'aucuns soient fondez par nos prédécesseurs, seront les administrateurs commis par les communautez des villes, bourgades ou villages, sans que les administrateurs, qui seront destituables en cas de malversation, puissent estre continuez après les trois ans. »

---

[1] Archives de l'hôpital d'Agen. Reg. 40.

Cette ordonnance, qui confirmait la décision du concile de Vienne, en vertu de laquelle il était défendu de donner les hôpitaux à titre de bénéfice à des clercs séculiers,et prescrivait en même temps d'en remettre l'administration entre les mains des laïques qui prêteraient serment comme tuteurs et rendraient compte tous les ans devant les ordinaires de leur gestion, eût pour effet principal de séculariser ou pour mieux dire de laïciser les hôpitaux de France. Les ecclésiastiques, qui depuis des siècles les administraient, durent se démettre entre les mains des Consuls de leurs fonctions. Il conservèrent bien, en la personne de l'Evêque, la direction du spirituel ; mais ils furent obligés d'abandonner le temporel. Aussi est-ce avec raison qu'en ce qui concerne la ville d'Agen, Labénazie nous apprend que les ecclésiastiques de la ville durent céder aux Consuls d'Agen le soin de nommer les administrateurs des hospices qui furent désormais des séculiers.

« La direction du temporel, écrit-il, dépendit désormais des trois ordres. Mgr l'Evêque d'Agen, avec les députés des chapitres saint Etienne et saint Caprasi, ainsi que le Présidial, y envoient leurs députés, et les consuls de la ville y viennent pour le corps de ville. Ces trois corps assamblés règlent les affaires temporelles de l'Hôpital. Les consuls en sont les administrateurs. Ils y commettent des syndics qui rendent les comptes de leur administration par devant les députés des trois ordres.

« Les ecclésiastiques toutefois ne se démirent pas des honorifiques, ni du rang des préséances, ni du soin des affaires. De là vient qu'ils ont encore dans les bureaux le rang d'honneur pour la place et pour la voix. Le spirituel dépend toujours de Mgr l'Evêque d'Agen qui commet seulement le chapelain audit hôpital du Martyre. Le chapitre saint Caprasy qui le commettait autrefois ne le commet plus. Les honorifiques lui restent encore, dont il est en possession [1]. »

Une autre conséquence de l'Edit de 1561, fut la fusion en un seul

---

[1] Labénazie. Manuscrit. Tome II. Livre IV. Chapitre IX.

de tous les anciens hôpitaux d'Agen. Il est bien évident qu'une fois investis de l'autorité supérieure sur l'administration de ces maisons de bienfaisance, les consuls avaient tout intérêt à les grouper, autant que faire se pourrait, en une seule et même maison. Ils la tiendraient mieux en mains, pourraient y exercer une surveillance plus active, et trouveraient tout avantage à en percevoir les revenus multiples. Aussi cette motion fut-elle proposée aux Jurades dès les premiers jour et aussitôt adoptée à l'unanimité.

Nous avons déjà longuement exposé, dans les chapitres relatifs aux hôpitaux Saint-Antoine et Saint-Jacques, comment en conséquence les Consuls décidèrent, en avril 1563, qu'on voudrait ces deux hôpitaux, ainsi que les maisons de l'Ecole-Vieille, des filles Repenties et de Farguet, rue Garonne, « pour, l'argent provenant de ces ventes, être employé à réparer et reconstruire l'hôpital du Martyre ». Nous savons à quelle date ces faits s'accomplirent, quels prix atteignirent les ventes successives, et ce qui en advint définitivement. Nous ne reviendrons pas ici sur ces diverses opérations.

Qu'il nous suffise de rappeler que, dès 1563, les pauvres et les malades qui se trouvaient aux hôpitaux Saint-Antoine et Saint-Jacques furent transportés à l'hôpital du Martyre, et que ce dernier devint, à partir de cette époque, le seul et unique hôpital d'Agen ; « d'autant que le lieu du Martyre, nous dit le procès-verbal de translation, a été trouvé plus commode et plus saing pour y loger lesdites pauvres et infirmes [1] ». On y transporta également à cette date du 9 février 1563 « les pauvres qui étaient à la grange de Renaud, à cause des dangers de Peste, au nombre de trente-six ; et on les mit à l'hôpital du Martyre, près l'église Collégiale, comme estant l'hôpital le plus commode et le plus logeable, en meilleur air, plus espacieux et avec jardin et ruisseau au derrière. »

« Et le 1er Mars 1563, lesdits consuls en ont pris possession et y ont mis tous les pauvres de la présente ville, au nombre de 222... Et y furent aussi portés les meubles de l'hôpital Saint-Antoine, ainsi

---

[1] Archives municipales. BB. 30.

que furent dressés les lits, réparé ladite chapelle du Martyre, relevé l'autel, et tout aménagé suivant les besoins du service [1]. »

Le nouvel hôpital prit de ce jour indistinctement le nom d'*Hôpital du Martyre ou Saint-Jacques.*

Un règlement fut aussitôt élaboré et adopté par le bureau. Bien que le texte officiel en soit perdu, il est facile, d'après les volumineux dossiers que contiennent les archives de l'hôpital actuel et que nous avons longuement dépouillés, ainsi que d'après le procès-verbal d'installation dont nous venons de citer quelques fragments, d'en résumer et d'en présenter ici les principales dispositions.

L'hôpital était régi par un *bureau d'administration*, souverain en ses décisions, et composé de six membres, dont deux appartenaient au clergé, deux au présidial et deux au corps de ville. Ces derniers étaient généralement deux consuls : l'un d'eux fut quelquefois remplacé par un jurat.

Ce bureau nommait quatre *syndics*, renouvelables d'abord chaque an, puis chaque deux ans, qui étaient chargés de l'administration effective de l'hôpital, et qui devaient à chaque réunion du bureau, « rapporter ce qui avait été fait par eux, aux procès, négoces et affaires dudit hôpital, le tout sous le bon plaisir des administrateurs ». « Sera créé et ordonné, dit à ce sujet le procès-verbal d'installation, quatre procureurs et *syndics* desdits pauvres et hôpitaux, savoir pour la première année : Mes Guillaume Séré, Guillaume Miramont, bourgeois et jurats, et sire Jehan Pauquet et Bernard Sicard, marchands de ladite ville, qui ont libéralement pris la charge et prêté le serment en tel cas requis [2]. »

Un de ces syndics remplissait les fonctions de *Trésorier* Il devait être « honnête, capable, caultionné et offrir toutes les garanties désirables ».

Le bureau nommait en outre l'*hospitalier*, charge importante qui consistait à soigner les pauvres et les malades, à pourvoir à leur nourriture et entretien, à surveiller leurs repas, leurs chambres, et

[1] Archives municipales. BB. 30.
[2] Idem.

tenir la haute main sur tous les petits détails de la maison. Econome en quelque sorte de l'hôpital, l'hospitalier assumait une lourde responsabilité. Disons que bien peu d'entre eux furent à la hauteur de leur tâche, et que de déplorables abus, résultant de leur malversations, se produisirent maintes et maintes fois à l'hôpital d'Agen. « L'hospitalier, dit le procès-verbal, pourvoiera également à ce que lesdits pauvres n'aillent mendier en ladite ville. »

L'hôpital du Martyre avait, en effet, ponr but de recevoir les pauvres, les malades, les infirmes, les enfants abandonnés ou bâtards, les orphelins, les militaires blessés, et les autres mendiants. Un billet, signé de l'un des administrateurs, était nécessaire pour que chacun put entrer dans ledit hôpital. Là encore nous aurons à constater de fréquents abus.

Les pauvres étrangers, après avoir reçu les premiers soins, devaient être mis hors la ville, déjà trop infestée de ses propres mendiants.

Un aumônier était nommé par le bureau, chargé de célébrer les offices saints les jours de fête et de dimanche, auxquels devaient assister tous les pensionnaires de la maison. Il logeait à l'hôpital et recevait un traitement fixe dont les honoraires varièrent plusieurs fois dans la suite.

Un médecin, un chirurgien et un apothicaire étaient également spécialement désignés par le bureau pour les soins à donner aux malades de l'hôpital.

De nombreuses visites devaient être faites à l'hôpital par les administrateurs, ainsi que d'autres en ville aux pauvres honteux.

Des distributions et des aumônes étaient régulièrement effectuées, ainsi que « des quêtes chez les habitants de la ville, de façon de venir en aide à la nourriture et à l'entretien des pauvres. » Les archives de l'hôpital ont conservé à peu près complets les registres de ces distributions, faites aux pauvres, avec les noms de ces derniers, année par année, depuis la fin du XVIe siècle jusqu'à la Révolution. Ces registres contiennent également l'exposé des comptes de gestion des syndics, avec tous les détails des charges et des revenus de l'hôpital, la liste des rentes dues et à percevoir, des legs, des donations et autres actes de générosité si fréquents à cette époque. Au nombre de plus de cent et absolument intacts, ils constituent un des fonds les plus riches et les plus intéressants des archives de l'hôpital d'Agen.

Le premier bureau fut composé « d'Etienne Thibaut, consul, François de Cahusières, Michel Boissonnade et Me Jean Laffargue, procureur général au présidial. Et pour soulager les syndics furent élus, Jean Bonnefoy et Bernard Soubiroux, pour distribuer le pain, le vin et la pitance aux pauvres, iceux conduire et loger à l'hôpital, ou jeter hors ladite ville et faire tout service nécessaire aux gages à eux promis[1]. »

Et maintenant, pénétrons hardiment dans ce fouillis de liasses et de vieux registres poudreux qui renferment, depuis 1560, les annales de notre vieille maison de charité. Et de ce fatras de grimoires souvent inutiles, dégageons ce qui, soit au point de vue de l'administration, soit comme donations, legs ou libéralités quelconques, soit encore comme modifications apportées à la gestion et à l'aménagement intérieur de la maison, peut offrir quelque intérêt à nos lecteurs.

— Et d'abord, indiquons, avec le plan de Lomet à l'appui, l'emplacement qu'occupait au moment de la Révolution, l'ancien hôpital du Martyre. Il se trouvait, ainsi que nous l'avons dit, à l'est de la Collégiale Saint-Caprais et au midi de l'église Sainte-Foy, entre la place Sainte-Foy au nord, la rue des Martyrs à l'ouest, la rue Cajarc à l'est, et diverses maisons au sud qui le séparaient de la rue et de la place Caillives, là où l'on a ouvert de nos jours la rue Saint-Jacques, actuellement rue Cavaignac.

Le principal corps de logis était en A sur la rue des Martyrs. A la suite, au nord, venait la chapelle B, construite sur l'ancienne crypte voûtée en berceau des Martyrs, dont nous avons déjà parlé. Cette chapelle B, encore existante, n'offre aucun intérêt archéologique. Elle est formée d'une seule travée à plafond plat, au-dessus duquel se trouve une salle qui servait, au commencement de ce siècle, de lieu de réunion aux Pénitents Gris. Son chevet est adossé à la maison C, dépendante autrefois de l'hospice et qui appartient actuellement en partie à la famille de Gaulejac. Une rangée d'arca-

---

[1] Archives municipales. BB. 30.

des E séparait à l'intérieur la cour H, dite cour des malades, sur

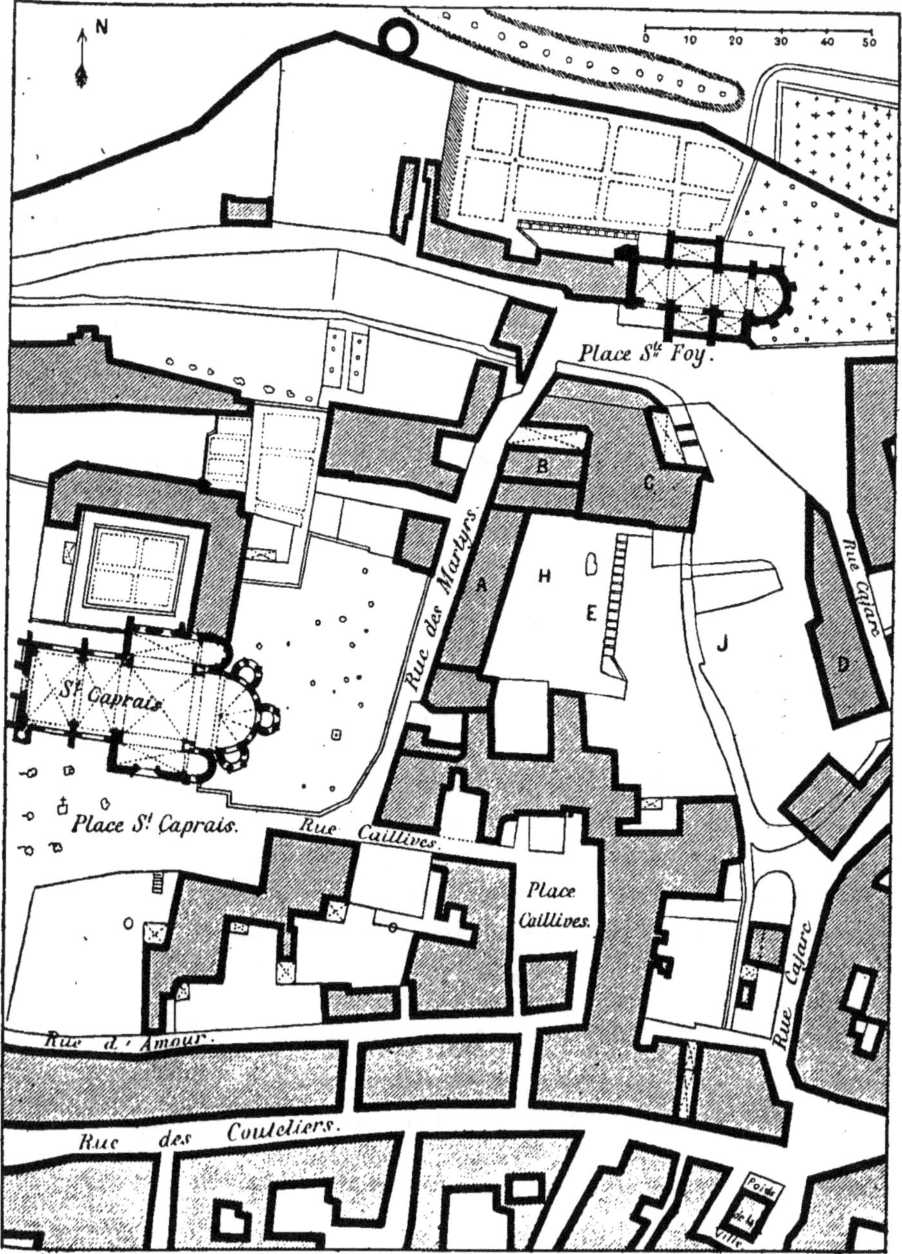

laquelle s'ouvraient le réfectoire, les cuisines et les principales salles de la maison, du vaste jardin J, qui s'étendait jusqu'aux décharges D et la rue Cajarc, et sous lequel passait l'ancien ruisseau de la Bretonnerie, affluent de la Masse au moulin de Saint-Côme. De nombreuses acquisitions successives, suivies de quelques ventes, modifièrent d'ailleurs plusieurs fois ces dispositions premières. De nos jours, la rue Saint-Jolifort traverse dans son milieu ce qui fut autrefois le jardin. Quant à la rue Cavaignac, elle indique exactement l'ancienne délimitation de l'hopital d'avec les maisons qui y étaient attenantes au midi. Nous n'avons retrouvé aucun plan spécial du Martyre, nous permettant de préciser quelle était, à l'intérieur, la distribution particulière de ses appartements.

— L'hôpital du Martyre venait à peine d'être réinstallé sur ces dernières bases, que Darnalt écrivait dans ses Antiquités d'Agen : « Et aussi est à remarquer l'hospital Saint-Capraise, avec sa chapelle, bien basti, régi et policé, pour recevoir les pauvres passans, héberger les pèlerins, et nourrir les misérables, vrayes marques d'hospitalité charitable ; auquel cy-devant les hospitaux Sainct-Anthoine et Sainct-Jacques ont esté joints et transférés [1]. »

Les consuls prirent toujours au sérieux leur titre de *Patrons de l'Hôpital*. Dans leur memorandum annuel ils ne manquent jamais de consacrer un chapitre, plus ou moins long, aux soins à apporter à l'Hotel-Dieu d'Agen. De leur côté, les syndics sortants, suivant leur exemple, ne savent trop insister, surtout dès les débuts et jusque vers le milieu du XVIIe siècle, sur les recommandations à adresser à leurs remplaçants. « Les mémoires, advertissements et instructions de Messieurs les syndics sortant de charge » nous donnent d'intéressants détails sur la manière dont était administrée en ces temps-là notre maison hospitalière :

« Vous plaira, disent-ils en commençant, de lire souvent les articles et advertissemens généraulx qui sont escripts et affichés sur une table, attachée contre la muraille, dans la chambre où se tient le bureau ». Et ils leur spécifient d'avoir égard au logement des pauvres de passage ; de faire établir des troncs dans les hotelleries

[1] Darnalt. Antiquités d'Agen, p. 110.

pour subvenir aux besoins des pauvres; de ne point oublier les quêtes de linge, ainsi que les autres quêtes en ville, notamment « celle du Palais les jours d'audience. » Un registre sera tenu régulièrement qui contiendra la date d'entrée des pauvres dans l'hôpital. Celui des dépenses sera souvent contrôlé. Les chirurgiens, apothicaires et surtout l'hospitalier seront surveillés de près. « Il est arrivé, disent-ils, de graves désordres dans la salle des femmes : ce qui nous a obligé d'en renvoyer plusieurs. » L'ermite de Saint-Vincent qui venait trop fréquemment loger à l'hôpital a été également congédié. S'il arrive des comédiens, on priera les consuls de ne les autoriser à jouer en ville qu'à la charge de donner une journée pour les pauvres « à l'imitation et suivant la coutume des bonnes villes. » Il faut faire souvent « des visites en ville et sous la halle, pour recueillir les malades, secourir les vieillards, s'enquérir des pauvres honteux. »

L'exécution rigoureuse des clauses des contrats est indispensable pour assurer la rentrée des fonds nécessaires à l'existence même de la maison. On rappellera à l'Evêque sa promesse de donner quelque bénéfice à l'hôpital afin de pourvoir à l'entretien d'un prêtre. On priera les consuls de tenir une seule porte de ville ouverte et d'interdire l'entrée des pauvres, pour éviter « que les caïmans et vagabonds, estant jettés hors ladite ville par une porte, retournent entrer par une autre. » Un gardien de l'hôpital, qui avait débauché une chambrière, sera immédiatement renvoyé.

On devra s'efforcer d'avoir un prêtre à demeure à l'hospice, pour instruire les pauvres à prier Dieu, lire et écrire, et éviter une infinité d'abus, tels que ceux qui résultent de l'inconduite de quelques femmes, « aulcune desquelles nous avons été contraintz de faire foyter et hoster hors la ville. » Les pauvres étrangers devront être minutieusement inspectés, « aulcuns ayant parfois introduit des femmes habillées en hommes. » On ne leur accordera le coucher que pour trois nuits au plus[1].

Et quelque temps plus tard : Le prêtre, qui avait été choisi, sera renvoyé, attendu qu'il a laissé mourir des malades sans leur donner les secours de la religion. Quant à l'Evêque, il avait donné pour

[1] Archives de l'hôpital. Registre des délibérations des bureaux (1573-1627).

l'entretien d'un prêtre attaché à l'hospice le bénéfice de Cours; mais le seigneur dudit lieu s'étant opposé aux provisions et étant dans son droit, les revenus de ce bénéfice ont été perdus pour l'hôpital. Monseigneur refuse, malgré cela, d'octroyer quoi que ce soit de plus à l'hôpital. Comme il s'y est engagé par contrat, la Cour présidiale l'a condamné à payer 500 livres à l'hôpital. Il faut veiller à ce que cet arrêt soit exécuté[1].

Le nouvel hôpital était à peine installé, que grâce à la générosité des habitants et au zèle des consuls, les donations affluèrent, soit sous forme de legs, soit sous celle de contrats. Ces ressources du reste ne lui firent jamais défaut; et si l'ardeur des premiers temps se ralentit, comme nous le verrons au dix-huitième siècle, il se trouva cependant toujours quelques âmes charitables, qui, dans les mauvais moments, lui vinrent en aide et l'empêchèrent de manquer à ses engagements. Nous n'énumèrerons pas, on le pense, la longue série des actes de bienfaisance qui furent passés, durant plus de deux siècles, en faveur de l'hôpital. Tout au plus citerons-nous de temps en temps, et lorsqu'il sera suffisamment connu, le nom de quelque bienfaiteur de haute marque. Notons seulement ici quelques premières donations. Dès 1563, M. Antoine Laroche, conseiller au présidial, fait don à l'hospice de la somme de 200 livres; le sieur Gaudemary Jacques, 500 livres; Jean Orlhac, avocat, 110 livres. Par testament de 1564, François Danglars, lègue à l'hôpital une maison, rue de Peyronne, paroisse Saint-Hilaire, et une autre rue Sigayrol, paroisse Sainte-Foy. Le chanoine de Lalande lègue 300 livres; Jean Fonfrède, avoué, vingt sacs de blé; Michel de Cambefort, 100 écus; le chanoine Charles de Sevin, 1 pipe de blé de rente; Bernard de Laboulbène, 33 écus, etc., [2]. » En juillet 1570, Norette de Montmouton, « pauvre femme détenue en carce » c'est-à-dire en prison, à l'hôpital, où elle est depuis dix ans, fait donation en sa faveur de tous ses biens, en reconnaissance des soins qu'elle y a reçue étant enfant. Elle se réserve toutefois un logement dans la maison qu'elle lui abandonne, ainsi qu'une pension

[1] Archives de l'hôpital. Reg. 1573-1627.
[2] Archives de l'hôpital. Reg. 1563-1601.

de six sols par semaine[1]. La même année, c'est le sieur Joët Coèque qui institue par testament pour ses légataires universels les pauvres de l'hospice d'Agen. Son exemple est suivi par Jean Boutête, ainsi que par François Danglars, dont l'hérédité donna lieu à un assez long procès entre ses héritiers naturels et les syndics de l'hôpital[2]. Le 31 juillet 1572, Françoise de Grave lègue 300 livres aux pauvres de l'hôpital d'Agen ; et Hermand de Sevin, juge-mage de l'Agenais, 50 livres, en même temps que Guillaume de Sevin, chanoine, le 28 août 1571, 1,000 livres[3].

L'an 1578, la reine-mère Catherine de Médicis donna, lors de son passage à Agen, 50 livres aux pauvres de l'hôpital d'Agen[4]. Et les cessions, donations entre-vifs, et autres libéralités continuèrent ainsi année par année. Quelques-unes même atteignirent d'importantes proportions. Citons entre autres le legs de Jean de Caumont, seigneur de Lamothe-Rouge, qui, par testament du 26 janvier 1618, donna à l'hospice d'Agen tous ses biens meubles et immeubles, y compris son château de Lamothe-Rouge[5].

Avec de telles ressources qui allaient sans cesse grandissant, l'hôpital d'Agen ne pouvait que prospérer. Aussi voyons-nous dans les livres de comptes les recettes excéder presque toujours les dépenses, ou tout au moins se balancer. Il est vrai qu'à cette époque la vie était à bon marché, les exigences peu nombreuses, le dévouement absolu.

En 1583, le nombre des pauvres enfermés à l'hôpital du Martyre est de vingt-deux. Les distributions leur sont faites régulièrement. Chaque aumône donnée à chaque pauvre varie de un à cinq sous par semaine, et la liste en est dressée à la fin de chaque registre très exactement. Les syndics sont pour cette année : Me Guillaume Boyer, procureur au siège de la présente ville, Jehan Durand, notaire royal, et les sieurs Jean Barbut et Jacques Delbery, marchands[6].

---

[1] Archives municipales, GG. 223.
[2] Idem.
[3] Idem. GG. 227.
[4] Idem, GG. 225.
[5] Archives de l'hôpital.
[6] Idem.

Deux ans plus tard, à la fin de 1585, les consuls d'Agen demandent au Roi la permission de construire « une loge ou hôpital provisoire » afin d'y loger les victimes de la peste, l'hôpital central ne devant pas, par mesure de précautions, recevoir les pestiférés. Par lettres patentes du 22 décembre, le Roi, « attendu que les consuls, manans et habitans d'Agen ont démontré que pour subvenir aux mallades de la contagion et peste, il était nécessaire de faire construire une loge ou hospital pour eux, payer les gages des médecins, chirurgiens, apothicaires et autres personnes necessaires, et frais à faire en cette occasion, les autorise à emprunter sur certains particuliers la somme de 400 écus ou environ [1]. »

C'est l'année, on le sait, où la Reine Marguerite s'était pendant six mois installée à Agen, qu'elle dut abandonner en septembre, y laissant après elle la misère, la peste et la plus grande désolation.

Mais déjà, en 1588, les pauvres malades augmentant, les ressources de l'hôpital commencèrent à devenir insuffisantes. En conséquence, les Consuls délivrent au sieur Berangon Claverye une lettre de recommandation avec mission de quêter dans tous les diocèses et sénéchaussées pour l'hospice d'Agen « dans lequel, écrivent-ils, tous pauvres indifféremment sont logés, nourris et entretenus [2]. »

Nos Consuls se montrent ici plus larges que les magistrats du Parlement de Bordeaux qui venaient d'édicter un arrêt, en vertu duquel les pauvres ne devaient être reçus et nourris que dans les hospices des villes d'où ils étaient originaires, alors que les pauvres étrangers devaient en être impitoyablement expulsés [3].

Un important inventaire des meubles et titres de l'hôpital d'Agen, fait à la réquisition de Jehan Gautier, bourgeois d'Agen, Géraud Chemillat, avocat, et Bernard Corne, marchand, nous donne, en l'année 1597, son état au vrai. Nous y voyons que la maison comprenait neuf chambres : la première chambre composée de six lits ; la seconde également de six lits ; la troisième de trois lits ; la qua-

[1] Archives municipales, CC. 79.
[2] Idem. GG. 227.
[3] Idem, GG. 249.

trième dite *salle neuve* de sept lits ; la cinquième ou *salle basse* de dix lits ; la sixième appelée *l'hôpital vieux* de dix lits ; la septième ou *chambre des religieux* de huit lits ; enfin la huitième et la neuvième destinée à *l'hospitalier*, et contenant les ustensiles de cuisine, ménage, etc. L'église est riche, et renferme une assez grande quantité de « nappes, ornements d'autel, missels, 26 linceuls d'estouppes, 3 douzaines de serviettes, 2 calices, 2 chasubles, 2 missels vieux, » plus, dans une armoire, « l'inventaire des livres et terriers où se trouvent tous les titres de l'hôpital du Martyre, plus un autre livre où sont les contrats, rentes, obligations ; un troisième où sont enregistrés les testaments, legs, donations ; un autre concernant les affaires des pauvres, etc. En tout quatorze livres[1].

Autres renseignements intéressants dans les mémoires des syndics des années 1596, 1597 et suivantes.

Ils recommandent tout particulièrement à leurs successeurs d'insister auprès de l'Evêque et des deux chapitres, afin qu'ils aient à payer au plus vite la rente annuelle qu'ils doivent à l'hospice, savoir : l'Evêque 166 écus, et les chapitres pareille somme, « selon l'antienne et louable coustume de tout temps cy-devant et du vivant du déffunct Mgr l'Evesque de Frégouze. » Depuis que l'autorité municipale avait délogé de l'hôpital le haut clergé d'Agen, celui-ci se faisait tirer l'oreille, on le voit, pour s'acquitter envers elle de ses anciennes redevances.

En échange, Monseigneur promet aux Consuls « de demander au Pape des indulgences en faveur de ceux qui donneraient des aumônes à l'hôpital. » Ce mode de paiement ne parait pas avoir été du goût de messieurs les Consuls.

En cette année 1597, les gages des officiers de l'hôtel-Dieu d'Agen sont ainsi taxés : le greffier, 4 écus ; le chirurgien, 6 écus ; le gardien, 4 écus. Des plaintes les plus graves sont d'ailleurs portées contre ce dernier, « qui vend très-cher aux pauvres le vin et la viande qui leur sont nécessaires, et même les légumes récoltés dans le jardin de l'hospice, dont les produits cependant sont uniquement réservés à la nourriture des pauvres. »

---

[1] Archives de l'hôpital. Reg pour 1597.

Les nouveaux syndics prièrent les consuls d'attribuer à l'hospice les revenus de la ferme de la coupe des chairs pendant le carême, ainsi qu'une partie des produits des amendes.

Ils voudront bien pourvoir à l'entretien «de deux pauvres escholliers, qui font faire les prières du matin et du soir, l'un aux femmes qui sont aux chambres basses, l'autre aux hommes qui sont aux chambres hautes. »

L'hospitalier a été naguère renvoyé « pour ce qu'il avait mal versé. » Les syndics nouveaux chercheront des preuves pour le poursuivre « estant sorti riche dudict hospital de 3 à 4000 livres.»

Ils tiendront un compte exact de leur gestion, « le peuple ne criant pas aultre chose que le pillage des biens de l'hôpital. »

Enfin ils continueront à entretenir les enfants bàtards qui sont actuellement au nombre de dix à douze, au prix de 40 sols par mois pour ceux qui sont en nourrice, et de 20 à 30 sols par mois pour les autres.

Les syndics entrent en plus dans une foule d'autres minutieux détails, tant ils ont à cœur, malgré les abus qui déjà se produisent, de gérer loyalement et honnêtement la maison qui leur est confiée[1].

Nous nous dispenserons, la liste en étant trop longue, de donner, année par année, les noms des quatre nouveaux syndics. On les trouve fidèlement inscrits, en tête de chaque registre des comptes, ou mieux encore à la première page du procès-verbal de chaque réunion des bureaux [2]. Un exemple entre tous. Sont syndics de l'hôpital en 1607 : Noble Pierre de Secondat, sieur de Roques, Me Bernard Verduc, avocat et jurat ; Me Bernard Doazan, avocat ; et Pierre Frayssinet, marchand.

Le 19 décembre 1609, les syndics de l'hôpital d'Agen, en la personne de Mes Jacques Roques et de Jean Vacquié, bourgeois, demandent aux consuls, patrons de l'hôpital, de vouloir bien autoriser audit hôpital la création d'une *Confrérie dite de la Miséricorde*, pour le soulagement des pauvres, l'entretien des prisonniers, la visite des pauvres honteux, la sépulture des pauvres trépassés,

---

[1] Archives de l'hôpital. Reg. 1597-1612. In 4°.

[2] Idem.

l'éducation des apprentis et des orphelins, le mariage des filles pauvres, etc.

« Lesquels ont remontré aux sieurs consuls que, dès l'année 1598, il fut proposé d'instituer audit hospice une *Confrairie de la Miséricorde*, pour le soulagement des pauvres. Toutefois ce bon œuvre ayant été discontinué, et affin que Dieu ait agréable leurs actions, reprenant la création d'ung si sainct œuvre du gré desdits sieurs consuls, ils auraient fait dresser des articles de ladite frairie et iceux présentés à Messire Claude de Gélas, vicaire général de R. Père en Dieu, Monseigneur Claude de Gélas, évêque dudit Agen, pour les autoriser et esmologuer..... En conséquence de quoi, lesdits syndics prient MM. les Consuls, comme patrons dudit hospital, vouloir permettre l'institution de ladite frairie audit hospital, pour la subucation et soullagement desdits pauvres, et que les articles et actes d'aprobation d'iceux soient enregistrés aux registres de la maison de ville pour plus grande validité d'iceul. » Lecture desdits articles, qui suivent, a été faite aussitôt. Après quoi lesdits consuls, louant grandement le bon zelle, affection et charité desdits syndics à la promotion d'ung si bon œuvre, autorisent la Confrairie de la Miséricorde à l'hôpital d'Agen [1]. »

Les bureaux se tenaient les premiers temps tous les mois ; plus tard, ce ne fut que chaque trimestre, et lorsque quelque affaire importante nécessitait leur convocation. Une salle spéciale leur était réservée. La présidence revenait de droit à l'Evêque. Nous verrons dans la suite que nos deux grands évêques, Mascaron et François Hébert, ne manquèrent jamais d'y assister et d'y jouer un rôle aussi actif qu'efficace. Généralement les questions pécuniaires absorbaient la plus grande part des délibérations. Acceptations de legs, rentrées d'intérêts et d'arrérages dus, poursuites à exercer, procès à intenter contre les héritiers naturels des bienfaiteurs, achats ou ventes de pièces de terre, réparations à faire aux divers logements, examen des comptes des syndics, surveillance de leur gestion, entretien des pauvres et des malades, etc. tels étaient

[1] Archives municipales. BB. 40· p. 394.

les principaux sujets qui étaient traités par les administrateurs. Il est rare de trouver, en dehors de ces questions, quelque passage des procès-verbaux qui présente un intérêt particulier.

En 1614, l'hôpital d'Agen commence à manquer de ressources suffisantes pour l'entretien de ses pensionnaires. C'est ce qui résulte de la délibération d'une jurade, à la date du 28 janvier de cette année. Un édit venait de paraître, portant « l'établissement d'une chambre de la generalle reformation des hospitaux, maladreries, aumosnerie, hostels-Dieu et autres lieux de charité, pour donner rémission des comptes desdits lieux, réformer les abus, etc., et ordonnant aux administrateurs desdits hôpitaux d'envoyer en ladite chambre un compte complet de leur administration sous peine d'amendes et peines plus graves... L'assemblée, considérant la qualité de l'hospice de la présente ville qui est pauvre et n'a moyen de nourrir les pauvres qui sont dans icelle, décide qu'on écrira à Monseigneur l'Evêque qui est à Paris afin qu'elle empêche qu'on ne trouble ledit hôpital [1]. »

Les bureaux constatent, en effet, une grande pauvreté en ces années 1615, 1616 et 1617. L'Evêque semble se désintéresser de l'hôpital. Il n'assiste plus aux séances et il néglige de donner les 500 livres annuelles promises par ses prédécesseurs. Les chanoines eux-mêmes, suivant son exemple, refusent de répondre aux convocations. Aussi sont-ils menacés d'un procès « afin de les forcer à contribuer à l'ordinaire, nourriture et entretenement des pauvres. »

D'un autre côté, des réparations urgentes s'imposent à l'hôpital. La chapelle n'a pas de sacristie. Il serait bon à cet effet d'avancer l'autel et d'en établir une, derrière. Une chambre est absolument nécessaire pour « les teigneux, » et une autre pour les malades de la dyssenterie qui fait de grands ravages. Enfin, le prêtre, qui sert d'aumônier, ne remplit qu'imparfaitement ses devoirs. On le changera. « Quant à la taxe des drogues et médicaments qui a esté faite à l'apoticaire l'année dernière, elle est excessive envers les pauvres, à raison de 10 sols le clistere et de 20 sols la médecine.

---

[1] Archives municipales. BB. 42.

Comme se sont présentés anciens apothicaires de ceste ville qui offrent faire meilleur marché desdites drogues et médicaments, soit 8 sols pour le clistere et 16 sols pour la médecine, et ainsi à proportion des autres drogues et médicamens »... on demandera au sieur Rivière, apothicaire dudit hôpital, s'il accepte ces nouveaux tarifs, sinon on le remplacera [1].

MM. de Monphon, avocat, Pierre Girle, marchand, Pierre Meja, procureur et Jean Cancer, receveur et payeur du présidial, syndics de l'hôpital pour l'année 1618, proposent qu'on détourne le ruisseau qui passe devant l'hôpital, attendu qu'il donne beaucoup d'humidité et entretient les maladies. Ils demandent également que les règlements relatifs aux devoirs du prêtre, chargé du service de l'hôpital, soient modifiés et deviennent plus sévères, et que notamment il soit obligé de confesser les malades qui arrivent à l'hôpital [2].

En 1619, grâce aux soins des consuls, la situation de l'hôpital s'améliore. « Et après le service de Dieu, disent en effet les consuls de 1618 à ceux de 1619, nous vous recommandons le soing des pauvres et l'instruction de la jeunesse, séminaire de la République. Nous avons le bonheur en ceste ville d'avoir un hôpital et ung collège, biens servis, administrés ét réglés, comme nous avons remarqué pendant le cours de cette année... et avons *eu de fort bons syndics à l'hôpital* et de bons regens au collège. L'eslection des syndics et administrateurs dudit hôpital vous appartient. Vous y nommerez des personnes de mérite et fidélité, et par ce moyen, regetant toute brigue et ayant considération, et leur recommanderez d'assembler souvent le bureau et estre soigneux à défendre les droits de l'hôpital, gardant consciencieusement l'autorité que vous avez sur les syndics, vous veillerez à ce qu'ils ne soient pas trop difficiles à exécuter vos mandements... Et affin que les pauvres forains et tainéans ne viennent saccager nostre ville, avons establi des gardiens par quartier pour les surveiller. Nous avons aussi demandé que la moitié ou au moins le quart des draps des

[1] Archives de l'hôpital. Reg. pour. 1617. Bureau du 8 janvier.

[2] Idem. Bureau de 1618.

morts destinés aux pauvres soient donnés à l'hôpital afin de pouvoir les habiller [1]. »

Ces sages recommandations ne pouvaient avoir que d'excellents effets. Cinq catégories de pauvres furent établies, à partir de cette époque, par les syndics, qui, chaque dimanche présidaient aux distributions. En mai 1621, par exemple, l'hôpital d'Agen secourait : 1° 55 pauvres de la ville ; 2° 120 femmes de la ville ; 3° 12 hommes hors ville ; 4° 8 femmes hors ville ; 5° 10 pauvres honteux. Les aumônes varient entre 2 et 8 sols. La moyenne est 4 sols par personne et par semaine. Dans les moments de crise ou d'épidémie, on répartissait les pauvres par famille et par habitant. Tel se voyait forcé de nourrir et entretenir tant de pauvres à raison de tant de sous par semaine. L'Evêque et le haut clergé, donnaient l'exemple. Monseigneur était taxé de 200 livres par an.

Puis venaient les événements extraordinaires, imprévus, auxquels il fallait obvier, comme les épidémies de peste, le passage des troupes, ou l'arrivée de forts convois de blessés. C'est ce qui advint en 1625, au moment des sièges de Clairac et de Montauban par l'armée royale. Le 26 novembre de cette année, il fut tenu à l'hôpital un bureau extraordinaire, où se trouvaient Mgr l'Evêque, président, MM. Delpech, juge-criminel, et Fabre, avocat du Roy pour le présidial, M. Lescaze, chanoine pour le clergé, MM. de Las et Doazan, consuls, pour le corps de ville, et les syndics Lavergne et Jeyan.

« Et premièrement a esté représenté par ledit Lavergne, premier des syndics, que depuis le despart de Sa Majesté de la présente ville, il ce serait jecté dans icelle ung grand nombre de souldatz malades et blessés, venant tant du siège de Saint-Jean que Clairac, au nombre de douze ou quinze cens personnes, la plus grande partie desquels, par la grâce de Dieu et grande charité des habitans, seraient entrés en reconvalescence, et la plus part d'iceux, guéris de leur maladie et blessures, se seroient acheminés à l'armée devant *Montauban*, de sorte que par le moyen de tant de despans et frais ils pensoient avoir netoyé, purgé l'ospital et du mal et des maladies. Mais à présent il est arrivé que le retour de Sa Majesté et

[1] Archives municipales. BB. 46.

de son armée leur a laissé grand nombre de blessés et de malades venant du siège de Montauban, de sorte que, n'ayant fond en main pour les entretenir, panser, médicamenter, ils ont peur que quelque maladie plus grande ne s'engendre dans l'hospital, estant combattue de très grandes necessités : la première la faim, la segonde la main du chirurgien, drogues et medicaments; la troisième qu'ils sont fort mal en linge, qu'ils n'ont linceuls pour mestre au lict, ni mesme pour les enterrer, sy la mort y arrive : suppliant Messieurs du bureau d'ordonner là dessus.

« Surquoy, les dits sieurs du bureau ont ordonné que le sieur Jeyan, syndic et trésorier dudit hospital, serait exhorté d'avancer cent livres pour suppléer aux urgentes necessités dudit hospital, à la charge de le faire remplasser des premiers derniers qui seront levés du fonds ou revenus desdits pauvres, et que pour subvenir à toutes les necessités desduites, le bureau s'assamblera par tous lundis, où tant ceux qui ont levé des deniers appartenant aux pauvres que ceux qui les ont distribués, se trouveront où ils apporteront les comptes de leur recepte et despance pour iceux veus et examinés[1]. »

Ces mesures furent inefficaces. Les blessés arrivaient chaque jour plus nombreux ; et, malgré la quête ordonnée en ville, les syndics se virent bientôt sans argent et sans pain. Le sieur Escalon, syndic, fut chargé de partir immédiatement pour Bordeaux afin de soumettre la gravité du cas au gouverneur de la province, en même temps que la requête suivante était rédigée par les membres du bureau et adressée au conseil de Sa Majesté.

« Au Roy et Messeigneurs de son Conseil,

« Sire. Les consuls et habitans de la ville d'Agen et les syndics et administrateurs de l'hostel-Dieu de ladite ville vous remonstrent très-humblement que pour subvenir à la nourriture et entretenement des blessés ou malades de vos armées, en nombre de plus de dix mil qui se seraient retirés en ladite ville pendant les voyages faits par Votre Majesté en la province de Guyenne, tant la présente année

[1] Archives de l'hopital. Rég. 1621.

que la précédente, ils auraient employé 3 à 4,000 livres du fonds dudit hopital-Dieu, qu'il est non seulement raisonnable mais plus que necessaire de remplacer pour l'entretenement des pauvres de ladite ville. A ces causes, il vous plaise, Sire, ordonner que ladite somme de 4,000 livres sera remplacée, et à cet effect prise sur les deniers des tailles de ladite ville et juridiction, ou qu'elle sera imposée sur tous les contribuables le plus justement et également que faire se pourra ; et lesdits supplians prieront Dieu pour la santé et prospérité de Votre Majesté [1]. »

Nous ne savons si cette requête aboutit. Il est probable que l'Etat dut subvenir en partie aux besoins de l'hôpital d'Agen. En tous cas, l'Evêque qui avait refusé de faire fournir à l'hospice sa rente annuelle de 500 livres, fut condamné l'année suivante à la payer, par arrêt de la Cour du Parlement de Bordeaux [2].

D'après le livre de comptes de l'année 1623 et le procès-verbal récapitulatif des commissaires, la recette balance exactement la dépense. Elles se montent toutes les deux à la somme de 2,687 livres, 17 sols, 6 deniers [3].

L'hôpital d'Agen eut à supporter le contre coup de la terrible épidémie de peste qui ravagea la ville en l'année 1629. Bien que les victimes du fléau eussent été parquées hors ville dans des huttes construites près des champs de Renaud, une partie des lits de la maison du Martyre dut y être transférée, par ordre des consuls. Un des syndics de cette année, Antoine Charpaut, notaire royal, fut même cruellement atteint dans ses enfants qui tous moururent le même jour, frappés par la terrible maladie. A la suite de ce malheur, l'infortuné syndic donna sa démission ; il fut remplacé par Michel de Baulac. Le nombre de pauvres, à qui on distribua cette année des aumônes en ville, fut de 204 hommes, et 31 honteux [4]. Aussi les syndics de l'année suivante, Me Jean Boissonnade, procureur, Bernard Mathieu, marchand, Etienne de Corne, receveur des

---

[1] Archives municipales, GG. 229. Idem. BB.47.
[2] Archives de l'hôpital. Reg. pour 1622.
[3] Idem. Reg. pour 1623.
[4] Idem. Rég. 1629.

tailles, et Hébrard, maître-chirurgien, se donnèrent-ils beaucoup de mal pour subvenir aux dépenses, qui naturellement avaient plus que doublé. En revanche, les donateurs se firent plus nombreux, par suite de l'émotion que venait de ressentir la ville d'Agen. Guillaume Orlhac donna 2,000 livres ; Antoine de Mongauzy 270 livres ; Bernard de Cunolio 252 livres, etc. [1].

Afin d'éviter tous conflits entre eux, les syndics de cette époque eurent l'excellente idée de se répartir officiellement leurs fonctions et obligations respectives. C'est ainsi qu'en 1650 Me Pierre Vacqué, avocat en la cour du Parlement de Bordeaux et syndic de l'hôpital, remonstre aux administrateurs que « soudain après la prestation de serment de leur charge faite par MM. Jean de Chemillac, et les sieurs de Verduc et Bataille, eux quatre syndics se sont assemblés et ont arrêté : 1° que ledit Chamillac aurait le soin de toutes les affaires contentieuses dudit hôpital, des assemblées des bureaux et la charge de tous les titres, livres et papiers qui en dépendent ; 2° que lui, comptable, serait chargé de faire la recette de toutes les sommes et revenus dudit hôpital, des distributions ordinaires et extraordinaires, du paiement des nourrices, de l'entretien des bastards, honteux, des frais extraordinaires et des gages de l'aumônier, du médecin, chirurgien et hospitalier ; 3° que ledit sieur Verduc aurait soin et direction des pauvres ; 4° finalement que ledit Bataille administrerait et recevrait les intérêts, rentes, revenus et casuel dudit hôpital [2]. »

Ces précautions n'étaient pas superflues, surtout à un moment où l'hôpital d'Agen, ainsi que la plupart des autres institutions de la région, allait avoir à supporter les excès de la Fronde, en même temps qu'une nouvelle épidémie de peste, plus terrible peut-être encore que celle de 1629.

On sait par quelles péripéties diverses passa la ville d'Agen à l'époque de la Fronde, et comment, après avoir acclamé en juin 1651 le prince de Condé comme gouverneur de Guyenne, elle lui ferma

---

[1] Idem. Reg. 1630-1640.

[2] Archives de l'hôpital. Reg. 1630-1640.

l'année suivante ses portes, et se vit durant de longs jours en butte à toutes les divisions des partis rivaux [1]. Les combats que livra l'armée des Princes à Miradoux, au Pergain, à Astaffort et dans toutes les localités voisines d'Agen, amenèrent forcément dans ses murs une grande quantité de soldats malades et blessés des deux armées, qui, par ordre des consuls, furent enfermés et soignés à l'hôpital. Aussi le peu de ressources qui restaient furent-elles vite épuisées et les syndics durent-ils s'imposer de lourdes charges pour subvenir à leurs besoins. « L'hôpital est de plus en plus encombré de soldats de l'armée du Roy, disent-ils aux administrateurs, dans une réunion du bureau de l'année 1652. Il y a eu plus de vingt blessés de l'armée du Prince, si bien qu'on a grand peine à les assister, d'autant que les revenus de l'année, qui ne se montent qu'à peine 1,300 livres, suffisent à peine pour les pauvres malades ordinaires et les pauvres honteux [2]. » Vainement M. d'Hopil légua cette année à l'hôpital la somme de 600 livres, et la marquise de Lusignan une centaine de livres, comme héritière du sieur de Durfort ; ces sommes restaient insuffisantes, et l'hôpital dut s'imposer extraordinairement. C'est ce que firent MM. les syndics de Boissonnade, de Bressolles, Péloubères et Traverse dont la sollicitude ne se démentit jamais pour le bien des pauvres. Plus tard, en 1667, lors de la mort du prince de Conti, leurs successeurs firent valoir auprès de ses héritiers que l'hôpital d'Agen avait fait en 1652 des dépenses extraordinaires, afin de soigner les blessés de l'armée des Princes. Leurs démarches eurent un plein succès. La princesse de Conti, la duchesse de Longueville et M. de Lamoignon, premier président au Parlement de Paris, exécuteurs testamentaires du prince de Conti, accordèrent à l'hôpital d'Agen la somme de 1,200 livres, sur la gratification générale que ce prince avait ordonné de faire en faveur de la province de Guyenne [3].

Mais jusque là, l'hôpital d'Agen eut à souffrir de la rigueur des

---

[1] Voir notre travail : *Une fête et une émeute à Agen pendant la Fronde.* Agen, 1874.

[2] Archives de l'hôpital. Reg. des bureaux pour 1652.

[3] Idem. Bureau pour 1667.

temps. C'est ainsi qu'en cette même année 1652, l'hospitalier Jean Tissandier représente au bureau que « vu la rigueur des temps et la grande cherté du bois et des vivres, il ne peut, avec ses faibles ressources, entretenir les pauvres malades de l'hôpital, à raison de 3 sols par jour et qu'il lui faut quelque chose au dela ». Ce fut bien pis, quelques mois après, lorsque la peste se déclara si terrible, en l'année 1653.

Il semble que dès que le fléau eut été annoncé, les administrateurs de l'hôpital aient rivalisé de zèle avec les consuls pour essayer d'enrayer le mal. Jamais à aucune époque peut-être les bureaux ne montrèrent plus de courage et de dévouement. Il faut voir, dans les séances qui se succèdent sans intervalle, chaque semaine, quelles précautions sont prises, quelles mesures sont adoptées. Nous avons déjà, au chapitre Ier de ce tome II, rapporté tout au long le passage de la chronique du frère Hélie, où ce bon frère nous donne sur cette triste époque les plus navrants détails. Compulsons ici les registres des délibérations et voyons avec quelle sollicitude les syndics de cette année s'acquittèrent de leur pénible tâche.

Par exception les syndics de l'hôpital sont pris, pour cette année 1653, parmi les Consuls. Il est dit, en effet, que l'hôpital est régi par MM. de Las de Brimont, de Ratier, avocat, Baratet, bourgeois et marchand, Laboulbène, Donnefort, avocat, et Bernard Gardès, marchand. La peste s'annonce menaçante. « Le mal s'échauffe, dès le mois d'avril; au Nomdieu, à Ségougnac, et sur toute la rive gauche de la Garonne. « Défense est faite aux mariniersdu Passage de passer les gens qui arrivent de Gascogne. En même temps, on prépare à Agen les loges et les huttes ; on donne une indemnité plus forte au sieur Argenton, chirurgien ; et on garde les désinfecteurs qui reçoivent l'ordre de désinfecter tout d'abord les maisons pauvres, sales et suspectes, ainsi que toutes les marchandises arrivant des lieux contaminés.

Mais ces précautions sont inutiles. La peste éclate dans Agen dès le milieu de juin 1653. Au bureau du 27 juin, on reconnaît qu' « il y a sept ou huit jours que la maladie contagieuse a gagné la ville, ayant commencé par la maison du sieur Ladebat, marchand, où de suite la femme dudit sieur et une de ses filles sont mortes. La maison a été fermée, les habitants délogés. » Les syndics demandent au bureau qu'il prie les Consuls de réunir au plus tôt les Trois Ordres pour subvenir aux frais de la maladie, et que Mgr l'Evêque s'entoure de tous les religieux aptes à secourir les malades. Le bureau se réunira tous les vendredis.

Le sieur de Labolbène, médecin, ayant soigné la femme du sieur Ladebat, et pouvant être contaminé, sera prié de se retirer trois ou quatre jours à la campagne pour y prendre l'air. De même dès « qu'il se découvrira quelque maison affligée de contagion, si elle est celle d'un bourgeois qui ait des biens à la campagne, il sera contraint de s'y retirer promptement avec toute sa famille et pour les autres, ils seront mis dans les loges, hors la ville, soudain après qu'ils auront esté descouverts. » Les bourgeois non malades qui voudront se retirer à la campagne devront en demander l'autorisation aux Consuls ; s'ils l'obtiennent, ils laisseront un homme pour aller faire garde aux portes à leur tour.

Dès qu'un habitant ressentira les premières atteintes du mal, il devra, à peine d'amende, prévenir la municipalité. Les rues et ruettes de la ville seront nettoyées chaque jour et on veillera à ce que les ordures n'y demeurent. »

Au bureau du 11 juillet on constate que la maladie fait des progrès effrayants. Les ressources vont manquer. Une quête sera faite dans toute la ville, et simultanément un emprunt pour parer aux événements. Un seul chirurgien ne peut suffire à l'hôpital ; on en prendra un second, ainsi que des religieux, pour soigner les pestiférés. Tous les médecins hors la ville seront rappelés. De plus on doublera les sentinelles aux portes et à Saint-Antoine, en même temps qu'un soldat sera mis de garde au clocher des Jacobins pour avertir, au son de la cloche, lorsqu'il découvrira des cavaliers on convois suspects.

La panique gagna la ville. Au 24 juillet, ses habitants la désertent en masse. Il faudrait empêcher les gens bien portant de gagner les champs. L'argent manque. Les Consuls seront priés de remettre à l'hôpital l'argent qu'ils ont en dépôt des personnes décédées de la maladie contagieuse.

Une séance extraordinaire est tenue le 30 juillet, convoquée par MM. de Ratier, Donnefort et Gardès, syndics et consuls, à laquelle assistent Mgr d'Elbène, évêque d'Agen, MM. d'Hopil, grand archidiacre, de Roussel, chanoine théologal, d'Albarel, Boissonnade, Lévignac, chanoines de Saint-Caprais, de Raignac, de Beaulac et de Sabouroux, docteurs en médecine. On décide que l'hôpital empruntera de suite 6,000 livres pour subvenir aux besoins des malades. Mais on ne peut trouver que 4,000 livres. Les Consuls feront tout leur possible pour parfaire la somme ; et s'ils ne peuvent y arriver, ils imposeront tous les habitants de la ville jusqu'à concurrence de 10,000 livres, à la charge que chaque obligation n'excédera pas 100 livres[1].

Le fléau ne disparut qu'en septembre. Un bureau fut tenu le 28 de ce mois, où il fut constaté que la maladie était passée. De fréquents abus s'étaient produits. Un grand nombre de plaintes furent formulées soit contre les chirurgiens, soit contre les hospitaliers qui avaient exploité les malades. C'est alors qu'apparut Martin Grou, le célèbre désinfecteur, qui entreprit « de mettre la ville en estat » et fonda la petite chapelle de la Loge, dont nous avons déjà longuement raconté l'histoire[2]. Il ne restait plus qu'à combler le déficit provoqué par l'épidémie. C'est ce que cherchèrent à faire, durant les années qui suivirent, les administrateurs de l'hôpital.

— Les syndics de l'hôpital étaient élus primitivement par le bureau tous les quatre à la fois. Dans la suite cet usage fut modifié ; ils furent nommés deux par deux tous les ans, avec mission de remplir leurs fonctions pendant l'époque de deux années. Ce mode d'élection enfanta des abus. C'est ce qu'expliquent à leurs successeurs les Consuls de 1665 :

« Nous vous dirons, Messieurs, qu'au commencement de notre année, on nous fit aviser que les syndics de l'Hôpital, ayant esté faits biennaux depuis peu d'années, entretenoient parmi eux quelque mésintelligence et antipathie qui retardait le bien et le service des

[1] Archives de l'hôpital. Bureaux pour 1653.

[2] Voir chapitre Ier de ce tome II. Les Bénédictines de Renaud.

pauvres, et qu'au lieu de concourir par leur union à leur soulagement, ils les faisaient beaucoup souffrir par leur division. Les anciens alléguaient que c'était aux nouveaux de supporter toutes les corvées, et les nouveaux au contraire se défendaient sur leur non expérience et renvoyaient le grief sur les anciens. Sy bien qu'à raison des plaintes qui nous furent faites, nous nous sentimes obligés de remettre en usage l'ordre ancien, ce faisant, de *les élire tous les quatre à la fois, mettant à leur tête un de Messieurs les Consuls nouvellement sorti de charge*. pour davantage autoriser leur eslection et les rendre plus capables de bien administrer, par la connaissance qu'ils avaient eue des affaires des pauvres pendant leur consulat. Vous approuverés cet ordre, et, concourant dans le même dessein que nous avons eu de travailler au bien et à l'avantage des pauvres, vous mettrez dans le syndicat des personnes d'honneur et de probité, comme capables d'ailleurs de répondre de leur administration[1]. »

Cette manière de voir fut partagée par les Consuls de 1666, qui à leur tour la recommandent à leurs successeurs.

Le total des recettes de l'hôpital s'élève pour cette année 1666 à la somme de 3161 livres, 14 sols, 5 deniers. Les quêtes et aumônes y entrent pour 247 livres, 9 sols ; les revenus des rentes, legs, donations, pour 282 livres, 9 sols ; les dons provenant des funérailles pour 269 livres, 7 sols, 6 deniers ; les intérêts des sommes dues aux pauvres pour 1,743 livres, 5 sols, etc.

Les dépenses se montent à 3,204 livres, 18 sols, 6 deniers, dont 109 livres, 18 sols pour les frais généraux ; 612 livres, 5 sols, pour la nourriture des pauvres et des malades ; 1,522 livres provenant des distributions à faire aux pauvres honteux, nourrices, enfants abandonnés, bâtards, etc ; 179 livres, 16 sols d'honoraires à Me Jolie, aumônier ; 120 livres à Pierre Buzet, hospitalier ; 36 livres à M. de Singlande, docteur en médecine ; et 24 livres à Me de Cazabel, chirurgien, etc.[2].

Les enfants abandonnés étaient l'objet de soins tout particuliers de la part des syndics. Le sieur Colliac, qui loge hors ville

---

[1] Archives municipales, BB. 58.

[2] Archives de l'hopital. Compte pour 1666.

près la Porte Saint-Georges, déclare, en 1668, qu'on expose très souvent des enfants devant la porte de sa maison. Il demande aux syndics l'autorisation de leur apporter tous ceux qu'il pourra trouver. Ce qui est accepté de leur part avec reconnaissance [1].

Les bâtisses de l'hôpital, du reste, se trouvent à cette époque en très mauvais état. « Une muraille au costé de la Tour sur le portal près l'église menace ruine. » Il faut la réparer. Il n'y a presque plus de vitres aux fenêtres des chambres des malades donnant sur la rue. Les lits sont en partie boiteux et défoncés ». Les couvertures manquent, et les malades ont froid. Il faut faire appel à la charité des âmes généreuses.

Cet appel fut entendu : M. Dancelin donna cent livres en 1676; Mlle de Lescazes, qui habitait au couvent des religieuses de Paulin, laissa toute sa fortune à l'hôpital ; M. de Bressolles donna la rente de mille livres aux pauvres de l'hopital, « à condition que son frère désignerait ceux qu'il voudra pour en jouir... » Un autre bienfaiteur met pour condition expresse « qu'il sera établi un maitre bonnetier à l'hôpital, le sieur du Garrus, pour apprendre aux enfants à faire des bas, et par ce moien, gagner leur vie ; ce qui les fera oster du libertinage et de la fainéantise (19 juin 1676) etc. [2]. »

Depuis le milieu du XVIIe siècle, l'hôpital d'Agen entretenait « de pauvres *eschclliers Irlandais* ». C'était des jeunes gens qui se destinaient à l'état ecclésiastique, et qui, chassés pour la plupart de leur patrie où ils ne pouvaient librement se préparer aux études catholiques, étaient venus se réfugier en France, et notamment à Bordeaux, où avait été fondé pour eux un collège spécial, dit *Collège des Irlandais*. L'insuffisance des ressources de cet établissement avait été cause que les administrateurs de l'hôpital d'Agen, sur les instances des magistrats de Bordeaux, et aussi mus par un sentiment de piété et de générosité, avaient consenti à en recevoir quelques-uns au Martyre, où ils étaient logés, nourris et entretenus, quoique très-pauvrement. La lettre ci-jointe, non datée, mais

---

[1] Archives de l'hôpital. Bureaux pour 1666.

[2] Idem. 1676-1680.

adressée à M. de Saint-Gillis, premier syndic de l'hôpital Saint-Jacques d'Agen, qui exerçait ces fonctions en 1676, par le Père Fleming, supérieur du séminaire des Irlandais de Bordeaux, nous donne d'intéressants détails sur cette institution.

Ce vénérable prêtre écrit, en effet, que « son séminaire se trouvant chargé, dans un temps de misère publique, de plus de monde qu'il ne peut entretenir, outre le grand nombre de ceux qui se présentent et affluent tous les jours presque de la pauvre patrie des persécutés comme au seul port qu'ils aient en France pour la consolation de ses sujets », il prie MM. les syndics de l'hôpital d'Agen « de garder audit hopital le nommé Kennedy, qui y a subsisté jusqu'à présent troisième, par la participation de la charité qu'ils ont jusqu'icy fourny à la descharge de cette pauvre maison et comme un refuge de tous, et qui les ont fait toujours considérer au rang de leurs premiers protecteurs et coadjuteurs d'un si saint établissement pour la conservation de la foy catholique en Irlande[1]. » Ce pieux usage fut continué, malgré quelques irrégularités et souvent l'opposition des consuls, jusques vers la fin du XVIIIe siècle.

Cependant de déplorables abus, de plus en plus fréquents, étaient signalés vers ces temps-là, aux bureaux, soit par les syndics, soit par les administrateurs de l'hôpital. Il n'est pas un procès-verbal de cette dernière moitié du XVIIe siècle qui ne contienne, en effet, des plaintes graves formulées contre les hospitaliers. Les consuls du XVIe siècle avaient tenu, on le sait, à laïciser autant que possible l'établissement dont ils venaient d'obtenir la direction. Renvoyant les quelques religieux qui desservaient autrefois les hôpitaux d'Agen, ils les avaient remplacés à l'hôpital du Martyre par des laïques, à qui ils avaient confié le soin, nourriture et entretien des pauvres malades. Nous avons déjà indiqué que plus d'une fois certains de ces personnages durent être expulsés, qui ne cherchaient qu'à s'enrichir aux dépens des pensionnaires de la maison.

Avec le XVIIe siècle ce fut pis encore ; et l'indélicatesse des

---

[1] Archives de l'hôpital d'Agen. Liasse.

hospitaliers devint si grande que l'opinion publique s'en émut et que les administrateurs durent songer à les remplacer.

Un jour, par exemple, c'est l'hospitalier qui, faute de soins, a laissé mourir un ou deux malades. Une autre fois, l'hospitalier a, dans le courant de l'année, dépassé de plus de 200 livres la somme attribuée par les syndics à l'entretien des pauvres de l'hôpital. Plus tard, ce sont les griefs les plus vifs formulés « contre l'hospitalier Germain et sa femme, pour le peu d'affection et de charité qu'ils montrent envers les pauvres malades et les mauvais traitements qu'ils leur font subir. » La viande est pourrie, la ration de pain insuffisante, le vin est aigre. « Lesdits sieurs sont avares, cupides, et sont restés quinze jours sans faire le lit aux malades. On les renverra de suite et on cherchera un autre hospitalier[1]. » Remède inefficace. Ils se valent tous ou presque tous; et les plaintes vont toujours croissant.

Cet état de choses ne pouvait durer. C'est alors qu'on pensa à établir à l'hôpital des religieuses, qui seraient spécialement chargées de soigner les malades, et à agir en conséquence. Des négociations furent engagées. Mais elles n'aboutirent que plus tard, sous l'épiscopat de Mascaron.

Dans la jurade du 26 août 1655, le sieur de Maurès représente « qu'au mois de septembre dernier, le 4 septembre 1554, il fut proposé pour la première fois à la jurade qu'il y avait des Religieuses qui faisaient offre, suivant leur règle et fondation, de venir dans l'hôpital de cette ville pour le service et entretien des pauvres malades, soubs les conditions qui seront proposées et arrêtées au proffit et advantage de l'hôpital. » Cette proposition fut renvoyée aux commissaires du bureau, « lequel estima qu'il serait en effet très avantageux pour l'hôpital et le bien des pauvres de faire venir lesdites religieuses. Sur quoy la jurade, par pluralité de voix, a résolu que lesdites *Religieuses hospitalières* seront, soubs l'aveu et acceptation de Mgr l'Evêque d'Agen, reçues en la présente ville aux conditions et propositions contenues au mémoire dont lecture a été faite, et que lesdites religieuses seront obligées de recepvoir les

[1] Archives de l'hôpital. Bureau de décembre 1646.

pauvres passants dans ledit hôpital, suivant la coutume, sur un billet des sieurs sindics et administrateurs de l'hôpital ou de Messieurs les Consuls [1]. »

Et la même année, la même proposition est faite, avec bien plus de détails, au bureau de l'hôpital du 23 février. « Il est proposé en effet, par l'organe du sieur Chaigniac à Messieurs du Conseil, par des personnes d'honneur et de condition, en qualité de patrons et de fondateurs de l'hôpital, qu'il serait le bien et l'advantage des pauvres dudit hopital d'y admettre ou recepvoir des religieuses à l'instar d'autres bonnes villes du royaume, entre autres de celle de Poictiers, pour gouverner les pauvres malades, les blanchir, nettoyer et tenir en bon estat, tant hommes que femmes, selon les règles de leur fondation et sous certaines conditions ; lesquelles, ayant été proposées dans la jurade qui se tint sur ce sujet au mois de septembre de l'année dernière, il fut délibéré que ladite proposition serait communiquée à Messieurs du bureau, pour estre après délibéré ainsi qu'il appartiendroit : à laquelle ledit sieur Chaigniac demande qu'il soit délibéré. »

La délibération fut longue. Monseigneur présidait. On discuta avec grand soin les propositions des religieuses ; et finalement on décida « qu'on recevait la proposition avec remerciements, vu qu'à ces fins lesdites religieuses seront priées de donner par écrit les conditions soubs lesquelles elles désirent estre reçues dans l'hôpital pour y rendre le service qu'elles promettent par leurs écrits, et par même moyen le nombre des religieuses et de leurs servantes, vu qu'il est nécessaire qu'il y reste un homme pour le service de la porte et pour rendre le service que les filles femmes ne peuvent rendre [2]. »

Les religieuses obtempérèrent aux désirs du bureau ; et dans la séance du 25 août 1655, présidée toujours par l'Evêque, « leurs conditions furent acceptées et reconnues comme très utiles et advantageuses ». En conséquence, après lecture faite, le bureau pria Messieurs les Consuls de proposer leur admission à l'assemblée des

---

[1] Archives municipales. BB. 57, p. 268.
[2] Archives de l'hôpital. Bureaux pour 1655.

Jurades[1]. Nous venons de voir que la jurade du 26 août de cette même année 1655 adopta la proposition.

Voici, dans leur teneur primitive, les articles et conditions desdites religieuses de Poitiers :

JÉSUS-MARIE-JOSEPH.

« Response des religieuses hospitalières de Poictiers sur les propositions qu'il a plu à Messieurs du bureau de l'hostel-Dieu de la ville d'Agen leur faire, par le pieux désir qu'ils ont de les établir dans ladite ville, pour le soulagement et secours des pauvres malades :

De leur Hostel-Dieu.

« La communauté des sœurs hospitalières de Poictiers est dans le pouvoir et dans le désir, soubs le bon plaisir de nos seigneurs les Evesques de Poictiers et d'Agen, d'entreprendre le gouvernement des pauvres malades, tant hommes que femmes de l'hospital de ladite ville, les blanchir, ranger et nettoyer, selon les obligations de leurs saints statuts.

« Lesdites religieuses désirent bien se charger par inventaire de tous les meubles, linges, vaisselle et de tout ce qui appartient au service et usage desdits pauvres, même de leurs ornemens d'église qui pourront estre dans ledit hospital pour en tenir compte à Messieurs les administrateurs dudit lieu.

« Les trois religieuses qui seront choisies de nostre Seigneur pour aller en cette fondation se contenteront de trois cent livres que Messieurs du bureau et administrateurs leur offrent de pension annuelle, et pour un temps seulement, et ce, jusques à ce que leur communauté aye deux mille livres de rente par les dots des filles qu'elles recepvront parmy elles, ou legs pieux qui pourront estre faits à leur communauté. Elles agréent aussy tous les autres offres qu'il plaira à Messieurs dudit lieu de leur faire, comme le prêtre pour le service de l'Eglise, des pauvres et de leur communauté religieuse ; et en outre l'Eglise et le logement convenable à leur

[1] Archives de l'hôpital. Bureaux pour 1655.

condition et institut, tel qu'il se pourra tenir dans l'intérêt de l'hospital, raisonnable et suffisant pour le logement desdites trois religieuses seulement, et tout ainsy que la commodité du lieu le pourra permettre sans incommoder le nécessaire des pauvres.

« Les religieuses ne pourront porter aucune pension dans les lieux où elles sont en fondation ; car leur institut le leur deffend, etc... (Suivent des détails sur leurs règles et institut particulier. Allusions au couvent de Poitiers et de Niort, etc.)

« Lesdites religieuses ne veulent ni n'entendent aucunement manier le revenu temporel de l'hospital. Car leur institut leur deffend et leur enjoint d'en laisser l'entière administration à Messieurs de la ville, desquels elles suivent les ordres seulement dans la distribution qu'il plaira auxdits Messieurs leur ordonner pour la nourriture et entretien des pauvres malades...

« Et lesdites religieuses se chargeront, moyennant ce, de faire aprester tout ce qui sera néeessaire à la nourriture des pauvres et mesme de faire blanchir leur linge et de descharger ledit hospital de vallets et servantes, lesquels ne seront que à la charge de ladite communauté des religieuses. Lesdites religieuses se chargeront de recepvoir les pauvres passants dans ledit hospital, suivant l'ancienne coustume soubs les billets des sieurs sindics de l'hospital et de Messieurs les Consuls.

« Pour les personnes des religieuses et du bien de leur communauté tant spirituels que temporels, elles ne doivent selon leur institut dépendre que des seigneurs évesques des lieux où elles sont establies ; et par conséquent Mgr l'Evêque d'Agen aura l'entière juridiction, droit de visite et de correction sur leurs personnes ou biens de ladite communauté.

« C'est pourquoy s'il plaît à Messieurs de la ville d'Agen d'avoir agréables nos personnes pour le service de Dieu et des pauvres aux conditions ci-dessus, il sera nécessaire d'avoir l'agrément de Mgr l'Evêque et consentement de nous establir dans la ville pour y vivre et servir les pauvres malades selon l'esprit de nos règles et saintes coustumes de notre institut, et en outre une requête de Messieurs du Corps de ville ou administrateurs de l'hospital d'Agen à Messieurs les vénérables doyen et chanoines de l'Eglise, afin qu'il leur plaise nous permettre de nous transporter trois religieuses dans vostre ville d'Agen, pour y faire un establissement de notre ordre, pour la gloire de Notre-Seigneur et le secours et soulagement des pauvres malades [1]. »

Pour quelles raisons ces premières religieuses ne purent-elles donner suite à ce projet? Le retard qu'elles mirent à se rendre dans Agen provint-il de leur fait, de celui de l'Evêque, des Consuls, ou bien plutôt des jurats? Les archives sont muettes à cet égard. Tout ce que nous pouvons dire, c'est que les religieuses hospitalières de Poitiers ne vinrent pas à Agen, mais bien les filles de Saint Vincent de Paul. L'affaire resta vingt-cinq ans en suspens. Mgr d'Elbène mourut en 1663. Claude Joly le remplaça de 1663 à 1678. Et ce ne fut que deux ans après son arrivée, en 1680, que Mascaron reprit cette importante question, et, grâce à son zèle et à son autorité, y apporta aussitôt une solution définitive.

Dès les premiers jours de l'année 1680, demoiselle Marie de Bonnefoy mourut à Agen, laissant toute sa fortune aux pauvres de l'hôpital, sous la condition expresse « que le revenu de ses biens serait employé à faire venir immédiatement les Filles de la Charité pour soigner les pauvres malades. » Cette clause de son testament fit surgir de nouveau, au sein des bureaux, la question, toujours pendante, du renvoi de l'hospitalier laïque.

Elle fut vivement reprise, au bureau du 15 mars 1680, par les quatre syndics, qui étaient, pour cette année, MM. Jacques de Redon, écuyer, Pierre Bussière, avocat, Pierre Grangier et François Mieussens, marchands. « Il a été plusieurs fois résolu, dit le sieur Bussière, par diverses délibérations des bureaux, qu'on mettrait dans le présent hôpital, *deux filles hospitalières de la Congrégation de la Charité*, établie à Paris dans la maison de Saint-Lazare, sous le bon plaisir de Mgr l'Evêque et sous les clauses et conditions qui ont été agréées de part et d'autre. Ce qui est demeuré sans exécution jusqu'à présent ; et d'autant que le désordre de l'hospital est plus grand que jamais, attendu le peu de soins de ceux qui

---

[1] Archives de l'hôpital. Reg. des bureaux pour 1655, p. 34.

sont proposés à l'entretien et nourriture des pauvres, et que d'ailleurs demoiselle Marie de Bonnefoy, décédée depuis deux mois ou environ, a fait par son testament l'hôpital de la présente ville son héritier, sous cette condition que le revenu de ses biens serait employé à faire venir lesdites filles », il demande que sa volonté soit exécutée.

« Sur quoy le bureau d'une commune voix a délibéré qu'on tacherait d'avoir deux de ces filles pour mettre dans le présent hôpital et qu'on leur fournirait logement convenable, entretien et nourriture, comme il a été ci-devant convenu et arreté, et même qu'il leur serait envoyé une somme suffisante à Paris pour leur conduite jusques icy, et la dépense qu'elles pourraient faire par le chemin, après qu'on aura signé le contrat de part et d'autre, le tout sous le bon plaisir de l'Evêque et de Messieurs du bureau, de la dépendance desquels elles seront absolument, conformément à la convention et accord cy-devant faits. Le sieur de Faure écrira à Monseigneur pour l'en informer. » Etaient au bureau, ce jour-là, MM. Pierre Bussière, avocat, et Pierre Grangier, syndics, Geraud de Boissonnade, conseiller, président et juge-mage de la Sénéchaussée d'Agenois, Hermand de Sevin, chanoine de la Cathédrale, Labenaisie, chanoine de Saint-Caprais, de Lacuée, conseiller à la Cour, de Redon, procureur, de Sabouroux, docteur en médecine, et Bernard de Faure, écuyer, consuls [1].

Sur ces entrefaites, mourut l'hospitalier du Martyre. Plutôt que de le remplacer par un autre, et en attendant que les négociations entamées avec les filles de Saint Vincent de Paul aient abouti, les jurats ne s'étant pas montrés d'abord favorables à cette proposition, les administrateurs de l'hôpital résolurent d'en confier provisoirement la direction à des infirmières laïques. « Il se présente, dit M. de Redon au bureau du lundi 30 décembre 1680, des personnes de piété et de charité qui s'offrent de servir les pauvres malades par charité et pour l'amour de Dieu. » Il propose de les accepter et d'en référer de suite à l'Evêque et aux jurats. Monsei-

---

[1] Archives de l'hôpital. Bureau pour 1680.

gneur ayant obtempéré à ses désirs, M. de Raymond, syndic pour 1681, rappelle au bureau du 28 février la proposition de son prédécesseur. « Ces filles s'offrent, dit-il, pour servir les malades par charité, et elles apportent le revenu de tous leurs biens. » Sur l'avis de la jurade, ce bureau décide « que ces filles seront reçues et establies au plus tôt dans l'hôpital pour servir les pauvres, et que lesdits sieurs syndics passeront un contrat avec elles, en présence et du consentement des Consuls. Ils leur donneront un valet pour leur soulagement à la manière accoutumée, à condition qu'il soit présenté à MM. les Consuls [1]. »

Les Consuls acceptent et le rappellent en ces termes à leurs successeurs de 1681 :

« Vostre hospital est en très-mauvais état, depuis la mort de l'hospitalier. Sa veuve gouverne tout. Les syndics n'en sont point maîtres. D'ailleurs ils sont rebutés à cause des grandes advances qu'il leur a fallu faire. *Tout y va de mal en pis.* Il fut résoleu dans un bureau, tenu audit hospital pendant notre année, où Monseigneur d'Agen présidait, qu'on appelerait deux *filles hospitalières de Saint-Lazare* de Paris, comme l'unique moyen de le remettre. Mondit seigneur d'Agen promit d'employer tout son crédit pour en avoir deux. Ce qui n'est pas fort aisé à cause qu'il y en a beaucoup dans l'emploi autour de Paris, mesme dans les armées. La résolution du bureau, après plusieurs autres, fust que nostre corps de ville serait prié d'agréer que lesdites filles fussent appelées. Nous *n'avons pas trouvé grande disposition pour cela,* non plus qu'une nouvelle proposition que nous firent, au dernier bureau, deux filles dévotes qui s'offrirent de servir ledit hôpital pour rien et d'y apporter même 2500 livres, le tout sous des conditions très-avantageuses. Messieurs du clergé et du Présidial ont accepté leurs propositions, et nostre Corps de Ville a nommé des Commissaires pour les examiner. C'est à vous, Messieurs, comme patrons dudit hôpital, de presser l'exécution d'un si beau dessein et d'achever ce que nous n'avons fait qu'ébaucher [2]. »

---

[1] Archives de l'Hôpital. Reg. pour 1681.
[2] Archives municipales. BB. 64.

Les Consuls de 1681 se rangèrent à l'avis du Clergé et du Présidial ; et les deux infirmières laïques furent installées au Martyre au lieu et place de l'ancien hospitalier.

Le premier pas était fait.

Mais Mascaron, soutenu par le bureau de l'hôpital, ne se tint pas pour battu. Il manœuvra si bien qu'il eut vite raison des scrupules, d'ailleurs peu fondés, des Jurats. Quatre ans ne s'étaient pas écoulés, qu'il reprenait sa proposition de faire venir les sœurs de Saint-Vincent de Paul, et que, cette fois, il la faisait acclamer par les trois corps constitués.

Les deux infirmières laiques n'eurent d'abord que des éloges à recevoir. « L'hôpital est présentement beaucoup mieux, dit le procès-verbal d'une jurade de 1682. Les pauvres y sont bien servis. La maison est fort propre. L'on doit cella au zèle de Messieurs les syndics et aux soings de ces filles, en sorte que Monseigneur d'Agen et ceux qui assistèrent au dernier bureau en restèrent extrêmement satisfaits, aussi bien que des ménagemens et des réparations dont les syndics ont rendu compte [1]. » Mais, dès l'année suivante, une de ces filles mourut, et fut remplacée par une autre, qui ne la valait pas. Des tiraillements se produisirent ; si bien que deux ans après, en 1684, le bureau du 18 juin constatait, par l'organe du sieur de Lescazes, syndic, « que les *dames hospitalières* étaient de très mauvaise intelligence entre elles ; que cette désunion pourrait créer de graves désordres dans l'hospice ; et qu'il fallait prier Monseigneur l'Evêque de vouloir se donner la peine d'écrire à Monseigneur d'Angoulême ou à Monseigneur de Périgueux, pour leur demander une fille hospitalière, telle qu'il la fallait à l'hôpital [2]. »

Mascaron fit mieux. Il écrivit directement à Paris, à la maison de Saint-Lazare, et, grâce à l'éclat de son nom, il obtint immédiatement trois sœurs de Saint-Vincent de Paul pour l'hôpital d'Agen.

Ces saintes filles n'arrivèrent qu'en 1686. Le vendredi, 19 avril de cette année, les syndics de l'hôpital, qui étaient Messieurs de Redon, Sabatier, Duteilh et Contenson, convoquèrent le bureau dont

---

[1] Archives municipales. BB. 64.

[2] Archives de l'hôpital. Bureau pour 1684.

Monseigneur Jules de Mascaron prit la présidence et qui était composé, en outre, de MM. de Gardès, de Raigniac, Pélissier, Rattier, de Redon et Brousse. Le sieur de Redon représenta « que par les soins que Monseigneur d'Agen a voulu prendre de procurer des filles de La Charité pour le service des pauvres malades de l'hôpital, Monsieur le Supérieur desdites filles a écrit qu'il en fournirait trois, avec lesquelles il faut passer un contrat, et pour cet effet envoyer une procuration à la ville de Paris, même la somme de 466 livres pour subvenir tant aux frais de leur voyage qu'à l'achat de plusieurs choses qui leur sont nécessaires, suivant l'état que le dit sieur Supérieur en a envoyé.

« Sur quoy, le bureau a délibéré que Messieurs les Consuls, en qualité de patrons de l'Hôpital, enverraient une procuration à Monsieur de Beaulac, leur collègue,qui est de présent à Paris, pour passer un contrat avec M. le Supérieur des Filles de la Charité, aux fins de l'établissement de trois de ces filles dans l'hôpital d'Agen ; et, attendu que MM.les syndics ont dit n'avoir de l'argent en mains, qu'ils emprunteraient incessamment de MM. les Directeurs de l'Hôpital Général de cette ville la somme de 466 livres, laquelle ils enverraient au plus tôt audit sieur de Beaulac[1]. »

Les quelques difficultés qui se présentaient encore furent vite aplanies de part et d'autres; et les filles de Saint-Vincent de Paul arrivèrent enfin à Agen, le 6 septembre 1686, au grand contentement des malades et de la population. Labénazie, Labrunie et tous nos annalistes relatent dans leurs chroniques cet évènement mémorable. C'est que déjà la réputation de sainteté et de dévouement de ces admirables filles les avait précédées à Agen, et que depuis cette époque jusqu'à nos jours elle ne se démentit jamais.

— Nous n'entreprendrons pas de raconter ici l'origine de l'Ordre, véritablement providentiel, des Filles de la Charité, que fonda, après la congrégation des Prêtres de la Mission, l'apôtre des pauvres et des deshérités, Saint-Vincent de Paul. On sait comment il fut sou-

---

[1] Archives de l'hopital. Bureaux pour 1686.

tenu, dans sa mission, par le dévouement infatigable de Mademoiselle Legras, et avec quelle ardeur cette sainte fille se mit à la tête de la première association de femmes dont le but était de se consacrer uniquement aux soins des pauvres et des malades. Cette congrégation adopta bientôt les règles les plus sévères et elle fut autorisée par le Roi en 1657, puis confirmée par le Pape en 1660[1]. Son succès fut immense ; elle traversa miraculeusement, sans interruption aucune, la passe terrible de la Révolution, où sombrèrent presque toutes les communautés religieuses ; et, aujourd'hui encore, malgré quelques stupides exceptions, il n'est pas de ville qui ne tienne à honneur d'avoir dans ses murs une maison de cet Ordre, plus honoré, plus respecté que jamais.

Voici, dans sa teneur, la copie exacte du contrat d'établissement des filles hospitalières dans l'hôpital de la ville d'Agen, passé à Paris, le 6 août 1686.

« Par devant les Conseillers du Roy, notaires au *Chastelet* de Paris, soubsignés, furent présans MM. *Jean de Beaulac*, conseiller du roy en la cour présidiale d'Agen, ci-premier consul moderne de ladite ville, estant présantement en cette ville de Paris, demeurant rue Serpente, à l'hostel d'Anjou, paroisse S. Severin, au nom et comme procureur fondé de Messieurs les Consuls modernes de ladite ville, et en cette qualité *patron* de l'hôpital de ladite ville d'Agen, fondé de leur procuration passée par devant Laydet, notaire en ladite ville, presans témoings, le vingt-quatre avril dernier, d'une part, — et honnestes et charitables filles sœurs : *Mathurine Guérin*, supérieure de la communauté des *Filles de la Charité*, servantes des pauvres malades, demeurant au faubourg Saint-Lazare, paroisse Saint Laurent, Marie Pélerin, assistante, Marie Moreau, économe, Magdelaine Paumier, dépensière, officière et présantement en charge, faisant, suivant l'usage de leur compagnie, au nom et pour toute ladite communauté autorisées, à l'effet des présentes, de Messire *Edme Jolly*, supérieur général de la Mission et supérieur de la

[1] Voir Père Helyot, tome VII, page 301 ; — Idem : Vie de Saint Vincent de Paul, par Louis Abelly, évêque de Rhodez ; — Idem, de Mademoiselle Legras, par Gobillon, etc., etc.

communauté desdites filles, demeurant dans la maison de S. Lazare, pour ce comparant, d'autre part.

« Lesquelles officières, pour contribuer au bon desseing que lesdits sieurs Consuls de la ville d'Agen ont de faire assister les pauvres malades de leur hôpital par quelques unes desdites Filles de la Charité, à l'exemple de ce qui se pratique dans plusieurs lieux où elles sont établies à la gloire de Dieu et au soulagement des pauvres malades, sont demeurés d'accord avec ledit sieur de Beaulac audit nom de ce qui s'ensuit :

« C'est assavoir que la Supérieure et les officières de ladite communauté présantes et à venir seront obligées d'envoyer et tenir toujours dans ledit hopital d'Agen trois desdites filles de La Charité ou plus grand nombre sy besoin est, pour assister les pauvres malades d'icelluy suivant leur institut et y vivre selon les règles de leur communauté ;

« Que lesdites filles de La Charité seront obligées d'avoir tout le soin qui dépendra d'elles seulement des pauvres malades qui seront dans ledit hopital, tant pour raison de leurs alimens que remèdes nécessaires et autres services dont ils auront besoin, et rendront compte tous les mois aux syndics, et les syndics à Messieurs du Bureau dudit hopital, quand ils en seront requis, de l'argent qui leur aura esté donné pour l'achapt des choses necessaires, pour l'entretien et soulagement desdits pauvres malades, sans qu'elles soient tenues d'assister aucune personne de leur sexe dans les accouchemens, ny aussy n'assisteront qui que ce soit au dehors dudit hospital.

« Seront pareillement reçus dans ledit hospital les passans et en la forme accoutumée par le préposé dudit hospital à la charité de hospitalité, duquel lesdites filles seront tenues de veiller ;

« Quelles feront tous les ans le lendemain de la Saint Jean un inventaire ou reveûe de tous les meubles ou autres choses dudit hospital en présance desdits sieurs du bureau et des syndics dudit hospital.

« Que lesdits syndics seront tenus et obligés de fournir auxdites filles un logement commode dans un appartement dudit hospital aveq des meubles convenables, ensemble les alimens à elles necessaires pour leur entretien et subsistance, dans lequel logement elles n'admettront aucunes filles ny femmes.

« Que pour les habits et linge dont elles auront besoin pour leur usage particulier, lesdits sieurs syndics seront tenus de leur bailler et payer annuellement la somme de cent quatre vingt livres, qui est pour chacune soixante livres, dont elles ne seront tenues de rendre aucun compte.

« Que lesdits sieurs syndics fourniront l'argent nécessaire pour les frais des voyages desdites trois filles de Paris audit Agen ;

« Que lesdites filles seront toujours considérées comme filles de la maison et non comme mercenaires, et que sy quelques unes d'elles deviennent hors d'estat de pouvoir travailler, après toutefois y avoir demeuré six ans, elles ne pourront estre renvoyées ; au contraire elles seront nourries et entretenues aux frais et despans dudit hospital, dans iceluy : auquel cas lesdites filles de la Charité seront tenues d'en envoyer d'autres en leur place, dont les frais de voyage seront fournis par ledit hospital ; et où ledit supérieur pour d'autres raisons et cas tels qu'ils puissent estre donnés ou à propos de faire quelque changement et d'envoyer d'autres filles, les dépenses des voyages desdites filles, qui seront envoyées, seront faites par lesdites sœurs de la Charité de Paris.

« Que lesdites filles demeureront sous la conduite et dépendance dudit sieur Supérieur général de la Congrégation de la Mission, qui pourra les visiter, et, par lui-mesme ou par tel autre qu'il voudra députter, les confesser avec l'approbation de Monseigneur l'Evesque et désigner un confesseur approuvé par le diocèse;

« Que lorsque quelqu'une desdites filles viendra à décéder, lesdits sieurs syndics pourvoiront à la despanse de ses funérailles qui seront faites sans aucune pompe.

« Car ainsi a esté accordé en passant à ces présantes, et que lesdits sieurs Consuls n'entendent faire aucun préjudice à leur droit de patrons dudit hospital, qu'ils se réservent par exprès, et aussy à la charge que lesdites présantes seront rattifiées par lesdits sieurs Consuls, et de leur ratification délivrée incessament avec une expédition du présent contrat en bonne forme auxdites Supérieure et officière de ladite Communauté des filles de la Charité, franchement et quittement avant le départ de leurs sœurs pour Agen, ainsi que ledit sieur de Beaulac audit nom le promet et s'y oblige; et pour l'exécution des présantes et dépendances, les parties ont esleu leur domicile esdites maisons où elles demeurent et logent, auxquels lieux, etc., nonobstant promettant et obligeant, etc.

« Fait et passé à l'esgard desdits sieurs Jolly et de Beaulac en la maison de St-Lazare lez Paris, lesdites supérieure et officières en leur maison audit faubourg, *l'an mil six cent quatre vingt six, le sixiesme jour d'Aoust*, avant midy; et ont signé avec lesdits notaires, la minute des présantes, demeurée à Lefebure, l'un d'iceux. »

« Ensuit la teneur de ladite procuration :

« Dans la Chambre du Conseil de l'hostel de ville d'Agen, cejourd'hui, 22 avril 1686, après midy, pardevant moy notaire et secrétaire de ladite ville soubsigné, présants les témoins basnommés, a esté présant sieur Antoine de Faure, bourgeois, Me Jean Brousse, procureur en la Cour présidiale, noble Jean de Singlande, escuyer, sieur de Naux, Me Barthelemy Monin, advocat au Parlement, et sieur Louis Clarens, bourgeois et consuls modernes, en qualité de patrons de l'hospital de la présante ville, et, en conséquence du pouvoir à eux donné par le corps de ville par acte de délibération de Jurade du 7e janvier dernier ont fait et constitué leur procureur général et spécial Me Jean de Beaulac, à l'effet d'établir les sœurs de la Charité à l'hopital d'Agen, aux conditions ci-dessus énoncées [1]. »

— Du jour où les sœurs de Saint-Vincent de Paul entrèrent à l'hôpital d'Agen, tout y changea comme par enchantement. Les abus furent réformés, les plaintes des malades cessèrent, et des économies sérieuses furent réalisées, qui se manifestèrent dès les débuts par un excédant de recettes. Dès le 23 mai 1687, le bureau décide que, sur la demande des religieuses, on ne recevra plus à l'hopital « des femmes ni filles de mauvaise vie et scandale, sans une expresse délibération [2]. » Quelques temps après, « de pauvres

---

[1] Archives municipales d'Agen, GG. 230.
[2] Archives de l'hôpital. Bureau pour 1687.

femmes se plaignent que, vu la misère des temps, elles n'ont pas de pain et que, en état de nourrices, elles ont perdu leur lait.» Sur les instances des sœurs de l'hôpital, le bureau est d'avis que « bien qu'il ne soit que pour fournir aux necessités des pauvres malades, il leur sera distribué quelques secours. » Plus tard, les sœurs estiment que l'achat de la farine est une charge considérable : « Il y aurait, disent-elles, une grande espargne pour l'hopital et beaucoup à ménager d'avoir pour l'usage de la maison un moulin à tamiser la farine. » Le bureau décide qu'on l'achetera [1]. Et de même pour toutes les mesures sages et prudentes, qui devaient assurer quelques économies à l'hôpital.

Bien plus, moins de dix ans après leur installation, les services que les filles de la Charité rendaient à l'hôpital furent si universellement appréciés, qu'on songea à augmenter leur nombre. Le sieur Ducros, syndic pour l'année 1692, représente, en effet, au bureau du 6 mai, « que les filles, qui actuellement servent les pauvres de l'hôpital, sont si dévouées et se ménagent si peu, qu'elles ne sauraient résister à la peine qu'elles sont obligées de prendre pour le service desdits pauvres, dont le nombre augmente sans cesse ; et, comme elles ne peuvent pas trouver de filles pour les soulager, le bureau décide qu'on fera en sorte de faire venir deux filles de Paris, de celles qui servent dans l'hòpital général, comme estant toutes propres pour ledit service, soit par leur expérience, soit qu'elles y soient élevées [2]. »

Nous verrons, à la fin de ce travail, que Mascaron, non content d'avoir régénéré par sa sage autorité l'hôpital d'Agen, fonda également dans notre ville un hôpital général ou manufacture de Las, du nom de son principal bienfaiteur, et que cette institution, à laquelle il apporta tous ses soins, ne fut pas une des moindres gloires de son épiscopat, si fécond en bonnes œuvres.

Il ne put empêcher néanmoins, bien que ce fut lui qui, durant ses séjours à Agen, présidât toujours les bureaux de l'hôpital, qu'un

---

[1] Archives de l'hôpital, 1687.

[2] Archives de l'hôpital. Bureau pour 1692.

conflit n'éclatât à cette époque entre Messieurs du Clergé, du Présidial et les Consuls, touchant certaines questions de préséance et d'administration de l'hôpital. Les consuls de 1679 rappellent, en très-nobles termes, à leurs successeurs de 1680 quelle conduite ils doivent tenir à cet égard :

« La cause des pauvres, leurs disent-ils, doit animer votre charité, et vous leur devés la même justice que vous rendriés aux plus grands. Au della de cela, vous êtes les patrons de l'hôpital de cette ville, pour l'entretien duquel il vous faut prendre un soin particulier. Et pour que vos droits ne soient pas empiétés, nous vous dirons à ce sujet que Messieurs du Chapitre de S. Caprasi prétendent que la chapelle de l'hôpital est dans leur mense, et par là avoir droit d'y exposer le Saint-Sacrement les fêtes de Noël, et qu'un syndic doit les en aller prier. Ils prétendent encore avoir droit d'y établir un chapelain et un hospitalier. Mais vous êtes en possession de tout cela. Il s'y faut maintenir, et sans doute, il y aura des titres dans l'hôtel-de-ville pour le soutenir. Nous vous dirons aussi que les syndics que nous y avons établis, sont obligés de vous porter une liste de deux personnes d'honneur et solvables pour chaque rang, qui sont ordinairement quatre, et que vous avez droit de les choisir tous quatre d'entre les proposés ou bien d'autres personnes plus propres pour le plus grand bien de l'hopital. Nous vous donnons cet avis, parce que, dans un bureau, on résolut de faire continuer un ou deux des syndics, et par là faire une nouveauté, et vous priver du droit de nomination pour les quatre rangs. Vous y remedierez par vos prudences [1]. »

En 1700, ils émettent une nouvelle prétention. Les chanoines de Saint-Etienne et de Saint-Caprais, qui étaient MM. de Boissonnade et du Treils, « ayant exigé, dit le procès-verbal du bureau du 1er mars, que le second syndic les aille chercher en personne pour assister à la séance, le bureau, d'une commune voix, décide qu'on passera outre et que la séance sera tenue sans eux. » Détail piquant : Monseigneur présidait ce bureau du 1er mars.

---

[1] Archives municipales. BB. 64.

Enfin, dès 1691, une longue lutte s'engagea entre les délégués du Clergé et ceux du Présidial, relative, en l'absence de l'Evêque, à la présidence des bureaux. Battus par la majorité des administrateurs, les chanoines refusèrent désormais d'assister aux réunions. Vainement Mascaron insista-t-il pour les faire revenir sur leur décision. Il ne put y parvenir. Ce ne fut qu'en 1722 que ce différend prit fin. Au bureau du 23 décembre, en effet, Mᵉ Andrieu, chanoine et député du chapître de Saint-Etienne, déclare au nom de tous les membres du corps du clergé que « les contestations, qui se sont élevées depuis longtemps entre Messieurs du Clergé et du Présidial pour la présidence, les avaient obligés de s'absenter du bureau, lorsque Monseigneur ne s'y trouvait pas. Mais, leur corps ayant considéré que leur abstention affaiblissait le bureau de deux voix et pouvait être préjudiciable aux intérêts des pauvres, il a été résolu, par cette considération, que Messieurs les députés du Clergé assisteraient dorénavant aux bureaux, même lorsque Mgr l'Evêque ne pourrait pas s'y rendre, et qu'ils feraient, comme le fait aujourd'hui le sieur Andrieu, leurs protestations au sujet de la présidence, qu'ils déclarent toujours leur être due [1] ». Le bureau continua à se montrer hostile ; et ce jour-là même M. de Coquet, juge-mage, fut réélu président, en l'absence de Monseigneur. C'est l'époque du reste où, par son ordonnance du 12 décembre 1698, Louis XIV règlementa définitivement l'administration des hôpitaux et chercha par ce fait à éviter tout conflit entre les autorités qui pouvaient en revendiquer l'unique gestion.

Malgré ces incidents, l'hôpital restait toujours prospère ; et les recettes équilibraient à peu de chose près les dépenses. C'est ainsi, notamment, que pour 1690, les recettes se montent à la somme totale de 61,430 livres, 9 sols ; et les dépenses à celle de 61,533 livres, 10 sols, 3 deniers ; ces dernières excédant seulement les premières de 103 livres, 1 sol, 3 deniers [2].

Du reste, les legs et les donations ne se ralentissaient pas. Chaque registre en contient une longue énumération. En 1687, dame

[1] Archives de l'hôpital, Bureaux pour 1691 et 1722.

[2] Idem. Comptes pour 1690.

Guillaume Fillol, veuve de Pierre Cruzel, notaire, lègue tous ses biens à l'hospice d'Agen, à condition qu'on dira, pour le repos de son âme, une messe tous les jours dans la chapelle de cet établissement. Et pour cet obit, elle réserve une somme de 300 livres à donner au chapelain de l'hôpital. Dans l'inventaire des meubles de cette dame, annexé au dossier, on y voit de nombreux tableaux religieux, des bagues, un saint-esprit d'or avec petite pierre blanche, un reliquaire d'or émaillé où est l'image de la Vierge, un miroir garni d'écaille de tortue à plaques d'argent, etc. Plus tard, MM. de Codoing lèguent 1,000 livres, de Beaulac, 200 livres, Mlle d'Artigues, 100 livres pour une messe, etc., etc., ce qui permit aux syndics de l'année 1699, d'acheter, pour agrandir l'hôpital du Martyre, deux petites maisons et un jardin y attenant, « autrement dites la chapelle de Rovère [1] .»

Mais le principal bienfaiteur des deux hôpitaux d'Agen, à cette époque, fut encore Mascaron.

On sait que notre illustre évêque mourut dans son palais épiscopal d'Agen, le 17 novembre 1703, et que, sentant sa fin prochaine, il avait, par son testament, daté du 30 octobre de la même année, au château de Monbran, disposé, en dehors de legs fort nombreux faits à sa famille et à ses amis, de toute sa fortune en faveur des pauvres des hôpitaux d'Agen.

« J'institue, écrit-il dans son testament, les pauvres qui sont ou qui seront renfermés cy-après dans l'hôpital général de la ville d'Agen, et les malades de l'hôpital de Saint-Jacques de ladite ville, mes héritiers universels de tous les biens qui me resteront après l'exécution des articles ci-dessus de mon présent testament, sçavoir : *les pauvres de l'hôpital général de la Manufacture pour les deux tiers de tous mes biens, et les pauvres malades de l'hôpital Saint-Jacques pour l'autre tiers seulement*.

« Je conjure les directeurs et chapelains de ces dicts hôpitaux de faire souvenir les pauvres de prier Dieu pour moy, voulant que l'on conserve auxdits pauvres de la Manufacture les deux tiers de

[1] Archives de l'hôpital. Bureau pour 1699.

mon hérédité, et aux pauvres malades de l'hôpital Saint-Jacques l'autre tiers, dans le meilleur et le plus favorable état qu'il se pourra. J'espère de la justice et de l'honnêteté de Messieurs les directeurs de ces saintes maisons qu'ils n'auront aucun différend pour le partage de mes biens [1] ».

Ce vœu de l'illustre prélat ne fut malheureusement point réalisé. Noble Gratien de Raymond, un des exécuteurs testamentaires de Mascaron, nous apprend, dans ses livres de raison, que, malgré ses efforts, tout fut fait au rebours des volontés du testateur, et que l'inventaire de sa succession provoqua même un conflit d'attributions entre les officiers du Présidial et Jacques Bonhome, juge-ordinaire d'Agen.

Quoiqu'il en soit, les deux hôpitaux d'Agen firent procéder de suite (31 décembre 1703 - 1er mars 1704), au nom de leurs directeurs, à un inventaire des biens meubles du regretté donateur ; lequel inventaire, fort curieux et reproduit en deux copies semblables, a été retrouvé par nous dans les Archives de l'hôpital, non seulement avec la liste des différents effets, mais encore avec les prix qui leur furent attribués lors de leur mise en vente, et les noms des principaux acquéreurs [2]. L'argent qui provint de ces différentes ventes fut réparti très-exactement dans la suite entre les deux hôpitaux, selon les proportions exigées par le testateur. Il permit, notamment en ce qui concerne l'hôpital Saint-Jacques, aux sœurs de saint Vincent de Paul d'améliorer sa situation, déjà compromise par la négligence des débiteurs et la misère toujours plus considérable des temps. « La sainte société des dames pieuses qui prenaient

---

[1] Le testament de Mascaron a été publié de nos jours par M. le chanoine Delrieu dans sa *Notice historique sur la vie et l'épiscopat de Mgr Jacoupy* (Agen, imp. Noubel, 1874). Il avait été déjà imprimé par P. Gayau, imprimeur agenais, en 1703.

[2] Archives de l'hôpital d'Agen. Notre savant collègue et ami, M. G. Tholin, avait déjà, avant cette dernière découverte, reproduit et publié dans le Bulletin du Comité des Travaux historiques (Paris, 1870), l'inventaire du mobilier de Mascaron, d'après le fonds du Présidial (Archives départementales, B. 1513)). Cet inventaire, précédé d'une excellente introduction de M. G. Tholin, ne donne que la liste des objets inventoriés.

soin des pauvres honteux et souffrants, disait Labénazie dans son oraison funèbre de l'illustre évêque, a subsisté grâce à ses libéralités. Il en fut tellement lui seul le soutien qu'il est à craindre qu'elle ne soit en danger de périr, si nous ne réveillons notre charité pour suppléer à la perte de cette source tarie de miséricorde[1] ».

Les craintes du bon prieur ne se réalisèrent pas. L'hôpital Saint-Jacques eut au XVIIIe siècle, comme tous les établissements du même genre et la plupart des maisons religieuses, de mauvaises heures à passer. Mais la prudente gestion de ses administrateurs, en même temps que la piété et la générosité de nos pères, le maintinrent toujours dans un état, sinon florissant, du moins qui lui permit d'exister honorablement.

Sa comptabilité fut de tous temps très-exactement tenue. Les nombreux registres des comptes, ainsi que ceux des *lièves*, nous fournissent, année par année, l'état de ses recettes et de ses dépenses, avec celui, toujours très-fidèle, « des sommes capitales dues aux pauvres malades de l'hôpital d'Agen, pour servir à MM. les syndics, où les intérêts retardés et courants sont au bout de chaque article[2]. »

En même temps de fréquentes réparations étaient effectuées à l'intérieur. En 1712, la grange, qui est au bout du jardin de l'hôpital, menaçant ruine, est remise à neuf. En 1715, les papiers qui sont dans les archives de l'hôpital sont dans un grand désordre: un des syndics en dressera un état et un inventaire détaillé. Une clef sera mise à la porte. En plus, on établira des gradins « pour couvrir une cave qui est près de l'autel de l'église » (crypte du Martyre). La tribune de l'église sera consolidée. Etc.

L'hôpital d'Agen continue, comme au XVIIe siècle, de loger et de pensionner quelques pauvres Irlandais. « Il est arrivé, dit le procès-verbal d'un des bureaux de 1713, un *Hibernois*, qui avait eu

---

[1] *Oraison funèbre de Messire Jules de Mascaron, évêque, comte d'Agen, prononcée par M. Labénazie, chanoine de l'église collégiale d'Agen, le 20 novembre 1703, à son enterrement.* (Petit in-12 de 47 p. Agen, 1704.)

[2] Archives de l'hôpital. Reg. des comptes et lièves (XVIIIe siècle).

l'honneur de faire sa révérence à Monseigneur et de lui présenter ses certificats et attestations de religion, avec l'assurance qu'il voulait demeurer à Agen, pour se rendre digne de la prêtrise.» Il demande qu'on lui accorde le logement dans la chambre destinée aux personnes de sa vocation. Le bureau obtempère à sa demande.

Et plus tard, le 7 mai 1723, « il est représenté que le sieur Guillaume Marphi, jeune homme Irlandais, étudiant en cette ville, et occupant, depuis le 1er mars dernier, dans l'hôpital, une des places destinées pour ceux de cette nation, qui ont été obligés d'abandonner leur patrie à cause de la religion catholique, demande, en conséquence d'une attestation du supérieur du séminaire irlandais de Bordeaux, du 20 dudit mois de mars, signé Eugène Mac-Caroli, les 40 sols par mois que l'hôpital a coustume de donner à ceux qui occupent ces places. » Sa requête est également agréée [1].

— Cependant les mauvaises années étaient arrivées ; les revenus de l'hôpital commençaient à décroître, et les dépenses augmentaient d'une façon inquiétante. En 1725, malgré le désintéressement absolu des sœurs et leurs efforts pour réaliser quelques économies, la situation paraît très compromise. Au bureau du 12 septembre 1726, les syndics représentent « qu'il y a impossibilité absolue de continuer à pourvoir à la subsistance des pauvres malades, s'ils ne reçoivent de l'Etat le secours qu'on leur fait espérer depuis longtemp ». La bourse est vide, le crédit entièrement épuisé. La maison n'a plus qu'un sac de farine et une demi-barrique de vin. Le boucher refuse de fournir la viande habituelle. Il faut que le bureau prenne une décision urgente et qu'il cherche par tous les moyens possibles à remédier à cet état de choses.

En conséquence, après une longue délibération, les administrateurs décident qu'on exposera au plus vite cette situation au Procureur du Roy « afin qu'il y donne tous ses soins et représente au Receveur des tailles qu'il ait à acquitter sans délai ce qui reste dû à l'hôpital pour l'année 1725, ainsi que les mandemens tirés sur lui pour l'année 1726 pour les sommes dues audit hôpital, imposées annuelle-

---

[1] Archives de l'hôpital. Bureaux pour 1713 et 1723.

ment sur le pays d'Agenois, en quoi consistent actuellement presque tous les revenus de ladite maison. En attendant, le bureau permet d'emprunter jusqu'à la somme de 1,000 livres pour pourvoir aux besoins les plus urgents [1].»

Même situation l'année suivante. Les syndics, qui étaient MM. Guiral du Coulombier, avocat, Lafon et Barsalou, exposent, en novembre 1727, que le nombre de malades va toujours croissant et qu'ils n'ont pu faire rentrer que très peu de revenus. Ils ont été obligés d'entretenir à leurs frais un nombre très-considérable de pauvres malades depuis le 1er janvier jusqu'à ce moment, en sorte qu'ils sont déjà en avance de 1500 livres. De plus, il y a vingt-trois enfants trouvés, dont l'entretien augmente considérablement les charges de l'hôpital. Ils demandent donc qu'il soit pourvu d'une manière convenable aux frais nécessités par la subsistance de tant de misérables, sans quoi ils seront forcés d'abandonner l'administration de l'hôpital, « s'estant entièrement épuisés pour l'entretenir, depuis le 1re de janvier jusqu'à présent, et n'estant pas obligés de faire ces avances ». Le bureau leur promet qu'il prendra toutes les mesures pour qu'ils ne perdent rien, et que, comme les enfants-trouvés doivent être entretenus aux frais du Roi, il priera le procureur général de faire exécuter pour Agen l'arrêt rendu le 5 avril 1702 en faveur de l'hôpital de Villeneuve, qui décharge cette maison de l'entretien desdits enfants et les confie au domaine [2].

Cette requête aboutit. Dès l'année suivante, l'hôpital d'Agen fut déchargé, du moins momentanément, du soin d'entretenir les enfants-trouvés.

Une malheureuse affaire vint encore aggraver cette année la situation déjà bien précaire de l'hôpital. Nous voulons parler du procès qui fut engagé par les syndics de 1730, contre ceux de l'année 1728, et où ces derniers étaient accusés de malversation et de dilapidation des ressources de la maison. Les Archives de l'hôpital nous ont conservé tout le dossier de ce déplorable événement dont la responsabilité retomba tout entière sur l'ancien trésorier, le sieur B.

---

[1] Archives de l'hôpital. Bureaux pour 1726.

[2] Idem, 1727.

Sur son refus de rendre ses comptes, comme il était d'usage, et de laisser vérifier ses livres, le bureau chargea deux des syndics de 1730, les sieurs Bory et Dartus, de le poursuivre devant le Parlement de Bordeaux, qui le condamna à payer la somme de 2682 livres, 17 sols, 6 deniers, montant du reliquat de sa gestion. Vainement le sieur B. chercha-t-il à prouver que l'erreur ne provenait que d'omissions involontaires; vainement exhiba-t-il différents reçus qu'on lui avait fournis; l'arrêt fut maintenu; ce qui provoqua de sa part une série de lettres injurieuses à l'adresse de ses persécuteurs. Cette résistance, «qui, au dire des bureaux de 1731, causait le plus grand préjudice à l'hôpital» ne fit qu'envenimer la question et provoquer chez les nouveaux syndics un acharnement encore plus grand contre le malheureux comptable. On envoya plusieurs fois le sieurs Dartus auprès du Parlement, qui rendit, en 1732, un dernier arrêt fort sévère, qui ne tarda pas à être mis à exécution. Une saisie de tous ses meubles fut en effet opérée dans les deux maisons d'Agen et de la campagne, et le sieur B. ne put arrêter provisoirement les poursuites qu'en offrant de donner à l'hôpital, comme premier à compte, la somme de 533 livres à prendre sur le bois, charbon, sarments, toile, fil et vin qu'il possédait. Ce qui fut accepté. Puis l'affaire traina en longueur. Absolument ruiné, le sieur B. mourut peu de temps après de chagrin, et sa veuve, désirant s'acquitter du reliquat du compte de son mari, adressa au bureau de l'hôpital, à la date du 21 mai 1737, une requête dans laquelle elle exposait qu'elle avait tout perdu, que la grêle venait de ravager ses récoltes, qu'elle était sans crédit pour emprunter, depuis les saisies que l'hôpital avait pratiquées chez elle, qu'elle était réduite à la plus extrême misère, et, à ce titre, digne de la charité du bureau, et qu'elle le priait en conséquence de réduire à 500 livres le reliquat du compte de son mari; lesquelles seraient payées, à savoir: 250 livres par la demoiselle Marie B. sœur de son mari, qui les cèderait de façon à ce qu'on puisse les prendre chez les Dames du Tiers-Ordre; 50 livres qui seront payées de suite, et les 200 dernières payables dans quatre ans. » Le bureau [1], mû de

[1] Archives de l'hôpital. Bureaux de 1730 à 1737.

pitié, accepta ces conditions, qui mirent fin à cette longue procécédure.

— De trois qu'elles étaient au début, les sœurs de saint Vincent de Paul, atteignirent, depuis 1692, le nombre de cinq à l'hôpital d'Agen. C'était encore insuffisant. Un des syndics de 1732 représente, en effet, au bureau du 2 juin, que le service de l'hôpital est devenu beaucoup plus pénible qu'autrefois, soit à cause de l'augmentation des malades, soit par le soin qu'il faut avoir pour les enfants trouvés, que les sœurs se plaignent qu'elles ne peuvent plus soutenir la peine et la fatigue que leur service exige, et qu'il faudrait une sixième sœur en plus. Le bureau, faisant droit à cette requête, promet qu'on écrira à la supérieure générale des Sœurs Grises, pour lui demander une sixième sœur. que le bureau se réserve toutefois de renvoyer, quand il le jugera nécessaire. [1]

Le 1er septembre 1730, les filles de la Charité exposent au bureau qu'elles ont l'intention de fêter solennellement la fête de leur fondateur. Messieurs les administrateurs décident que cette fête se fera dans l'hôpital, et que pour aider lesdites sœurs à faire la dépense convenable, on leur donnera le pain, le vin, la viande de boucherie nécessàires pendant trois jours, et en plus la somme de cent livres en argent. [2]

Les lits manquent, et ceux qui restent sont brisés. Monseigneur donne 500 livres pour en acheter de neufs. Les religieuses de l'Annonciade donnent également, en 1731, la somme de 1000 livres à l'hôpital. Elle servira à réparer la chambre des femmes, à remplacer les portes et les fenêtres qui font défaut, à acheter du linge, à placer des poëles pour chauffer les salles et à décorer l'autel qui a été érigé dans la salle neuve. De plus « il faudra mettre le jardin en communication avec la cour afin de grandir celle-ci et donner plus d'air aux malades, et acquérir, s'il se peut, les emplacements qui sont de l'autre côté du ruisseau. » [3]

---

[1] Archives de l'hôpital. Bureau de 1732.

[2] Idem.

[3] Idem. Bureaux 1732-1735.

Les syndics ont placé une somme de 4000 livres sur le clergé du diocèse d'Agen, au moyen d'un contrat de cession de pareille somme que Monsieur de Maniban, premier Président au Parlement de Toulouse, aurait consenti en faveur de l'hôpital d'Agen.[1] A cet effet le sieur Sembauzel, syndic pour 1735 et trésorier de l'hôpital, serait allé nouvellement à Toulouse. Mais comme ni M. de Maniban, ni le syndic du clergé, n'ont voulu supporter en aucune façon les frais de son voyage, qui se montent en tout à 72 livres, 4 sols, le bureau prend cette dépense à sa charge [2].

Une grosse affaire surgit vers cette époque entre les administrateurs du bureau de l'hôpital Saint-Jacques d'Agen et le duc d'Aiguillon, engagiste de l'Agenais, au sujet de l'entretien des enfants-trouvés. Nous avons vu que depuis longtemps cette charge grevait les dépenses de l'hôpital et que le bureau cherchait par tous les moyens possibles à s'en débarrasser, ou tout au moins à la faire diminuer. Déjà en 1735 il fut décidé que l'hôpital Saint-Jacques ne serait tenu de la nourriture et entretien de ces pauvres deshérités que jusqu'à l'âge de sept ans. Passé cet âge, ils seraient envoyés à la Manufacture où on leur enseignerait un métier. Mais cet arrêt ne fut que très-imparfaitement exécuté, les femmes qui les avaient élevés les renvoyant sans cesse à l'hôpital.

C'est ainsi que les bureaux découvrirent que, en sa qualité d'engagiste du domaine d'Agenois, ainsi qu'en vertu de nombreux décrets précédents, le duc d'Aiguillon était tenu de se charger, au nom du Roi, des enfants-trouvés de l'hôpital d'Agen. Le dernier décret datait de 1728. On était en 1738. Or, depuis dix ans, les syndics avaient dépensé pour eux la somme de 42,823 livres. C'est cette somme que le bureau prétendit réclamer dans son entier au duc d'Aiguillon. Ce dernier, on le pense, protesta de

---

[1] Gaspard de Maniban, seigneur du Busca, Lagardère, Ampeils, Valence, Massencome, Ayzieu, Campagne, etc., fut un des magistrats les plus célèbres et les plus fastueux du Parlement de Toulouse au XVIIIe siècle. Nous avons écrit l'histoire de sa famille dans notre *Monographie des châteaux de Lagardère et du Busca*, en Armagnac. (Voir *Revue de Gascogne*.)

[2] Archives de l'hôpital. Bureau de 1735.

toutes ses forces, ne niant pas le principe, mais trouvant la somme par trop exagérée. Il écrivit dans ce sens aux syndics et réclama un mémoire détaillé des dépenses. Il fut fait droit à sa demande, et Messieurs Dorty, de Boissonnade, chanoines, de Couloussac et Bory furent chargés de le rédiger, et, une fois approuvé par le bureau, de l'envoyer au duc. Ce mémoire fort long, que nous ont conservé les archives de l'hôpital, conclut à ce que l'hôpital soit relaxé de la demande du seigneur-engagiste, et à ce que ce dernier soit condamné envers l'hôpital à la restitution des frais de nourriture et entretien des enfants exposés non seulement depuis dix ans, mais encore depuis vingt-neuf ans. « Il sera distrait toutefois, ajoute-t-il, les années que le domaine a fournies aux dépenses, en conséquence de l'arrêt du 5 mai 1728. »

Le duc refusa net, alléguant que ces soins appartenaient à l'hôpital, et le procès fut entamé entre les deux parties.

L'affaire traina naturellement en longueur. Durant le temps des procédures, l'hôpital saisit certaines sommes sur les fermages du duc, qui de son côté attaqua l'hôpital devant le Parlement de Bordeaux, en la personne de M. de Couloussac. Le Roi envoya alors 3,000 livres au bureau, qui répondit à cette générosité en faisant aussitôt donner main-levée des saisies opérées sur les fermiers du duc. Une transaction intervint néanmoins à la fin de l'année suivante, où, le 3 octobre 1739, comparut devant le bureau « M° Daniel Mautort, avocat, lequel dit qu'en conséquence des ordres qu'il a reçus de M. le duc d'Aiguillon, engagiste du Comté d'Agenais, il offre de se charger provisionnellement des enfants-trouvés, ou qui pourraient l'être à l'avenir, dans la présente ville et juridiction, batards ou supposés tels, et payer leur nourriture et entretien, mais depuis le 1er septembre dernier seulement, et de continuer, à fin de compte, sous les conditions qu'il se réserve de faire avec les nourrices qui en sont chargées, déclarant que l'offre par luy présentement faite est sans rien nuire ny préjudicier à l'instance pendante au Conseil entre M. le duc et les syndics de l'hôpital; nommant en outre les sieurs Mautort et Espinasse, notaire, pour se charger desdits enfants; ce qu'ils promettent de faire. » Le bureau accepta ces offres. Mais l'affaire principale n'en continua pas moins de se discuter encore pendant de longs temps. Les fermiers du duc, se pretendant lésés, attaquèrent à leur tour les syndics de l'hôpital, qui déléguèrent le sieur Bory pour rédiger un second memoire, lequel fut envoyé à Me Ausonne, leur avocat devant le Conseil du Roi [1]. Ce n'est que vingt-huit ans plus tard, à un des bureaux de 1768, que nous voyons enfin le duc d'Aiguillon, alors ministre et à l'apogée de sa fortune, déclarer vouloir se charger de l'entretien des enfants-trouvés de l'hôpital d'Agen, et, à cet effet, offrir audit hôpital la somme de 2,400 livres annuelles, à la condition expresse qu'il n'aurait à entrer dans aucun menu détail de nourriture et d'entretien.

Le bureau hésita longtemps. Bref, il finit par repousser ces offres, trouvant la somme trop minime, et n'ayant pas confiance en l'avenir. Qu'adviendrait-il en effet si M. le Duc mourait, ou bien s'il était forcé d'abandonner le pouvoir? Tout ce qu'il voulut faire, ce fut de consentir à passer un traité avec lui, « mais pour six ans et à raison de cinq livres par mois pour chacun des enfants exposés, sans être tenu d'aucune poursuite vis-à-vis des personnes qui les exposeraient [2]. » Cette dernière proposition fut acceptée de part et d'autre; et les enfants-trouvés demeurèrent ainsi à la charge du duc d'Aiguillon. Plus de vingt registres, renfermant de nombreux détails sur leur compte, procès-verbaux de levée ou remise desdits batards, frais de nourrices, d'habillement, d'entretien, etc., se retrouvent encore soit aux archives de l'hospice, soit à celles de la mairie, jusqu'à la Révolution [3]. Les nourrices étaient payées à cette époque six livres par mois.

— L'hôpital eut, en 1740, un autre long procès à soutenir, en sa qualité d'héritier d'une partie des biens de Mascaron. Déjà quatre ans avant, en 1736, Mgr d'Yse de Saléon, évêque d'Agen, avait assigné les syndics, afin qu'ils eussent à prendre part, à ce titre, aux réparations qui étaient devenues indispensables aux églises dépendantes de l'Evêché, maison épiscopale, et à la fourniture de

---

[1] Archives de l'hôpital. Bureau de 1739.

[2] Archives de l'hôpital. Bureau du 9 mai 1768.

[3] Archives municipales. GG. 231-247.

certains ornements. En 1740, l'instance fut reprise ou plutôt continuée par les Prêtres de la Mission, héritiers de feu Mgr Hébert, qui assignèrent à nouveau les syndics de l'hôpital devant le sénéchal, afin qu'ils fissent effectuer lesdites réparations auxquelles ils étaient tenus comme héritiers de M. de Mascaron. Le bureau décida qu'on s'entendrait avec l'hôpital-Manufacture, assigné aux mêmes fins et pour le même motif[1].

L'hôpital se trouvait créancier vers le milieu du XVIIIe siècle, de la plupart des principales familles d'Agen ou des environs. Dans les longues listes de ses débiteurs, nous relevons les noms des Consuls d'Agen, des Etats du pays d'Agenais, de presque toutes les Communautés religieuses, de Messieurs de Champier, de Raymond, de Bressolles, de Lamouroux, de Cunolio, de Sabouroux, de Rissan, de l'Escale de Verone, etc., etc. Les Jésuites, débiteurs d'une somme de 2,700 livres, demandent à se libérer ou bien à ne payer les intérêts qu'au denier 25. Leur proposition est repoussée par un des bureaux de 1760. Ils paieront, ou le capital en son entier, ou les intérêts au denier 20[2].

Les chirurgiens de l'hôpital abusent des billets d'entrée qu'ils donnent aux malades. Ces derniers seront scrupuleusement visités, et les sœurs tiendront avec le plus grand soin un registre des entrées et sorties des malades, avec leur nom, le lieu de leur demeure, et l'indication de la maladie.

Malgré sa prétention de se procurer où bon lui semblera les draps, lainages et autres marchandises de ce genre pour l'habillement des pauvres, le sieur Dutrouilh, syndic et trésorier de l'hôpital en 1759, reçoit ordre de la part du bureau, et sur les vives réclamations de son collègue, le sieur Lafargue, marchand de draperies, d'avoir à se servir dorénavant chez lui et pas chez d'autres fournisseurs de la ville[3].

— La situation matérielle de l'hôpital Saint-Jacques était à cette

---

[1] Archives de l'hôpital. Bureaux de 1736-1740.
[2] Livres de comptes de l'hôpital.
[3] Archives de l'hôpital. Bureau de 1759.

époque dans le plus triste état. Depuis longtemps les syndics, à court d'argent, n'y avaient effectué aucune réparation, et de nombreux corps de logis menaçaient ruine. La position devint si dangereuse en 1767 qu'il fallut à tout prix prendre un parti, sous peine de voir les sœurs et les malades ensevelis à courte échéance sous cet amas de vieilles masures qui craquaient de toutes parts. Mais comme toujours, la caisse était vide. On dut s'adresser au Roi.

Une volumineuse correspondance, relative à cette affaire de reconstruction de l'hôpital Saint-Jacques, nous a été conservée soit aux Archives nationales de Paris, soit à celles de l'hôpital ou de la Communauté d'Agen. Elle nous fournit d'intéressants détails.

En octobre 1767, les Consuls prennent l'initiative et écrivent à M. de Jarente, évèque d'Orléans et agent général du clergé, pour qu'il s'intéresse à la situation de l'hôpital d'Agen, et lui fasse obtenir quelque secours. Ce prélat leur répond :

« J'ay reçeu, Messieurs, la lettre que vous m'avés fait l'honneur de m'écrire le 4 de ce mois d'octobre. Vous ne devés pas douter combien je serais charmé de seconder les sentimens de charité qui vous animent ; mais le Roy, vu pareilles représentations faites pour nombre d'hôpitaux dont les secours paraissent aussi pressants que ceux de l'hôpital d'Agen, s'est expliqué nettement qu'il ne pouvait ni ne devait même leur procurer des secours par la voye des bénéfices ni sur les fonds des économats destinés à la subsistance des nouveaux convertis et dont l'application ne peut être changée. C'est à M. le Controlleur général à qui on doit représenter l'état de votre hôpital et de porter ce ministre à engager Sa Majesté de vous procurer les moiens de le rétablir sur les fonds de ses domaines. J'ay l'honneur d'être, Messieurs, etc. [1]. »

Immédiatement, les Consuls s'adressent à M. de Fargès, intendant de la généralité de Bordeaux de 1766 à 1770, et lui envoient tout le dossier de l'affaire, où se trouve notamment la requête très éloquente de la sœur Angélique, supérieure des filles de la Charité de l'hôpital d'Agen en 1767. Cette pieuse fille représente en effet

[1] Archives municipales. GG. 230.

« que de tous côtés l'hôpital menace ruine, que depuis longtemps on n'y a rien fait pour empêcher sa chute, et qu'on ne peut plus y habiter sans un danger évident d'être enseveli sous ses ruines [1]. » M. de Fargès appuie chaudement la demande des syndics auprès de M. de Laverdy, commissaire général des finances à Paris, et il lui représente que « la supérieure de l'hôpital Saint-Jacques expose qu'elle est obligée avec ses sœurs d'abandonner cette maison qui menace d'une chute prochaine, et que le bien de l'humanité et celui du service du Roi pour les soldats malades ne permettent pas que l'on laisse ces hospitalières et leurs malades plus longtemps exposés à un danger aussi imminent. Vous devez donc prendre incessamment des mesures pour placer ailleurs toutes les personnes de cette maison qui ne peuvent plus y habiter [2]. »

Reconnaissant la justesse de ces raisons, M. le Commissaire général se hâte de répondre que le Conseil du Roi va prendre l'affaire en mains et que, sous peu, il enverra des secours à l'hôpital d'Agen. Immédiatement, en effet, Monsieur d'Ormesson écrit à plusieurs reprises à M. de Fargès, qui demande une somme de 24,000 livres, pour les réparations à effectuer : et, finalement, par arrêt du 2 août 1768, le Roi ordonne la reconstruction de l'hôpital d'Agen « moyennant que cette dépense sera imposée en 1769 sur l'élection d'Agen, suivant l'adjudication qui en sera faite par M. l'Intendant. Le montant du devis s'élève à la somme de 27,511 livres. » Le Roi prescrit, en dernier lieu, que cette somme sera imposée en deux années sur les communautés de l'Election d'Agen au marc la livre de la taille, savoir, celle de 13,755 livres en l'année 1772, et pareille somme en 1773 .

Les réparations commencèrent, dès 1769, aux deux grands corps de logis de l'hôpital. Les syndics étaient, cette année, MM. de Raignac, de Varenne, Dorville et Bonneau. Sœur Marie Anne était supérieure, sœur Angélique assistante. A cause des réparations, ces

---

[1] Archives municipales. GG 230.
[2] Idem.
[3] Archives nationales, H, 90.

dernières sont obligées de quitter leur appartement. Le bureau leur assigne provisoirement la salle des femmes [1]. Mais les travaux trainent en lenteur. Les entrepreneurs se plaignent qu'ils ne trouvent pas d'ouvriers. Néanmoins ils s'engagent « à reconstruire à neuf les deux corps de logis et à avoir terminé dans deux ans et six mois, sous peine de réduction de prix. »

D'un autre côté l'argent fait souvent défaut. Il faut, pendant ces années de réorganisation de l'hôpital, réduire le nombre des entrées. «L'hôpital, dit un des membres du bureau, n'est que pour les malades susceptibles de guérir, et non pour les incurables. Il faut expressément défendre aux sœurs d'admettre ces derniers. » Et comme celle-ci exposent que, dans la nuit du 28 au 29 novembre 1770, on a volé une grande partie du linge de l'hôpital et qu'on ne peut laisser les malades sans linge, le bureau décide qu'on prendra immédiatement les 2,000 livres que Monsieur de Fargès vient encore d'envoyer pour solder la suite des réparations, et qu'on affectera cette somme à un achat important de toile, qu'ensuite les sœurs accommoderont [2].

En 1773, les réparations étaient terminées. Le sous-délégué d'Agen, M. Sarrazin, écrit à cette date à son chef hiérarchique de Bordeaux : « Monsieur l'Intendant ne sera pas mécontent du nouvel hôpital. Il y reste encore bien de l'ouvrage à faire, mais s'il ne vient qu'au 10 du mois prochain (avril), ainsi qu'on me l'a dit, il trouvera l'hospitalité rétablie dans cette maison. Déjà on travaille à y monter les lits. Mais s'il est satisfait de cette partie, il ne le sera guère de ce qui fait le principal sujet de son voyage, l'exécution des ordonnances relatives au logement des troupes, etc [3]. » Peu de jours après, les religieuses prenaient possession du nouveau logement qui leur était affecté. La sœur Marie Catherine Hulot était alors supérieure de l'hôpital d'Agen.

Nous avons déjà dit, avec Labrunie, que c'est, en cette année

---

[1] Archives de l'hôpital. Bureau de 1769.

[2] Idem. Bureau de 1771.

[3] Archives départementales de la Gironde. C. 539.

1772, lors de la reconstruction de l'hôpital Saint-Jacques, que l'on découvrit dans la cave de l'hôpital plusieurs nouveaux tombeaux.

Il semble qu'une fois remis à neuf, l'hôpital d'Agen ait dû reprendre sa prospérité d'autrefois. Il n'en fut rien. Vainement quelques âmes pieuses et charitables continuèrent à le gratifier de leurs libéralités, comme Mademoiselle d'Escayrac, qui veut notamment que les revenus de son domaine de Lamothe-Blanche soient affectés aux pauvres de l'hôpital ; ou encore Messieurs les Consuls, qui consentent, le 19 juin 1773, une constitution de rente au capital de 4,000 livres en faveur de l'hôpital, pour subvenir à ses besoins les plus urgents. Malgré ces efforts isolés, la situation ne fit qu'empirer, les dépenses s'accroissant chaque année d'une façon désespérante. Un état très-exact nous fournit, en 1773, la preuve de cette rapide décadence.

La recette de 1772, « une des plus fortes qui ait jamais été faite » ne se monte qu'à 5,826 livres, 16 sols, 10 deniers. Les dépenses atteignent le chiffre de 9,152 livres, 2 sols, 4 deniers. En 1773, la différence est plus considérable encore. Les recettes ne donnent que 5,581 livres, 8 sols, 10 deniers. Les dépenses se montent à 11,339 livres, 14 sols, 2 deniers. Dans ce nombre, détaillons quelques chapitres : Les honoraires de l'aumônier sont de 300 livres ; la pension de six religieuses, à 60 livres chacune, 360 livres : les honoraires des Carmes 200 livres ; du chapelain de La Rovère, 60 livres ; du médecin, 50 livres ; des deux chirurgiens, 80 livres ; les frais des Irlandais, 48 livres ; les gages des domestiques, 72 livres; le loyer payé à l'aumônier, 54 livres ; les dépenses journalières des sœurs, 288 livres, etc. On a dépensé 1,000 livres pour les remèdes et frais de l'apothicaire, et 1,000 autres livres pour achat de linge. Il ne reste pour achat de viande, bois, vin, réparations et autres menus frais qu'environ 2,000 livres; ce qui est très-insuffisant.

« Il y a communément dans l'hospice 70 malades ; mais il y en aurait bien davantage, s'il s'y trouvait plus de lits, puisque les 35 lits qui sont tant dans la salle des hommes que dans celle des femmes ont servi, la majeure partie du temps, à loger les militaires. Il en est entré, dans la seule année 1773, 1764 ; l'année précédente,

1400. » Avec si peu de ressources, l'hôpital ne saurait exsister plus longtemps[1].

La situation devenait grave. Il fallait y rémédier au plus vite. Le 21 février 1774, sur la requête des syndics d'abord, puis des consuls, une importante réunion des Trois-Ordres fut tenue à l'Hôtel-de-ville, afin de venir en aide à l'hôpital Saint-Jacques d'Agen. Elle fut présidée par Monseigneur d'Usson de Bonnac, évêque et comte d'Agen. Il y fut rappelé que le dernier bureau de l'hôpital, ayant constaté que les revenus ne se montaient plus qu'à 3,000 livres, alors que les dépenses atteignaient au minimum le chiffre de 8000 livres, qu'en outre les administrateurs ne voulaient ni fondre les capitaux, ni diminuer le nombre des malades à recevoir, on avait fait appel à la communauté afin qu'elle vint au secours de l'hôpital menacé.

Monsieur de Raymond, maire d'Agen, proposa alors, au nom du Corps municipal, que, tous les moyens dont disposait le bureau étant épuisés, et le nombre de malades et surtout de soldats qui entraient à l'hôpital s'accroissant chaque jour, le revenu annuel de l'hôpital serait augmenté de 8,000 livres de rente, « attendu qu'un établissement d'une telle utilité ne pouvait être fermé. » Monseigneur prit également la parole et abonda dans ce sens. Finalement, il fut décidé à l'unanimité : « qu'il fallait recourir aux bontés du Roi ; et qu'en conséquence il serait présenté un placet à Sa Majesté pour la supplier de venir en aide audit hôpital et de lui réunir le prieuré de Saint-Cosme, près la ville d'Aiguillon, cy-devant possédé par les cy-devant Jésuites, dont les revenus avaient été déjà réunis aux économats depuis la dissolution de cette société : ou bien de vouloir établir en faveur dudit hôpital une pension annuelle d'environ 6,000 livres à prendre sur les économats ou sur les biens des religionnaires fugitifs ou sur tels autres fonds et revenus destinés aux œuvres pies qu'il croira utile à Sa Majesté de déterminer. On écrira dans ce sens aux ministres, au maréchal de Richelieu, gouverneur de la province, à Monsieur de Fumel, commandant, et à Monsieur

---

[1] Archives municipales. GG. 230.

d'Esmangart, intendant de Guyenne, afin d'implorer leur protection [1] ».

Le Roi prit en pitié l'hôpital d'Agen et envoya des fonds, qui assurèrent son existence jusqu'à la Révolution.

Quelques dernières libéralités lui vinrent encore utilement en aide. Le 16 avril 1777, Monsieur Darribeau cède, au profit de l'hôpital Saint-Jacques et du chapitre de la cathédrale, la somme de 6976 livres, 12 sols, à prendre sur la municipalité d'Agen [2]. Sept ans après, c'est Monseigneur de Bonnac qui, à son tour, abandonne la même somme à l'hôpital Saint-Jacques, « laquelle sera prise sur la communauté d'Agen, qui en est restée débitrice, à la suite de l'achat qu'elle avait fait, le 6 mai 1780, des bâtisses et terrains restant de l'emplacement de l'ancien palais épiscopal, près l'église Saint-Etienne [3]. »

Les Consuls signalent à cette époque à M. l'Intendant, qui leur demandait de lui fournir un état des nègres résidants à Agen, que trois négresses domestiques desservent l'hôpital d'Agen [4].

Enfin, l'hospice hérita, à la fin de 1778, de tous les biens meubles et immeubles de messire Guillaume de Monfourton, prêtre, chanoine du chapitre de l'église séculière collégiale de Saint-Caprais, ancien conseiller en la grand chambre du Parlement de Bordeaux, lequel, par testament du 26 août de cette année, institua pour ses héritiers les pauvres de l'hôpital Saint-Jacques, et chargea d'exécuter ses dernières volontés Messieurs Jacques-Joseph de Couloussac, prieur du chapitre de Saint-Caprais, Michel-François de Lamothe-Vedel, chanoine dudit chapitre, et Georges Lamouroux, conseiller du Roy, receveur des consignations de la Sénéchaussée d'Agenois. Messieurs Jean-Baptiste Vaqué de Falagret, conseiller du Roi au Présidial, et Pierre Guenin, négociant, syndic de l'hôpital pour cette année 1778, furent chargés par le bureau de recevoir ladite hérédité. Par leurs soins, il fut procédé à un inventaire très-détaillé des meu-

---

[1] Archives municipales, BB. 83, et GG. 230.

[2] Idem, GG. 230.

[3] Idem.

[4] Idem.

bles du chanoine de Monfourton, lequel résidait à la maison canoniale de Saint-Caprais. Conservé dans les Archives de l'hôpital, ce document fort intéressant nous donne une idée très-juste du luxe relatif dans lequel vivaient, à la fin du dernier siècle, ces hommes d'église, moitié prêtres et moitié grands seigneurs, qui ne se refusaient ni le plaisir de la chasse, ni celui des livres, des beaux tableaux, des objets précieux, encore moins les jouissances de la bonne chère et du bon vin. La liste interminable d'objets de valeur, à la rédaction de laquelle six jours suffirent à peine, en fait pleinement foi. Citons dans le nombre : un beau portrait de Mademoiselle de La Vallière avec cadre doré, un autre du Pape Clément XIV, du maréchal de Richelieu, de monsieur de Louventhal, du chanoine Monfourton lui-même; une très grande quantité de tableaux d'église, des gouaches, des aquarelles, des fusains, une collection assez riche d'armes et d'objets de chasse, de très belles tapisseries d'Aubusson, des faïences, tout un service de vaisselle d'argent, et une très-volumineuse bibliothèque, très mélangée, où les livres de religion, de philosophie, d'histoire, de voyage, s'accommodent fort bien du voisinage des romans, chansons et opéras à la mode. Une berline à quatre roues, des harnais dorés, des bijoux précieux, un jeu de billard, une cave surtout bien remplie et qui renferme les vins des meilleurs crus, complètent fort heureusement les pages de ce fastueux et très-curieux inventaire, dont profitèrent, disons-le à la louange du bon chanoine, les pauvres de l'hôpital d'Agen [1].

— La Révolution se montra moins sévère et moins injuste envers l'hôpital Saint-Jacques et les pieuses filles qui le desservaient, qu'à l'égard des communautés et autres maisons religieuses de la ville d'Agen. Son fonctionnement resta le même jusqu'au 28 juillet 1790, époque où, par ordre du Directoire du département, MM. Géraud Fontfrède et Georges Benaud, officiers municipaux, vinrent procéder à l'inventaire obligatoire de tous ses effets mobiliers.

« Et y étant arrivés, nous dit le procès-verbal de leur visite,

---

[1] Archives de l'hôpital. Pièce détachée.

avons trouvé Messieurs Barbier de Lasserre, Phiquepal et Delpey, administrateurs de la maison, ainsi que les sœurs Marie-Madeleine Blanc, Marie Brissard, Anne Jacquinot, Marie Maurand, Marianne Meriel, Françoise Delrue et Marie-Jeanne Violomée, sœurs de l'ordre de S. Vincent de Paul, chargées du soin du service de l'hôpital. »

Tous les registres de comptes furent soigneusement vérifiés, inventoriés et paraphés. La totalité des charges se monte pour cette année à la somme de 1,725 livres 6 sols, dont : 400 livres pour le premier aumônier et 300 livres pour le second ; 420 livres pour l'entretien des sœurs ; 100 livres pour les honoraires des deux médecins ; 80 livres pour ceux des deux chirurgiens, et 96 livres pour gages des trois domestiques, plus diverses dépenses éventuelles, etc. La sacristie est riche en ornements d'églises, chasubles, calices, encensoirs, lampes, vases, etc. La salle des hommes renferme 25 lits ; celle des femmes 15 lits. Il s'y trouve suffisamment de linge. Enfin, on remarque sept portraits des bienfaiteurs de la maison, et quinze estampes représentant la vie de S. Vincent de Paul, etc.

« Et ayant interpellé les sœurs si elles entendent rester dans l'ordre, ellles nous ont déclaré toutes entendre vivre et y mourir, conformément à la liberté de leurs statuts [1]. »

Deux ans plus tard la situation reste la même. Il est procédé seulement, le 17 octobre 1792, au recollement de l'inventaire précédent et à la vérification desdits meubles, qui furent tous trouvés dans le même état. Interpellées de nouveau sur leurs intentions, les sept sœurs de l'hôpital, qui étaient : Marie-Madeleine Blanc, Marie-Jeanne Brissard, Anne Jacquinot, Marie Maurand, Marie Meriel, Marie-Françoise Delrue, et Anne Seré, déclarèrent unanimement vouloir rester dans leur ordre et continuer, comme telles, à servir l'hôpital d'Agen [2].

Mais avec les mauvais jours, le contrôle et l'administration de

---

[1] Archives départementales. Biens Nationaux.

[2] Idem.

l'hôpital subirent de profondes modifications. Disons toutefois bien vite que la sainteté, le désintéressement, le dévouement absolu des sœurs de Charité trouvèrent grâce devant les rigueurs des farouches Conventionnels, et que les filles de S. Vincent de Paul furent maintenues, avec le titre de *citoyennes*, il est vrai, à l'hôpital d'Agen, dont la chapelle avait été déjà fermée au public, par arrêté du 17 août 1791, rendu en exécution de la loi du 13 mai précédent. Les sœurs durent se conformer aux rigueurs du moment et prendre des habits civils : une coiffe d'artisane, une guimpe noire, un tablier blanc sur leur robe noire, tels furent les seuls costumes qu'on leur permit. « Des prêtres insermentés, nous dit le chanoine Delrieu[1], cachés dans leur maison ou à l'extérieur, venaient cependant en secret leur dire la messe ou pourvoir avec prudence au service religieux. Dans ces jours trop orageux, elles s'en privaient ou allaient entendre la messe à la maison qu'occupent les sœurs Dominicaines de la rue Roussanes. »

Et Labrunie, témoin occulaire de tous les évènements de cette lamentable époque, ne peut s'empêcher de s'écrier, à propos des sœurs de S. Vincent de Paul de l'hôpital d'Agen : « Je ne puis omettre ici ce dont j'ai été témoin dans cette Révolution, où tant de prêtres et autres personnes ont eu la lacheté d'abandonner leur religion ou de s'en interdire l'exercice. Ces respectables filles, bravant les menaces de nos tyrans et de leurs suppots, ont continué de remplir avec exactitude les obligations que leurs vœux leur avaient fait contracter envers Dieu et ses membres souffrants. Je puis dire, sans crainte d'être démenti, que, malgré la détresse où elles ont été réduites, leur dévouement et leur courageuse conduite nous ont conservé l'hôpital, dont le service n'a jamais été interrompu[2]. »

Le dernier fructidor, an II, (16 septembre 1794), il est rendu compte par l'administration « de l'*hospice Jacques* de la ville d'Agen, département de Lot-et-Garonne » de l'état de la maison. Le total des dépenses se monte à 51,521 livres, dont 7,154 l. de pain, 25,200 l. de viande, 6,000 l. de vin, 84 de légumes, et 2,100 li-

[1] Notice historique sur Mgr Jacoupy.

[2] Labrunie. Abrégé chronologique. Année 1686.

vres pour l'honoraire « des sept *citoyennes* qui desservent les pauvres malades, à raison de 300 livres pour chacune[1]. »

Un an plus tard, un état des bâtiments et édifices nationaux invendus et employés à des objets d'utilité publique, du 14 Vendemiaire, an III, (5 octobre 1794), déclare « que cette maison renferme toujours l'hôpital qui est actuellement plus utile que jamais, à cause du grand nombre de militaires malades qui s'y réfugient. L'église, ajoute-t-il, a été convertie en salle de malades[2]. »

La chapelle de l'hôpital fut toutefois une des premières qui fut réouverte au culte, au mois de juin 1795, en vertu de la loi du 11 prairial, an III. Mais les sœurs ne purent de longtemps revêtir leurs habits religieux[3]. Elles durent même, après le coup d'Etat révolutionnaire du 18 fructidor, an V, (4 septembre 1797), subir une fois encore la visite des commissaires du Gouvernement, qui fouillèrent de fond en comble l'hôpital Saint-Jacques sous le prétexte qu'il devait réceler des gens de la réaction. Ce ne fut que lorsque Monseigneur Jacoupy eut pris en 1802 possession de son diocèse, que sur son ordre et sa direction elles suivirent une retraite des plus sévères, et que le 25 mars, fête de l'Annonciation, après une chaleureuse allocution qu'il leur adressa, elles renouvelèrent solennellement leurs vœux entre ses mains. Depuis, les sœurs de l'hôpital eurent leur aumônier respectif[4].

— Le 8 frimaire, an V, (28 novembre 1796), par ordre de la municipalité, une commission toute nouvelle fut nommée pour la régie de l'hôpital Saint-Jacques. Firent partie de cette commission les citoyens Chaubard, Falagret ainé, Landié, Lacuée et Guenin[5]. Mais leurs fonctions ne durèrent que peu de temps ; car, moins d'une année après, l'administration de l'hôpital fut refondue du tout au tout. A l'hôpital Saint-Jacques on réunit, comme nous l'avons déja vu au chapitre précédent, la Maison du Refuge, et, ainsi que nous

---

[1] Archives départementales. Biens Nationaux.
[2] Idem.
[3] Proché. Annales de la ville d'Agen, p. 52.
[4] Delrieu. Vie de Mgr Jacoupy, p. 259.
[5] Archives de l'hôpital. Liasse.

le dirons à la fin de ce chapitre, les épaves de l'hôpital Delas. Des trois commissions qui existaient, on n'en fit plus qu'une seule, et la nouvelle commission, dite *des Hospices réunis*[1], fut installée le 1er thermidor an v (19 juillet 1797).

« Cejourd'huy, en effet, dit le procès-verbal d'installation, 1er thermidor, ve année républicaine, nous président de l'administration municipale de la commune d'Agen, commissaire nommé pour procéder à l'installation de la Commission des hospices civils, nous sommes rendus à 3 heures de relevé dans une des salles dépendant de l'établissement Saint-Jacques, où nous avons trouvé les citoyens Chaubard, Landié, Sevin, Canuet et Falagret aîné, nommés Commissaires par arrêté du 19 messidor, et les membres de la Commission du Refuge et de l'hôpital, supprimée ; et après avoir donné lecture des arrêtés de l'administration centrale du 9 messidor et de l'administration municipale du 19 dudit mois, nous avons procédé à l'installation des membres de la nouvelle *Commission des hospices civils*[2]. »

De ce jour, il n'y eut plus, en effet, qu'une seule Commission des hospices civils réunis, qui fonctionna à l'hôpital Saint-Jacques, jusques après la chute du premier Empire. Cette commission, composée à ses débuts, des citoyens : Barsalou, président, Proché, Palisse, Andrieu et Dutrouilh, secrétaire, fut chargée tout d'abord de recevoir et de vérifier avec la plus scrupuleuse exactitude les comptes des anciens commissaires. Puis elle fit exécuter d'importantes réparations dans la partie méridionale du grand corps de logis, pour y placer les enfants-trouvés, dits *Enfants de la Patrie*, qui devaient désormais y loger, en vertu d'une décision du ministre de l'Intérieur du 15 nivose, an vi. Des portes et des fenêtres furent ouvertes, de nouvelles chambres furent créées, dont les frais se montèrent à la somme de 1,095 livres, 11 sols. En même temps tous les militaires malades ou blessés y furent également envoyés[2].

Ce surcroît de charges n'améliora pas la situation financière de l'hôpital. Quelques jours après leur installation, les nouveaux com-

---

[1] Archives de l'hôpital. Liasse.

[2] Idem.

missaires de l'an VIII (21 septembre 1799), qui étaient les citoyens Cazabonne-Lajonquière, Sevin aîné, Barbier-Lasserre, Andrieu et Palisse, écrivent aux ministres une lettre collective où ils leur font part de l'état déplorable où se trouve l'hopital et leur demandent au plus vite quelque secours[1]. Le nombre des enfants de la Patrie augmente surtout chaque année d'une façon inquiétante. Leur entretien ruine la maison. Aussi, le 23 ventose, an IX, (14 mars 1801), le ministre de l'Intérieur écrit-il au Préfet de Lot-et-Garonne :

« De toutes les institutions, citoyen Préfet, la plus utile peut-être est celle qui accorde des secours et un asile aux enfants abandonnés. Mais cette sainte institution a été dégradée par toutes sortes d'abus sur lesquels je viens appeler ce jourd'huy votre attention. Depuis dix ans le nombre des enfants abandonnés a fait plus que doubler dans nos hospices. Il s'élève en ce moment au chiffre de 63,000 !... En conséquence, à compter du 1er germinal, an IX, on n'accordera plus aucune indemnité aux filles-mères ; et on raiera des états des enfants abandonnés, nourris et entretenus aux frais de la République, tous ceux qui y sont inscrits dont les parents sont connus[2]. »

Quelques donations importantes vinrent cependant à cette époque augmenter les ressources pécuniaires de l'hopital S. Jacques. Monsieur Claude Lamouroux lui céda, en 1809, un terrain situé près de l'hopital de Las ; Me Barbier-Lasserre, une pièce de terre, au lieu de Labonde, commune de Bon-Encontre ; Me Renaud, avocat, une maison et un jardin, rue Cajarc, joignant ledit hopital (24 février 1806) ; Monsieur Malebaysse, en 1808, une autre maison située rue Cajarc, etc., etc[3]. Toutefois ces libéralités ne furent pas assez considérables pour permettre, comme le demandait le gouvernement en la personne du général Berthier, d'agrandir la salle destinée à recevoir les militaires malades ou blessés.

Un conflit éclata, en 1812, entre le gouvernement et les sœurs de l'hôpital Saint-Jacques. Ces dernières, nous apprend Proché dans

---

[1] Archives de l'hôpital. Liasse.
[2] Idem.
[3] Idem.

ses Annales, refusèrent de reconnaître une supérieure générale que venait de nommer l'Empereur. Plutôt que de se soumettre à sa volonté souveraine, elles préférèrent quitter leurs fonctions et se retirer. Elles furent aussitôt remplacées par d'autres sœurs du même ordre, qui furent installées officiellement à l'hôpital d'Agen, le 22 mai de cette même année. Dans le nombre se trouvait la Mère Lucrèce, la sœur Cécile, qui la remplaça bientôt comme supérieure, et la vénérable sœur Augustine, qui toutes trois furent les bienfaitrices de l'hôpital. « Elles ont trop bien mérité de la ville et des pauvres d'Agen, dit l'abbé Delrieu, leur mémoire et leur dévouement, si plein d'activité et d'intelligence, sont trop gravés dans la reconnaissance publique, pour que nous hésitions à prononcer leurs noms. »

Le 4 février 1816, mourait Mademoiselle Delbès, habitant rue Molinier, à l'âge de 66 ans. « C'était, dit encore le chanoine Delrieu, une fille très pieuse et très charitable. Elle se tenait le plus souvent à l'hôpital et rendait aux malades les mêmes services que les sœurs. Elle a donné par son testament à l'hôpital une grande métairie près de Bon-Encontre et le reste de ses biens à sa nièce, épouse de M. Guerrin, négociant ».

« M. de Cazabonne de La Jonquière, président à la cour royale d'Agen, mourut le 1er avril 1817. Ce fut encore un des bienfaiteurs de l'hôpital. Il lui légua par son testament 12,000 francs et 500 sacs de blé, payables en dix ans par égales portions. Il donna encore 10,000 francs au bouillon des pauvres. Selon sa demande, il a été enterré dans le cimetière des pauvres [1] ».

L'année 1819 fut la dernière pour l'hôpital du Martyre. Une

---

[1] Les portraits de mademoiselle Marie-Anne Delbès et de M. Cazabonne de La Jonquière subsistent encore dans la salle de la Commission d'administration de l'hôpital Saint-Jacques d'Agen. A côté d'eux, nous citerons également les portraits, fort jolis, de Marguerite-Foy Gautier, l'aînée, et Marguerite Gautier, la jeune ; de M. Jean-François Ducasse du Mirail, décédé le 23 février 1816; de noble Godefroy de Secondat, écuyer, décédé le 6 mars 1774, avec ses armes ; de MM. Canuet, aîné, décédé en 1821 ; Cazabone, curé de Saint-Caprais d'Agen; Claude Passelaygue, chanoine de la Cathédrale ; Antoine Cabal, bourgeois, décédé le 23 avril 1781 ; Etienne-

ordonnance royale du 20 janvier de cette année désaffecta en effet son ancien emplacement et prescrivit sa fusion avec la Manufacture. Vu l'importance de ce document, nous en reproduirons ici le texte *in extenso :*

« Louis, par la grâce de Dieu, roi de France et de Navarre, à tous ceux qui ces présentes verront, Salut.

« Sur le rapport de notre ministre secrétaire d'Etat de l'Intérieur,

« Notre Conseil d'Etat entendu ;

« Vu les délibérations du Conseil Général du département de Lot-et-Garonne, prises dans ses sessions de 1817 et 1818, concernant le dépôt de mendicité de ce département, sa suppression et la meilleure destination à donner aux bâtiments qui appartiennent aux hospices d'Agen ;

« Vu une délibération de l'administration des hospices de cette ville du 15 avril 1818 ;

« Vu une délibération du Conseil Municipal du 30 avril ;

« Vu un avis du Préfet, en date du 25 juillet suivant ;

« Nous avons ordonné et ordonnons ce qui suit :

« Article 1er. — Le dépôt de mendicité, créé, le 9 octobre 1810, dans les bâtiments et dépendances de l'ancien hospice de Las, à Agen, appartenant aux hospices de cette ville, est supprimé.

« Art. 2. — Les sommes provenant de la dotation de cet établissement, et qui seraient encore disponibles, seront, après l'entier acquittement de ses dettles, employées à pourvoir à des dépenses d'une utilité départementale, sur le vote du Conseil Général et la décision de notre ministre, secrétaire d'Etat de l'Intérieur.

« Art. 3. — Tout recouvrement cessera d'avoir lieu sur les communes du département pour raison du contingent ou complément

---

Nicolas Malebaysse, décédé en 1833 ; messire Antoine Muraille, écuyer, chevalier de saint Louis, décédé en 1786 ; François Charrière, prêtre, conseiller en l'élection ; de madame Muraille Ratier ; de noble demoiselle Marie-Catherine Descayrac, avec ses armes, décédée le 13 avril 1769 ; de dame Françoise-Geneviève de Chabrières, épouse de M. François Ducasse du Mirail, décédée en janvier 1788 ; de la Mère Cécile Chalabre, une des supérieures de l'hôpital ; enfin de l'illustre évêque Mascaron; tous qualifiés bienfaiteurs des pauvres de l'hôpital d'Agen.

du contingent qu'elles avaient à payer dans les dépenses du dépôt, sur leurs revenus des exercices antérieurs à 1816 et des six premiers mois de ce dernier exercice.

« Art. 4. — Les bâtiments et dépendances de l'hospice de Las seront rendus aux hospices d'Agen, dans l'état où ils se trouvent, sans réclamation de plus-value pour les améliorations qui y ont été faites.

« Art. 5. — Les portions de terrain, qui ont été acquises et réunies à ces bâtiments pour les besoins du dépôt, seront concédées, ainsi que le mobilier de cet établissement, aux mêmes hospices, sous *condition expresse que l'hospice Saint-Jacques sera transféré à l'hospice de Las*, et que les bâtiments dudit hospice Saint-Jacques, ainsi évacués, seront cédés en toute propriété à la ville d'Agen, qui en disposera, soit pour le casernement, soit pour tout autre service municipal.

« Notre ministre, secrétaire d'Etat de l'Intérieur, est chargé de l'exécution de la présente ordonnance.

« Donné en notre château des Tuileries, le 20 janvier de l'an de grâce mil huit cent dix-neuf, et de notre règne le vingt-quatrième.

« Signé : LOUIS[1]. »

Cette ordonnance, qui modifiait de fond en comble la situation de l'hôpital d'Agen, fut immédiatement exécutée. Les sœurs de saint Vincent de Paul commencèrent leur déménagement dès le mois suivant de février, et elles l'avaient terminé au mois d'avril. Nous retrouverons ces saintes filles à l'hôpital de Las, lorsque, au chapitre suivant, nous arriverons à cette date de son histoire.

Disons seulement ici que l'hôpital du Martyre ne put servir ni comme casernement, ni pour tout autre emploi public. Mal aménagé, privé d'air, resserré entre les églises de Saint-Caprais et de Sainte-Foy, tombant à peu près en ruines, il fut morcelé en différents lots et vendu à divers particuliers, qui, depuis, l'ont entièrement transformé. La chapelle seule est demeurée debout, telle qu'elle se trouvait au siècle dernier. Louée ou achetée par les Pénitents

---

[1] Archives de l'hôpital Saint-Jacques.

Gris à la ville, aussitôt après le départ des sœurs, elle a été desservie par l'aumônier de cette confrérie jusqu'à sa dissolution. Dépendante de la Cathédrale, elle sert encore aujourd'hui au culte catholique, rappelant aux générations présentes le vieil endroit où furent inhumés les saints martyrs d'Agen, et, plus tard, le sombre édifice où gémirent pendant plus de trois siècles les pauvres et les déshérités de ce monde, dont les souffrances néanmoins furent adoucies, autant que peut le faire ici-bas la charité, par les soins toujours si maternels des sœurs de saint Vincent de Paul.

CHAPITRE III

HOPITAL-GÉNÉRAL OU MANUFACTURE DE LAS

En reconnaissance de la protection que le Ciel accordait à ses armes, Louis XIV fit le vœu d'établir dans les principales villes de son royaume des asiles particuliers, appelés improprement *hôpitaux généraux*, qui devaient servir « à enfermer dans leurs murs tous les pauvres, valides ou invalides, afin d'y être employés aux manufactures et autres ouvrages de travail, selon l'ordre et manière qu'il serait jugé à propos. » Ce sont les termes mêmes des Lettres patentes de la fondation de l'hôpital général de Paris, reproduites plus tard dans les différents monuments édictés en vue de multiplier en province ces établissements de bienfaisance.

L'utilité s'en faisait impérieusement sentir. Les hôpitaux, spécialement réservés aux malades et aux blessés, regorgeaient de pauvres, de mendiants, d'orphelins, d'enfants abandonnés de tous pays et de tout sexe, dont l'entretien épuisait les ressources, qui primitivement ne leur étaient pas destinées. Il importait de les en détacher pour les rendre à leur affectation première ; et, afin que le renvoi de ces misérables ne les jetât pas ainsi tout-à-coup inoccupés et faméliques sur les pavés des grandes villes, de les parquer en un endroit isolé quelconque des faubourgs, et de chercher par tous les moyens possibles à les rendre utiles à la société et à eux-mêmes. C'est ce que comprit le génie de Colbert, lorsqu'il résolut de créer dans tous les grands centres de population ces manufactures qui prirent le nom d'hôpitaux-généraux. La première de ces maisons fut fondée à Paris en 1656. Celle d'Agen ne le fut qu'en 1685.

Mais bien longtemps avant cette époque, nos pères, par l'organe de leurs administrateurs, avaient pressenti la nécessité d'une semblable institution et, dans leurs vœux, fait appel à la générosité du gouvernement. Déjà, au bureau de l'hôpital Saint-Jacques du 17 janvier 1642, ils demandaient « la création dans ledit hôpital d'une manufacture, non seulement pour éviter toute occasion de fainéantise, mais encore pour habituer les jeunes garçons et beaucoup de filles qui sont pauvres audit hôpital et à la charge de la ville, à être instruits pour pouvoir gaigner ensuite leur vie et par leur travail aider dès le présent ledit hôpital. » L'intendant de Lauson, se faisant leur interprête, proposa cette combinaison ; et il remit même entre les mains des syndics la somme de 300 livres pour acheter les premiers outils et instruments nécessaires [1].

Les orages de la Fronde et l'épidémie de peste de 1652 firent remettre à plus tard l'exécution de ces louables projets.

L'idée fut reprise en 1656, et, après la fondation de l'hôpital général de Paris, étendue à toutes les provinces.

Un arrêt du Conseil d'Etat de 1659 convoque, en effet, des assemblées spéciales dans toutes les villes épiscopales du royaume pour aviser aux moyens d'y établir des hôpitaux généraux de manufacture, chargés de secourir les pauvres, et d'élever les orphelins et bâtards dans la pratique des idées religieuses. « Faisant droit à ces considérations, le Parlement de Bordeaux ordonna en conséquence que, dans le mois, il serait tenu une assemblée générale dans toutes les villes épiscopales de son ressort, afin d'obéir aux ordres du Roi (23 décembre 1659) [2] »

Quelques réunions préparatoires eurent lieu à Agen dans le courant de l'année 1660. L'assemblée définitive des Trois Ordres ne se réunit que le 10 mai 1661. Le journal des Consuls nous en rend compte en ces termes :

---

[1] Archives de l'hôpital. Bureau de 1642.

[2] Archives départementales de Lot-et-Garonne, B. 24.

« Et le même jour, avons assemblé les Trois Ordres de la ville par Commissaires, savoir : de la part du Clergé, MM. de Soldadié, Lévignac, de Roussel, de Saint-Amans et de Lérat ; du costé du Présidial, MM. de Boissonnade, de Bressolles, de Raignac, et de Coquet ; de la part de la Jurade, MM. de Maurès, Sevin, Saint-Gillis et Codoing ; auxquels a été proposé par Monsieur le premier consul l'établissement d'un hôpital général de manufacture pour le bien et l'utilité des pauvres et la plus grande gloire de Dieu. Et, après délibération, a été arrêté qu'on nommera des Commissaires des trois corps de ville pour faire une visite générale, et savoir par ce moyen le nombre des pauvres qui peuvent être enfermés et les charités que les particuliers voudraient faire, pour prendre nos moyens de commencer une œuvre de si grande importance, et que cependant nous en donnions avis à S. A. Mgr le duc d'Epernon, notre gouverneur, et à Mgr l'évêque et comte d'Agen. Ce que nous aurions fait par le courrier de samedi.[1] »

Monseigneur d'Elbène, absent d'Agen, répondit aussitôt aux Consuls : « Messieurs, j'ay receu cele que vous m'aves escrite sur le sujet de l'Assemblée que vous aves teneue pour chercher les voies d'establir un *hôpital général*. Je ne saurois assez louer en cela vos bons desseins qui estaient commandés dès l'année passée que je partis d'Agen. Il n'y a rien de si beau que de donner un tel ordre pour les pauvres qu'il n'y en aie point. Et s'il est beau de chercher de les attirer, il est incontestablement plus noble de faire que personne ne soit dans la nécessité, etc.[2]. »

Les intentions étaient généralement bonnes ; mais les ressources manquaient entièrement. C'est ce qui retarda à Agen la fondation de l'hôpital général. Les Consuls néanmoins ne perdaient pas de vue leur projet et ils cherchaient un lieu propice à sa réalisation.

Le 10 mai 1676, il fut représenté par eux à la Jurade « que Messieurs les Commissaires nommés dans l'assemblée des Trois Ordres pour chercher les moyens à faciliter l'établissement de l'hôpital de manufacture, ayant trouvé un lieu propre et commode pour bastir

---

[1] Archives municipales. BB. 61, p. 183.

[2] Idem.

ledit hôpital, et ayant jeté les yeux sur l'endroit *de la Loge* appelée de Renaud, au bout du Gravier, ils donnaient et accordaient les fonds appartenant à la communauté avec ses dépendances, afin d'y construire ledit hôpital. » Il existe aussi un autre emplacement « *à Cajarc*, entre la rue *Molinier* et le moulin de ce nom » près l'hôpital Saint-Jacques. Mais les dépenses y seraient plus considérables. La Jurade ayant délibéré, décida d'une commune voix « qu'elle choisissait le lieu *de La Loge Renaud*, avec ses dépendandances» pour y bâtir l'hôpital-manufacture. Une commission, composée de MM. de Sevin, de Saint-Gillis, Ducros, Lacassagne, etc., fut élue, qui devait s'entendre avec les particuliers qui voulaient bien doter cet hôpital[1].

Huit ans encore s'écoulèrent, pendant lesquels les commissaires cherchèrent vainement l'argent nécessaire à la nouvelle construction. Il fut bien décidé que le legs fait aux pauvres par Monseigneur feu Claude Joly, décédé en 1678, servirait à commencer les travaux. Mais nul n'osait entreprendre un bâtiment aussi considérable, qui risquait fort de rester inachevé. Il fallut la haute initiative de Mascaron, son dévouement, son inépuisable charité pour mener l'œuvre à bonne fin.

Le 30 avril 1684, mourait à Agen noble Marc-Antoine de Las de Gayon, seigneur de Lacépède, et maréchal de camp des armées du Roi. Par son testament, en date du 28 juin 1681, il donnait 24,000 livres pour la fondation d'un hôpital-manufacture, et nommait à cet effet Monseigneur l'Evêque d'Agen son exécuteur testamentaire. C'était la réalisation du rêve si longtemps caressé par les consuls et l'autorité ecclésiastique. Mascaron n'attendit pas longtemps. Deux mois après, dès sa rentrée à Agen de son voyage annuel à la Cour, il convoqua à son palais épiscopal en une assemblée extraordinaire le bureau de l'hôpital, et, lui soumettant le cas, l'engagea à prendre à cet égard des mesures promptes et décisives.

Voici le texte in-extenso du procès-verbal de cette importante réunion :

---

[1] Archives municipales, BB. 62, p. 184.

« Dans le palais épiscopal de la ville d'Agen, ce jourd'huy 28 juin 1684, y estant assamblés Messire Jules de Mascaron, seigneur évêque et comte d'Agen, conseiller du Roy en ses conseils, et son prédicateur ordinaire, Messieurs Me Jean Daurée et Guillaume Boissonnade, chanoines de l'église Saint-Etienne d'Agen, députés dudit chapitre, Messieurs Mes Bonaventure Roussel et Bernard Labénazie, chanoines du chapitre de l'église collégiale Saint-Caprais d'Agen, députés dudit chapitre, Messieurs Mes Jean-Jacques Vignes et Jean Beaulac, conseillers du roy en la cour présidiale et sénéchaussée d'Agenais, députés de leur corps, noble Pierre de la Tour, escuyer, sieur de Fontirou, noble Jean-Jacques de Montpezat, escuyer, sieur de Lestelle, consuls, Messieurs Mes Bertrand de Saint-Gillis, avocat au Parlement et Jean de Sabouroux, docteur en médecine, jurats et députés du corps de ville, y assistant aussi, noble Antoine de Nargassier, escuyer, sieur de Lages, héritier de messire Marc-Antoine de Las, seigneur de Gayon, noble Joseph de Las, écuyer, sieur de Mazères, et noble Jean de Sarrau, sieur Dulac, parans dudit sieur de Las ; ledit seigneur Evêque a dit que ledit feu seigneur de Las, par son testament du 28 juin 1681, retenu par feu Ceveret, notaire royal, ayant donné et légué la somme de vingt-quatre mille livres, pour estre employée à bastir et construire une manufacture pour les pauvres de la ville et juridiction d'Agen, ou pour la rétribution d'un chapellain à prendre sur les sommes à lui dues par les sieurs de Béchon, de Bordeaux, et par iceluy testament a prié ledit seigneur évêque de vouloir estre son exécuteur testamentaire pour ce chef, ensemble les chanoines des chapitres, consuls et autres, de vouloir donner leurs soins et secours audit seigneur evesque pour faire réussir son dessein et fondation ; lequel le sieur de Las estant décédé le trente avril dernier et ledit seigneur evesque ayant eu cognaissance de cette disposition à son retour dans Agen du voyage qu'il vient de faire en Cour, voulant par son zèle et piété concourir de son pouvoir faire réussir l'établissement d'une manufacture dans Agen, sous le bon plaisir de Sa Majesté, auroit fait advertir lesdits sieurs Béchon, débiteurs, de vouloir s'acquitter ; l'un desquels, estant veneu en ville, aurait remis des propositions par écrit, et prié tant ledit seigneur Evesque que autres intéressés de les luy vouloir accorder, comme n'estant pas en estat de payer présantement tout le capital dû dudit légat, au subject desquelles propositions a vouleu par bonté faire advertir tous les corps de la ville, ensemble lesdits sieurs héritiers et parans, a esté faict lecture desdites propositions desdits sieurs de Béchon. Sur lesquelles a esté délibéré, arresté et résoleu d'un commun consentement que lesdits sieurs de Béchon remettront ez mains dudit seigneur evesque, ou a son indication, la somme de 3,000 livres dans le mois d'octobre prochain, 5,000 livres au 25e de juin de l'année prochaine, 6,000 livres dans un an après, et les 10,000 livres restantes un an après, avec l'intérêt à raison du denier 18, depuis le décès dudit feu sieur de Las ; et, à proportion que les paiemens se feront, les intérêts cesseront pour les sommes payées. Dont a esté dressée la présente police. Signée et restée en original au pouvoir dudit seigneur évesque. Et de ce fait toute l'assemblée a prié ledit seigneur évesque de vouloir s'employer pour obtenir de S. M. la permission necessaire pour parvenir à l'establissement de cette manufacture. » Suivent les signatures[1].

Ces conditions reçurent aussitôt après leur exécution. Dès l'année suivante, on se mit à l'œuvre, et Mascaron de son côté obtint du Roi des Lettres patentes qui furent octroyées en avril 1685, portant la création à Agen d'un hôpital-manufacture. Vu leur importance, nous croyons devoir, malgré leur longueur, les reproduire ici in-extenso, leurs articles précisant, mieux que nous ne saurions le faire, tous les rouages de la nouvelle institution et en résumant d'avance les moindres détails d'administration et de contrôle.

« Louis, par la grâce de Dieu, roy de France et de Navarre, à tous présans et advenir, Salut. Nostre amé et féal conseiller en nos conseils et nostre prédicateur ordinaire, le seigneur Jules de Mascaron, évêque et comte d'Agen, nous a fait remonstrer qu'un des principaux devoirs de la charge épiscopalle estant celuy de pourvoir aux moyens de soulager les pauvres et d'empescher les désordres que l'oisiveté et la mandicité causent parmi eux, il aurait eu parmy eux diverses conférances en sa maison épiscopalle, tant

---

[1] Archives de l'hôpital. Bureau de 1684.

avec le corps des communautés ecclésiastiques de la ville d'Agen, qu'avec nos officiers et principaux habitans, pour trouver les moyens d'y establir un hospital-général, dans lequel les pauvres mandians de ladicte ville et juridiction d'Agen fussent logés, enfermés, instruits et nourris et élevés à la piété et religion chrestienne et aux mestiers dont ils se pourraient rendre capables sans qu'il leur fut permis de vaquer soubs quelque prétexte que ce feut; et quoiqu'il y ait beaucoup de difficultés audit établissement, ny ayant dans ladite ville, ny ez environs, aucune maladrerie, léproserie, maison de Dieu, hospice, ni autre lieu destiné pour les pauvres, dont on puisse demander l'union. Néanmoins la libéralité du feu sieur de Las de Gayon, maréchal de camp dans nos armées, a donné lieu à pouvoir entreprendre l'établissement d'une si bonne œuvre par le legs qu'il a fait, par son testament du 28 juin 1681, de la somme de 24.000 livres pour commencer l'érection d'un hôspital-général et y entretenir un prestre pour le service spirituel des pauvres.

« A ces causes, voulons favoriser les bonnes et charitables intentions dudit sieur exposant et lui faciliter les moyens de les mettre promptement et facilement à exécution ; de l'advis de nostre conseil, qu'y a veu l'acte d'assemblée faite dans la maison épiscopale dudit sieur évesque d'Agen, du 28 juin 1684, de nostre grâce spécialle, pleine puissance et autorité royale, nous avons permis, accordé, permettons et accordons par ces présentes, signées de nostre main, audit exposant, de faire bastir et construire ledict hospital et maison de Dieu, dans le lieu qui sera choisi, composé de tels bastimans, logemens, cours, jardins et autres commodités qu'il jugera à-propos, suivant le plan et devis qui en sera dressé, y mettre et ordonner telles personnes et en nombre suffisant et nécessaire pour le ménage, service et soulagement des pauvres ; et qu'à cette fin ledict exposant puisse acquérir les héritages voisins qui seront jugés nécessaires, conventionnellement ou de gré à gré, des propriétaires, s'il se peut ; et pour d'autant plus participer aux bonnes prières et oraisons qui se feront audit hospital, de nos mesmes grâces et autorités que dessus, nous avons amorti et amortissons par ces présentes, comme à Dieu dédiées et consacrées, la maison dudit hospital général et autres maisons et places qui pourront être acquises pour l'enclos seulement audict hospital, à la charge toutefois de payer au seigneur direct dont les choses relèvent, l'indemnité qui leur en peut appartenir.

« Voulons et nous plaît que tous les pauvres valides et invalides de quelque âge, sexes et qualités qu'ils soient de ladicte ville et fauxbourgs d'Agen et lieux en dépendans, mesme les aveugles et incurables, dont les maladies ne peuvent estre guéries et soulagées par les remèdes et soins, demeurent à l'avenir renfermés dans ledit hospital général pour y travailler aux manufactures dont ils seront capables.

« Voulons que la maison, lieux et clôtures, où lesdits pauvres seront enfermés, soient nommés l'*Hôpital Général d'Agen*, lequel, avec tous ses droits, appartenances et dépendances, nous prenons en notre protection et sauvegarde, sans toutes fois qu'il dépende de nostre grand aumosnier en quelque sorte et manière que ce soit, ny d'aucuns de nos officiers ; mais qu'il soit entièrement exempt de la supériorité, visitte et juridiction des officiers de la généralle reformation et autres de la grande aumosnerie et de tous autres, auxquels nous interdisons toute connaissance et juridiction en quelque manière que ce puisse être.

« Voulons que la direction spirituelle dudit hospital-général appartienne audit sieur Evêque d'Agen et de ses grands vicaires, et pour la direction temporelle, ordonnons qu'il y aura six directeurs, savoir : deux ecclésiastiques et quatre laïques, un receveur et secrétaire, lequel receveur aura séance et voix délibérative, ors et excepté dans les affaires où il aura intérêt. Et quand ledit sieur Evêque sera présent, il aura la préséance et la présidence en toutes les assemblées ordinaires et extraordinaires ; et, s'il en est absent, un directeur ecclésiastique, et, s'il n'y a point de directeur ecclésiastique présant, un directeur laïque présidera aux assemblées ordinaires, le tout suivant l'ordre du tableau. Et quand il y aura des assemblées extraordinaires, le lieutenant général du Sénéchal d'Agen, et en son absence le lieutenant principal ou autres de nos officiers, suivant l'ordre du tableau, présidera, si ledit sieur Evêque n'est pas présant ; et à cette fin seront invités les lieutenans général ou principal ou autres de nos officiers, ensemble notre procureur, et, à deffaut de lui, l'un de nos avocats au présidial d'Agen, de se trouver aux assemblées extraordinaires, et aussi le premier consul de ladite ville ou autre suivant le même ordre.

« Voulons que la première élection des directeurs, receveur et secrétaire soit faite dans une assemblée générale en la salle de la maison épiscopalle, où tous les corps de la ville assisteront en leur ordre accoutumé. Les autres assemblées ordinaires et extraordinaires se feront au bureau ; quant aux ordinaires du bureau elles seront faites audit hospital général ainsi que les assemblées extraordinaires quand il sera besoin.

« Voulons aussi que les premiers directeurs qui seront nommés demeurent les trois premières années sans aucun changement, sinon en cas de mort de l'un d'eux, auquel cas les survivans nommeront un autre directeur pour occuper la place d'iceluy qui sera décédé, et, après les trois années expirées, trois des premiers sortiront de la direction, savoir : un ecclésiastique, deux laïques, et les trois autres y demeureront et serviront une quatrième année pour instruire les trois nouveaux directeurs qui y seront nommés ; à la fin de laquelle quatrième année, l'autre ecclésiastique sortira avec un des laïques, au lieu desquels on eslira un autre ecclésiastique et un autre laïque, tellement qu'il ne reste de la première eslection qu'un autre laïque, lequel exercera une cinquième année et après laquelle il sortira et sera esleu un autre pour tenir sa place ; et il sera fait en chacune des autres années une nouvelle élection semblable aux trois précédentes, la première d'un ecclésiastique et de deux laïques, la seconde d'un autre ecclésiastique et d'un laïque, et la troisième d'un laïque seulement, afin qu'il y ait toujours deux directeurs ecclésiastiques et quatre laïques, et que chacun des directeurs demeure trois ans dans la direction ; lesdites nominations, ensemble celle du receveur et secrétaire et autres officiers et archers, seront faites au bureau par les six directeurs, le receveur en charge à la pluralité des voix.

« Ordonnons que les directeurs, receveurs et secrétaires et autres officiers, incontinant après leurs nominations et avant qu'entrer en aucune fonction, feront le serment au bureau entre les mains dudit sieur Evesque, s'il y est présant, et, en son absence en celles du directeur ecclésiastique plus ancien, s'il n'y a point de directeur ecclésiastique, en celles du plus ancien laïque selon l'ordre du tableau. Et seront faits tous les règlements pour la discipline et police de la maison, et pour tout ce qui sera nécessaire, tant pour l'esconomie qu'autrement, dans les assemblées ordinaires du bureau ; et le receveur sera deux ans en exercice, pendant lesquels il tiendra registre de toute la recepte et despance, et sera tenu de rendre son compte dans quatre mois prochains après les deux ans expirés ; et il ne pourra estre esleu directeur qu'après la clôture de son compte ; et s'il intervient quelque contestation pour la reddition ou examen d'iceluy, les parties procèderont par devant le lieutenant général du siège d'Agen, pour les terminer sommairement et sans frais, et en son absence par devant le lieutenant principal ou autre de nos officiers, suivant l'ordre du tableau, et toutes les autres affaires contentieuses se traiteront par devant ledit lieutenant général. Et afin qu'on puisse exactement exécuter ce qui aura été arrêté audict bureau, le secrétaire tiendra bon et fidèle registre de toute délibération, qui demeurera audit bureau ; et seront icelles signées de tous directeurs qui y auront assisté, même dudict sieur Evêque, quand il aura présidé et par nos officiers pour les assemblées extraordinaires, s'ils y ont assisté ; de quoi ils seront invités. Et commencera chacune séance des assemblées dudit bureau par la lecture qui sera faite par ledit secrétaire des délibérations de la séance précédente. Seront lesdits secrétaire, receveur et officiers subalternes destituables à la volonté des directeurs, suivant les délibérations qui seront prises dans le bureau à la pluralité des voix. Et ne pourra le receveur faire aucune despance, sinon en vertu des résultats.

« Voulons que la despance de bouche et les autres despances ordinaires dudit hospital soient escrites dans un registre particulier sous des chapitres différents, suivant les diverses natures de despances, et arrêtées tous les jours du bureau ; et que la recepte et despanse du compte soient aussi distinguées par chapitres séparés.

« Voulons aussy que tous les dons, legs et ausmones, faits aux pauvres en termes généraux dans la ville et fauxbourgs et ressort du Présidial d'Agen, dont l'emploi n'a pas esté fait jusques à présant, quoique les adjudications contractées et dispositions soient faites avant ces présentes, et toutes celles qui seront faites cy-après, soient et appartiennent audit hospital-général, et qu'elles puissent être revendiquées par lesdits directeurs.

« Voulons que les pauvres qui seront appelés pour porter les torches ou flambeaux aux enterrements soient pris audit hospital et que la rétribution tourne au profit d'iceluy. Permettons auxdits directeurs de faire mettre des troncs, boîtes et bassins en toutes les églises et chapelles, et de faire quester, mesme aux occasions des baptêmes, mariages, corvées, enterrements et services ; comme aussi dans les places, lieux publics, boutiques des marchands, hôtelleries et généralement partout où la charité pourra être exercée.

« Permettons aussi auxdits directeurs de recevoir tous les legs, dons, gratifications et autres libéralités qui leur seront faites par testaments, codicilles, donations entre vifs ou à cause de mort et par quelques autres actes que ce soit, et d'en faire les acceptations, recouvremens et poursuites nécessaires : ensemble acquérir pour ledit hospital tant de nostre domaine que d'autres personnes, eschanger et faire constitution de rentes.

« Donnons pouvoir auxdits directeurs d'ordonner et disposer de tous les biens dudit hospital, suivant qu'ils les jugeront estre à propos, emprunter des sommes telles que le besoin dudit hospital le requerra, transiger, compromettre avec paine, composer et accorder de tous les différends mus et à mouvoir, lesquels compromis et transactions nous avons validé et validons, comme s'ils estaient faits entre majeurs et pour leur propre intérêt.

« Enjoignons aux curés, vicaires, notaires et tabellions, et à ceux qui exercent les greffes dans l'étendue dudit ressort d'Agen, ou leurs héritiers et gardiens des minutes, d'envoyer incessamment audit hopital des extraits des testaments, codicilles, donations, contrats, compromis, sous-seings privés, sentences, jugements et autres actes où il y aura des dons, legs ou aumônes, stipulation de peines et autres avantages en faveur dudit hospital-général, et délivrer gratuitement toutes les expéditions nécessaires, le tout à peine d'en respondre par les refusans et refusantes, en leurs propres et privés noms, et de tous dépens, dommages et intérest ; et pourront lesdits directeurs agir èsdits noms, intervenir par la demande et condamnation et paiement de peines qui auront été stipulées par les compromis et autres actes au profit dudit hospital contre ceux qui se trouveront y avoir contrevenu. Et pour toutes les autres choses où ledit hospital pourra avoir intérêt, enjoignons aussi à tous notaires, huissiers et sergents de faire tous exploits, significations et autres actes concernant ledit hospital, en parlant au secrétaire dudit bureau et non aux directeurs en particulier. ni en leurs maisons, à peine de nullité ; et sera tenu ledit secrétaire d'apporter lesdits actes au premier bureau pour y estre délibéré.

« Déclarons appartenir audit hospital-général tous les meubles des pauvres qui y décèderont, suivant l'inventaire qui en sera fait lors de leur entrée dans ledit hospital, mesme les meubles des pauvres qui auraient été transférés dudit hospital-général en l'hospital des malades qui est dans la ville et y seront décédés, hors les habits et hardes dont ils seront vestus lorsqu'ils seront transférés, lesquels appartiendront et demeureront audit hospital des malades.

« Permettons de faire fabriquer dans ledit hospital-général, maisons, lieux qui en dépendront, toutes sortes de manufactures, en faisant garder le règlement sur le fait d'icelles, et de faire vendre et débiter dans ledit hospital les ouvrages qui y seront faits.

« Et pourront lesdits directeurs faire tous les règlements de police et statuts non contraires à ces présentes, pour le gouvernement dudit hospital-général, tant audedans d'iceluy pour la subsistance des pauvres pour les faire vivre, aussi ordre et discipline, qu'au dehors pour empescher la mendicité publique et sureté ; lesquels règlemens et statuts se feront pour la participation dudit sieur Evêque d'Agen, de nos officiers principaux dudit présidial et des consuls de ladite ville, que nous voulons être gardés et observés par tous ceux qu'il appartiendra. Et afin qu'ils soient exactement observés, nous donnons et attribuons auxdits directeurs et à leurs successeurs tout le pouvoir et autorité de direction, correction et châtiments desdits pauvres enfermés. Et pour ce leur permettons d'avoir dans ledit hospital des prisons, poteaux et carcans, à la charge néanmoins que si lesdits pauvres commettent des crimes pour lesquels il y ait lieu d'infliger des peines au dela de l'emprisonnement, du carcan et de la correction du fouet, dans ledit hospital, ils seront mis ès-mains du lieutenant criminel audit présidial d'Agen, pour, à la requeste du substitut de nostre procureur général, leur estre, leur procès fait et parfait sommairement et sans frais, ainsi qu'il appartiendra pour raison.

« Faisons inhibitions et deffenses à toutes personnes valides et invalides, de quelque sexe, qualité et conditions qu'elles soient, en quelque lieu et heure, et sous quelque prétexte que ce puisse être, de mendier dans ladite ville, fauxbourg, et lieux dépendans de la juridiction d'Agen, à peine contre les contrevenants : du carcan pour la première fois, et du fouet et du bannissement pour la seconde contre les hommes et garçons valides, et du bannissement contre les femmes et filles de ladite ville d'Agen, et ainsi qu'il sera jugé sommairement et sans frais par nos juges. Que si aucuns pauvres s'avisent de mendier secrètement dans les maisons, nous enjoignons aux propriétaires et locataires, leurs domestiques et autres, de les retenir jusqu'à ce que les directeurs dudit hospital-général en soient advertis, pour les faire arreter et mettre en prison par leurs officiers.

« Et à l'égard des pauvres passants qui seront trouvés mendier par les rues ou dans les églises de ladite ville et fauxbourgs et lieux dépendans de la juridiction d'Agen, pourront les directeurs les faire constituer prisonniers ès prisons dudit hospital et les y retenir pour tel temps qu'ils adviseront bon être.

« Et pour empêcher lesdits pauvres de mendier, permettons auxdits directeurs d'élire le nombre d'archers qu'ils jugeront nécessaires, auxquels donnons pouvoir de prendre lesdits mendiants et vagabonds et les conduire dans ledit hospital, recevoir les pauvres passants aux portes de la ville et les mener hors d'icelle ; et en cas de résistance, enjoignons aux bourgeois et habitants de leur prêter main-forte, à peine de trente sols d'aumone contre chacun des refusants, applicable audit hôpital.

« Aurons lesdits archers des casaques avec une marque particulière, afin qu'ils soient connus ; pourront porter espées et hallebardes, s'il est jugé nécessaire par lesdits directeurs, nonobstant les défenses portées par nos Ordonnances. Deffendons à toutes sortes de personnes, de quelque qualité et conditions qu'elles soient, de molester, injurier, ni maltraiter lesdits archers, qui y seront employés, pour prendre, conduire, renvoyer, chatier et chasser lesdits mendiants, vagabonds, à peine contre les contrevenants d'être emprisonnés sur le champ, d'être procédé contre eux criminellement à la requête desdits directeurs, et auxdits mendiants et vagabonds de faire aucune résistance, à peine d'être punis ainsi que lesdits directeurs aviseront.

« Et afin que lesdits directeurs, receveur et secrétaire ne puissent être distraits d'un service important à la gloire de Dieu et au bien public, voulons qu'ils soient, pendant le temps de leur administration seulement, exempts de tutelles, curatelles, gardes aux portes et de toutes autres charges publiques ou municipales, sans que sous ce prétexte ils puissent renoncer aux tutelles et curatelles qui leur auront été déférées avant leur direction.

« Voulons encore qu'audit hospital-général soient remis les fonds de toutes les confréries qui ont relaché et relacheront à l'avenir de leurs anciens statuts par l'avis et consentement dudit sieur Evêque d'Agen ou de ceux qui peuvent y avoir intérêt, en faisant néanmoins faire par lesdits directeurs les services et prières d'obligation, si aucuns y a.

« Pour faciliter le progrès des affaires dudit hospital-général à faire que les procès qui se pourraient mouvoir, tant pour les biens, droits et revenus de ladite maison, que desdites exemptions et privilèges à elle accordés, nous voulons que tous lesdits procès et différends soient portés par devant le lieutenant général d'Agen et par appel au Parlement de Guienne, sans que lesdits administrateurs puissent être traduits ni par devant autres juges, attribuant à cette fin toute cour, juridiction et connaissance au lieutenant général du Présidial d'Agen, Cour de Parlement, esleus et Cour des Aides, chacun à leur égard ; et icelle interdisons et deffendons à tous autres juges.

« Sy donnons en mandement à nos amés et féaux conseillers, les gens tenant nostre Cour de Parlement de Guienne, Chambre des Comptes à Paris, Présidents trésoriers de France à Bordeaux, à notre Sénéchal d'Agenais, ou son lieutenant-général et gens tenant le siège présidial dudit Agen, chacun en droit, qu'à la diligence de nos procureurs généraux et leurs substituts, auxquels nous enjoignons d'y tenir la main, ces présentes ils fasssent lire et enregistrer, garder et observer et entretenir selon leur forme et teneur, et jouir ledit hospital des droits d'amortissement, exemptions, privilèges, dons et gratifications et généralement de tout le contenu en icelles, pleinement, paisiblement et perpétuellement, cessant et faisant cesser tous troubles et empêchements certains. Car tel est notre plaisir.

« Et afin que ce soit chose ferme et stable à toujours, nous avons fait mettre notre scel à ces présentes.

« Donné à Versailles, au mois d'avril, l'an de grâce mil six cens quatre-vingt-cinq, et de notre règne le quarante-deuxième.

« Signé : Louis.

et sur le reply par le Roy, signé : Philippeaux. »

Ces lettres furent enregistrées le 23 juin 1685, en conséquence de l'arrêt du Parlement de Bordeaux, « par lequel la Cour ordonne l'enregistrement des Lettres Patentes données par Louis XIV à Mgr Jules de Mascaron, évêque d'Agen, pour la fondation de l'hôpital-général de la ville d'Agen », du 18 juin de ladite année [1].

— En conséquence des Lettres du Roi, Mascaron convoqua, pour le 16 août suivant, une assemblée des trois Ordres. Il donna lecture à ses membres du règlement précédent et les engagea à le mettre immédiatement à exécution. D'unanimes remerciements lui furent adressés par l'assemblée pour son zèle et son dévouement à une si noble entreprise. Puis, on procéda à l'élection des premiers administrateurs. Furent élus « directeurs du temporel dudit hôpital », Messieurs : Daurée, chanoine de Saint-Etienne et official, Guillaume de Rattier, chanoine de Saint-Caprais, de Nargassier, de Rangouze, Antoine Guiral, avocat, et le sieur François Falachon, bourgeois et marchand. Le sieur Jean Fleuret fut nommé receveur, et Jean Grand, notaire royal, secrétaire.

Les nouveaux commissaires prêtèrent aussitôt serment entre les mains de l'Evêque de bien et fidellement accomplir leur mission [2]; puis, ils s'occupèrent de chercher un emplacement convenable. Se conformant au vœu émis précédemment, ils finirent par

---

[1] Archives de l'Evêché d'Agen, F. 69, tirées des Archives départementales de la Gironde, Série B, N° 1039.— Idem : Archives départementales, B. 97. — Idem : Archives municipales, GG. 230. — Idem : Imprimé, in-4°, 18 pages, Agen, chez Jean Bru, imprimeur de Monseigneur l'Evêque, du Clergé et du Collège (1731). (Très-rare.)

[2] Archives de l'hôpital. Bureau pour 1685. Idem : Labenazie, Annales d'Agen.

adopter les antiques champs de Renaut, près la chapelle de la Loge. Ce choix fut accepté par le bureau du 4 décembre, de cette année 1685. « Et a esté résoleu qu'on prendrait place dans le terrain qui est depuis et y compris le jardin du sieur de Brienne, chapelain, jusques et y compris la chapelle de Renaut, proche le grenier de la presente ville ; lequel endroit est jugé le plus propre [1]. »

Les travaux commencèrent aussitôt, et les fondations furent assez avancées, dès le mois d'avril de l'année suivante 1686, pour qu'à ce moment put avoir lieu la cérémonie de la pose de la première pierre.

Elle eut lieu en grande solennité. Une procession générale, qui comprenait tout le clergé et toutes les Communautés religieuses de la ville, fut organisée par les soins de Mascaron ; et l'illustre prélat s'y rendit solennellement, afin de bénir le nouvel édifice et d'appeler sur lui les miséricordes et les bienfaits du ciel.

« Le huictième du mois d'avril 1686, nous dit le procès-verbal de cette imposante cérémonie, Mgr l'Evêque et Comte d'Agen ayant convoqué tous les états et ordres séculiers et réguliers de cette ville d'Agen, on est allé en procession générale au bout du Gravier, et au lieu destiné pour la construction de l'hôpital-général ; où estant arrivés, ledit seigneur Evêque, revestu de ses habits pontificaux, aurait fait la bénédiction de la Croix et de la pierre fondamentale dudit hôpital, avec toutes les cérémonies en tel cas requises ; et ce fait, on aurait planté la Croix, et ledit seigneur Evêque aurait posé, dans les fondemens dudit hôpital, ladite pierre, dans laquelle on aurait enchassé, avec une chasse de plomb, l'inscription suivante, gravée sur une feuille de cuivre :

DEO OPTIMO MAXIMO !

« Ne Aginnum eorum pauperum, qui mendicitatem loco artis habent, colluvio diutius infestaretur, Nobilis Marcus Antonius Delas de Gayon, regiorum castrorum præfectus, vigenti quatuor librarum millibus testamento legatis, hanc domum publicam veris et indigenis pauperibus includendis et alendis fundavit.

---

[1] Archives de l'hôpital, 1685.

« Sit igitur ptochodocheion hoc, quamdiu pauperes habebimus nobiscum, piissimi fundatoris liberalitate erectum monumentum, divitibus eleemosynis sapienter collocandis incitamentum, pueris rudibus vitœ comparandœ tyrocinium, egenis industriis artis exercendœ officina, invalidis senibus infirmitati œtatis solatium, omnibus schola religionis et pietatis, solis erronibus, inverecunde et irreligiose mendicantibus, fastidio sit et terrori.

« Primum in fundamentis lapidem posuit, solemni pompâ, Julius de Mascaron, Dei providentiâ et Sanctæ Sedis Apostolicœ gratiâ Episcopus et Comes Agenensis, Regi ab omnibus consiliis et sacris concionibus, anno salutis MDCLXXXVI, die VIII mensis aprilis, sedente in cathedra Petri Innocentio XI, pontifice maximo, regnante in Galliis Ludovico Magno, quo tempore religiosissimus et invictissimus princeps nomen Calvinianum, intra sex menses, fortiter et suaviter totius imperii finibus penitus delevit [1]. »

— Grâce aux libéralités de quelques personnes pieuses qui tinrent à honneur d'associer leurs noms à la fondation de cette œuvre de charité, et parmi lesquelles il faut citer la fameuse Anne de Maurès, plus connue sous le nom de Nanon d'Artigues, qui légua, par testament, la somme de 8,000 livres à l'hôpital-général ; grâce à la donation que lui fit, en 1690, le Roi de tous les biens ayant appartenu au consistoire de Boé de ceux de la R. P. R. ; grâce enfin aux premiers versements qu'opéra sans trop de difficultés le sieur de Béchon, débiteur de M. de Las de Gayon, entre les mains des administrateurs ; grâce surtout aux générosités de Mascaron, l'hôpital-manufacture fut construit en moins de trois ans ; et il put, dès l'année 1690, recevoir dans ses murs ses premiers pensionnaires.

Si les archives de la maison ne nous ont pas conservé le plan primitif de la Manufacture, en revanche elles nous ont transmis les noms des deux maîtres maçons, Estienne et Marc Boubée, qui présidèrent aux travaux. Néanmoins, on peut, avec ce qui nous reste

---

[1] Archives de l'hôpital de Las. Bureau de 1686. — Labénazie, Labrunie, le chanoine Delrieu, l'abbé Barrère relatent également, dans leurs ouvrages, cette cérémonie de la pose de la première pierre de l'hôpital de Las. Quelques-uns reproduisent même l'inscription précédente.

de documents et aussi le travail de M. le chanoine Delrieu, reconstituer dans leurs grandes lignes les anciennes dispositions du monument :

« L'aspect primitif des lieux et de l'édifice de Mascaron, écrit l'abbé Delrieu, est bien changé aujourd'hui. Les années ont ajouté la grandeur et la magnificence à l'édifice.

« Autrefois, la façade s'ouvrait à l'Ouest. La Garonne baignait les terrassements abruptes qui épaulaient les fondations et flanquaient l'escalier et le perron de pierre qui conduisaient à l'entrée. Un contemporain nous disait, ces jours passés, les jouissances de son jeune âge à contempler, du haut de ces rampes, des exercices nautiques fort grotesques et singulièrement amusants.

« Aujourd'hui, cette façade s'est grandement étendue. Des cours, grillées en fer, l'enclavent dans son nouveau parcours et ont pris la place des terrassements à leur hauteur et dans la largeur de leur assiette. Des travaux intelligents et dispendieux ont conquis du terrain dans le lit du fleuve et refoulé ses envahissements. Cette plage s'est faite riante et productive.

« L'entrée s'est portée à l'Orient, comme on la voit aujourd'hui. La mère Cécile, en donnant à la chapelle le développement et les ornementations grandioses qui la décorent, avait reconstruit une partie du mur du couchant, et la pierre litturée de 1684, sur laquelle on lisait : Hopital Général de Las. 1684, avait disparu. La piété des arrière-petites-filles de M. de Las de Gayon, Mesdames de Brondeau et d'Arblade de Séailles, nées de Las de Brimont, s'émut et sollicita le rétablissement d'une inscription déjà deux fois séculaire et entrant pour si belle part dans le noble héritage de leur grand oncle. La sœur Mellac, actuellement supérieure des Sœurs de Saint-Vincent (1874), a réparé cet oubli involontaire et donné à cette réclamation une satisfaction bien légitime, en rétablissant cette inscription, que l'on peut lire encore, à droite en entrant, sur la même pierre et en caractères primitifs [1]. »

— Trois ans après sa fondation, conformément aux prescriptions

---

[1] Delrieu. Notice sur la vie de Mgr Jacoupy. — Voir plus loin le plan que nous donnons de l'hôpital-général, au moment de la Révolution.

des Lettres patentes, qui servirent jusqu'à la Révolution de règlement à l'hôpital-général, trois des anciens directeurs ayant accompli leur trienne, durent cesser leurs fonctions. Ils furent remplacés par Messieurs Bernard Labénazie, chanoine de Saint-Caprais, Jacques de Redon, et Balthazar Martin. Jean Boyer, avocat, fut élu receveur; mais il mourut en 1692 et fut remplacé par le sieur Falachon [1]. Les donations, du reste, ne se ralentissaient pas et les affaires de l'hôpital continuaient à être dans le meilleur état possible. Le bureau vendit alors aux enchères publiques la métairie de Fontanelles, paroisse de Saint-Sernin d'Eysses, près Villeneuve, qui lui avait été léguée, et dont le produit atteignit la somme de 5,040 livres.

Mais une des plus précieuses libéralités dont bénéficia à ses débuts l'hôpital-général d'Agen fut, ainsi que nous l'avons dit, la disposition que fit en sa faveur Jules de Mascaron. Par son testament du 30 octobre 1703, le pieux évêque légua en effet aux pauvres de la Manufacture les deux tiers de tous ses biens, l'autre tiers seulement revenant à ceux de l'hôpital Saint-Jacques [2]. Les soins tout particuliers qu'il consacra jusqu'à ses derniers jours à la maison qu'il avait fondée, et l'intérêt qu'il lui porta, furent les causes qui motivèrent cet avantage en sa faveur. Ses exécuteurs testamentaires s'entendirent à cet effet avec les directeurs de l'hôpital de Las, et, d'accord avec les syndics de l'hôpital Saint-Jacques, ils firent rédiger ce long inventaire des meubles du défunt, dont nous avons déjà parlé. C'est alors que Mgr Hébert, son successeur, consentit à acheter la plupart de ces effets mobiliers, à condition, « après son arrivée dans le diocèse, d'en payer de suite le tiers du prix de vente et les deux autres tiers plus tard, dans les termes dont on s'accordera à l'amiable, lors de la signature du contrat. » Cette proposition fut jugée avantageuse et acceptée par les bureaux. En conséquence les meubles de Mascaron furent vendus à Mgr Hébert dès son arrivée à Agen. Mais, après vérification faite, ce prélat

---

[1] Archives de l'hôpital de Las. Bureau de 1690.

[2] Testament de J. de Mascaron. Delrieu, Labenazie, Archives de l'hôpital, etc.

protesta devant le bureau du 31 août 1704, alléguant « qu'on lui avait vendu certains effets qui n'étaient pas des meubles et qui n'avaient aucune utilité pour lui, et qu'il manquait à la bibliothèque plus de 400 volumes ». Il demanda en conséquence « une diminution tant sur le prix des livres que sur celui des meubles meublans. »

Le bureau pria Monseigneur « de trouver bon qu'il demeurât chargé de tous les meubles et effets de quelque nature qu'ils fussent, dont il lui a esté fait vente, ainsi que de la bibliothèque. Quant au rabais, il le prie d'examiner à quoi il peut revenir, persuadé qu'il est qu'estant le soutien des pauvres, héritiers du feu seigneur de Mascaron, il le fera en toute raison et justice. En revanche, il sera loisible audit sieur Evêque de payer les deux tiers du prix de vente, soit en billets, soit en argent, ainsi qu'il le désirera [1]. » Ces conditions semblent avoir été acceptées de part et d'autre ; et, les meubles une fois vendus, trois commissaires spéciaux, MM. de Sabouroux, de Sevin et Charrière furent désignés, en 1708, par les directeurs de la Manufacture, pour procéder au partage et toucher les sommes qui revenaient aux pauvres de l'hôpital de Las [2].

Sur ces entrefaites, les administrateurs de l'hôpital de Las agrandissaient l'édifice et lui affectaient des aménagements nouveaux. Tout un projet de réparations fut soumis au bureau du 6 juin 1704. Les fenêtres du côté du nord doivent être fermées, comme inutiles et nuisibles à la santé des pauvres. Une muraille de refend est nécessaire entre la cuisine et la grange qui se trouve à côté. Une cloison est indispensable entre la chambre du chapelain et celle des sœurs. Il faut élever un portail du côté du grand chemin et un autre du côté de la basse-cour. Les murs de la chapelle ont besoin d'être blanchis ; les portes et les contrevents réparés. La nécessité d'un puits et réservoir au milieu du jardin se fait très-impérieusement sentir. Enfin il faut changer les garnitures des lits, les chaises et quelques autres meubles jugés trop vieux, etc [3].

---

[1] Archives de l'hôpital de Las. Bureaux de 1704 et 1705.

[2] Idem. 1708.

[3] Idem.

— On a vu par la lecture attentive des Lettres patentes, conférées à l'hôpital-manufacture d'Agen, que l'administration de cette maison différait en tous points de celle de l'hôpital central. Ici la gestion était confiée, on le sait, à quatre syndics qui dépendaient entièrement du Corps de ville, les consuls d'Agen étant les patrons officiels de l'hôpital, et l'autorité ecclésiastique n'en ayant que la direction spirituelle. A la Manufacture, au contraire, l'élément ecclésiastique dominait. L'Evêque s'en était réservé la haute direction ; et, bien que sur les six directeurs, il y eut deux membres du clergé, deux du présidial, et deux jurats, les premiers y exercèrent toujours une prépondérance marquée. En outre, les syndics étaient changés tous les ans ou tous les deux ans. Les directeurs de l'hôpital de Las, au contraire, exerçaient leurs fonctions pendant trois ans, et plus tard pendant six ans : ce qui leur permettait d'acquérir une plus grande expérience des affaires et de mener à bonne fin celles qu'ils avaient entreprises.

Au bureau du 9 juillet 1712, les administrateurs de la Manufacture étaient MM. de Sabouroux, chanoine de Saint-Caprais, vicaire général et official du diocèse, de Laurans, chanoine de la Cathédrale, Guiral, sieur du Colombier, avocat, Boudet, marchand, Charrière et Bory, trésorier. Dans les comptes rendus par eux pour cette année 1712, les dépenses s'élevèrent à la somme de 7,304 livres, 6 sols, 3 deniers, les recettes seulement à celle de 6,780 livres, 12 sols, 4 deniers. Mais il était dû à l'hôpital des sommes assez importantes qu'on ne pouvait faire rentrer.

De ce nombre était une partie du legs de M. de Las de Gayon. Ses débiteurs, MM. de Bechon, de Bordeaux, ne s'étaient pas encore totalement libérés en 1713. Aussi, au bureau du 17 février 1713, MM. de Laville, conseiller du roi en la cour présidiale, et de Nargassier, seigneur de Lacépède, proposèrent-ils un arrangement. « Afin de terminer le différend qu'a l'hôpital avec la famille de M. de Las de Gayon, au sujet de la fondation d'une somme de 3,000 livres donnée et léguée au chapitre de la Cathédrale, laquelle par la répudiation dudit chapitre a été transportée à l'hôpital, suivant le testament de feu M. de Las de Gayon, ces Messieurs proposent de transporter en faveur dudit hopital les sommes dues par les sieurs de Bechon à la succession dudit feu de Las, aux risques et périls dudit hôpital. Ils lui offrent en plus de lui payer 600 livres pour ses autres prétentions.[1] » Ces propositions furent longuement discutées. Et il fut décidé que M. Bory, trésorier, irait à Bordeaux pour connaître exactement la situation de la famille de Bechon et savoir si par suite elles pouvaient être acceptées. Cette affaire traîna en longueur. Il en est encore question, cinq ans après, dans les bureaux de l'hôpital. Toutefois, grâce à la prudence des directeurs, la maison ne subit aucune perte, et elle rentra en possession, peu à peu il est vrai, de la totalité de la somme léguée par M. de Las de Gayon.

— Le but principal de l'hôpital-manufacture était, on l'a vu, que tous les pauvres, valides et invalides, de quelque âge, sexe et qualité qu'ils fussent, de ladite ville et faubourg d'Agen et lieux en dépendants, même les aveugles et incurables dont les maladies ne pouvaient être guéries et soulagées par les remèdes et soins, demeurassent à l'avenir renfermés dans ledit hôpital-général pour y travailler aux manufactures dont ils seraient capables. Ce sont les termes mêmes des Lettres patentes. Mais ce que ces dernières ne décidaient point, c'étaient les conditions des hommes ou femmes, hospitaliers laïques ou sœurs religieuses, préposés à la garde des pensionnaires. Ce soin fut laissé à l'Evêque et aux Directeurs. Il semble naturel que Mascaron, conformément à ce qu'il avait fait pour l'hôpital Saint-Jacques, eût dû installer également, dès les débuts, les filles de la charité à l'hôpital de Las. Il n'en fut rien. Les premières hospitalières auxquelles il confia la garde de cette maison furent des personnes laïques. Dès 1714, en effet, l'hôpital de Las est dirigé par une demoiselle de Selve, qui prend le titre de « Maîtresse des pauvres », et s'occupe plus particulièrement, quoique ayant la haute direction sur tous les services, des femmes et des filles. Ses premiers actes de gestion, ses remontrances notamment, présentent assez d'intérêt pour que nous reproduisions ici quelques passages des procès-verbaux des bureaux tenus à cette époque.

Le 27 février 1714, en effet, Mlle de Selve, avec le chapelain de

[1] Archives de l'hôpital de Las. Bureau pour 1714.

l'hôpital, représente « qu'il y a quelques jeunes hommes de condition qui, depuis quelques temps, viennent dans la maison faire des insultes, particulièrement à des filles qui s'y trouvent, avec des termes et des manières qui ne conviennent ni à des gens de leur qualité, ni à des filles qui ont esté mises dans cet hôpital pour les retirer du vice où peut-être elles seraient tombées, si elles avaient resté exposées. Ce qui tire à de grandes conséquences par le mauvais exemple qu'elles pourraient donner à celles qui sont dans une grande vertu. » Elle prie le bureau d'y remédier au plus vite. En conséquence il est décidé que « Messieurs les Directeurs porteront plainte devant le lieutenant criminel de la ville et qu'il en sera de suite informé, afin qu'il arrête le cours de pareilles entreprises, attendu que l'hôpital estant un asile sacré, ce serait d'une grande conséquence que des actions de cette nature demeurassent sans repréhension [1]. »

Nouvelles récriminations de la bonne demoiselle au bureau du 4 septembre de la même année. « Les pauvres des deux sexes, expose-t-elle, font un travail des plus médiocres. Leur dépense en viande et en vin dépasse la quantité voulue. De plus elle a plusieurs fois examiné les actions desdits pauvres, et elle les a trouvés fort portés à la vanité ; et particulièrement certaines pauvres filles qui se coëffent d'une manière si peu convenable à leur état, qu'elle a été obligée de les décoëffer elle-même dans des occasions, afin de les obliger à se tenir dans un état de modestie ; et pour y parvenir avec plus d'éfficacité elle a fait une coëffe de la manière que les pauvres la portent dans les autres manufactures ;... et elle a cru être obligée de représenter tout ce dessus au bureau pour qu'il prît les mesures nécessaires. »

Le bureau remercie Mlle de Selve de son zèle et la prie de donner toute son application à ce que les pauvres dudit hôpital fassent leur devoir chacun dans la fonction où il est employé, et les tenir, autant qu'elle le pourra, dans l'état de modestie qui leur convient. En outre, le sieur Laurant, chanoine de la cathédrale,

---

[1] Archives de l'hôpital. Bureau de 1714.

propose que « pour étouffer leur vanité, les pauvres dudit hôpital soient tous habillés de la même façon. Il faudra pour cela faire fabriquer dans ledit hôpital un cadis d'un gris naturel pour habiller les garçons et les filles à mesure qu'ils en auront besoin. Les grands auraient une veste un peu longue, doublée d'un petit droguet, avec des boutons de la même étoffe que la veste, à laquelle il y aurait des poches de toile ; les culottes seraient de la même étoffe, également doublée de toile ; et les petits garçons seraient aussi habillés d'une veste moins longue de la même étoffe de cadis gris naturel, doublée d'un petit droguet gris et sans poches, avec des culottes de la même étoffe qui auraient des poches de toile et des boutons pareils. Les bas seraient brochés de la même laine que celle des vestes et culottes. Et chacun porterait un bonnet bleu grossier, sans qu'il puisse en porter d'autre couleur ni qualité, et aussi des sabots grossiers et non des galoches.

« Et à l'égard des filles, il estime que leur vestiaire doit consister en des brassières qui leur seront faites du même cadis que pour les garçons, d'un gris naturel ; et leurs jupes de serge de même couleur ou d'un droguet ; et leurs coëffures seront de toile de maison, unie, toutes uniformes, suivant le modèle que la demoiselle de Selve en a fait ; et elles ne porteront pas des galoches, mais des sabots grossiers et des bas brochés comme ceux des garçons. L'été, les garçons et les filles devront être uniformément vêtus de toile grise, chacun selon son sexe, avec les mêmes bonnets pour les garçons et les mêmes coëffes pour les filles. » Le bureau, « ayant mûrement examiné tout ce que dessus est, l'approuve d'une commune voix et décide que tout sera exécuté, suivant la proposition du chanoine Laurans, président[1]. »

— Malgré toute sa bonne volonté, l'autorité de Mlle de Selve était méconnue. Une femme seule, pour aussi sévère et respectée qu'elle fût, ne pouvait en imposer à cette foule de pauvres, de mendiants, d'enfants abandonnés, de filles perdues qui chaque jour encombrait de plus en plus les salles de la Manufacture. C'est ce qu'avait

---

[1] Archives de l'hôpital de Las. Bureau de 1714.

très-bien compris Mgr Hébert, qui, dès le 30 août 1705, insistait déjà auprès des bureaux pour qu'on y fit venir des religieuses, et particulièrement des Filles de la Foy[1]. Mais ses démarches ne purent aboutir à ce moment.

Le désordre devint si grand, en 1715, qu'il fallut cependant y remédier. Les pauvres franchissaient les murs de l'hôpital et allaient errer et mendier dans les murs de la cité. Certaines filles se faisaient enlever, emportant linge, habits et tout ce qu'elles pouvaient soustraire. En outre, les travaux ne rapportaient plus rien, n'étant pas suffisamment surveillés. Vainement les directeurs prenaient-ils chaque fois des mesures disciplinaires. Elles n'étaient qu'imparfaitement exécutées. Le 6 août 1715, le chanoine Laurans, toujours président en l'absence de l'Evêque, rend compte de cet état de choses, et demande une réforme radicale. Le bureau se composait ce jour-là de MM. Laurans, de Sabouroux, grand archidiacre, Guiral, avocat, Boudet et Bory. Faisant droit à sa réclamation, il décida, « désirant d'establir un bon ordre stable dans ladite Manufacture et ne reconnaissant pas de moyen plus efficace que l'establissement proposé par le sieur Laurans, d'une commune voix, d'establir *trois sœurs de Charité*, à l'instar et sous les mêmes clauses et conditions qu'elles sont establies dans l'hôpital des malades, espérant que ces sœurs les aideront comme membres de ladite Manufacture et comme mères des pauvres. » A cette fin le bureau députa lesdits sieurs Laurans, de Sabouroux et Boudet pour en conférer avec Mgr l'Evêque et faire à Paris toutes les démarches pour obtenir lesdites sœurs[2].

Les négociations eurent cette fois un plein succès, et dès l'année suivante, la Supérieure de la Maison-mère de la Charité à Paris envoyait trois de ses sœurs à l'hôpital-général d'Agen. Au bureau du 14 septembre 1716, M. le chanoine Laurans lut, en effet, une lettre de Madame la Supérieure de Paris, « au sujet des trois sœurs qu'elle a envoyées pour la conduite des pauvres de la maison d'Agen. » Les directeurs décident qu'ils lui feront réponse incessam-

---

[1] Archives de l'hôpital de Las, 1705.

[2] Idem. 1715.

ment, «afin de lui marquer la reconnaissance qu'ils ont de tous les soins et bontés que ladite dame supérieure a eus pour l'hôpital d'Agen[1]. »

Monsieur Laurans soumet en outre au bureau « une copie, en forme, du contrat qui a été passé à cet effet à Paris par M. Reverand, procureur constitué du bureau, en présence et du consentement de Monseigneur l'Evêque, qui a bien voulu assister audit contrat avec ladite dame supérieure et officiers de la maison de la Charité de Paris, assistés de Mgr Imbert, assistant de la maison de Saint-Lazare et de M. Bonnet, supérieur général de la Congrégation de la Mission de Saint-Lazare et de ladite communauté. » Ce contrat est lu par le bureau, qui l'approuve, le ratifie et le confirme en tous les points[2].

Les sœurs de saint Vincent de Paul, vinrent donc, au nombre de trois, à l'hôpital-manufacture d'Agen. Elles en prirent possession à la fin de l'année 1716 et commencèrent à en réformer les abus. Elles mirent à exécution le règlement sur la conduite des pauvres, leurs travaux, leur costume, la discipline intérieure, qui venait d'être élaboré par le bureau. Elles fondèrent plusieurs genres d'ateliers et de métiers, un de chaussures entre autres, et plusieurs de tissages, dout les maîtres furent mandés tout exprès. Enfin, elles changèrent les dispositions et la destination de la plupart des salles. La plus grande propreté fut ordonnée. De nombreuses étoffes de laine et de foulards se fabriquèrent, ainsi que des bas, des vêtements, des souliers ; et le bon ordre, en même temps que l'aisance, régnèrent bien vite à l'hôpital-général d'Agen[3].

Durant ce temps, d'importantes libéralités lui furent faites, et les recettes équilibrèrent les dépenses. Mais, à partir de 1730, les mauvaises années se firent sentir, aussi bien sur l'hôpital-général d'Agen que sur les autres établissements de bienfaisance ou communautés religieuses, qui bientôt engendrèrent sinon la misère, du moins une forte gêne.

---

[1] Archives de l'hôpital de Las. Bureaux pour 1716.
[2] Idem. 1716.
[3] Idem. 1716-1735.

Les dépenses de l'année 1729 dépassent notamment déjà de beaucoup les recettes. Celles-ci ne s'élèvent qu'à 7,425 livres, tandis que les dépenses atteignent le chiffre de 12,469 livres, 4 sols, 6 deniers. Parmi ces dernières il faut compter : pour les honoraires de l'aumônier, 180 livres ; la nourriture et l'entretien des mendiants, 12,289 livres, à savoir : invalides, hommes, 1,959 livres, 31 sols, 4 deniers ; femmes, 1,394 livres, 15 sols, 10 deniers ; enfans, 8,345 livres ; et valides, en correction, hommes 364, et femmes, 226 livres, 2 sols, 4 deniers, etc. [1].

Rien de saillant du reste n'est à signaler à l'hopital de Las jusqu'en l'année 1751. Le nombre des sœurs s'était accru, et de trois était monté à cinq.

A cette époque, un changement inattendu se produisit dans cette maison. Les sœurs de saint Vincent de Paul qui excellaient à l'hôpital Saint-Jacques et dont les consuls, patrons laïques, n'eurent jamais qu'à se louer, ces filles de la charité, dont le nombre ne pouvait répondre à toutes les demandes qui leur étaient adressées par les différentes villes du royaume, ne réussirent qu'imparfaitement à la manufacture de Las, qui était cependant directement placée sous l'autorité ecclésiastique ; elles durent même quitter l'hôpital. S'entendaient-elles moins bien à diriger cette foule turbulente de vagabonds de tout âge et de tout pays qui ne respectaient rien, qu'à soulager les infirmes et à soigner les malades ? Nous ne le pensons pas. Un excès de zèle, des froissements avec les maîtres ouvriers de la maison, puis un malentendu avec certains directeurs que n'osa désavouer l'Evêque, furent les seules causes de ce regrettable incident. Les faits suivants, couchés sur les procès-verbaux des séances du bureau, le démontrent suffisamment.

Au bureau du 1er décembre 1751, Mgr de Chabannes représente « que, quoique les sœurs grises n'aient été admises en l'année 1716 dans l'hôpital de la manufacture de cette ville que pour pren-

---

[1] Archives de l'hôpital de Las. Reg. des comptes. Ces registres, admirablement tenus, se retrouvent tous, depuis la fondation de l'hôpital jusqu'à la Révolution, sauf pour une dizaine d'années environ.

dre soin de la nourriture, entretien et instruction des pauvres dudit hôpital, néanmoins elles ont tenté depuis quelques années de s'arroger entièrement l'inspection et la maîtrise des travaux et des ouvrages des étamines et autres étoffes de laine qui se fabriquent dans ladite manufacture ; et ce, au préjudice du maître et sous-maître entretenus et gagés à cet effet. » Messieurs les Directeurs ont jusqu'à présent réprimé ces tentatives. L'été dernier, la sœur Tafin, supérieure, a même été remplacée tout exprès par la sœur Chanet. Mais, celle-ci, « dès son arrivée aurait prétendu user d'une autorité despotique dans ladite maison, non seulement sur les pauvres, mais encore sur le maître et le sous-maître, et a voulu de suite s'attribuer toute la direction des ouvrages. Elle a présenté à cet effet un long mémoire où elle expose les griefs qu'elle a contre le maître et certains pauvres, prétendant avoir été insultée par eux.» L'enquête n'a pu établir les faits qu'elle leur reproche. La sœur Chanet s'est alors adressée à la Supérieure générale de son Ordre, qui a écrit à Mgr de Chabannes une lettre où elle lui reproche « que non seulement ses sœurs étaient maltraitées dans l'hôpital-général d'Agen, mais encore qu'il y régnait un désordre affreux. » L'Evêque a répondu en prenant la défense des administrateurs. La Supérieure a demandé alors le rappel immédiat de ses sœurs, et a envoyé une sœur étrangère pour visiter la maison. Depuis son passage, les sœurs de l'hôpital ne cessent de dire bien haut « qu'elles veulent se retirer et que c'est l'ordre de la Supérieure. Une est déjà partie pour Paris ; en sorte que de cinq qu'elles étaient, il n'en reste plus que quatre. »

En présence de ces faits déjà anciens, Monseigneur s'est occupé de les remplacer. Et comme les administrateurs étaient, ces derniers mois, pour la plupart absents et retirés à la campagne, il a pris sur lui de chercher ailleurs ; et « il aurait trouvé, dans le couvent des Dames de la Croix de la ville d'Aiguillon, des sujets convenables, qui, du consentement de leur supérieur et des autres filles de la Communauté, s'offrent avec plaisir de venir dans ledit hôpital de la Manufacture. » Les conditions seront arrêtées et réglées plus tard dans un contrat. En attendant, Monseigneur prie le bureau de délibérer sur sa proposition.

« D'une commune voix, le bureau remercie Monseigneur de son

zèle, soins et des mouvements qu'il a bien voulu se donner dans cette occasion pour le bien de l'hôpital. Il consent à l'unanimité au rappel des Sœurs Grises, demandé par leur supérieure générale, n'entendant néanmoins fournir en aucune sorte aux frais de leur voyage qu'elles devront supporter en entier, puisqu'elles se retireront d'elles-mêmes, pour toujours, sans aucune raison ou prétexte légitime. Et il décide qu'on prendra en leur lieu et place les Dames de La Croix d'Aiguillon, pour avoir soin de la nourriture, entretien et instruction des pauvres dudit hôpital, sous les clauses et conditions qui seront accordées et consenties entre le procureur fondé desdites Dames et Messieurs Buard, chanoine de la Cathédrale et Bory, avocat, administrateurs de ladite maison. » Signèrent au bureau, Monseigneur d'Agen, Buard, Barbier, Bory, Lamouroux de Pleneselve, Georges Lamouroux et Barène, secrétaire[1].

Le contrat fut passé deux jours après, le 3 décembre 1751, avec Monsieur l'abbé de Passelaïgue, curé d'Aiguillon, représentant les Dames de La Croix d'Aiguillon : et ces dernières vinrent, au nombre de trois, remplacer à l'hôpital-général d'Agen les sœurs de S. Vincent de Paul, qui partirent presque immédiatement.

— Un nouveau règlement intérieur fut appliqué. Le maître ouvrier, cause en partie du départ des Sœurs Grises, fut renvoyé et remplacé par le sieur Lagrave, maître sergent, « qui recevra par an 100 livres de gages fixes, avec en plus des gratifications à la volonté du bureau. » Deux registres seront tenus très exactement, qui contiendront le relevé des travaux effectués dans la maison, la quantité de laine filée et tissée, sa qualité, les noms de ceux qui donneront le travail à faire, de même que le jour où ces travaux seront rendus, et le prix qui en reviendra. Un de ces registres sera tenu par le maître ouvrier, l'autre, comme contrôle, par la Supérieure des Dames de la maison, etc.[2]

Malgré ces efforts, les directeurs ne purent parvenir à ramener la discipline et l'obéissance dans la maison. « Le sieur Lagrave,

---

[1] Archives de l'hôpital de Las. Bureau de 1751.

[2] Idem. Bureau du 13 mars 1752.

manufacturier, est-il dit au bureau du 24 janvier 1753, se relâche et ne surveille que très imparfaitement les travaux.

« D'un autre côté, les nommés Jean Gouget, Jean Marc, Pierre Danet, Pierre Gourran, Jean Lacaillade et André Mousseras, tous garçons de la Manufacture, se sont en peu de temps plusieurs fois mutinés et révoltés contre leur maître. Ils ont également manqué de respect au Révérend Père Pierre, qui leur faisait le cathéchisme, se riant de ses représentations, d'ailleurs tous très-libertins, et ne cessant de se moquer des Dames de la maison.

« Le sieur Lagrave sera renvoyé sur le champ, et les travaux confiés provisoirement au sieur Broca, sous-maître. Quant auxdits garçons, ils seront fustigés dans la cour de la maison les uns après les autres en la manière accoutumée, puis mis en prison, au pain et à l'eau, jusqu'à ce que le bureau en ait autrement délibéré[1]. »

En 1758, les dépenses continuent à excéder les recettes. Ces dernières ne s'élèvent qu'à la somme de 7.232 livres, 19 sols, 3 deniers ; les dépenses se montent au contraire à 10.893 livres, 10 sol, 1 denier.

Deux ans après, il est représenté au bureau du 25 août 1760 que « l'aile du corps de logis entre le levant et le septentrion, menaçant ruine, on l'a réparée en conséquence du prix de 800 livres, fait avec le sieur Gimbrède, entrepreneur[2]. »

— Les Dames de La Croix d'Aiguillon ne réussirent pas mieux à l'hôpital général d'Agen que les sœurs de S. Vincent de Paul. Elles n'y restèrent que le court espace de deux années. Leur douceur, leur modération furent-elles impuissantes à ramener au bien les âmes dépravées qui leur étaient confiées ? Un nouveau conflit s'éleva-t-il entre elles et les maîtres ouvriers ? Les procès-verbaux des bureaux sont très peu explicites à cet égard. Quoiqu'il en soit elles quittèrent l'hôpital de Las dès l'année 1760.

« La Communauté des Filles de La Croix d'Aiguillon, dit le rapporteur, le sieur Buard, au bureau du 25 août de cette année, n'est

---

[1] Archives de l'hôpital de Las. 1753.

[2] Idem. 1760.

plus en état de fournir des sœurs capables de s'occuper de l'éducation, entretien et nourriture des pauvres de la Manufacture. » Il propose en conséquence « de prendre dans la ville des demoiselles de piété qui veuillent bien s'en charger. Dans le nombre sont les trois demoiselles Couturier, sœurs, habitantes de la présente ville, lesquelles, après avoir conféré avec quelques-uns des administrateurs, offrent de venir habiter ensemble dans ledit hôpital et de se charger de l'entretien des pauvres.

« Après s'être exactement informé des bonne vie et mœurs desdites demoiselles Couturier, sur les témoignages rendus par plusieur personnes, le bureau a, d'une commune voix, admis lesdites demoiselles dans le présent hôpital[1]. »

Un nouveau règlement fut adopté pour elles. Lesdites demoiselles seront logées, meublées et nourries convenablement dans la maison, aux frais et dépens de la Manufacture. Outre leur nourriture, il leur sera payé annuellement à chacune d'elles la somme de 60 livres pour s'entretenir d'habits et de linge. Elles seront dispensées de faire les grosses provisions de la maison, qui resteront aux soins de l'administration. Elles tiendront un livre de dépenses que signera, après vérification, chaque mois le trésorier. Il en sera de même des entrées et des enfants abandonnés. La Supérieure fera faire chaque année l'inventaire des meubles et effets de la maison. Leurs médicaments seront aux frais de l'hôpital. Si elles deviennent infirmes, elles ne pourront être renvoyées et demeureront à la charge de la Manufacture. La nuit, elles auront les clefs de l'établissement et veilleront à son bon ordre. Elles laisseront au maître la direction des ouvrages à fabriquer par les garçons. En revanche elles auront uniquement celle des ouvrages des filles qui relèveront d'elles directement. Deux registres de tous les travaux seront tenus, un par le maître ouvrier, l'autre par la supérieure. Enfin, on ne pourra monter sur les métiers aucune étoffe, de quelque espèce qu'elle soit, sans en avertir la supérieure, qui, sur un registre spécial, aura soin de le notifier, etc.[2]

---

[1] Archives de l'hôpital, 1760.

[2] Idem.

Les Dames de La Croix quittèrent la Manufacture au mois de septembre 1760. Les demoiselles Couturier les remplacèrent. Avant leur départ, il fut procédé officiellement par Messieurs Darribau, lieutenant principal, conseiller du Roy en l'élection d'Agen, et Dayries, bourgeois et marchand, administrateurs de la Manufacture, nommés à cet effet par délibération du bureau du 25 août 1760, et en présence desdites dames, « à l'état et inventaire des meubles, linge, effets et autres choses, appartenant à l'hôpital général de la Manufacture d'Agen, qui se sont trouvés dans ladite maison au départ desdites dames religieuses de La Croix. » En voici quelques extraits, qui donneront un aperçu de la fortune de la maison à cette époque :

« Premièrement nous déclarons avoir laissé en nature les mêmes meubles, tableaux, tapisseries et linges qui se sont trouvés dans la *Chapelle* dudit hôpital au départ des *Sœurs de la Charité*, ainsi que le ciboire, soleil, buretes, bassin, encensoir, navette, calice et patène, le tout d'argent, ainsi qu'il est porté dans l'inventaire que firent lesdites sœurs à leur départ (1751).

« Pareillement nous déclarons laisser la même quantité d'aubes, chasubles et devants d'autel que nous avons trouvés.

« Et de plus, nous déclarons avoir fait pour ladite chapelle de l'argent que nous avons retiré du provenu de tubéreuzes et autres fleurs, ou quèttes ramassées à l'Enfant Jésus : premièrement, deux aubes, toile de Paris ; cinq corporaux de baptiste ; acheté un devant d'autel tout neuf avec le gallon en argent, qui revient à 45 livres. Nous avons décoré le cadre de l'autel, ainsi que celuy que nous avons fait mettre à saint Joseph et à sainte Marthe, nettoyer tous les tableaux, et apliquer des colonnes sur le mur, comme on verra, ainsi que sur le dai, et gradin, et credence, pour le montant de 30 livres, etc. Plus acheté ou fait des aubes, des purificatoires, d'autres chasubles, etc. »

Suit, chambre par chambre, l'état du mobilier, linge, effets et autres :

1. *Au réfectoire des enfants* : Tables, cabinets, coffres.

2. *A la cuisine* : Tous les ustensiles nécessaires, plats et assiettes d'étain, écuelles, vaisselles diverses, bassins ; changé le vieux

cuivre contre le neuf, marmites, chaudrons, bassines, lampes de laitons, pelles, fourches, etc.

3. *Au réfectoire des sœurs* : Idem.

4. *A la chambre des sœurs* : Lits, coites, traversins, tables, chaises, un petit réveil, rideaux et images.

5. *A la salle de travail des filles* : Une balance romaine, pendulle, bancs, chaises, tabourets.

6. *A la chambre de dessus l'église* : Un autel de bois, corbeilles, cruchons, plusieurs rouets vieux et mauvais.

7. *A la salle où couchent les filles* : Lits, armoire, coffre, couvertures, etc.

8. *A la cave* : Des saloirs avec des jambons, plusieurs barriques de vin, dont le bois appartient aux particuliers, des balais, etc.

9. *A la chambre de la lessive* : Chaudières, cuviers, etc.

10. *A la boulangerie* : Divers.

11. *A la lingerie* : 775 chemises d'hommes ou de femmes, 220 linceuls, 296 tabliers, 272 coiffes, 180 mouchoirs, 60 bonnets, etc. « Plus quelques livres en latin et autres de piété, où est compris, *la Vie des Saints*, celui de *Saint Jude*, ainsi que *Rodriguez*, et le *Nouveau Testament*. »

12. *A l'infirmerie* : Lits, linge, table, etc.

13. *Au grenier de l'étendage ou linge sale* : Divers.

14. *Au grenier du sentier* : Divers. Lieux communs.

15. *Au bureau* : Grande table de noyer avec un tapis, un fauteuil de tapisserie, un crucifix, une carte qui contient le *Veni Creator*, etc. *Un cabinet* qui contient les archives de la maison.

16. *A la chambre de l'aumônier* : Un lit, deux fauteuils, etc.

16. *A la salle où couchent les hommes* : Lits, chaises, etc.

18. *A la chambre du portier* : Quelques meubles, etc. »

Là s'arrête l'iventaire, dont manquent les derniers feuillets[1].

— Les hospitalières laïques furent maintenues à la Manufacture jusqu'à la Révolution.

Leur installation fut cause qu'on apporta à l'hôpital, soit dans

[1] Archives de l'hôpital de Las. Liasse.

son aménagement intérieur, soit dans son règlement, quelques modifications nouvelles. Une grande partie du linge servant aux pensionnaires était usée. On prendra 1.800 livres sur le legs qu'avait fait à l'hôpital le sieur Belliard, pour en acheter. L'aumônier s'était plaint que son logement était en fort mauvais état ; le bureau décide qu'on y fera les réparations nécessaires. La Garonne, en débordant, élève peu à peu le terrain qui se trouve devant l'hôpital ; on y plantera un jetin et on y élèvera des masses, afin de le retenir.

Intérieurement, la messe sera dite à 7 heures, de Pâques à la Toussaint, tous les jours ouvriers, et à 8 heures, les jours de fêtes et les dimanches ; et de la Toussaint à Pâques, à 8 heures les jours ordinaires, et à 9 heures les jours fériés. Les demoiselles directrices feront sonner les trois volées. Le catéchisme sera fait tous les dimanches à midi, etc[1].

La discipline sera plus sévère. Le 10 juillet 1764, un enfant de l'hôpital, Baptiste-Salvy Lagarde, s'étant révolté et ayant donné au maître ouvrier un coup de poing sur l'œil sera immédiatement châtié. Le bureau, « considérant le cas comme un des plus graves, décide qu'il sera passé par les verges devant tous les enfants de l'hôpital. Sur la demande du maître et des dames de l'hôpital, le bureau consent à supprimer les verges ; mais il ordonne que l'enfant sera mis huit jours en prison, au pain et à l'eau, et, ce délai passé, chassé ignominieusement de la maison[2].

Les recettes diminuent chaque année ; les dépenses augmentent. Pour 1768, les recettes ne s'élèvent qu'à 4.701 l. 4 s. 11 deniers ; les dépenses à 9.558 l. 17 s. 2 deniers. Pour 1769, recettes : 5.198 l. 13 s. 3. d. ; dépenses : 11.503 l. 16 s. 1 d. Pour 1770 : recettes : 5.240 l. 18 s. 10 d. ; dépenses : 12.091 l. 0 s. 0 d. Les comptes sont en déficit. Le bureau recommande aux administrateurs de faire le plus possible d'économies. On ne reçevra plus que 30 garçons au lieu de 35 et 10 filles au lieu de 15. On supprimera le sous-maître et on réduira les dépenses au strict nécessaire[3].

[1] Archives de l'hôpital de Las. Bureaux.
[2] Idem. Bureau de 1764.
[3] Idem. Comptes de l'hôpital de Las, 1765-1780.

Le 30 juin 1774, Monsieur Roux, syndic trésorier, représente au bureau que les demoiselles Couturier, qui sont à la tête de la maison depuis le départ des Dames de La Croix, demandent à se retirer. Il s'est présenté plusieurs dames et demoiselles. Ledit administrateur pense que, sur le nombre, il n'y en a pas de plus dignes et de plus aptes que les demoiselles Marianne Charpaut et Marianne Chateau, habitantes d'Agen. En conséquence, le bureau, après enquête sur leur bonne vie et mœurs, les admet pour prendre soin des pauvres, aux mêmes charges et conditions que les demoiselles Couturier[1].

Ces dames n'y restèrent que peu de temps. Car, en 1778, au bureau du 25 mai, nous voyons que « Mademoiselle Pons, veuve du sieur Casse, l'une des deux dames qui sont à la Manufacture pour soigner les pauvres, étant morte, est remplacée par Mademoiselle Delphine. » Cette dernière, étant partie avant la fin de l'année, est à son tour remplacée par la demoiselle Delpech, veuve du sieur Barbier, maître perruquier d'Agen. Un an plus tard, le sieur Roux, trésorier, propose de la remplacer également par la demoiselle Delard : ce qui est adopté. Il demande en même temps qu'une Manufacture d'Indiennes soit établie dans ledit hôpital. Le bureau nomme une commission spéciale à l'effet d'étudier ce projet[2].

— La Manufacture de Las, à la fin du XVIIIe siècle, ne répondait plus que très-imparfaitement aux idées qui avaient présidé à sa fondation. Les masses n'étaient point moralisées ; les pauvres et les vagabonds continuaient à infester la ville ; le nombre des enfants trouvés augmentait chaque jour ; et les dépenses allaient toujours croissant. Une grande partie du logement était vide et n'était d'aucun rapport. C'est alors que l'on songea à l'utiliser comme caserne. A cet effet, l'Intendant engagea de nombreux pourparlers avec les administrateurs. Ceux-ci consentirent facilement à louer à l'autorité militaire une partie de ce local ; et, dès l'année 1763, ils acceptaient les propositions de l'Intendant. L'Etat demandait en effet qu'on lui cédât, pour un dépôt d'armes, certaines pièces, notam-

[1] Archives de l'hôpital de Las. Bureau pour 1774.

[2] Idem. Bureau du 30 juillet 1780.

ment un grand grenier de 93 pieds de long sur 24 de large, et trois autres de moindre importance. Le bureau du 11 novembre accepta, à condition que la maison ne serait nullement chargée de ce dépôt, pas plus que des réparations à faire. Le prix de location de ces greniers était fixé à 180 livres par an. Une sentinelle en garderait la clef[1].

De simple magasin d'armes qu'il était tout d'abord, l'hôpital de Las devint bientôt, au moins dans sa majeure partie, une véritable caserne. En 1777, on y logea le deuxième bataillon du régiment d'Angoumois, en garnison à Agen, et un escadron des dragons de Belzunce, de passage dans notre ville. La même année, le 2 novembre, l'adjudication au rabais des réparations à effectuer à la maison des pauvres, pour servir de caserne, fut attribuée au sieur Vergnes, maître-maçon, moyennant le prix de 620 livres. Elles devaient servir à y loger en plus le régiment de Royal-Champagne-cavalerie, affecté jusqu'à nouvel ordre à la ville d'Agen[2].

Moitié caserne, moitié maison des pauvres, telle était donc la situation de l'hôpital-général de Las, au moment de la Révolution.

— Le bureau de la Manufacture se composait, en 1790, de Messieurs : Passelaygue, chanoine de la Collégiale, président, de Sabaros-Dubédat, chanoine de la Cathédrale, de Pleneselve, écuyer, de Raymond, Bory, avocat, et Mène qui venait de remplacer le sieur Lauzun comme trésorier[3].

Cette commission déplût au Directoire du département, qui résolut, comme trop réactionnaire et entachée de l'esprit ancien, de la modifier. La nouvelle assemblée demanda donc à l'ancien trésorier de l'hôpital de Las la reddition de ses comptes, et, dans sa séance du 18 février 1791, en exécution de la loi du 5 novembre 1790, elle transforma, par l'arrêté qui suit, l'administration de cet établissement[4] :

---

[1] Archives de l'hôpital de Las. Bureau de 1763.

[2] Archives municipales. DD. 30.

[3] Archives de l'hôpital de Las.

[4] Archives de l'hôpital de Las. Extrait des registres des délibérations du Directoire du département de Lot-et-Garonne.

« Vu la pétition du sieur Lauzun, trésorier de l'hopital de Las de .a ville d'Agen, l'état de recette et dépense dudit hopital fourni par ledit sieur Lauzun, un exemplaire imprimé des Lettres-patentes du Roi, en date du mois d'avril 1685 portant établissement dudit hopital, ensemble l'avis du Directoire du district d'Agen ;

« Considérant qu'aux termes desdites lettres patentes, la direction temporelle dudit hopital paraît au premier coup d'œil uniquement confiée à six administrateurs, un receveur et un secrétaire, et que ce premier aperçu peut faire penser que cet établissement est dans le cas prévu par l'article 13 de la loi du 5 novembre 1790 ;

« Mais considérant aussi que la suite desdites lettres patentes porte que l'Evêque d'Agen présidera toutes les assemblées ordinaires et extraordinaires desdits administrateurs, et qu'aux assemblées extraordinaires seront invités le lieutenant-général, un principal du Sénéchal, le procureur ou avocat du Roi et le premier consul ; qu'il résulte de cette disposition que l'administration dudit hopital était confiée à des bénéficiers et officiers supprimés, avec lesquels concouraient les officiers municipaux et autres citoyens, et qu'en conséquence ledit établissement est parfaitement dans le cas prévu par l'article 16 de la même loi ;

« Le Directoire du département, après avoir entendu le rapport, ouï le requérant M. le procureur général sindic, arrête que, conformément audit article 16 du titre 1er de la loi du 5 novembre, l'administration dudit hopital sera continuée par la municipalité d'Agen et autres citoyens qui seront élus ou appelés par le Conseil général de la Commune ;

« En conséquence, le Conseil général de la Commune sera convoqué dans la huitaine de la réception du présent arrêté, à l'effet de nommer six citoyens, un receveur et un secrétaire, lesquels, avec trois membres de la municipalité, dont un officier municipal et deux notables nommés aussi par le Conseil général de la Commune, auront la direction et la régie dudit hopital ;

« Avant d'entrer en exercice, les administrateurs, receveur et secrétaire, prêteront serment entre les mains du maire et en présence du Conseil général de la Commune, de maintenir de tout leur pouvoir la Constitution du royaume, d'être fidèles à la nation, à la loi et au Roi, et de remplir avec zèle et fidélité les fonctions qui leur seront confiées;

« Le maire de la ville d'Agen pourra assister aux assemblées ordinaires du bureau de ladite administration et y présider quand il le jugera convenable. En son absence, l'officier municipal ou un des notables présideront ;

« Le procureur de la Commune ou son substitut pourront assister auxdites assemblées ordinaires et y faire telles réquisitions qu'ils jugeront convenables dans l'intérêt de l'hopital ;

« Les assemblées extraordinaires seront composées du Maire, de six officiers municipaux au moins et des autres membres de l'administration. Elles seront tenues en présence du procureur de la Commune ou de son substitut, qui devront être entendus sur tous les objets qui seront mis en délibération ;

« Conformément à l'article 14 de la loi du 5 novembre, dans le délai de huitaine, après la formation du bureau, les anciens administrateurs seront tenus de rendre compte de leur gestion par devant le Conseil général de la Commune ou des Commissaires par lui délégués à cet effet, lesquels comptes seront vérifiés par le Directoire du district et définitivement arrêtés s'il y a lieu par le Directoire du departement;

« Les anciens administrateurs remettront au bureau tous les titres, papiers et effets appartenant audit hopital, et il en sera dressé un inventaire en trois doubles, dont l'un sera remis aux anciens administrateurs pour leur servir de décharge, le second restera entre les mains du secretaire, et le troisième sera déposé aux archives de la maison Commune d'Agen ;

« Le bureau d'administration dudit hopital sera tenu de faire incessamment toutes les poursuites dues et raisonnables pour la rentrée des créances échues dudit hopital, sur lesquels fonds seront prélevées les sommes nécessaires à l'acquit des dettes préalablement liquidées en la forme ci-dessus.

« Le Directoire a tout lieu d'espérer que cette nouvelle administration, fondée sur les principes constitutionnels de la régénération du Royaume, s'occupera incessamment de lui présenter des vues et des moyens de faire sortir cet établissement de l'état de stupeur où il est tombé depuis quelques années, et de le ramener à un état d'activité et d'utilité, avantageux à l'intérêt de la société et au bien-être d'individus qui doivent y trouver un asile.

« Ont signé au registre, séance dudit jour :

« MM. Depère, vice-président ; Auricoste, Bayle, Cassagneau, Coutausse, Laffont, Lavigne et Lacuée le jeune, procureur général sindic. »

La mesure, on le voit, était radicale. L'Evêque, principalement visé dans cet arrêté, se voyait exclu de toute administration de la Manufacture, dont la gestion, comme celle de l'hopital S. Jacques, fut uniquement confiée au corps municipal. En conséquence, furent nommés membres de la nouvelle Commission administrative de l'hôpital de Las, dans la séance du Conseil général de la Commune d'Agen, du 18 mars 1791, Messieurs : Marcot, officier municipal ; Antoine Barsalou et Lafaugère, notables ; Minda, négociant, trésorier ; Roulliès, notaire, secrétaire ; Dussol, négociant ; Uchard, ci-devant conseiller au sénéchal ; l'abbé Hébrard ; Vivès, négociant ; Boë père, marchand, et l'abbé Illy. Ils prêtèrent aussitôt le serment exigé par la loi [1].

La nouvelle Commission tint sa première séance le 1er août 1791. Le sieur Marcot, officier municipal, fut nommé président. Les comptes du sieur Lauzun, cy-devant trésorier de l'ancienne administration avant 1789, furent approuvés, et de nouvelles mesures furent prises en vue, mais vainement, de régénérer la maison. Toutefois, l'exercice du culte n'y fut pas encore supprimé. Bien au contraire, le bureau reconnut urgent « de pourvoir l'hopital d'un aumonier qui se chargeât de l'instruction des enfants, acquittât les messes de fondations, et chantât les vespres, les jours de fêtes et tous les dimanches, dans la chapelle dudit hopital. Et comme cette proposition ne pouvait souffrir aucune difficulté, on chargea Messieurs Hébrard et Barsalou de choisir ledit aumonier [2]. »

Les deux vieilles demoiselles Chateau et Delard, qui avaient été nommées sous l'ancien régime, se retrouvent encore, à cette date

---

[1] Archives de l'hôpital de Las. Extrait des registres du Directoire du département.

[2] Idem. Bureau de septembre 1791.

de 1791, avec le titre de surveillantes des salles d'enfants. Mais elles reconnaissent « qu'elles ne peuvent plus continuer à remplir leurs fonctions, » et elles donnent leur démission qui est acceptée.

Malgré leurs efforts, les nouveaux administrateurs ne purent « faire sortir l'établissement de Las de l'état de stupeur dans lequel il était tombé. » Les procès-verbaux de l'année 1792 et 93 constatent tous « qu'il est dans la plus grande détresse. » Les ressources font absolument défaut, et nulle discipline n'y est observée. Bien plus, le nouveau trésorier ne peut établir ses comptes. Tout va de mal en pis [1].

En 1789 déjà, dans la nuit du 30 au 31 juillet, lors de la panique qui s'empara de la population d'Agen, à l'annonce de l'arrivée d'une bande de neuf mille brigands, l'hôpital de Las avait été envahi par la populace, qui enfonça les portes des salles où étaient enfermées les armes de l'ancienne milice, et, sans que personne s'opposât à ce pillage, les dévalisa entièrement [2]. Depuis, cette partie de l'établissement resta absolument abandonnée.

En 1792, au mois de septembre, une aile de l'hôpital de Las servit de lieu de réclusion aux religieuses et dames ci-devant nobles, alors que les hommes étaient internés au Collège, et les prêtres à l'ancien couvent des Dames de Paulin [3]. La maison de Mascaron devint provisoirement une prison.

L'état des bâtiments et édifices nationaux invendus, employés à des objets d'utilité publique, du 14 vendémiaire an III (5 octobre 1794), nous apprend qu'à cette date l'hôpital de Las est encore une maison de secours. « On y entretient de jeunes garçons et de jeunes filles que l'on occupe à filer de la laine ou du coton. Dans une partie de la maison sont recluses les femmes ou filles détenues par mesure de sûreté générale [4]. »

Après les mauvais jours de la Terreur, et lorsque s'ouvrirent enfin les portes des prisons, si longtemps injustement fermées, l'hôpi-

---

[1] Archives de l'hôpital de Las. Bureaux de 1792-1793-1794.

[2] Proché. Annales de la ville d'Agen, p. 3.

[3] Idem, p. 21.

[4] Archives départementales. Biens nationaux.

tal de Las fut presque abandonné. Il resta inoccupé, du moins en sa plus grande partie, durant l'espace de trois ans. Nous avons déjà dit que le 1er thermidor, an v (19 juillet 1797), il fut réuni avec la maison du Refuge à l'hôpital Saint-Jacques, et que ces trois établissements, jusque-là distincts, ne furent plus gérés que par une seule Commission, dite des *Hospices réunis* [1]. C'est alors qu'on songea à utiliser son vaste local, et que, par arrêté du 22 floréal an vi (11 avril 1798), l'administration centrale du département y transféra les pensionnaires de la maison du Refuge, qui étaient encore à Sainte-Quitterie [2]. Ce n'est pas avec peine qu'elles durent quitter la sombre et vieille demeure, dont les destinées, on l'a vu au cours de ce travail, furent si diverses [3]. Ces filles se trouvaient fort nombreuses à la Manufacture et leur occupation consistait à filer et à tisser des lainages. C'est ce que nous apprend, le 16 pluviôse an viii, « la citoyenne Mourgues, nouvelle directrice de l'établissement, jour où elle rend compte de sa gestion aux citoyens administrateurs des hospices réunis de la commune d'Agen [4]. » Les Filles Repenties y demeurèrent jusqu'en 1810.

A cette époque l'hôpital de Las subit une nouvelle transformation. Il revint à sa destination première. Un décret de l'Empereur ordonna qu'un dépôt de mendicité serait créé dans le département de Lot-et-Garonne. Les autorités pensèrent ne pouvoir trouver un local plus convenable que celui de l'ancienne Manufacture. Le 9 octobre 1810, elles y installèrent officiellement ce dépôt.

« Les travaux et réparations nécessaires pour l'établissement du dépôt de mendicité dans l'hôpital de Las, nous dit Proché dans ses Annales, commencèrent au mois de décembre 1809, en même temps qu'on préparait l'évêché pour le logement du Préfet. Les ouvrages de la Manufacture furent adjugés le 2 janvier 1810 pour la somme de 87,500 francs au sieur Lapalme, maçon. Cet édifice n'avait pas été achevé. Il n'existait que le corps de logis qui fait face à la Garonne, et l'aile qui est au Nord. Il n'y avait qu'un simple mur de

---

[1] Archives de l'hôpital de Las. Liasses.
[2] Idem.
[3] Voir au Chapitre ix de ce tome ii l'histoire de la maison du Refuge.
[4] Archives de l'hôpital de Las. Liasses.

clôture au Midi et à l'Est, où sera la porte d'entrée sur l'avenue de Layrac. »

Et plus loin, Proché ajoute : « Le dépôt de mendicité sera placé dans les bâtiments de l'ancien hospice de Las, qui seront disposés pour recevoir 300 mendiants, de l'un et de l'autre sexe. Notez qu'après recensement fait dans toutes les communes du département, il s'est trouvé environ six mille mendiants. Et cependant le Gouvernement veut détruire la mendicité. Il a été défendu de mendier dans les rues ; on a fait quelques arrestations. Tout a été inutile : le nombre des mendiants n'a pas diminué. La dépense annuelle de cet établissement compte près de 100,000 francs, imposés sur le département de Lot-et-Garonne. Le directeur, l'aumônier, le secrétaire, le pharmacien, le médecin, les surveillants, le garde-magasin, les cuisiniers, les infirmiers, l'architecte, les lingères, etc., et le portier, en emportent une bonne partie [1]. »

L'abbé Le Sire, ancien chef de bataillon, chevalier de la Légion d'honneur, fut nommé aumônier du dépôt de mendicité établi à l'hôpital de Las. Il y mourut en février 1817 [2].

Entre temps, les vastes dépendances de la Manufacture servaient de logement aux troupes de passage. Durant les Cent-Jours, le général Clausel ayant mis le département de Lot-et-Garonne en état de siège, cinq cents hommes venant de Bordeaux y furent envoyés le 3 juillet, dont soixante nègres, « mal intentionnés, dit Proché, et propres à inspirer la terreur. » Ils devaient loger chez l'habitant. Mais au dernier moment on les caserna à l'hôpital de Las [3]. Trois mois après, le 18 septembre 1815, un régiment de Suisses logea également à la Manufacture. Agen renfermait ce jour-là environ 4,000 hommes [4].

Nous croyons intéresser nos lecteurs en reproduisant ici le vieux plan de l'hôpital de Las, que nous avons retrouvé dans les archives de cette maison, tel qu'il se trouvait au moment où il fut transformé en dépôt de mendicité et où furent construites la grande

[1] Proché. Annales de la ville d'Agen.

[2] Delrieu. Vie de Mgr Jacoupy.

[3] Proché. Annales de la ville d'Agen.

[4] Idem.

aile du Midi en même temps que les nombreuses dépendances annexées à ce côté. Ce plan est celui du rez-de-chaussée. L'entrée de l'hôpital est encore du côté de la Garonne. Un vaste perron A permet d'accéder à cette entrée. Nous relatons sommairement, telles que nous les lisons sur le plan, les destinations des diverses salles :

1° *Aile occidentale principale :*

Rez-de-chaussée : A, perron ; B, couloir ; C, prisons de chaque côté du couloir ; D, chambres de discipline : idem. — A gauche : E, logement du surveillant en chef ; E', logement des surveillants ; F, réfectoire des hommes ; G, chambre de distribution ; Q, latrines des hommes. — A droite : I, cage d'escalier conduisant, au 1er étage, à la chapelle ; H, réfectoire des femmes ; J, atelier ; Q, latrines des femmes.

Au 1er étage : B, C et D, chapelle ; E, tribunes ; F, dortoir des hommes ; G, logement de l'infirmier chef ; H, dortoir des femmes ; J, logement de la lingère.

2° *Aile septentrionale :*

Rez-de-chaussée : Z, escalier ; K, logement de l'infirmière en chef ; K', logement des infirmières et des surveillantes ; M, magasin ; N, lingerie ; Z, autre escalier ; O, logement de l'économe ; P, logement du garde-magasin ; Q, latrines ; R, loge du concierge ; S, corps de garde ; T, cour des femmes ; T', cour des hommes ; U, cours.

Au 1er étage : Z, escalier ; K, infirmerie ; M, septuagénaires et infirmes ; N, octogénaires ; Z, escalier ; O et P, logement du secrétaire.

Ces deux ailes Ouest et Nord constituaient l'ancienne Manufacture de Las, avant la Révolution. On y ajouta au commencement de ce siècle l'aile méridionale, ainsi aménagée :

3° *Aile méridionale :*

Rez-de-chaussée : Z, escalier ; 20, cuisine, souillarde, dépense et petit escalier de service ; 21, vestiaire ; 22, secrétariat ; 23, salle du conseil ; Z, escalier ; 24, logement du directeur. — A gauche : 1, salle du linge sale ; 2, laboratoire ; 3, chambre des morts ; 4, barbier ; 5, pharmacie ; 6, palefrenier ; 7, passage ; 8, écurie ; 9, buanderie, 10, hangard ; 11, lavoir couvert ;

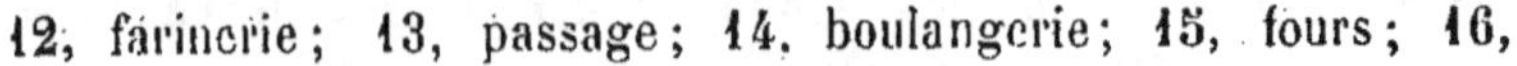

12, farinerie; 13, passage; 14, boulangerie; 15, fours; 16, bains; 17, salle de visite; 18, hangard; 19, logement du jardinier.

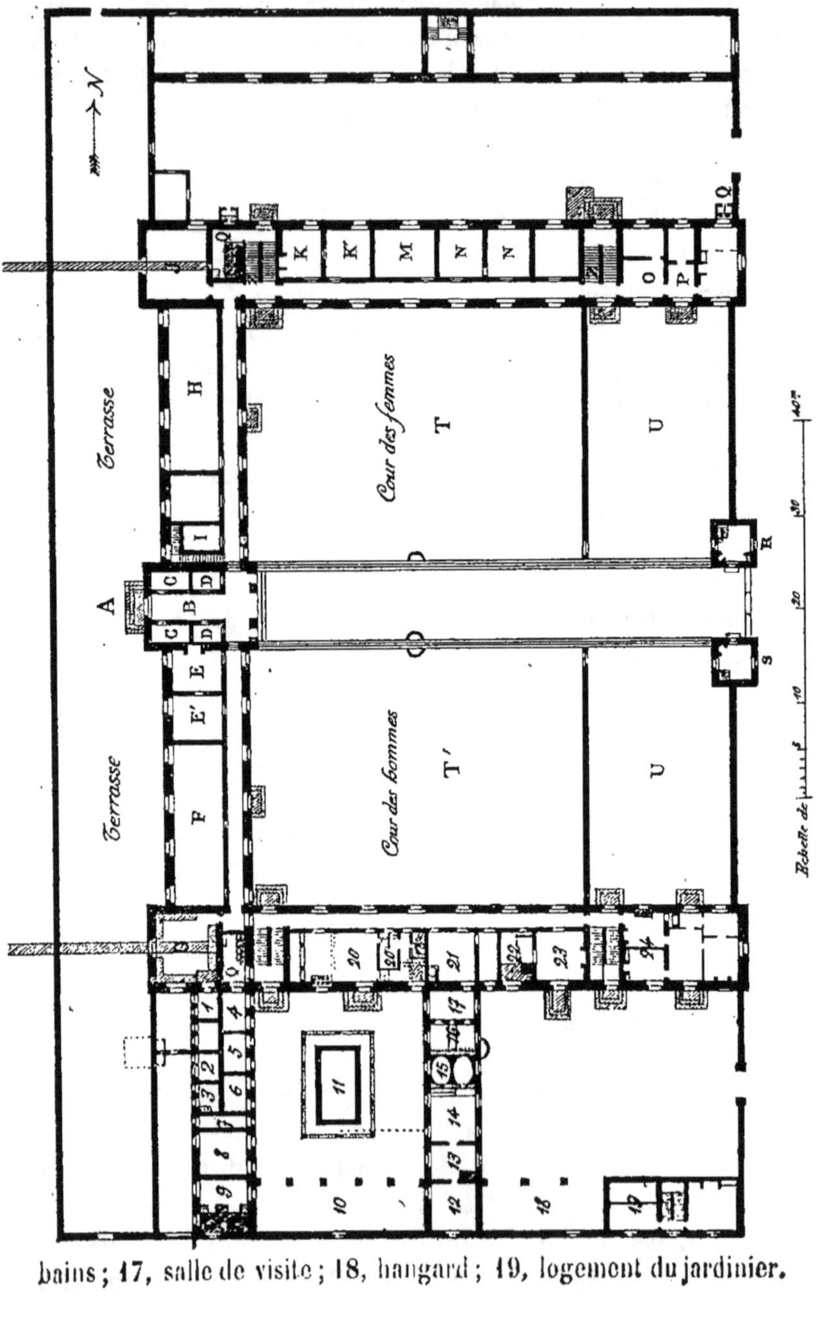

Au 1er étage : Z, escalier ; 20, infirmerie ; 21, octogénaires ; 22 et 23, septuagénaires et infirmes ; Z, escalier ; 24, logement du directeur.

Enfin, au 2e étage, étaient répartis les divers autres dortoirs d'hommes, de femmes, de filles et d'enfants, le logement de l'aumônier et celui du chirurgien.

— Avec la Restauration, le dépôt de mendicité, créé à l'hôpital de Las par le gouvernement de l'Empereur, fut supprimé. « Par ordonnance du Roi du 20 janvier 1819, rendue sur les déliberations du Conseil général du département en 1817 et 1818, concernant le dépôt de mendicité ; une délibération de l'administration des hospices de la ville d'Agen, du 15 avril 1818 ; une délibération du Conseil municipal du 20 avril 1818, et l'avis du Préfet du 25 juillet suivant, le Dépôt de mendicité, créé le 9 octobre 1810, dans la maison de Las, ancienne Manufacture, est supprimé. Les bâtiments et dépendances de cet hospice seront réunis aux hospices-réunis d'Agen, dans l'état où ils se trouveront, avec le mobilier tel qu'il est, mais *sous la condition expresse que l'hospice Saint-Jacques sera transféré à la maison de Las*. Les bâtiments de l'hospice Saint-Jacques seront cédés en toute propriété à la ville d'Agen, qui en disposera soit pour le casernement, soit pour tout autre service municipal [1]. »

Nous avons déjà dit au chapitre précédent ce qui advint, à cette date, de l'ancien hôpital du Martyre. Les sœurs de Saint-Vincent de Paul, qui étaient restées fidèles à leur poste, depuis que Mascaron les avait appelées à Agen, abandonnèrent donc leur vieille résidence. Mais ce fut pour apporter avec elles tous les services hospitaliers à la Manufacture. Elles commencèrent leur déménagement dès la fin de février 1819. En avril de cette même année, elles l'avaient terminé. Elles revinrent donc une fois de plus dans cette maison, qu'elles n'avaient quittée qu'à la suite d'un regrettable malentendu. Elles y sont restées jusqu'à nos jours.

— Nous n'entreprendrons pas d'exposer ici le nouveau fonctionne-

---

[1] Ordonnance du 20 Janvier 1819.

ment de l'hôpital de Las, qui, à dater de ce moment, prit le nom d'hôpital Saint-Jacques. Il est en tous points conforme aux lois et règlements d'administration publique qui régissent ces sortes d'établissements. Nous ne rappellerons pas non plus l'intelligente direction de la mère Cécile Chalabre, dont le souvenir est encore gravé dans le cœur de tous les Agenais qui l'ont connue, ni la transformation grandiose, due à ses soins, de l'humble chapelle primitive en une véritable église, dont le bon goût, la propreté, la richesse font l'admiration de tous les visiteurs. Le zèle qu'elle déploya, durant de longues années, à diriger l'hôpital, les heureuses traditions qu'elle y a établies, et que depuis ses remplaçantes ont toujours fidèlement suivies, l'intelligence, la prudence, l'économie qui ont présidé de tous temps aux actes de gestion des diverses commissions qui se sont succédées de nos jours à l'hôpital d'Agen, les réparations importantes qu'elles y ont effectuées, les aménagements nouveaux qu'elles y ont pratiqués, ont fait de notre établissement hospitalier un des plus beaux et des plus sains de toute la région.

— De nos jours, comme au temps de l'évêque Jules de Mascaron, l'hôpital de Las s'élève, toujours utile, le long des rives de la Garonne. Séparé de la ville par la jetée de terrain qui mène au Pont-de-pierre, il n'en perçoit ni le bruit, ni les agitations. Il ne court pas le risque, non plus, de communiquer à ses habitants, suffisamment éloignés, les germes des maladies infectieuses qui pourraient se développer dans ses salles. Sis au milieu de ces champs de Renaud, encore enveloppés d'ombre et de mystères, non loin des anciennes huttes des pauvres pestiférés, et près des lieux maudits où l'on portait jadis les corps des suppliciés, il semble, entre les flots berceurs de la rivière et les oasis de verdure des pépinières qui l'entourent, avoir oublié le souvenir de ces tristes voisinages.

Son site est des plus poétiques, bien fait pour apporter à ses pensionnaires, que la misère étreint ou que torturent les souffrances, un peu de calme, de fraîcheur et de repos.

Mais la vraie poésie de l'hôpital d'Agen, c'est sa sœur de charité. A l'heure où quelques sectaires bornés ont poussé la lâcheté jusqu'à faire expulser brutalement les Sœurs Grises des hôpitaux des grandes villes, celle d'Agen a été assez heureuse, du moins jusqu'à présent, pour pouvoir et savoir, au gré de tous, les maintenir dans son hospice. Elles y sont, comme par le passé, les servantes des pauvres, les consolatrices des affligés, puisant, ce que d'autres ne sauraient faire, aux sources vraies de la religion chrétienne les forces nécessaires et souvent surnaturelles pour affronter les épidémies, pour surmonter tous les dégoûts. Puissent-elles y rester toujours !

Laissez-donc, filles de Saint-Vincent de Paul, passer, sans crainte aucune, le vent d'orage qui souffle en ce moment sur notre pauvre France. Priez pour que vos sœurs, moins fortunées que vous, rentrent sous peu triomphantes dans leurs maisons, portées sur les bras de leurs clients habituels, les malheureux et les déshérités du siècle. Continuez surtout, bonnes et douces cornettes blanches, ainsi que vous en avez l'habitude depuis plus de deux siècles dans notre hôpital Saint-Jacques, de murmurer à l'oreille des malades vos paroles de résignation et de paix ; remplacez dans les salles des militaires, comme vous excellez à le faire sur les champs de bataille, une sœur ou une épouse absentes ; éclairez chaque matin de vos frais sourires le chevet des lits de ces petits êtres qu'une mère dénaturée ou coupable n'a pas craint d'abandonner. Pour tout le bien qui émane de votre noble institution, pour les trésors infinis de dévouement et de charité que vous prodiguez sans cesse, soyez bénies une fois de plus, au nom de tous ceux ici-bas qui souffrent et qui espèrent !

FIN.

TABLE DES MATIÈRES